Michael Doh

Heterogenität der Mediennutzung im Alter

D1719224

Gesellschaft – Altern – Medien
herausgegeben von Anja Hartung und Bernd Schorb
Band 2

Michael Doh

Heterogenität der Mediennutzung im Alter

Theoretische Konzepte und empirische Befunde

kopaed (muenchen)
www.kopaed.de

**Bibliografische Information Der Deutschen National-
bibliothek** Die Deutsche Nationalbibliothek verzeichnet
diese Publikation in der Deutschen Nationalbibliografie;
detaillierte bibliografische Daten sind im Internet über http:/
/ dnb.ddb.de abrufbar

ISBN 978-3-86736-247-4

Druck: docupoint, Magdeburg

© kopaed 2011
Pfälzer-Wald-Str. 64, 81539 München
Fon: 089. 688 900 98 Fax: 089. 689 19 12
e-mail: info@kopaed.de Internet: www.kopaed.de

Danksagung:

„Für einen langen Weg, geh langsam". Dieser Schriftzug gehört zu einem Bild von Horst Janssen, auf den drei Schildkröten sich Mühen, voranzuschreiten. Es hängt über meinem Schreibtisch und begleitete mich über die Jahre, an der ich an dieser Arbeit schrieb.

Den Anstoß zu dieser Arbeit gab mir im Sommer 2005 Frau Prof. Dr. Ursula Lehr auf einem Kongress im fernen Brasilien, als ich über das Altersbild in den Medien referierte. Zusammen mit Johannes Doll, Susanna Re und Joachim Wilbers bildeten sie sozusagen die wissenschaftliche Task Force, mich im fortgeschrittenen Nachwuchsalter zu dieser Dissertation zu motivieren. Als ich Anfang 2006 nach einem Curriculum offiziell mit der Arbeit begann, hoffte ich auf eine zügig zu erstellende, schlanke Qualifikationsarbeit. Doch erwies sich dies als Trugschluss. Nicht nur, da die Arbeit nach einem Jahr eine völlig neue thematische Ausrichtung nahm und sich unter der Betreuung durch Prof. Dr. Hans-Werner Wahl in ein ehrgeiziges, umfangreiches Langzeitprojekt entwickelte. Hinzu kamen mehrere negative kritische Lebensereignisse wie Arbeitsplatzwechsel, schwere Sportverletzung sowie der Verlust von nahestehenden Personen, aber auch das Glück einer eigenen Familiengründung. Vor allem die 2008 intensiv erfahrene Generativität von Vaterschaft und gleichzeitiger Pflege und Sterbebegleitung des Vaters prägte diese Arbeit.

Dass dieser mitunter schwierige Weg nach vier Jahren ein glückliches und erfolgreiches Ende fand, verdanke ich einem breiten sozialen Umfeld, das mir Kraft, Zuversicht, Freude und emotionale Stabilität verlieh. Allen voran möchte ich mich daher bei meiner Familie bedanken mit meiner Partnerin Andrea und unserem Sonnenkind Emil, meiner Mutter und meiner Schwester, die besonders in schweren Zeiten eng zusammenstand und mich, wann immer nötig und möglich, tatkräftig unterstützte. Zudem bei meinen Freunden im Vorder- und Hintergrund wie Albrecht, Bianca, Christina, Eva, Jutta, Mehrdad, Oli, Peter und Inge, Renate, Roman, Ute, Veronica und Yildiz für ihr stets offenes Ohr und ihre Hilfsbereitschaft sowie meinen Fussballer-Kumpels für die notwendige Ablenkung und den motorischen Ausgleich.

Zum anderen möchte ich bei meinem beruflichen Umfeld aus der Abteilung für Psychologische Altersforschung, dem Institut für Gerontologie und dem Netzwerk Alternsforschung an der Universität Heidelberg bedanken, dessen harmonisches und kollegiales Arbeitsklima so wohltuend ist. An erster Stelle sei hierbei mein hochgeschätzter Betreuer Prof. Dr. Hans-Werner Wahl genannt, der mich punktuell äußerst konstruktiv und effizient unterstützte und mich fortwährend mit positiver Verstärkung vorantrieb. Zudem meine Kollegen PD Dr. Oliver Schilling und Dr. Roman

Kaspar, die ich immer wieder mit methodischen Belangen behelligen durfte. Der ehemalige Kollege Prof. Dr. Frank Oswald, dem ich nicht nur die Dienstreise nach Brasilien verdanke, sondern inhaltliche Anregungen und Feedback, auch jenseits des Forschungsbereichs Wohnen. Die ehemalige Kollegin Dr. Marina Schmitt, die als langjährige und wertgeschätzte ILSE-Projektleiterin vor allem bei der Datenaufbereitung eine große Hilfe war. Die „gute Seele" der Abteilung Ursula König sowie Christoph Konieczny, Dr. Marion Bär und speziell Dipl.-Psych. Katrin Classen für ihre engagierten und mitunter schonungslosen Korrekturarbeiten – Nebensätze ohne Verb geht nicht :-). Der EDV-Jongleur Andreas Sokoll für seine technische „Rund-um-die-Uhr"-Betreuung. Zudem meine Arbeitgeber aus dem NAR, Prof. Dr. Konrad Beyreuther und Dr. Birgit Teichmann, die mich 2007 an die alte Wirkungsstätte zurückholten und mir die Grundlage für eine notwendige Kontinuität und Produktivität an der Dissertation verschafften.

Dank auch dem Task Force Team aus Porto Alegre und in ganz besonderer Weise Prof. Dr. Ursula Lehr, die mich überhaupt erst zur Gerontologie brachte, mich über die ILSE- und DFZA-Zeiten hinweg begleitete und mir in ihrer tatkräftigen, pragmatischen Art den erforderlichen Anschub für die Promotion gab. Bedanken möchte ich mich bei Prof. Dr. Andreas Kruse, der wie schon zu meiner Magisterarbeit als Zweitgutachter fungierte und dessen damalige Maxime „Wo bleibt der Fokus?" mich erneut beschäftigte. Und zu guter Letzt bei Prof. Dr. Fletcher DuBois für sein proaktives Interesse an meiner wissenschaftlichen und persönlichen Entwicklung.

Anmerkung: Die in dieser Dissertation verwendeten Daten beruhen einerseits auf der „Interdisziplinären Längsschnittstudie des Erwachsenenalters" (ILSE). Die Studie wurde aus Mitteln des Bundesministeriums für Familie, Senioren, Frauen und Jugend gefördert (AZ: 301-1720-295/2). Andererseits auf der Studie „Massenkommunikation" mit den Wellen MK2000 und MK2005 der ARD-Werbung Sales & Services GmbH/Media Perspektiven, wobei ich mich an dieser Stelle herzlich für die Kooperation und Unterstützung bei Dr. Christa-Maria Ridder, Dr. Christian Breunig und Dr. Bernhard Engel bedanken möchte.

Gewidmet meinem geliebten, 2008 verstorbenen, Vater Fritz Doh – Jahrgang 1931.

Inhaltsverzeichnis

Tabellenverzeichnis

Abbildungsverzeichnis

1 Einleitung

Moderne Gesellschaften vollziehen gegenwärtig einen Strukturwandel, der sich im Wesentlichen durch zwei Prozesse kennzeichnen lässt: einer zunehmenden Alterung der Bevölkerung und eine anwachsende Medialisierung und Digitalisierung des Alltags.

Die Alterung der Bevölkerung ist ein globales Phänomen, das in modernen Gesellschaften wie Deutschland auf einer fortschreitenden Erhöhung der Lebenserwartung (Alterung von oben) und einer gleichzeitig abnehmenden Geburtenrate gründet (Alterung von unten). Nach Berechnungen von Oeppen und Vaupel (2002) hat sich in den letzten 160 Jahren die weltweit höchste Lebenserwartung in einem Land pro Jahr um jeweils drei Monate erhöht und ein Ende dieser Prosperität scheint nicht absehbar. Im Laufe der letzten hundert Jahre stieg in Deutschland die Lebenserwartung um fast das Doppelte. Heute können Männer im Durchschnitt 77 Jahre alt werden, Frauen 82 Jahre (Statistisches Bundesamt, 2009). Zunächst gründete die Erhöhung auf einem Zurückdrängen der Säuglingssterblichkeit, doch besonders seit den 1970er Jahre bedingt die anhaltende Verschiebung des Sterberisikos in immer höhere Lebensalter eine gesellschaftliche Alterung, die auch zukünftig weiter voranschreiten wird. Forciert wird dieser Prozess durch ein Zurückgehen der Fertilität. Entsprechend wird vor allem der Anteil Hochaltriger stark zunehmen. Bereits heute gehen Hochrechnungen davon aus, dass in Deutschland jedes zweite neugeborene Kind eine Lebenserwartung von 100 Jahre haben könnte (vgl. Hoffmann et al., 2009). Derzeit stellen etwa 20 Millionen Personen ab 65 Jahren ein Viertel der deutschen Bevölkerung, bis 2050 wird es vermutlich ein Drittel sein (ebd.). Dabei verbleibt im Durchschnitt den Männern in diesem Alter noch 17 Jahre zu leben, den Frauen 20 Jahre. 80-jährige Männer haben noch eine Lebenserwartung von sieben Jahren, 80-jährige Frauen acht Jahre (Statistisches Bundesamt, 2009). Die Alterung ist aber nicht nur durch einen Zugewinn an Jahren gekennzeichnet, sondern auch an gesunden, aktiven Jahren (vgl. Klein, 2004).

Zudem findet in Deutschland seit dem 20. Jahrhundert eine exponentielle Technik- und Medienentwicklung statt, die zu einer zunehmenden Medialisierung und Technisierung des Alltags führt und alle sozialen Systeme und Lebensbereiche durchdringt. So wurde seit Mitte des letzten Jahrhunderts die Haushaltsführung durch technische Innovationen wie Kühlschrank und Waschmaschine revolutioniert, das Transportwesen durch das Automobil und das Flugzeug und die Kommunikation durch die Verbreitung von Individualmedien wie dem Telefon und elektronische Massenmedien wie dem Fernsehen und dem Hörfunk. Dieser gesellschaftliche Wandel wurde in besonderer Weise von und durch die heutigen älteren Kohorten geprägt. Durch das Aufkommen von Computer und Online-Medien wurde in den 1990er Jahren ein

Transformationsprozess eingeläutet, der als Beginn eines „digitalen Zeitalters" gesehen werden kann. Vernetzung, Interaktivität, Mobilisierung und eine Verbindung von Individual- und Massenkommunikation sind Kennzeichen dieser „Medienrevolution" (Opaschowski, 2001). Galt vormals das Fernsehen als „Jahrhundertmedium" (Burkart, 1995), das wie kein anderes Medium die moderne Gesellschaft des 20. Jahrhunderts nachhaltig verändert hat (vgl. Meyrowitz, 1987), so könnte das Netzmedium Internet zum neuen Leit- und Schlüsselmedium des 21. Jahrhunderts werden. Damit verbunden wachsen derzeit Generationen heran, die ihre „formative Phase" in einer digitalen Medienwelt zubringen (vgl. Palfrey & Gasser, 2008), während ältere Generationen mit einer „analogen Medienpraxiskultur" Schwierigkeiten haben können, den Anschluss an die neuen „digitalen" Umwelten zu halten. Diese bestehende „Digitale Kluft" birgt nicht allein das Problem intergenerationell inkompatibler Informations- und Kommunkationswelten und einer unzureichenden gesellschaftlichen Integration und Partizipation älterer Kohorten. Es behindert auch die Möglichkeit, die vielfältigen Potenziale dieser neuen Medien als Entwicklungsressource im Alter aufzugreifen und kompetent zu nutzen.

Vor diesem Hintergrund rückte das Alter in den letzten Jahren verstärkt in den öffentlichen Diskurs, wie im April 2008, als die ARD eine Themenwoche unter dem Titel „Mehr Zeit zu leben: Chancen einer alternden Gesellschaft" mit über 2000 Beiträgen und über 600 Sendeminuten ausstrahlte (Heuser, 2008). Auch der Themenkomplex „Alter und Medien" geriet verstärkt in das wissenschaftliche Blickfeld. So entstanden in den letzten Jahren im deutschsprachigen Raum mehrere Sammelbände aus dem Umfeld der Medien- und Kommunikationswissenschaften, in denen Grunderkenntnisse zur Mediennutzung älterer Menschen zusammengetragen werden konnten (Baier & Kimpeler, 2006; Hagenah & Meulemann, 2006; Rosenstock et al., 2007; Schorb et al., 2009; SPIEL-Sonderheft, 2008). Zudem liegen seit etwa einer Dekade mehrfach replizierte Basisdaten zur Mediennutzung aus Sekundäranalysen repräsentativer Medienstudien vor, wie der Media Analyse (M.A.), dem (N)Onliner-Atlas, der Langzeitstudie „Massenkommunikation" (MK), der ARD/ZDF-Online- und Offline-Studie oder der SWR-Studie „50+" von 1999 (vgl. Doh, 2006a,b; Doh & Gonser, 2007; Doh & Kaspar, 2006a,b; Egger & van Eimeren, 2008; Grajczyk et al., 1998, 2001; Grajczyk & Klingler, 1999; Grajczyk & Zöllner, 1999). Doch handelt es sich hierbei um medienzentrierte Befunde, in denen gerontologische Person- und Umweltaspekte ausgeblendet bleiben. Weitere substanzielle Befunde zu Nutzungsformen und Lebenswelten älterer Menschen finden sich in qualitativ ausgerichteten Arbeiten aus medienzentrierten Fachgebieten, deren Aussagekraft und Generalisierbarkeit begrenzt bleiben (vgl. Hackl 2001; Hartung, 2007; Moll, 1997; Zoch, 2009).

Noch mehr mangelt es an Studien aus gerontologischer Provenienz, die dezidiert die Mediennutzung im Alter unter Berücksichtigung medientheoretischer Konzepte beleuchten. Auch gibt es bis dato weder eine längsschnittlich angelegte Altersstudie, die inter- und intraindividuelle Unterschiede oder Entwicklungsprozesse hinsichtlich der Mediennutzung im Alter nachzeichnen könnte, noch finden sich aktuell empirische Medienanalysen zu Hochaltrigen. Immerhin rückten in den letzten Jahren neue Medien wie Computer und Internet in das gerontologische Blickfeld, überwiegend mit der Intention, deren Möglichkeiten und Potenziale für ein erfolgreiches Altern zu untersuchen (z.B. Charness & Schaie, 2003; Cutler, 2006; Czaja & Lee, 2007; Slegers, 2006).

Es fehlt folglich eine fundierte Verschränkung und Implementierung etablierter Theoriekonzepte aus medien- und altersbezogenen Fachdisziplinen. In der Folge wird das Themenfeld „Alter und Medien" vorrangig von drei Schwerpunkten dominiert: Erstens stehen jüngere Ältere („Drittes Alter") im Mittelpunkt, während hochaltrige Personen ab 80 Jahren („Viertes Alter") nahezu unberücksichtigt bleiben. Zweitens konzentriert sich die Forschung singulär auf das Fernsehen, während es an einer Berücksichtigung weiterer Medien und des Medienrepertoires mangelt. Drittens dienen als Erklärungsansätze für die hohe Mediennutzung im Alter überwiegend Aspekte der Kompensation und Substitution. Medien sind aber mehr als bloße Prothesen, sie können auch als Entwicklungsressource und als Verstärker dienen bzw. als „Befreiungsgeste", wie der Medienphilosoph Hartmann anführt (vgl. Hartmann, 2003a).

Als Essenz zum Forschungsstand lassen sich drei evidenzbasierte Kernbefunde hervorheben: Erstens gehören ältere Menschen aufgrund ihres Zugewinns an frei verfügbarer Zeit in der nachberuflichen Phase zu einer Gruppe intensiver Nutzer der klassischen Massenmedien Fernsehen, Radio und Tageszeitung. Zweitens stellt im Alter das Fernsehen das Leitmedium im Medienalltag dar – ein Befund, der durch die überdurchschnittliche Nutzung, zugeschriebene Multifunktionalität und subjektive Bedeutungszuweisung gestützt wird. Gleichzeitig besteht unter älteren Menschen eine Heterogenität in der Mediennutzung, wobei sich Unterschiede entlang soziodemografischer Merkmale wie Geschlecht, Bildung und Einkommen, und psychologischer Merkmale wie z.B. subjektive Gesundheit und Einsamkeit konstatieren lassen. Es gibt weder *den* älteren Menschen noch *den* älteren Medienkonsumenten. Erkenntnisse, die bereits von den „geronto-medienwissenschaftlichen Pionierarbeiten" aus den 1980er Jahren empirisch belegt werden konnten (vgl. Eckhardt & Horn, 1988; Kübler et al., 1991; Straka et al., 1989).

Dies korrespondiert mit Prämissen eines differenziellen Alterns, wonach Altern als ein multidimensionaler und multidirektionaler, dynamischer Entwicklungsprozess verstanden wird, der sich in einer breiten Vielfalt an Lebens-, Freizeit-, Wohn- und Mediennutzungsformen ausdrückt: „In addition, older people are the most diverse of all age groups, thus pointing to pronounced heterogeneity in lifestyles, needs, and preferences" (Wahl & Gitlin, 2007, S. 496).

Vor dem Hintergrund will die vorliegende Arbeit die Mediennutzung im Alter aus einer „mediengerontologischen" Perspektive untersuchen. Dies beinhaltet eine theoretische Fundierung, die interdisziplinär ausgerichtet ist und sowohl individual-, umwelt- als auch gesellschaftsbezogene Konzepte berücksichtigt. Aus dem Konglomerat an theoretischen Zugängen lassen sich folgende mediengerontologische Prämissen ableiten:

Ältere Menschen nutzen die Medien aktiv und selektiv aufgrund von Bedürfnissen und Gratifikationserwartungen (rezipientenorientierte Perspektive). Medien stellen mediale und soziale Umwelten dar (sozialökologische Perspektive) und dienen nicht nur als Prothese und zur Kompensation, sondern auch als Ressource und Verstärkung (medienphilosophische Perspektive). Medien können folglich proaktiv als Entwicklungsressource und als gezielte Adaptation genutzt werden (successful aging-Perspektive). Durch technische und mediale Innovationen verändern sich mediale Umwelten, wobei eine Innovationsaffinität älterer Menschen gegenüber neuen Medien erschwert ist (diffusionstheoretische Perspektive). Hierfür spielen sozialisationsbedingte Kohortenaspekte (Generationenkonzept) wie auch gesellschaftsstrukturelle Ungleichheiten (Altersschichtungstheorie) eine Rolle. Aus einer Perspektive der Entwicklungspsychologie der Lebensspanne bestehen zwischen den älteren Menschen und innerhalb eines Individuums große Unterschiede im Entwicklungsprozess, was ebenfalls unterschiedliche Formen der Mediennutzung bedingt. Dabei nimmt der Umweltdruck mit dem Alter zu, weshalb die häusliche Umgebung als ökologisches Zentrum an Bedeutung gewinnt und damit die häusliche Mediennutzung (ökogerontologische Perspektive). Mit dem hohen Alter verändern sich nicht nur die Entwicklungsressourcen, es ergeben sich neue Entwicklungsaufgaben und Bedürfnisse, die sich wiederum auf die Mediennutzung auswirken können (klassische Lebenslauf-Ansätze).

Daraus lassen sich als Fragestellungen ableiten: In welchem Umfang und warum nutzen ältere Menschen welche Medien? Welche interindividuellen Unterschiede zeigen sich entlang Alter und soziodemografischer Merkmale? Welche Unterschiede zeigen sich zwischen den Kohorten in der Entwicklung der Medienausstattung und Mediennutzung vor dem Hintergrund einer sich wandelnden Medienlandschaft? Lassen sich unterschiedliche Motivgruppen im Bezug auf die Fernsehnutzung spezifizieren? Finden sich diese Motivprofile auch transmedial in Bezug auf die Nutzung von Radio und Zeitung? Welche Zusammenhänge bestehen dabei zu stabilen und situativen psychologischen Merkmalen wie Persönlichkeit und Wohlbefinden und Lebenseinstellung sowie zu weiteren persongebundenen Aspekten wie Gesundheit, kognitive Leistungsfähigkeit, Alltagskompetenz, Freizeit- und Medienverhalten?

In der methodischen Umsetzung ergeben sich daraus zwei Analysestränge: In einem ersten Schritt soll die heterogene Mediennutzung älterer Menschen kontextual untersucht werden, indem einerseits konfundierende Merkmale wie Alter, Kohorte und Periode berücksichtigt werden. Andererseits wird die intra-kohortenspezifische Heterogenität der Mediennutzung entlang soziodemografischer Merkmale am Beispiel der Kohorte 1930-1939 beschrieben. Zudem wird der Kontext Mediennutzung mehrdimensional erfasst, indem nutzungsbezogene Parameter (Nutzungsfrequenz, Zeitbudget, Tagesverlauf) in Zusammenhang mit Medienumwelten (Medienausstattung im Haushalt und Nutzungsort) und medienpsychologischen Konstrukten (Nutzungsmotive, Bindung an die Medien, Image- und Funktionszuschreibungen) betrachtet werden. Die Daten beruhen dabei auf Sekundäranalysen der bevölkerungsrepräsentativen Langzeitstudie „Massenkommunikation" der ARD/ZDF-Medienkommission mit den Erhebungswellen von 2005 und 2000. Dieser Forschungsteil hat seinen Schwerpunkt auf medienzentrierten Befunden und bietet aufgrund der repräsentativen Ausrichtung die Möglichkeit einer differenzierten Generererierung von Basisdaten wie auch der Replikation und Referenzierung zu bereits publizierten Mediendaten.

Aufbauend auf diesen Analysen wird in einem zweiten Schritt eine vertiefende Untersuchung zur Heterogenität der Mediennutzung vorgenommen. Dieser gerontologische Forschungsteil ist explorativ angelegt und beruht auf Daten der Kohorte 1930-1932 zum dritten Messzeitpunkt von 2005 der „Interdisziplinären Längsschnittstudie des Erwachsenenalters" (ILSE). Hierzu wird zunächst anhand des Leitmediums Fernsehen eine Typologie zu den Nutzungsmotiven erstellt. Danach wird überprüft, inwiefern diese Motivgruppen mit stabilen (Persönlichkeit, Soziodemografie) und situativen Personmerkmalen (Gesundheit, kognitiver, funktionaler Status, Wohlbefinden, Lebenszufriedenheit) sowie mit medien- und freizeitbezogenen Merkmalen (transmediale Motivprofile, Mediennutzung, subjektive Bedeutung, Freizeit- und Bewegungsaktivitäten) zusammenhängen.

Um eine Vergleichbarkeit und Zusammenführung der Befunde aus beiden Studien zu gewährleisten, wurden in der Medienstudie ebenfalls die Geburtsjahrgänge um 1930 in den Mittelpunkt gestellt, wobei aus methodischen Gründen die Analyseeinheit auf die Dekade 1930-1939 ausgeweitet wurde. Eine gültige Datenbasis zur ILSE-Kohorte

1930-1932 wird durch folgende Argumentationsstränge gewährleistet, die für die Untersuchung von besonderer Forschungsrelevanz sind:

Erstens stellen sie in Bezug auf spezifische Kohortenerfahrungen eine Pioniergeneration „junger Alter" mit einer neuen Selbstsicht hoher Kompetenz und Selbstwirksamkeit dar. Obwohl sie in ihrem Berufs- und Alltagsleben keine ausführliche Sozialisation mit technischen Innovationen des „digitalen Zeitalters" machen konnten, besteht die reale Möglichkeit, Medien wie Computer, Internet oder das Handy zur Unterstützung eines aktiven Lebensstils aufzugreifen und als Entwicklungsressource wahrzunehmen. Es kann daher angenommen werden, dass sich nicht nur in Bezug auf klassische Medien Nutzungsunterschiede innerhalb dieser Kohorte nachzeichnen lassen, sondern auch im Umgang mit neuen Medien.

Zweitens befinden sie sich in Bezug auf die Altersvariable am Ende einer Phase eines sogenannten „Dritten Alters" auf, in der die Erwerbsphase bereits weit zurückliegt. Diese Personen weisen mehrheitlich noch keine gravierenden Kompetenzeinschränkungen mit deutlichen Alltagsauswirkungen auf. Allerdings könnten sich bereits die Vorzeichen des „Vierten Alters" bemerkbar machen, wonach die Vulnerabilität für chronische Erkrankungen und Ko-Morbidität wie auch für Verlusterfahrungen zunehmen. Insofern können heterogene Lebenssituationen angenommen werden, die mit unterschiedlichen Bedürfnissen und Gratifikationserwartungen gegenüber dem Fernsehen und anderen Medien einhergehen.

Der Aufbau der Studie ist so angelegt, dass zunächst theoretische Grundlagen zusammen mit empirischen Forschungsbefunden präsentiert werden. Dieser umfangreiche Teil untergliedert sich in individuum-, umwelt- und gesellschaftsbezogener Theorieaspekte zum Themenkomplex „Alter und Medien", der mit einem Prolog aus medienphilosophischer Perspektive eingeführt wird. In Anschluss erfolgt ein Resumée der theoretischen und empirischen Befundlage mit einem Verweis auf Forschungsdefizite, aus denen sich die zentralen Fragestellungen für die vorliegende Arbeit ableiten lassen. Folgend werden Methodik und Ergebnisse separat für die Massenkommunikationsstudie und die ILSE-Studie dargelegt. Den Abschluss der Arbeit bildet eine Zusammenfassung und Diskussion der Ergebnisse, bei der auch Limitationen, offene Forschungsfragen und Aspekte der Praxisrelevanz beleuchtet werden.

2 Theoretische Grundlagen und empirische Befunde

Der Themenkomplex „Alter und Medien" bietet vielfältige theoretische Zugänge, die sich nicht allein auf die beiden Fachdisziplinen Gerontologie und Medienwissenschaft beschränken lassen. So wie Altern als lebenslanger Prozess multidisziplinär verstanden werden muss, bieten Medien aufgrund ihrer gesellschaftlichen und alltäglichen Omnipräsenz verschiedenartige theoretische Anknüpfungspunkte. Es handelt sich folglich um ein dezidiert interdisziplinäres Themengebiet mit fachspezifischen Bezugspunkten. Für die vorliegende Arbeit stehen primär Aspekte der Mediennutzung von älteren Personen im Vordergrund, spezifiziert an der Kohorte 1930-1932. Die beiden Kontexte „Medien" und „Alter" werden hierbei sehr breit gefasst und beziehen, neben individuellen Aspekten, auch gesellschaftliche und person-umweltbezogene Perspektiven mit ein. Daraus ergeben sich theoretische Bezüge, die neben den beiden Schwerpunkten aus der Alternsforschung und der Medien- und Kommunikationswissenschaft theoretische Konzepte aus angrenzenden Fachdisziplinen Soziologie, Philosophie, Anthropologie und Erziehungswissenschaft einschließen.

Dabei wurde eine Ordnungsstruktur gewählt, die die theoretischen Grundlagen nach den Perspektiven Individuum, Umwelt und Gesellschaft systematisiert. Bei diesem Vorgehen treten gewisse Unschärfen auf, da sich manche theoretischen Konzepte nicht ausschließlich auf eine Ebene begrenzen lassen, gleichwohl aber durch ihren Schwerpunkt einer der drei Ebenen zuordnen lassen. Innerhalb eines jeden Kapitels werden zuerst die theoretischen Konzepte beschrieben, danach empirische Befunde vorgestellt und zuletzt mediengerontologische Ableitungen und Implikationen gezogen.

In Abschnitt 2.2 erfolgen theoretische Grundlagen, die „Alter und Medien auf individueller Ebene" fokussieren (siehe Abbildung 1). Dabei werden zunächst medienwissenschaftliche Ansätze beschrieben (Abschnitt 2.2.1). Der „Uses and Gratification Approach" von Katz und Kollegen (1974a,b) steht hierbei im Zentrum einer rezipientenorientierten Perspektive (Abschnitt 2.2.2.1). Da speziell zum Leitmedium Fernsehen eine Fülle von empirischen Befunden vorliegt, werden diese in die Bereiche Bedürfnisse, Information, Vielseher, Kompensationsfunktion, Heterogenität und Typologien unterteilt (Abschnitt 2.2.1.3). Zudem wird ein Blick auf die medienbiografische Forschung und die Kultivationstheorie von Gerbner (Gerbner et al., 2002) geworfen (Abschnitt 2.2.1.4).

Danach erfolgen in Abschnitt 2.2.2 alterstheoretische Bezüge, wobei zuerst die drei klassischen Theorien erfolgreichen Alterns – Disengagement-, Aktivitäts- und Kontinuitätstheorie – vorgestellt werden, die allesamt neben einem individuellen Schwerpunkt auch eine gesellschaftliche Komponente besitzen (Abschnitt 2.2.2.1). Den zweiten Teil klassischer Alterstheorien bilden die beiden Entwicklungsmodelle von Erikson (1968) und Havighurst (1948) (Abschnitt 2.2.2.2).

Abb. 1: Übersicht der theoretischen Bezüge

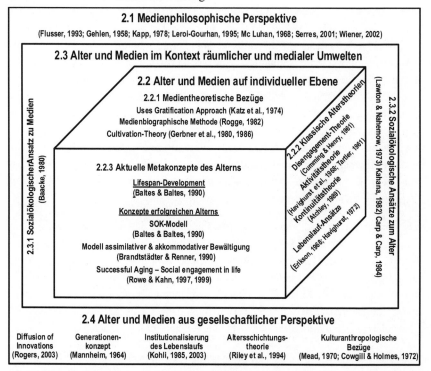

In Abschnitt 2.2.3 werden die beiden modernen Metakonzepte beschrieben, die auch zentral für diese Arbeit sind. Aus der Entwicklungspsychologie der Lebensspanne folgt zunächst das Konzept von Altern als lebenslanger Entwicklungsprozess (Abschnitt 2.2.3.1), danach folgt das Konzept erfolgreichen Alterns, spezifiziert an drei mediengerontologisch relevanten Modellen, die prozess- oder ressourcenorientiert ausgerichtet sind: dem SOK-Modell (Baltes & Baltes, 1990), das Modell der Assimilation und Akkommodation (Brandstädter, 2007; Brandstädter & Renner, 1990) und dem Modell des „Successful engagement in life" (Rowe & Kahn, 1999) (Abschnitt 2.2.3.2).

In Abschnitt 2.3 wird „Alter und Medien im Kontext räumlicher und medialer Umwelten" beleuchtet. Hierzu können sozialökologische Bezüge aus der Medienforschung (Abschnitt 2.3.1) wie auch aus der Ökogerontologie genannt werden (Abschnitt 2.3.2), die zum Teil konzeptionelle Schnittmengen aufweisen.

Neben der individuellen Ebene stellen die theoretischen Ansätze von „Alter und Medien aus gesellschaftlicher Perspektive" (Abschnitt 2.4) den zweiten Schwerpunkt dar. Im Kern werden hier soziologisch fundierte Theorien vorgestellt, die einerseits Alter als Lebensphase und Kohorte thematisieren, andererseits die Entwicklung und Verbreitung von Medien beschreiben. Letztere bezieht sich auf die Theorie „Diffusion of innovation" von Rogers (2003), deren Grundannahmen am Beispiel des Internets exemplifiziert werden (Abschnitt 2.4.1). Danach erfolgt das Generationenkonzept von Mannheim (1964), dem eine Erweiterung durch das Konzept Medienpraxiskulturen von Schäffer (2003) angefügt ist (Abschnitt 2.4.2). Dabei wird eine Spezifikation anhand der fokussierten Kohorte 1930-1932 vorgenommen sowie ein Exkurs zur Entwicklung des Fernsehens aus der Zeitperspektive dieser Kohorte. Die folgenden drei Abschnitte weisen theoretische Bezüge zu Alter als Lebensphase auf, wobei zunächst auf die Institutionalisierung des Lebenslaufs nach Kohli (1985, 2003) eingegangen wird (Abschnitt 2.4.3). Die Theorie der Altersschichtung von Riley und Kollegen (1994) (Abschnitt 2.4.4) wie auch die beiden weiteren kulturanthropologischen Ansätze von Mead (1971) und Cowgill und Holmes (1972) (Abschnitt 2.4.5) stellen Analysen moderner technisierter Gesellschaften dar, die in unterschiedlicher Weise gesellschaftliche Ausgrenzungsphänomene älterer Menschen problematisieren. Vor dem Hintergrund bestehender gesellschaftsstruktureller Zugangsschwierigkeiten und Barrieren älterer Menschen zu technischen und medialen Innovationen werden diese Konzepte kritisch diskutiert.

In Abschnitt 2.5 „Ergänzende Sichtweisen zu Alter und Medien" werden vier zentrale Altersthemen vorgestellt, die Alter(n) und Mediennutzung in spezifischer Weise tangieren. Es handelt sich um die Bereiche Wohnen, Freizeit, Gesundheit und soziale Beziehungen. Abschließend erfolgt in Abschnitt 2.6 ein „Resumée und Forschungsdefizite" zur theoretischen und empirischen Befundlage.

Eingeführt wird der Theorieteil mit einem Prolog zu „medienphilosophischen Überlegungen" (Abschnitt 2.1). Hierzu wird ein Diskurs über die Intention von Medien- und Technikentwicklung im Kontext der Phylo- und Ontogenese des Menschen geführt, die in der Kernaussage mündet, dass Medien und Technik mehr sind als bloße Prothesen und Kompensationsmittel – sie implizieren auch die Möglichkeit, als Ressource für Entwicklungsgewinn, als Verstärker und zur „Befreiungsgeste" genutzt zu werden.

2.1   Medienphilosophischer Hintergrund

Seitens der Philosophie wurde die Rolle von Technik und Medien im Prozess menschlicher Zivilisation sowie deren Relevanz für die Kultur wenig beleuchtet (vgl. Hartmann, 2003b). Aus verschiedenen medienphilosophischen und medienanthropologischen Ansätzen lassen sich jedoch zu diesem Themenkomplex Denkfiguren ableiten, die darüber hinaus auch einen Bezug zum Alter bieten. Im Wesentlichen sind es drei miteinander zusammenhängende Aspekte bzw. Ambivalenzen, die skizziert werden können:

2.1.1 Theoretische Konzepte: Medien und Technik als Prothese

Erstens besteht eine geisteswissenschaftliche Denktradition, Technik und Medien aus dem Blickwinkel der Kompensation und Prothese zu beschreiben und diese „Kunstprodukte"[1] weit mehr als Ersatz und Entlastung denn als Erweiterung und Extension des Menschen zu verstehen. Zweitens werden Technik und Medien als den Menschen gegenüber betrachtet, als Entgegensetzung zu Mensch und Natur. Gleichzeitig werden in diesen „Kunstprodukten" Entsprechungen und Analogien zur Anatomie und zum Körper des Menschen gesehen. Drittens findet sich eine normative Ambivalenz gegenüber Technik und Medien. Einerseits werden sie als (über-)lebensnotwendig erachtet; andererseits besteht eine ausgeprägt kulturkritische Denktradition, die im technischen Fortschritt die Gefahren einer unkontrollierbaren Abhängigkeit oder Retardierung menschlicher Fähigkeiten sieht.

Bereits im babylonischen Talmud (Traktat Sanhedrin 38b) wird mit der Geschichte von Adam und Golem die kritische Entgegensetzung von Mensch und Künstlichkeit angezeigt. Während Adam aus der Erde geformt ist und als natürliches Wesen den heiligen Atem zum Leben eingehaucht bekommt, stellt Golem ein aus toter Materie geschaffenes unbeseeltes Kunstwesen dar. Es symbolisiert die Fähigkeit des Menschen, Übermenschliches zu erschaffen, gleichzeitig aber auch die Gefahr, die Kontrolle über das Kunstprodukt verlieren zu können.

Mit dem Aufkommen des Zeitalters der Aufklärung wurde das Menschenbild Adams nicht mehr als „unbedingt ideale Schöpfung" (Hartmann, 2003a, S. 164), sondern als ein von Natur aus unperfektes Lebewesen wahrgenommen. So schreibt 1770 Herder in seiner „Abhandlung über die Entstehung der Sprache": „Als nacktes, instinktloses Tier betrachtet, ist der Mensch das elendeste Wesen" (zitiert nach Hartmann, 2003a,

---

[1]   Der Begriff Technik, wie er im 18. Jahrhundert aus dem Französischen übernommen wurde, steht für Künstlichkeit und Kunstprodukte (Hartmann, 2003b, S. 49).

S. 168). Um seine defizitäre Natur zu überwinden, bedarf es zu Kompensationszwecken der Erfindung von Technik und Sprache. Einer der Hauptvertreter der Philosophischen Anthropologie, Arnold Gehlen, kreierte daraus den Begriff des „Mängelwesens": „sinnesarm, waffenlos, nackt, in seinem gesamten Habitus embryonisch, in seinen Instinkten verunsichert" (Gehlen, 2003, S. 8). Aus der Perspektive dieses Leitbildes vom Menschen wurde evolutionsgeschichtlich Technik und später Medien als Mittel zur Befreiung des Menschen vom tierischen Zustand, als Befreiung von der Natur zur Kultur und als Mittel zur Welterschließung angesehen (Hartmann, 2003a). Die vom Menschen geschaffenen Medien und Technologien stellen Hilfsmittel zur Kompensation und Substitution menschlicher Mängel dar bzw. Prothesen, wie es Freud (1974) ausdrückte.

Dabei besteht eine geisteswissenschaftliche Tradition, in Architektur und Funktionalität von Technik und Medien Bezüge zum Menschen herzustellen, zumeist durch Analogien zur Anatomie des Menschen. So verglich 1877 Ernst Kapp (1978) in seinen „Grundlinien einer Philosophie der Technik" technische Apparate mit menschlichen Organprojektionen. Alle technischen Erfindungen beruhen auf Imitationen des Körpers. Die Hand gilt als das erste und wichtigste Orientierungs- und Veränderungsorgan, mit der „Hand-lungen" vollführt werden können (Sass, 1978). Es ist nach Kapp (1978, Vorwort S. 5f.) eine „unbestreitbare Thatsache [...] dass der Mensch unbewusst Form, Functionsbeziehung und Normalverhältniss seiner leiblichen Gliederung auf die Werke seiner Hand überträgt und dass er dieser ihrer analogen Beziehungen zu ihm selbst erst hinterher sich bewusst wird". Es geht ihm in seinem Werk um „dieses Zustandekommen von Mechanismen nach organischem Vorbilde, sowie das Verhältnis des Organismus mittels mechanischer Vorrichtungen, und überhaupt die Durchführung des als Organprojection aufgestellten Princips für die, nur auf diesem Wege mögliche, Erreichung des Zieles der menschlichen Thätigkeit" (ebd.). Hammer und Axt sind demzufolge eine Nachbildung der Faust, die Fotokamera entspricht dem Auge, der Telegraf kopiert das Nervensystem, und Schienenwege und Dampferlinien stellen eine Projektion von Blutgefäßen dar.

Gehlen (1957) führte 1940 diese Analogie weiter und differenzierte Technik in die Bereiche der Organverstärkung (Hammer erhöht die Muskelkraft), der Organentlastung und der Organausschaltung (Maschinen entlasten oder ersetzen menschliche Handlungen). Die Entwicklung von Technik wird bei ihm als ein Urtrieb des Menschen verstanden, verbunden mit der Sehnsucht nach Vollkommenheit bzw. dem Versuch, den perfekten Tieren ähnlicher zu werden. Technik und Medien können sowohl konstruktiv als auch destruktiv wirken, „schon der roheste Faustkeil trägt dieselbe Zweideutigkeit in sich, die heute der Atomenergie zukommt: er war ein brauchbares

Werkzeug und zugleich eine tödliche Waffe" (Gehlen, 1957, S. 7). Tatsächlich sieht Gehlen aber eine nahezu deterministische Tendenz des Menschen, Technik und Medien überwiegend destruktiv zu nutzen. Allen voran würden die elektronischen Massenmedien zu einer „Primitivisierung" des Geistes führen (ebd., S. 33f.)

In dieser Denktradition steht auch Freud, der vor dem Hintergrund der Kriegsmaschinerie des Ersten Weltkriegs und der beginnenden Durchdringung von technischen und medialen Geräten in der menschlichen Lebenswelt den technologischen Fortschritt kritisch beurteilt. Motor, Schiff und Flugzeug, Fernrohr und Kamera, Brille, Telefon und Schrift erweitern motorisch und sensorisch den Menschen und machen ihn gottähnlicher, aber gleichzeitig auch unglücklicher (Freud, 1974). In seinen Kulturanalysen „Unbehagen in der Kultur" von 1930 sieht er den Menschen als einen unglücklichen „Prothesengott": „recht großartig, wenn er alle seine Hilfsorgane anlegt, aber sie sind nicht mit ihm verwachsen und machen ihm gelegentlich noch viel zu schaffen [...] Ferne Zeiten werden neue, wahrscheinlich unvorstellbar große Fortschritte auf diesem Gebiete der Kultur mit sich bringen, die Gottähnlichkeit noch weiter steigern. Im Interesse unserer Untersuchung wollen wir aber auch nicht daran vergessen, dass der heutige Mensch sich in seiner Gottähnlichkeit nicht glücklich fühlt" (ebd., S. 222).

Als einer der populärsten und am meisten diskutierten Medientheoretiker betrachtete Marshall McLuhan (1968a,b) die Entwicklung der Kommunikationsmedien integrativ zur menschlichen und kulturellen Evolution, indem er Medien als Ausweitungen der menschlichen Sinnesanlagen interpretiert. Ähnlich wie Kapp oder Gehlen vergleicht McLuhan auch die elektronischen Medien mit Körperorganen und dem Nervensystem. Allerdings mit einem anderen Fokus: Medien werden weniger als Kompensations- und Substitutionsmittel verstanden, sondern als Erweiterungen menschlicher Sinne. Bezeichnenderweise führt sein Klassiker „Understanding Media" von 1964 den programmatischen Untertitel „The Extensions of Man". Gleichzeitig geht aber eine solche Ausweitung mit einer unbewusst bleibenden Selbstamputation einher: „Das Sehen, Verwenden oder Wahrnehmen irgendeiner Erweiterung unserer selbst in technischer Form heißt notwendigerweise auch sie einbeziehen. Radio hören oder eine bedruckte Seite lesen heißt, diese Ausweitungen unserer Selbst in unser persönliches System aufzunehmen und die 'Schließung' oder die Verdrängung der Wahrnehmung, die darauf automatisch folgt, mitmachen. Gerade die dauernde Aufnahme unserer eigenen Technik in den Alltag versetzt uns in die narzistische Rolle unterschwelligen Bewusstseins oder der Betäubung in Bezug auf diese Abbilder von uns selbst" (McLuhan, 1968b, S. 55).

Dabei gehen die nachhaltigen Wirkungen auf die Gesellschaft nicht von den Inhalten der Medien aus, sondern von ihren spezifischen technischen Merkmalen, sozusagen von ihrer Architektur oder Archäologie, der Informationsverbreitung. McLuhan (ebd., S. 13) umschrieb dies als „the medium is the message"; in ähnlicher Weise Kittler als „Materialitäten der Kommunikation" (vgl. Hartmann, 2003b, S. 61). Nicht was geschrieben, gedruckt oder gesendet wird, hat die menschliche Evolution verändert, sondern die mit dem neuen dominierenden Medium einhergehenden technischen Strukturen der Welterschließung. Mit der Ablösung einer mündlichen „Ohr-Kultur" etablierte sich eine Schriftkultur, der wiederum eine Printkultur („Gutenberg-Galaxis") und eine elektronische Kultur („global village") folgte. Da die „menschliche Weltwahrnehmung abhängig ist von der jeweils kulturell realisierten medialen Technizität" (Hartmann, 2003b, S. 57), brachte jede der vier von McLuhan postulierten Epochen ein neues Verhältnis von Zeit, Raum bzw. von Macht und Geschwindigkeit hervor und veränderte dadurch die Gesellschaft in ihren politischen, räumlichen und kommunikativen Verhältnissen (vgl. Kloock & Spahr, 2000, S. 59ff.).[2]

McLuhan sah diese Entwicklung keineswegs negativ (vgl. Hartmann, 2000; Kloock & Spahr, 2000). Nach Eco (1989) könnte man ihn aufgrund der Hervorhebung kultureller Potenziale elektronischer Medien zu den wenigen „Integrierten" rechnen. Stattdessen findet sich eine Vielzahl kulturpessimistischer „Apokalyptiker", die das Aufkommen neuer Medien mit negativen Szenarien verbinden. Bereits Sokrates kritisierte im Dialog mit Phaidros die Schrift als negative Erfindung für das Gedächtnis und pries die Rhetorik. Das Medium, das bis heute in der Geisteswissenschaft am kritischsten betrachtet wird, ist das Fernsehen. Zumeist im Kontrast zur positiv konnotierten Schrift- und Druckkultur sehen Freud (1974), Anders (1987), Gehlen (1957), Marcuse (1967), Horkheimer und Adorno (1969), Winn (1979), Mander (1979), Postman (1983, 1988), von Bismarck und Kollegen (1985) oder Huter (1988) im Fernsehen die Gefahr der Entfremdung zur realen Welt und zum Mitmenschen, ein Medium, das anstelle von Bildung nur Unterhaltung und Amüsement bietet, das als Leitmedium einer Kulturindustrie demokratisches und partizipatives Denken narkotisiert, das zur Droge wird und damit zur Verdummung und Verrohung führt etc. (vgl. Aufenanger, 2007).

Hartmann (2000, S. 233) nennt dies eine puritanische Denkfigur, die einer privilegierten Kommunikation verhaftet ist und „ein elitäres Gefälle aufweist: von der abstrakten Bildung zum konkreten Bild, vom Buch zu Foto und Film, von der Elite zur Mas-

---

[2] In dieser Denktradition bezieht sich der kanadische Literaturwissenschaftler McLuhan auf den kanadischen Wirtschaftshistoriker Innis (1950, 1951). Ähnliche medienhistorische Gesellschaftsmodelle verfassten u.a. auch Meyrowitz (1987) und Flusser (1993).

se". Dies impliziert auch eine kritisch-skeptische Haltung gegenüber jeglichen Formen von optischen Abbildern. Schon Kant steht in dieser Denktradition, als er 1790 in seiner „Kritik der Urteilskraft" das alttestamentarische Bilderverbot zwecks Hebung der Moralität verteidigte und sich gegen alle „abgezogene Darstellungsarten", „Bilder und kindliche Apparate" in ideologiekritischer Weise wehrte: „Daher haben auch Regierungen gerne erlaubt, die Religion mit dem letzteren Zubehör reichlich versorgen zu lassen, und so dem Untertan die Mühe, zugleich aber auch das Vermögen zu benehmen gesucht, seine Seelenkräfte über die Schranken auszudehnen, die man ihm willkürlich setzen, und wodurch man ihn, als bloß passiv, leichter behandeln kann" (Kant, 1974, Bd. X, S. 201). Die „Kritische Theorie" der Frankfurter Schule hat ca. 150 Jahre später ähnlich argumentiert und die Machtapparate staatlicher Kulturindustrie kritisiert (vgl. Adorno, 1963; Horkheimer & Adorno, 1969).

Als Beginn eines völlig neuen Zeitalters in der menschlichen Evolution wird das Aufkommen der Computertechnologie und damit einhergehend die Mikroelektronik und die Wissensvernetzung durch Online-Medien in der Medienphilosophie wahrgenommen. Tatsächlich haben sich seit den 1990er Jahren in den westlichen Gesellschaften die beiden Hauptrepräsentanten dieser neuen Epoche, der Computer und das Internet, rasant verbreitet und prägen zunehmend die heutige Alltags- und Berufswelt. Dies gilt mittlerweile auch in qualitativer Hinsicht, wenn der kompetente Umgang mit dem Computer von der Bildungsprofession, neben Schreiben, Lesen und Rechnen, als vierte Kulturtechnik postuliert wird (vgl. Schäffer, 2003).

Bereits die Verbreitung der elektronischen Medien wurde von zahlreichen Medientheoretikern wie McLuhan (1968a,b), Flusser (1993), Postman (1988) oder Meyrowitz (1987) als das Ende der Schriftkultur interpretiert, als das Ende der „Gutenberg-Galaxis" (McLuhan, 1968a). Der Literaturwissenschaftler Kittler (1986) sprach von einer „Zwischenzeit" zwischen zwei medialen Monopolen. Vormals beruhte die Medienvielfalt auf dem Monopol der Schrift, ihr Nachfolger wird das neue Universalmedium Computer sein. Fernsehen und Radio galten als Vorläufer von „Medienverbundsystemen". Aber erst der Computer schaffte es, bislang getrennte Datenflüsse von Bild, Ton, und Wort digital zu vereinheitlichen (ebd., S. 8) und damit eine Vielzahl an Endgeräten in einem Universalmedium zu bündeln.

Die Tradition der Organprojektion und „Anthropomorphisierung" (Tietel, 1995) wird dabei fortgeschrieben. Rechenmaschinen werden als „Elektronengehirne" bezeichnet oder umgekehrt das Gehirn als Rechenmaschine (Wiener, 2002); der Computer gilt als „kosmisches Gehirn" (Flusser, 1989) oder als „kollektives Gehirn" (Levy, 1997; vgl. Ellrich, 2003). Im Sinne der Prothesen- und Kompensationstheorie vermag der

Computer als gigantischer Denk- und Speicherträger das menschliche Gehirn zu ersetzen oder zu verstärken. Der deutsche Computerpionier Konrad Zuse, der bereits in den 1930er Jahren Rechenengeräte entwickelte, charakterisierte den Computer als Intelligenzverstärker (vgl. Hartmann, 2003b, S. 70). Als eine moderne Fortschreibung dieser Denkweise beschreibt Hartmann (2003a, S. 165) den Diskurs um die technische Intelligenz, die sich im Spannungsfeld zwischen „Artificial Intelligence" (AI) und „Intelligence Amplification" (IA) abspielt: Während bei AI die Ersatzfunktion menschlicher Intelligenz im Vordergrund steht, ist es bei der IA die Intelligenzverstärkung.

Nach Ansicht Kittlers hat der Mensch mit der Erfindung des Computers den Status des steuernden Subjekts verloren und die Technik hat sich endgültig vom Menschen emanzipiert. Der Computer stellt insofern eine Art perfekten Golem dar (vgl. Kloock & Spahr, 2000, S. 197). Ähnlich wie die Poststrukturalisten Foucault oder Lacan sieht auch Kittler in dieser Medienentwicklung einen Verlust an Autonomie des Menschen gegenüber eines immer unkontrollierbarer werdenden Technikapparats (vgl. Kloock & Spahr, 2000, S. 167). Die immer anwenderfreundlichere Software geht mit einem Verlust an Kompetenz und Kontrolle einher, „weil die icons die Schreibakte der Programmierung verstecken" (Kittler, 1993, S. 233). Der Computeruser haftet an der (Benutzer-)Oberfläche, verliert dadurch das Wissen über das dahinterliegende System und dessen Programmiersprache und wird so abhängig und dumm gemacht.

Eine bemerkenswerte Sonderstellung zwischen „Integrierten" und „Apokalyptikern" nimmt Vilem Flusser (1993, 1998) in Bezug auf das analoge und digitale Zeitalter ein. Flusser vertritt keinen Prothesen- oder Kompensationsansatz, wenngleich er die Gegenwart der 1980er Jahre und Zukunft medienkritisch wahrnimmt. Ähnlich wie Freud befürchtet er eine zunehmende Beherrschung und „Passivierung" der Menschen durch Apparate und Medien. Technische Bilder, allen voran Fernsehbilder, und deren Produzenten (Senderanstalten) könnten die Gesellschaft umso leichter beherrschen, je mehr es an einer dialogischen Kommunikationsstruktur fehle. Die Folge wäre ein technisch bedingter „postindustrieller Faschismus" (vgl. Hartmann, 2000, S. 282). Da Flusser jedoch Medien phänomenologisch analysiert und nach der Intentionalität der Mediennutzung fragt, lehnt er eine deterministische Entwicklungsperspektive ab (vgl. ebd., S. 281; Kloock, 1995, S. 97). In seiner Theorie zur „Kommunikologie" sieht er, ähnlich wie McLuhan, die Entwicklung der Menschheit durch die jeweils dominierenden kulturellen Codes bestimmt. Dabei hat sich im 20. Jahrhundert infolge der gesellschaftlichen Durchdringung mit telematischen Medien wie Fotografie, Telegrafie und Television der Code grundlegend geändert. Dominierten durch die Schriftkultur alphabetische und alphanumerische Codes die „Grundstruktur des Daseins", so sind es nunmehr nicht-lineare Zeichen wie Bilder und Flächen bzw. „technoimaginäre Codes" (Flusser, 1983, S. 69ff.). Die Menschheit befindet sich derzeit in einem Adaptationsprozess, wobei ihre menschliche Einbildungskraft noch an die Prinzipien der Schriftkultur des „Gutenberg-Zeitalters" gewöhnt ist (Flusser, 1993, S. 251ff.). Daher sind die Folgen durch solch einen „Umsturz des Codes" bzw. einer Revolution der Kommunikationsverhältnisse für die zukünftige Gesellschaftsorganisation offen (vgl. Hartmann, 2000, 2003b). Im Idealfall entsteht nach Flusser eine „telematische Weltgesellschaft", eine dialogisch-vernetzte Gesellschaft, in der jedes Mitglied aktiv am Dialog und Diskurs teilnehmen kann, indem es medial kommuniziert, publiziert und produziert (Flusser, 1989; vgl. Kloock & Spahr, 2000, S. 91ff.).

In dieser offen gehaltenen Zukunftsprognose lassen sich in einem negativen Szenario Anleihen zur Kulturapokalypse eines Günther Anders (1987) finden: In seinem Klassiker „Die Antiquiertheit des Menschen" von 1956 sieht Anders durch das Näherbringen des Fernen eine Entfremdung und Isolierung des Menschen von der Wirklichkeit und seinen Mitmenschen beim Fernsehen (vgl. Hartmann, 2000). Gleichzeitig enthält Flussers Utopie einer offenen Kommunikationsgesellschaft Anleihen an Brechts (1967) Radiotheorie von 1932. Der 1991 verstorbene Flusser hätte vermutlich aus diesem Verständnis heraus das Internet mit seinen interaktiven und partizipativen Möglichkeiten und seiner „rhizomartigen" (Hartmann, 2000, S. 283) Grundstruktur als Chance zur Entwicklung einer telematischen Gesellschaft begrüßt. Denn er wünschte sich eine Weiterentwicklung des uni-direktionalen Fernseh-Sendens zu einer netzartigen Struktur, in der jedes Gesellschaftsmitglied senden und empfangen kann, ähnlich dem Telefon: „Wäre das Fernsehen ein Netz – wie es das Telefon ist –, dann könnten wir darin fernstehende Leute als unsere Nächsten erkennen und anerkennen: mit ihnen reden" (Flusser, 1993, S. 219). Er forderte daher eine „Umschaltung vom Bündel zu Netz, von verantwortungslosen Terminal zum verantwortungsvollen Knoten, und das Umbauen aller Kanäle von eindeutigen zu reversiblen" (ebd.). Merkmale, die bereits wenige Jahre später durch die rasante Verbreitung des Internets mit seinen Netzwerken wie „WorldWideWeb" und „Web2.0" Realität geworden sind.

Im aktuellen medienphilosophischen Diskurs spielen kulturapokalyptische Szenarien eine untergeordnete Rolle; es überwiegen integrative Ansätze.[3] Dabei werden nicht nur kulturpessimistische Auffassungen und Mensch-Technik-Analogien zurück-

---

[3] Auch Papst Johannes Paul II nahm eine technikoffene Einstellung ein, als er 2005 in einem Apostolischen Schreiben über die neuen digitalen Medien schrieb: „Fürchtet euch nicht vor den neuen Technologien! Sie sind unter den erstaunlichen Erfindungen der Technik - 'inter mirifica' -, die Gott uns zur Verfügung gestellt hat, um die Wahrheit zu entdecken, zu nutzen, bekannt zu machen, auch die Wahrheit über unsere Würde und über unsere Bestimmung als seine Kinder, Erben seines ewigen Reiches." (Christu, 2005, S. 1).

gewiesen (vgl. Ellrich, 2003, Wittwer, 2001).[4] Vielmehr werden die klassischen Prothesen- und Kompensationstheorien als unzureichend betrachtet, da sie die Novität
des neuen Zeitalters von Computertechnologie, Mikroelektronik und Wissenssystemen nicht erklären können. Auch wird im gegenwärtigen Diskurs die Entgegensetzung von Mensch und Technik/Medien in Frage gestellt. So fordert Ellrich (2003,
2005) in Bezug auf die Medienphilosophie des Computers, die Prothesen- und Kompensationstheorie der Technik zu demontieren.

Dies geschieht zum einen unter Bezugnahme auf die Theorie zur Kybernetik von
Norbert Wiener (2002) aus den 1950er Jahren, in der er einen fruchtbaren Denkanstoß zu einem neuen Verhältnis zwischen Mensch und Technik gibt (vgl. Ellrich,
2003, 2005; Hartmann, 2003a). Als Forschung zur Steuerungs-, Regelungs- und
Nachrichtentechnik geht es bei der Kybernetik um Fragen des Informationsaustausches und seiner Rückkopplungen. Die organische oder materielle Beschaffenheit seiner Träger ist dabei unwichtig, weshalb auch kein prinzipieller Unterschied
zwischen Apparaten und Körpern, zwischen der technischen und der organischen
Hülle von Informationsverarbeitung gemacht wird (Hartmann, 2003a, S. 166). Illustriert werden kann dies anhand der Medizintechnik, mit der z.B. ein Blinder mittels
akustischer Signale eine visuelle Wahrnehmung übersetzt bekommt und auf diese
Weise Sinnstiftung erfährt. Diese technischen Geräte stellen nicht allein Prothesen für
organische oder sensorische Dysfunktionen dar, sie bieten darüber hinaus eine mediale Übersetzungsleistung für kognitive Prozesse. Im Gegensatz zu traditionellen Maschinen, die als Verlängerung menschlicher Kraft gesehen werden, betrachtet Wiener
(2002, S. 212) in künstlichen Automaten eine Verlängerung des Verstandes, da sie als
Lieferanten einfacher Entscheidungen fungieren. In ähnlicher Weise widerspricht
auch Bateson (1999) der klassischen Entgegensetzung von Mensch und Maschine/Technik. Da es kein originär subjektives Bewusstsein gibt, leitet er davon eine
Kybernetik des „Selbst" ab. Denn auch die Psyche unterliegt einem Regelmechanismus, der von der Umwelt und seinen Interaktionen abhängt (vgl. Hartmann, 2003a, S.
164). Die Definition, was die Grenzen des Subjekts ausmacht, ist folglich ein kulturelles Konstrukt. Nach Bateson kann z.B. ein Blinder mit seinem Stock als ein gemeinsames System verstanden werden. Auch die Erfindung des Fotoapparats im 19.
Jahrhundert lässt sich als ein gemeinsames Wahrnehmungssystem von Mensch und
Technik beschreiben. Noch einen Schritt weiter geht Latour (1998) in seiner Akteur-

---

[4] So weisen Searle (1990) und Kittler (1986) einen Vergleich zwischen Computer und Gehirn entschieden
zurück. Bloch (1959) sieht eine Entwicklung, in der Technik und Maschinen den menschlichen Organen
immer unähnlicher werden und spricht von einer „Entorganisierung". Ullrich (1988) lehnt den Begriff des
Mängelwesens ab, da der Mensch durch seine Intelligenz und Reflexion die Prinzipien der Organausschaltung und Organverstärkung selber hervorbringen kann.

Netzwerk-Theorie, in der er menschliches Handeln mit Technik als ein „Zusammen-handeln-mit" versteht und Mensch und Technik im Kollektiv als ein „Hybridakteur" betrachtet (vgl. Schäffer, 2003, S. 29).

Zum anderen gehen Leroi-Gourhan (1995) und Serres (2001, 2002) in ihren jeweili-gen theoretischen Ansätzen über die klassischen Prothesen- und Extensionsansätze hinaus, indem beide die Technik- und Medienevolution als fortlaufende medienanth-ropologische „Befreiungsgesten" beschreiben. Während die ersten technischen Erfin-dungen allein zur Entlastung des menschlichen Körpers beitrugen, ermöglichten die drei Medien Schrift, Buchdruck und Computer eine Auslagerung oder „Exteriosie-rung" des Geistes (Leroi-Gourhan, 1995). Beide Ansätze unterscheiden sich jedoch hinsichtlich des Menschenbildes, das diese Entwicklung steuert. Serres (2002) geht vom Menschenbild des Mängelwesens aus und betrachtet die Befreiungsgesten als Ausdruck eines Prozesses zur immer noch unabgeschlossenen Menschwerdung: „Als einziges Tier, dessen Körper verliert, bringt der Mensch Techniken hervor, deren Ge-schichte die Menschwerdung vorantreibt" (ebd., S. 205). Hingegen sieht Leroi-Gourhan in der Phylogenese kein deterministisches Programm der Menschwerdung, da es *den* Menschen als solchen nicht gibt. Vielmehr verändert sich die Spezie Mensch ständig „in Abhängigkeit von ihren Innovationen auf dem Gebiet des Werk-zeug- und Symbolgebrauchs" (Hartmann, 2003a, S. 167).

Durch Schrift, Buchdruck und Computer befreit sich das Gedächtnis in dreifacher Weise (Serres, 2002). Dabei erhält es durch den Computer eine enorme kognitive und kreative Freisetzung und kann im Gegenzug auf bestimmte Kompetenzen und Fähig-keiten verzichten: „Unser kognitiver Apparat befreit sich von möglichen Erinnerun-gen, um Raum für Erfindungen zu schaffen. [...] Die alten kognitiven Fähigkeiten, die wir für persönlich und subjektiv hielten, werden durch die neuen Technologien kollektiv und objektiv. Wir verlieren die einen und gewinnen die anderen. Reden wir nicht mehr so, als hätte die alte Psychologie der geistigen Fähigkeiten noch Geltung" (ebd., S. 203). Das vormals als bedeutsam für das Gedächtnis eingeschätzte Auswen-diglernen von Gedichten ist nach Serres didaktischer Anachronismus, da er den Geist nur belastet. Es war „Ausdruck einer mangelnden kulturellen Organisation medialer Speicher" (Hartmann, 2003a, S. 167). Durch die gigantischen Speicher- und Träger-medien wird es sinnvoll und notwendig, eine „Ökonomie des Vergessens" (ebd.) zu erschaffen, um das Potenzial neuer kognitiver Freiräume auszuschöpfen.[5] Große

---

[5]　Tatsächlich könnte in diese Richtung ein Befund aus der gerontologischen Kognitionsforschung gewertet werden, wonach seit den 1960er Jahren in der Seattle Longitudinal Study ein negativer Kohorteneffekt hin-sichtlich numerischer Fähigkeiten konstatiert wird (Schaie, 2005). Offensichtlich ging durch das Auf-kommen einfach handhabbarer Rechenmaschinen wie dem Taschenrechner in jüngeren Kohorten das Kopf-rechnen zurück.

Hoffnung setzt Serres (2002) in das Internet. Als ein Medium ohne Zentrum bietet es mit seinem hypertextuell strukturierten Wissensraum neue Modalitäten des Zugriffs auf Wissen. Es entsteht eine neue kulturelle Topologie des verteilten Wissens, was zum einen die Reproduktion von Wissen und damit auch die Pädagogik ändern wird. Zum anderen eröffnen sich für bislang ausgegrenzte Kulturen und Bevölkerungsschichten folgenreiche Zugänge zu Wissensquellen.

Im Gegensatz zu den klassischen Denkfiguren sieht die moderne medienphilosophische Denkweise keine Entgegensetzung oder Entsprechung von Mensch und Technik bzw. Medien, sondern ein koevolutionäres Verhältnis. In diesem Sinne schlussfolgert Hartmann (2003a, S. 168): „Medien sind also etwas grundsätzlich anderes als bloße Prothesen".

2.1.2 Altersbezogene Implikationen

Aus den medienphilosophischen Überlegungen lassen sich mehrere Bezüge und Ableitungen zum Alter und Altern herausstellen. Eine naheliegende Implikation steckt in der klassischen Denktradition, Medien und Technik als Prothese und Kompensation menschlicher Unzulänglichkeiten zu verstehen. Besonders aus einem defizitorientierten Altersbild erscheint diese Denkfigur auf das Alter naheliegend. Ältere Menschen kompensieren ihre sensorischen, motorischen, kognitiven Verluste mit Hilfe von technischen Apparaten. Speziell soziale und kommunikative Verluste werden durch Medien, insbesondere das Fernsehen, kompensiert oder auch substituiert. Tatsächlich dominiert bis heute diese Perspektive in der Medienforschung zu älteren Menschen (siehe Abschnitt 2.2.1.3.6). Aber auch in der Alternsforschung gab es bis in die 1990er Jahre die Tendenz, „ausschließlich von einer eingeschränkten Kompetenz des Menschen auszugehen" (Kruse, 1992, S. 669) und Technik und Medien im Fokus der Kompensation zu betrachten (vgl. Vandebosch & Eggermont, 2002).

Das moderne gerontologische Altersbild einer lebensspannenbezogenen Entwicklung bricht jedoch mit dieser Denkfigur und zwar in zweifacher Hinsicht: Erstens wird Altern nicht nur mit Entwicklungsverlusten gleichgesetzt, sondern auch mit Entwicklungsgewinnen, wenngleich sich der Schwerpunkt mit zunehmendem Alter verschiebt (siehe Abschnitt 2.2.3.1.2). Schon diese Denkweise impliziert die Möglichkeit, Medien und Technik nicht bloß als Prothese und Kompensation zu verstehen, sondern auch als Ressource für Stimulanz, Unterstützung, Aufrechterhaltung und Erweiterung von Fähigkeiten, Fertigkeiten und Kompetenzen (Stichwort „altersfreundliche Umwelten", Kruse, 1992). Speziell digitale Medien wie das Internet könnten in besonderer Weise auch im Alter als Befreiungsgesten relevant werden. Dies tangiert einen zweiten Aspekt:

Der äußerst heterogen verlaufende Entwicklungsprozess wird in der lebensspannen-bezogenen Alternsforschung differenziert in ein relativ gesundes Drittes Alter und ein vulnerables Viertes Alter (siehe Abschnitt 2.2.3.1.1). Die Metapher der Prothese lässt sich dahingehend differenzieren, dass besonders im Dritten Alter Medien und Technik ihren Funktionsschwerpunkt als Verstärker und als Befreiungsgesten besitzen, während im Vierten Alter zunehmend solche Kunstprodukte als Ersatz und Kompensation fungieren. Der hochaltrige Mensch als „unvollendete Architektur der menschlichen Ontogenese" (Baltes, 1999a,b) steht sozusagen als Inbegriff des kultur-notwendigen Mängelwesens (siehe Abschnitt 2.2.3.1.3). Diese beiden Funktionsschwerpunkte lassen sich ebenso aus dem sozialökologischen Passungsmodell von Carp und Carp (1980, 1984) ableiten. Danach können Medien und Technologien als Umwelten gedacht werden, die kongruent für die Gratifikation von Wachstumsbedürfnissen genutzt werden, oder komplementär kompensierend für basale Bedürfnisse (siehe Abschnitt 2.3.2).

Eine weitere Implikation lässt sich aus dem postulierten koevolutionären Verhältnis zwischen Mensch und Technik ableiten. Da nach Baltes (1999a,b) speziell das Vierte Alter als die Lebensphase mit dem höchsten Kulturbedarf gekennzeichnet ist, bietet dieser Lebensabschnitt ein enormes Potenzial für technologische Innovationen, die letztlich im Sinne Serres (2002) zur menschlichen Entwicklung bzw. zur weiteren Menschwerdung beiträgt.

Die gegenwärtige Phylogenese von Mensch und Technologie beinhaltet aber auch eine paradoxe Komponente in Bezug auf das Gedächtnis. Auf medienphilosophischer Seite wird in den technologischen Innovationen eine Entwicklung zur fort-schreitenden Exteriosierung des Geistes gesehen. Auf gerontologischer Seite wird als Folge des demografischen Wandels die gesellschaftliche Bedeutung demenzieller Erkrankungen zunehmen. Während also auf der einen Seite eine „Ökonomie des Vergessens" (Hartmann, 2003a, S. 167) zur Freisetzung neuer kognitiver und kreativer Potenziale propagiert wird, sieht sich auf der anderen Seite die natur- und humanwissenschaftliche Forschung mit Formen demenzieller Erkrankungen konfrontiert und ist bestrebt, die Symptome des Vergessens und der Auslöschung des Gedächtnisses zu enträtseln. Im Sinne Luhmanns könnte man diese Koinzidenz gegensätzlicher „geistiger" Entwicklung als eine „paradoxe Simultanpräsenz" interpretieren (vgl. Bette, 2005): Gedächtnisaufwertung durch moderne Technik und gleichzeitig Gedächtnis-abwertung durch Demenzerkrankungen im Alter.

Aus diesem medienphilosophischen Prolog lässt sich schlussendlich die Frage ableiten, inwiefern die klassischen und modernen Menschen- und Technikbilder in der gegenwärtigen Medien- und Alternsforschung präsent sind. Gehen diese über die Konzepte zum Mängelwesen Mensch und zur Kompensations- und Prothesenfunktion von Technik und Medien hinaus? Finden sich Ansätze, Medien auch als Ressource und als Befreiungsgeste im Alter zu betrachten? Diese grundsätzliche Perspektive prinzipiell offener Möglichkeiten und Potenziale von Medien und Technik von (alternden) Menschen soll die vorliegende Arbeit begleiten. Alter und Medien auf individueller Ebene

2.2.1 Medienwissenschaftliche Bezüge zum Alter

2.2.1.1 Der Uses and Gratification Approach

In der Medien- und Kommunikationsforschung stellt die publikumszentrierte Perspektive das dominante Metakonzept dar. Dabei nehmen der „Uses and Gratification Approach" und seine Modifikationen eine exponierte Stellung ein. Im Mittelpunkt dieses Ansatzes steht die Erfassung von Funktionen und Bedürfnissen der Mediennutzung. Hierzu besteht eine breite evidenzbasierte Befundlage zu älteren Menschen.

2.2.1.1.1 Von medien- zu publikumszentrierten Nutzungsmodellen

In der Massenkommunikationsforschung des 20. Jahrhunderts dominierte über Jahrzehnte eine behavioristische Perspektive, bei der Medien eine mächtige Wirkung auf Mensch und Gesellschaft zugestanden und Mediennutzung als ein passives Reagieren auf einen medialen Reiz verstanden wurde. In den „effect-studies" und „campaign-studies" kamen zumeist einfache Stimulus-Response-Modelle bzw. sogenannte „Hypodermic needle"-Konzepte zum Tragen wie z.B. das informationstechnische Kommunikationsmodell von Shannon und Weaver (1949): Ein Sender produziert einen Medienstimulus und verbreitet diesen über technische Systeme an disperse, isolierte Empfänger. Oder anders ausgedrückt: Botschaften werden dem Rezipienten „injiziert", worauf dieser eine (vorhersagbare) verhaltens-, einstellungsbezogene Wirkung zeigt (vgl. Jäckel, 2008). Diese aus der Naturwissenschaft stammende Theorie zur physikalischen Signalübertragung beinhaltete eine Fragestellung, die bezeichnend für diese Wirkungsforschung war: Was „machen" die Medien mit den Menschen?

Diese „medienzentrierte Perspektive" (Renckstorf, 1989, S. 315) oblag auch metatheoretischen Konzepten zur Vergesellschaftung durch Massenmedien, die seit den 1950er Jahren mit der Verbreitung des Fernsehens entstanden und eine überwiegend kulturpessimistische Konnotation aufwiesen (z.B. Adorno, 1963; Anders, 1987; Marcuse, 1967). Dieses Bild der Allmacht von und Ohnmacht gegenüber Medien korrespondierte mit einer weiteren nachhaltigen Perspektive, die Schulz (1989, S. 140) als

„ptolemäische Sichtweise" umschrieb: Medien wurden als Spiegel und Abbild der Wirklichkeit betrachtet.

Das Bild von Medien wandelte sich erst in den 1970er Jahren, als Medien als integraler Bestandteil der Gesellschaft wahrgenommen wurde und als System von Wirklichkeitskonstruktionen (Berger & Luckmann, 1966; Luhmann, 1975; Mc Leod & Chaffee, 1972). Schulz (1989) beschreibt dies als Wandel hin zur „kopernikanischen" Sichtweise, bei der Medien als „Weltbildapparate" betrachtet wurden. Gleichzeitig fand auch in der Medienwirkungsforschung eine Modifizierung der medienzentrierten Denktradition statt. Anstelle des Mediums und des Kommunikators rückte das Publikum als Rezipient mit seinen Präferenzen, Bedürfnissen und Gratifikationserwartungen in den wissenschaftlichen Fokus.

Ausschlaggebend für diese Neuausrichtung waren empirische Befunde aus der klassischen Massenkommunikationsforschung sowie aus frühen publikumszentrierten Arbeiten der Forschungsgruppe Lazarsfelds. Deren Ergebnisse zu Hörgewohnheiten („people's choice") (Herzog, 1940; Lazarsfeld, 1940; Lazarsfeld et al., 1969) und zur Meinungsbildung („personal influence"; „Two Step Flow Communication") (Katz, 1959; Katz & Lazarsfeld, 1955) widersprachen einem direkten, kausalen Wirkungszusammenhang zwischen Medien und Rezipienten. Lazarsfeld und Merton notierten bereits 1948: „To search out 'the effects' of mass media on society is to set upon an ill-defined problem" (zitiert nach Renckstorf, 1989, S. 321). Klapper (1960) fasst die Kritik zur Validität mechanistischer Wirkungsmodelle und Medieneffekte wie folgt zusammen: „a) mass media typically are not necessary or sufficient causes of audience effects, and b) a medium or message is only a single source of influence in the social and psychological environment, although it is an important and crucial one". Bauer (1963, S. 7) sprach von „the obstinacy of the audience; it is not passively to be pushed around". Das widerspenstige Publikum kann sich vor Medienangeboten schützen und sich Einflussnahmen entziehen.

Entsprechend forderten Katz und Foulkes (1962) sowie Klapper (1963) eine Umkehrung der Fragestellung: Was machen die Menschen mit den Medien? Speziell Katz und Foulkes (1962) lieferten in ihrem Artikel „On the Use of Mass Media as ‚Escape': Clarification of a Concept" eine Begründung für eine Gratifikationsforschung: „It is often argued that mass media give the people what they want and that viewers, listeners, and readers ultimately determine the content of the media by their choices of what they will read, view, or hear. […] More particularly, there is great need to know what people do with the media, what uses they make of what the media now give them, what satisfactions they enjoy, and indeed, what part the media play in their personal lives" (ebd., S. 377).

In der Folge entstanden international Arbeiten zur Gratifikationsforschung, die in zwei Sammelbänden mündeten (Blumler und Katz, 1974; Rosengren und Kollegen, 1985). Einen metatheoretischen Rahmen entwarfen hierbei Katz und Kollegen (1974a,b) mit dem sogenannten „Uses and Gratification-Approach" (UGA), der in seiner Nachwirkung auf die weitere Medienwirkungsforschung als fundamental und wegweisend gilt.[6]

2.2.1.1.2 Theoretische Aspekte des UGA

Der UGA betont die motivationalen und funktionalen Aspekte der Mediennutzung. Als zentral gelten die sozial und psychisch bedingten Bedürfnisse, die konkrete Erwartungen generieren und die wiederum zu einer spezifischen Mediennutzung und letztlich zu Gratifikationen führen können (vgl. Vorderer, 1992). Katz und Kollegen (1974b, S. 510) skizzierten den Ablauf einer Mediennutzung dabei folgendermaßen: „They are concerned with 1) the social and psychological origins of 2) needs, which generate 3) expectations of 4) the mass media or other sources, which lead to 5) differential patterns of media exposure (or engagement in other activities), resulting in 6) need gratifications and 7) other consequences, perhaps mostly unintended ones". Bezugnehmend auf die zusammengetragene Gratifikationsforschung postulierten sie vier relevante Grundannahmen (ebd., S. 510f.):

1. Mediennutzung ist ein aktiver Prozess: „The audience is conceived of as active, i.e., an important part of mass media use is assumed to be goal directed". Selbst wenn diese Nutzung zufällig oder habitualisiert stattfindet, sind mit der Nutzung Erwartungen an die Medieninhalte verbunden: „it can not be denied that media exposure often has a casual origin; the issue is whether, in addition, patterns of media use are shaped by more or less definite expectations of what certain kinds of content have to offer the audience member" (ebd., S. 511).

2. Der Rezipient bestimmt in entscheidender Weise den Massenkommunikationsprozess, indem er aus bestimmten Medien und Medienangeboten auswählt und sein Medienkonsum mit vielfältigen Gratifikationen verbinden kann.

---

[6] Dieser Ansatz wurde anfangs von der Fachwelt mitunter als „Paradigmen-Wechsel" tituliert (vgl. Jäckel, 2008). In heutiger Würdigung versteht man den UGA als eine veränderte Perspektive in der Wirkungsforschung, die aber weiterhin der Stimulus-Response-Logik verhaftet ist (Schweiger, 2007, S. 66).

3. Medien stellen nur eine mögliche Quelle zur Bedürfnisbefriedigung dar, neben weiteren nicht-medialen: „The media compete with other sources of need satisfaction" (ebd.).

4. Motive und Ziele der Mediennutzung sind dem Rezipienten bewusst und können folglich durch direkte Befragung methodisch erfasst werden: „People are sufficiently self-aware to be able to report their interests and motives in particular cases, or at least to recognize them when confronted with them in an intelligible and familiar verbal formulation" (ebd.).

Nach Jäckel (2008, S. 82) lassen sich diese Grundannahmen zu zwei zentralen Aspekten zusammenfassen: Erstens verwendet das aktive Publikum Medienangebote zur Erreichung bestimmter Ziele. Die Mediennutzung wird also funktional als Zweck-Mittel-Denken verstanden, das somit auch intentional und absichtsvoll geschieht. Zweitens entscheidet der Rezipient, welche Medienangebote für welche Art von Bedürfnisbefriedigung besonders geeignet sind. Dieser Selektionsprozess beinhaltet die Option, dass auch andere mediale und nicht-mediale Quellen zur Bedürfnisbefriedigung einbezogen werden können. Mediennutzung wird folglich als Teil eines umfassenderen Entscheidungshandelns beschrieben (siehe Abbildung 2).

Abb. 2: Ablaufschema zum „Uses and Gratification Approach"

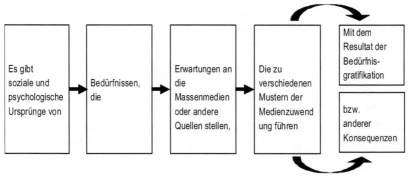

Quelle: Schenk, 2007.

Auf einen wichtigen Befund verweisen hierbei Katz und Kollegen (1974b) in ihrem klassischen Artikel zum UGA: „The versatility of sources of need satisfaction" (ebd., S. 517). Dies meint die Multifunktionalität von Medieninhalten bzw. die potentielle Bereitstellung von gleichzeitig informativen und unterhaltenden Gratifikationen jeglicher Art von Medieninhalten. „Almost any type of content may serve practically any type of function" (Rosengren & McQuail, 1972 zitiert nach Katz et al., 1974, S.

517f.). So bieten Fernsehserien neben unterhaltenden Motiven gleichwohl informative, wie umgekehrt informationsreiche Nachrichten unterhaltende und auch eskapistische Gratifikationen bereitstellen können (Blumler et al., 1970; Mangold, 2000; Vincent & Basil, 1997).

Da diese Grundannahmen lediglich als metatheoretischer Ansatz dienen sollten, stellt der UGA keine Theorie dar. Wie Schweiger (2007, S. 66f.) betont, wurden aber auf Basis dieser Annahmen seit den 1980er Jahren verschiedene Selektionsprozessmodelle entwickelt, die als Theorien fungieren. Anstelle der oft zitierten Theorieschwäche (z.B. Jäckel, 2008) kritisieren stattdessen Schweiger (2007) und Vorderer (1992) eine fehlende theoretische Fundierung medienbezogener Bedürfnisse. Besonders die Verschränkung zur hierarchischen Bedürfniskonzeption von Maslow (1954) erscheint naheliegend, findet aber bis heute in der Mediennutzungsforschung wenig Beachtung.[7]

Als ein Hauptkritikpunkt am UGA gilt die zu starke Betonung der Kompetenzen des Rezipienten. Anstelle omnipotenter Medien standen nun omnipotente Rezipienten im Forschungsfokus. Dabei wurde dem UGA vorgehalten, zu wenig Kontextvariablen einzubeziehen wie Aspekte der sozialen und medialen Umwelt sowie Charakteristika zu Funktionsweisen von Medien. Zudem dominiert eine zweckrationale Perspektive der Mediennutzung, die nicht nur die Autonomie des Rezipienten betont, sondern ihm auch ein Höchstmaß an Bewusstheit und Auskunftsfähigkeit attestiert. Jedoch wird diese Fähigkeit angezweifelt, da „ein Teil der Mediennutzung nicht instrumentell, sondern eher zufällig, habitualisiert oder gelegenheitsbestimmt erfolgt" (Vorderer, 1992, S. 34). Nach Mikos (1994, S. 49) handelt es sich auch um „vorbewußte oder unbewußte Vorgänge, die sich in wirklichkeitsmodulierenden Sinnwelten ebenso entäußern können wie in routinisierten und ritualisierten alltäglichen Fernsehhandlungen". Durch retrospektive Befragung erfolgt eine Rationalisierung der Mediennutzung und Rezipienten artikulieren letztlich nur Intentionen und „wants" und keine tatsächlichen Motive und Bedürfnisse (Jäckel, 2008; Rubin, 2002; Vorderer, 1992). Zillman (1998; Zillman & Bryant, 1998) fügt diesem Kritikpunkt noch die Gefahr der sozialen Erwünschtheit hinzu. Diesen Einwänden entgegnet Schweiger (2007, S. 70), dass unbewusstes und habituelles Verhalten keinesfalls Rationalität ausschließt und verweist dabei auf Studien aus der intuitiven Intelligenzforschung. Individuelle Reflexionen sind daher durch retrospektive Befragungen methodisch erfassbar und zulässig (vgl. Kübler et al., 1991). Gleichzeitig führt er einen anderen Kritikpunkt an,

---

[7] Schweiger (2007, S.74ff.) zeigt in seinem Lehrbuch mögliche Anknüpfungspunkte auf und würdigt den Versuch McGuires (1974), in Anlehnung an Maslows Theorie, Mediennutzungsmotive zu systematisieren.

der sich auf die im UGA unterstellte proaktive Zuwendung des Rezipienten zu einem gewünschten Medieninhalt richtet:

Wie aktuelle Untersuchungen aufzeigen, handelt es sich bei der Mediennutzung oftmals mehr um Vermeidungsstrategien denn um eine proaktive Zuwendung. Rezipienten wählen weit mehr im Sinne einer Vermeidung ungewünschter, uninteressanter Inhalte aus (Fahr & Böcking, 2009). Auch picken sich Rezipienten nicht aus einem supermarktähnlichen Überangebot das Beste zur Bedürfnisbefriedigung heraus, sondern müssen sich weit eher mit dem begnügen, was ihnen am ehesten Befriedigung verspricht (Scherer & Schütz, 2002). Unbestritten ist auch der rituelle Habitus von Medienkonsum. Gerbner und Mitarbeiter betonen diesen Faktor besonders für das Fernsehen: „Viewing decisions depend more on the clock than on the program" (2002, S. 45).

Des Weiteren wird die zirkuläre und funktionalistische Erklärungsstruktur kritisiert, nach der retrospektiv von genutzten Medieninhalten auf Bedürfnisse geschlossen wird. Dies hat u.a. zur Folge, dass keine klaren inhaltlichen Abgrenzungen zwischen den Kategorien Bedürfnis, Motiv, Funktion und Gratifikation bestehen bzw. die Begriffe synonym verwendet werden; was zur Folge hat, dass zahllose Bedürfnis- und Gratifikationskataloge zur Erklärung spezifischer Mediennutzungsmuster bemüht werden (Mikos, 1994; Schweiger, 2007; Vorderer, 1992). Diese Problematik wird weiter unten anhand der Zielgruppe älterer Menschen exemplifiziert. Zu guter letzt verdeckt eine „instrumentell-utilaristische Perspektive" (McQuail, 1985) weitere Aspekte der Mediennutzung wie Selbstzweck, Lust oder Spaß sowie ästhetische Erfahrungen (Schweiger, 2007; Vorderer, 1992).[8]

Im historischen Kontext erfolgte in der UGA-Forschung zunächst eine Operationalisierungsphase, bei der ein Schwerpunkt auf der Beschreibung von Orientierungs-, Entlastungs- und Unterhaltungsfunktionen von Medien zusammengetragen wurde. Dabei konnte eine Überbetonung evasiver Funktionen (Eskapismus, Ablenkung) moniert werden (Katz & Foulkes, 1962; Lazarsfeld & Merton, 1948; Pearlin, 1959; vgl. Jäckel, 2008). Im Nachgang einer Konzeptionsphase in den 1970er Jahren erfolgte eine bis heute andauernde Phase der theoretischen Systematisierung, Weiterentwicklung und Modellbildung.

---

[8] Allerdings listet die renommierte Langzeitstudie „Massenkommunikation" seit der Erhebungswelle 2000 das Item „weil es mir Spaß macht" als Nutzungsmotiv auf (Berg & Ridder, 2002; Reitze & Ridder, 2006).

2.2.1.2 Weitere publikumszentrierte Nutzungsmodelle

In den letzten Jahrzehnten wurden Modelle der Mediennutzung entwickelt, die neben der motivationalen Perspektive auch einen allgemeinen Handlungsrahmen und Kontextvariablen einbezogen. Diese Person-Umwelt-Perspektive findet sich bei Rubin (2002, S. 528): „Our predispositions, the environment in which we live, and our interpersonal interactions shape our expectations about the media and media content. Communication behavior responds to media and their messages as they are filtered through our personalities, social categories and relationships, potential for interpersonal interaction, and communication channel availability". Zur Grundlage moderner UGA-Forschung gehört zudem die Unterscheidung zwischen gesuchten und erhaltenen Gratifikationen sowie zwischen medienbezogenen Erwartungen und Bewertungen (vgl. Schweiger, 2007, S. 85ff).

Varianten des UGA sowie theoretische Prozessmodelle wurden auch im deutschsprachigen Raum entwickelt wie etwa der kontextbezogene „Nutzenansatz" (Teichert, 1972, 1973; Renckstorf, 1973, 1977, 1989). Dieser Ansatz hebt sich vom US-amerikanischen Modell insofern ab, als er die Mediennutzung nicht nur als aktiv, ziel- und zweckorientiert beschreibt, sondern als „soziales Handeln" versteht. In Anlehnung an den Symbolischen Interaktionismus (Mead, 1934) wird Wirklichkeit als eine soziale Konstruktion aufgefasst und entsprechend die Mediennutzung als soziale Handlung, die auf Sinn- und Bedeutungszuweisungen des Rezipienten beruht. Liegt der Schwerpunkt im herkömmlichen UGA auf den Interessen und Intentionen des Rezipienten, so beruht der Nutzenansatz auf einem „interpretativen Handlungskonzept" (Renckstorf, 1989), bei der die Interpretation der Mediennutzung und -situation des Rezipienten entscheidend ist. Empirische Arbeiten bezogen sich z.B. auf Zuschauer-Erinnerungen von unterschiedlich dargebotenen Fernsehnachrichten (Renckstorf, 1977).

Einen ebenso handlungsorientierten und kontextbezogenen Ansatz bietet das „Dynamisch-Transaktionale Modell" (Früh, 1991, 2001; Früh & Schönbach, 2005). Neben publikumsorientierten Aspekten integriert dieser Ansatz auch medienspezifische Aspekte und kann daher als ein „Transfermodell" (Renckstorf, 1989, S. 323) zwischen einer „finalistischen Nutzentheorie und einer kausalistischen Wirkungstheorie" (Jäckel, 2008, S. 83) verstanden werden. Zum einen weisen Rezipienten erst durch Prozesse des Verstehens, Interpretierens und Elaborierens Medieninhalten Bedeutung zu, zum anderen besitzen auch die Medien einen stimulierenden oder auch manipulierenden Einfluss auf die Rezipienten (vgl. Jäckel, 2008; Renckstorf, 1989; Vorderer, 1992). Das Wirkungspotenzial von Medienbotschaften entfaltet sich aus zwei Formen von Transaktionen zwischen beiden Teilprozessen: So bestehen dynamische Inter-Transaktionen zwischen dem Kommunikator (z.B. Fernsehsender) und dem Rezipienten aufgrund gegenseitiger Fremdbilder (Para-Feedback durch Einschaltquoten, Leserbriefe etc.). Zudem finden innerhalb des Rezipienten Intra-Transaktionen statt, bedingt durch das Zusammenspiel bereits vorhandenen Wissens und den neu hinzukommenden Informationen durch die Medienrezeption. Je nach Interesse und Motivation erhöht sich dadurch das Aktivationspotenzial des Rezipienten, von dem wiederum die Höhe des Involvements und Verstehens abhängt. Dieses Modell hatte aber letztlich – auch aufgrund operationaler Komplexität – nur eine begrenzte Reichweite im wissenschaftlichen Diskurs erlangt (Renckstorf, 1989; Vorderer, 1992).

Ebenso verschränkte der „rezipientenorientierte Ansatz" sowohl Person- als auch Medienaspekte miteinander (Sturm, 1981, 1989). Neben persönlichkeitsspezifischen „Anpassungs- und Abwehrleistungen" bei der Rezeption werden Medienwirkungen auch von „formalen medienspezifischen Angebotsweisen" beeinflusst. Konkret fokussierte dieser Ansatz die Darbietungsgeschwindigkeit von Informationen bzw. die Zeitdauer, die einem Rezipient bei der Nutzung von Informationen zur Verfügung steht. Demzufolge gibt es beim Fernsehzuschauer durch die schnellen Schnitte, Kameraschwenks und Einstellungswechsel eine „fehlende Halbsekunde" (Sturm, 1984), um Informationen sinnvoll verarbeiten zu können. Im Sinne des „Limited Capacity Models" (Lang, 2000) verbraucht der Rezipient soviel Encodierungsenergie, dass ihm keine Zeit und Energie mehr bleibt, um die Medienreize zu elaborieren. Durch diese kognitive Überforderung wird letztlich ein Lernen und Verstehen beim Fernsehen behindert. Als Konsequenz wurden von Sturm (2000) mediendramaturgische Modifikationen gefordert. Auch wenn die theoretischen Annahmen zur „fehlenden Halbsekunde" wenig empirische Bestätigung fanden (Weidenmann, 1989), wird nach Einschätzung von Vorderer (1992, S. 26) deren „subjektmodelltheoretische Vermittlungsposition" zwischen medien- und publikumszentrierten Ansätzen als wegweisend für die bundesdeutsche Medienpsychologie gewertet.

Vorderer (1992) versuchte in seinem Buch „Fernsehen als Handlung" das soziale Handlungskonzept des Nutzenansatzes um motivationspsychologische Aspekte zu erweitern, indem er Fernsehen als einen Ablauf zwischen (situationsbezogener) Motivation, Selektion und Persistenz beschreibt. Er lehnte sich dabei an das motivationspsychologische Rubikonmodell von Heckhausen (1989) an. Ähnlich dem „Dynamisch-Ttransaktionalen Ansatz" betrachtet er als entscheidende Moderatorvariable bei der untersuchten Fernsehfilmrezeption die persönliche Relevanz bzw. das Involvement und verweist hierbei auf das „Elaboration Likelihood Model" von Petty und Cacioppo (1986).

Diese Ausführungen zeigen nicht nur die vielfältigen Versuche auf, die metatheoretischen Grundannahmen des UGA weiter zu entwickeln. Es ist auch ein Beleg für bis heute andauernde Diskussion um diesen Ansatz und Kennzeichen seiner bestehenden wissenschaftlichen Relevanz. So schreibt Ruggiero (2000) in seinem Beitrag mit dem bezeichnenden Titel „Uses and Gratifications Theory in the 21st Century": „Some mass communications scholars have contended that uses and gratifications is not a rigorous social science theory. [...] I argue just the opposite, and any attempt to speculate on the future of mass communication theory must seriously include the uses and gratifications approach" (ebd., S. 3).

2.2.1.3 Altersbezogene Befunde aus der klassischen Medienforschung

2.2.1.3.1 Forschungsüberblick zum Themenkomplex „Alter und Medien"

Das Alter gilt zwar hinsichtlich seiner demografischen Entwicklung als jung, erste Arbeiten zum Thema „Alter und Medien" reichen aber in den USA in die frühen 1960er Jahre zurück, in Deutschland in die 1970er Jahre. Dabei konnte sich im Gegensatz zu Deutschland in den USA eine Forschungstradition mit mehreren Themenschwerpunkten herausbilden: Quantitative Basisdaten zum Mediengebrauch, Funktionen und Genrepräferenzen sowie das Altersbild in den Medien.

In Deutschland gab es in den 1970er Jahren noch keine fundierte Forschung zu diesem Themenkomplex. Einzelne Nutzungsdaten zu Medien wurden im Rahmen von Freizeitanalysen präsentiert wie z.B. in der Bonner Längsschnittstudie (BOLSA) (Lehr, 1977; Schmitz-Scherzer, 1974, 1975). Schon hier wurde der besondere Stellenwert des Fernsehens für ältere Menschen konstatiert und auf positive Funktionen wie Information, Anregung, Orientierung und Strukturierung hingewiesen. Ebenso wurde schon zu dieser Zeit von sozialgerontologischen Arbeiten die Betonung und Reduktion von Medienfunktionen auf Aspekte der Kompensation und Substitution für altersbedingte Verluste und Disengagement kritisiert (vgl. Rogge, 1991, S. 81).

Erst in den 1980er Jahren entstanden dezidierte Untersuchungen zu Mediennutzung, Altersbild und Altensendungen (Bosch, 1986, 1990; Knott-Wolf, 1982; Neumann-Bechstein, 1982), zur emotionalen Bindung an das Fernsehen (Fabian, 1990; Rogge, 1989) sowie zur Mediennutzung im Altersheimen (Ditschler, 1983; Haiber, 1983; Schade, 1983). Als eine Art „Pionierphase" kann die Zeit zwischen 1984 und 1991 angesehen werden, als gleich drei breit angelegte, repräsentative Medienstudien zu älteren Menschen durchgeführt wurden, und mit quantitativen und qualitativen Methoden eine alltagsnahe Betrachtung des Mediengebrauchs vorgenommen wurde (vgl. Doh, 2000; Doh & Gonser, 2006). Solch eine kontextuale Erfassung der Mediennutzung entsprach den konzeptionellen und empirischen Arbeiten von Rubin und Rubin (1981, 1982a), die mit ihrem „contextual age" Mediennutzung weniger durch das kalendarische Alter bestimmt sahen, als durch Person-Umwelt-Aspekte wie Lebenszufriedenheit, ökonomische Sicherheit und soziales Netzwerk.

Die erste dieser drei Studien trug bezeichnenderweise den Titel „Ältere Menschen und Medien" (n=2000; 55-74 Jahre) und wurde 1984 von der ARD/ZDF-Medienkommission durchgeführt (Eckhardt & Horn, 1988). Sie konnte mit ihrem umfangreichen Datenmaterial aus medienbezogenen und psychologischen Variablen erste repräsentative Basisdaten liefern. Mit dem Anspruch, soziale Rahmenbedingungen und Lebensziele zu erfassen, setzte sie international Maßstäbe. 1987 gab es im Rahmen der Begleitforschung zum Kabelpilotprojekt Dortmund eine Studie zur Fernseh- und Radionutzung im Alter, bei der auch ein Leitfaden zur aktivierenden Medienarbeit erstellt wurde (n=2600; 55-75+ Jahre; Straka et al., 1989). Vielschichtige und differenzierte Befunde zur Mediennutzung und Medienkompetenz älterer Menschen erbrachte die sozialökologisch ausgerichtete Stadt-Land-Untersuchung aus Hamburg-Pinneberg, bei der das einzige Mal auch Hochaltrige erfasst wurden (n=1200; 60-80+ Jahre; Kübler et al., 1991). Danach ging das Forschungsinteresse zurück – wohl auch als sich parallel die privat-kommerziellen Rundfunkanbieter etablierten und eine zunehmende Fixierung auf die Zielgruppe der unter 50-Jährigen einsetzte.

Erst in den letzten Jahren rückte angesichts des gesellschaftlichen Wandels der Themenkomplex „Alter und Medien" wieder stärker in den wissenschaftlichen Fokus. Dabei entstanden mehrere Sammelbände aus dem Umfeld medien- und kommunikationswissenschaftlicher Forschung, in denen Grunderkenntnisse zur Mediennutzung älterer Menschen zusammengetragen werden konnten (Baier & Kimpeler, 2006; Hagenah & Meulemann, 2006; Rosenstock et al., 2007; Schorb et al., 2009; SPIEL-Sonderheft, 2008). Zudem liegen mittlerweile mehrfach replizierte Basisdaten aus Sekundäranalysen repräsentativer Medienstudien vor, wie der Media Analyse (M.A.), dem (N)Onliner-Atlas, der Langzeitstudie „Massenkommunikation" (MK), der ARD/ZDF-Online- und Offline-Studie sowie der SWR-Studie „50+" von 1999 (vgl. Doh, 2006a,b; Doh & Gonser, 2007; Doh & Kaspar, 2006a,b; Egger & van Eimeren, 2008). Des Weiteren mehren sich in den letzten Jahren Qualifikationsarbeiten, die mittels qualitativer Methoden substanzielle Beiträge zu den Bedingungen und Einflussfaktoren der Mediennutzung hervorbrachten (vgl. Hackl 2001; Hartung, 2007; Moll, 1997; Zoch, 2009). Seitens der Altersforschung rückten neue Medien wie Computer und Internet aufgrund der vielfältigen Möglichkeiten und Potenziale für ein erfolgreiches Altern stärker in den Blickpunkt (Charness & Schaie, 2003; Cutler, 2006; Czaja & Lee, 2007; Slegers, 2006).

Insofern hat sich die vor zehn Jahren von der renommierten Gerontologin Ursula Lehr beklagte Situation deutlich gebessert und ihre Prognose auch bewahrheitet: „Noch liegen relativ wenig Untersuchungen vor zum Thema 'Ältere Menschen und Medien, Mediennutzung', über ältere Menschen im Kommunikationszeitalter. Hier werden sicherlich die nächsten Jahre neue Erkenntnisse bringen" (Lehr, 1999, Vorwort, S. VI).

Doch bestehen weiterhin erhebliche Forschungsdefizite in Theorie, Methodik und Empirie. In der medienbezogenen Forschung stellt das Alter und insbesondere das Vierte Alter im Vergleich zu jüngeren Altersgruppen eine Marginalie dar – was zum Teil einem hartnäckigen Festhalten an der werberelevanten Zielgruppe der 14- bis 49-Jährigen geschuldet ist (vgl. Müller, 2008). Die soziale Kategorie Alter wird oftmals auf 50 Jahre oder früher festgesetzt, weshalb in manchen Publikationen zu sogenannten „Best Agern" oder „Master Consumern" im Grunde genommen das mittlere Erwachsenenalter in den Blick genommen wird – eine Altersgruppe, die sich auch in Bezug auf die Mediennutzung deutlich von Personen in der nachberuflichen Phase unterscheidet (vgl. Doh & Gonser, 2007). Entsprechend tauchen in Medienanalysen die Altersgruppe ab 50 Jahren oftmals nur als undifferenzierte „Restkategorie" auf (vgl. Hasebrink, 2001) – eine gerontologische Sünde.

Folglich weisen die meisten medienbezogenen Basisdaten aus den Sekundäranalysen unzureichende Differenzierungen nach groben Alterskategorien auf und beziehen entweder das Vierte Alter überhaupt nicht ein oder differenzieren nicht zwischen einem höheren und einem hohen Erwachsenenalter. Hier fehlen gänzlich psychologische Personmerkmale wie Persönlichkeit, Wohlbefinden, Gesundheits- oder Funktionsstatus und Umweltmerkmale wie Wohnen, soziales Netzwerk oder Freizeitmöglichkeiten. Zudem beruhen die altersgebundenen Nutzungsunterschiede auf Querschnittsanalysen. Damit fehlen Methoden die inter- und intraindividuelle Unterschiede der Mediennutzung beschreiben zu können. Hingegen bleiben qualitative Arbeiten aufgrund ihrer Methodik in ihrer Aussagekraft und Generalisierbarkeit begrenzt.

Auf Seiten der altersbezogenen Forschung stellen Medien ein stark vernachlässigtes Randthema dar. Es erschöpft sich zumeist in einer medienzentrierten Sichtweise auf der Erfassung von Nutzungsfrequenzen im Rahmen von Freizeittätigkeiten, aus deren quantitativen Kennwerten mitunter negative Rückschlüsse auf Gesundheit und kognitive Fähigkeiten gezogen werden (siehe Abschnitt 2.5.3). Insgesamt mangelt es nicht nur an Nutzungsdaten, in der gerontologischen Forschungspraxis fehlt weitgehend die Berücksichtigung rezipientenorientierter Konzepte. Ein Manko, das sämtliche Längsschnittstudien aus der deutschsprachigen Alternsforschung betrifft (siehe Bonner Längsschnittstudie (BOLSA, Lehr & Thomae, 1987), Berliner Altersstudie (BASE,

Mayer & Baltes, 1996), Deutscher Alterssurvey (Motel-Klingenbiel et al., 2009) sowie die ersten beiden Messzeitpunkte der Interdisziplinären Längsschnittstudie des Erwachsenenalters (ILSE, Martin et al., 2002a,b). Auch weist das Sozio-Ökonomische Panel (SOEP) nur rudimentär Mediendaten auf.

Schlussendlich mangelt es an einer gegenseitigen Berücksichtigung und Verknüpfung theoretischer Konzepte und Methoden aus der Alterns- und der Medienforschung. Während in medienbezogenen Studien Konzepte eines lebensspannenbezogenen, differenziellen Alterns unberücksichtigt bleiben, übersehen gerontologische Arbeiten rezipientenorientierte Konzepte. Die überwiegenden Publikationen zum Themenkomplex „Alter und Medien" beziehen sich auf das junge Alter und das Leitmedium Fernsehen. Zudem wird aus einem verlustorientierten Altersbild die Mediennutzung im Alter einseitig im Kontext von Kompensation und Substitution von Verlusten betrachtet, während Möglichkeiten eines Entwicklungsgewinns weitgehend ausgeblendet bleiben.

Folgend werden Befunde zur Mediennutzung älterer Menschen nach Themenschwerpunkte zusammengetragen, wobei der Fokus, aufgrund der empirischen Datenlage, auf dem Medium Fernsehen liegt.

2.2.1.3.2 Leitmedium Fernsehen

Aus dem UGA entstand eine Forschungstradition an Zusammenstellungen und Typologien zu medienspezifischen Gratifikationen, Bedürfnissen, Nutzungsmotiven und Funktionen (vgl. Mikos, 1994; Rubin, 2002; Schweiger, 2007). Dabei dominierte über viele Jahrzehnte in der Mediennutzungsforschung das Fernsehen als zentraler Untersuchungsgegenstand, da es aufgrund seiner intensiven Nutzung und vielfältigen Funktionen als Leitmedium im Alltag moderner Gesellschaften galt.[9] Auch in der Studie zum „Erlebnis Fernsehen" vom Marktforschungsinstitut SevenOne Media (2007) konnte diese Ausnahmestellung des Fernsehens in der deutschen Bevölkerung repliziert werden. Demnach besitzt das Fernsehen die größte Funktionsvielfalt, bietet wie kein anderes Medium Gesprächsstoff und wird als unverzichtbar gehalten. Durch die zunehmende Konkurrenz neuer Medien prognostizieren die Autoren dem Fernseher weniger einen quantitativen Bedeutungsverlust als vielmehr einen funktionalen Bedeutungswandel – was im Übrigen auch aus den Befunden der MK2005 abgeleitet wurde (Reitze & Ridder, 2006).

---

[9] Nach einer Analyse publizierter Rezeptionsstudien enthielten zwischen 1993 und 1996 über zwei Drittel der Untersuchungen das Medium Fernsehen als Forschungsgegenstand, jede zehnte Studie bezog sich auf Online-Medien (Goertz, 1997). In den letzten Jahren haben jedoch Online-Studien ein Übergewicht bekommen (Donsbach et al., 2005; vgl. Schweiger, 2007).

Dabei besteht ein breiter Konsens, dass speziell unter älteren Menschen dem Fernsehen ein besonders hoher Stellenwert zugemessen wird (Bliese, 1986; Bosch, 1986; Davis & Westbrooks, 1985; Eckhardt & Horn, 1988; Kubey, 1980; Kübler et al., 1991; Moll, 1997; Straka et al., 1989). Dies bestätigte auch die erste deutsche repräsentative Studie zur Mediennutzung älterer Menschen. Eckhardt und Horn (1988) kamen hierbei zu dem Schluss, dass das Fernsehen im Leben älterer Menschen „das wichtigste Medium" (ebd., S. 110) darstellt. Während Zeitung und Buch Spezialfunktionen (Hintergrund-Information, Spezialwissen) erfüllen und Radio und Zeitschriften eher „Nebenbei-Medien" sind, besitzt das Fernsehen einen Sonderstatus durch seine Multifunktionalität. Es wird zudem wegen seiner einfachen Bedienbarkeit, seiner kognitiv bequemen Zugänglichkeit und seinen niedrigen Kosten geschätzt und gilt als besonders glaubwürdig (ebd., S. 110f.; vgl. Bliese, 1986; Davis, 1980; Pecchioni et al., 2005). Hinzu kommt eine biografische und generationsspezifische Komponente, die insbesondere für die heutigen älteren Kohorten bedeutsam ist. Fernsehen besitzt in diesen Altersgruppen eine über Jahrzehnte tradierte Nutzungserfahrung und wurde in den Anfängen als eine ähnlich außergewöhnliche und tiefgreifende Innovation wahrgenommen wie heute das Internet bei Jugendlichen (Egger & van Eimeren, 2008). Fernsehen ist folglich „in den Köpfen des Publikums ab 60 Jahren als eindeutiges Leitmedium verankert" (ebd., S. 581).

2.2.1.3.3 Bedürfnisse beim Fernsehen im Alter

Wie kein anderes Massenmedium wird dem Fernsehen von älteren Menschen eine breite Funktionsvielfalt zugeschrieben und mit vielfältigen Motiven, Bedürfnissen und Gratifikationserwartungen assoziiert. Diese Sonderstellung des Fernsehens im Alltag älterer Menschen wird seit Jahrzehnten in der nationalen und internationalen Forschungsliteratur empirisch belegt und repliziert. Es finden sich hierzu mannigfaltige Aufzählungen zum Leistungsprofil des Fernsehens, wobei die Begrifflichkeiten Bedürfnis, Motiv und Funktion oftmals synonym bzw. wenig trennscharf verwendet werden (Aregger, 1991; Bliese, 1986; Bosch, 1986; Burnett, 1991; Davis & Kubey, 1982; Davis & Westbrook, 1985; Doh, 1994, 2000; Eckhardt & Horn, 1988; Fabian, 1990, 1993; Fouts, 1989; Gunter, 1998; Gunter et al., 1994; Hilt & Lipschultz, 2005; Lehr, 1977; Moll, 1997; Mundorf & Brownell, 1990; Nussbaum et al., 2000; Pecchioni et al., 2005; Perse & Rubin, 1990; Rubin, 1982; Schade, 1983; Straka et al., 1989; Vandebosch & Eggermont, 2002; Wenner, 1976).

In Anlehnung an Schweiger (2007) sowie an Kunczik und Zipfel (2001) wurde eine Systematisierung unter dem Begriff Bedürfnisse vorgenommen, da diese konzeptionell den Motiven und Gratifikationserwartungen vorausgehen und methodisch am

häufigsten operationalisiert wurden. Dabei konnten folgende fünf zentrale Bedürfnis-
bereiche gebildet werden, die sich überlappen und gegenseitig bedingen können:

1. Kognitive Bedürfnisse

- Fernsehen als Informations- und Nachrichtenquelle im Sinne von „Fenster/Tor zur
Welt" (Davis & Edwards, 1975; Lehr, 1977). Diese Funktion wird von allen hier
aufgeführten Quellen als relevant bezeichnet. „Television's information function
may be salient for aging and aged persons regardless of contextual age attributes"
(Rubin & Rubin, 1982a, S. 242). Zudem besteht ein erhöhtes Interesse an gezielter
und seriöser Information wie auch an regionalen Informationen (Doolittle, 1979;
Hilt & Lipschultz, 2005; Kubey, 1980; Nussbaum et al., 2000; Oemichen & Schröter, 2008; 1991; Robinson et al., 2004; Schramm, 1969; Simon et al., 2009; Steiner
1963; Straka et al., 1989). Straka und Kollegen (1989) bezeichnen dies entsprechend als „Fenster zur Nahwelt"; wobei diese Funktion noch mehr der Tageszeitung zugemessen wird (Eckhardt & Horn, 1988; Moll, 1997). Neben dieser zentralen Informationsfunktion besitzt das Fernsehen nachgeordnet eine Ratgeber- und
Lebenshilfe-Funktion (Eckhardt & Horn, 1988; Lehr, 1977; Neumann-Bechstein,
1982; Schade, 1983).

- Fernsehen als geistige Anregung, Stimulanz und zur Bildung wie z.B. durch Quizsendungen oder fremdsprachige Programme (Aregger, 1991; Bliese, 1986; Gauntlett & Hill, 1999; Glass & Smith, 1985; Goodman, 1990; Lehr, 1977; Schade,
1983; Vandebosch & Eggermont, 2002; Willis, 1995). Bliese (1986) nennt auch die
Möglichkeit zur persönlichen Entfaltung und Entwicklung durch das Fernsehen.
Diese Funktion wird noch stärker der Tageszeitung und Büchern zugesprochen
(z.B. Eckhardt & Horn, 1988). Anzumerken bleibt, dass nach Brosius (1997) das
kognitive Bedürfnis nach Information und Bildung ein identitäts- und orientie-
rungsstiftendes Moment impliziert.

2. Affektive Bedürfnisse

- Fernsehen zur Unterhaltung, Zerstreuung und Entspannung. Auch diese Funktion
gilt als evidenzbasiert (z.B. Eckhardt & Horn, 1988; Fouts, 1989; Gunter, 1998;
Korzenny & Neuendorf, 1980; Rubin & Rubin, 1982a,b; Straka et al., 1989). Mitunter wird der Unterhaltungsfunktion einen größeren Stellenwert eingeräumt als
der Informationsfunktion; dies trifft vor allem für Frauen und formal niedrig Gebildete zu (Eckhardt & Horn, 1988; Moll, 1997; Mundorf & Brownell, 1990). Hierunter lässt sich die Nutzungsform als Nebenbeimedium fassen, da dabei ein affektives
Bedürfnis vorausgesetzt werden kann (Zerstreuung; Gefühl, nicht allein zu sein).

- Fernsehen für evasive Bedürfnisse wie Eskapismus, gegen Einsamkeit und Isolation. Speziell in kritischen Lebensphasen oder bei bestimmten Persönlichkeitsdispositionen können diese Aspekte an Gewicht gewinnen (Katz & Foulkes, 1962; Lazarsfeld & Merton, 1948; Moll, 1997; Pearlin, 1959; Rubin & Rubin, 1982a; Schade, 1983). Schade (1983) konnte dies speziell für Personen in institutionalisierten Einrichtungen nachweisen. Diese Funktion ist jedoch nur für eine kleine Gruppe relevant.

3. Soziale Bedürfnisse

- Fernsehen zur gesellschaftlichen Teilhabe und Integration (Bliese, 1986; Davis & Edwards, 1975; Rubin & Rubin, 1982a; Schramm, 1969). Schramm (1969, S. 373) bezieht dies als „to keep old people in touch with environment" und als „'belonging' to the society around them" speziell auf sozial isolierte Personen. Hierzu zählt auch das Bedürfnis nach gemeinschaftlicher Fernsehnutzung wie z.b. mit dem Partner oder mit Enkelkindern (Fouts, 1989; Gauntlett & Hill, 1999; Vandebosch & Eggermont, 2002).

- Fernsehen zur Stimulierung und als Grundlage für Anschlusskommunikation (Bliese, 1986; Eckhardt & Horn, 1988; Gunter, 1998; Korzenny & Neuendorf, 1980; Ostman & Jeffers, 1983; Riggs, 1996; 1998; Rubin & Rubin, 1982a, 1982b; Willis, 1995). Bereits Meyersohn (1961) verweist hierbei auf die Möglichkeiten intergenerationeller Kommunikation im Anschluss an das Fernsehen.

- Fernsehen als Ersatz für personale Kommunikation (Aregger, 1991; Graney & Graney, 1974; Gunter, 1998; Rubin & Rubin, 1982a, 1982b; Schramm, 1969; Straka et al., 1989). Hierunter fällt auch die spezifische Kommunikationsform sogenannter para-sozialer Interaktion oder sogar Bindung mit dem Fernsehen bzw. Fernsehprotagonisten, die besonders unter sozial isolierten und einsamen Menschen ausgeprägt ist (Davis & Kubey, 1982; Fabian, 1993; Horton & Wohl, 1956; Moll, 1997; Pecchioni et al., 2005; Schramm, 1969; vgl. Giles, 2002). Mitunter wird in den Publikationen die Ersatz-Kommunikation zu sehr betont, während die vielfältigen Möglichkeiten der Stimulierung von sozialen Gesprächen übersehen werden (z.B. Hiegemann, 1994; Straka et al., 1989).

4. Bedürfnis nach Orientierung und Identität

- Fernsehen zur sozialen Orientierung und zum sozialen Vergleich. Bliese (1986) beschreibt dies als Formung und Festigung der Selbstwahrnehmung und der sozialen Identität. Hier lässt sich die Arbeit von Riggs (1998) anführen, die dezidiert die Funktionalität der Fernsehserie „Murder, She Wrote" untersuchte und konstatierte, dass speziell ältere Frauen sich mit der Hauptperson identifizieren, „to revalidate

their lives in the midst of shifting life circumstances. Theses viewers ritually en-
gaged the hour-long episodes of the mystery drama as a method of galvanizing
their convictions about the world and assuring themselves of their place in it"
(Riggs, 1998, S. 2; vgl. Mundorf & Brownell, 1990). Als eine spezielle Form der
sozialen Orientierung und Identität könnte man das Nacherleben der eigenen Vergangenheit durch zeithistorische Filme und Berichte fassen (Gauntlett & Hill, 1999;
Moll, 1997; Straka et al, 1989; Vandebosch & Eggermont, 2002; Willis, 1995).

Ein weiterer Aspekt fehlt in der Systematik von Schweigers Lehrbuch (2007), vielleicht auch deshalb, weil es ein altersspezifisches Bedürfnis darstellt. Aus der Liste
sekundärer, psychogener Bedürfnisse von Murray (1938) lässt sich dieses als Bedürfnis nach Ordnung und Struktur klassifizieren.

5. Bedürfnis nach Ordnung und Struktur

▪ Fernsehen zur Zeitstrukturierung des Alltags und zur Aufrechterhaltung des All-
tagsrhythmus (Davis, 1971; Davis & Edwards, 1975; Gunter, 1998; Lehr, 1977;
Straka et al., 1989). Diese Funktion wird als besonders relevant für den Übergang
in die nachberufliche Phase eingeschätzt.

Die breite Zeitspanne der Literaturquellen zeigt an, dass offensichtlich diese Bedürfnisse kohortenübergreifend im Alter relevant sind. Dies soll im folgenden Abschnitt
anhand des Informationsbedürfnisses veranschaulicht werden. Dabei gilt es zu bedenken, dass die Mediennutzung im Alter äußerst heterogen ausfällt, weshalb die Bedürfnisse und Funktionen in ihrer Ausprägung, Bedeutung und zeitlichen Stabilität
interindividuell variieren (Doh & Gonser, 2007; Hackl, 2001; Hartung, 2007; Moll,
1997) (siehe Abschnitt 2.2.1.3.7).

2.2.1.3.4 Das Informationsinteresse als altersspezifisches Bedürfnis

Das Interesse an Information und Nachrichten findet in der Forschungsliteratur eine
breite empirische Absicherung. Bereits in den ersten rezipientenorientierten Untersuchungen zu älteren Menschen in den 1960er Jahren konnte ein hohes Ausmaß an
solch einem Informationsbedürfnis nachgewiesen werden (vgl. Riley & Foner, 1968;
Schiffman, 1971). Ebenso gut belegt ist das Interesse an regionalen Themen und einer
entsprechenden Nutzung von Regional-, Heimat- und Natursendungen (Nussbaum et
al., 2000; Reitze & Ridder, 2006; Robinson et al., 2004; Simon et al., 2009).

Aktuelle Befunde aus nationalen Medienstudien unterstreichen diese Affinität zu Informationen auf vielfältige Weise:

In der Langzeitstudie MK2000 wurde erstmals nach Motiven der Mediennutzung gefragt (Berg & Ridder, 2002). Querschnittsanalysen konstatieren hierzu eine mit dem Alter zunehmende Informationsorientierung für alle drei tagesaktuellen Massenmedien Fernsehen, Radio und Tageszeitung (Doh & Gonser, 2007). Neben dem allgemeinen Interesse an Information (Motiv: „weil ich mich informieren möchte"), nehmen auch spezifische Informationsinteressen, die sozial intendiert („damit ich mitreden kann") oder kognitiv stimulierend (Motiv: „damit ich Denkanstöße bekomme") sein können, eine überdurchschnittliche Bedeutung ein. Gleichzeitig bestehen innerhalb der Altersgruppe ab 60 Jahren entlang soziodemografischer Merkmale wie Bildung, Einkommen, Geschlecht, Haushaltsgröße und Region deutliche Differenzen im Ausmaß dieser Informationsaspekte wie auch in der Gewichtung unterhaltungsorientierter Nutzungsmotive. Eine ähnliche Heterogenität konnte auch in der Altersstudie ILSE für die Kohorte 1930-1932 nachgezeichnet werden (Doh et al., 2008a).

Des Weiteren wurden in den letzten Jahren seitens der ARD-Medienforschung zahlreiche Studien und Sonderanalysen publiziert, aus denen ebenfalls ein spezifisches Informationsinteresse im Alter abzulesen ist. In zwei 2004 und 2006 aufgelegten Repräsentativbefragungen zum „Informationsverhalten der Deutschen" zeigten im Altersquerschnitt übereinstimmend Personen ab 50 Jahren den höchsten Informationsbedarf an, wobei an erster Stelle „aktuelle Ereignisse aus Deutschland und der Welt" standen, vor regionalen Informationen (Blödorn et al., 2005, 2006).

Eine weitere Untersuchung zu regionalen Interessen bestätigt, dass im Altersquerschnitt der Heimat- und Regionalbezug zunimmt und damit verbunden das Interesse an Themen wie Mentalität, Sitten und Gebräuche, Politik und Kulinarischem. In der Wahrnehmung älterer Rezipienten werden diese Gratifikationen am besten in den Dritten Programmen der öffentlich-rechtlichen Anstalten befriedigt, weshalb ihnen auch die höchste „regionale Informationskompetenz" aller Sender zugemessen wird (Simon et al., 2009, S. 61f.).

Eine 2007 von der ARD/ZDF-Medienkommission durchgeführte, repräsentative Studie zu „Migranten und Medien" konnte erste Basisdaten auch zu älteren Migranten aufzeigen. Dabei fanden sich in den Nutzungsmotiven ähnliche altersgebundene Unterschiede wie in der deutschen Bevölkerung, nach denen jüngere Migranten elektronische Medien überdurchschnittlich zur Entspannung nutzen, ältere Migranten weit mehr zur Information (Walter et al, 2007, S. 441). Auch ist das Interesse an Nachrichten, politischen, regionalen und heimatlichen Sendungen unter den älteren Migranten ausgeprägter. Sie nutzen auch mehr öffentlich-rechtliche Programme, doch nicht so umfassend wie Deutsche, da vor allem heimatsprachige Sender rezipiert werden (ebd., S. 450).

Diese Befunde zur hohen subjektiven Relevanz von Information korrespondieren mit telemetrisch erfassten Nutzungsdaten. So konstatiert eine Querschnittsanalyse von 2004 zur Nutzung von Programmsparten, eine mit dem Alter zunehmende Verlagerung von Fiktions- zu Informationssendungen. Während in der Altersgruppe der 30- bis 39-Jährigen 28% der Sehdauer auf die Programmsparte Information entfallen und 37% auf Fiktion, sind es bei den 50- bis 59-Jährigen 32% und 33%. Bei den 60- bis 69-Jährigen erhöht sich der Anteil für Information auf 37%, bei Personen ab 70 Jahren auf 39%; im Gegensatz dazu geht die Fiktion auf 29% und 27% zurück. Der Anteil an der Sparte Unterhaltung bleibt in allen untersuchten Altersgruppen nahezu konstant bei 17% (Blödorn & Gerhards, 2005). Wie auch weitere Studien aufzeigen, gewinnt ab einem Alter von 60 Jahren die Programmsparte Information die erste Präferenz, vor den Sparten Fiktion, Unterhaltung, Sport und Werbung (vgl. Blödorn & Gerhards, 2004; Gerhards & Klingler, 2006). Eine ähnliche Altersspezifität lässt sich im Übrigen auch für das Radio nachzeichnen. Hier nimmt die Programmsparte Information auf Kosten der Sparte Musik im Alter zu (Blödorn & Gerhards, 2005).

Entsprechend den Profilen in den Programmstrukturen zwischen öffentlich-rechtlichen und privat-kommerziellen Sendern, besitzen ältere Menschen eine sehr hohe Präferenz für die beiden öffentlich-rechtlichen Hauptsender und für die Dritten Programme (Darschin & Horn, 1997; Darschin & Zubayr, 2001; Doh et al., 2008a; Simon et al., 2009; Zubayr & Geese, 2005). Wie Imageprofile zu den Sendertypen aus der MK2000 und MK2005 sowie mehrere „ARD-Trend"-Studien belegen, wird von den älteren Menschen vor allem die Informationsqualität und Nachrichtenkompetenz der beiden öffentlich-rechtlichen Hauptsender wertgeschätzt (Berg & Ridder, 2002; Reitze & Ridder, 2006; Zubayr & Geese, 2005). Es besteht ein hohes Vertrauen bei diesen Sendern vollständiger, verlässlicher und sachkundiger als in den Nachrichten privater Sender informiert zu werden. Zu den besonderen Stärken der öffentlich-rechtlichen Nachrichten werden deren größere Objektivität und Neutralität gezählt (Zubayr & Geese, 2005, S. 156ff).

Zur Erklärung des Informationsinteresses im Alter lassen sich sowohl alters- als auch kohortengebundene theoretische Konzepte anführen. Für kohortengebundene Effekte sprechen mediensoziologische Erfahrungsunterschiede, generationenspezifische Medienpraxiskulturen und kulturkritische Wertvorstellungen gegenüber dem Fernsehen (siehe Abschnitt 2.4.2). Altersbezogene Effekte erklären sich durch (alterns)- soziologische und entwicklungspsychologische Erklärungsansätze (vgl. Kubey, 1980;

Pecchioni et al., 2004; van der Goot et al., 2006). Aus (alterns)soziologischer Perspektive könnten Medien verstärkt zur Kompensation und Substitution genutzt werden, wenn soziale Kontakte und gesellschaftliche Teilhabe mit dem Wegfall der Erwerbsarbeit zurückgehen – diese Perspektive ist in der Medienwissenschaft bis heute vorherrschend (vgl. Rogge, 1991; Zoch, 2009). Unter einer entwicklungspsychologischen Perspektive könnte ein erhöhtes Informationsbedürfnis nicht allein als Ersatz für Verluste interpretiert werden, sondern auch als Ausdruck einer aktiven und selektiven Nutzung im Sinne prozessorientierter Modelle erfolgreichen Alterns (siehe Abschnitt 2.2.3.2) oder zur Bearbeitung von Entwicklungsaufgaben (siehe Abschnitt 2.2.2.2). Allerdings fehlen bislang Paneldaten, mit denen sich solche inter- und intraindividuellen Veränderungen anzeigen lassen.

2.2.1.3.5 Überdurchschnittlicher Fernsehkonsum im Alter

Empirisch abgesichert ist der Befund einer überdurchschnittlichen Nutzung des Fernsehens im Alter. US-Studien weisen in Querschnittsanalysen einen Anstieg mit Beginn der nachberuflichen Phase an. Mares und Woodard (2006) konnten in einer Sekundäranalyse aus dem General Social Survey (GSS) über sechs Messzeitpunkte zwischen 1978 und 1998 solch einen Entwicklungsverlauf nachzeichnen, wobei sie die Variablen Kohorte, Messzeitpunkt, Geschlecht und Bildungsstand kontrollierten. Auch in den europäischen Ländern zeigt sich ein ähnlich altersspezifisches Muster im Fernsehkonsum (European Social Survey, 2002-2003). Deutsche Mediendaten wie die Langzeitstudie „Massenkommunikation" weisen seit den frühesten Erhebungswellen (1974) kontinuierlich eine mit dem Alter zunehmende Nutzungszeit für das Fernsehen auf. Bereits als das Fernsehen in den 1950er Jahren USA noch keine Vollabdeckung hatte, galt es unter älteren Menschen als die häufigste und zeitlich intensivste Freizeitaktivität (Schramm, 1969, S. 360) – in Deutschland kann dies seit Ende der 1960er Jahren nachgewiesen werden (vgl. Hickethier, 1999; Kiefer, 1999).

Daraus leitet sich auch ein überdurchschnittlicher Anteil älterer Menschen ab, die das Fernsehen extensiv nutzen und als sogenannte Vielseher gelten (vgl. Hiegemann, 1994). In der ersten deutschen bevölkerungsrepräsentativen Studie zu Vielsehern aus dem Erhebungsjahr 1980 galt jeder Vierte als Vielseher mit einer täglichen Sehdauer von mindestens drei Stunden (Buß, 1985). Während nur 9% der 14- bis 29-Jährigen und 17% der 30- bis 49-Jährigen zu den Vielsehern zählten, waren es bei den über 50-Jährigen 38% und bei den über 70-Jährigen 40%. In den drei Erhebungswellen 1980, 1985 und 1990 der Langzeitstudie „Massenkommunikation" betrug der Anteil an Personen, die täglich mehr als 2½ Stunden das Fernsehen nutzen, jeweils etwas über ein Drittel; die durchschnittliche Sehdauer lag damals noch bei etwa zwei Stunden (Berg & Kiefer, 1992, S. 337). Hingegen lagen die Werte in der Altersgruppe 60 bis 69 Jahren und den Personen ab 70 Jahren bei deutlich über 50%.[10] Schulz (1997) verwendete in der Erhebungswelle von 1995 das oberste Terzil in der Stichtagsermittlung der Sehdauer, was einer täglichen Sehdauer von mindestens 3½ Stunden entsprach. Auch er replizierte die bisherigen Befunde überdurchschnittlicher Vielseher-Anteile im Alter und konnte in einer hierarchischen Regressionsanalyse das Lebensalter als bedeutsamste Variable kennzeichnen. Gerbner und Kollegen (1986, 2002) konnten ähnliche Befunde für die USA konstatieren.

Auch wenn die Definition und Bemessungsgrundlage weder theoretisch noch konzeptionell eindeutig ausfällt, gilt eine extensive Fernsehnutzung als problembehaftet und als Kompensationsform sozialer und persönlicher Probleme (Schulz, 1986, 1997). Nach Schulz (1997) lassen sich Vielseher nach bestimmten soziodemografischen und psychologischen Merkmalen charakterisieren, weshalb er den Begriff des „Vielseher-Syndroms" einführte. Wie die Forschungsliteratur aufzeigt, geben Vielseher im Vergleich zu anderen Fernsehnutzern häufiger an: unglücklich zu sein, ihr Leben als sinnlos zu empfinden, sich einsam zu fühlen, zu Pessimismus zu neigen, ihr Leben stärker durch externale Faktoren und weniger durch internale Faktoren bestimmt zu sehen (Schulz, 1997; vgl. Eckhardt & Horn, 1989; Korzenny & Neuendorf, 1980; McIlwraith, 1998; Owen, 1994; Rathz et al., 1989; Richins, 1989). Gleichzeitig weisen sie eine sehr hohe Bindung und Wertschätzung an das Medium auf. Fernsehen bietet ihnen eine wichtige Orientierungshilfe, trägt zum Wohlbefinden bei, erweitert den Erfahrungsreichtum, hält anregende Angebote bereit, sorgt für Entspannung, Ablenkung und dient zum Eskapismus. Dahinter werden zirkuläre Wirkungsketten gesehen, wonach spezifische Lebenssituationen (z.B. kritische Lebensereignisse, geringe Umweltstimulanz) und persönliche Eigenschaften (niedriges Bildungs- und Einkommensniveau) zusammenwirken und zu einer verstärkten Fernsehaffinität führen können (vgl. Jäckel, 2008; Schweiger, 2007).

Auch wenn die empirische Forschungslage hierzu eindeutig erscheint, gibt es auch Hinweise das Thema Vielseher differenzierter zu beleuchten. So beschreibt Moll (1997) in einer qualitativen Untersuchung formal hoch gebildete Vielseher mit einer hohen Reflexionsfähigkeit, die das Fernsehen sehr gezielt zur Information und Anregung nutzen. Hackl (2001) konnte in einer qualitativen Studie aufzeigen, dass es auch Vielseher gibt, die Fernsehen nicht als Flucht sehen, sondern als leidenschaftliches Hobby oder als Lebensphilosophie. Zudem hob sie hervor, dass Formen eskapisti-

---

[10] Auch ist der Anteil an Vielleser, die täglich mindestens 45 Minuten die Tageszeitung nutzen, unter den älteren Menschen deutlich überdurchschnittlich: Während 1990 nur jeder Vierte ab 14 Jahren zu den Viellesern zählt, sind es in den beiden ältesten Altersgruppen jeweils ein Drittel (ebd.).

schen Vielsehens nur temporär vorkamen und nur bei wenigen über einen längeren Zeitraum andauerten. Dies unterstreicht, dass Fernsehen unabhängig von der quantitativen Nutzung unterschiedlich kompetent genutzt werden kann und als Ressource für Entwicklungsgewinn oder Entwicklungsverlust fungieren kann.

2.2.1.3.6 Fernsehen als Kompensations- und Substitutionsfunktion

Vor dem Hintergrund eines weiterhin präsenten defizit- und disengagementorientierten Altersbildes in der Medienforschung dominieren bis heute Substitutions- und Kompensationshypothesen als Erklärung für die überdurchschnittliche Fernsehnutzung im Alter. Die hauptsächlichen Aspekte der Medien- und besonders der Fernsehnutzung älterer Menschen werden im Zusammenhang von Ersatz und Rückzug gesehen (vgl. Rogge, 1991; Zoch, 2009). Als Ursache für diese einseitig negativen Aspekte werden zum einen strukturfunktionalistische Disengagementprozesse angenommen, zum anderen altersbedingte Funktions-, Gesundheitseinbußen sowie Verlusterfahrungen. Speziell das Fernsehen dient als Substitut für soziale Kontakte, sozusagen als „Kommunikationsbrücke zur Realität" (Rogge, 1991, S. 83) oder als Kompensation von gesundheitlichen, sensorischen Einbußen oder Mobilitätseinschränkungen (Doolittle, 1979; Graney, 1974; Graney & Graney, 1974; Hiegemann, 1994; Kubey, 1980; Meyersohn, 1961; 1969; Straka et al., 1989; Schramm, 1969; Swank, 1979; vgl. Mares & Woodard, 2006; van der Goot et al., 2006). Nach Vandebosch und Eggermont (2002, S. 438) wird die Mediennutzung älterer Menschen zumeist als „adaptation or coping tools" betrachtet. Nach Davis und Kubey (1982) substituiert das Fernsehen den scheinbar fehlenden Kontakt zur sozialen Umwelt und bietet den sozial isolierten Personen das Gefühl von Gemeinschaft – „to maintain the illusion of living in a populated world" (ebd., S. 202). Geht durch eine Sehbeeinträchtigung die Lesehäufigkeit zurück oder durch eine Hörbeeinträchtigung der Radiokonsum, so kann kompensierend ein erhöhter Fernsehkonsum auftreten (Young, 1979; Moll, 1997).

Tatsächlich besitzt das Fernsehen gegenüber diesen Medien den Vorteil, dass es Informationen bisensual, visuell und auditiv, anbietet und durch diese Redundanz einfacher zu rezipieren ist (Harwood, 2007; Moll, 1997; Vandebosch & Eggermont, 2002). Des Weiteren helfen Massenmedien, eine „fast zwangsläufig reduzierte Lebenswirklichkeit" (Bosch, 1981, S. 465) auszugleichen; mit der Folge, dass eine Reduktion an Primärerfahrungen durch eine Zunahme an medial vermittelten Sekundärerfahrungen kompensiert wird (Reimann, 1974). Entsprechend folgerte die „Cultivation Theory" (Gerbner et al., 1986, 2002), dass für ältere Menschen das Fernsehen zur Ersatzwelt werden kann, was zu einer medialen Kultivation führt (siehe Abschnitt 2.2.1.4.2). So resümierte Bosch (1981) in einem Übersichtsartikel zum damaligen

Stand der Medienforschung zu älteren Menschen: „Zur Globalerklärung [...] wird im allgemeinen auf die Substitutionshypothese zurückgegriffen, nach der Medienkonsum, insbesondere Fernsehen, auf affektiver, sozialer und kognitiver Ebene als Ersatz, Surrogat – eben als Substitut – für individuelle bzw. gesellschaftlich nicht mehr bzw. nur vermindert realisierbare Bedürfnisse, Handlungen, Interaktionen u.a. dient" (ebd., S. 465). Aber auch ein Viertel Jahrhundert später fällt das Fazit nicht grundlegend anders aus: „Discussing the available research on older adults and television viewing in terms of selection and compensation makes clear that a large share of this field of research is biased toward compensation. Specifically, research tends to treat old age as a life stage characterized by losses, in which television viewing presumably functions as a substitute for decreased activities" (van der Goot et al., 2006, S. 460).

Allerdings fallen die Befunde zur Kompensations- und Substitutionshypothese uneinheitlich aus. Die meisten Studien zeigen keine oder gegenteilige Effekte oder können solche Zusammenhänge nur für eine Subgruppe konstatieren (vgl. van der Goot et al., 2006). Zudem bestehen methodische Defizite, da es z.b. keine Paneldaten gibt, die einen direkten prozessualen Zusammenhang zwischen Mediennutzung und Gesundheit oder sozialem Netzwerk nachzeichnen könnten. Die bisher einzigen Längsschnittdaten stammen aus der Bonner Längsschnittstudie (BOLSA) und reichen in die 1960er Jahre zurück, als das junge Medium Fernsehen noch nicht in allen Haushalten präsent war, ein geringes Sendevolumen aufwies und als ein modernes, statusträchtiges Bildungs- und Unterhaltungsmedium galt. Die Befunde widersprechen einer Kompensation und Substitution, da im Zeitverlauf von acht Jahren zwar die Fernsehnutzung unter den älteren Menschen zugenommen hat. Allerdings korrelierte die Höhe der Nutzung positiv mit dem allgemeinen Aktivitätsniveau und dem subjektiven Wohlbefinden (Lehr, 1977; Schmitz-Scherzer, 1974). Ein Befund, der den aktuellen Ergebnissen zu Vielsehern entgegensteht (siehe Abschnitt 2.2.1.3.5).

An alternativen Erklärungskonzepten mangelt es allerdings. Immerhin mehren sich in den letzten Jahren medienbiografische Ansätze, die eine Mediennutzung im Alter aus einer lebenslaufbezogenen Perspektive beleuchten (siehe Abschnitt 2.2.1.4.1). Neue Medien wie Computer oder Internet werden zunehmend als Entwicklungsressource für ein erfolgreiches Altern wahrgenommen (siehe Abschnitt 2.2.3.1.4). Zudem finden sich aktuell Arbeiten, auch das Fernsehen als selektive Entwicklungsressource im Alter zu untersuchen (siehe Abschnitt 2.2.3.2.4).

2.2.1.3.7 Heterogene Fernsehnutzung im Alter

Wenn allgemein ältere Menschen als überdurchschnittliche Mediennutzer und speziell als intensive Fernsehnutzer bezeichnet werden, beruht dies zum Teil auf einem methodischen Artefakt. Denn die alleinige Darstellung von Mittelwertsangaben der Nutzungswerte verdecken die sich dahinterstehende Streuung und intra-gruppenspezifische Heterogenität: „Averages may provide meaningful information about some age groups, but they are potentially misleading when describing older groups" (Mares & Woodard, 2006, S. 611). Harwood (2007, S. 181) beispielsweise zeigte anhand des GSS von 1972-2000 auf, dass die Variabilität der Nutzungsdauer mit dem Alter zunahm. Unter den 80-Jährigen gibt es den größten Anteil an exzessiven Vielsehern mit täglich mehr als neun Stunden Fernsehkonsum als auch an Fernsehabstinenten.

In der Sekundäranalyse von Mares und Woodard (2006) konnte zwischen 1978 und 1998 eine zunehmende Heterogenität im Fernsehkonsum mit dem Alter mittels der Standardabweichungen bestätigt werden. Dabei nahm mit zunehmendem Alter die erklärte Varianz demografischer und sozialer Prädiktoren wie Ethnie, Geschlecht, Familienstand, Berufsstatus, soziale Klasse, Bildungsniveau, Lebenszufriedenheit und soziale Kontakte für die Fernsehnutzungsdauer ab: „In fact, with each successive life stage, demografic and social predictors explained increasingly less of the variance in viewing" (ebd., S. 612). Auch die Studie von Chayko (1993) bestätigt eine mit dem Alter abnehmende Varianz entlang soziodemografischer Prädiktoren zur Erklärung des Fernsehkonsums. Damit widersprechen die empirischen Befunde dem bis heute bestehenden Stereotyp, ältere Menschen wären pauschal „heavy viewer" oder „embracers" wie Davis (1980, S. 42) es formulierte: „signifies that the individual identifies closely with television, has an undiscriminating and accepting attitude toward it, and spends a significant amount of his time in television viewing".

Vielmehr wird als Grund für die alterskorrelierte Mehrnutzung des Fernsehens der strukturelle Zugewinn an freier Zeit in der nachberuflichen Phase angeführt (Bower, 1985; Comstock & Paik, 1991; Mares & Woodard, 2006; Nussbaum et al., 2000; Robinson et al., 2004). So konstatierte Bower 1985 (S. 40f.): „A person's age, sex, race, education, income make little difference – everyone views television about the same amount except when prevented from doing so by external factors, like work". Tatsächlich zeigte sich in der Studie von Mares und Woodard (2006), dass zwischen dem Fernsehkonsum und dem Alter nur ein schwacher Zusammenhang besteht wie auch zwischen Kohorte und Fernsehkonsum. Es fanden sich auch keine Periodeneffekte. Vielmehr konnten die Autoren in Regressionsanalysen aufzeigen, dass die sozialen Kategorien Alter und Kohorte Proxy-Variablen darstellen, hinter denen sich andere Effekte verbergen. So fanden sich die höchsten Korrelationen zwischen der Fernsehnutzungszeit und dem Berufsstatus („work status") bzw. der frei verfügbaren Zeit („out of work"). In geringerem Maße moderierten Gesundheitszustand und finanzielle

Einkommen das Zeitbudget für das Fernsehen. Ähnliche Befunde fand Schulz (1986) für Deutschland. In einer Regressionsanalyse konnte er aufzeigen, dass bei Herauspartialisierung soziodemografischer Merkmale wie Berufstätigkeit, Haushaltseinkommen und Familienstand der Einfluss des Alters auf den Fernsehkonsum ganz verschwindet. Mares und Woodard (2006, S. 612) folgerten daher zutreffend: „some older adults may watch more television than younger adults because they can – they do not have to go to work".

Im deutschsprachigen Raum wurden in den 1980er Jahren durch die Studie der ARD/ZDF-Medienkommission (n=2000, 55-74 Jahre; Eckhardt & Horn, 1988) ähnliche Nachweise erbracht. Anhand eines breiten Datenmaterials, dass auch psychologische Komponenten wie subjektive Gesundheit und Lebenszielen berücksichtigte, konnten neben der oben beschriebenen Sonderstellung des Fernsehens (siehe Abschnitt 2.2.1.3.2) zwei weitere Kernergebnisse konstatiert werden: Erstens widerspricht die Gruppe älterer Menschen einem defizitären Altersbild, wonach Alter mit „Ruhestand, Zurückgezogenheit und Gebrechlichkeit" (ebd., S. 152) gleichgesetzt wird. Ältere Menschen verfügen zwar über geringere finanzielle Ressourcen und über mehr frei verfügbare Zeit, doch sind sie durchaus aktiv und an gesellschaftlicher und sozialer Partizipation interessiert. Zweitens ist das Medienverhalten älterer Menschen äußerst heterogen, wobei das Kriterium Alter am wenigsten zu Unterscheidungen beiträgt. Vielmehr diskriminieren Faktoren wie Geschlecht, Bildung und Berufsstatus.

Anstelle eines biologischen oder kalendarischen Alters schlugen Rubin und Rubin (1981, 1982a) vor, das sogenannte „kontextuelle Alter" als Prädiktor für die Mediennutzung älterer Menschen zu verwenden. Dieses umfasst die faktorenanalytisch ermittelten Dimensionen: Umfang interpersonaler Interaktion, Lebenszufriedenheit, ökonomische Sicherheit und Eigenständigkeit. In ihrer Studie (55-92-Jahre) nutzten Personen mit geringen finanziellen Ressourcen das Fernsehen intensiver, da es kostengünstig ist, während Personen mit geringer Lebenszufriedenheit eskapistische Motive angaben (ebd., S. 239; vgl. Schweiger, 2007).

2.2.1.3.8 Mediennutzungstypologien im Alter

Wie vielfältig ältere Menschen mit den Medien umgehen, belegen mehrere Nutzungstypologien der letzten Jahrzehnte. Dabei lassen sich für das Fernsehen die meisten Typologien entlang einer kommunikativen Grundorientierung verorten, wie es Rubin (Rubin, 1984; Rubin & Rubin, 1982b) in den USA Anfang der 1980er konstatiert hatte: Das Fernsehpublikum lässt sich zwischen (selektiven) Informationsorientierten und (unselektiven) Unterhaltungsorientierten unterteilen. In Deutschland konnte in der Langzeitstudie „Massenkommunikation" von 1990 ein solcher Befund altersunabhängig repliziert werden (Berg & Kiefer, 1992). Berens und Kollegen (1997) fanden zudem in einer Sonderauswertung zu mehreren Erhebungswellen dieser Langzeitstudie eine Mischgruppe. Es konnten hierbei prozessuale Effekte durch die veränderte Fernsehlandschaft nachgezeichnet werden, insofern durch die Verbreitung privatkommerzieller Programmanbieter der Anteil an Unterhaltungsorientierung in der Gesamtbevölkerung zugenommen hat. In diesem Zusammenhang wurde auch die sogenannte „Unterhaltungsslalom-These" aufgestellt, wonach Unterhaltungsorientierte durch die Sendervielfalt gezielt versuchen, Informationssendungen zu umgehen (Faul & Klingler, 1987).

Speziell für den Personenkreis älterer Menschen wurde erstmals Anfang der 1980er Jahre eine Typologisierung zur Fernsehnutzung vorgenommen. Dabei konnte Eckhardt (1988) vier idealtypische Zuschauergruppen anhand eines qualitativen Leitfadeninterviews beschreiben. Als Unterscheidungskriterien dienten der Tagesablauf und die Mediennutzung wie auch die Lebenslage und die Einstellung zu den Medien. Das Spektrum reichte vom unselektiven Vielseher mit hoher Bindung und vielfältigen Gratifikationserwartungen an das Fernsehen bis zum selektiven Wenignutzer, der lediglich abends habituell die Nachrichten anschaut und morgens die Tageszeitung liest und danach zahlreiche soziale Kontakte pflegt. Daneben gab es noch einen durchschnittlichen Nutzer, der habituell abends fernsieht, um sich unterhalten zu lassen und sich zu entspannen. Für Informationen dienen tagsüber Tageszeitungen und Zeitschriften. Der vierte Zuschauertyp zeigt ähnliche Muster wie die intensiven Vielseher, nur steht das Fernsehen nicht dominant im Zentrum, da auch das Radio für Unterhaltung und zur Berieselung verwendet wird. Dieser Fernsehtyp gesteht sich eine unselektive Vielnutzung nicht ein. Im Gegensatz dazu äußern die Vielseher offen ihre intensive Nutzung und führen hierzu psychische und physische Belastungen als Grund an. Wie das Fallbeispiel hierzu zeigt, müssen dies nicht unbedingt eigene gesundheitliche Probleme sein: Eine Vielseherin pflegt ihren Mann seit Jahren zu Hause und nutzt das Fernsehen als Tagesbegleiter und tägliches „Allroundmedium".

Ein noch breiteres Spektrum konnte die Repräsentativstudie zu älteren Menschen aus Hamburg und Pinneberg (55 Jahre bis 80+ Jahren) von Kübler und Kollegen (1991) beschreiben. Hierbei wurden mittels einer Ward-Clusteranalyse zur Mediennutzung und Medienkompetenz sechs Mediennutzertypen explorativ erfasst. Da die Studie neben einer nutzerorientierten Perspektive auf einem sozialökologischen Ansatz (siehe Abschnitt 2.3.1) beruhte, konnte für die Beschreibung der Cluster ein umfangreiches Datenmaterial zur Person und zum sozialen Umfeld eingesetzt werden.[11] Die

---

[11] Neben sozioökonomischen Merkmalen auch psychologische Kategorien (Lebenszufriedenheit, subjektive Gesundheit, soziale Beziehungen und Kontakte, Unterstützungsformen), Freizeitaktivitäten und politisches

größte Gruppe bildeten die „vielseitig Normalen" mit 30%, die in weiten Zügen der Mediennutzung und den Lebensverhältnissen dem Durchschnitt der Gesamtgruppe entsprechen. Es fanden sich zwei Gruppen an intensiven Mediennutzern, den „Zurückgezogenen, älteren Hamburgerinnen", die das Fernsehen extensiv nutzen und wenig Radio hören und den „Hochbetagten (heimlichen) Vielnutzerinnen", die Fernsehen und Radio intensiv nutzen, gleichzeitig aber vorgeben, außerhäuslich sehr aktiv zu sein. Beide Gruppen weisen die höchsten Anteile an Frauen, Alleinlebenden und Hochaltrigen auf und verfügen über den schlechtesten Gesundheitsstatus. Auf beide Gruppen entfallen jeweils ca. 10% der Personen. Umgekehrt gab es ein kleine Gruppe „Aktiver Alter" (8%), die viele soziale Kontakte und außerhäusliche Aktivitäten aufweisen und die klassischen Massenmedien regelmäßig aber im moderaten Umfang nutzen. Und es gab eine größere Gruppe „Zeitungleser und NDR2-Hörer" (25%), die intensiv die Tageszeitung lesen und diese überdurchschnittlich positiv bewerten wie auch den speziellen Informationssender des NDR. Beide Gruppen sind relativ jung, gebildet, einkommensstark und gesund, wobei die „Aktiven" jünger sind und die „Zeitungsleser" einen höheren Männeranteil besitzen. 15% zählten zu den „Medienindifferenten", die keine klare Medienpräferenz artikulieren und relativ wenig lesen und überdurchschnittlich Radio hören.

Auch wenn hier sehr verkürzt die umfangreichen Befunde dieser Studien dargestellt werden können, geben sie doch einen Einblick in die Heterogenität dieser Altersgruppe.[12] Da Mediennutzungstypologien an den kulturellen, regionalen und zeithistorischen Kontext gebunden sind, besitzen sie aufgrund des gesellschaftlichen und medialen Wandels für die Beschreibung heutiger Kohorten älterer Menschen nur noch begrenzt Gültigkeit.[13]

Eine dezidiert auf ältere Personen ausgerichtete quantitative Nutzertypologie findet sich seit der Hamburger Studie in Deutschland nicht mehr. Erwähnt sei jedoch eine bevölkerungsrepräsentative Studie der ZDF-Medienforschung von 2003, bei der Gra-

---

Interesse. Medienbezogene Dimensionen bezogen sich auf Medienausstattung, Mediennutzung, Funktionen, Medienkompetenz, Einstellung zur Werbung und zu Seniorensendungen.

[12] Die besondere Stärke lag hierbei in der Quantifizierung der einzelnen Typengruppen und der vielschichtigen Typenbeschreibung. Die Merkmalsausprägungen der abhängigen Variablen waren jedoch keinem Clustern eindeutig zuordenbar, sodass die Beschreibung der Typengruppen sich heterogen ausfiel und es dadurch an einer klaren Profilkonturierung mangelte. Kontrastanalysen wären in diesem Fall angebracht gewesen.

[13] Die Studie von Eckhardt (1988) wurde 1984 durchgeführt, als es noch keine Privatsender gab. Die Erhebung der Hamburger Studie war 1990, als die Verbreitung des Kabelfernsehens in den älteren Haushalten noch in der Anfangsphase steckte (Hamburg 28%, Pinneberg 18%) (Kübler et al., 1991).

tifikationserwartungen zum Fernsehen zu „Erlebnisfaktoren" faktorisiert wurden (Dehm & Storll, 2003) und in einer weiteren Studie „TV-Nutzungsmotivtypen" mittels Ward-Clusteranalyse erfasst wurden (Dehm et al., 2004). Die Untersuchung bezog sich allerdings nur auf die 14- bis 69-Jährigen. Es konnten sieben Cluster ermittelt werden, die mit soziodemografischen Merkmalen sowie Programm- und Genrepräferenzen in Bezug gesetzt wurden. Dabei fanden sich zwei Typen, die einen hohen Anteil älterer Personen enthielten: Die „involvierten Begeisterten", für die das Fernsehen vielfältige Funktionen erfüllt und als ideale Freizeitbeschäftigung und unverzichtbarer Bestandteil des Tagesgeschehens gilt. 11% der Stichprobe entfielen auf diesen intensiven Fernsehnutzertyp, davon waren 50% zwischen 50 und 69 Jahre alt. Und die „genießenden Wissensdurstigen", die das Fernsehen selektiv zur Anregung, Information und für Gesprächsstoff nutzen. Informations-, Politik- und Wirtschaftssendungen stehen daher hoch im Kurs, zudem lesen sie viel Tageszeitung und Bücher und hören gerne Klassik. 16% im Sample gehören zu diesem Typ, davon waren 44% zwischen 50 und 69 Jahre alt. Auch wenn die Ergebnisse nur begrenzt Aufschluss über die Nutzungsvielfalt älterer Menschen geben, scheint die Methodik der Clusteranalyse zu Nutzungsmotiven ein vielversprechender Ansatz zu sein, heterogene Nutzungsmuster aufzudecken.

Aus der ARD/ZDF-Medienforschung stammten aus den letzten Jahren noch zwei weitere repräsentative Nutzungstypologien, die MedienNutzerTypologie (MNT) (Oehmichen & Ridder, 2003) und die OnlinerNutzerTypologie (ONT) (Oehmichen & Schröter, 2004). Allerdings wurden bei der ersten Studie keine nutzungsbezogenen Variablen geclustert, sondern Lebensstilvariablen. Sie ähneln daher den Sinus-Lebensstilmilieus. Von den neun Clustern weisen drei einen Altersdurchschnitt von über 60 Jahren auf. Zwei davon, die „Häuslichen" (Ø 61 Jahre) und die „Zurückgezogenen" (Ø 67 Jahre) entsprechen dem Stereotyp des älteren Menschen aus der Disengagement-Theorie (Cumming & Henry, 1961) (siehe Abschnitt 2.2.2.1.1); lediglich das dritte Cluster („Klassisch Kulturorientierte", Ø 64 Jahre) bildet einen aktiven, gebildeten und kulturinteressierten Typus ab.

Die Online-Studie weist von den sechs Typen zwei aus, in denen ältere Onliner überhäufig vertreten sind: Die sogenannten „Selektivnutzer", die gezielt bestimmte Informationen im Netz aufsuchen, und die „Randnutzer", die unerfahren und selten das Internet nutzen. Hier spielt die Zeitgebundenheit der Erhebung eine wichtige Rolle bei der Interpretation der Befunde. Durch die hohe Dynamik seitens der Weiterentwicklung der Online-Medien wie seitens der Internetdiffusion und -erfahrung sind in den nächsten Jahren auch unter den älteren Onlinern veränderte Typologien zu erwarten.

Abschließend sei erwähnt, dass in den letzten Jahren medienübergreifende Nutzungsmuster diskutiert werden. So konnten Dehm und Kollegen die auf der Basis des „Er-
lebniskonzepts" gefundenen Nutzungstypologien beim Fernsehen auch für die Internetnutzung (Dehm et al., 2006) und für das Bücherlesen replizieren (Dehm et al.,
2005). Schweiger (2005, 2006) konnte medienübergreifende Nutzungsmuster bei 14-
bis 65-Jährigen beschreiben, die er als transmediale Nutzungsstile (TMNS) bezeichnete und mit Persönlichkeitsmerkmalen in Bezug setzen konnte.

Meyen (2007) entwickelte mittels eines qualitativen Designs und in Anlehnung an
Bourdieus Habitus-Konzept sechs Typen zur allgemeinen Mediennutzung. Mediennutzung wird hierbei als kulturelles Kapital bzw. als (soziale, kulturelle) Arbeit verstanden. Von den 133 Interviewten waren elf Personen über 70 Jahre alt und 30 waren verrentet. Die älteren Personen verteilten sich im Wesentlichen auf zwei Typen:
Die „Genügsamen", die zufrieden sind, was ihnen die Medien bieten (ebd., S. 345),
und die „Pflichtbewussten", die Medien als wichtige Informationsquelle nutzen. Die
erste Gruppe gehört den unteren Bereichen der Gesellschaftshierarchie an und hat
„mit dem Leben weitgehend abgeschlossen" (ebd.) bzw. ist mit dem Alltag so stark
ausgelastet, dass sie nicht mehr sozial aufsteigen will oder kann und Medien unselek-
tiv und habituell verwendet. Die zweite Gruppe steht in der „Mitte der Gesellschaft"
(ebd., S. 348), ist aktiv und gesund und erlebt die Norm, informiert sein zu müssen.
Medien werden folglich als normgebundene, soziale Informationsarbeit verstanden
und kommerzielle Fernsehprogramme gelten als unbedeutsam.

Die wenigen Studien zu medienübergreifenden Nutzugsmustern, in denen ältere
Menschen mit einbezogen wurden, deuten ebenfalls auf eine inhomogene Gruppe hin.
Es fehlen jedoch differenzierte Befunde, die das Spektrum und die Relevanz einzelner Mediennutzungsmuster aufzeigen. Zudem mangelt es an einer Mediennutzungs-
typologie, die gerontologische Konstrukte berücksichtigt. Auch hier bietet eine Verschränkung lebensspannenbezogener Entwicklungskonzepte mit nutzungsorientierten
Medienkonzepten eine fruchtbare Methode an.

2.2.1.4 Weitere medientheoretische Bezüge und empirische Befunde zum Alter

2.2.1.4.1 Die medienbiografische Forschung

Eine Möglichkeit, über den klassischen UGA-Ansatz hinaus kontextuelles Altern mit
einer lebenslaufbezogenen Perspektive zu verknüpfen, stellt der medienbiografische
Forschungsansatz aus der Medien- und Kommunikationswissenschaft dar. Dieser in
den 1980er Jahren aus der qualitativen Biografieforschung stammende Teilaspekt,
besitzt keinen eigenständigen theoretischen Rahmen, weshalb auch von einer For-

schungsmethode gesprochen werden kann (vgl. Hackl, 2001; Rogge, 1982). Der medienbiografische Forschungsansatz spielt nach Einschätzung von Aufenanger (2006, S. 516) in der Medienforschung insgesamt keine hervorgehobene Rolle. Anwendungsfelder gibt es vereinzelt in der medienpädagogisch orientierten qualitativen Medienforschung sowie in der Frauenforschung.

Theoretische Wurzeln finden sich in den Ansätzen zur „Oral Hhistory", Cultural Studies, Lebenslaufforschung und der sozial-ökologischen Forschung (vgl. Hackl, 2001; Wittkämper, 2006). Ähnlich wie der Alternsforscher Thomae (1996) es bereits in den 1950er Jahren umschrieb, gilt es, „das Individuum und seine Welt" zu erfassen, seine Lebenswelt und Alltagswelt. Lebenswelten stellen dabei dauerhafte Handlungskontexte dar, die durch Gesellschaft und Kultur vorgegeben werden. Gesellschaft stellt hierbei Ordnung der sozialen Beziehungen her, während Kultur einen Wissensvorrat für Deutungsstrukturen anbietet. Damit verknüpft ist die Alltagswelt als tägliche Handlungspraxis des Individuums (Hackl, 2001, S. 30ff). Forschungsleitend ist dabei der Zusammenhang von Individuum, (Medien-)Alltag und Lebenslauf und dessen subjektive Repräsentation und Bewertung.

Auch wenn es umstritten bleibt, inwiefern überhaupt Medien eine biografische Relevanz besitzen und inwiefern Medien eine spezifische Konstituente im Lebenslauf haben, bleibt deren Alltagsrelevanz und Verstärkerfunktion „an gesellschaftlichen Prozessen der 'Individualisierung' und 'Biographisierung' von Lebensläufen" (Baacke et al., 1990a, S. 14) unbestritten. Hickethier (1982, S. 206) sieht in der Erfassung von Medienbiografien die Möglichkeit, „dem Einfluss der Medien in unserer Lebensgeschichte auf die Spur zu kommen" und „die Art und Weise zu rekonstruieren, in der wir mit den Medien umgegangen sind, sie genutzt haben". So können biografische Mediennutzungsmuster im Lebenslauf älterer Menschen gewonnen werden, die helfen, Rückschlüsse auf den gegenwärtigen Medienalltag zu ziehen. Wie emotional aufgeladen mediale Erinnerungen bei Erwachsenen sein können, verdeutlicht DuBois (1993) in einem Erfahrungsbericht aus Gruppendiskussionen. Fernsehhelden aus Kinderserien konnten mitunter besser erinnert werden als die damalige Familiensituation.

Die wenigen medienbiografischen Untersuchungen im deutschsprachigen Raum fokussieren Kinder und Jugendliche. Im Mittelpunkt steht vor allem deren biografisch geprägtes Medienhandeln im familiären Kontext (z.B. Baacke et al., 1990a,b; Rogge, 1985; vgl. Aufenanger, 2006; Hirzinger, 1991). Einzelne Qualifikationsarbeiten finden sich zudem zu erwachsenen und älteren Frauen. Hierbei konnte u.a. aufgezeigt werden, wie sich durch kritische Lebensereignisse wie Mutterschaft die Mediennutzung veränderte (Raumer-Mandel, 1990) oder infolge einer starken Leseförderung in der Kindheit, ein größeres Ausmaß an bewusst-selektivem Medienumgang bei jungen Erwachsenen entwickelte (Röttger, 1994).

Medienbiografische Arbeiten zu älteren Menschen finden sich vereinzelt in den letzten Jahren. Einige Aspekte dieser Arbeiten sollen folgend kurz beschrieben werden. Von Wittkämper (2006) wurde in einer Qualifikationsarbeit das Lesen im Lebenslauf von 71 Personen im Alter zwischen 60 und 80 Jahren erfasst, wobei der Fokus auf den Funktionen des Bücherlesens lag. Zur Essenz seiner medienbiografischen Befunde gehört die Herausarbeitung der Heterogenität an Rezeptionsmustern und Lesetypen. So kann das Bücherlesen über die vielen Jahrzehnte identifikationstiftend sein, zur Kompensation von Krieg und Vergangenheit hilfreich sein, als Freizeitgestaltung und Unterhaltung dienen, sowie zur Kommunikation, Gesundheitsfürsorge und zum Lernen beitragen. Interessant ist hierbei der Hinweis, dass innerhalb der Lern-Funktion das Bücherlesen auch als „Mittel zur lustvollen Persönlichkeitsentwicklung" (ebd., S. 150) dient. Beim Lesen lassen sich identifikatorische und empathische Erfahrungen sammeln, die zur Bearbeitung von Entwicklungsaufgaben unterstützend wirken. Dies ist ein Beispiel, wie Medien auch als Ressource für Entwicklungsgewinne verstanden werden kann.

Bereits 1995 untersuchte Hackl (2001) in einer weiteren Qualifikationsarbeit das „Fernsehen im Lebenslauf" anhand von 96 Personen, von denen 16 zwischen 60 und 84 Jahre alt waren. Aus der Fülle von lebenslaufbezogenen Ergebnissen seien einige mit Altersbezug kurz skizziert:

Das individuelle Rezeptionsverhalten wird wesentlich durch die Einflussfaktoren Persönlichkeitsmerkmale, biografische Einflüsse, Erziehung der Eltern, Lebenspartner und familiäre Fernsehsituation geprägt. Vor allem Wenig- und Durchschnittseher zeichnete ein relativ stabiles und kontinuierliches Rezeptionsmuster im Lebenslauf aus. Tagesstruktur, Präferenzen und Bedeutungen blieben nahezu konstant. So zeigten ältere Männer mit sozial hohem Status, die in der Erwerbsphase zeitlich sehr ausgefüllt waren, auch im Ruhestand ein aktives Alltagsleben; dem Fernsehen wurde weiterhin kein besonderer Stellenwert zuteil. Lediglich nahm die Entspannungsfunktion aus der stressigen Berufsphase ab. Medienbiografische Diskontinuitäten finden sich für „Wendepunkte" im Lebenslauf wie z.B. berufliche und familiäre Veränderungen sowie in der nachberuflichen Phase. Vereinzelt nahm bei alleinstehenden älteren Frauen – aufgrund fehlender Freizeitalternativen – der Fernsehkonsum stark zu und das Medium wurde zur „Bezugsperson" (ebd., S. 331). Das Rezeptionsmuster blieb im Wesentlichen erhalten: Es wurde weiterhin selektiv und rituell das Fernsehen genutzt, und auch die Programmpräferenzen blieben unverändert.

Hinsichtlich der Funktionen beim Fernsehen lassen sich ebenfalls altersspezifische Zusammenhänge aufzeigen. So nimmt mit dem Alter das Bedürfnis nach Information, Gewohnheit und Alltagsritualisierung zu. Im Gegensatz zu jüngeren „Fernseh-generationen" stellt Fernsehen etwas Besonderes dar, und ist mit festen Regeln und Ritualen verbunden. Es strukturiert den Tagesverlauf, wobei die Mehrheit den Vor-satz lebt, tagsüber auf das Fernsehen verzichten zu können. Das Gerät wird gezielt zu bestimmten Uhrzeiten und ausgewählten Sendungen wie der „Tagesschau" einge-schaltet und bewusst genutzt. Nebenbei-Fernsehen ist selten anzutreffen. Zudem fin-den sich unter den älteren Personen kaum Ost-West-Unterschiede im Rezeptionsmus-ter. Lediglich aufgrund der materiell schlechter gestellten Situation nutzen ältere Per-sonen aus dem Osten das Fernsehen stärker und haben insgesamt etwas weniger Kri-tik am Programmangebot auszusetzen. Gemeinsam beklagen aber beide Altersgrup-pen einen Qualitätsverlust in den letzten Jahren. Darüber hinaus zeigen in allen Al-tersgruppen Frauen ein größeres Bedürfnis nach Entspannung und Unterhaltung als Männer, was in Verbindung mit bestimmten Mechanismen der Mediensozialisation interpretiert wird (ebd., S. 221).

Eine weitere Studie stammt von 2006 und erarbeitete anhand von 40 qualitativen Leitfadengesprächen mit Personen zwischen 64 und 88 Jahren, davon 19 mit medien-biografischem Charakter, Determinanten der Mediennutzung (Fernsehen, Radio, Ta-geszeitung) (Scherer et al., 2006). Scherer und Kollegen konnten neben einer hetero-genen Nutzung, die sie durch vier Typen kennzeichneten, auch retrospektiv generati-onen- und lebensphasenspezifische Aspekte der Mediennutzung herausarbeiten. So änderte sich die Mediennutzung beim Übergang in die berufliche Phase durch das Hinzukommen berufsbedingter Medien. Durch die Familiengründung fand eine An-passung an Bedürfnisse von Partner und Kindern statt. Je nach Lebensphase variier-ten die drei Determinanten der Mediennutzung, die Erwartungen an die Medien, ihre Bewertungen und die medien- und personenbezogenen Ressourcen.

Abschließend sei hierzu eine größere flämische Studie erwähnt, die mit quantitativen (n=264) und qualitativen (n=101) Methoden Personen im Alter zwischen 60 und 85 Jahren zu ihrer Mediennutzung im Lebenslauf untersucht haben (Vandebosch & Eg-germont, 2002). Auch sie liefert Befunde zu generationenspezifischen, historischen Prägungen in der Mediennutzung durch den Zweiten Weltkrieg und den gesellschaft-lichen Wertewandel wie auch zu lebensphasenbezogenen Modi durch Beruf, Familie und Verrentung. Die Nutzung von Medien ist demnach von Kontinuität und Wandel geprägt: Biografisch erworbene, generationengeprägte Medienstile werden durch le-benslaufbezogene Umbrüche und periodenspezifischer Rahmung des Mediensystems modifiziert.

Weitere konzeptionelle Anknüpfungspunkte der medienbiografischen Methode sind folglich mit der Biografieforschung aus der Alternsforschung denkbar, speziell auch zur Geragogik und Erwachsenenbildung mit ihrem Konzept des lebenslangen Lernens (vgl. Alheit & von Felden, 2009; Kricheldorff, 2005). Medien unter der Perspektive von Entwicklungsaufgaben als auch als Entwicklungsressource zu beleuchten, könnte ein fruchtbares Forschungsfeld darstellen.

2.2.1.4.2 Die Cultivation Theory nach Gerbner

Eine Wirkungstheorie, die besonders in den USA im Zusammenhang mit älteren Menschen diskutiert wird, ist die sogenannte „Cultivation Theory" von Gerbner (Gerbner et al., 1980; 1986) aus den 1980er Jahren. Sie beruht auf der Annahme, dass das Fernsehen durch seine vermittelten Bilder, Themen und Werte eine enorme gesellschaftliche Bedeutung besitzt. „Television ist the source of the most broadly shared images and messages to history" (Gerbner et al., 2002, S. 43). Und an anderer Stelle: „Television`s central role in our society makes it the primary channel of the mainstream of our culture" (ebd., S. 51). Jedoch fällt die Wirkung auf Rezipienten vom Ausmaß des Fernsehkonsums unterschiedlich stark aus. „We use the concept of „cultivation" to describe the independent contributions television viewing makes to viewer conceptions of social reality. The most general hypothesis of cultivation analysis is that those who spend more time 'living' in the world of television are more likely to see the 'real world' in terms of images, values, portrayals, and ideologies that emerge through the lens of television. The 'cultivation differential' is the margin of difference in conceptions of reality between light and heavy viewers in the same demografic subgroups" (ebd., S. 47).

In ihren über Jahrzehnte hinweg durchgeführten Programminhaltsanalysen konnten Gerbner und Kollegen feststellen, dass im Fernsehen eine weitaus stärkere Präsenz von Gewalt und Kriminalität vorkommt als es in der Realität der Fall ist. Medien wie das Fernsehen entwerfen demnach Bilder und Stereotype von der Gesellschaft und der Welt, die nicht den empirischen Fakten entsprechen und präsentieren damit ein negatives Zerrbild. Rezipienten werden auf diese Weise von den Massenmedien kultiviert; sie erhalten ein „verzerrtes" Gesellschaftsbild.

Hier finden sich Parallelen zu weiteren mediensoziologischen Theorien und Konzepten aus den 1950er und 1960er Jahren wie von Anders (1987) oder zur Kritischen Theorie von Adorno (1963) und Marcuse (1967), wo das Mediensystem als Kulturindustrie bezeichnet wird, das die Gesellschaft mit Mainstream-Inhalten und damit systemstabilisierenden Normen und Werte unterhält, vereinheitlicht und unkritisch macht. Gerbner und Kollegen (2002) sehen die Massenwirkung weniger gesellschaftskritisch und auch nicht unidirektional. Sie beschreiben stattdessen einen sogenannten „gravitational process": „The angle and direction of the 'pull' depends on where groups of viewers and their styles of life are with reference to the line of gravity, the mainstream of the world of television. Each group may strain in a different direction, but all groups are affected by the same central current" (2002, S. 49).

Auf der anderen Seite kommen sie rezipientenorientierten Ansätzen nahe, wenn sie von der Ambiguität oder „Polysemy" (ebd., S. 48) von medialen Inhalten sprechen, sehen aber zugleich einen massenwirksamen, kultivierenden „master text" in allen medialen Produkten: „In a sense, cultivation looks at the 'master text' composed of the enduring, resilient, and residual core that is left over when all particular individual and program-specific differencies cancel each other out (ebd.). Die „Cultivation Theory" bezieht dabei makrospezifische Aspekte in die Mikroebene ein: Je mehr Personen einseitig ihr Gesellschaftsbild aus den Medien beziehen und nicht direkt mit der sozialen Umwelt vergleichen können, desto größer ist der Einfluss der telegenen Welt als real betrachtet zu werden. Vielseher, die sozial isoliert leben, sind folglich am stärksten durch die medial vermittelten Bilder geprägt und kultiviert.

Der gerontologische Bezug wird dadurch hergestellt, dass zum einen ältere Menschen durch ihre jahrzehntelange Fernsehnutzung am stärksten „kultiviert" sind und zum anderen in dieser Altersgruppe vergleichsweise viele Rezipienten zu den „Heavy Usern" gezählt werden können. „The repetitive 'lessons' we learn from television, beginning with infancy, are likely to become the basis for a broader worldview, making television a significant source of general values, ideologies, and perspectives as well as specific assumptions, beliefs, and images" (ebd., S. 52). Graney und Graney (1974) sehen folglich im hohen Fernsehkonsum älterer Menschen die Gefahr der Abhängigkeit und einer Abkehr von der unmittelbaren Realität.

Wenn im Alter interpersonale Informationsquellen wegfallen, würde durch den hohen Fernsehkonsum die Realität verstärkt durch das Fernsehen geprägt werden (Davis & Davis, 1985). Im Sinne der Kultivationstheorie werden diese Vielseher die mediale Wirklichkeit als reale empfinden. „The basic hypothesis is that heavy viewers will be more likely to perceive the real world in ways that reflect the most stable and recurrent patterns of portrayals in the television world" (Morgan & Signorielly, 1990, S. 9f.). Durch die permanente Rezeption einer gewalttätigen Fernseh-Welt werden die Gefahren in der eigenen Alltagswelt überschätzt werden (vgl. Ogles & Sparks, 1989). „This set on findings suggests that heavy viewers, such as many of the elderly, might be more fearful than light viewers of venturing out of their homes" (Kubey, 1980, S. 26). Eine sich selbst verstärkende Spirale ist die Folge, der zufolge Vielseher ihre

Umwelt ängstlicher wahrnehmen und in der Folge noch mehr zu Hause bleiben und ihre Wirklichkeitskonstruktion auf mediale Wirklichkeiten fokussieren und verstärken und damit auch ihre Einschätzung einer gewalttätigen sozialen Umwelt.

Hinzu kommt, dass unter den älteren Fernsehzuschauern „Heavy User" als auch ältere Personen mit erhöhter Fernsehorientierung und -bindung ein erhöhtes negatives Selbstbild und ein geringeres Aktivitätsniveau haben (z.b. Rahtz et al, 1989; Gerbner et al. 1980). Gerbner und Kollegen gehen davon aus, dass das durch zahlreiche Studien belegte negative Altersbild in den Medien kausale Ursache dafür sei.

Die empirische Datenlage zeigt jedoch ambivalente Ergebnisse. Zwar zitiert der Arbeitskreis um Gerbner zahlreiche Studien, die ihre Hypothesen bestätigen lassen, doch finden sich genauso Veröffentlichungen, die keine empirischen Belege fanden und die Forschungsmethoden dieser Arbeitsgruppe kritisierten (z.b. Emmers-Sommer & Allen, 1999; Hirsch, 1980; Hughes, 1980; Passuth & Cook, 1985). So fanden in einer Meta-Analyse Emmers-Sommer und Allen (1999, S. 491) Fernseheffekte bei Kindern und Jugendlichen, die für die Relevanz der Kultivationstheorie sprechen. Diese überschätzten bei hohem Konsum von Polizeiserien und Krimifilmen das reale Kriminalitätsrisiko. Hinter diesen Effekten wird die begrenzte Erfahrungswelt dieser Altersgruppe angenommen, die daher für medial konstruierte Bilder empfänglicher sind. Bei älteren Menschen, die zu den Vielsehern zählten, wurde keine erhöhte Furcht vor Gewalttaten festgestellt (Moll, 1997).

Zudem bestanden in der Studie, in der Gerbner und Mitarbeiter (1980) statistische Korrelate zwischen Vielsehern und einem negativerem Altersbild fanden, methodische Defizite.[14] In einer Reanalyse der Daten konnten Passuth und Cook (1985) keinen Zusammenhang zwischen Fernsehnutzungsdauer und einem negativen Altersbild feststellen. In keiner der untersuchten vier Altersgruppen zwischen 18 Jahren und über 65 Jahren fanden sich Effekte zum Wissen über ältere Menschen und zur Einstellung gegenüber älteren Menschen. Lediglich in der jüngsten Altersgruppe, den 18- bis 29-Jährigen, ergab sich ein signifikanter Zusammenhang zwischen einem hohen Fernsehkonsum und einem geringerem Wissensniveau über ältere Menschen. Hierfür wurde aber mehr der fehlende direkte Kontakt mit älteren Menschen verantwortlich gemacht als der Einfluss des Fernsehens. Es fehlt folglich der empirische Nachweis, ob und inwiefern speziell ältere „Heavy User" durch den Fernsehkonsum „kultiviert" werden.

---

[14] Sie kontrollierten lediglich einzelne Variablen und nicht multivariat; z.B. war der Einkommensstatus unbedeutsam hinsichtlich des Welt- und Altersbildes und zwar unabhängig von der Menge des Fernsehkonsums (vgl. Passuth & Cook, 1985).

2.2.2 Klassische Alterstheorien im Fokus individueller Betrachtung

Folgend soll das Themenfeld „Alter und Medien" aus Perspektive der psychologischen Alternsforschung beleuchtet werden. Im Fokus stehen Beschreibungs- und Erklärungsversuche zum (erfolgreichen) Altern. Zunächst werden klassische Alterstheorien zum erfolgreichen Altern vorgestellt, die Altern als ein Strukturprinzip zwischen individuellen und gesellschaftlichen Bedürfnissen und Anforderungen betrachten. Anschließend folgen klassische Lebenslauf-Ansätze, die Altern als lebenslangen Prozess der Entwicklung verstehen. Obwohl die Modelle in ihren Alterskonzeptionen und Determinanten zum erfolgreichen und zufriedenem Altern erheblich divergieren, kennzeichnen sie eine psychosoziale, makrotheoretische Perspektive mit der Betonung eines generellen, für alle Menschen identischen Alternsprozess, der durch gesellschaftliche Bedingungen geprägt wird (Jopp, 2003). In Abschnitt 2.2.3 folgen dann aktuelle Metakonzepte erfolgreichen Alterns, deren Modelle ressourcen- und prozessorientiert ausgerichtct sind und somit ein differenzielles Altern implizieren.

2.2.2.1 Klassische Alterstheorien zum erfolgreichen Altern

In der Alternsforschung gibt es drei klassische Konzepte, die mit einer soziologischen Ausrichtung versucht haben, Altern als ein gesellschaftliches und individuelles Strukturprinzip zu beschreiben: Die Disengagement-, die Aktivitäts- und die Kontinuitätstheorie. Alle drei stellen Grundannahmen über das Wechselverhältnis zwischen Alter und Gesellschaft an, die auf strukturfunktionalistischen Gleichgewichtsvorstellungen beruhen (vgl. Backes & Clemens, 2008). Im Sinne von Kohlis Institutionalisierungsthese steht der Eintritt in die nachberufliche Phase als Bezugspunkt für die Lebensphase Alter. Der Verlust sozialer Rollen aus Beruf und Familie stellen für das Individuum Herausforderungen bzw. Entwicklungsaufgaben des Alters dar, auf die jedes der drei Konzepte unterschiedliche Grundlagen zur Stabilisierung des Selbstkonzepts vorbringen. Daraus ergeben sich unterschiedliche Implikationen zur Mediennutzung im Alter. Auch wenn keines der drei Konzepte explizit den Umgang von Medien einbezieht, lassen sich spezifische Perspektiven in der Einschätzung und Funktionalität von Medien im Alter kennzeichnen.

2.2.2.1.1 Disengagement-Theorie

Als eine für die Gerontologie wegweisende Arbeit kann die Publikation „Growing Old: The Process of Disengagement" von Cumming und Henry (1961) angesehen werden. Sie gilt bis heute als eine der am häufigsten zitierten, diskutierten und auch kritisierten Studien in ihrem wissenschaftlichen Umfeld.

Vor dem historisch-sozialen und demografischen Hintergrund, dass erst in den 1960er Jahren eine eigenständige und produktive Lebensphase Alter entstand, rekurrierte die Disengagement-Theorie noch auf einem defizitorientierten Altersbild. Alter wird zwar entwicklungspsychologisch als eine neue Lebensphase verstanden, allerdings unter dem Fokus körperlicher und sozialer Verluste. Eigene Querschnittsanalysen aus der „Kansas City Study of Adult Life" bestätigten ihre These, dass ältere Menschen sich zunehmend aus sozialen Rollen und Aktivitäten des mittleren Erwachsenenalters zurückziehen würden. Im Kern wird Alter als psychisch-physischer Abbauprozess gesehen, bei der sich der Lebensraum verkleinert und sich die Lebensenergie verringert. Und sie ist durch die Entwicklungsaufgabe geprägt, sich auf den unvermeidlich näher rückenden Tod vorzubereiten. Disengagement aus dem gesellschaftlich-öffentlichen Raum wird folglich als ein natürlicher, zwangsläufiger und universeller Prozess gesehen. „In our theory, aging is an inevitable mutual withdrawal or disengagement, resulting in decreased interaction between the aging person and others in the social systems he belongs to" (ebd., S. 14).

In Anlehnung an Parsons funktionalistische Handlungstheorie wird Altern als Wechselspiel zwischen individuellen und gesellschaftlichen Zielsetzungen verstanden. Alter wird als eine unproduktive Lebensphase betrachtet, weshalb Rückzugsprozesse des älteren Menschen von Seiten der Gesellschaft gefordert und gefördert werden. Dies geschieht durch eine soziostrukturelle Freisetzung von gesellschaftlichen Pflichten („Entpflichtung") wie z.B. über institutionalisierte Ruhestandsregelungen. Auf der individuellen Ebene soll der ältere Mensch seinen Rückzug von der Gesellschaft fortsetzen, um nachfolgenden Generationen Platz zu machen. Disengagement dient somit dem Individuum und der Gesellschaft und schafft auf beiden Seiten ein Gleichgewicht. Auch wenn diese Rückzugsprozesse krisenhaft erlebt werden können, werden sie letztlich durch Internalisierung der eigenen Alternsprozesse akzeptiert: „If the individual becomes sharply aware of the shortness of life and the scarcity of the time remaining to him, and if he perceives his life space as decreasing, and if his available ego energy is lessened, then readiness for disengagement has begun" (ebd., S. 216).

Angesichts der empirisch gut belegten Multidimensionalität und Multidirektionalität des Alters können die universellen, unidimensionalen und normativen Aspekte der Disengagement-Theorie als obsolet betrachtet werden (Naumann, 2006). Weder konnte in Längsschnittstudien eine generelle Minderung sozialer Aktivitäten im Alternsprozess nachgewiesen werden, noch führte ein Disengagement bei allen zu einer erhöhten Lebenszufriedenheit. Im Gegenteil fanden sich Formen von „successful aging" in der Aufrechterhaltung personaler und sozialer Aktivitäten sowie gesellschaftlicher Partizipation (z.B. Baltes & Baltes, 1990; Deutscher Bundestag, 2006;

Kohli & Künemund, 2005; Rowe & Kahn, 1999). Ein weiteres Manko besteht in der Ausblendung sozialer Ungleichheitsstrukturen (Lebenslage, Geschlecht, Bildung, Einkommen) (vgl. Backes & Clemens, 2008) sowie in dem einseitig negativen Altersbild, bei der Alter als unproduktive „Restzeit" verstanden wird.

In modifizierter Form bietet diese komplexe Alterstheorie immer noch einen heuristisch wertvollen Ansatz für den Rückgang gesellschaftlicher Integration und Mitwirkung wie es z.b. die BASE-Studie (Mayer & Wagner, 1996), der Alterssurvey (Künemund, 2009; Kohli & Künemund, 2005) oder die Enable-Age-Studie (vgl. Naumann, 2006) für das Vierte Alter beschreiben können. Nach Tornstams Konzept der Gerotranszendenz (2005) kann in dieser Lebensphase Disengagement auch als Copingstrategie verstanden werden (vgl. Kolland, 2007). Darüber hinaus können vorübergehende Formen von Disengagement, wie z.b. bei kritischen Lebensereignissen, bereits für das Dritte Alter in der BOLSA-Längsschnittstudie nachgewiesen werden (vgl. Lehr, 2007).

2.2.2.1.2 Aktivitätstheorie

Als Gegenentwurf entstand in den 1960er Jahren die Aktivitätstheorie, als deren wichtigste Repräsentanten in den USA Tobin und Neugarten (1968) sowie Havighurst (Havighurst et al., 1968, 1969) gezählt werden können, interessanterweise Arbeitskollegen von Cumming und Henry. In Deutschland gilt Tartler (1961) als Inbegriff dieser wegweisenden gerontologischen Perspektive. Sie postulieren ein erfolgreiches, zufriedenes Altern, wenn Aktivitäten und soziale Kontakte des mittleren Lebensalters auch in der nachberuflichen Phase erhalten bleiben. „The older person who ages optimally is the person who stays active and who manages to resist the shrinkage of his social world" (Havighurst et al., 1969, S. 419).

Tartler (1961) geht davon aus, dass in der modernen Arbeitsgesellschaft, in der Produktivität ein wertvolles Gut darstellt, ältere Menschen nur glücklich und zufrieden sein können, wenn sie aktiv bleiben, etwas leisten können und das Gefühl haben, gebraucht zu werden. Umgekehrt evoziert Passivität, Ausschluss aus gesellschaftlicher Teilhabe sowie Mangel an körperlicher und geistiger Tätigkeit physiologische und psychologische Abbauprozesse und mindert Lebenszufriedenheit und subjektives Wohlbefinden. Bietet die Gesellschaft keine sozial honorablen Rollen („rollenlose Rolle") und mangelt es an produktiven Aufgaben für ältere Menschen, so hat dies negative Konsequenzen für das persönliche Selbstbild. Des Weiteren propagiert Tartler eine Kompensation zwangsläufiger Rollenverluste wie der Berufsaufgabe durch adäquate soziale Aktivitäten. Hobbys und Zerstreuung reichen zur Sinnerfüllung nicht aus. Aktivitäten, über die das Individuum im mittleren Alter verfügt, sollten demnach auch im Alter beibehalten werden. Einschränkungen oder Aufgabe von Aktivitäten im persönlichen Umfeld sollten aus eigenem Antrieb durch neue soziale Kontakte und Aktivitäten ersetzt werden. Im Gegensatz zur Disengagement-Theorie wird das Alter nicht als eine Lebensphase mit spezifischen Normen, Bedürfnissen, Zielen und Entwicklungsaufgaben gesehen. Alter wird als Fortsetzung des mittleren Erwachsenenalters betrachtet.

Für die Aktivitätstheorie lassen sich zahlreiche empirische Belege anführen. Bereits in den 1960er Jahren wies eine internationale Pensionierungsstudie eine erhöhte Lebenszufriedenheit im Alter bei einer möglichst intensiven Aufrechterhaltung früherer Aktivitäten nach (Havighurst et al., 1969). In der Längsschnittstudie von Duke wurden außerhäusliche Aktivitäten als ein Prädiktor für erfolgreiches und zufriedenes Altern erfasst (Palmore, 1979). Vielfach repliziert sind die positiven Zusammenhänge körperlicher Aktivitäten auf psychologische Aspekte wie Gesundheit, kognitive Leistungsfähigkeit, Alltagskompetenz, Wohlbefinden, Selbstbewusstsein und Körperimage, Selbsteinschätzung, Stressbewältigung, Selbstkontrolle, Depression, Angst und Ärger (vgl. Martin, 2000, S. 174).

Neben körperlicher Aktivität gelten kognitive und soziale Formen von Aktivität als weitere Prädiktoren für Lebenszufriedenheit. Bereits in seinem Klassiker „Developmental tasks and education" verweist Havighurst (1948, S. 112) auf Studien, die eine erhöhte Lebenszufriedenheit unter älteren Menschen nachweisen, die Rollenverluste aus der produktiven Altersphase kompensieren und neue und flexible Rollen kreieren konnten. Besonders informelle Aktivitäten mit der Familie und im sozialen Umfeld wirken auf ältere Menschen positiv, da es z.b. das Bedürfnis nach Wertschätzung befriedigt (Lemon et al., 1972; Longino & Kart, 1982). In Anlehnung an die Aktivitätstheorie entwickelten Rowe und Kahn (1997, 1999) ihr Konzept vom „successful aging" mit der Betonung eines „social engagement in life" (siehe Abschnitt 2.2.3.2.3).

Ebenso wie die Disengagement-Theorie gilt auch einschränkend für die Aktivitätstheorie, dass sie nicht für alle Alternsformen und Lebenslagen ein erfolgreiches Alternsmodell darstellt und folglich zu reduktionistisch ausgerichtet ist.[15] So finden sich in der Bonner Längsschnittstudie (BOLSA) erfolgreiche bzw. zufriedenstellende Alternsformen, die ein selbstgewähltes Disengagement kennzeichnet und solche, die ein aktives Altern führen (Lehr, 2007). Je nach Persönlichkeitsstruktur, Aktivitätsniveau und Gesundheitsstatus variierten diese interindividuellen Alternsformen. Dabei konn-

---

[15] Backes und Clemens (2008, S. 127) kritisieren zudem, dass die Aktivitätstheorie auf die weiße, männliche Mittelschicht in den USA der 1960er Jahre referenziert.

ten auch innerhalb eines Individuums je nach Lebensbereich teils aktive teils rückzugs-orientierte Verhaltensformen beschrieben werden. Kritisch ist zudem das indirekt nega-tive Altersbild der Aktivitätstheorie, da es „Altsein verdrängt bzw. als zu bekämpfen-des, schicksalhaftes Unglück, als 'unnormal' darstellt (vgl. Backes & Clemens, 2008, S. 127). Sie bestärkt damit ein Altersstigma wie auch eine Anti-Aging-Kultur.

2.2.2.1.3 Kontinuitätstheorie

Anstelle einer einseitigen Betrachtung von Reduktion oder Aktivität bietet die Konti-nuitätstheorie nach Atchley (1989) eine differenzierte Perspektive von Alter an. Je nach subjektiv wahrgenommenen Anspruchs- und Aktivitätsniveau fördern eher akti-ve oder passive Alternsformen ein zufriedenes und „normales" Altern. Hierbei kom-men person- wie umweltbezogene Aspekte zum Tragen wie der Verlauf einzelner Lebensbereiche, Persönlichkeitsmerkmale, Lebenslage, Lebensstil und sozio-öko-logische Umwelten (vgl. Backes & Clemens, 2008). Den Ausgangspunkt für diese Theorie stellt das grundlegende Bedürfnis nach Stabilität dar, weshalb ältere Men-schen auch in der nachberuflichen Phase den internen Druck nach Kontinuität verspü-ren. Zwischen dem mittleren und höheren Lebensalter sollte folglich eine Kontinuität an Aktivitäten und sozialen Rollen stattfinden. Soziale Rollen erscheinen als lebens-lange Erfahrungen, die zur Aufrechterhaltung des Lebensstils dienen.

Atchley unterscheidet des Weiteren zwischen interner Kontinuität, die eine Beibehal-tung der kognitiven Struktur meint (Einstellung, Ideen, Erfahrung, Temperament und Fähigkeiten) und externer Kontinuität, die auf eine Beibehaltung der Umweltstruktur zielt (physische und soziale Umwelt, Beziehungen) (vgl. Lehr, 2007). Kontinuität ist aber nicht mit Konstanz gleichzusetzen, d.h. Anpassungsleistungen und Verände-rungsprozesse sind bei zwangsläufig auftretenden Diskontinuitäten (z.b. nachlassen-de Gesundheit, Aufgabe der Berufsrolle, Verlust von Sozialkontakten) möglich, wo-bei ein Schutz der eigenen Identität gewährleistet bleiben muss. Dabei unterscheiden Atchley und Baruschs (2003) vier prototypische Phasen der nachberuflichen Lebens-phase: Eine kurzfristige Euphoriephase (2-3 Monate), eine bis zu zwei Jahren andau-ernde „Ernüchterungsphase", eine zeitlich sehr unterschiedlich verlaufende „Neuori-entierungsphase" sowie eine „Stabilitätsphase", die eine Resilienz gegenüber Ein-schränkungen und Verlusterfahrungen des hohen Alters beinhaltet.

Die Kontinuitätstheorie betont bei Diskontinuitäten und kritischen Lebensereignissen die Adaptations- und Antizipationsfähigkeit älterer Menschen. So kann die Aufgabe der Berufsrolle weniger kritisch verlaufen, wenn durch eine Rollenorientierung die Möglichkeit zur aktiven Veränderung und Gestaltung gegeben ist. Die Theorie kann daher als Synthese von Aktivitäts- und Disengagement-Theorie gesehen werden. We-

der Aktivität noch Disengagement allein schaffen eine optimale Alterssituation, sondern die Möglichkeit einer kontinuierlichen Alternsform, die durch individuell spezifische Aktivitäts- und Rückzugsbestrebungen gekennzeichnet ist (vgl. Backes &
Clemens, 2008).

Ein Manko in diesem Ansatz ist die Betonung persongebundener Aspekte, die zur
Erklärung individueller Differenzen beitragen. Gesellschaftliche Ursachen für soziale
Ungleichheiten werden nicht erfasst. Für sozial benachteiligte Gruppen stellt jedoch
eine Kontinuität von Ungleichheitsmomenten im Alter keine Lösung dar. Ebenso
stößt die Kontinuitätstheorie an ihre Grenzen, wenn Diskontinuitäten wie gesundheitliche Veränderungen so bedeutsam werden, dass eine innere Kontinuität nicht mehr
möglich ist (vgl. Wittkämper, 2006).

Damit bleibt als Fazit festzuhalten, dass alle drei klassischen Theorien nicht die Heterogenität und Vielschichtigkeit des Alterns erfassen können. Besonders die Disenga-
gement- und die Aktivitätstheorie erweisen sich als zu undifferenziert und reduktionistisch, da sie von den sozialen Rahmenbedingungen und den individuellen Besonderheiten abstrahieren. Thomae (1987, S. 281f.) folgerte daher zurecht: „From this
point of view the systematic testing of two opposed socio-gerontological theories
demonstrates the need for a consequent differential approach in gerontology. No
global theory can meet the numerous person-situation interactions in old age".

In Weiterentwicklung zu diesen klassischen Alterskonzepten entstand in der Gerontologie in den letzten Jahrzehnten ein differenziertes Altersbild, das sowohl Kompetenzen und Potenziale des Alterns als auch Verluste und Einbußen berücksichtigt und
der Heterogenität des Alterns Rechnung trägt. Meta-Modelle wie „life-span-
development" und „successful aging" bündeln eine Vielzahl theoretischer Konzepte,
die auch Impulse für eine differenzierte Sicht auf die Mediennutzung im Alter geben
(siehe Abschnitt 2.2.3).

2.2.2.1.4 Medienbezogene Implikationen

Direkte Verweise zur Mediennutzung finden sich in der Disengagement-Theorie
nicht. Implizit könnte solch ein Rückzug aus gesellschaftlichen und öffentlichen
Räumen hin zur häuslichen Umwelt mit einer Intensivierung massenmedialer Nutzung verstanden werden. Insbesondere das Fernsehen als Fenster zur Welt könnte als
Substitution real erfahrbarer Welt fungieren und damit als Ausdruck und Folge von
Disengagement interpretiert werden. So resümierte in den 1960er Jahren Schramm
(1969, S. 373): „That the mass media – with some people more than others, in some
situations more than others – help to keep old people in touch with environment,

combat the progressive disengagement, maintain a sense of 'belonging' to the society around them".

Tatsächlich überwiegt bis heute in der Medienforschung zu älteren Menschen eine Disengagement-Perspektive, bei der die evident hohe Nutzung von Massenmedien als Ausdruck von Rückzug, Kompensation und Substitution erklärt wird (Rogge, 1989; van der Goot et al., 2006). Möglichkeiten von Medien zur Stimulanz, Aufrechterhaltung, Förderung von Fähigkeiten und Interessen, zur Weiterbildung und zum lebenslangen Lernen sowie zur gesellschaftlichen Teilhabe werden in Bezug auf das Alter noch zu wenig berücksichtigt. Zumindest werden in der Medienpädagogik und Erwachsenenbildung neue Medien wie Computer und Internet als Ressource und Entwicklungsimpulse für eine tertiäre Sozialisationsinstanz wahrgenommen (Hurrelmann, 2002). Insofern lässt sich aus der Aktivititätstheorie eine direkte Verknüpfung für eine aktive, handlungsorientierte Medienpädagogik im Alter ableiten.[16]

Die Kontinuitätstheorie bezieht ihre spezifische Relevanz in Bereichen der Freizeit- und Wohnforschung, nach der Freizeit- und Lebensstile weitgehend über den Lebenslauf erhalten bleiben (vgl. Tokarski, 1989). Dies gilt ebenso für Mediennutzungsformen wie z.b. für das Lesen: „Der Eintritt in den Ruhestand stellt keine markante Zäsur für das Leseverhalten dar; vielmehr setzen sich die bislang gepflegten Leseweisen kontinuierlich fort. Für ihr Bestehen sind Bildung, kulturelle Vorlieben und gewohnte Praktiken bedeutsamer als die Zahl der Jahre" (Kübler, 2005, S.19). Wittkämper (2006) konnte in einer medienbiografischen Studie ebenfalls lebenslange, kontinuierliche Lesemuster bei älteren Menschen aufzeigen. Dennoch bleibt zu vermuten, dass lebensphasenspezifische und temporale Diskontinuitäten bezüglich Intensität und thematischer Präferenz bestehen können. Hackl (2001) konnte zumindest für das Fernsehen entsprechende Hinweise liefern. Auch ist anzunehmen, dass sich die Mediennutzung in den vier Phasen im Alter nach Atchley und Baruschs (2003) unterschiedlich ausgestalten kann.

Alle drei klassischen Theorien beziehen sich letztlich auf Teilgruppen älterer Menschen und Teilaspekte des Alterns. Entsprechend spielen auch für die Mediennutzung im Alter Aspekte von Disengagement, Aktivität und Kontinuität eine Rolle; wobei Formen von Disengagement verstärkt im Vierten Alter angenommen werden können, während das Dritte Alter weit mehr von Aktivität und Kontinuität gekennzeichnet sein wird.

---

[16] Dabei weist Wittkämper (2006, S. 46) darauf hin, dass die Aktivitätstheorie in der Geragogik nicht dogmatisch verstanden werden darf und „blinder Aktivismus" fehl am Platze ist. Es gilt, gesellschaftliche Strukturen zu schaffen, um lebenslanges Lernen unter Einbezug neuer Medien und Technologien für ältere Menschen zu ermöglichen. Aber es muss ein Sozialdruck zum „Erlernen müssen" vermieden werden.

2.2.2.2 Klassische Lebenslauf-Ansätze

Der Versuch, Lebenslauf in aufeinanderfolgende Phasen oder Stufen zu fassen, findet sich bereits im Altertum. Menschenleben wurden zumeist in ein Schema von drei, vier, sieben, zehn oder zwölf Phasen unterteilt. Vor allem im 16. und 17. Jahrhundert entstand eine vielfältige Ikonographie wie die der Lebenstreppe, -brücke oder dem Lebensrad, bei der die Entwicklung des Menschen als Prozess von Wachstum und Abbau illustriert wird (Barth, 1970; Borscheid, 1989, Thane, 2005). Diese Abbildungen repräsentierten eine festgefügte Struktur und Ordnung, die Trost und Stabilität bieten sollen, aber auch Verhaltensregeln implizieren (Bothelo, 2005, S. 119).

Gleichwohl diese vorwissenschaftlichen Phasenlehren einer empirischen Fundierung entbehren und generell in Frage gestellt wurden,[17] bezeugen sie bis heute das individuelle und gesellschaftliche Bedürfnis, den Lebenslauf zu ordnen und zeitlich zu strukturieren (Faltermaier et al., 2002, S. 38). Und sie geben einen Hinweis auf das zeithistorische Altersbild (Borscheid, 1989; Rosenmayr, 1996; Thane, 2005).

In ähnlicher Weise ist den diversen psychologischen Lebenslauftheorien aus dem 20. Jahrhundert gemeinsam, dass sie eine lineare Abfolge von Entwicklungsphasen beschreiben, die auf einer universellen Gesetzmäßigkeit basieren. Zu den bekanntesten zählen die drei klassischen Phasenmodelle von Charlotte Bühler (1933), Erik Erikson (1968) und Robert Havighurst (1948), die zwischen 1930 und 1950 entstanden und als Vorläufer einer Entwicklungspsychologie der Lebensspanne gelten können (Faltermaier et al., 2002, S. 40). Von besonderem Interesse sind hierbei die Modelle von Erikson und Havighurst, da sie in ihren Modellen phasenspezifische Entwicklungsaufgaben artikulieren, zu denen sich konzeptionelle Bezüge zum SOK-Modell im Sinne von Adaptationsprozessen herstellen (Freund, 2004, siehe Abschnitt 2.2.3.2.1) und medienbezogene Verknüpfungen ableiten lassen.

Als kritischer Einwand sei angemerkt, dass diese organismischen Lebenslauf-Ansätze eine epigenetische, unidirektionale und universelle Ausrichtung haben und folglich den evidenzbasierten Erkenntnissen einer differenziellen Entwicklungspsychologie und ihrer Betonung der Verschiedenartigkeit von Entwicklungsverläufen widersprechen (vgl. Faltermaier et al., 2002; Freund, 2004; Lehr, 2007; Thomae, 1987). So konnten bereits in den 1960er Jahren Lehr und Thomae unterschiedliche Formen der

---

[17] So lehnte z.B. Allport (1949, S.132) jeden Versuch einer Strukturierung des Lebenslaufs ab und betonte stattdessen ihre Individualität: „Aber so es sieben Altersstufen gibt, wie Shakespeare glaubte, oder drei, wie es die Sphinx haben wollte, oder fünf oder neun oder siebzig, ist eine rein rhetorische und nicht eine psychologische Frage. Für die einzelne Person gibt es nur einen zusammenhängenden, ununterbrochenen Lebenslauf".

Auseinandersetzung von Lebensereignissen aufzeigen, die eine subjektive Gliederung des Lebenslaufes notwendig erscheinen ließen (Lehr, 1976; Lehr & Thomae, 1965; vgl. Kruse, 1987). Dennoch können sie als bedeutsame heuristische Modelle dienen, da sie die menschliche Entwicklung mehrdimensional unter biologischen, gesellschaftlichen und persönlichkeitsbezogenen Aspekten betrachten und zudem das Alter als eigenständige Lebensphase mit spezifischen Entwicklungsthemen definieren.

2.2.2.2.1 Entwicklungsbezogenes Modell nach Erikson

In Anlehnung an die Theorie von Freud zur psychosexuellen Entwicklung konzipierte 1950 der Psychoanalytiker Erikson (1968) seine Theorie der psychosozialen Entwicklung, die sich über die Kindheit hinaus auf die gesamte Lebensspanne erstreckt (siehe Abbildung 3).

Abb. 3: Phasenmodell der psychosozialen Krise nach Erikson

Die Entwicklung der Persönlichkeit wird als ein epigenetisches Prinzip verstanden, analog zur Embryologie und dem Wachstum des Körpers und seiner Organe im Uterus. Danach vollzieht sich das Wachstum der Person bzw. die Entwicklung des Ichs in einer (vorher-)bestimmten, unidirektionalen Reihenfolge von Stufen, wobei jede Stufe hierarchisch aufeinander aufbaut und Voraussetzung für die nächste ist.[18] Das

---

[18] Streng genommen sind die Stufen als Phasen zu verstehen, da Erikson die Möglichkeit einräumt, dass Krisen aus späteren „Stufen" auch vor der Bewältigung vorhergehender Stufen bewältigt werden könnten. Er bestreitet also die für Stufen charakteristische Irreversibilität der Stufenfolge (vgl. Flammer, 2008).

Modell des Lebenszyklus sieht maximal acht Stufen vor, die ein Mensch durchlaufen kann. Als zentral für die Weiterentwicklung wird dabei die Lösung von Grundkonflikten in jeder Stufe angesehen, den sogenannten psychosozialen Krisen. Diese Konflikte stellen Wendepunkte in der Entwicklung der Person dar. Sie sind sowohl biologisch determiniert als auch gesellschaftsgebunden normiert. Psychosoziale Krisen implizieren daher altersgemäße Anforderungen, Themen und Entwicklungsaufgaben. Ein weiterer Aspekt ist die Polarität dieser Grundkonflikte. Jede Krise ist durch einen spezifischen systolischen und diastolischen Pol gekennzeichnet. Die erfolgreiche Lösung einer Krise beruht dabei nicht auf einer einseitigen Auseinandersetzung mit dem positiv bewerteten systolischen Pol, sondern in einer Synthese und Integration beider Pole. Erst dann ist eine adäquate Bearbeitung der nächsthöheren Stufe möglich.

Während sich das Modell in seinen ersten drei Stufen auf die psychosexuellen Phasen Freuds bezieht (oral, anal, phallisch), steht in der Adoleszenzphase die Identitätsfindung im Mittelpunkt, und in der frühen Erwachsenenphase der Aufbau von Intimität und festen Beziehungen. Hat ein Jugendlicher eine feste Identität aufgebaut, so ist er fähig zur Intimität. Und erst auf Grundlage von Intimitätserfahrung kann sich der Mensch im mittleren Erwachsenenalter mit der Thematik der Generativität auseinandersetzen. Mit Generativität meinte Erikson zunächst die zeugende Fähigkeit und Erziehung einer nachfolgenden Generation, erweiterte aber später den Begriff auf Produktivität und Kreativität im Sinne von Schaffung neuen Lebens, neuer Produkte und Ideen (Erikson, 1968, S. 86f.). Indem eigene Lebenserfahrung an die nächste Generation weitergegeben wird, entfaltet sich das Ich und damit die eigene Persönlichkeit. Fehlen diese Möglichkeiten, so verharrt die Persönlichkeitsentwicklung in Stagnation. Dies setzt sowohl die Bereitschaft zur Mitverantwortung für andere voraus als auch ein Gebraucht werden (Faltermaier et al., 2002, S. 46). Diese Phase stellt eine Mittlerposition zwischen der jüngeren und älteren Generation dar.

In der letzten Phase, im hohen Erwachsenenalter, steht das Nachdenken über das gelebte Leben im Mittelpunkt, das durch einen zentralen Konflikt zwischen Ich-Integrität und Verzweiflung gekennzeichnet wird. Ich-Integrität meint einen Zustand tiefer Zufriedenheit mit dem Leben, eine Akzeptanz und „Hinnahme dieses unseres einmaligen und einzigartigen Lebensweges als etwas Notwendigem und Unersetzlichen" (Erikson, 1968, S. 263). Es beinhaltet weiter die Anerkennung der eigenen Grenzen und Möglichkeiten, die Verbundenheit mit anderen Menschen, das Bewusstsein über die kulturelle, zeithistorische und gesellschaftliche Kontextualität des eigenen Lebens sowie das Akzeptieren der eigenen Endlichkeit im Tod (vgl. Freund, 2004, S. 307). Der diastolische Pol der Verzweiflung ist durch das Fokussieren auf Verlust, Versagen und Niederlagen bestimmt. Fehlt eine Akzeptanz und Sinnhaftigkeit des Lebenslaufs, so macht sich das Gefühl der Verzweiflung breit. Die Lösung dieses Grundkonflikts besteht nun eben nicht darin, eine Fixierung der positiven Aspekte der Integrität anzustreben, sondern sich auch mit den negativen Seiten des hohen Alters und nahenden Todes auseinanderzusetzen. Würde nur der systolische Aspekt betont werden, so bestünde z.B. die Gefahr, funktionale Abbauprozesse zu ignorieren und eine zu positive Erwartungshaltung an die verbleibende Lebenszeit zu haben, was letztlich in Enttäuschung und Verzweiflung münden kann (ebd.).

Allerdings wird in diesem Entwicklungsmodell der normative Charakter erfolgreicher Auseinandersetzung mit Entwicklungsaufgaben kritisiert. So weist Lehr (2007, S. 53) im Hinblick auf die spezifischen Entwicklungsaufgaben im Alter darauf hin, dass durchschnittliche Lebensläufe den Kriterien Eriksons einer reifen Persönlichkeit nicht entsprechen würden.

Eine Erweiterung und Differenzierung der Entwicklungsaufgaben im hohen Erwachsenenalter lieferte Peck (1959, 1968) in Anlehnung an das Modell von Erikson. Er zeichnet dabei ein überraschend positives Altersbild, indem er die Annahme vertritt, dass „die zweite Lebenshälfte die Zeit ist, in der diese menschlichen Fähigkeiten am vollsten entfaltet und eingesetzt werden können" (Peck, 1968, S. 530) und die Aussicht auf Weisheit besteht.

Als spezifisch für das höhere und hohe Erwachsenenalter werden drei Entwicklungsaufgaben genannt: Erstens gilt es, ein Identitäts- und Selbstkonzept jenseits der Berufs- oder Elternrolle aus der (produktiven) mittleren Lebensphase zu schaffen (Ich-Differenzierung vs. Berufs-Präokkupation). Hierzu zählt auch eine Neujustierung des Selbstwertgefühls infolge einer Reduzierung des Einkommens, Lebensstandards und Sozialprestiges. Dies kann durch mannigfaltige Formen produktiver Tätigkeiten und gesellschaftlicher Partizipation geschehen wie auch durch die Pflege sozialer Beziehungen. Zweitens gilt es, eine Verlagerung von einer körperlichen Bezogenheit und Leistungsorientierung auf eine geistige und soziale Wertorientierung zu erlangen (Körper-Transzendenz vs. Körper-Präokkupation). Und drittens sollte der Furcht vor der eigenen Endlichkeit durch eine Art von Generativität begegnet werden, wie es auch Erikson für das mittlere Erwachsenenalter vorsah (Ich-Transzendenz vs. Ich-Befangenheit). Allerdings wird bei Peck der Begriff breiter ausgelegt, indem er auch die Selbstverewigung durch eigene Kinder sowie Leistungen für das kulturelle Leben und für Freundschaften einbezieht. Es geht darum, eine gute Welt für seine Familien- und Kultur-Nachkommen zu schaffen und dies als ein „direktes, aktives, emotional bedeutsames Beteiligtsein am täglichen Leben [zu erfahren]" (ebd., S. 542). Diese Fähigkeit wird als „die vollkommenste Art der Selbstverwirklichung angesehen" (ebd.). Peck weist in seinem Phasenkonzept ausdrücklich darauf hin, dass speziell im höheren und hohen Alter eine Festlegung der Lebensphasen nach Alterskriterien unsinnig ist, da mit dem chronologischen Alter die Variabilität der psychischen und physischen Entwicklung zunimmt.

Dieser erweitere Begriff von Generativität legt eine Analogie zu Hannah Arendts Publikation „Vita activa oder vom tätigen Leben" von 1958 nahe. Sie beschreibt darin die drei Grundtätigkeiten menschlichen Lebens Arbeit, Herstellen und Handeln, wobei vor allem das Handeln im öffentlichen Raum als generativ betrachtet wird: „Was die Mortalität anlangt, so sichert die Arbeit das Am-Leben-Bleiben des Individuums und das Weiterleben der Gattung; das Herstellen errichtet eine künstliche Welt, die von der Sterblichkeit der sie Bewohnenden in gewissem Maße unabhängig ist und so ihrem flüchtigen Dasein so etwas wie Bestand und Dauer entgegenhält; das Handeln schließlich, soweit es der Gründung und Erhaltung politischer Gemeinwesen dient, schafft die Bedingungen für eine Kontinuität der Generationen, für Erinnerung und damit für Geschichte" (Arendt, 2006, S. 18).

2.2.2.2.2 Entwicklungsbezogenes Modell nach Havighurst

Während bei Erikson die Entwicklung der Persönlichkeit durch psychosoziale Krisen bestimmt wird und gesellschaftliche Anforderungen nur implizit enthalten sind, betont das Modell der Entwicklungsaufgaben von Havighurst (1948, 1963) die Umweltkomponente. In seiner 1948 verfassten Publikation „Developmental tasks and education" untergliedert er die Lebensspanne in sechs Altersphasen mit jeweils gesellschaftsinduzierten Entwicklungsaufgaben, die das Individuum für erfolgreiche Entwicklung zu lösen hat: „A developmental task is a task which arises at or about a certain period in the life of the individual, successful achievement of which leads to his happiness and to success with later tasks, while failure leads to unhappiness in the individual, disapproval by the society, and difficulty with later tasks" (Havighurst, 1948, S. 2).

Diese Entwicklungsaufgaben resultieren aus einem Zusammenspiel von biologischer Entwicklung (z.B. Pubertät, Menopause, Abbauprozesse), gesellschaftlichen und kulturellen Anforderungen und Erwartungen (z.B. lebensphasenspezifische Rollen) und der Persönlichkeit mit ihren eigenen Werten, Ansprüchen, Zielen und Aspirationen. Dabei nimmt mit dem Alter die Rolle der Persönlichkeit zu. Das Konzept unterscheidet weiterhin zwischen normativen Entwicklungsaufgaben, die gesamtgesellschaftlich gelten (z.B. normbedingt durch Schule, Beruf, Verrentung) und nicht-normativen Entwicklungsaufgaben, die individuell bezogen durch kritische Lebensereignisse (z.B. Hochzeit, Geburt eines Kindes, Verlust eines Partners, Arbeitslosigkeit) evoziert sind. Hervorzuheben ist die Relevanz der sozialen Gelegenheitsstrukturen, die den

Lebenslauf nicht nur direkt, sondern auch indirekt durch soziale Erwartungen beeinflussen. Das Modell verweist damit nicht nur auf soziale Billigung und Missbilligung von Verhalten, sondern auf das Vorhandensein von altersgebundenen, sozialen Ressourcen, die für die Zielerreichung von Entwicklungsaufgaben relevant sein können (Freund, 2004, S. 305). Dies hat kulturelle und historische Implikationen, wie das Beispiel des Rentensystems aufzeigt: Je nach Kulturkreis und Zeitepoche finden sich unterschiedliche Freiheitsgrade und Limitationen für ältere Menschen in der nachberuflichen Phase. Havighurst sieht dennoch in seinem Modell die Gültigkeit einer Universalität gegeben.

Während bei Erikson das höhere Erwachsenenalter relativ vage und spekulativ bleibt und sich auf die Jugend- und Adoleszenzphase konzentriert (Faltermaier et al., 2002, S. 48), wird die Altersphase im Modell von Havighurst mit sechs Entwicklungsaufgaben konkret beleuchtet (Freund, 2004, S. 307):

- Anpassung an abnehmende physische Stärke und Gesundheit

- Anpassung an Pensionierung und vermindertes Einkommen

- Anpassung an Tod von Lebenspartner

- Aufbau einer expliziten Angliederung an die eigene Altersgruppe (Akzeptieren des Status zu den „Alten" einer Gesellschaft zu gehören und konstruktiver Umgang mit diesem Status)

- Übernahme und Anpassung sozialer Rollen in flexibler Weise (z.B. Ausweitung und Intensivierung der Familienrolle und von Hausaktivitäten, kommunaler Aktivitäten und Freizeitaktivitäten)

- Aufbau von altersgerechtem und zufriedenem Wohnen

Wie die Auflistung zeigt, liegt der Fokus dieser Entwicklungsaufgaben in der Auseinandersetzung mit defizitorientierten Anpassungsleistungen. Darin jedoch eine direkte Analogie zur Disengagement-Theorie zu sehen, wäre überzogen. Havighurst (1948, S. 107) konstatiert zwar eine Form von Disengagement aus aktiven Rollen des mittleren Erwachsenenalters, sieht gleichzeitig aber auch die Option neuer aktiver Rollen und Formen gesellschaftlicher Partizipation: „They invole disengagement from some of the more active roles of middle age, and they leave open to the individual the decision to engage or re-engage in other roles, such as those of grandparent, citizen, association member, and friend". Er geht davon aus, dass lediglich eine Minderheit ein Disengagement akzeptieren würde, die Mehrheit jedoch bestrebt sei, einem Rückzug entgegenzuwirken, indem sie nach Kompensationen sucht (ebd., S. 108).

Ein spezifisches Entwicklungspotenzial im Alter sieht er im intellektuellen und spiri-
tuellen Bereich und auch im sozialen Bereich könnten sich neue Kontakte und Interessen eröffnen.

Was allerdings fehlt, ist die Perspektive einer möglichen Freisetzung von sozialen
Verpflichtungen und einer Erweiterung des persönlichen Verhaltensspielraums, wie
dies Rosenmayr (1983) als „späte Freiheit" und Waterman und Archer (1990) als
„Zeit des größeren Freiraums" bezeichnen. Darüber hinaus mangelt es an einer Differenzierung zwischen einem Dritten und Vierten Alter. So beschreiben Brandtstädter
und Wentura (1995) als eine zentrale Entwicklungsaufgabe für das hohe Erwachsenenalter die Gestaltung und Bewältigung des Übergangs von Expansion im Dritten
Alter hin zu Konzentration der Ressourcen auf die Pflege verbleibender Bereiche im
Vierten Alter. Aus ethischer Perspektive kann für das hohe Erwachsenenalter aus der
zunehmenden Erfahrung der Begrenztheit eine spezifisch Entwicklungsaufgabe abgeleitet werden: Als ein Selbstwerdungsprozess, in dem das eigene Leben als „Gestalt-
werdung der singulären Totalität" und als „Werden zu sich selbst" erlebt werden kann
(Kruse, 2005). Als letzte Entwicklungsaufgabe kann die Auseinandersetzung mit der
Endlichkeit und Endgültigkeit des eigenen Lebens betrachtet werden (Kruse 2006).
Hierbei kommt dem Lebensrückblick in Form einer „integrativen Reminiszenz" eine
besondere Bedeutung zu. Es geht darum, negative und positive Seiten des gelebten
und ungelebten Lebens zu verarbeiten und zu akzeptieren (Coleman, 1986; Staudinger & Dittman-Kohli, 1992; Wong & Watt, 1991). In ähnlicher Weise beschreibt
Weenholsen (1988) diesen Prozess als Konstruktion eines abgeschlossenen Selbst
(„finished self") im Kontext eines „final review".

Nicht zuletzt ergeben sich infolge des gesellschaftlichen und demografischen Wandels Formen neuer Entwicklungsaufgaben einer modernen Gesellschaft an das Alter.
So verweist der 5. Altenbericht (Deutscher Bundestag, 2006) auf die Potenziale im
Alter, deren Nutzung bzw. Nutzbarmachung für die Gesellschaft im Ganzen und für
den älteren Menschen im Einzelnen von Belang ist. Konkret äußert sich dies in neuen
Rollenverpflichtungen wie z.B. in intensiven und längerfristigen Betreuungsformen
von Enkeln oder den eigenen Eltern (Wahl et al., 2008a). Als eine zentrale Entwicklungsaufgabe kann auch die Notwendigkeit eines lebenslangen Lernens angesehen
werden, das den Umgang mit neuen Technologien und Medien einschließt (Cutler,
2006; Czaja & Lee, 2007; Melenhorst et al., 2007; Wahl et al., 2008a).

Zahlreiche Studien erbrachten einen empirischen Beleg für solche Adaptationsprozesse im Sinne von Entwicklungsaufgaben im Alter. Staudinger (1996) konnte in
einer Querschnittstudie zum Lebensinvestment aufzeigen, dass in der höchsten Al-

tersgruppe (85-105 Jahren) die Beschäftigung mit Gesundheit und das Nachdenken über das eigene Leben am stärksten ausgeprägt sind. Dittmann-Kohli (1995) fand Belege, dass jüngere Altersgruppen weit mehr zukunftsgerichtet sind, während im hohen Erwachsenenalter die eigene Vergangenheit und frühere Lebensereignisse und -phasen bestimmender werden. Mit Zukunft verbinden sich im Alter vorwiegend Befürchtungen um körperlichen und geistigen Abbau sowie die Hoffnung, den gegenwärtigen Status quo aufrecht erhalten zu können. Und im Sinne einer erhöhten Adaptationsleistung konnte Ryff (1989) eine erhöhte Integrität im höheren Erwachsenenalter bestätigen: Die Ansicht, nichts an ihrem Leben zu ändern zu wollen und Veränderungen zu akzeptieren, war in dieser Altersgruppe deutlich ausgeprägter als in der mittleren Erwachsenengruppe.

Besonders zu würdigen ist beim Entwicklungsmodell von Havighurst die Beschreibung von kulturell und gesellschaftlich normierten alters- und lebenslaufbezogenen Erwartungen und Anforderungen an das Individuum. Zugleich bieten diese Normen ein Bezugssystem, innerhalb dessen die personelle und soziale Identität entwickelt werden kann. Analog zu Neugarten (1968) geben diese gesellschaftlichen Erwartungen und Anforderungen vor, welche Entwicklungsaufgaben altersgemäß sind („being on time") und welche nicht („being off time"). Das Phasenmodell von Havighurst verknüpft weit mehr noch als das Modell von Erikson die Mikro- mit der Makroebene, indem es sowohl gesellschaftliche, kulturelle und soziale Kontexte als auch biografische Aspekte für die persönliche Entwicklung berücksichtigt. Persönlichkeitsgenese und Sozialisation stehen in engem Zusammenhang.

2.2.2.2.3 Medienbezogene Implikationen

Seitens der Alternsforschung fehlt eine konzeptionelle Verschränkung von Entwicklungsmodelle auf die Mediennutzung. Hingegen besteht innerhalb der Medienforschung eine seit Jahrzehnten bestehende Forschungstradition zu Fragestellungen entwicklungsbezogener Mediennutzung, allerdings mit einem Fokus auf jüngere Lebensphasen. Die Alltagsrelevanz von Medien wird hierbei explizit aus einer Entwicklungsperspektive betrachtet, wie Süss (2004, S. 289) am Beispiel junger Erwachsener ausführt: „Die Heranwachsenden tragen ihre Medienerfahrungen und ihre Medienkompetenzen immer als Ressourcen und Risiken mit sich, wenn sie in neue Sozialisationsumgebungen treten und sich neuen Entwicklungsaufgaben stellen ... [Medien] sind ein Bestandteil aller sozialökologischen Zonen und Begleiter aller Situationen des Alltags von früher Kindheit an". Zu Kindern und Jugendlichen finden sich z.B. Untersuchungen zur identitätsstiftenden Funktion von Musik, Handys und Computerspielen (Mikos et al., 2006; Müller et al., 2002). Besonders die strukturanalytische Rezeptionsforschung von Charlton und Kollegen konnte u.a. in einer Längsschnittstudie darlegen, wie Kinder aktiv und sinnhaft Medien nutzen, um sich mit ihren persönlichen Entwicklungsaufgaben auseinanderzusetzen (Charlton, 1997, 2004; Charlton & Neumann-Braun, 1992).

Der Frage, inwiefern Medien eine Rolle hinsichtlich Entwicklungsaufgaben im Alter spielen, wird in der Medienforschung kaum nachgegangen, da eine lebensspannen-bezogene Entwicklungsperspektive noch weitgehend fremd ist. Auch aktuelle Qualifikationsarbeiten zur Mediennutzung im Alter stellen Entwicklungsaufgaben im Alter noch in Frage (Zoch, 2009, S. 47).

Vereinzelt finden sich Hinweise für solch eine Verschränkung: In einem Aufsatz zur lebensspannenbezogenen Nutzung von Medien verweisen Dimmick und Kollegen (1979) darauf, dass Mediengratifikationen durch gesellschaftlich geprägte Verhaltenserwartungen bestimmt sind. Dabei schließen sie sowohl generationenbezogene Aspekte als auch altersbezogene Entwicklungsaufgaben ein. Hartung und Kollegen (2008) beziehen in einem medienpädagogischen Beitrag zum Thema Alter eine entwicklungsbezogene Komponente mit ein: „Wie sich Menschen den Medien und ihren Angeboten nähern, welche Funktionen diese für sie erfüllen, welche Inhalte bei ihnen auf Zuspruch oder Ablehnung stoßen, ist abhängig von ihren geistigen als auch sozial-moralischen Fähigkeiten, den Entwicklungsaufgaben und den damit verbundenen handlungsleitenden Themen, welche die Vorlieben entscheidend prägen" (Hartung et al., 2008, S. 123).

Einen konkreten Bezug zu Entwicklungsaufgaben und der Mediennutzung im Alter beschreibt Kubey (1980). Er sieht in der intensiven Nutzung von Informationen beim Fernsehen eine Form aktiver Auseinandersetzung mit dem Grundkonflikt der Ich-Integrität im Sinne Eriksons psychosozialen Entwicklungsmodell: „The aged may also take a special interest in the newsworthy events of the world in which they have lived for so many years because, according to Erikson, they are 'merging with the world' as they reach the positive eighth stage of ego integrity" (Kubey, 1980, S. 18). Das Fernsehen dient demnach als wichtige Informationsquelle zum Nachdenken über das eigene Leben und zur Integration von Vergangenheit, Gegenwart und Zukunft.

Einen der wenigen empirischen Befunde findet sich in einer qualitativen Arbeit von Wittkämper (2006) hinsichtlich des Lesens im Alter, wonach Lesen die Möglichkeit zur Persönlichkeitsentwicklung und zur Bearbeitung von Entwicklungsaufgaben bietet (siehe Abschnitt 2.2.1.4.1.). Zum Fernsehen fehlen bislang direkte empirische Befunde, wenngleich die Forschungsliteratur mehrere Anhaltspunkte für die These Kubeys bietet (siehe Abschnitt 2.2.2.3).

2.2.3 Aktuelle Metakonzepte des Alterns auf individueller Ebene

Neben den klassischen Alterstheorien werden nachfolgend aktuelle Metakonzepte erfolgreichen Alterns präsentiert, die zentral für diese Arbeit sind. Hierbei handelt es sich zum einen um das Metakonzept des „life-span-development", das Altern als lebensbezogenen, dynamischen Prozess betrachtet. Zum anderen werden drei entwicklungspsychologische Konzepte des „successful aging" vorgestellt. Diese basieren auf einem differenziellen prozess- bzw. ressourcenorientierten Alternskonzept. Im Anschluss zu beiden Metakonzepten werden Implikationen zur Mediennutzung beschrieben.

2.2.3.1 Konzepte zu den Möglichkeiten und Grenzen der Humanentwicklung

Als eine metatheoretische Perspektive gilt in der Alternsforschung das entwicklungspsychologische Konzept der Lebensspanne („life-span-development") (Baltes, 1987, 1990; Thomae, 1979), aus dem sich verschiedene „successful aging"-Modelle ableiten lassen (Baltes & Baltes, 1990; Baltes & Carstensen, 1996; Freund, 2002; Freund & Riediger, 2003; Marsirske et al., 1995).

Baltes (1987, 1990) hat zum Konzept der Entwicklungspsychologie der Lebensspanne sieben Leitsätze aufgestellt:

1. Das Altern wird nicht als Zustand betrachtet, sondern als ein dynamischer, lebensumspannender und biografisch verankerter Entwicklungsprozess, der auf Veränderung und Stabilität beruht.

2. Der Alternsprozess umfasst neben biologischen und medizinischen Aspekten auch soziale, psychologische und kulturelle. Altern wird als ein differenzieller Prozess verstanden, der auf körperlicher, neuronaler, emotionaler und kognitiver Ebene verläuft (Multidimensionalität). Zudem können in demselben Entwicklungsabschnitt und Verhaltensbereich Formen von Abbau und Wachstum auftreten (Multidirektionalität). Während z.B. das Erfahrungswissen mit dem Alter zunimmt, geht die Verarbeitungsgeschwindigkeit zurück. Als Entwicklungsgewinne werden hierbei auch Möglichkeiten neuer Verhaltensressourcen wie z.B. der Weisheit diskutiert.

3. Altern besteht in jeder Phase aus Entwicklungsverlusten als auch aus Entwicklungsgewinnen, wobei mit zunehmenden Alter die Verluste die Gewinne überlagert (siehe ausführlich Abschnitt 2.2.3.1.2).

4. Obgleich mit dem Alter die bio-psychosozialen Leistungs- und Kapazitätsreserven im Schnitt zurückgehen, besteht gleichzeitig eine hohe intraindividuelle Plastizität zur Veränderbarkeit. So können auch im hohen Alter noch kognitive Leistungen durch Gedächtnistraining verbessert werden.

5. Individuelle Entwicklung geschicht immer im Zusammenspiel mit kultureller Entwicklung (vgl. Riegel, 1976), weshalb historisch-kulturelle Bedingungen und Gegebenheiten wie z.b. Zugangswege zu Bildungseinrichtungen, Medizinversorgung oder die Verbreitung von technischen Kulturgütern die ontogenetische Entwicklung beeinflussen. Dies bedingt Kohortenunterschiede in Bereichen wie Ausbildung, Gesundheit und Arbeit.

6. Entwicklung ist kontextuell zu betrachten, als Wechselwirkung zwischen altersbedingten, geschichtlich bedingten und nicht-normativen (idiosynkratisch biologischen und umweltbezogenen) Entwicklungseinflüssen.

7. Entwicklung ist multidisziplinär zu verstehen und umschließt verschiedene Fachdisziplinen wie Psychologie, Biologie, Soziologie oder Anthropologie.

Schlussendlich leitet sich aus diesen Thesen eine mit dem Alter zunehmende inter- und intraindividuelle Heterogenität ab und ist vor allem in Längsschnittstudien empirisch gut dokumentiert, z.b. mittels Kennwerten wie Standardabweichung, Varianz und Range (vgl. Nelson & Dannefer, 1992). „In addition, older people are the most diverse of all age groups, thus pointing to pronounced heterogeneity in lifestyles, needs, and preferences" (Wahl & Gitlin, 2007, S. 496). Lehr (2007) sieht in dem Nachweis dieser Heterogenität einen der zentralen Befunde psychologischer, soziologischer und medizinischer Alternsforschung.

2.2.3.1.1 Drittes Alter und Viertes Alter

Trotz dieser heterogenen Alternsprozesse ist es angebracht, das Alter zumindest in zwei grundlegende Altersphasen zu strukturieren (vgl. Baltes, 1999a,b; Kruse, 2008). Aufgrund der zunehmenden Ausweitung der Altersspanne und entwicklungsrelevanter Unterschiede hat Laslett (1995) die Notwendigkeit einer Differenzierung des Alters mit dynamischen Altersgrenzen postuliert und als Ordnungsprinzip folgende zwei Phasen vorgeschlagen:

Das Dritte Alter wird als eine Phase vergleichsweiser hoher Autonomie, Gesundheit und Mobilität gekennzeichnet. In der Forschungsliteratur wird diese Phase überwiegend auf das Alter zwischen 60 und 80 Jahren festgesetzt (Kruse, 2008). Zwar geht die körperliche Leistungskapazität erkennbar zurück und das Risiko chronischer Erkrankungen steigt an, doch verfügt ein Großteil dieser „jungen Alten" über einen relativ guten Gesundheitszustand und ist unabhängig von Hilfe oder Pflege. Auch in psychologischer (Lebenszufriedenheit, Auftreten depressiver Symptomatik, Einsamkeit) und in materieller Hinsicht besteht eine überwiegend günstige Gesamtsituation. Nach Rowe und Kahn (1999) überwiegt hier unter medizinischen, psychologischen, soziologischen und ökonomischen Gesichtspunkten ein „successful aging" (vgl. Abschnitt 2.2.3.2.3). Nach Rosenmayr (1983) lässt sich diese Altersphase als „späte Freiheit" kennzeichnen, die aus dem Fortfallen externer Verpflichtungen in Beruf und Familie erwächst (vgl. Kruse, 2008, S. 24). In der Geragogik wird diese Phase als Stadium tertiärer Sozialisation verstanden, als Phase zur Identitätsentfaltung mit der Suche nach tätiger und geistiger Ausfüllung neu gewonnener Freiheiten, fern von Fremdbestimmung und gesellschaftlicher Verpflichtung (vgl. Veelken, 2003).

Hingegen wird das Vierte Alter als eine Phase zunehmender Verletzbarkeit des Organismus verstanden, in der die Anfälligkeit für gesundheitliche Störungen und funktionelle Einbußen erkennbar zunimmt. Damit verbunden ist das Risiko für chronische Erkrankungen, Kompetenzeinschränkungen, Multimorbidität und letztlich auch an Hilfe- und Pflegebedürftigkeit (Baltes & Smith, 1999; Kruse, 2008). Analog betrachtet die Geragogik diese Phase als quartäre Sozialisation, in der verstärkt eine Auseinandersetzung mit Hilfe- und Assistenzbedürftigkeit stattfindet (vgl. Wittkämper, 2006). Diese Phase wird zumeist auf ein Alter ab 80 Jahren terminiert. Da sich jedoch der Gesundheitsstatus der Alterskohorten in den letzten Jahrzehnten verbessert hat, hat die aktuelle „Gesundheitsberichterstattung des Bundes" von 2009 den Beginn des Vierten Alters auf das 85. Lebensjahr erhöht (Böhm et al., 2009).[19]

2.2.3.1.2 Entwicklungsgewinne und Entwicklungsverluste

Das Vierte Alter markiert den Eintritt in einen Lebensabschnitt, in dem die Wahrscheinlichkeit der Kumulierung von Verlusterfahrungen in verschiedenen Bereichen (gesundheitlich, sozial) steigt (Filipp & Aymanns, 2005). Die Bilanzierung von Entwicklungsgewinnen und -verlusten ist somit negativ alterskorreliert, was im Übrigen von den meisten älteren Menschen auch so wahrgenommen wird (Heckhausen, 1999; Heckhausen et al., 1989).

Bereits im Dritten Alter wird das Individuum mit dem Verlust der Berufsrolle konfrontiert, was eine Reihe von Veränderungen im Tätigkeitsspektrum, in der Zeitstrukturierung sowie im finanziellen und sozialen Bereich mit sich bringt (Faltermaier et al., 2002). Im weiteren Verlauf steigt das Risiko für Verluste im sozialen Bereich durch Verwitwung und den Tod anderer nahe stehender Personen. Den gesundheitlichen Bereich betreffen zum einen physiologische Veränderungen wie abnehmende

---

[19] Hochaltrige werden laut dem Gesundheitsbericht dem Vierten Alter zugeordnet. Dabei wird der Beginn der Hochaltrigkeit als das Lebensalter definiert, zu dem 50% der Angehörigen eines Geburtsjahrgangs verstorben sind. Nach den Sterbetafeln des Statistischen Bundesamtes 2005/2007 gelten Männer bereits ab dem 79. Lebensjahr als hochaltrig, Frauen erst ab 85 Jahren (Tesch-Römer & Wurm, 2009, S. 10).

körperliche Leistungsfähigkeit, zunehmende Anfälligkeit für chronische Erkrankungen sowie sensorische und motorische Einbußen. Zum anderen neurobiologische und neuropsychologische Prozesse wie die Abnahme der kognitiven Leistungsfähigkeit sowie einer zunehmenden Prävalenz für demenzielle Erkrankungen (Lindenberger, 2008; Kray & Lindenberger, 2007; Schaefer & Backman, 2007).

In diesem Zusammenhang muss betont werden, dass in besonderer Weise ältere Menschen eine Widerstandsfähigkeit besitzen, auf schwierige Situationen und Verlusten adaptiv zu reagieren, um ein seelisches Gleichgewicht zu halten oder wiederzuerlangen. Diese zentrale Ressource im Alter zur Aufrechterhaltung und Wiederherstellung von subjektiven Wohlbefinden bei gegebener Verlustsituation wird als Resilienz bezeichnet (Staudinger et al., 1996; Staudinger & Greve, 2001).

Altern kann aber nicht mit einem generellen Abbauprozess gleichgesetzt werden. Wie jeder Entwicklungsabschnitt ist auch dieser durch eine Dynamik von Gewinnen und Verlusten gekennzeichnet (Baltes et al., 1999, Heckhausen et al., 1989). Gewinne und Wachstumsprozesse sind vor allem in der Entwicklung der Identität und des Selbstkonzepts, in der Art der Auseinandersetzung mit Belastungen, Krisen und Verlusten sowie in Lebenserkenntnissen und Wissenssystemen zu sehen (Filipp & Aymanns, 2005; Staudinger, 1996). So findet man bis ins hohe Alter noch eine Plastizität für das Gedächtnis, die sich in erstaunlichen Lern- und Leistungsreserven vor allem in Bereichen äußert, in denen eine hohe berufliche Expertise erworben worden war (Kliegl et al., 1989; Knopf et al., 1990). Potenzielle Gewinne können hierbei in der Entwicklung hoch organisierten und leicht abrufbaren Wissenssystemen und effektiven Handlungsstrategien konstatiert werden (Baltes et al., 2005; Lindenberger, 2002). Waterman und Archer (1990) sehen das höhere Alter außerdem als eine Zeit des größeren Freiraums an, persönliche Ziele zu entwickeln und zu definieren, da die sozialen Verpflichtungen im beruflichen, familiären und gesellschaftlichen Bereich (z.B. Kindererziehung) im Vergleich zu früheren Lebensabschnitten abnehmen. Weiterhin finden sich in diesem Altersabschnitt reifere Bewältigungsformen, u.a. durch bessere selbstregulatorische Fähigkeiten sowie eine höhere Bereitschaft, Verluste zu akzeptieren und sie in positivem Lichte neu zu bewerten (vgl. Freund & Baltes, 2005). Bezüglich interpersonaler Ressourcen kann mit dem Alter eine Zunahme an altruistischem Verhalten und eine Abnahme antisozialer Tendenzen verzeichnet werden (Rushton et al., 1989). Ebenso scheinen soziale Verantwortung und die Vergebungsbereitschaft mit dem Alter zuzunehmen (Chebat, 1986; Mullet et al., 2003). Ebenfalls diskutiert wird eine durch das Alter bestimmte Veränderung ganz spezifischer Persönlichkeitseigenschaften. So konnten verschiedene Studien Hinweise darauf finden, dass Menschen mit dem Alter verlässlicher und umgänglicher werden und zudem geringere Werte an Neurotizismus aufweisen (Mroczek et al., 2006b).

2.2.3.1.3 Die unvollendete Architektur der Humanontogenese

Eine Metatheorie der Lifespan-Forschung hat in den 1990er Jahren Baltes (1999a,b, 2003, 2006) mit seinen Arbeiten zur Humanontogenese entworfen. Darin beschreibt er drei Prinzipien, die auf einem Wechselspiel von Genetik und Kultur basieren und die grundlegend sind für „die unvollendete Architektur der Humanontogenese". Das erste Grundprinzip besagt, dass die Vorteile der evolutionären Selektion im Lebenslauf geringer werden. Mit zunehmendem Alter enthält das menschliche Genom mehr dysfunktionale genetische Expressionen. Die biologischen Reproduktions- und Abwehrmechanismen nehmen ab wie auch die Plastizität und das biologische Potenzial des Organismus. Die biologische Entwicklung und Selektion des Menschen ist auf die Reproduktion und damit auf die frühe Erwachsenenphase ausgerichtet. Die Leistungsfähigkeit, Reservekapazität und Reparations- und Schutzfunktionen erreichen hier ihren Zenit. Danach ist Entwicklung zwar noch möglich, wird aber schwieriger, und Störanfälligkeit, Dysfunktionalität und Vulnerabilität des Körpers nehmen zu. Hier finden sich Anlehnungen an evolutionsbiologische Theorien wie die Optimalitätstheorie (Partridge & Barton, 1993), nach der die Humanontogenese nicht auf eine maximale, sondern auf eine optimale Lebensspanne zur Sicherung der Nachkommenschaft ausgerichtet ist. Noch radikaler beschreibt die Disposable Soma-Theorie (vgl. Kirkwood & Austad, 2000) den Mensch als einen Wegwerf-Körper, der nach der Reproduktionsphase nur noch von seinen Sicherheitsreserven zehrt, die er großzügig von der Natur zum Erreichen des Fortpflanzungalters ausgestattet bekommen hat.[20] Moderne Alterskrankheiten wie die Alzheimer-Demenz sind daher als Folgen einer „kulturbedingten" Ausdehnung der Lebenserwartung zu verstehen. Das Alter wird evolutionsbiologisch vernachlässigt. Oder wie es Baltes (1999a, S. 438) formuliert, ist die evolutionär gewachsene Biologie „keine Freundin des Alters".

Das zweite Prinzip sieht einen zunehmenden Kulturbedarf mit steigendem Alter vor. Auch beruht die Expression des Lebensalters der letzten Jahrzehnte und Jahrhunderte weitgehend auf der Weiterentwicklung und Ausbreitung der Kultur und der damit zusammenhängenden Opportunitätsstrukturen. Als Kultur werden alle materiellen, medizinischen, sozialen, wirtschaftlichen und psychologischen Ressourcen verstanden, welche phylogenetisch hervorgebracht wurden. In Anlehnung an Kultur-

---

[20] Tatsächlich verfügt der Mensch in der Jugendphase über übermäßige Funktionsreserven in allen Organen. Ein Zehntel der Leber oder ein halbe Niere reichen zum Weiterleben aus. Mit dem Alter nehmen diese Reserven ab (Dandekar, 2005, S. 161)

anthropologen wie Gehlen (1957) wird Kultur als Kompensation für das „Mängelwesen" Mensch gesehen. Dehnt sich die menschliche Ontogenese immer weiter auf höhere Lebensalter aus, so werden immer mehr gesellschaftlich-kulturelle Kräfte und Ressourcen benötigt, um seine Funktionstüchtigkeit aufrechterhalten zu können. Hier lassen sich Anknüpfungspunkte zu medienphilosophischen Aspekten finden, wonach Medien und Technik zur Entlastung, Kompensation und Erweiterung menschlicher Fähigkeiten und Funktionen beitragen (siehe Abschnitt 2.1.1).

Doch negativ hierzu verhält sich das dritte Prinzip: Im Lebensverlauf und speziell im hohen Alter nimmt die Effektivität der Kultur ab. Aufgrund der abnehmenden biologischen Plastizität und der Lernkapazität reduziert sich die relative Wirkkraft von psychologischen, sozialen, materiellen und kulturellen Interventionen. Man benötigt ein Mehr an Zeit, Übung und kognitiver Unterstützung, um z.B. den gleichen Lernerfolg wie jüngere Altersgruppen zu erzielen. Studien zeigen, dass in sogenannten Testing-the-Limits-Aufgaben, in denen die Grenzen der Plastizität untersucht wurden, selbst mit ausgiebigem Training nicht die Leistungen Jüngerer erzielt werden können (Baltes & Kliegl, 1992; Kliegl et al., 1989) (siehe Abschnitt 2.5.3).

Aus diesen drei Grundprinzipien folgt, dass sich im Lebensverlauf auch die Entwicklungsziele verändern bzw. die Ressourcen eine Umverteilung in ihrer Allokation erfahren. Während in der Kindheit und Jugendphase der größte Teil der Ressourcen in Wachstumsprozesse investiert wird, stehen im Erwachsenenalter Aufrechterhaltung und Wiederherstellung (Resilienz) im Vordergrund. Mit fortschreitendem Alter, vor allem im Vierten Alter, müssen zunehmend Ressourcen für die Regulation und Kompensation aufgebracht werden. Im Alter findet folglich eine Umverteilung von einer stärkeren Allokation in Wachstum in Richtung auf Resilienz und Verlustregulation statt.

2.2.3.1.4 Medienbezogene Implikationen

Altern als lebensumspannendes Entwicklungskonzept postuliert sowohl die Möglichkeit und Notwendigkeit lebenslanger Person-Umwelt-Anpassungsleistungen und lebenslangen Lernens als auch alternsspezifischer Bedürfnisse, Ziele und Entwicklungsaufgaben. Diese Perspektive impliziert eine lebenslaufbezogene Mediennutzung, bei der sich Funktionen und Bedürfniserwartungen auch im Übergang vom Dritten Alter zum Vierten Alter ändern können. Wie schon die Ausführungen zu medienphilosophischen Aspekten gezeigt haben, bieten Massenmedien sowohl Möglichkeiten zur Verstärkung und Erweiterung als auch zur Kompensation und Prothese (siehe Abschnitt 2.1.1). Im Dritten Alter kann bei der Nutzung von Informations- und Kommunikationsmedien die Verstärkerfunktion zum Tragen kommen. Aus einer Bildungsperspektive können diese Medien als tertiäre Sozialisationsinstanz beschrieben werden und wichtige „Entwicklungsimpulse" liefern (vgl. Hurrelmann, 2002). Aus einer sozialökologischen Perspektive können solche Medien als Umwelten beschrieben werden, die Wachstumsbedürfnisse befriedigen helfen (vgl. Carp & Carp, 1980, 1984) (siehe Abschnitt 2.3.2.2).

Das Vierte Alter als vulnerable Phase, in der die unvollendete Architektur der menschlichen Ontogenese offensichtlich wird, ist hingegen durch einen erhöhten Kulturbedarf gekennzeichnet. Technische Hilfsgeräte fungieren vermehrt prothetisch für Einschränkungen, Verluste und Einbußen. Ebenso können mediale Bedürfnisse und Funktionen verstärkt durch Kompensation und Substitution gekennzeichnet sein.

Darüber hinaus bezieht das Lebensspannenkonzept explizit die historische Einbettung von Entwicklung mit ein, was kohortenspezifische Unterschiede bedingt. Davon abgeleitet, können gesellschaftsprägende technische und mediale Innovationen die ontogenetische Entwicklung beeinflussen. Wie einstmals in den 1960er Jahren das Fernsehen begann, moderne Gesellschaften zu prägen, könnten Online-Medien die ontogenetische Entwicklung tangieren und zu Kohortenunterschieden führen (siehe Abschnitt 2.4.1). Während es heutigen Alterskohorten noch schwer fällt, das Internet zu nutzen, werden vermutlich nachwachsende Kohorten älterer Menschen die Potenziale dieses Mediums als Entwicklungsressource einsetzen können.

Dabei werden die Potenziale und Entwicklungsressourcen des Internets in der Altersforschung zunehmend zur Kenntnis genommen und als Gegenstand lebenslangen Lernens verhandelt (vgl. Kade, 2009; Wahl & Oswald, 2005). Es findet sich ein breites Spektrum an gerontologisch relevanten Applikationen: Kommunikation, Information, Partizipation, Weiterbildung, kognitive Stimulanz, Gesundheitsfürsorge sowie zur Autonomie und Selbständigkeit (Charness & Schaie, 2003; Cutler, 2006; Czaja & Lee, 2007; Melenhorst et al., 2007; Mollenkopf & Doh, 2002; PROMISE Consortium, 1998; Roe, 2001; Scialfa & Fernie, 2006; Schweiger, 2004; Slegers, 2006; Stadelhofer & Marquard, 2004). Dabei können diese Funktionen sowohl verstärkenden – speziell für das Dritte Alter – als auch prothetischen Charakter haben, was spezifische Optionen für das Vierte Alter impliziert. Eine kompetente Nutzung des Internets kann daher eine wichtige Determinante für erfolgreiches Altern darstellen (Charness & Schaie, 2003; Czaja & Lee, 2007; Rogers & Fisk, 2003b) und positive Auswirkungen auf das Wohlbefinden, Lebenszufriedenheit und Lebensqualität haben (Melenhorst et al., 2007): „Internet can promote successful transition to older adulthood and enable older people to maintain control over their own lives" (Czaja & Lee, 2007, S. 241). „Computer with an internet connection is an excellent example of a flexible, adaptive home technology with the potential to provide users life-long benefits" (Melenhorst et al., 2007, S. 264).

2.2.3.2 Konzepte des erfolgreichen Alterns

Ein weiteres Metakonzept stellt das „successful aging" oder „erfolgreichen Altern" dar, das in Deutschland in den 1990er Jahren vor allem durch das Ehepaar Baltes (1990) populär wurde und durch zahlreiche weitere Konzepte und Modelle internationaler Forschergruppen Ergänzung fand. So vielfältig die inhaltliche Ausrichtung dieser einzelnen Konzepte ist, verbindet sie die theoretische Annahme, Prädiktoren und Komponenten zufriedenen und erfolgreichen Alterns erfassen zu können. Dabei können prozessorientierte Modelle von ressourcenorientierten unterschieden werden (vgl. Jopp, 2003): Während prozessorientierte Modelle wie das SOK-Modell und das Modell der assimilativen und akkommodativen Bewältigungsstrategie erfolgreiches Altern als Ergebnis eines dynamischen Zusammenspiels unterschiedlicher Mechanismen beschreiben, stellen im ressourcenorientierten Modell von Rowe und Kahn (1997, 1999) individuelle Eigenschaften und Merkmale Determinanten erfolgreichen Alterns dar.

Diese Modelle gründen auf einer breiten empirischen Befundlage und konnten folglich ihre wissenschaftliche Relevanz unter Beweis stellen. Dennoch sei auf einen grundsätzlichen Einwand an diesen normativen Alterskonzepten verwiesen, wie er in ähnlicher Form zu klassischen Lebenslauf-Modellen geäußert wird (siehe Abschnitt 2.2.2.1). Die Problematik liegt vor allem in der Abwertung subjektiver Indikatoren bei der Bewertung von Erfolg und Misserfolg von Alternsprozessen (vgl. Lehr, 2007, S. 66). Insbesondere in Studien von Lehr und Thomae – allen voran der Längsschnittstudie BOLSA – konnte mit Hilfe der biografischen Methode (Explorationen) der Nachweis erbracht werden, wie individuell unterschiedlich objektive Umweltfaktoren und Lebensereignisse in der kognitiven Repräsentation und in der Form der Auseinandersetzung (Reaktionsformen) bearbeitet werden und wie Entwicklungsverläufe im Alter durch vielfältige Alternsstile und Alternsschicksale geprägt sind (Lehr, 1980; Lehr & Thomae, 1987; Thomae, 1976a, 1983; vgl. Kruse, 1987; Lehr, 2007). Objektive Kriterien für ein erfolgreiches oder zufriedenes Altern bedürfen folglich als Regulativ einer „subjektiven Widerspiegelung von Welt und Selbst" (Lehr, 2007, S. 66). Neben einem von Altersnormen geprägten Forschungsfeld fordern Lehr und Thomae einen weiteren Fokus auf die vielfältigen, zufriedenen Formen des normalen Alterns zu richten (Lehr & Thomae, 1987; Lehr, 2007).

2.2.3.2.1 Das SOK-Modell

Eine weitere wichtige Implikation der von Baltes (1990) beschriebenen Lebens-
spannenkonzeption ist das SOK-Modell, ein metatheoretisches Entwicklungskonzept,
das für alle Lebensphasen und für alle Entwicklungsprozesse gilt (Baltes & Baltes,
1990; Baltes & Carstensen, 1996, 2003; Carstensen et al., 1995; Marsirske et al.,
1995). Es ist ein Entwicklungskonzept, das auf lebenslauftypischen Veränderungen
von Gewinn-Verlust-Bilanzen und damit verbundenen adaptiven Leistungen beruht.
Dem Modell zu Folge bestehen Entwicklungsprozesse aus einem orchestrierenden
Zusammenspiel von Selektion, Optimierung und Kompensation. Wenn das dynamische Zusammenspiel dieser drei Strategien funktioniert, kann auch unter Funkti-
onsverlusten und Einschränkungen Handlungskompetenz und ein stabiles Funktionsniveau erhalten bleiben, was zu einem positiven Selbstbild und einem hohen subjektiven Wohlbefinden beiträgt.

Als ein Beispiel für ein solches adaptives Verhalten auf altersbedingte Veränderungen führen Baltes und Baltes (1990, S. 26) das qualitativ hochstehende Klavier-
spiel des damals 80-jährigen Pianisten Rubinstein an. Er nannte drei Gründe, die den
SOK-Strategien entsprechen: Erstens selektierte er seine Spielweise, indem er sein
Konzertrepertoire in den letzten Jahren verkleinerte, zweitens optimierte er sein Kla-
vierspiel, indem er diese Stücke häufiger übte und drittens kompensierte er sein motorisch langsamer gewordenes Spielen, indem er den Kontrast zwischen langsamen
und schnellen Passagen verstärkte.

Das Element der *Selektion* beinhaltet eine (Neu-)Formulierung von Entwicklungs-
zielen und die Ausbildung von Präferenzen. Aus den vorhandenen Lebens-
möglichkeiten werden diejenigen ausgesucht, die verwirklichbar sind. Es impliziert
eine Konzentration und Reduktion in Anzahl und Ausmaß von selbstgesteckten Zielen. Selektion gibt somit Richtung, Ziel und Ergebnis von Entwicklung an. Dabei
können zwei Formen der Spezialisierung von Entwicklungsprozessen unterschieden
werden: Eine elektive Selektion, die aus eigener Initiative und prospektiv neue Ziele
auswählt und formuliert und eine verlustbetonte Selektion, deren Neu- und Umfor-
mulierungen von Zielen eine Adaptation auf Verlusten darstellt. *Optimierung* bezieht
sich auf Ressourcen, Mittel und Mechanismen, die zur Erreichung der Entwicklungsziele verwendet werden. Dies beinhaltet neben dem Erwerb neuer Fertigkeiten auch
eine verstärkte Aufmerksamkeit auf die selektierten Ziele. *Kompensation* bezeichnet
die bewusste oder unbewusste Reaktion auf Verluste von Mitteln und Ressourcen.
Dies kann durch internale Handlungen wie vermehrte Übung, Anstrengung und Zeitaufwand erfolgen, oder durch Aktivierung alternativer Handlungsmittel und den Ein-

satz von Ersatzmitteln wie z.B. technischen Hilfsmitteln bei Funktionseinbußen (Bäckman & Dixon, 1992).

Freund (2004, S. 312f.) stellt hierbei einen Bezug zu den Verlaufsmodellen von Erikson und Havighurst her, als sie Entwicklungsaufgaben als adaptive Zielprozesse beschreibt (siehe Abschnitt 2.2.2.2). Entwicklungsaufgaben geben im Sinne sozialer Erwartungen altersangemessene Zielbereiche vor, strukturieren damit den Lebensverlauf und geben dem Entwicklungsverlauf eine Richtung vor – was einer Selektion entspricht. Des Weiteren verstärken Entwicklungsaufgaben sozial und institutionell das Verfolgen altersangemessener Ziele – was als Optimierung aufgefasst wird. Als Rückfallposition stehen im Notfall zumeist instrumentelle und soziale Unterstützungsoptionen zur Wiederaufnahme der Zielverfolgung zur Verfügung – was die Option der Kompensation impliziert. Zuletzt beinhalten Entwicklungsaufgaben den Aspekt der Zielablösung, indem sie vorgeben, welche Ziele wann aufgegeben werden sollen und dürfen.

Das SOK-Modell sieht mit zunehmendem Alter eine Verlagerung der drei Strategien auf Selektion und Kompensation vor (Baltes, 1999a, S. 440). Denn das Vierte Alter gilt als die „radikalste Form der Unvollendetheit" (ebd., S. 443), in der Verlusterfahrung und Funktionseinbußen zunehmen und damit einhergehend selektive und kompensatorische Bewältigungsformen an Relevanz gewinnen. Die Kunst des Älterwerdens liegt demzufolge in einer Ausbalancierung der drei Entwicklungsprozesse. Dass dies bei Hochaltrigen zu einem überwiegenden Teil noch gelingt, zeigen Studien zum subjektiven Wohlbefinden und zur Lebenszufriedenheit. Trotz zunehmender Verlusterfahrungen und Einschränkungen findet sich in dieser Altersgruppe ein relativ hohes Niveau an Zufriedenheit und Wohlbefinden. Ein Befund, der als „Zufriedenheitsparadoxon" oder „Wohlbefindensparadoxon" beschrieben wird (Herrschbach, 2002; Staudinger, 2000).

Dabei sei darauf hingewiesen, dass erfolgreiche Adaptationsleitungen nicht notwendigerweise auf den Strategien des SOK-Modells beruhen müssen (Lehr, 2007; Lehr & Thomae, 1987). Lehr (2007, S.66) mahnt zudem das Problem einer zu frühen Selektion und zitiert dazu Rosenmayrs Devise (1990) „Vereinfachung ohne Vereinseitigung".

2.2.3.2.2 Das Modell assimilativer und akkommodativer Bewältigung

Das Modell assimilativer und akkommodativer Bewältigung von Brandstädter und Kollegen (Brandstädter, 2007; Brandstädter & Renner, 1990; Brandstädter et al., 1998) steht ebenfalls in einer lebensspannenpsychologischen Forschungstradition.

Hierbei werden zwei komplementäre Modi der Bewältigung zur Herstellung einer Passung von persönlichen Zielen und den tatsächlichen oder erreichbaren Entwicklungsergebnissen unterschieden (vgl. Freund & Baltes, 2005). Assimilative Adaptation meint hartnäckige Zielverfolgung durch Veränderung der Umwelt oder von Gegebenheiten. Durch bewusst zielgerichtete, handlungsorientierte Anstrengungen wird versucht, eine wahrgenommene Diskrepanz zwischen bestehenden und angestrebten Zustand zu minimieren. Dies kann z.b. durch Rehabilitations- und Interventionsprogramme geschehen, die zur Wiedererlangung oder Aufrechterhaltung von körperlichen, sensorischen oder kognitiven Fähigkeiten dienen. Auch kompensatorisches Handeln wie Anstrengungssteigerung (primäre Kompensation), Aneignung relevanter Kenntnisse und Fertigkeiten (sekundäre K.) und Einbeziehung von Hilfsmitteln oder Helfern (tertiäre K.) sind Ausdrucksformen solch einer hartnäckigen Zielverfolgung (Brandstädter, 2007, S. 418).

Ist diese Bewältigungsstrategie nicht (mehr) möglich, kommen akkommodative Formen der flexiblen Zielanpassung zum Tragen. Hierbei steht die Anpassung des Individuums an eine Umwelt oder Gegebenheit im Vordergrund. Dies beinhaltet eine Umformulierung von Zielen, eine Abwertung unerreichbarer Ziele oder eine Adjustierung des Anspruchsniveaus. Es findet unbewusst eine kognitive Neutralisierung der Ist-Soll-Diskrepanz statt. Das Individuum passt sich z.b. bei sensorischen Einbußen aktiv an neue Gegebenheiten an. Dies kann durch positive Umdeutungsmechanismen geschehen, indem es mit den Einbußen tangierte Interessen, Hobbys und Präferenzen als weniger bedeutsam betrachtet. Oder aber, indem es soziale Vergleiche mit Personen vornimmt, denen es in ähnlicher Situation noch schlechter geht.

Unter der Annahme, dass mit zunehmendem Alter die Entwicklungsressourcen knapper werden, der Handlungs- und Gestaltungsspielraum kleiner und alterskorrelierte Verluste irreversibel auftreten (z.b. Seh-, Hörverlust), findet eine generelle Verschiebung von assimilativen zu akkommodativen Adaptationsprozessen statt. Durch flexible Zielanpassung können negative Effekte von Entwicklungsverlusten abgepuffert und ein Gefühl der Selbstwirksamkeit aufrechterhalten werden.

2.2.3.2.3 Successful engagement in life

Die Forschung zum „successful aging" hat durch das Modell von Rowe und Kahn (1997, 1999) eine wichtige konzeptionelle Erweiterung erfahren. Anhand eigener Ergebnissen aus der „Mac Arthur"-Studie sowie weiterer Befunde konnten sie Modifikationsmöglichkeiten im Alternsprozess nachweisen und dabei den Lebensstil einer aktiven und gesundheitsbewussten Lebensführung als wesentlichen Faktor für ein „erfolgreiches Altern" dokumentieren.

Als deren drei Hauptkomponenten gelten: erstens ein geringes Krankheits- und Behinderungsrisiko, zweitens ein hoher körperlicher und geistiger Funktionsstatus, und drittens Aktivität („active engagement with life"). Altern wird nicht als unumkehrbare biologische Determinante verstanden, sondern als einen selbstgestaltbaren und optionablen Prozess. „The research was predicated on assumptions that aging is neither predertimend nor inflexible, and that individuals are capable of exercising personal preference and have the wherewithal to modify either environments or lifestyles" (Hendricks & Hatch, 2006, S. 308). Rowe und Kahn (1999, S. 18) folgerten aus ihren Forschungsergebnissen: „We now can identify the lifestyle and personality factors that boost the chance of aging successfully". Und an anderer Stelle: „Successful Aging is dependent upon individual choices and behaviors. It can be attained through individual choice and effort" (ebd., S. 37). Umgekehrt fördern maladaptive Verhaltensweisen ein pathologisches Altern.

Das Modell sieht vier Einflussfaktoren für ein „erfolgreiches Altern" vor (Kahn, 2004): Erstens ist die genetische Veranlagung ein wichtiger Prädiktor, wenngleich dieser keinen Determinismus impliziert. Die genetische Disposition bietet in Bezug auf die Gesundheit nur die Grundlage für Möglichkeiten und Potenziale: „Most genetics factors can be thought of as tendencies or potentialities; their effects on health are best described as probalilities rather than certainties, tendencies rather than inevitabilities". Vielmehr bestimmt das Zusammenspiel von Genetik und Umwelteinflüssen den Gesundheitsstatus. Die Autoren unterscheiden dabei „health-promotive environments" von „health-damaging environments".

Zwei weitere positive Einflussfaktoren stellen eine formal hohe Bildung und eine körperliche Fitness dar und bestimmen das körperliche und kognitive Funktionsniveau im Alter. So konnte z.B. in der Längsschnittstudie „American Changing Lives" (ACL, 1986-2002) aufgezeigt werden, dass sich ab dem 40. Lebensjahr zunehmend Bildungseffekte auf das Funktionsniveau auswirken (House et al., 2004). Verstärkt ab 60 Jahren fanden sich in den niedrigen Bildungsgruppen erhöhte Einschränkungen in den physischen und mentalen Funktionsbereichen. Dagegen blieb in den formal hohen Bildungsgruppen das Funktionsniveau bis knapp 80 Jahre nahezu stabil. Erst ab 90 Jahren gab es eine Nivellierung der Bildungseffekte. Als ausschlaggebend werden frühe Bildungseffekte angenommen, die die Entwicklung des Gehirns nachhaltig förderten, sowie lebenslaufbezogene intellektuelle Aktivitätsmuster.

Viertens begünstigt eine hohe Selbstwirksamkeit die kognitive Leistungsfähigkeit. Personen mit geringer Selbstwirksamkeit tendieren bei altersbedingten Veränderungsprozessen wie Gedächtnisproblemen stärker dazu, fatalistisch zu reagieren. Im Gegensatz dazu fördert hohe Selbtstwirksamkeit ein proaktives Gesundheitsverhalten. Selbstwirksamkeit gilt nach Bandura (1997) als eine stabile Persönlichkeitseigenschaft, die sich im Umgang mit neuen Herausforderungen manifestiert.

Die Möglichkeiten einer aktiven Lebensführung sind vielgestaltig. Sie umfassen soziale Aktivitäten wie informative, emotionale und instrumentelle Unterstützungsleistungen (Aartsen et al., 2002), soziale und interpersonale Alltagsaktivitäten (Besuche, Telefonate) (Menec, 2003), kulturelle und gemeinwesenorientierte Aktivitäten (Kirchenbesuche) sowie Reisen (Everard et al., 2000). Zudem können produktive Aktivitäten dazu gezählt werden wie bürgerschaftliches Engagement sowie materielle und immaterielle Beiträge zum Gemeinwesen (Jopp, 2003). Als eine weitere Form von „active engagement with life" wird eine „positive Spiritualität" diskutiert (Crowther et al., 2002; vgl. Krause, 2006; Oser & Bucher, 2006; Sperling, 2004).

Insgesamt zeigen zahlreiche Studien, dass eine sozial aktive Lebensführung positive Auswirkungen auf Gesundheit, kognitiven Funktionsstatus, subjektives Wohlbefinden und die Lebenserwartung haben kann (vgl. Naumann, 2006). Einschränkend sei erwähnt, dass noch nicht genug über die spezifische Bedeutung unterschiedlicher Aktivitätstypen für ein „erfolgreiches Altern" bekannt ist. Da viele soziale Beziehungen im Kontext von Freizeitaktivitäten gepflegt werden, ist es schwierig zu unterscheiden, ob die positiven Effekte eher auf physische oder soziale Aspekte zurückzuführen sind (Lennartson & Silverstein, 2001). Auch muss die Frage offen bleiben, ob das Wohlbefinden das Engagement in sozialen Aktivitäten vorhersagt oder eine Folge der sozialen Aktivitäten ist (van Willigen, 2000). Überdies erschweren unterschiedliche kulturelle Kontexte den Vergleich und die Generalisierbarkeit der Ergebnisse (Anheier & Toepler, 2002; Ogg, 2005).

2.2.3.2.4 Medienbezogene Implikationen

Versuche, Mediennutzung im Alter mit Konzepten von „successful aging" zu beschreiben und zu erklären, finden sich kaum. Einen wichtigen Beitrag, Fernsehen unter dieser Perspektive zu beleuchten, unternahmen van der Goot und Kollegen (2006, 2007). Dabei gehen sie von der Annahme aus, dass eine altersgebundene Erhöhung der Fernsehnutzung Resultat aktiver und intendierter Anpassungs- und Bewältigungsprozessen darstellt, wie sie das SOK-Modell und das Modell assimilativer und akkommodativer Strategien implizieren.

SOK-Strategien in der Mediennutzung

Wie der rezipientenorientierte Ansatz aus der Nutzungsforschung nahelegt, beruht Mediennutzung auf einer gezielten Selektion unter verschiedenen Aktivitäten. Dabei kann nach van der Goot und Kollegen (2006) Fernsehen gezielt dazu genutzt werden, um sich zu informieren oder um Kommunikationsimpulse für soziale Kontakte zu erhalten (Motiv für Anschlusskommunikation). Oder es findet gezielt in Gemeinsamkeit wie Lebenspartner oder Enkelkindern statt, um sozialen Kontakt zu pflegen. Eine selektiv erhöhte Fernsehnutzung kann auch daraus resultieren, dass in früheren Lebensphasen aus Zeitmangel nicht soviel konsumiert werden konnte, obwohl ein Interesse danach bestand: „they lacked the opportunity to follow their preferences" (ebd., S. 461). Damit können beim Fernsehen Selektionsprozesse in Zusammenhang mit neuen Zielen, Interessen und Funktionen möglich werden, die als positiv wahrgenommen werden. Hierzu konnten die Autoren in einer qualitativen Studie (n=22, 66-90 Jahre) empirische Belege erbringen (van der Goot et al., 2007). Zudem kann eine Beschränkung und Verdichtung des Medienportfolios auf wenige Medien als Formen von Selektion und Optimierung gedeutet werden.

Die Strategie der Kompensation im Sinne des SOK-Modells wird in Bezug auf die Mediennutzung als gezielte Adaptation für den Verlust von Aktivitäten oder Fähigkeiten angesehen (van der Goot et al., 2006, 2007). Demnach könnte ein erhöhtes Interesse an Nachrichten-, Informations- und Quizsendungen auf einer bewussten Kompensation mangelnder kognitiver Stimulanz im sozialen Umfeld beruhen. Auch hierfür fanden sich empirische Belege (van der Goot et al., 2007). Fernsehen als Ersatzkommunikation für den Verlust an sozialen Kontakten wird hingegen von den Autoren nicht als Kompensationsprozess im Sinne des SOK-Modells gedeutet, da diese Form von Kompensation nicht freiwillig geschieht und i.d.R. keine positiven Auswirkungen auf das Wohlbefinden zeigt (van der Goot et al., 2006, S. 460; vgl. Bliese, 1986). Für die Frage, inwiefern das SOK-Modell auch in Bezug auf die Nutzung weiterer (Massen-)Medien wie Radio, Tageszeitung oder Internet Anwendung im Alter findet, fehlen bislang empirische Befunde. Denkbar wäre, dass z.B. eine zeitlich gestreckte Nutzung der Tageszeitung ebenso eine Form von Kompensation darstellen kann, da ein Mehraufwand betrieben wird, um weiterhin alle interessanten Inhalte zu rezipieren.

Hypotethisch kann ein Zusammenwirken von Selektion, Optimierung und Kompensation vorliegen, wenn gezielt eine Neuanschaffung von Medien vorgenommen wird wie z.B. ein modernes Fernsehgerät mit einfacher Bedienung, größerem Bildschirm und altersgerechten Features (z.B. Schriftvergrößerung im Videotext). Oder ein digitales Fernsehen, um mit dem vergrößerten Programmangebot gezielt Bedürfnisse befriedigen zu können. Auch Computer und Internet könnten gezielt zur gesellschaftlichen Teilhabe, zur Kommunikation mit Freunden und Familie, zur Information oder zur kognitiven Stimulanz genutzt werden.

Assimilative und akkommodative Bewältigungsstrategien in der Mediennutzung

Beim Auftreten von Verlusten können darüber hinaus assimilative und akkommodative Bewältigungsstrategien bei der Mediennutzung bedeutsam werden. Zum Beispiel könnten bei Vorliegen einer Mobilitätseinschränkung Medien zur Aufrechterhaltung von sozialen Kontakten dienen; sei es durch Briefeschreiben oder Telefonieren. Das Fernsehen kann zur Kontaktpflege genutzt werden, sei es durch gemeinsames Fernsehen oder zur Anschlusskommunikation (s.o., van der Goot et al., 2006, S. 447). Die Gratifikation nach Information und kognitiver und intellektueller Stimulanz bei der Nutzung von Massenmedien kann ebenso als eine Form hartnäckiger Zielverfolgung verstanden werden. Demgemäß schlussfolgern van der Goot und Kollegen (2006, S. 441): „This contention implies that, when older adults experience a decrease in activities, they have to find other activities, such as media use, to reach the same goals as they had before."

Gleichfalls sind akkommodative Bewältigungsstrategien bei Verlusterfahrungen denkbar. Alte Ziele werden aufgegeben und neue mit positiver Konnotation definiert: Anstelle der vormals wertgeschätzten Besuche von Theater- und Opernaufführungen werden nun über Fernsehen entsprechende Kultursendungen konsumiert (vgl. Riggs, 1998). Als kognitive Umdeutung wird die bequeme und einfach zugängliche Rezeptionssituation vor dem Fernsehgerät wertgeschätzt sowie die größeren Handlungsmöglichkeiten in der Rezeption, die es beim Besuch einer direkten Kulturveranstaltung vor Ort nicht gibt. Dabei kann die Verwendung von Speichermedien (DVD, Video, Blue-Ray) die Möglichkeiten der Selbstbestimmung zusätzlich vergrößern. „Consequently they do not experience a decrease in activities as problematic; and they do not use television as a means to fill their time or as a way to alleviate boredom" (van der Goot et al., S. 462).

Ein Medium, dass im Sinne der prozess- und ressourcenorientierten Modelle ebenfalls von großer Bedeutung sein kann, ist das Telefon (siehe Abschnitt 2.5.4.2). Es dient sowohl zur Pflege und Aufrechterhaltung von sozialen Kontakten als auch als Ersatz bei Distanzbeziehungen. Dabei konnte Bliese (1986) aufzeigen, dass mitunter das Telefonieren bewusst einer direkten Kommunikation vorgezogen wird und sich mit dem Medium neue Formen und Qualitäten der Beziehungspflege ergeben haben. In diesem Zusammenhang sei darauf hingewiesen, dass eine adaptativkompensatorische Nutzung von Medien auch neue Handlungs- und Gestaltungsmöglichkeiten bietet.

"Social Engagement in life" in der Mediennutzung

Was nahezu gänzlich fehlt, ist eine Einbeziehung medialer Partizipation in das theoretische Konzept von „active engagement with life". Die Möglichkeit, Medien als persönliches Kommunikations- und Ausdrucksmittel zur Mitwirkung und Teilhabe im gesellschaftlich-öffentlichen Raum zu nutzen, wird in der Alternsforschung kaum thematisiert. Dabei gewinnt dieser Aspekt vor dem Hintergrund zunehmender Interaktivität digitaler Medien immer mehr an Bedeutung. Hier sei z.b. an die vielfältigen Gestaltungs- und Handlungsmöglichkeiten des Internets, speziell auch des sogenannten Mitmachnetzes „Web2.0" verwiesen: Wissensdatenbanken und Online-Enzyklopädien (z.b. Wikipedia), soziale Netzwerke und Communitys (z.b. Feierabend, Späte Liebe, MySpace), virtuelle Spielwelten (z.b. Avatar, Second Life), Weblogs, Bilder- und Videocommunity (z.b. Youtube), Nachrichten oder soziale Lesezeichensammlungen (z.b. del.icio.us, Digg, Mister Wong; Twitter (vgl. Fisch & Gscheidle, 2006, 2008). Auch die Gestaltung eigener Homepages kann hierzu gerechnet werden. Im Sinne des Modells von Rowe und Kahn (1999) kann insofern die Offenheit, neue Medien zu erlernen und kompetent zu nutzen, als eine zukunftsträchtige Möglichkeit zur Gestaltbarkeit eines erfolgreichen Alterns angesehen werden.

Daneben existieren weitere Formen aktiver medialer Partizipation z.b. durch Beteiligung an Bürgerfunk, Offenen Kanälen oder an Medienprojekten[21] sowie an Förderprogrammen für ältere Menschen (z.b. „Video der Generationen"). Doch spielen solche institutionell organisierten Partizipationsmöglichkeiten nur bei einem kleinen Kreis älterer Menschen eine Rolle. Von marginaler Bedeutung ist bislang auch das Mitmachnetz „Web2.0" für ältere Menschen. Nach Fisch und Gscheidle (2006) waren 2005 etwa 2% dieser Nutzergemeinschaft 60 Jahre und älter. Allerdings könnten mit steigender Internetverbreitung, -erfahrung und -kompetenz diese partizipativen Aspekte des Internets auch im Alter an Relevanz gewinnen. Hier scheint ein unausgeschöpftes Potenzial aktiver, gesellschaftlicher und intergenerationeller Teilhabe und Mitwirkung für ältere Menschen zu liegen.

---

[21] Seit den 1980er Jahre bestehen handlungsorientierte Konzepte und Medienprojekte für ältere Menschen, in denen die Akteure mittels Zeitung, Radio, Fotografie, Video oder Film eigene Medienprodukte erstellen (vgl. Doh, 1994; Straka et al., 1990). In den letzten Jahren hat sich der Schwerpunkt aktiver Medienarbeit von analogen zu digitalen Formen der Medienproduktion verlagert.

2.3 Alter und Medien im Kontext räumlicher und medialer Umwelten

Während auf der Mikroebene Verhalten und Entwicklung des Individuums im Vordergrund stehen, geht es auf der Mesoebene um Personen und Umweltaspekte und deren interaktionale und transaktionale Zusammenhänge. Speziell sozialökologische Ansätze fokussieren die Wechselbeziehungen zwischen sozialen und räumlichen Umwelten und personbezogener Aspekte. Hierbei findet sich sowohl auf Seiten der Alternsforschung als auch der Medienforschung eine etabliertes Forschungsfeld. Während aus gerontologischer Perspektive der ältere Mensch zumeist in räumlichen Kontexten und Settings untersucht wird, in denen Medien und Technologien bestenfalls implizit Forschungsgegenstand sind, finden sich in der Medien- und Kommunikationswissenschaft fruchtbare Konzepte und Methoden, Medien als soziale und mediale Umwelt zu erfassen. Allerdings mit dem Manko, dass diese Studien auf Kinder und Jugendliche gerichtet sind. Eine konzeptionelle Verschränkung beider Forschungsfelder ist nicht nur naheliegend, sondern erhält durch die theoretischen Arbeiten von Bronfenbrenner und von Barker eine theoretische Grundlage. Auf beiden Seiten finden sich sowohl Referenzen zu Bronfenbrenners Modell des „Ecology of human Development" (Bronfenbrenner, 1979) und seiner Weiterentwicklung, dem „Bioecological Model" (Bronfenbrenner, 1999) wie auch zur Barker-Schule mit ihrem „Ecology Psychology" und dem „Behavioral Setting"-Konzept (Barker, 1968; Barker & Schoggen, 1973).

2.3.1 Sozialökologische Ansätze aus der Medienforschung

2.3.1.1 Theoretische Konzepte

Sozialökologische Ansätze aus der Medienforschung hatten ihren Ursprung in der Jugendforschung (Sander & Vollbrecht, 1985) und in der Sozialisationsforschung der 1980er Jahre (Baacke et al., 1991). Bis dato wurden traditionell Medienwirkungen unter Stimulus-Response-Beziehungen operationalisiert, bei denen zumeist Nutzung und Dauer als Parameter fungierten, wohingegen situative, soziale, kulturelle und historische Umweltvariablen wenig Beachtung fanden (Rogge, 1988, 1989; Vollbrecht, 2007).

Zu den Pionieren einer umweltbezogenen Medienforschung kann in Deutschland der Bielefelder Medienpädagoge Dieter Baacke gezählt werden, der den Umgang mit Medien in Form von einer Lebensweltanalyse konzeptionalisierte (Baacke, 1980, 1989). In seinem „sozialökologischen Ansatz" wollte er den Medienalltag „ganzheitlich" und alltagsnah im sozialen Kontext erfassen und somit nicht einzelne Medien isoliert betrachten, sondern ihr Zusammenwirken in lebensweltlichen Kontexten sehen. Es sollten die konkreten Handlungs- und Erfahrungszusammenhänge der Mediennutzung in realen Konstitutionen beleuchtet werden. „Für Medien heißt das: nicht nur das Wirken und die Funktion eines Mediums werden untersucht, sondern 'Medienumgebungen' oder 'Medienwelten', die das Ineinandergreifen vieler Medien innerhalb konkreter Lebenszusammenhänge konstituieren" (Baacke et al., 1991, S. 19).

Medienwelten werden in Baackes Konzept durch drei Parameter beschrieben (Baacke et al., 1991, S. 22f.): Erstens durch den „konkreten Lebenszusammenhang", insbesondere dem Ineinander von Sozialräumen, in denen sich eine Person aufhält (Privaträume, Kaufhäuser, Kino, Restaurants, Ämter, Ärzte, Vereine etc.). Dies beinhaltet Aspekte des sozialen und kulturellen Milieus. Zweitens durch die „subjektiven Einschätzungen von Situationen", was auf die Erfahrungen und Deutungen hinsichtlich bestimmter sozialer Räume abzielt, in denen Medien vorkommen. Dies schließt Fragen nach Lieblingsplätzen ein sowie den Medien darin zugewiesenen Rollen, Funktionen und Erwartungen. Ein dritter Bestandteil von Medienwelten sind zentrierte und unzentrierte „Medien-Umgebungen". In zentrierten Medien-Umgebungen steht die Funktion der Mediennutzung im Zentrum wie z.B. im Kino, Theater oder in der Diskothek. In unzentrierten Medien-Umgebungen sind zwar Medien vorhanden, diese stehen aber nicht funktional im Mittelpunkt. Dies betrifft z.B. die Wohnung, Kaufhäuser oder Transportmittel. Baacke und Kollegen (Baacke et al., 1991; Vollbrecht, 2007) weisen hierbei auf eine Altersspezifität hin, nach der Jugendliche, im Gegensatz zu Erwachsenen und älteren Menschen, durch eine erhöhte Medienaffinität dazu neigen, aus unzentrierten zentrierte Medien-Umgebungen zu machen, indem sie diese subsidiär umfunktionieren (z.B. das Auto als mobile Disko oder der Computerspieltreff im Kaufhaus).[22]

Damit stellt der Ansatz eine Erweiterung rezipientenorientierter Konzepte dar. Mediennutzung wird nicht nur als ein aktiver Prozess und als soziales Handeln verstanden, darüber hinaus gilt es, Zusammenhänge und Verweissysteme zwischen dem Umgang mit Medien und der Alltags- und Lebenswelt herzustellen. Der sozialökologische Ansatz „hinterfragt die Mediennutzung (einzelner Medien) jedoch nicht in Hinsicht auf zugrunde liegende Bedürfnisse, sondern untersucht die symbolischen Verweisungssysteme in den (sozialen Welten und) Medienwelten. Die Struktur dieser

---

[22] Nach Vollbrecht (2007) lehnt das Modell von Baacke auch an Barkers Konzept vom „behavioral setting" an (Barker 1968; Barker & Schoggen, 1973). Die Erhebung von medialen Umwelten impliziert die Erfassung von „settings" wie Schulklassen, Wohnungen, Kneipen, in denen Medien zugeordnet sind. Die meisten Medien stellen jedoch keine eigenständigen „behavioral settings" dar, da sie nicht an einen raum-zeitlichen Ort gebunden sind. Als Ausnahme können zentrierte Medien-Umgebungen wie das Kino genannt werden.

Verweisungssysteme und ihre subjektiven Deutungen prägen entscheidend die Mediennutzung" (Treumann et al., 2002, S. 31).

In ähnlicher Weise sieht auch Rogge (1988, 1989) in sozialökologischen Ansätzen eine fruchtbare Perspektive, die entwicklungsbezogene Implikationen birgt: „Der Rezipient geht zwar aktiv mit den Medien um, hat Erwartungshaltungen oder Kommunikationsansprüche, handelt entsprechend seinen Bedürfnissen und Interessen. Aber sein gegenwärtig-konkretes medienbezogenes Handeln geht nicht nur in aktuellen Alltagserfahrungen auf, weil sich medienbezogene Handlungspotenziale als Einheit aus Alltags- und Basiswissen darstellen, in die lebensgeschichtlich geprägte Erfahrungen mit eingehen. Frühe (auch medienbezogene) Eindrücke werden nicht einfach kumuliert, sondern als Wissensvorrat abgelagert und prägen entscheidend lebenszeitlich spätere Aneignungsstile" (Rogge, 1988, S. 119).

Tatsächlich beinhaltet der sozialökologische Ansatz von Baacke neben der Handlungsdimension auch eine Entwicklungsdimension. Unter der Annahme, dass im Verlauf der Entwicklung und Sozialisation von Kindern und Jugendlichen lebensphasenbedingt verschiedene soziale Kontexte unterschiedlich relevant sind, werden – unter Rückgriff auf Bronfenbrenners Modell der ökologischen Entwicklung des Menschen (1979) – vier sozialökologische Zonen operationalisiert (Baacke, 1980, 1989). Im Sinne einer Expansion des Handlungsspielraums eignet sich der junge Mensch diese Zonen nacheinander an.

Die erste Zone ist das „ökologische Zentrum", das zu Hause, welches das alltägliche und unmittelbare Umfeld bildet, in das man hineingeboren wurde. Diese Privatsphäre ist durch enge emotionale Bindungen, direkte Kommunikation und starke Abhängigkeiten von Älteren gekennzeichnet. Hier werden die ersten Medienerfahrungen geknüpft, wobei entscheidend die (mediale) Ausstattung dieser Zone ist; z.B. ob es mediale Rückzugsräume gibt, und welche Medien in welchen Personenkonstellationen genutzt werden. Die zweite Zone stellt den „ökologischen Nahraum" dar, die Wohnumgebung und Nachbarschaft. In dieser Zone werden die ersten Außenkontakte aufgenommen, Peer-Kontakte entstehen. Als drittes gewinnen „ökologische Ausschnitte" an Bedeutung. Diese Zone ist weniger zusammenhängend und die Örtlichkeiten wie Schule, Betrieb, Sportplätze, Diskotheken, Restaurants sind durch funktionsspezifische Beziehungen definiert. In der produktiven Lebensphase liegt ein Schwerpunkt auf dieser Zone. Medien werden im Beruf zweckorientiert und funktionalisiert eingesetzt. Die vierte Zone wird als „ökologische Peripherie" bezeichnet, die durch gelegentliche Aufenthalte und Kontakte gekennzeichnet ist. Diese werden als Alternativen zum routinierten Alltag aufgesucht wie z.B. Theater- und Konzertbesuche,

Urlaubsorte oder Besuche von Distanzbeziehungen. Je vielfältiger und reichhaltiger diese Zone ausfällt, desto offener und erfahrener wird ein Heranwachsender und desto größer wird sein Handlungsspielraum (Vollbrecht, 2007).

Unter sozialökologischen Gesichtspunkten lässt sich der Sozialisationsprozess Heranwachsender als eine Zunahme an Mobilität und Handlungsspielräumen charakterisieren. Bezogen auf die Entwicklung älterer Menschen sieht Moll (1997, S. 30) einen umgekehrten Verlauf von der Peripherie hin zum Zentrum sozialökologischer Zonen, allerdings mit einer Zunahme an Erfahrungs- und Wissenshintergrund. Ergebnisse aus der ökogerontologischen Forschung zur Mobilität und Bedeutsamkeit des Wohnens weisen in diese Richtung, insofern im Vierten Alter der außerhäusliche Aktionsradius kleiner wird und eine Konzentration auf den häuslichen Kontext stattfindet (siehe folgenden Abschnitt).

Forschungspraktische Umsetzungen dieses Ansatzes fanden um den Arbeitskreis von Baacke statt wie z.b. durch das Forschungsprojekt „Medienwelten Jugendlicher" (Baacke et al., 1990a,b) oder einer Studie zur Medienkompetenz im digitalen Zeitalter, in der Erwachsene im Alter zwischen 35 und 74 Jahren untersucht wurden (Treumann et al., 2002). Auch in der Kommunikationswissenschaft wurden ökologisch ausgerichtete Forschungsprojekte initiiert, wenngleich nicht mit direkten Bezug zu Baackes Ansatz. Als Beispiel sei auf die „Medienwelten" im Medienatlas Nordrhein-Westfalen (Lange & Pätzold, 1983) hingewiesen und auf die Arbeit von Hipfl (2004) zu medialen Identitätsräumen. Unter einer ähnlichen Umweltperspektive erfasste Ronneberger (1990, 1992) gewandelte Raumvorstellungen durch Medienkommunikation.

2.3.1.2 Altersbezogene Implikationen

Sozialökologische Forschungsarbeiten mit explizitem Alternsbezug finden sich kaum. Wenngleich sie stellenweise auch in der Medienforschung eingefordert werden wie z.B. bei Rogge im Hinblick auf die überdurchschnittliche Massenmediennutzung älterer Menschen (1989, S. 152): „Das Alter allein stellt keine hinreichende Bedingung für eine übermäßige Hinwendung zu den Medien dar. [...] Erst in der Kombination mit ökologischen Variablen lässt sich ein hoher Medienkonsum genauer interpretieren und bestimmen". Eine erste repräsentativ angelegte empirische Studie, die explizit auf den sozialökologischen Ansatz Baackes Bezug nimmt, wurde in der Hamburger Rezeptionsstudie zu älteren Menschen von Kübler und Kollegen (1991) vorgenommen. Hierbei wurden neben medienspezifischen Daten auch umfangreiche Daten zu sozialen und ökologischen Umwelten und zur Person (Wohn-, Lebenssituation, Kontakthäufigkeit, Mobilität, Gesundheitszustand) erhoben. Mit quantitativen und qualitativen Methoden wurden Stadt-Land-Differenzen erfasst und in themenzentrierten Interviews Personen aus institutionalisierten Umwelten (Alters- und Seniorenheim). Es ist zudem die erste Untersuchung in Deutschland, die bei der Erfassung von Medienverhalten und Medienkompetenz hochaltrige Personen einbezog. So fruchtbar und gehaltvoll diese Studie für eine geronto-medienwissenschaftliche Forschung war, mangelte es ihr an einer Berücksichtigung gerontologischer Entwicklungskonzepte.

Erwähnenswert ist zudem eine erziehungswissenschaftliche Qualifikationsarbeit von Moll (1997). In dieser qualitativ ausgerichteten Studie wurden bei 19 älteren Personen (63 bis 97 Jahre) Funktionen der Medien erhoben, wobei auch Umweltaspekte wie Wohnort (selbständig, institutionell) und das Medienensemble berücksichtigt wurde. Im Fokus stand aber allein das ökologische Zentrum.

2.3.2 Sozialökologische Ansätze aus der Alternsforschung

2.3.2.1 Theoretische Konzepte

Grundlegender Ausgangspunkt einer sozialökologischen Alternsforschung ist die Annahme einer zunehmenden und dauerhaften Fragilität des Person-Umweltgefüges im Alternsprozess, insbesondere im hohen Lebensalter (Lawton, 1999; Wahl, 1992; Wahl et al., 2004; 2008a). Dabei stößt im Vierten Alter der Organismus bei Umweltanforderungen schneller an seine Adaptationsgrenzen. Das bedeutet, dass „Entwicklungsprozesse im höheren Lebensalter in besonders intensiver und kontingenter Weise von den Ressourcen und Begrenzungen der jeweils gegebenen Umweltbedingungen abhängen und gleichzeitig von diesen stimuliert und gefördert oder unterdrückt und begrenzt werden können, was durchaus auch als strukturelle Ähnlichkeit mit Entwicklungsprozessen im Kindesalter gesehen werden kann" (Wahl & Oswald, 2005, S. 209). Hier findet sich eine direkte Verschränkung zu sozialökologischen Ansätzen der Jugendforschung und Mediensozialisationsforschung der Arbeitsgruppe Baackes (siehe Abschnitt 2.3.1). Dabei wird herausgestellt, dass auch der hochaltrige Mensch nicht den Umweltgegebenheiten und dem Umweltdruck hilflos ausgesetzt ist, sondern sich „proaktiv" und selbstgestalterisch mit der Umwelt auseinandersetzen kann, und somit „in nicht unerheblicher Weise Produzent [seiner] eigenen Entwicklung ist" (Wahl et al., 2008, S. 11). Als zentral gilt die Fragerichtung in der sozialökologischen Forschung, welche Entwicklungsoptionen Umwelten für alternde Menschen besitzen, ob und wie sie diese nutzen, und zu welchen Effekten die Auseinandersetzung mit bestimmten Umwelten führt (Wahl et al., 2009).

Der Begriff „Umwelt" wird in der sozialökologischen Alternsforschung vorwiegend auf die dinglich-räumlich Materie mitsamt ihren sozialen und kulturellen Implikationen bezogen: „Environmental gerontology, predominantly refers to the physical environment, but also acknowledges its interwoven nature with social and cultural accoutrements and implications" (Wahl & Gitlin, 2007, S. 495). Dabei kann nach Lawton die räumliche Welt sehr allgemein in Abgrenzung zum Körperlichen gefasst werden: „the objective environment covers all that lies outside the skin, that is inanimate, and that is measurable in centimeters, grams, or seconds" (zitiert nach Wahl & Gitlin, 2007, S. 496). In diesem Sinne stellen auch Technologien und Medien sozialräumliche Umwelten dar, wenngleich diese in der Forschungsliteratur nur implizit als Umweltkomponenten genannt werden. Erst mit dem Aufkommen technischer Assistenzsysteme und digitaler Informations- und Kommunikationstechnologien lässt sich eine Öffnung und Ausweitung des Umweltbegriffs konstatieren (vgl. Melenhorst et al., 2007; Wahl, 2000). So bezeichnen Wahl und Kollegen (2009, S. 223) in ihrem aktuellen Forschungsprofil folgende Umwelten als alternsrelevant: „unterschiedliche Wohnformen (Privathaushalt, stationäre Einrichtungen), außerhäusliche Aktionsräume, Technikumwelten, [...] kommunale Umwelten oder sogar – gesellschaftlich-historisch gesehen – unterschiedliche Kohortenerfahrungen".

Als ein Wegbereiter in der Ökogerontologie gilt Kurt Lewin (1936, 1951), der bereits in den 1930er Jahren Verhalten und Erleben in der Interdependenz zwischen Person und Umwelt betrachtete. Erste Impulse aus der Psychologie kamen aus der Lerntheorie und der Kognitionsforschung der 1970er Jahre, als sie zum einen die Rolle von Umwelten im lebenslangen Entwicklungsprozess hervorhoben, zum anderen auf die Handlungsrelevanz subjektiver Repräsentation objektiver Umwelten hinwiesen (Thomae, 1968). Aus der Entwicklungs- und Ökopsychologie sind in erster Linie die Arbeiten von Bronfenbrenner (1979, 1999) anzuführen, der mit seinen ökologischen Modellen verschiedene Analyseebenen – vom Mikro- bis zum Exosystem – differenziert und integriert hat sowie die ökologischen Settingkonzepte von Barker (Barker, 1968; Barker & Schoggen, 1973). Innerhalb der Gerontologie kamen in den 1950er Jahren die ersten sozialökologischen Impulse aus den Sozialwissenschaften (Kleemeier, 1959). Weitere Impulse folgten in den 1970er Jahren aus der deutschsprachigen Gerontologie (Lehr, 1975; Rosenmayr, 1977; Tews, 1977; Thomae, 1976b), indem der Alternsprozess in der Interdependenz zwischen sozial-kulturellen und räumlich-dinglichen Umwelteinflüssen untersucht wurde (vgl. Wahl & Oswald, 2005).

Was im weiteren Verlauf die Installierung und Etablierung theoretischer Konzepte und Modelle betrifft, gelten vor allem die Arbeiten von Lawton (1982, 1999) für die sozialökologische Alternsforschung als wegweisend und bis heute als tonangebend

(Wahl et al., 2008a). Dabei bezieht sich seine in den 1960er Jahren aufgeworfene „Umweltfügsamkeits-Hypothese" („Environmental Docility") (Lawton & Simon, 1968) mit dem daraus abgeleiteten „Umweltanforderungs-Kompetenz-Modell" („Competence-Press") (Lawton & Nahemow, 1973) explizit auf die ökologischen Analysen Lewins (1936) (vgl. Saup, 1993; Wahl & Oswald, 2005). Dieses theoretische Modell umfasste den Interaktionscharakter zwischen Person- und Umweltfaktoren sowie dessen Wirkungszusammenhang für eine Vielzahl psychologischer Merkmale wie Wohlbefinden, Lebenszufriedenheit oder Autonomie. Dabei fokussierte das Modell einerseits die Person nach ihren Fähigkeiten und Kompetenzen, andererseits die Umwelt nach ihrer Anforderungsstruktur. In Anlehnung an Murray (1938) besitzt die Umwelt eine Anforderungsqualität („Environmental Press"), die auf die Person Druck und Wirkung ausübt. Mit dem Alter nimmt die Bedeutung von Umweltbedingungen zu, vor allem bei Verlust von Personressourcen. Die Varianz von Lebensqualitätsmerkmalen wie Selbständigkeit und Wohlbefinden geschieht dann in verstärktem Maße durch Umweltaspekte (Wahl et al., 2008b).

Wesentlich bei diesem Modell ist die Adaptationsleistung der Person. Hierzu bezieht sich Lawtons Modell auf die Adaptation-Level-Theorie von Helson (1959, 1964), wonach je nach Kompetenzgrad und Umweltdruck eine Person versucht, sich mit der Situation zu arrangieren bzw. so anzupassen, dass ein positiver emotionaler Zustand erreicht wird. Dabei wird eine leichte Unter- oder Überforderung der eigenen Kompetenzen durch die Umwelt als emotional anregend postuliert (vgl. Wahl & Oswald, 2005). Sind die Umweltanforderungen aber zu hoch, entstehen maladaptive Verhaltensweisen und negative Gefühlszustände, was bei niedrigem Kompetenzniveau schneller passieren kann. Umgekehrt können bei niedriger Kompetenz bereits kleine Umweltanpassungen beträchtliche positive Konsequenzen bewirken (Saup, 1993; Wahl & Lang, 2006). Dem Modell zufolge kann also jede ältere Person eine optimale Kombination aus den (noch) verfügbaren Kompetenzen und Umweltbedingungen erzielen, aus der ein möglichst hohes Niveau an Wohlbefinden resultieren kann. „Perhaps the most important element of the competence press model is fundamental assumption that for each aging person there is an optimal combination of (still) available competence and environmental circumstances leading to the relative highest possible behavioral and emotional functioning for that person" (Wahl & Lang, 2006, S. 886). Ein Beispiel für solch eine Umweltfügsamkeit bietet die klassische Studie von Lawton und Simon (1968) zu sozialen Beziehungen von Heimbewohnern, wonach Distanzbeziehungen mit der Zeit zurückgehen, was von den Heimbewohnern adaptiert und akzeptiert wird.

Jedoch wurde das „Umweltanforderungs-Kompetenz-Modell" wegen seines verlust-orientierten Altersbildes kritisiert, da Personen nur reaktiv und Umwelten kompensierend und prothetisch beschrieben werden (Wahl & Oswald, 2005). Lawton (1985b) erweiterte daraufhin sein Modell um zwei positive Aspekte: Um das der „pro-activity", was im Sinne einer aktiven Verfolgung von Lebenszielen eine optimale Nutzung von Umweltressourcen beinhaltet. Hingegen steht das „environment rich" für anregende, stimulierende, barrierefreie Umwelten. Dies setzt ein Mindestmaß an Alltags- und Funktionskompetenz voraus, obgleich Studien belegen, dass auch unter chronisch kranken Personen noch eine beeindruckende Gestaltungsfähigkeit von Person-Umwelt-Relationen zu beobachten ist (Wahl et al., 1999). Fehlen jedoch Personressourcen wie z.B. bei schwer demenziell Erkrankten, ist es angezeigt, bestmögliche Umweltadaptationen vorzunehmen und Wohnumgebungen bereitzustellen, die eine „environmental richness" gewährleisten (Wahl et al, 2008; Wahl & Oswald, 2005).

Weitere fruchtbare Konzepte bieten die Passungsmodelle von Kahana (1975, 1982) und Carp und Carp (1980, 1984), in denen psychologische, insbesondere motivationale Aspekte Berücksichtigung finden. Hier werden Wechselwirkungen zwischen Kontext- und Personmerkmalen sowie individuellen Bedürfnissen postuliert. Im „Person-Umwelt-Passungs-Ansatz" von Kahana (1975, 1982) gilt eine dosierte Diskrepanz zwischen Umweltanforderung und personalen Kompetenzen und Bedürfnissen als die beste Voraussetzung für eine optimale Person-Umwelt-Passung.

Das Komplementarität/Kongruenz-Modell von Carp und Carp (1980, 1984) unterscheidet hingegen zwischen basalen Umweltbedürfnissen, die mit Selbständigkeit und Autonomie zusammenhängen und Wachstumsbedürfnissen, die auf Privatheit und Anregung gerichtet sind. Stehen bei einer älteren Person basale Bedürfnisse im Vordergrund, sollte die Umwelt vorrangig kompensierend und prothetisch wirken (z.B. Umweltbarrierefreiheit bei Funktionseinbußen). Bestehen jedoch Wachstumsbedürfnisse, dann sollte die Umwelt kongruent zum Bedürfnis oder Personmerkmal sein. Extravertierte Personen, für die soziale und außerhäusliche Aktivitäten bedeutsam sind, schätzen demzufolge weit mehr ein barrierefreies Wohnumfeld, während introvertierte Personen stärker auf Rückzugsmöglichkeiten und Privatheit Wert legen.

In einem integrativen, sozialökologischen Theoriemodell (Social-Physical Place Over Time, SPOT) von Wahl und Lang (2006) werden in Bezug auf räumliche und soziale Umwelten ebenfalls die motivationalen Aspekte im Alternsprozess hervorgehoben. Hierbei wird zwischen Prozessen zur sozial-räumlichen Wirksamkeit (social-physical agency) und Prozessen zur sozial-räumlichen Bindung und Zugehörigkeit (social-physical belonging) unterschieden. Während sozial-räumliche Wirksamkeitsprozesse durch Person-Umwelt-Relationen gekennzeichnet sind, in denen die Gestaltung und Veränderung von sozial-räumlichen Bedingungen im Vordergrund stehen, beruhen Prozesse der Zugehörigkeit auf Person-Umwelt-Relationen, in denen die kognitiv-affektive Verbundenheit von sozial-räumlichen Umwelten relevant ist, z.b. durch gemeinsame wohnbezogene Erinnerungen mit dem Partner (vgl. Wahl et al., 2008a). Dem liegt die entwicklungspsychologische Annahme zu Grunde, dass mit dem Alter die Wirksamkeit in Bezug auf räumliche und soziale Umwelten zurückgeht, hingegen Prozesse der Bindung und Zugehörigkeit an Bedeutung gewinnen.

Nach Wahl und Oswald (2005, S. 213) lassen sich zusammenfassend drei zentrale sozialökologische Annahmen aus entwicklungspsychologischer Perspektive destillie-ren: Erstens wird davon ausgegangen, dass ein Gleichgewichtszustand im Person-Umwelt-System eine grundlegende Basis für Entwicklungsprozesse darstellt wie Auf-rechterhaltung von Wohlbefinden und Alltagskompetenz, Ermöglichung von Lebens-zielen im Bereich von Interessen und Sozialkontakten. Zweitens bedarf es zur Auf-rechterhaltung solch einer Passung mit zunehmendem Alter eines erhöhten „invest-ments", wobei gleichzeitig die Fragilität des Person-Umwelt-Systems zunimmt. In der Folge erhalten Umweltaspekte für die Aufrechterhaltung und Wiedergewinnung eines Person-Umwelt-Gleichgewichts ein größeres Gewicht. Drittens ist durch die zunehmende Fragilität selbst ein gegebenes oder wieder hergestelltes Gleichgewicht nur temporär gültig. Besonders im sehr hohen Alter können sich Veränderungen in kürzeren Zeitabständen ergeben, die zugleich existenziell werden können.

Zu diesen theoretischen Annahmen findet sich eine breite empirische Absicherung. So konnte z.b. in einer Studie zu sehbeeinträchtigten älteren Personen ein positiver Zusammenhang zwischen Funktionsstatus und Person-Umwelt-Passung nach-gewiesen werden (Wahl et al., 1999). Das Wohlbefinden von Patienten im Kranken-haus hing in einer Studie von Kahana und Kollegen (1980) entscheidend davon ab, ob die Bedürfnisse vom Personal ausreichend befriedigt werden konnten. Baltes (1996) konnte in Altenheim-Settings aufzeigen, wie das Pflegepersonal mit Heimbewohnern in einer Weise kommunizierte, dass diese zunehmend unselbstständig wurden („patronizing speech"). Des Weiteren konnten in Untersuchungen von Oswald (1996, 2003) differenzierte Bedürfnishierarchien bzgl. der Wohnbedeutung älterer Menschen beschrieben werden: Während gesunde Personen räumliche Aspekte der Wohnung und Wohnumgebung (schöne Wohnlage, Zugänglichkeit) präferieren, sind bei sehbe-einträchtigten Personen vor allem verhaltensbezogene Aspekte (Möglichkeiten, die Wohnung proaktiv zu gestalten) bedeutsam. Zudem werden in dieser Gruppe und noch stärker bei blinden Personen, kognitiv-biografische Aspekte (Vertrautheit, Verinnerlichung) und soziale Aspekte des Wohnens (Beziehung zum Partner, zu Nachbarn und Besuchern) wichtig (vgl. Oswald et al., 2006).

2.3.2.2 Medienbezogene Implikationen

Medien als Umwelten zu verstehen, wie es sozialökologische Ansätze aus der Medienforschung konzeptionieren, ist in der gerontologischen Fachdisziplin noch wenig verbreitet. Gleichwohl finden sich Anknüpfungspunkte in der Gerontechnologie, wo Assistenzsysteme als technische Umwelten verstanden werden. Am Beispiel des Fernsehens lässt sich jedoch aufzeigen, dass auch klassische Medien altersrelevante sozial-räumliche, mediale Umwelten darstellen können:

Fernsehen ist physisch wie mental eine leicht zugängliche Aktivität, die selbst von Personen mit Funktionseinbußen ausgeübt werden kann. Dabei verfügt das Medium über Funktionen und Merkmale, die unter ökogerontologischen Gesichtspunkten auch für altersrelevante dinglich-räumliche Umwelten charakteristisch sind (vgl. Saup, 1993): 1. Erreichbarkeit und Zugänglichkeit, 2. Sicherheit, 3. Vertrautheit und Privatheit, 4. Orientierungsfunktion, 5. Kontrollierbarkeit der Umwelt und 6. Anregungs- und Stimulierungsgehalt. Ebensolche Verknüpfungen lassen sich nach Wahl und Gitlin (2007, S. 497) anstellen, die das Funktionsspektrum auf drei Elemente verdichten: Neben der Stimulanz besitzen altersrelevante Umwelten eine Unterstützungs- und Kompensationsfunktion sowie eine Funktion zur Aufrechterhaltung und Stabilität von Selbständigkeit. Während die beiden letzten Funktionen im Alter an Bedeutung zunehmen, steht in jüngeren Jahren die Umweltstimulanz im Vordergrund. Das Fernsehen als Umwelt könnte davon profitieren, da ihm in besonderer Weise eine kompensierende Funktion im höheren Alter zugeschrieben wird. Dem Rückgang an stimulierenden Aspekten in der räumlich-dinglichen Umwelt könnte hingegen eine Erhöhung für mediale häusliche Umwelten entgegenstehen. Zumindest zeigen die rezipientenorientierten Befunde ein exponiertes Interesse an Information und kognitiver Stimulanz älterer Menschen beim Fernsehen.

Dabei stellt eine Differenzierung zwischen Dritten und Vierten Alter in Bezug auf die Medien- und Techniknutzung eine sozialökologische Prämisse dar. Dies lässt sich durch das theoretische Konzept von Carp und Carp (1980, 1984) weiter spezifizieren: Während im Dritten Alter in der Medien- und Techniknutzung Wachstumsbedürfnisse im Vordergrund gesehen werden können, gewinnen im Vierten Alter basale Bedürfnisse an Relevanz. Mediale und technologische Umwelten könnten dann verstärkt kompensierend und prothetisch wirken.

Des Weiteren kann aufgrund einer jahrzehntelangen Rezeption im Alter eine hohe Vertrautheit und Erfahrungskompetenz mit diesem Medium angenommen werden. Da nach dem SPOT-Modell von Wahl und Lang (2006) im höheren Alter die kognitiv-affektive Verbundenheit mit sozial-räumlichen Umwelten zunimmt, könnte insofern auch das Fernsehen als sozial-räumliche und mediale Umwelt an Relevanz gewinnen. Hierbei gilt es zu bedenken, dass eine Vertrautheit und Bindung zum Fernsehen eher auf den rezipierten Medieninhalten beruht und weniger auf dinglich-räumlichen Aspekten des Fernsehgeräts. Damit bleibt bei Austausch eines Geräts eine psychologische Kontinuität gewahrt. Eine Neuanschaffung könnte sogar aufgrund erhöhter Rezeptionsqualitäten die Attraktivität und Bindung zum Fernsehen verstärken.

Technologische Assistenzsysteme und digitale Medien wie das Internet werden zukünftig im Sinne von „environment rich", „adaptive aging" als Entwicklungsressource zur Unterstützung und Aufrechterhaltung von Autonomie und Selbständigkeit eine noch größere Rolle in der Ökogerontologie spielen (Cutler & Hendricks, 2001; Horgas & Abowd, 2004; Melenhorst et al., 2007; Mynatt & Rogers, 2002; Wahl & Oswald, 2005). So betonen Wahl und Gitlin (2007, S. 501): „It is predicted that technology will assume a major role in the home and away, strengthening the potential for future aging in place for individuals with varying ranges of competency". Die Autoren verweisen zudem auf eine völlig neue Person-Umwelt-Konstellation hin, die sich durch die Nutzung von virtuellen Räumen und Realitäten auch für das Altern ergeben. Wie technische Umwelten im Wohnbereich helfen können, die Lebensqualität zu verbessern, zeigen zahlreiche Studien aus der Gerontechnologie zu technischen Assistenzsystemen wie das Projekt FitForAge vom Bayerischen Forschungsverbund (www.fit4age.org/), das Projekt senSave (Gaugisch et al., 2006), Smart-Home-Projekte (Mann & Helal, 2007; King, 1999) oder die „The Aware Research Initiative" von Georgia in den USA (Rogers & Mynatt, 2003). Auch verschiedene Internetprojekte wie z.B. zum Betreuten Wohnen unterstreichen die Potenziale technischer und medialer Umwelten für ein „successful aging" (Sourbati, 2004).

2.4   Alter und Medien aus gesellschaftlicher Perspektive

Wurden bislang theoretische Zugänge zum Themenkomplex „Alter und Medien" beschrieben, die das Individuum sowie seine unmittelbare Umwelt im Fokus hatten, werden im Folgenden gesellschaftstheoretische Aspekte aufgezeigt. Dabei stehen drei Prämissen im Vordergrund:

Erstens stellt sich vor dem Hintergrund einer akzelerierenden Entwicklung technischer und medialer Innovationen die Frage nach dem Zeitpunkt und Temporalität mediengerontologischer Befunde. Hierzu gibt die Diffusionstheorie von Rogers (1962, 2003) einen theoretischen Bezugspunkt.

Zweitens gilt es für die Untersuchung von Mediennutzung im Alter neben Einflussgrößen wie Messzeitpunkt und kalendarischem Alter das Umweltmerkmal Kohorte zu berücksichtigen. Insbesondere durch die längsschnittlichen Forschungsarbeiten von Schaie (vgl. Schaie, 2005; Schaie & Baltes, 1996) konnte die Relevanz von Kohorteneffekte auf den Alternsprozess nachgewiesen werden. Altersunterschiede, die aufgrund von Querschnittsanalysen z.b. zur kognitiven Entwicklung zu Stande kamen, erwiesen sich in längsschnittlichen Analysen als Artefakt. So weisen z.B. heutige Kohorten älterer Menschen einen besseren Bildungs- und Gesundheitsstatus auf als frühere Alterskohorten (vgl. Klein, 2004; Oeppen & Vaupel, 2002). Ebenfalls können in Bezug auf die Mediennutzung kohortenspezifische Unterschiede angenommen werden. Hierzu finden sich theoretische Bezugspunkte im Generationenkonzept Mannheims (1964) und im Konzept der Medienpraxiskulturen von Schäffer (2003). Dies wird unter politischen, technologischen und medienpraxisbezogenen Gesichtspunkten für die Kohorte 1930-1932 exemplifiziert.

Drittens besteht eine unzureichende Integration älterer Menschen in der Gesellschaft, was sich in strukturellen Unzulänglichkeiten in Bezug auf Zugangs- und Nutzungsmöglichkeiten neuer Medien widerspiegelt wie auch in einer zu geringen Beachtung als Konsument im Mediensystem. Theoretische Ansätze bieten hierzu Kohlis Konzept zur Institutionalisierung des Lebenslaufs (1985, 2003) und die Altersschichtungstheorie von Riley und Kollegen (1994) mit ihrem Konzept des „structural lag". Kulturanthropologische Ansätze fokussieren diese strukturellen Ungleichheiten im Hinblick der „kulturellen 'Fortpflanzung' einer Gesellschaft" (Kohli, 1992, S. 236) und leiten daraus ein negatives Altersbild und einen Statusverlust älterer Menschen in der modernen Gesellschaft ab (Cowgill & Holmes, 1972; Mead, 1971). Auch wenn diese Theorien, die in den 1970er Jahren entwickelt wurden, konzeptionelle und methodische Schwächen aufweisen, bieten sie in Bezug auf die Mediennutzung im Alter heuristischen Wert.

2.4.1 Die Diffusionstheorie nach Rogers am Beispiel des Internets

Auf der Makroebene nimmt die „Diffusionstheorie" des kanadischen Soziologen Rogers (1962, 2003) eine exponierte Stellung in dieser Arbeit ein. Denn zum einen gründet diese Theorie auf Aspekten der Prozesshaftigkeit und Innovationsoffenheit in Bezug auf die Verbreitung von technischen Innovationen in einer Population. Zum anderen dient dieser theoretische Ansatz zur Erklärung der Bedeutung des Messzeitpunkts und der Temporalität von Befunden zur Mediennutzung und speziell zur Medienausstattung.

2.4.1.1 Theoretische Aspekte

Die in den 1960er Jahren entwickelte Theorie zur „Diffusion of Innovations" besitzt ein breites Anwendungsgebiet, das von der Medizinsoziologie über Public Health, Agrarwissenschaft bis hin zur Wirtschaftswissenschaft und Medien- und Kommunikationswissenschaft reicht. Sie beschreibt im Wesentlichen Faktoren und Zeitablauf der Ausbreitung technischer Innovationen in einer Gemeinschaft. Sie beruht auf der Erkenntnis, dass nicht alle Mitglieder einer Gemeinschaft eine Neuerung gleichzeitig übernehmen, und dass technische Innovationen in Tempo und Markterfolg variieren. Diffusion gilt hierbei als Ausdruck von sozialem Wandel, die durch direkt und medial vermittelte Kommunikation beeinflusst wird. Es ist ein Prozess „by which an innovation is communicated through certain channels over time among members of a social system" (Rogers, 2003, S. 5). Im zeitlichen Verlauf gleicht sie einer S-Kurve, wonach die Diffusion langsam beginnt, bis sich allmählich eine Kommunikation über die Innovation in der Gemeinschaft ausbreitet und die Diffusion an Verbreitungsdynamik gewinnt (siehe Abbildung 4).

Abb. 4: Diffusionsprozess nach Rogers

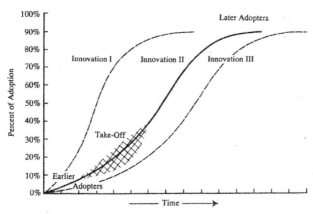

Quelle: Rogers (2003, S. 11).

Das Tempo der Adoption hängt vom Innovationstypus ab, wobei sich drei Innovationsgüter in ihrer Nutzungsweise differenzieren lassen (Weiber, 1995):

1. Singulärgüter wie Toaster, die als Einzelgerät einen Nutzen bringen.

2. Netzeffektgüter wie Computer, die weiterer Komponenten (Bildschirm, Maus, Tastatur) bedürfen, um einen Nutzen zu erzielen.

3. Systemgüter wie das Internet verfügen hingegen über keinen originären Produktnutzen, erst aus dem interaktiven Einsatz von mehreren Systemgütern entsteht ein sogenannter Derivatnutzen. Hierbei stehen Interaktivität und Kommunikation als Nutzungsweise im Vordergrund (z.B. E-Mail, Web2.0).

Zudem unterscheidet Rogers (1995) in der Telekommunikation zwischen interaktiven und nicht-interaktiven Innovationen. Interaktive Innovationen besitzen den spezifischen Vorteil, dass der Zugewinn, den die Nutzer aus einer solchen Anwendung beziehen, mit zunehmender Nutzerbasis ansteigt. Aufgrund dieser Kommunikationsdynamik gewinnen im Diffusionsprozess ab einem gewissen Punkt interaktive Innovationen rasch an Verbreitung und die Adoptionskurve steigt steiler an als bei nicht-interaktiven Innovationen (ebd., S. 31). Applizieren jedoch zu wenig die Innovation, entfaltet sich nicht der potenzielle Produktnutzen; der Adoptionsprozess stagniert und das Gerät kann letztlich vom Markt verschwinden. Es bedarf einer sogenannten „kritischen Masse", die als Wendepunkt in der Diffusionsentwicklung steht. Wird dieser Punkt erreicht, entsteht ein so großer Diffusionsimpuls, „dass das System einen nachhaltigen Nutzen zur Gewinnung weiterer Adoptoren aus sich selbst heraus entwickeln kann, was sich empirisch in einer stark ansteigenden Zahl der Nutzer widerspiegelt" (Weiber, 1995, S. 46). Dieser für den Markterfolg notwendige Verbreitungsgrad, der „kritische Masse Punkt" (Stoetzer & Mahler 1995, S. 17), liegt nach Rogers zwischen 10% und 25% einer Population und variiert in Abhängigkeit von den drei Einflussgrößen „individuelle Wahrnehmung einer Innovation", „Verfügbarkeit der notwendigen Infrastruktur" und „individuelle Widerstandsschwelle" (Rogers, 1995, S. 33).

Entscheidend für die Adoption einer Innovation ist die individuelle Wahrnehmung des technischen Geräts. Hierbei führt Rogers (2003, S. 15f.) fünf Attribute an, die eine Adoption begünstigen:

1. Das Individuum sieht einen relativen Vorteil oder Mehrwert gegenüber dem Status Quo.

2. Das Individuum erkennt eine Kompatibilität mit bestehenden Strukturen, Normen und Werten.[23]

3. Das Individuum nimmt die Innovation als einfach anwendbar wahr.

---

[23] Nach Rammert (1993, S. 236f.) kann die Durchdringung einer Innovation nur gelingen, wenn für die Benutzer eine Anbindung an den „technischen Habitus" möglich ist und eine „kulturelle Rahmung und Integration in die alltägliche Praxis" besteht.

4. Das Individuum findet leichte Zugangs- und Nutzungsmöglichkeiten vor, die Innovation kennenzulernen und auszuprobieren.

5. Es besteht eine transparente Beobachtbarkeit der Innovation und seiner Ergebnisse.

Eine technische Innovation ist nicht „fertig" wenn sie auf den Markt kommt, sondern wird im Diffusionsprozess von zwei parallelen Entwicklungsverläufen beeinflusst (vgl. Friedrichs, 1991). Zum einen erfolgen in der Population ein Wissens- und Informationstransfer sowie eine symbolische Bedeutungszuweisung, die über die technisch-funktionalen Aspekte der Innovation hinaus geht. Im Idealfall erhöhen sich mit der Zeit die Attraktivität und der Nutzwert einer Innovation (vgl. Sackmann & Weymann, 1994). Dieser Prozess kann insofern auch Nichtnutzer tangieren, wenn der soziale Druck zur Adoption größer wird. Parallel entwickeln sich auf ökonomischer Ebene die technische Innovation und ihre infrastrukturellen Rahmenbedingungen. Das Gerät wird z.B. kostengünstiger, bedienungsfreundlicher, massentauglicher und ein Ausbau der Infrastruktur schafft neue und leichtere Zugangsmöglichkeiten. Beide Entwicklungsstränge bedingen sich gegenseitig. Nutzer passen sich nicht einer technischen Innovation einseitig an; vielmehr beeinflussen auch kulturelle Bedürfnisse die technische Produktentwicklung und Nutzungsform (vgl. Sackmann & Weymann, 1994, S. 14).

Studien zum Diffusionsverlauf verschiedenster Produkte konnten übereinstimmend eine Häufigkeitsverteilung der Adoption im zeitlichen Verlauf nachzeichnen, die einer glockenförmigen Normalverteilung entspricht (Stoetzer & Mahler, 1995, S. 13). Auch das Modell von Rogers postuliert eine Normalverteilung und unterteilt den Diffusionsprozess in fünf zeitlich aufeinanderfolgende Phasen, die jeweils durch eine Standardabweichung voneinander getrennt sind. In jeder Adoptionsphase treten neue Bevölkerungsgruppen hinzu, die sich idealtypisch durch ein spezifisches Muster an psychologischen, sozialen und soziostrukturellen Merkmalen charakterisieren lassen. Das Hauptkriterium für die Kategorisierung stellt jedoch die Innovationsbereitschaft dar (ebd., S. 280ff.) (siehe Abbildung 5).

Als erstes entdeckt die Gruppe der „Innovators" das neue Produkt. Diese äußerst kleine Gruppe (2.5%) zeichnet eine Risikofreudigkeit gegenüber Innovationen aus, sie verfügt über ausreichend finanzielle Ressourcen und über eine hohe Technikkompetenz. „The salient value of the innovator is venturesomeness, due to a desire for the rash, the daring, and the risky" (ebd., S. 283). Innerhalb des Kommunikationssystems spielen sie eine gate-keeper-Rolle, da sie wie Kosmopoliten auch von außerhalb ihrer Netzwerke agieren und so Informationen in die Gemeinschaft einbringen können.

Abb. 5: Kategorisierung der Adoptionsgruppen nach Rogers

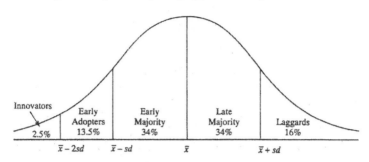

Quelle: Rogers (2003, S. 281).

Die „Early Adopters" umfassen mit 13.5% eine ebenfalls kleinere Gruppe mit hohen sozialen Status. Sie sind fest in ihr soziales Netzwerk eingebunden, genießen ein hohes Ansehen und fungieren als Meinungsführer: „This adopter category, more than other, has the highest degree of opinion leadership in most systems" (ebd.). Sie nehmen eine zentrale Stellung im Kommunikationsnetzwerk einer Gemeinschaft ein und moderieren den weiteren Diffusionsprozess. Durch ihre Adoption helfen sie, die kritische Masse zu mobilisieren.

Die „Early Majority" übernimmt eine Innovation noch vor dem Durchschnitt, sie sind somit weder die „Ersten noch die Letzten" (Stoetzer & Mahler, 1995, S. 13). Sie verfügen über ausreichend soziale Kontakte, stellen aber selten Meinungsführer dar. Gegenüber Innovationen agieren sie bedächtig und überlegt: „The early majority may deliberate for some time before completely adopting a new idea" (Rogers, 2003, S. 284). Der Entscheidungsprozess zur Adoption benötigt folglich etwas mehr Zeit als in den beiden vorigen Adoptergruppen.

Wenn bereits die Hälfte der Gemeinschaft eine Innovation übernommen hat, beginnt die „Late Majority" mit der Adoption. Mit 34% stellt diese Adoptergruppe zusammen mit der „Early Majority" die größte Gruppe dar. Sie steht der Innovation skeptisch und distanziert gegenüber und verfügt über relativ geringe finanzielle Ressourcen. Hier spielt der wahrgenommene soziale und ökonomische Druck eine entscheidende Rolle: „Adoption may be both an economic necessity for the late majority and the result of increasing peer pressures" (ebd.).

Erst ab einem Diffusionsgrad von über 84% kommen die „Laggards" als Nachzügler in Berührung mit einer Innovation. Sie verfügen zumeist über sehr geringe finanzielle Ressourcen und gelten als misstrauisch gegenüber neuen Technologien. Charakteristisch ist ein traditioneller und häuslich-zurückgezogener Lebensstil und ein stärkerer Bezug auf ihre Vergangenheit und den gegenwärtigen Status Quo: „Many are near isolates in the social networks of their system. The point of reference for the laggard is the past" (ebd.).

Rogers (2003) konstatiert bei seiner Zusammenschau von Diffusionsstudien weitere Unterschiede zwischen früheren und späteren Anwender. Frühe Anwender lassen sich demnach durch einen höheren sozialen Status, gemessen an Einkommen, Besitz, Lebensstandard, Beruf und formaler Bildung, kennzeichnen. Darüber hinaus zeigen sie weniger Fatalismus und Schicksalsergebenheit und ein höheres Ausmaß an intrinsischer Kontrollüberzeugung, Selbstwirksamkeit und Gestaltbarkeit ihrer Zukunft. Damit scheint eine Zuordnung zu frühen und späten Anwendern auf stabilen Personmerkmalen zu beruhen.

2.4.1.2 Altersbezogene Implikationen

Rogers (2003) bemerkt bei Durchsicht der Forschungsliteratur, dass es keine eindeutigen Alterseffekte gibt: „There is inconsistent evidence about the relationship of age and innovativeness" (ebd., S. 285). Zur Hälfte fanden sich keine Alterseffekte, einige Studien führten jüngere Altersgruppen als frühe Anwender an, andere Studien ältere Personengruppen. Eine Begründung dieser inkonsistenten Befunde fehlt bei Rogers, doch könnten zwei Aspekte, ein produktbezogener und ein personbezogener, als mögliche Erklärung dienen. Zum einen könnten die produkt- und nutzungsspezifischen Charakteristika einer Innovation bestimmte Altersgruppen eher ansprechen. Hier spielen ökonomische Aspekte wie Produktentwicklung und Vermarktung (Zielgruppenansprache, marktökonomische Ausrichtung) eine Rolle. Zum anderen könnten sowohl kohorten- und generationsbedingte Sozialisationsaspekte (siehe Abschnitt 2.4.2) als auch lebensphasenbedingte Bedürfnislagen (siehe Abschnitt 2.4.3) die Zugänglichkeit und Adoptionsaffinität von bestimmten Innovationen beeinflussen. So sprechen Computerspiele eine völlig andere Alters- und Zielgruppe an als „health-care-technology". Hinsichtlich der Informations- und Kommunikationsmedien gehören ältere Kohorten jedoch überwiegend zu den späten Anwendern (vgl. z.B. die Diffusion des Fernsehens in Deutschland (Eurich & Würzberg, 1983; Lehr, 1977) und in den USA (Meyersohn, 1961). Eine Sonderanalyse aus der Langzeitstudie MK2005 konstatierte, dass lediglich 3% der Personen über 50 Jahre als sogenannte Trendsetter für moderne Medien gelten können, wobei unter den Männern vier Prozent dieser Altersgruppe dazu zählten, unter den Frauen lediglich ein Prozent (Reitze & Ridder, 2006, S. 182).

Wie sehr im Altersvergleich ältere Menschen zu den Innovationsdistanten zählen, lässt sich international anhand digitaler Medien wie Computer und Internet demonstrieren (Chen & Wellman, 2003; Doh, 2004a, 2006a, 2009; Groebel & Gehrke, 2003; Gilleard & Higgs, 2008; Fox, 2004; Hagenah & Meulemann, 2007; Reitze & Ridder, 2006; van Eimeren et al., 2003, van Eimeren & Frees, 2005, 2006, 2008, 2009; Zillien, 2006). Diese Diffusionsunterschiede resultieren vor allem auf Alters- und Kohorteneffekten (Czaja et al., 2006; Doh, 2009; Gilleard & Higgs, 2008; Hagenah & Meulemann, 2007; Langer, 2007).

Dies soll am Beispiel der Entwicklung des Internets in Deutschland veranschaulicht werden: Als 1993 das „WorldWideWeb" vom Europäischen Kernforschungszentrum CERN für die Öffentlichkeit freigegeben wurde, war Internet zunächst ein auf den beruflichen Kontext limitiertes Kommunikationsmittel. Zu den „Early Adopters" gehörten in Deutschland vornehmlich Berufstätige, allen voran Akademiker sowie die Altersgruppe der 20- bis 39-Jährigen (van Eimeren et al., 2003). Mit Ausbau der Infrastruktur wurden zunehmend private Haushalte an das Netz angeschlossen, und die private Nutzung gewann rasch an Bedeutung. 1998 als 10% der Personen ab 14 Jahre zu den Onlinern zählten, verschob sich der Schwerpunkt des Nutzungsorts auf den privaten und häuslichen Kontext (van Eimeren et al., 2003).[24] Zu diesem Zeitpunkt nutzte lediglich 1% der Personen ab 60 Jahren das Internet. Mit der Nutzungsverschiebung expandierte die Diffusion und das Medium wurde auch von internetdistanten Bevölkerungssegmenten erschlossen. Die höchsten relativen Zugewinne wurden unter den Jugendlichen erzielt, die seit 2003 mit einer Penetrationsrate von über 90% nahezu eine Vollabdeckung erreicht haben. 2009 stieg die Diffusionsrate in Deutschland auf 67% der Personen ab 14 Jahren (van Eimeren & Frees, 2009).

Damit hat das Internet solch eine rasante Diffusionsentwicklung genommen wie noch keine andere Innovation zuvor in der Medienevolution. Innerhalb von zehn Jahren hat es die Adoptionsphasen der „Early Adopter" und „Early Majority" durchlaufen und befindet sich nun in der Phase der „Late Majority". Damit bestätigt sich die theoretische Annahme von Weiber (1995), wonach Systemgüter nach einer gewissen Anlaufphase eine schnellere Verbreitung finden können als Singulär- oder Netzeffektgüter.

Ebenfalls nahm der Anteil an älteren Onlinern in den letzten Jahren stark zu. Siehe hierzu Abbildung 6.

---

[24] Während 36% der Onliner angaben, das Internet ausnahmslos am Arbeitsplatz oder Ausbildungsplatz zu nutzen, nannten 41% nur zu Hause ins Netz zu gehen (van Eimeren et al., 2003, S. 348). In den Jahren zuvor dominierte noch die berufliche Nutzung.

Abb. 6: Die Entwicklung der Internetdiffusion 1997-2009, nach Alter

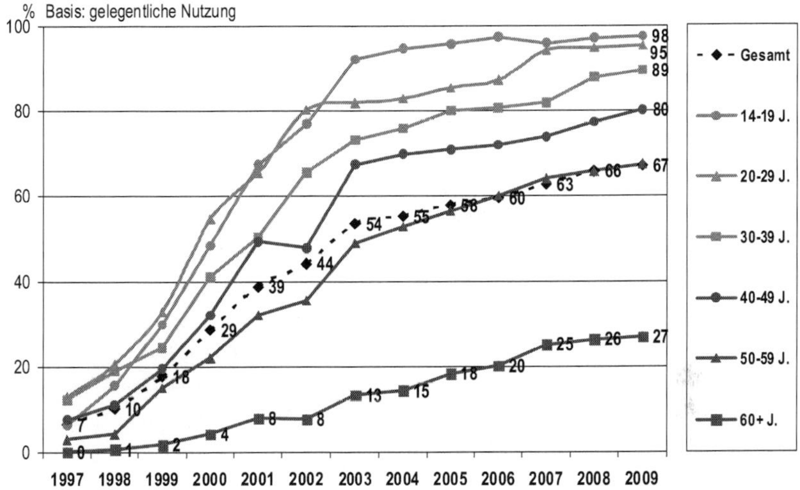

Quelle: van Eimeren & Frees, 2009; ARD/ZDF-Online-Studie 2009: n=1806; 2008: n=1802; 2007: n=1822; 2006: n=1820; 2005: n=1857; 2004: n=1810; 2003: n=1955; 2002: n=2293; 2001: n=2520; 2000: n=3514; 1999: n=5661; 1998: n=9673; 1997: n=15431.

Zwischen 2003 und 2009 verdoppelte sich bei den Personen ab 60 Jahren die Nutzungsrate von 13% auf 27% Durch die erreichten Sättigungsgrenzen in den jüngeren Altersgruppen, wurden zuletzt absolut und relativ die höchsten Zuwachsraten in den Altersgruppen jenseits der 60 Jahre erzielt. Dabei bestehen innerhalb der Altersgruppe ab 60 Jahren enorme Alters- und Kohortenunterschiede: Nach eigenen Berechnungen aus dem (N)Onliner-Atlas nutzten 2007 35% der 60- bis 69-Jährigen das Internet in den letzten 12 Monaten, jedoch nur 15% der 70- bis 79-Jährigen und 7% der über 80-Jährigen (Doh, 2007). Des Weiteren zeigten Analysen zur Entwicklung der Internetdiffusion zwischen 2002 und 2007, dass die Zuwachsraten in allen Kohorten signifikant ausfielen, und dass die Adoptionsdynamik in den jüngsten Kohorten deutlich höher ausfiel als in den älteren. Multivariate logistische Regressionsanalysen bestätigten, dass für diese deutlichen altersgebundenen Diffusionsraten die Kohorte der dominante Prädiktor ist (Doh, 2009). Als ein wesentlicher Grund für die relativ späte Adoption älterer Menschen ist die lebensphasenbedingte, gesellschaftsstrukturelle Zugangsbarriere zum Internet zu sehen: Personen in der nachberuflichen Phase kamen nicht mehr berufsbegleitend in Kontakt mit dieser Innovation, sondern mussten sich privat und selbstmotivierend das Internet erschließen.

Daneben können noch zahlreiche weitere person- und umweltbezogene Barrieren verantwortlich gemacht werden. Als umweltbezogene Barrieren lassen sich anführen: Mangel an frei verfügbaren Zugangs- und Nutzungsmöglichkeiten, fehlende Zielgruppenansprache, zu hohe Kosten für Anschaffung und Unterhalt, fehlende Transparenz der Tarif- und Vertragsangebote, Mangel an Datensicherheit und Datenschutz, fehlende inhaltliche Qualitätsstandards, unverständliche Computer- und Internetsprache sowie technische und formale Barrieren von Internetangeboten („Accessibility", Zugänglichkeit, „Usability", Benutzbarkeit). Als personbezogene Barrieren können gelten: fehlender Nutzwert und Mehrwert zu bisherigen Medien, fehlende Kenntnisse und Erfahrungen, mangelnde Medien- und Technikkompetenz, distanzierte Technikeinstellung sowie Vorbehalte und Ängste, erhöhte Lernbarrieren, sensorische, motorische und kognitive Beeinträchtigungen, persönlichkeitsgebundene Aspekte wie geringe Offenheit und erhöhter Neurotizismus, fehlende soziale Unterstützung, negatives Selbstbild, geringe Selbstwirksamkeit und geringer sozialer Status (vgl. Czaja et al., 2006; Doh, 2006a; Gehrke, 2004; Harwood, 2007; Mollenkopf & Doh, 2004).

Diejenigen älteren Personen, die zu den frühen Anwendern des Internets gehören, stellen folglich eine hochselektive Bevölkerungsgruppe mit hohem sozialen Status dar. Es sind vor allem ältere Männer, formal hoch Gebildete, Personen mit hohen finanziellen Ressourcen und Personen aus den alten Bundesländern, Stadtbewohner und ältere Berufstätige (Doh, 2004b,c, 2005b, 2006a; Doh et al., 2008a,b, Doh & Kaspar, 2006a,b; Jäckel et al., 2005; Mollenkopf & Doh, 2004). Diese Merkmale entsprechen dem Charakteristikum der „Early Adopters" von Rogers. Durch eine Verbreitungsrate von aktuell 27% befindet sich die Altersgruppe ab 60 Jahren in der „Early Majority"-Phase. Damit hat die Innovation auch distante Personen aus dieser Altersgruppe erreicht. Allerdings steigt in den ältesten Kohorten der Anteil an überzeugten Offlinern, die dauerhaft keinen Umgang mit dem Internet für notwendig oder wünschenswert erachten.

Zusammenfassend lässt sich festhalten, dass im Altersvergleich die älteren Kohorten eine geringere Innovationsbereitschaft gegenüber dem Internet aufweisen. Dennoch konnte für die letzten zehn Jahre in den älteren Kohorten eine erhöhte Adoptionsdynamik nachgewiesen werden, obgleich große intra-gruppenspezifische Unterschiede nachgewiesen werden können Dieser Entwicklungsprozess bezeugt die zunehmende Digitalisierung und Medialisierung moderner Gesellschaften. Dies begrenzt wiederum die Aussagekraft von Mediaanalysen hinsichtlich ihrer Temporalität: „Yet, the rate of technological change is fast, so the relevance of the findings of any study of technology and society are limited by their temporality (Selwyn et al, 2003, S. 576).

Als weitere Erklärungsmodelle, die die Bedeutung alters- und kohortengebundener Medienaspekte im Alter aufzeigen, bieten sich person- und umweltbezogene Ansätze an, die auch einen Periodenaspekt berücksichtigen. Hierfür steht zum einen das Generationenkonzept Mannheims, das kollektive Erfahrungswelten mit entwicklungspsychologischen Lebensphasenaspekten verbindet. Zum anderen zeigen soziologische Konzepte zu Lebensphasen und zur Altersschichtung an, dass es in modernen Gesellschaften für ältere Menschen Formen struktureller Benachteiligung und Ausgrenzung gibt, die sich auf die Zugangs- und Nutzungsmöglichkeiten neuer Medien und Technologien auswirken.

2.4.2 Das Generationenkonzept nach Mannheim

Wie schon Baltes (1987, 1990) in seinem Lebensspannenkonzept betonte, muss individuelle Entwicklung auch im Verhältnis zur kulturellen Entwicklung betrachtet werden, was eine historisch-kulturelle Einbettung von Altern bedingt und zu kohortengebundenen Variationen und Differenzen führen (siehe Abschnitt 2.2.3.1). Eine klassische soziologische Theorie, dass die „Geworfenheit" (Heidegger, 2006) und kollektive Eingebundenheit in ein kulturelles Überlieferungsgeschehen beschreibt, stellt das Generationenkonzept von Karl Mannheim (1964) aus den 1920er Jahren dar. Die theoretischen Grundideen sollen kurz beschrieben und auf die für die Arbeit zentrale Kohorte der 1930-1932-Geborenen konkretisiert werden.

2.4.2.1 Theoretische Aspekte

In der positivistischen Denktradition von David Hume und Auguste Comte wurde der Begriff der Generation als eine genealogische und in feste Zeitabschnitte quantifizierbare Kategorie gefasst. Mannheim erweitert die Perspektive um eine psychologische Komponente, indem er eine qualitative, nur innerlich erfahrbare Zeit geistiger oder sozialer Bewegungen als notwendiges Merkmal einer Generation erachtet. Jedoch stellt eine schicksalsmäßige verwandte Lagerung von bestimmten Geburtsjahrgängen lediglich eine kollektive Ausgangsbedingung für eine Generation dar. Die chronologische Gleichzeitigkeit der Geburt bietet sozusagen die Potenzialität einer gleichartigen „Erlebnisschichtung". Aber erst durch die „Partizipation an den gemeinsamen Schicksalen" und an den geistigen Strömungen der Zeit entsteht ein „Generationszusammenhang".[25] Innerhalb eines gemeinsamen Generationszusammenhangs können die geistigen Strömungen und historisch-sozialen Ereignisse unterschiedlich wahrgenommen und verarbeitet werden. Daraus resultieren unterschiedli-

---

[25] Kruse und Wilbers (1987) sprechen in ähnlicher Weise von einer „Schicksalsgemeinschaft".

che „Generationseinheiten" mit spezifischen „Grundintentionen und Gestaltungs-prinzipien" (Mannheim, 1964, S. 545).

Eine Generation bietet „konjunktive Erfahrungsräume" (Mannheim, 1980), die als handlungsleitende kollektive Orientierungsmuster fungieren können. Sie stehen in einem wechselseitigen Verhältnis zu weiteren konjunktiven Erfahrungsräumen, die nach Geschlecht, Bildung, Lebenszyklus und Biographie differieren. Innerhalb dieser konjunktiven Erfahrungsräume werden grundlegende Orientierungen, Haltungen und Dispositionen erworben. Sie bilden einen Grundstock, einen „Fond" (Mannheim, 1964, S. 538) eines habituellen „Wissens wovon", im Gegensatz zu einem kommuni-kativ-generalisierten „Wissens worüber" (vgl. Schäffer, 2003, S. 27). Schäffer folgert daraus, dass es auch generationsspezifische „fundamentale Lern- und Aneignungs-prozesse" gibt, die auf einer präreflexiven Stufe der Erfahrung präsent sind.

Mannheim fügt seinem Generationenkonzept noch eine weitere, entwicklungs-psychologische Komponente hinzu, die in den Sozial- und Verhaltenswissenschaften eine breite Evidenz erfahren hat (vgl. Atchley, 1989; Elder, 1974; Ryder, 1965; Schäffer, 2003; Schelsky, 1957). Er betrachtet die Jugend- und frühe Erwachsenen-phase als eine besonders „formative Phase", wenngleich er eine lebenslange Soziali-sation und lebenslanges Lernen einschließt (vgl. Schäffer, 2003, S. 57). In dieser Al-tersphase ergeben sich gesellschaftliche Möglichkeitsräume, wo vieles zum ersten Mal erlebt und erfahren wird (Schäffer, 2003, S. 57). Mannheim (1964, S. 537) spricht von der „Prädominanz der ersten Eindrücke" und dass die ersten Eindrücke die Tendenz haben „sich als *natürliches Weltbild* festzusetzen" (ebd., S. 536). Ein-schneidende Erlebnisse wirken hier als „Polarerlebnisse" (ebd., S. 537), die die weite-ren Reaktionen auf neue Erlebnisse beeinflussen.[26]

Durch ein qualitatives Zeitverständnis erleben gleichzeitig aufwachsende Individuen „dieselben leitenden Einwirkungen sowohl von Seiten der sie beeindruckenden intel-lektuellen Kultur als auch von Seiten der gesellschaftlich-politischen Zustände" (Mannheim, 1964, S. 516). Der Unterschied zu anderen Generationen ergibt sich

---

[26] Ähnlich beschreibt Schelsky (1957) den „Abschluß der sozialen Charakterformierung" als Ende der Ju-gendzeit: „denn die Jahre der Jugend, des Übergangs aus der Rolle des Kindes in die des Erwachsenen, sind die für das soziale Verhalten wesentlichsten und dauerhaftesten Prägungen [...] In der Bewältigung der au-ßerfamiliären sozialen Welt in erster Selbständigkeit formieren sich Kindheitshintergrund und neue Um-welt zu den entscheidenden Lebenszielsetzungen und -haltungen, die den sozialen Charakter der Menschen und damit einer Generation bestimmen" (ebd., S. 487). Schäffer (2003, S. 57f.) argumentiert, dass in der Jugendphase eine verstärkte Orientierung auf Altersgleiche und Peer-Groups stattfindet. Dabei bezieht er sich auf das Konzept von Kohli (1985) zur Institutionalisierung des Lebenslaufs (siehe Abschnitt 4.3.), das in dieser Lebensphase eine Kohortenbezogenheit durch schulische und außerschulische Institutionen för-dert.

durch „Ungleichzeitigkeit des Gleichzeitigen" (Mannheim, 1964, S. 517). Das gleiche historisch-soziale Ereignis wird von jeder Generation anders wahrgenommen. „Für jeden ist die gleiche Zeit eine andere Zeit, nämlich *ein anderes Zeitalter seiner selbst*, das er nur mit Gleichaltrigen teilt" (Pinder, 1926, zitiert nach Mannheim, 1964, S. 517).

Als entscheidendes Merkmal für die unterschiedliche Formierbarkeit zwischen alten und jungen Menschen sieht Mannheim das biografisch erworbene Erfahrungswissen: „Alt ist man primär dadurch, dass man in einem spezifischen selbsterworbenen Erfahrungszusammenhang lebt, wodurch jede mögliche Erfahrung ihre Gestalt und ihren Ort bis zu einem gewissen Grade im vorhinein zugeteilt erhält, wogegen im neuen Leben die formierenden Kräfte sich erst bilden und die Grundintentionen die prägende Gewalt neuer Situationen noch in sich zu verarbeiten vermögen" (Mannheim, 1964, S. 534).

Das Vorhandensein mehrerer Generationen in einer Gesellschaft tangiert in Mannheims Konzept (1964, S. 530ff.) fünf miteinander zusammenhängende Grundphänomene der Generationslagerung: 1. eine zeitlich begrenzte Partizipation einer Generation bzw. den Trägern eines Generationszusammenhangs am Geschichtsprozess, 2. das stete Neueinsetzen neuer Kulturträger, 3. den Abgang früherer Kulturträger, 4. die Kontinuierlichkeit des Generationswechsels und 5. die Notwendigkeit des steten Tradierens der akkumulierten Kulturgüter.

2.4.2.2 Die K30-32 als Mitglied einer historisch-politischen Generation

Schäffer (2003, S. 45) bezeichnet eine Generation als eine bestimmte Kohorte junger Menschen, die vor dem Hintergrund typischer Bedingungen ihres Aufwachsens analysiert werden kann, und die sich durch ihre „herausragenden kollektivbiografischen, soziostrukturellen Merkmale und ihre grundlegenden Haltungen, Einstellungen und kollektiven Orientierungen" charakterisieren lassen. Da der Begriff der Generation immer ein mehr oder weniger explizites Bewusstsein über die eigene Zugehörigkeit einer Analysegruppe voraussetzt, gestaltet sich die Operationalisierung jedoch in der Forschungspraxis als schwierig. Besonders in demografisch orientierten Ansätzen wird stattdessen mit einem Geburtskohortenkonzept gearbeitet (vgl. Buchhofer et al., 1970; Ryder, 1965; Peiser, 1996), wobei mitunter auch Vermischungen der Begrifflichkeiten auftauchen und z.B. Kohortenzugehörigkeit als Generationenlagerung oder Kohorteneffekte als Generationsdifferenzen deklariert werden (vgl. Büchner, 1995; Schäffer, 2003). Auch bleibt die Einteilung von Kohorten umstritten. Einen einzelnen Jahrgang als Kohorte zu definieren, gilt als zu eng gefasst, da bedeutsame historische

Ereignisse und ihre Auswirkungen nicht zwangsläufig auf einen Geburtsjahrgang beschränkt bleiben (Maddox, 1987; Nydegger, 1986).

Forschungspragmatisch hat sich eine Subsumierung von drei oder zehn aufeinanderfolgenden Geburtsjahrgängen zu einer Kohorte als sinnvoll erwiesen. Dies gilt sowohl für das Geburtskohortenmodell als auch für das Konzept der Ereigniskohorte, bei der bedeutsame Lebensprozesse als Marker dienen (z.b. Rentenzugangskohorten, Arbeitsmarkteintrittskohorten) (Mayer, 1991).[27] Entsprechend finden sich verschiedene Versuche, die deutsche Gesellschaft nach Generationen einzuteilen. Nach Kade (2009, S. 182f.), die mehrere Quellen für ihre Auflistung bündelt, lassen sich folgende fünf heute noch lebende ältere Generationen beschreiben: Weimarer Generation (Jg. 1914-1924), Skeptische Generation (Jg. 1925-1938), Protestgeneration (Jg. 1939-1948), Verlorene Generation (Jg. 1949-1958), Krisengeneration (Jg. 1958-1968).

Die für die vorliegende Arbeit im Fokus liegenden Jahrgänge zwischen 1930 und 1932 lassen sich folglich als Mitglieder einer Generation auffassen, die durch die Geschehnisse des Dritten Reichs und des Zweiten Weltkriegs geprägt wurden. Nach Schelsky (1957) gehören diese Geburtsjahrgänge zur „Skeptischen Generation": Sie kennzeichnet eine aus ihrer Jugend stammende, durch den Nationalsozialismus resultierende, Desillusionierung gegenüber politischen Verheißungen und Idealen und begründet einen Skeptizismus gegenüber jeglicher Form von Obrigkeit und Autorität. Alternativ definierten Rosenthal (1986) die um 1930-Geborenen als „Hitlerjugendgeneration" und Bude (1987) als „Flakhelfer-Generation".

2.4.2.3 Die K30-32 als Mitglied einer historisch-technologischen Generation

Für die Formierung von Generationen dienen zumeist punktuell gesellschaftliche Strukturbrüche wie Krieg, ökonomische Krisen, politische Epochen oder historische Ereignisse wie zuletzt der Mauerfall als Grundlage. Anders als in der Medienphilosophie fanden die Auswirkungen von technisch-industriellem Wandel oder von Medien hingegen in der Generationen- und Kohortenforschung kaum Berücksichtigung.

Als ein Vorreiter kann der Kohortentheoretiker Norman Ryder gelten, der bereits 1965 moderne Gesellschaften nachhaltig durch technologischen Wandel gekennzeichnet sah: „The principal motor of contemporary change is technological innovation" (ebd., S. 851). Technischer Wandel wirkt dabei nicht punktuell, sondern führt zu einem langsamen, evolutionären, sozialen Umbruch. Konform zu Mannheims Gene-

---

[27] Die für die vorliegende Arbeit genutzte Längsschnittstudie ILSE orientiert sich am Kohortenkonzept von Rosow (1974), der drei Geburtsjahrgänge als eine Kohorte zusammenschließt (K30-32).

rationskonzept werden auch hier die jüngeren Kohorten als Innovationsträger verstanden: „The new cohorts provide the opportunity for social change to occur. They do not cause change; they permit it" (ebd., S. 844). „To the child of such a society, technological change makes the past irrelevant. Its impact on the population is highly differential by age, and is felt most by those who are about to make their lifelong choices. [...] Technological evolution is accomplished less by retraining older cohorts than by recruiting the new one" (ebd., S. 851).

Dabei lässt sich das 20. Jahrhundert durch eine enorme Innovationsdynamik medialer und technologischer Entwicklung kennzeichnen (siehe Abschnitt 2.4.5). Nach Sackmann und Weymann (1994) kann die „Technisierung des Alltags" in vier Technikepochen unterteilt werden, die mit technologischen Innovationsschüben einhergingen und unterschiedliche Technikgenerationen hervorbrachten. „Von Zeit zu Zeit prägen technische 'Revolutionen' mit neuen Schlüsseltechniken die Lebenserfahrung von Heranwachsenden in besonderer Weise" (ebd., S. 9). Dabei evoziert solch ein Schub eine generationsspezifische Zeitgebundenheit von Technikbesitz, -erfahrungen und -kompetenz (ebd., S. 10). Als Merkmale einer Epoche werden technische und mediale Innovationen gezählt, die eine „erfolgreiche Markteinführung" erzielt haben, was einer Haushaltspenetrationsrate von über 20% entspricht (ebd., S. 25).[28] Die Zuweisung der Technikgenerationen erfolgte durch Selbstzuordnung der befragten Kohorten (siehe Abbildung 7).

Die erste Welle an Haushaltstechnisierung fand in den 1920er Jahren statt und wird als „frühtechnische Phase" bezeichnet. Diese Epoche ist durch die „erfolgreiche Markteinführung" des elektrischen Stroms und durch die Verbreitung des Radios in den Haushalten gekennzeichnet. Hausarbeit galt als Mühsal und technikarme Umwelt. Die hier zugeordnete „vortechnische Generation" subsumiert die frühen Jahrgänge bis 1938.

Die Epoche der „Haushaltsrevolution" markiert die Zeit zwischen Mitte und Ende der 1950er Jahre, zu der sich besonders die Geburtsjahrgänge 1939 bis 1948 zugesprochen fühlen. Charakteristisch ist die Ansammlung an technischen Innovationen wie Kühlschrank, Staubsauger und Waschmaschine, die die Hausarbeit grundlegend veränderten und erleichterten.

---

[28] Wenngleich die Autoren keine explizite Erklärung für diese Quotendefinition vorgeben, lassen sich Korrespondenzen zur Rogers Diffusionskonzept und seinen Ausführungen zur sogenannten „kritischen Masse" herstellen (Rogers, 1995, S. 33) (siehe Abschnitt 4.1.).

Danach erfolgte zwischen 1961 und 1981 eine längere „Ausbreitungsphase", in der es „keine weitere paradigmatische Geräteinnovation" gab und bestehende Techniken und Medien wie Auto, Fernseher, Telefon, Geschirrspülmaschine und Audioträgermedien weite Verbreitung fand. Die dazugehörige Generation betraf die Jahrgänge 1949 bis 1963. Der nächste bedeutsame Innovationsschub erfolgte in den 1980er Jahren mit der Durchdringung des Personalcomputers in der beruflichen und privaten Umwelt; der aber erst 1992 eine Penetrationsrate von über 20% in den Haushalten erzielte. Zudem entstanden mittels der Mikroelektronik zahlreiche technische Innovationen wie Taschenrechner, Videorecorder, CD-Spieler, Mikrowellenherd und Camcorder. Diese Phase der „Digitalisierung der Alltagstechnik" brachte mit den Jahrgängen der nach 1964-Geborenen eine „Computergeneration" hervor.

Abb. 7: Technikbezogene Generationslagerung und -bewusstsein, speziell der K30-32

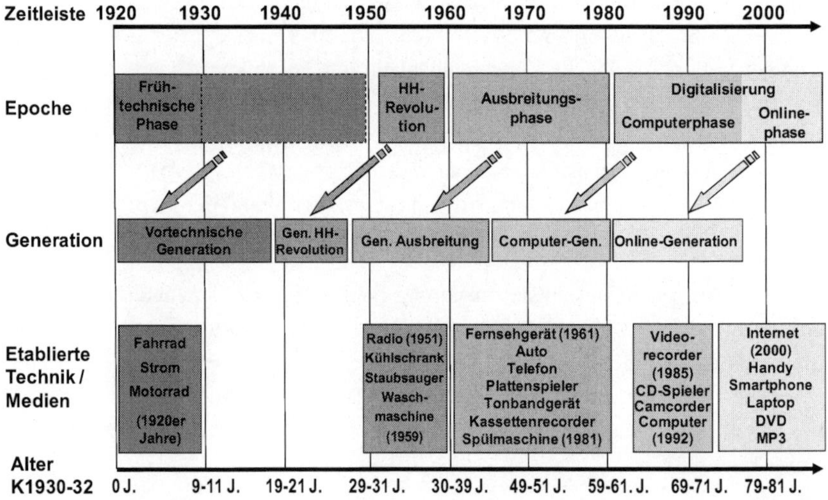

Zeitleiste	1920	1930	1940	1950	1960	1970	1980	1990	2000
Epoche	Früh-technische Phase			HH-Revolution	Ausbreitungs-phase		Digitalisierung Computerphase	Online-phase	
Generation	Vortechnische Generation	Gen. HH-Revolution	Gen. Ausbreitung		Computer-Gen.		Online-Generation		
Etablierte Technik / Medien	Fahrrad Strom Motorrad (1920er Jahre)		Radio (1951) Kühlschrank Staubsauger Wasch-maschine (1959)	Fernsehgerät (1961) Auto Telefon Plattenspieler Tonbandgerät Kassettenrecorder Spülmaschine (1981)		Video-recorder (1985) CD-Spieler Camcorder Computer (1992)	Internet (2000) Handy Smartphone Laptop DVD MP3		
Alter K1930-32	0 J.	9-11 J.	19-21 J.	29-31 J.	30-39 J.	49-51 J.	59-61. J.	69-71 J.	79-81 J.

Quelle: Berg & Kiefer, 1992; Sackmann & Weymann, 1994; van Eimeren & Frees, 2008; eigene Zusammenstellung.

Anmerkung: Die Darstellung der Epochen nach 1945 bezieht sich auf die Haushalte der Bundesrepublik. Für die neuen Bundesländer fand nach der gesellschaftspolitischen Trennung eine ähnliche, doch zeitlich verzögerte Periodisierung statt.

Diese Technikepoche lässt sich aus heutiger Sicht fortschreiben und differenzieren in eine Computer- und eine Internetphase. Dem Internet wird nicht allein aufgrund der global rasanten Ausbreitung mittlerweile eine epochale Wirkung zugestanden (vgl. Bühl, 1997; Kolb, 1998). Im Jahr 2000 überschritt dieses neue „Schlüsselmedium" eine Diffusionsrate von über 20% (siehe Abschnitt 2.4.1). Als dazu gehörende „Internet-Generation" können die Jahrgänge ab 1980er Jahre gezählt werden (vgl. Egger &

van Eimeren, 2008; Palfrey & Gasser, 2008).[29] Nach Prensky (2001, 2009) und Günther (2007) lässt sich diese Generation als „Digital Natives" beschreiben, da sie mit Computer, Internet, MP3-Player und Handy aufgewachsen ist. Sie haben völlig andere Medienkompetenzen erlernt als „analoge" Generationen, die als „Digital Immigrants" tituliert werden (z.B. Multitasking, gezieltes Surfen und Informationsrecherche). Auch Oehmichen und Schröter (2008) konstatieren in einer Follow-Up-Studie aus den ARD/ZDF-Online-Wellen 2003 und 2008 solch eine digitale Generationenkluft.[30]

Wie die Selbstzuordnung zu einer Technikgeneration in der Studie von Sackmann und Weymann (1994) aufzeigt, entwickelt sich das technische Selbstbild in der Altersphase von Jugendlichen und jungen Erwachsenen. Jedoch waren in den ersten Technikepochen vor allem die mittleren Kohorten als Innovationsträger beteiligt. Erst seit den 1980er Jahren gewinnen die jüngeren Alterskohorten auch als frühe Anwender von technischen Innovationen an Bedeutung (vgl. Sackmann & Weymann, 1994, S. 34). Als Ursache kann eine zunehmend auf individualisierte Nutzung ausgerichtete Alltagstechnik gesehen werden, die im Vergleich zu früher auch schon für Jugendliche erschwinglich ist. Gefördert wird dies durch eine entsprechend jugendorientierte Werbeansprache.

Durch die zunehmende Dynamik und Akzeleration technischer Innovationen prognostiziert Freizeit- und Zukunftsforscher Opaschowski (2001) in naher Zukunft eine weitere „Medienrevolution": Nach dem Fernseher, der Fernbedienung und dem Internet wird die „vierte Medienrevolution" das sogenannte „TV-PC-Handy-Set" sein, bei dem Informations-, Unterhaltungs- und Kommunikationstechnologien zusammenwachsen. Offen bleibt, ob sich durch die Technik- und Medienentwicklung die kommenden Generationslagerungen verkürzen. Infolge der hohen Innovationsdynamik könnte ebenso eine klare Zäsur verhindert werden, weshalb sich Generationslagerungen immer schwieriger voneinander trennen lassen würden (vgl. Steiner, 1997). In einem Sammelband von Hörisch (1997) konnten z.B. für die letzten Jahrzehnte keine eindeutigen Mediengenerationen konstatiert werden. Und selbst das „Jahrhundertmedium" Fernsehen (Burkart, 1995), das nach Meyrowitz (1987) zu neuen Formen der Vergesellschaftung und Vergemeinschaftung führte („Fernsehgesellschaft"), brachte keine völlig eigenständige „Fernsehgeneration" hervor. So

---

[29] In den Zuweisungen von Technikepochen und Generationen schließen Sackmann und Weymann (1994, S. 42) mit der Computergeneration, die auf die Jahrgänge 1964 bis 1978 datiert wurden.

[30] Unter den „Digital Natives" lassen sich mittlerweile Substitutionsprozesse konstatieren, wonach das Internet Funktionen von Fernsehen und Tageszeitung übernommen hat (Pecchioni et al., 2005; Reitze & Ridder, 2006).

konnte Peiser (1996) in einer Sekundäranalyse der Langzeitstudie „Massen-kommunikation" für die Jahrgänge 1961-1975 keine Kohorteneffekte hinsichtlich der Mediennutzung und der subjektiven Bindung an Medien feststellen. Das heißt aber nicht, dass generell auch die Relevanz an Generationslagerungen zurückgehen. Im Gegenteil lassen sich nach Kohli (2003) und Bude (2000) Hinweise finden, „dass Alter und Generation inzwischen ein stärkeres Potenzial für Identitätsverankerung und Mobilisierung haben" (Kohli, 2003, S. 539). Aufgrund einer zunehmenden alleinverantwortlichen Biographisierung des Lebenslaufs stellt eine Generationsidentität eine wichtige Bezugsgröße dar (siehe Abschnitt 2.4.3).

Als Zwischenfazit lässt sich festhalten, dass die im Fokus stehende Kohorte 1930-1932 als Mitglied einer eigenständigen Generation betrachtet werden kann und zwar sowohl historisch-politisch („Kriegskinder", „skeptische Generation") als auch historisch-technologisch („vortechnische Generation").

2.4.2.4 Die K30-32 als Mitglied einer Generation mit spezifischer Medien-praxiskultur

Einen weiteren bedeutsamen generationsspezifischen Aspekt zu dieser Kohorte bietet die Habilitationsschrift des Erziehungswissenschaftlers Burkhard Schäffer von 2003. Diese qualitativ ausgerichtete Arbeit basiert auf dem Generationskonzept Mannheims und erweitert dieses auf sogenannte Medienpraxiskulturen. Diese äußern sich in unterschiedlichen medienbezogenen Handlungsspielräumen, kollektiven Orientierungsmustern und unterschiedlichen fundamentalen Lern- und Aneignungsprozessen. Die Untersuchung zu drei verschiedenen Generationen (um 1985; 1955-1965; 1930-1940) kommt zu dem Schluss, dass die älteste Generation im Vergleich zu nachfolgenden Generationen in ihrer Jugendphase eine völlig andere Technik- und Medienkultur vorfand. Die damit zusammenhängenden konjunktiven Erfahrungsräume und fundamentalen Lern- und Aneignungsprozesse brachten eine Medienpraxiskultur hervor, die den Umgang mit den neuen digitalen Medien erschwert.

Die generationsspezifischen Medienpraxiskulturen lassen sich in drei Dimensionen voneinander unterscheiden: Nähe versus Distanz, Fremdheit versus Vertrautheit, Arbeit versus Spiel. Die ältere Generation äußerte z.B. zu den distanzbasierten digitalen Kommunikationsformen wie Chat und SMS Bedenken sozialer Deprivation. Sie bedauerte darüber hinaus die Entpersonalisierung von Dienstleistungen. Face-to-face-Kommunikation hat hier einen großen Stellenwert. Jugendliche – vor allem mit formal hoher Bildung – weisen gegenüber der face-to-face-Kommunikation hingegen eine positive Einstellung auf und gebrauchen den Terminus des „Gesprächs" auch für Chatten und E-Mail-Schreiben. Die jüngere Generation verfügt nicht nur über eine größere Nähe zu neuen Medien, sie besitzt auch eine größere Vertrautheit. Allen voran männliche Jugendliche mit formal hoher Bildung zeigen zum Computer einen intuitiven Zugang und eine „habituell fundierte Einbindung in die medientechnische 'Zeugumwelt'„ (Schäffer, 2003, S. 320f.). In der Gruppe der Berufstätigen und der Senioren fehlt diese habituelle Komponente, weshalb Vorsicht und Angst vor einem „falschen Handgriff" im Umgang mit dem Computer besteht. Eng damit verbunden ist der spielerische Umgang mit dem Computer. Wiederum sind es in erster Linie die männlichen Gymnasiasten, die dieses Medium sowohl für funktionales Arbeiten nutzen als auch zum Spielen und selber Programmieren. Schäffer beschreibt dies als ein „Oszillieren zwischen Spiel, Basteln und Arbeit" (ebd., S. 323). Während bei weiblichen Jugendlichen der Modus des Bastelns fehlte, beschränkten sich die Berufstätigen und die Senioren im Wesentlichen auf ein funktionales Arbeiten mit dem Computer. Selbst vereinzelte spielerische Praxen mit diesem Medium stehen in der älteren Generation in einem zweckrationalen Zusammenhang (Spielen mit Sinn- und Zweckbestimmung) bzw. werden geleugnet (Spielen ohne dass es einer merkt) (ebd., S. 325). Die Ursache wird darin gesehen, dass es in der Jugendphase der älteren Generation „keine zum Computer und Internet funktionalen Äquivalente zur Ausübung spielerischer Praxis" (ebd., S. 338) gab.[31]

Schäffer folgert daraus, dass es nicht so sehr Wissensdefizite bzw. „kommunikativ-generalisierte Wissensaspekte" (ebd, S. 338) der älteren Generation sind, die ihnen den Zugang zu den modernen Medien erschweren, sondern generationsgebundene, konjunktive Erfahrungsräume, die die Formen des Erwerbs handlungspraktischen Wissens prägten (ebd.). Die erschwerten Probleme im Zugang und Umgang mit einem Computer liegen folglich weniger an mangelnden kognitiven Kompetenzen, sondern an „generationsbezogenen fundamentalen Lern- und Aneignungsbarrieren" (ebd., S. 339).

Zusammenfassend lässt sich die Kohorte K30-32 nach folgenden historisch-sozialen Gesichtspunkten als Generation kennzeichnen: Hsitorisch-politisch wurden sie als „Kriegskinder" und „skeptische Generation" geprägt, historisch-technologisch gelten sie als „frühtechnische Generation" und auch hinsichtlich ihrer Medienpraxiskultur und ihren medialen Lern- und Aneignungsprozessen weisen sie ein eigenes Profil auf.

---

[31] Deren damalige neuen Medien wie Plattenspieler, Radio oder Fernsehen boten weder die Möglichkeiten des Spielens noch des Arbeitens wie sie der Computer anbietet. Zudem hatte der Medienerwerb keinesfalls solch eine gesellschaftliche Relevanz wie heute der Computer oder das Internet. So erhält der kompetente Umgang mit Computer als „vierte Kulturtechnik" fast schon eine „existentielle Dimension" für Heranwachsende (ebd.).

Sie zeigen folglich einen völlig unterschiedlichen Zugang und Umgang mit alten und neuen Medien als jüngere Generationen.

2.4.2.5 Weitere alters- und medienbezogene Implikationen

Medienbezogene Befunde aus der Alternsforschung mit einer explizit generationsspezifischen Perspektive finden sich kaum. Vereinzelt gibt es Arbeiten, die die Nutzung von Medien älterer Menschen aus einem historischen Kontext versuchen zu beleuchten. So präformieren sich in der Jugend Musikpräferenzen, die bis ins höhere Lebensalter erhalten bleiben (Gembris, 2006; Mende, 1991). Ebenso wird die größere Affinität zur Tageszeitung als Generations- und Kohorteneffekt diskutiert (Nussbaum et al., 2000; Pecchioni et al., 2005; Reitze & Ridder, 2006; Robinson, Skill & Turner, 2004). Der Umgang mit dem Fernsehen wird in protestantisch geprägten Regionen als Ausdruck von Werten und Moralvorstellungen gesehen, die charakteristisch für eine heimatverbundene Gesellschaft mit strenger Arbeitsmoral sind (Gauntlett & Hill, 1999; Vandebosch & Eggermont, 2002). So konstatieren Gauntlett und Hill (1999) für in England lebende ältere Kohorten eine Präferenz für Sendungen, in der bestimmte Formen von Höflichkeit, Sittlichkeit und Gepflogenheiten vorkommen sowie für Filme und Serien in der Heimatsprache (vgl. van der Goot et al., 2006). Auch wird Fernsehen als bloßer Zeitvertreib, zum Faulenzen und untätiges Herumsitzen weit mehr als in jüngeren Kohorten abgelehnt und es finden sich mitunter Schuldgefühle beim Fernsehkonsum (Gauntlett & Hill, 1999, S. 196). In einer flämischen Studie konnte dieses Einstellungsmuster repliziert werden: „Even in the evening, they were not allowed 'to do nothing'. The strong work ethic most elderly people grew up with, colored their current TV attitudes and habits" (Vandebosch & Eggermont, 2002, S. 450). In diesem Zusammenhang wird Fernsehen ritualisiert erst abends und selektiv genutzt (vgl. Hackl, 2001; Vandebosch & Eggermont, 2002).

Die hohe Informationsaffinität älterer Menschen, wie sie in Abschnitt 2.2.1.3.4 beschrieben wurde, könnte folglich auch kohortenspezifische, normative Ursachen haben. Siehe hierzu den folgenden Exkurs zur Entwicklung des Fernsehens.

2.4.2.6 Exkurs: Die Entwicklung des Fernsehens aus der Perspektive der K30-32

Da Fernsehen als Leitmedium der älteren Kohorten gelten kann, soll die Entwicklung dieses „Jahrhundertmediums" (Burkart, 1995) der deutschen Gesellschaft näher beleuchtet werden. Dies soll unter besonderer Berücksichtigung der Kohorte der 1930-32-Geborenen geschehen, die seit etwa 50 Jahren mit diesem Medium verbunden sind.

Mediennutzung war in der Wahrnehmung der Personen, die vor 1939 geboren wurden, durch das nationalsozialistische System geprägt (vgl. Faulstich, 2006, S. 122ff). Während für die jüngeren Kinder das Radio das bestimmende Medium war, hatten ältere Kinder und Jugendliche auch Printmedien in ihrem Medienrepertoire. Angebot und Inhalte waren retrospektiv durch Propaganda und den Zweiten Weltkrieg gekennzeichnet. So erinnerten sich ältere Personen in einer qualitativen Untersuchung von Scherer und Kollegen (2006) in negativer Weise an unliebsame Schullektüre sowie an Bombenwarnungen über das Radio, der in den letzten Kriegsjahren eine existenziell wichtige Alarmfunktion bekommen hat: „Während des Krieges hatte der Rundfunk einen [...] Drahtfunk, und darüber erfuhren wir, wann Luftangriffe geflogen wurden." (ebd., S. 343). In der Nachkriegsphase kamen erste Nutzungserfahrungen mit einer freien Presse auf, die das weitere Interesse an Tageszeitungen prägten: „Das war jedenfalls zum ersten Mal ein Blatt, in dem man demokratische Betrachtungsweisen erleben konnte" (ebd.). Die Autoren sehen in dieser kohortenspezifischen Erfahrung eine Erklärung, weshalb bis heute die Tageszeitung bei den älteren Kohorten einen hohen Stellenwert einnimmt.

Neben diesen Kriegserinnerungen umfasste die „formative Phase" der 1930-32-Geborenen auch den Beginn des Fernsehzeitalters. Am ersten Weihnachtsfeiertag 1952 begann offiziell das bundesdeutsche Fernsehzeitalter. Allerdings noch ohne breite Öffentlichkeit, denn es gab anfangs nur 800 angemeldete „Bildempfangsgeräte". Der Nordwestdeutsche Rundfunk Hamburg (NWDR) sendete täglich von 20 Uhr bis 22 Uhr. Tags darauf startete die erste „Tagesschau", dreimal wöchentlich im Stil der Wochenschau, wie man es aus dem Kino kannte. Neben Information gab es zur Unterhaltung Fernsehspiele und Quizsendungen. Besondere Ereignisse waren die erste Liveübertragung am 2. Juni 1953 mit der Krönung der englischen Queen Elizabeth II und die Fußballweltmeisterschaft 1954. Danach stieg der Absatz an Fernsehgeräten auf 84.000. Doch bei einem Monatslohn von unter 400 Mark war ein Fernseher zum Preis von über 1000 Mark immer noch ein teurer Luxusartikel (Kiefer, 1999, S. 432).

In der DDR wurde drei Jahre später das Fernsehen eingeführt: am 21.12.1955. 1956 strahlte der Bayerische Rundfunk erstmals Werbung aus – was der damalige Intendant des NWDR, Klaus von Bismarck als „Sündenfall" bezeichnete (Unholzer, 1990, S. 373). In den 1950er Jahren glich in beiden deutschen Regionen die Nutzungssituation des Fernsehens noch der gewohnt vertrauten Kollektivrezeption von Kinovorstellungen. Zusammen mit Freunden und Familienangehörigen sah man zumeist in öffentlichen Räumen wie Gaststätten fern, in kleinerem Umfang auch im privaten sozialen Umfeld mit Nachbarn, Verwandten und Bekannten. Fernsehen war ein technisches

Novum, das die Neugierde weckte. Da die Sendezeit sehr begrenzt war und das Angebot verschiedenartige Inhalte und Gratifikationen bot, sahen die Zuschauer das Programm „überwiegend zusammenhängend und ganz" (Hickethier, 1999, S. 134). Dabei erreichte eine Hochkultursendung wie die „Dreigroschenoper" von Bertolt Brecht 1957 eine Einschaltquote von 81% (Müllender & Nöllenheidt, 1994, S. 114). Der Begriff „Fernseher" wurde damals noch als Bezeichnung für das Publikum verwendet, das Gerät hieß landläufig „Fenster zur Welt"; der NWDR-Generaldirektor Adolf Grimme nannte es einen „Zauberspiegel", der damalige Postminister Schubert „Gefäß".

Das bislang dominante Haus- und Familienmedium Radio stand seit Ende der 1950er Jahre zunehmend unter Druck, nicht nur wegen der allmählichen Verbreitung des Fernsehgeräts, sondern auch durch die aufkommende Konkurrenz an Freizeitmöglichkeiten wie Gaststätten, Kinos, Theater und das Auto. „Vor allem aber zog das Fernsehen allmählich dort ein, wo das Radio seine Stärke hatte, in den eigenen vier Wänden – und, noch schlimmer, dort, wo in aller Regel auch das Radio stand, ins Wohnzimmer" (Klingler, 1999, S. 121).

In den 1960er Jahren vergrößerte sich das Programmangebot: 1963 startete das Zweite Deutsche Fernsehen (ZDF). 1964 erhielten Bayern und Hessen als erste Bundesländer ihr eigenes Drittes Programm, bis 1969 wurden auch die weiteren Bundesländer mit Regionalprogrammen ausgestattet. Die tägliche Sendezeit eines Senders betrug damals maximal 7.5 Stunden. Auf der Berliner Funkausstellung 1967 eröffnete Kanzler Brandt per Knopfdruck das Farbfernsehzeitalter. Drei Jahre später gab es auch in der DDR ein zweites Programm und Farbfernsehen (Wilke, 1999).

1958 wurde in Westdeutschland die erste Million an Zuschauern erreicht, 1964 sind es bereits 10 Millionen. 1960 lag die Diffusionsrate bei 30%, 1964 bei 55%, 1970 bereits bei 85% und 1974 wurde mit 95% eine Vollversorgung erreicht (Berg & Kiefer, 1987, S. 21; Klingler, 1999, S. 121). Mit der „Early Majority"-Phase begann sich auch die soziale Zusammensetzung der Gerätebesitzer zu wandeln. Waren anfangs Selbstständige wie Gaststättenbesitzer und besser verdienende Schichten die frühen Anwender dieser Innovation, konnte sich zunehmend auch die breite Bevölkerung ein Fernsehgerät leisten. Lediglich ländliche Regionen blieben zum Teil bis Ende der 1960er Jahre noch unterversorgt. Die K30-32 befand sich während der Expansionsphase des Fernsehens im frühen Erwachsenenalter. Sie stand in der aktiven Berufs- und Familienphase und gehörte zu dessen Innovationsträger.

Das Fernsehen entwickelte sich zu einem gesellschaftlich bedeutsamen Integrationsmedium und auch die sozial-räumliche Fernsehumwelt wandelte sich vom vereinzelten Kollektivmedium zum massenhaften Individualmedium. Zwei Langzeiteffekte werden dem Fernsehen in dieser Zeit zugeschrieben: Eine Vereinheitlichung der Sprache und eine „mentale Verstädterung der Bundesrepublik" (Hickethier, 1999, S. 134), in der die kulturellen Gegensätze zwischen Stadt und Land aufgebrochen wurden. Ausdruck und Ergebnis solch zunehmender kultureller Angleichung und Vereinheitlichung waren mehrteilige Fernsehfilmproduktionen, wie die Durbridge-Krimis „Das Halstuch" und „Melissa", die mit Einschaltquoten von über 80% zu sogenannten „Straßenfegern" der Nation wurden. Das Fernsehen schuf damit eine „von der Mehrheit der Bevölkerung auch lustvoll akzeptierte Gemeinschaft" (ebd.). Es bildete eine „gemeinsame kommunikative Basis für die Gesellschaft, wie sie bis dahin nicht (auch nicht durch den Hörfunk) gegeben war" (ebd.).

Mitte der 1970er Jahre erreichte die Fernsehnutzung ihren Höhepunkt. Dies gilt nicht nur für den aufgewendeten Freizeitanteil, auch die tägliche Erreichbarkeit erzielte einen Spitzenwert, die in den Jahren danach langsam abfiel. Die Faszination Fernsehen ging allmählich verloren und es folgte eine Routinisierung und Ritualisierung seines Gebrauchs (Hickethier, 1999; Kiefer, 1999).

In den 1980er Jahren, als die K30-32 im sechsten Lebensjahrzehnt waren und am Ende ihrer aktiven Arbeits- und Berufphase standen, kam eine völlig neue Nutzungssituation in Bezug auf das Fernsehen auf, die sich als „Flexibilisierung des Zuschauens" (Hickethier, 1999, S. 139) beschreiben lässt. Hierfür lassen drei technologische Innovationen verantwortlich zeichnen: Erstens durch das Aufkommen der Fernbedienung Ende der 1970er Jahre. Zweitens durch die Verbreitung des Videorecorders in den 1980er Jahren. Drittens durch die Einführung des dualen Rundfunksystems:

Nach 30 Jahren öffentlich-rechtlichen Rundfunkmonopol geschah am 1.1.1984 der sogenannte „Urknall im Medienlabor" (Ory & Sura, 1987) und damit der Startschuss für das duale Rundfunksystem. Denn erstmals wurde Kabelfernsehen ausgestrahlt. Dies geschah zunächst noch geographisch sehr begrenzt im Rahmen von vier sogenannten Kabelpilotprojekten in Ludwigshafen, München, Dortmund und Berlin. Doch damit verbunden war die bundesweite Lizenzvergabe an privat-kommerziell betriebene Sender. 1985 starteten die beiden privaten Hauptsender Sat1 und RTL ihr Programm. Allerdings dauerte es bis Anfang der 1990er Jahre bis diese beiden Sender flächendeckend via Kabel, Satellit oder terrestrisch empfangbar waren (Doh, 1994). Dennoch verbreitete sich das Programmangebot binnen weniger Jahre enorm. Konnten vor dem „Urknall" drei bis fünf Programme empfangen werden, waren es zehn Jahre später bereits über 20 (ebd., S. 32). 20 Jahre später hat sich dank digitaler Verbreitungstechnik das Senderangebot auf durchschnittlich 52 Sender erhöht, Tendenz weiter steigend (Zubayr & Gerhard, 2006). Gleichzeitig expandierte das Fernsehen seit 1994 zu einem Ganztagesmedium, wobei die Ausweitung vor allem dem Unterhaltungsangebot zu Gute kam.

Durch die Etablierung privater Sender verloren die öffentlich-rechtlichen Anstalten deutlich an Marktanteilen. 1987 betrug der Anteil an der Fernsehnutzung für die beiden Hauptsender ARD und ZDF noch über 80%, 2005 waren es nur noch 27%. Damit lagen sie in der Gunst der Zuschauer noch knapp vor den Konkurrenten RTL und Sat1 (24%). Zusammen mit den Dritten und den Spartensendern erzielte der öffentlich-rechtliche Sendertyp einen Marktanteil von 45% (ebd., S. 129). Trotz dieser Konkurrenzsituation attestieren Programmstrukturanalysen diesem Sendertyp weiterhin ein quantitativ und qualitativ hohes Informationsprofil (Krüger & Zapf-Schramm, 2006, 2008; Zubayr & Geese, 2005). Die konstanten Profilunterschiede zwischen beiden Sendertypen gehen mit unterschiedlichen Zuschauerprofilen einher. Während private Sender ihre Zielansprache vor allem massenkompatibel, unterhaltungsorientiert auf ein junges Publikum ausrichten, sind die öffentlich-rechtlichen Sender per Rundfunkstaatsvertrag angehalten, eine Grundversorgung an Information, Bildung und Unterhaltung für alle Bevölkerungsgruppen anzubieten. Entsprechend verbuchen die privaten Sender bei den Personen zwischen 14 und 49 Jahren einen Marktanteil von knapp unter 60% (Zubayr & Gerhard, 2006, S. 130). Umgekehrt liegt der Marktanteil für die öffentlich-rechtlichen Hauptsender bei Personen ab 50 Jahren bei über 70% (Opaschowski & Reinhardt, 2007).

Damit hat die Kohorte 1930-1932 in den knapp 55 Jahren, in denen das Fernsehen präsent ist, einen enormen medialen und technischen Wandel der Gesellschaft miterlebt. Vom Monopolsender mit gemeinschaftlichem Integrationscharakter und Bildungsimpetus bis hin zu einer unüberschaubaren, diversifizierten Fernsehlandschaft mit Supermarktcharakter und Inidvidualkonsum. Der Selektionsdruck ist beträchtlich größer geworden, was Medien, Sender und Programme anbetrifft. Doch weist eine ZDF-Studie älteren Menschen eine hohe Stabilität in ihrer Präferenz für einen öffentlich-rechtlichen Sendertyp und für den Umfang genutzter Sender aus. So nutzen 70% der Personen ab 70 Jahren maximal fünf Sender (Beisch & Engel, 2006).

Die Fernsehsozialisation der K30-32 ist folglich durch das jahrzehntelange öffentlich-rechtliche Monopol geprägt, weshalb das Fernsehen als Informations- und Bildungsmedium deutlich stärker wahrgenommen als von jüngeren Kohorten. Die älteren Kohorten aus den neuen Bundesländern wuchsen in einem anderen politischen System auf, doch weisen sie eine vergleichbare Medienpraxiskultur auf, da auch das monopole DDR-Staatsfernsehen im Programmprofil den öffentlich-rechtlichen Anstalten ähnlich war. Tatsächlich gleichen sich die älteren Menschen aus beiden Teilen Deutschlands in ihrer Präferenz öffentlich-rechtlicher Programme. Eine derartig geprägte Fernsehsozialisation könnte einen informationsbewussten „Medien-Generationenstil" begünstigt haben.

2.4.3 Die Institutionalisierung des Lebenslaufs

Neben den Faktoren Messzeitpunkt/Periode und Kohorte/Generation stellt auf der Makroebene der Faktor Lebensalter die dritte Einflußgröße für ein „kontextuales" Medienverständnis im Alter dar. Hierzu finden sich vor allem funktionalistisch orientierte Konzepte aus der Soziologie, die den Lebenslauf und speziell die Lebensphase Alter auf ihre sozialen und institutionalisierten Strukturen in den Blick nehmen. Kohli (1985, 2003) zeigt mit seiner Theorie der „Institutionalisierung des Lebenslaufs" die historische Herausbildung einer soziostrukturell eigenständigen Lebensphase Alter auf und beschreibt die Grundstrukturen moderner Lebensverläufe in einer kapitalistischen Arbeitsgesellschaft.

2.4.3.1 Theoretische Aspekte

Kohli (1985) beschreibt in seiner Grundlagenarbeit, wie sich in den letzten hundert Jahren ein Strukturwandel in der Gesellschaft vollzogen hat. Dieser Transformationsprozess lässt sich durch drei Institutionalisierungsmerkmale kennzeichnen: eine erhöhte Verzeitlichung, Chronologisierung und Individualisierung im Vergleich zur Vormoderne. Daraus ist eine Standardisierung des Lebenslaufs hervorgegangen, die sich um den dominanten Strukturgeber Erwerbssystem herausgebildet hat. Danach ist der Lebenslauf in drei Phasen des Erwerbslebens unterteilt: Vorbereitungsphase (Kind/Jugendlicher), Aktivitätsphase („aktives" Erwachsenenleben) und eine Ruhestandsphase im Alter. In der Folge hat sich eine Art von „Normalbiographie" entwickeln können. Zudem hat der Strukturwandel historisch erstmals eine abgrenzbare Altersphase geschaffen, wobei zwei Entwicklungsstränge maßgeblich verantwortlich waren. Erstens die sukzessive Einführung eines Rentensystems, das 1889 seinen Beginn nahm mit der Arbeiterrentenversicherung durch Bismarck. Damit fand eine faktische Grenze der Beteiligung am Erwerbssystem statt. Zweitens durch einen demografischen Wandel, infolge der Reduzierung der Säuglingssterberate und einer Erhöhung der Lebenserwartung. Das Alter ist damit zu einer eigenständigen und „sicheren" Lebensphase geworden (Imhof, 1981).

Jedoch fanden Anfang der 1980er Jahre Veränderungstendenzen statt, die Kohli als Anzeichen einer Deinstitutionalisierung wahrnahm. Hierfür waren drei Aspekte kennzeichnend: Erstens eine Destandardisierung des Familienzyklus aufgrund von gestiegenen Scheidungsraten und Instabilitäten der Ehe. Zweitens eine zunehmende Flexibilisierung der Arbeitsphase (Arbeitslosigkeit, Arbeitsunterbrechung und Varianten der Verrentung). Und drittens eine Aufweichung von Altersnormen, nach der in Kleidung, Sexualität, Bildung und weiteren gesellschaftlichen Teilaspekten altersbezogene Sanktionen wegfallen.[32] In der Konsequenz würden sich mehr Freiheitsgrade für die Selbstgestaltung des Lebenslaufs ergeben, auch im Alter. Kohli beschrieb dies als „Handlungs- und Deutungsoffenheit als soziale Anforderung im Sinne einer Biographisierung der Lebensführung" (Kohli, 2003, S. 526). Tatsächlich haben nach Ansicht Kohlis in den letzten drei Jahrzehnten deutliche Destandardisierungstendenzen stattgefunden, die – im Sinne der Individualisierungstheorie von Beck und Beck-Gernsheim (1994) – für eine „Pluralisierung der Lebensformen und eine Ausdifferenzierung unterschiedlicher Lebenspfade" (Kohli, 2003, S. 533) sprechen. Allerdings hat sich dadurch das „institutionalisierte Normalmodell des Lebenslaufs" (ebd.) nicht abgeschafft. So finden sich empirische Belege für eine überaus starke Konstanz hinsichtlich familialer Lebensformen, der Normalerwerbsbiographie sowie der Altersgrenzen für die nachberufliche Phase (ebd., S. 534ff). Trotz einer strukturell bedingten Erhöhung der Optionsvielfalt hat das gesellschaftsordnende Merkmal eines institutionalisierten Lebenslaufs Bestand. Dabei macht Kohli für die weiterhin dominante Altersgrenze die sich gegenseitig bindenden Interessenlagen von Unternehmern, Gewerkschaften und Staat verantwortlich.

2.4.3.2 Alters- und medienbezogene Implikationen

Kohli (1985, 2003) sieht Alter und Altern wesentlich durch das Erwerbssystem geprägt. Alter ist ein soziales Konstrukt, das mit der nachberuflichen Phase gleichgesetzt wird (vgl. Backes & Clemens, 2008; Kruse, 2008). Aus dieser engen Verbindung gründet Status und Lebenslage im Alter auf der vorrangigen Stellung im Erwerbsarbeitsbereich. Die Konsequenzen, die sich aus diesen Grundstrukturen für die Lebensphase Alter ergeben, werden ambivalent diskutiert: Einerseits finden sich Positionen, die aus der Basisinstitution Erwerbssystem negative Szenarien für das Alter ableiten, da durch die unproduktive, nachberufliche Phase Alter aus der Gesellschaft ausgegrenzt und marginalisiert wird (Stichwort „Stigma Alter", Hohmeier & Pohl, 1978). In diesem Kontext können auch gesellschaftsstrukturelle Defizite angeführt werden, wonach es älteren Menschen an Möglichkeiten sozialer Rollen und sozialer Teilhabe mangelt (siehe Abschnitt 2.4.4).

---

[32] Hier ließen sich auch Anknüpfungspunkte zum Einfluss des Fernsehens als neue Form von Vergesellschaftung und Vergemeinschaftung finden, wie es vor allem Meyrowitz in seinem Klassiker zur Fernsehgesellschaft (1987) beschrieben hat - in kulturkritischer Weise auch Postman (1983).

Andererseits wird in einer Deregulierung und Deinstitutionalisierung eine Erweiterung von Freiheitsgraden für das Alter gesehen oder sogar die Herausbildung einer eigenen Subkultur (Stichwort „späte Freiheit", Rosenmayr, 1983 und „neue Kultur des Alterns", Kolland & Rosenmayr, 2007). Darunter sind diversifizierte Lebensstile einer modernen Gesellschaft denkbar, wie sie Zapf (1989) beschreibt, oder auch Schulze (1992) in seinen Ausführungen zur „Erlebnisgesellschaft". Als weiteres Kennzeichen sieht Kohli (2003, S. 539) Alter und Generation als identitätsstiftendes Merkmal, anstelle der herkömmlichen Distinktionsmerkmale Klasse und Schicht.

Eine fruchtbare Erweiterung zu Kohlis soziostrukturellem Aufriss stellt die Lebenslagenforschung dar, bei der auch Problemfelder der sozialen Ungleichheit und des Altersstrukturwandels thematisiert werden (vgl. Backes & Clemens, 2008). Dieser Ansatz ist insofern auch für die vorliegende Arbeit relevant, da sich über die sozialen Ungleichheitsstrukturen unterschiedliche „Medienumwelten" im Alter ableiten lassen. Hierbei stellt das Haushaltseinkommen das zentrale Merkmal der Lebenslage dar und ist Prädiktor für das Ausmaß an Handlungsspielräumen. Dies betrifft materielle und nichtmaterielle Aspekte wie Wohnen, soziale Integration, Gesundheit oder Freizeitaktivitäten. Aber auch der Zugang zu und die kompetente Nutzung von neuen Technologien und Medien lässt sich darunter fassen. Personen aus ungünstigen Lebenslagen bleiben somit von einer digitalen Inklusion eher ausgegrenzt. Die Potenziale, die speziell Computer und Internet als Ressource für das Alter bieten, werden in diesem Personenkreis vermutlich seltener ausgeschöpft werden.

Die folgende Theorie betrachtet das Alter aus einer kohortenzentrierten Perspektive und leitet aus den gesellschaftlichen Verhältnissen der 1970er Jahre strukturelle Ungleichheiten zum Nachteil der älteren Kohorten ab, die bis heute nachwirken.

2.4.4 Theorie der Altersschichtung

2.4.4.1 Theoretische Aspekte

Bei der Theorie der Altersschichtung von Riley und Kollegen (1994) fungiert das Lebensalter als ein Strukturmerkmal. Es stellt ein Ordnungsprinzip dar, das jeder Kohorte durch die Position im Lebenslauf eine bestimmte gesellschaftliche Stellung zuweist. Dabei sehen Riley und Kollegen in der modernen Gesellschaft gesellschaftsstrukturelle und institutionelle Defizite, die dazu geführt haben, dass das Humankapital älterer Menschen nicht ausreichend entwickelt und gefördert wird. Zudem werden ältere Menschen durch die zeitliche Sequenzierung der Positionsteilhabe an institutionalisierten Ordnungen wie Bildungswesen und Arbeitsmarkt in der gesellschaftlichen Partizipation benachteiligt (vgl. Mayer & Diewald, 2007, S. 523). Kade (2009,

S. 109) spricht hier von einer „Vergesellschaftungslücke": „Für jedes Lebensalter hält die Gesellschaft typische Regularien, Sozialisationsformen und Institutionen bereit, nur nicht für das Alter".

Das „structural lag concept" gründet auf der Annahme, dass die verschiedenen, miteinander zusammenhängenden Teilsysteme der Gesellschaft sich im 20. Jahrhundert nicht gleichlaufend entwickelt haben. So gab es enorme Entwicklungsschübe in Bereichen der Wirtschaft, Medizin und Gesundheitsfürsorge, die zu einem starken Anwachsen der Lebenserwartung und einem Zuwachs an gesunden Jahren, an Leistungsfähigkeit und Produktivität im Alter geführt haben. Doch fanden parallel keine entsprechenden strukturellen Anpassungen im sozialen, kulturellen, ökonomischen und politischen Bereich statt: „Despite the 20th century metamorphosis in human lives from infancy to old age, the social structures and norms that define opportunities and expectations throughout the life course carry the vestigial marks of the 19th century. Our failure to match in social structures the rapid gains in longevity, health, and style of life has had the unintended consequence of creating a poor fit between social institutions and people's capabilities at every age (Riley et al., 1994, S. 2).

Der „structural lag" manifestiert sich nicht allein in institutionellen und organisatorischen Bezügen, sondern auch im kulturellen und sozialen Bereich durch ungenügende Altersrollen, Normen und Gesetze (ebd., S. 16). Es besteht eine Diskrepanz zwischen den Bedürfnissen, Fähigkeiten und Potenzialen älterer Menschen und den Möglichkeiten, an der Gesellschaft partizipieren und mitgestalten zu können. Ältere Menschen sind folglich nicht ausreichend in die Gesellschaft integriert. Dieses Defizit stellt nach Ansicht der Autoren eine der größten Herausforderungen für das 21. Jahrhundert dar: „The challenge for the 21st century, therefore, is to discover, invent, and bring about social changes that will mitigate the 20th century's structural lag. What kinds of future structures and institutions can lessen the burdens of middle age, prepare children for the complexities of the real world, and create opportunities for productivity, independence, and self-esteem in the added years of later life?" (ebd, S. 2).

In ähnlicher Weise konstatierte bereits in den 1960er Jahren Tartler (1961) in seiner Untersuchung zum Altersstatus in der modernen Gesellschaft einen „structural lag", bei der veränderte Berufs-, Familien- und Gesellschaftsstrukturen zu einer sozialen Isolierung und Funktionslosigkeit im Alter geführt hätten. Jahrzehnte später lassen sich weiterhin Anhaltspunkte für eine ungenügende Integration älterer Menschen in der Gesellschaft konstatieren. So bemängelt der Fünfte Altenbericht der Bundesregierung (Deutscher Bundestag, 2006), dass weder in ausreichendem Maße die Stärken und Potenziale des Alters in unserer Gesellschaft erkannt noch gefördert oder genutzt werden. Kruse und Schmitt (2008, S. 107) schlussfolgern entsprechend: „Kreative und innovative Potenziale, Potenziale eines selbstbestimmten, selbstverantwortlichen und mitverantwortlichen Lebens, intergenerationenelle Solidarität und Möglichkeiten der Sinnfindung im Alter werden in aller Regel nicht ausreichend gewürdigt". Alter wird immer noch als eine unproduktive Lebensphase wahrgenommen (Naumann, 2006).

Die strukturellen Diskrepanzen betreffen nach Riley und Kollegen (1994) alle Lebensphasen, da eine unausgewogene und ineffiziente Verteilung von Belastungen und Anforderungen über den Lebenslauf besteht. Während im mittleren Erwachsenenalter Menschen mit der Kumulation gesellschaftlicher Rollen in Erwerbsleben und Familie überfordert werden, leiden umgekehrt ältere Menschen unter der institutionell erzwungenen Aufgabenleere und fühlen sich unterfordert: „While young and middle-aged adults are deprived of free time by the doubly demanding roles of work and family, many older people tend to be surfeited with it. Yet there are few normative expectations to give meaning to this time or to their lives, and few employment or other opportunities to participate with younger people in the mainstream activities of our society" (Riley & Riley, 1994, S. 16). Diese Merkmale kennzeichnen eine sogenannte „age-segregated society". Die Lösung dieses Dilemmas wäre eine altersintegrierte Gesellschaft, in der die gesellschaftlichen Aufgaben und Pflichten gleichmäßig über den Lebenslauf verteilt werden und sich alle Altersgruppen gegenseitig unterstützen (Riley & Riley, 2000). Entsprechend müssen soziale Strukturen für eine altersfreundliche Gesellschaft geschaffen werden, z.B. durch Abschaffung von Altersgrenzen, einer Neuregulierung der Verrentung, einer Flexibilisierung der Arbeitszeiten oder durch die Schaffung neuer Rahmenbedingungen für bürgerschaftliches Engagement.

Einen empirischen Beleg für eine strukturelle Benachteiligung älterer Kohorten, die sich in der nachberuflichen Phase befinden, zeigt eine Untersuchung zum persönlichen Altersbild (Schmitt, 2004). Demzufolge dominiert in der Gesellschaft weiterhin ein begrenztes Verständnis von Produktivität, das eng mit Merkmalen des Erwerbslebens verknüpft ist. Ältere Menschen bleiben auch im Ruhestand einem Arbeitsethos verbunden, das ihr Selbstbild von gesellschaftlicher Produktivität und Partizipation vor allem über ihre Leistungsfähigkeit definiert. Andere Formen von gesellschaftlicher Produktivität wie soziale Partizipation erscheinen ihnen fremd. So stellte das Ausmaß subjektiv empfundener Leistungseinbußen den stärksten Prädiktor für das Erleben von Potenzialen und Barrieren mitverantwortlicher Lebensführung dar. Die Vorstellung, auch bei körperlicher Versehrtheit produktiv für die Gemeinschaft sein zu können, wie es Montada (1996) selbst für pflegebedürftige Personen postulierte, wird von älteren Menschen nicht geteilt.[33] Schmitt (2004, S. 289) kommt daher zu dem Schluss, „dass die gegenwärtigen altersbezogenen gesellschaftlichen Strukturen offenbar nur in beschränktem Maße geeignet sind, aktives Altern im Sinne der Leitprinzipien der Weltgesundheitsorganisation zu fördern."

Ansätze für einen Wandel in Richtung einer Gesellschaft mit altersintegrierten Strukturen sieht Kolland (2007) in den letzten Jahren gegeben. Durch die Zunahme an gewonnenen, gesunden Jahren, einem erhöhten Ausbildungsniveau sowie guter materieller Absicherung ist auch das Selbstbewusstsein der älteren Bevölkerung gestiegen, die sich gegen eine strukturelle Ausgrenzung wehren: „Growing numbers of elderly are now rejecting the age constraints on paid work and biases against active participation by the elderly in society" (ebd., S. 219). Durch den kontinuierlichen Zuwachs an älteren Personen mit einer günstigen Lebenslage haben die „produktiven" Aktivitäten wie Ehrenamt, Pflege, Kinderbetreuung zugenommen und werden vermutlich auch weiter zunehmen (Künemund, 2005, 2007) (siehe Abschnitt 2.5.2).

2.4.4.2 Medienbezogene Implikationen

Eine in der Medienforschung weit verbreitete Bezugsquelle zur Erklärung des hohen Fernsehkonsums und Affinität zu Information und Nachrichten bei Medien stellen soziologische Ansätze wie die zur Institutionalisierung des Lebenslaufs und gesellschaftsstrukturellen Ungleichheit dar (vgl. Zoch, 2009). Durch den Übergang in die nachberufliche Lebensphase fallen gesellschaftliche und soziale Handlungsfelder weg, die nur schwer durch neue Rollen und soziale Aktivitäten aufgefangen werden können. Massenmedien bieten insofern eine gesellschaftliche Informationsquelle und einen Ersatz für gesellschaftliche Teilhabe, Integration und Orientierung. Dabei sieht Brosius (1997) hinter dem Informationsbedürfnis vor allem den Wunsch nach Orientierung, Kontrolle und Identität. „Nicht der Wunsch nach Information und Weiterbildung ist nach Brosius Antriebsmoment für die Rezeption von Nachrichtenformaten, sondern die Bestätigung des Gefühls, dass man über alles Wichtige Bescheid wisse, dass man alles im Griff habe, dass die Welt noch steht" (Zoch, 2009, S. 45).

Ein „structural lag" lässt sich auch in Bezug auf die Zugangsmöglichkeiten zu neuen Medien beschreiben. Die Diffusionsforschung konstatiert z.B. hinsichtlich Internet in den modernen Gesellschaften eine enorme Kluft zwischen Alt und Jung, die auch

---

[33] Das von Montada intendierte Aktivitätskonzept beruhte u.a. auf dem Bestreben der Weltgesundheitsorganisation seit den 1990er Jahren, ein aktives Altern zu fördern. Hierzu wurden „Leitprinzipien" festgeschrieben, in der zum einen gesellschaftliche Rahmenbedingungen zur Entwicklung und Entfaltung der Potenziale älterer Menschen geschaffen werden sollen, zum anderen ältere Menschen auch die Verpflichtung haben sollten, diese im Sinne einer mitverantwortlichen Lebensführung zu nutzen (vgl. Schmitt, 2004, S. 281).

mittelfristig nicht geschlossen werden kann (Cutler & Hendricks, 2001; Doh, 2005a; Fox, 2004; Gehrke, 2004; Langer, 2007). Die Gründe liegen nicht so sehr in einer technikdistanten Einstellung älterer Kohorten, sondern in strukturellen Defiziten: Neue technologische und mediale Güter zielen zumeist auf Personen aus der „aktiven" Lebensphase, ältere Menschen werden selten als Zielgruppe angesprochen (s.u.). So waren Internet und Computer zunächst Arbeits- und Gebrauchsgüter, bevor sie für private Umwelten erschlossen wurden. Ältere Kohorten, die außerhalb des Erwerbsystems standen, hatten hingegen kaum institutionelle oder private Zugangsmöglichkeiten (siehe Abschnitt 2.4.1).

Dabei wird die Verbreitung des Internets, wie kein anderes Medium zuvor, von sozialen Systemen wie Wirtschaft, Politik, Wissenschaft, Massenmedien und Bildung protegiert. Es gibt seit einigen Jahren zahlreiche Aktionsprogramme („iD2010 – Informationsgesellschaft Deutschland 2010", BMWi, 2006), Initiativen und Förderprogramme auf nationaler und regionaler Ebene (www.internet.fuer.alle.de; www.initiatived21.de). Darunter finden sich speziell Programme für ältere Menschen wie das bundesweit agierende Projekt „Ganz einfach Internet" (www.50plus-ans-netz.de) oder auch diverse Aktivitäten vom Zentrum für Allgemeine Wissenschaftliche Weiterbildung der Universität in Ulm (ZAWiW) (z.B. „Mit Gießbert ins Internet", 2004; „Senior-Info-Mobil", 1998-2000). Allerdings erreichen diese Programme zum überwiegenden Teil nur internetaffine Bevölkerungssegmente unter (jungen) älteren Menschen. Als kritisch wird zudem erachtet, dass es oftmals bei der (nationalen) Förderung von Zugängen bleibt, sprich der Bereitstellung von Computern und Internetanschlüssen. Es mangelt an Programmen, die Aspekte der Nachhaltigkeit, Medienkompetenz und der sozialen und institutionellen Vernetzung propagieren (Langer, 2007; Warschauer, 2002).

Auf internationaler Ebene finden sich ähnliche Problemlagen, wie etwa in Großbritannien: „The government and others must accept that, in its present forms, ICT is not universally attractive to, or universally needed by, older adults. Until these circumstances alter, it is folly to expect the universal take-up by older adults of ICTs such as the computer and Internet" (Selwyn et al., 2003, S. 579). Entsprechend folgern Rousseau und Rogers (1998, S. 427) für die USA: „The concept of the information age, predicated upon technology and the media, deals with the transformation society. Without improvements in quality of life, however, there would seem to be little point in adopting online multimedia services [...] only when a system is useful and training is made available will older adults take part in the Information Age". Um einem „digital divide" entgegenzuwirken, bedarf es weiterer Bemühungen und Konzepte auf politischer, institutioneller, gesellschaftsststruktureller Ebene, damit Rahmenbedingungen geschaffen werden, die den Bedürfnissen und Erwartungen älterer Menschen gerecht werden (vgl. Gehrke, 2004; Kubicek, 2003; Rudinger & Jansen, 2005; Warschauer, 2002).

Dabei ist die gesellschaftliche Notwendigkeit einer „digitalen Integration" durch drei Entwicklungstendenzen geboten: Erstens bestätigt die Dynamik der Internetdiffusion und die Diversifizierung der Onlineangebote, dass sich das Internet zu einem Schlüsselmedium entwickelt hat. Da der öffentlich gesellschaftliche Raum und der öffentliche Diskurs zunehmend digital geprägt sein werden, bleiben Offliner von dieser Form gesellschaftlicher Partizipation ausgeschlossen. Zweitens finden sich immer mehr Anzeichen für Transformationsprozesse im Informations- und Dienstleistungssektor, von denen nur Onliner profitieren.[34] Drittens bietet das Internet auch für ältere Menschen ein enormes Ressourcenpotenzial (siehe Abschnitt 2.2.3.1.4).

Wie bedeutsam eine Verbesserung der Zugangsmöglichkeiten und Reduzierung person- und umweltbezogener Barrieren sein kann, zeigen die empirischen Befunde hinsichtlich der Akzeptanz von technischen Assistenzsystemen. So werden die potenziellen Möglichkeiten dieses Mediums nur dann ausgeschöpft werden, wenn bereits eine Vertrautheit und hinreichende Medienkompetenz besteht (King, 1999; Lindenberger et al., 2008; Melenhorst et al., 2007; Rogers & Fisk, 2003). „As traditional technology has been gradually adopted into the home, new assistive technology might be successfully adopted and used by older adults when it is introduced into the home before its use becomes critical to the user's independence. [...] The user 'discovers' its benefits or potential benefits, and, once its assistance is needed, the psychological barrier of acceptance would be avoided to a great extent. Being an option, technology allows users to voluntarily integrate its support into their lives, adjusted to their developing needs or wishes" (Melenhorst et al., 2007, S. 266). Ebenso plädieren Lindenberger und Kollegen (2008, S. 67) im Sinne einer lebensspannenbezogenen Perspektive auf eine Adoption intelligenter Assistenzsysteme bereits im jüngeren und mittleren Erwachsenenalter.

Ein weiteres Beispiel für eine medienbezogene strukturelle Diskrepanz stellt das soziale System „Massenmedien" (Luhmann, 1991, 1996) dar. Medienplaner wie Werbewirtschaft fokussieren die unter 49-Jährigen als Hauptzielgruppe. Dies gilt insbesondere für das Fernsehen, obwohl über die Hälfte der Fernsehzuschauer über 50 Jah-

---

[34] So gibt es bei Online-Buchungen (z.B. Deutsche Bahn) und Online-Banking Preisvorteile. Im Fernsehen finden sich speziell in Nachrichten- und Informationssendungen Verweise auf weiterführende Informationen. Ähnliche cross-mediale Angebote finden sich im Hörfunk und im Printbereich. Fraglich bleibt, ob es sich dabei nur um ein Zusatzangebot zu den klassischen Massenmedien handelt, oder nicht um einen sukzessiven Transformationsprozess, der Offliner benachteiligt.

re alt ist. Bei den öffentlich-rechtlichen Sendern wie ARD und ZDF sind es über 70%, bei den privat-kommerziellen Hauptsendern Sat1 und RTL knapp 50% und bei Spezialsendern wie 3sat, Eurosport, Arte und n-tv ca. 60% (vgl. Opaschowski & Reinhardt, 2007, S. 81). Dennoch richtet sich die Programmplanung vornehmlich an jüngere Altersgruppen aus, besonders bei den privaten Sendern. Eines der Hauptgründe für dieses Defizit kann in der Abrechnungsmodalität der Werbung gesehen werden. Denn sowohl die privaten als auch die öffentlich-rechtlichen Sender berechnen ihre Werbeeinnahmen anhand der Marktanteile in der Altersgruppe 14-49 Jahren (vgl. Wild, 2004).[35]

Eine solche strukturelle Ausrichtung des Angebots schließt zwar ältere Zuschauer nicht direkt aus, aber deren Bedürfnisse und Gratifikationen stehen nicht als Zielinteresse im Mittelpunkt der Medienplanung. Nach Hasebrink (2001, S. 98) können Zuschauer ab 50 Jahren als „Nicht-Zielgruppenmitglieder" oder „Streuverluste" beschrieben werden. Nicht allein aufgrund des demografischen Wandels stellt sich die Frage, ob eine künstlich geschaffene „Währung der 14- bis 49-Jährigen" gesellschaftlich vertretbar ist – altersintegrierend ist es auf keinen Fall (vgl. Müller, 2008).

Diese mangelnde Berücksichtigung in den Medienkonzepten und Programmstrategien stellt nicht nur ein gesellschaftsstrukturelles Defizit dar, sie kann auch als weiteres Kennzeichen einer gesellschaftlichen Jugendorientierung interpretiert werden. Wie die Altersbildforschung nachweist, gibt es im Lauf der Menschheitsgeschichte abwechselnd Epochen und Phasen mit positiven und negativen Altersbzw. Jugendbildern, doch hat sich seit den „Goldenen Zwanziger Jahren" eine Jugendorientierung im Sinne einer „Juvenilia" (Tenbruck, 1965) entwickelt, die bis heute anhält (Opaschowski & Reinhardt, 2007).

In diesem Zusammenhang müssen die Befunde zu den medialen Produktionen von Altersbildern gesehen werden: Der ältere Mensch ist in den Massenmedien, gemessen an seinem Bevölkerungsanteil, deutlich unterrepräsentiert und undifferenziert dargestellt (Berger, 1995; Bosch, 1986, 1990; Jürgens, 1994; Filipp & Mayer, 1999; Kessler et al., 2004, 2006, 2010; Kübler, 1996; Robinson et al., 2004; Schmitt, 2004; Thimm, 1998; Zhang et al. 2006). Dies gilt spezifisch für Fernsehgattungen mit aus-

---

[35] Diese Regelung entstand Anfang der 1990er Jahre im Zuge einer Verkaufsstrategie des Privatsenders RTL ohne forschungsbasierten Hintergrund. Zur marktfähigen Profilierung gegenüber den öffentlich-rechtlichen Sendern kreierten sie „künstlich" eine verjüngte Altersklasse von 14 bis 49 Jahren als Abrechnungsmodus ihrer Werbezeiten (Müller, 2008). Bereits in den 1950er Jahren gab es in den USA ähnliche Altersbegrenzungen von Zielgruppen. Heutzutage finden sich dort Sender mit einer leicht erhöhten Bemessungsgrenze von 55 Jahren (Stipp, 2004). Die Validität dieser altersdiskriminierenden Währung wird vor allem auch in der (öffentlich-rechtlichen) Medienforschung kritisch gesehen (Gaßner, 2006; Müller, 2008).

geprägter Jugendorientierung wie Werbung oder Serien, die einen sehr geringen Anteil an älteren Protagonisten aufweisen (Jürgens, 1994; Flueren, 2002; Kayser, 1996;
Kessler et al., 2004, 2006, 2010; Lohmann, 1997). Vor allem das Vierte Alter und
ältere Frauen („double standard of aging") bleiben medial ausgegrenzt. Auch die Variabilität der Darstellungsformen älterer Menschen ist in den Medien begrenzt und
spiegelt keineswegs die Heterogenität des Alters und Alterns gerontologischer „Realität" wider.

Unter Verweis auf die „Ethnolinguistic Vitality Theory" (Harwood et al., 1994) lässt
sich diese mediale Unterrepräsentanz nicht nur als eine Form gesellschaftlicher Ausgrenzung interpretieren (vgl. Enslin, 2003; Gast, 2002), sondern spricht auch für einen geringen gesellschaftlichen Status: „the underrepresentation and limited value
themes and product categories in advertising containing older characters communica-
tes the idea that older adults are not important and not contributing much to society"
(Zhang et al., 2006, S. 278).

2.4.5 Kulturanthropologischen Ansätze Bezüge einer medialisierten Gesellschaft

Wie die Ausführungen zur Altersschichtung und zur Institutionalisierung des Lebenslaufs aufgezeigt haben, bestehen gesellschaftsstrukturelle Defizite hinsichtlich der
Integration und sozialen Teilhabe älterer Menschen. Die Potenziale und die Produktivität älterer Kohorten werden zu wenig für die Gesellschaft ausgeschöpft wie auch
umgekehrt ältere Menschen noch zu wenig Entwicklungschancen und Entfaltungs-
raum erhalten, sich mitverantwortlich für die Gesellschaft einzubringen. Besonders
die wachsende Medialisierung birgt Gefahren sozialer Exklusion, die durch die gesellschaftsstrukturellen Defizite verstärkt werden könnten. Denn vor allem in den
letzten 50 Jahren hat sich die technologische und mediale Entwicklung so sehr beschleunigt wie noch nie zuvor in der Menschheitsgeschichte. In immer kürzeren Zeitabständen kommen immer mehr Medien hinzu, wobei Zukunftsprognosen von einer
sich weiter beschleunigenden Dynamik ausgehen. Diese Akzeleration in der Innovationsdynamik von Medien illustriert Abbildung 8.

Abb. 8: Evolution der Medien seit 1450

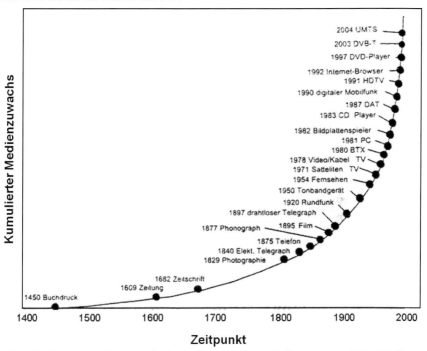

In der Medien- und Kommunikationswissenschaft wird die exponentielle Medien-entwicklung durch zwei Aspekte gekennzeichnet: Erstens scheint als Folge der wach-senden Medialisierung die interpersonale Kommunikation zunehmend „medial-technisiert"[36] abzulaufen (vgl. Faßler & Halbach, 1998; Opaschowski, 2001; Pross, 1972; Schweiger, 2007): „Die Konstruktion von Wirklichkeit erfolgt weniger als je zuvor durch direkte Interaktion in sozialen Gruppen, sondern vor allem über Medien" (Baacke et al., 1990, S. 19). Dabei bezog sich diese aus Anfang der 1990er Jahre stammende Aussage noch auf Lebenswelten Jugendlicher, als das Computerzeitalter erst begann. Faßler und Halbach (1998, S. 31f.) folgern wenige Jahre später kultur-kritisch in ihrer Publikation zur Geschichte der Medien: „Je häufiger Vermittlung durch diese gerätetechnische Medialität genutzt wird und je selbstverständlicher ihr Gebrauch als Realitätsdarstellung, -erklärung und -erzeugung 'kultiviert' wird, umso schwächer wird die Bedeutung der angesichtigen Kommunikation".

---

[36] Nach Webers (2003) medienphilosophischer Perspektive ist jede Form von Kommunikation medial ver-mittelt. Um hiervon die direkte face-to-face-Kommunikation abzugrenzen, wird der Terminus medial-technisiert verwendet.

Wie auch die Ausführungen zum Generationenkonzept und zur Medienpraxiskultur nahelegen, könnte dies zu unterschiedlichen Kommunikationskulturen jüngerer und älterer Kohorten führen, was die intergenerationelle Kommunikation erschweren könnte. Da der öffentliche Diskurs und die soziale Teilhabe zunehmend medial geführt werden, wächst die Notwendigkeit von Medienkompetenz zur gesellschaftlichen Integration.

Zweitens beschleunigt sich die Zunahme des Wissensbestands, während umgekehrt vorhandenes Wissen in immer kürzeren Zeitintervallen veraltet (Stichwort „Halbwertszeit des Wissens", vgl. Schütt, 2000).[37] Damit verbunden werden vor allem technikbezogene Fähigkeiten und Kompetenzen älterer Kohorten obsolet: „In a rapidly changing society, skills that are acquired at earlier points in life may quickly become obsolete, particularly in the presence of rapid technology change. [...] older groups will have successively larger proportions of members who have not declined but appear obsolete when compared with their younger peers" (Schaie, 2005, S. 134).

Saxer (1998) prognostizierte daher einen Übergang von einer Berufs- zur Lerngesellschaft. Die Zunahme an technisch-medialer Kommunikation und steigenden Anforderungen an neue technische und mediale Kompetenzen erhöhen auf Seiten älterer Menschen den „Umweltdruck". Die Offenheit für Neues sowie die Bereitschaft zum lebenslangen Lernen wird in einer digitalen Mediengesellschaft an Bedeutung zunehmen. Als Antwort auf diese gesellschaftlichen Anforderungen entstand bereits in den 1970er Jahren in der Altersbildung das Konzept des lebenslangen Lernens (Kade, 2009; Kolland, 1997). Dabei gilt zu berücksichtigen, dass sich nicht nur die Lernmodalitäten im Alter ändern (siehe Abschnitt 2.5.3). Auch die biografisch geprägte Technikkompetenz älterer Kohorten weist Adaptationsschwierigkeiten im Umgang mit technischen Innovationen auf (siehe Abschnitt 2.4.2.4). Lawton (1998) nennt hierzu einen „individual lag", sozusagen ein altersgebundenes Kompetenz-Handicap in Bezug auf neue Medien und Technologien: „Social structures and environments change more rapidly than peoples' abilities" (ebd., S. 22). Als Beispiel nennt er die Schwierigkeiten, die ältere Personen mit der Programmierung von Videorecordern haben.

---

[37] Die Gültigkeitsdauer, die sogenannte „Halbwertszeit des Wissens", verkürzt sich in immer kürzeren Zeitintervallen. Von 1800 bis 1900 war eine Verdopplung des weltweiten Wissens zu beobachten. Die nächsten Verdopplungen ergaben sich 1950, 1970, 1980. Danach würde die Verdopplung bereits alle vier Jahre stattfinden, im EDV-Bereich sogar alle 1,5 Jahre (vgl. Schütt, 2000). Geisenhanslüke und Rott (2008) zweifeln jedoch solch eine Dynamik an und verweisen auf Berechnungen aus Zitationsstudien, wonach sich die mittlere Dauer von Publikationszitaten in den letzten Jahren nicht verringert habe.

Durch eine Dynamisierung von technologischen Innovationen und von Wissensbeständen könnte diese Problematik zunehmen.[38]

Als Voraussetzung müssen gesellschaftsstrukturelle Rahmenbedingungen geschaffen werden, die es älteren Menschen ermöglichen, am sozialen und technologischen Wandel teilzuhaben. Wie die Ausführungen zur „digitalen Kluft" gezeigt haben, bestehen jedoch für ältere Menschen strukturelle Defizite und Barrieren in den Zugangs- und Nutzungsmöglichkeiten (siehe Abschnitt 2.4.1). Ob sich hierbei das Problem von alleine löst, indem internetgewohnte Kohorten älterer Menschen nachwachsen, ist fraglich. Zumal ein solches Zuwarten gesellschaftspolitisch unverantwortlich wäre. So finden sich zwar Anhaltspunkte, die für eine erhöhte Technikaufgeschlossenheit und -kompetenz zukünftiger älterer Menschen sprechen (Mollenkopf, 2004). Doch könnte sich durch die erhöhte Dynamik technologischer Innovationen eine strukturelle Ausgrenzung älterer Kohorten manifestieren (Selwyn et al, 2003). „Wir befinden uns im Übergang zum digitalen Zeitalter. Damit zusammenhängend wird es in noch kürzeren Zeitabständen weitere technische Innovationen geben, deren gesellschaftliches Wirkpotenzial noch nicht abzuschätzen sein wird. Bezogen auf das Alter bedeutet dies eine noch stärkere Adaptationsleistung erbringen zu müssen, um die digitale Kluft nicht weiter vergrößern zu lassen bzw. die sich damit bietenden Chancen gesellschaftlicher Partizipation nicht zu verlieren." (Doh, zitiert nach Grahn, 2009, S. 47).

Bereits in den 1970er Jahren finden sich theoretische Ansätze, die auf eine soziale Exklusion und Abwertung älterer Menschen infolge der Technisierung moderner Gesellschaften hinweisen. Aus kulturanthropologischer Perspektive lässt sich hierzu das Modell von Mead (1971) anführen, welches die Entwicklung von Gesellschaften auf Basis von intergenerationeller Kommunikation und kultureller Transformationsprozesse zwischen Alt und Jung beschreibt. So stützten sich traditionale, „postfigurative Gesellschaften" auf dem Erfahrungswissen und den Kompetenzen der älteren Generation. Diese gaben ihre Erfahrungen an die jüngere Generation weiter, indem die Vergangenheit kopiert wurde. In modernen „prä-figurativen Gesellschaften" besitzt hingegen die Jugend die Wissenskompetenz, während das Erfahrungswissen älterer Menschen für die kulturelle Fortpflanzung an Wert verliert. Durch die Verrin-

---

[38] Riley und Kollegen (1994, S. 17) erwähnen in Anlehnung an Ogburn (1922), einem Pionier der Technikfolgeabschätzung, als drittes Phänomen hoch technisierter Gesellschaften den „cultural lag". Infolge eines technologischen Determinismus entstehen Innovationen, ohne vorweg deren gesellschaftlichen Folgen abschätzen zu können. Die technischen Möglichkeiten in Bereichen der Biomedizin, Genforschung oder auch der Versorgungstechnik für Demenzkranke (z.B. Fütteranlagen, Robotik) stehen hierfür exemplarisch (vgl. Cutler, 2006; Cutler & Hendricks, 2001). Allerdings existieren auch gesellschaftliche Kontrollmechanismen, wie z.B. Ethikkommissionen.

gerung der Gültigkeitsdauer von Wissen wird das Erfahrungs- und Expertenwissen älterer Menschen an gesellschaftlicher Relevanz verlieren. Diese Entwicklung wird sich verstärken, wenn zunehmend ältere Menschen von jüngeren lernen müssen (vgl. Buchhofer et al., 1970).

In dieser Denkweise sah Reimann (1989) in den 1980er Jahren in der Entwicklung der Informations- und Kommunikationstechnologie einen Statusverlust und eine gesellschaftliche Ausgrenzung älterer Menschen. Als Ausgleich würden sich ältere Menschen aus der Gesellschaft zurückziehen und sich – im Sinne der Disengagement-Theorie – auf die Massenmedien konzentrieren. Die Bedeutung dieser Medien und „wird noch weiter verstärkt durch das Bewusstsein des irreversiblen Rangverlustes im sozialen Bereich in Gesellschaften, die auf den Altenanteil des 'kollektiven Gedächtnisses' (Halbwachs), also auf die Lebenserfahrung und 'Weisheit' des Alters, allein deshalb glauben verzichten zu können, weil nun alles umfassend und präzise, und nicht nur mehr mittels Printmedien, sondern auf Ton- und Bildträgern, aufgezeichnet, dokumentiert und thesauriert werden kann, und weil durch die neuen technologischen Errungenschaften des medialen Kommunikationssystems die 'Halbwertszeit' des Wissens verkürzt, Überholtes schneller eliminiert und durch neue Ideen, Innovationen der traditionelle Wissensbestand permanent revolutioniert wird" (Reimann, 1990, S. 39f.).

Dies entspricht auch den Annahmen der Modernisierungstheorie von Cowgill und Holmes (1972). Diese Form kulturell-technischen Wandels wird als ein zentraler Aspekt einer Schwächung der gesellschaftlichen Stellung älterer Menschen interpretiert. Die universale Gleichung lautet hierbei, je moderner eine Gesellschaft sei, desto geringer würde der Status älterer Menschen ausfallen. Modernität wurde durch Parameter wie Gesundheit, Ökonomie, Bildung, soziale Organisation und Urbanisierung gemessen.

Allerdings mangelt es den theoretischen Annahmen von Mead bzw. Cowgill und Holmes an empirischer und methodischer Substanz. Bei Mead wird der direkte Vergleich verschiedener Kulturen und zeithistorischer Gesellschaftsformen kritisiert, in der Modernisierungstheorie die universelle und unidirektionale Ausrichtung. So konnten Bengtson und Kollegen (1975) in mehreren Ländern eine intrakulturelle Variabilität belegen, wonach selbst bei einem negativ generalisierten Altersbild bestimmte Altersgruppen positive Altersbilder besitzen. Rosenmayr (1996) verweist auf

Japan, wo trotz eines hohen Modernisierungsgrads ältere Menschen ein respektvolles Ansehen genießen.[39]

Ob mit der Medienentwicklung unmittelbar ein Statusverlust einhergeht, muss bezweifelt werden. Auch für einen Generationenkonflikt, wie ihn beide kulturanthropologische Modelle befürchteten, fehlen empirische Belege (vgl. Backes & Clemens, 2008). So lassen sich genügend Beispiele für ein integratives Miteinander anführen, auch in Bezug auf moderne Medien. Auf regionaler Ebene gibt es z.b. zahlreiche intergenerationelle Projekte, in denen ältere Menschen von jüngeren Internet, Computer oder Handy erklärt bekommen (siehe hierzu das Projektbüro „Dialog der Generationen", www.generationendialog.de). Und im Bereich des bürgerschaftlichen Engagements wird durch das bundesweite Modellprojekt „Erfahrungswissen für Initiativen" (EFI) die Produktivität älterer Menschen gefördert. Durch Qualifizierung als „senior-Trainer" soll deren Erfahrungswissen für Alt und Jung (wieder) nutzbar gemacht werden (Kade, 2009, S. 58).

Als Fazit bleibt daher festzuhalten, dass zwar auf makrosoziologischer Ebene gesellschaftliche Strukturen existieren, die es Personen in der nachberuflichen Phase erschweren, Anschluss an den fortschreitenden Wandel zur Informationsgesellschaft zu halten. Daraus aber negative Schlüsse im Sinne eines Statusverlusts des Alters zu ziehen oder sogar einen Generationenkonflikt zu befürchten, entbehrt einer wissenschaftlichen Grundlage. Allerdings zeigen die Analysen zum Mediensystem, dass die Bedürfnisse älterer Menschen noch nicht ausreichend wahrgenommen werden. Zudem bedarf es für eine digitale Inklusion verbesserter Rahmenbedingungen und institutioneller Strukturen, um Barrieren abzubauen und Zugänge zu schaffen.

2.5 Ergänzende Sichtweisen zu Alter und Medien

Abschließend zu den mediengerontologischen Grundlagen werden vier zentrale Themen des Älterwerdens vorgestellt, die in besonderer Weise die Mediennutzung tangieren. Es handelt sich um die Bereiche Wohnen, Freizeit, Gesundheit mit dem Aspekt der kognitiven Leistungsfähigkeit und dem Lernen sowie soziale Beziehungen.

---

[39] Dies wird von einer aktuellen Studie zum Altersbild in Japan bestätigt, allerdings mit dem Hinweis, dass die normativen Einstellungen (Tatemae), die in der Öffentlichkeit und in den Medien präsent sind, nicht den faktischen Einstellungen (Honne), die sich im privaten Bereich äußern, entsprechen müssen. Die Herausforderungen der modernen Arbeitswelt bergen besonders für die mittlere Generation ein Konfliktpotenzial im Umgang mit der Elterngeneration (Robert-Bosch-Stiftung, 2009).

2.5.1 Wohnen

2.5.1.1 Theoretische Aspekte und empirische Befunde

Wie schon die Ausführungen zu den sozialökologischen Ansätzen aufgezeigt haben, stellt der Themenkomplex Wohnen das dominante Setting im Alter dar. Es gilt auch als das am besten wissenschaftlich durchdrungene Forschungsgebiet innerhalb der sozialökologischen Alternsforschung (Wahl & Oswald, 2005). Die hohe Relevanz des häuslichen Kontextes im Alter lässt sich gut anhand der Merkmale objektiver Wohnbedingungen, (außer-)häuslicher Aktivitäten, subjektiver Bewertungen des Wohnens sowie psychosozialer Prozesse beschreiben.

Derzeit leben etwa 95% der Personen ab 65 Jahren in Privatwohnungen. Davon sind knapp zwei Drittel in Haushalten mit zwei und mehr Personen (65.2%), ein Drittel führt einen Einpersonenhaushalt (34.8%). Bei Personen ab 75 Jahren steigt der Anteil der Einpersonenhaushalte auf 48% an. Den Großteil der Einzelhaushalte stellen Frauen: Von den Personen ab 65 Jahren entfallen 78.9% auf Frauen, bei den Personen ab 75 Jahren sind es 82.7% (Stand: 2005; Statistisches Bundesamt, 2008). Dies bedingt unterschiedliche Person-Umwelt-Konstellationen zwischen Männern und Frauen wie auch zwischen dem Dritten Alter und dem Vierten Alter.

Im Durchschnitt verbringen ältere Menschen mehr als drei Viertel der Tageszeit im häuslichen Kontext (Baltes et al., 1990). Nach Daten der Berliner Altersstudie werden 64% der alltäglichen Aktivitäten alleine ausgeführt, 80% finden innerhalb der Wohnung statt (Baltes et al., 1996, S. 531). Mit dem Alter nimmt auch dieser Anteil zu, da zum einen die Ruhephasen länger werden, zum anderen sich das Zeitfenster für Freizeitaktivitäten verringert (siehe Abschnitt 2.5.2). Des Weiteren weisen Mobilitätsstudien für ältere Menschen eine tägliche Aufenthaltsdauer außerhalb der Wohnung von durchschnittlich drei bis vier Stunden aus (Mollenkopf & Flaschenträger, 2001). Dabei zeigen sich nach Alter, Geschlecht und Stadt-Land-Region unterschiedliche Mobilitätsmuster, denen zufolge die Personen ab 75 Jahren im Vergleich zu den Personen zwischen 55 und 74 Jahren deutlich weniger Zeit außerhalb der Wohnung verbringen. Eine reduzierte außerhäusliche Mobilität lässt sich für auch Frauen und Personen aus ländlicher Gegend nachweisen. Nahezu drei Viertel außerhäuslicher Zeit entfallen auf die nähere Wohnumgebung und dem eigenen Stadtteil (Mollenkopf, 2002; Mollenkopf & Flaschenträger, 2001).

Damit wird die Welt älterer Menschen „durch eine zunehmende Kleinräumigkeit" (Wahl & Oswald, 2005, S. 237) gekennzeichnet und das Alltagsleben begrenzt sich zunehmend auf die Wohnung und das nahe Wohnumfeld (Brög et al., 1999; Mollenkopf et al., 2005; Mollenkopf & Flaschenträger, 2002; Rudinger et al., 2004; Schlag & Megel, 2002). Die Wohnung und das nahe Wohnumfeld werden zum primären Handlungs- und Erlebenskontext (Baltes et al., 1996; Wahl et al., 2008a). Oder wie Saup es prägnant formulierte: „Alltag im Alter heißt vor allem Wohnalltag" (Saup, 1993, S. 18). Dies gilt besonders für das Vierte Alter, wo aufgrund erhöhter Vulnerabiltität und Mobilitätseinschränkungen der räumliche Aktionsradius kleiner wird. In Anlehnung an die ökologischen Modelle von Baacke und Bronfenbrenner findet eine zunehmende Konzentration auf das ökologische Zentrum Wohnung und direktes Wohnumfeld statt (vgl. Moll, 1997). Damit konzentriert sich der Nutzungsort von Medien zunehmend auf den häuslichen Kontext.

Wenngleich der außerhäusliche Aktivitätsradius kleiner wird, besitzt die wenige draußen verbrachte Zeit eine besondere Relevanz für den älteren Menschen. Sie stellt ein „kostbares Gut" dar, das nach Mollenkopf und Flaschenträger (2002) sieben Motive und Bedürfnisse bereithält: emotionale, intrinsische Motive (Bewegung als Selbstzweck), Naturerleben, Autonomie, Stimulation (Quelle neuer Eindrücke), Ausdruck von (noch vorhandener) Lebenskraft und Voraussetzung für gesellschaftliche Integration.

Gleichzeitig zeigen Studien zur Umweltbedeutung und Umweltverbundenheit, dass das ökologische Zentrum im Alter subjektiv bedeutsamer wird. Mit der zeitlichen Dauer des Lebens am gleichen Wohnort und in der gleichen Wohnung nimmt Wissen, Erfahrung, Orientierung, Routine und Vertrautheit in diesen Umwelten zu. Aufgrund einer Sesshaftigkeit kommt es zu biografisch geformten Person-Umwelt-Austauschprozessen, die zu einer engen emotionalen Bindung führen können, was Rubinstein und Parmelee (1992) als „place attachment" charakterisieren. Diese Umweltverbundenheit nimmt im Lebenslauf zu und erreicht im hohen Alter ihren Kulminationspunkt (Oswald & Wahl, 2003). Die Wahrnehmung der Umwelt unterliegt folglich nicht nur einer kognitiven Modifikation im zeitlichen Verlauf, wie es Lawton (1985a, S. 508) betonte: „one's environment is an active process of cognitive restructuring". Sie impliziert eine emotionale und affektive Komponente, die zu einer Verinnerlichung und einem „Verwachsensein" mit dem ökologischen Zentrum führen kann (Wahl & Oswald, 2005, S. 222; vgl. Rowles, 1983; Rubinstein, 1989). Rowles (1983) beschreibt hierzu drei Formen von „insideness", die einen Übergang von „spaces into places" kennzeichnen: „Social insideness" zu einer Umwelt entsteht nach einer langen Zeitperiode durch die alltäglichen sozialen Austauschprozesse (Interaktionen, Kommunikationen, soziale Bewertungen). „Physical insideness" meint die Vertrautheit und die Routinen, die mit der Umwelt assoziiert sind. Diese Form von Umweltverbundenheit ist besonders unter chronisch Beeinträchtigten ausgeprägt

(Wahl und Oswald, 2005). „Autobiographical insideness" beruht auf der Ansammlung von Erinnerungen und mit der Umwelt verbundenen Emotionen. Umwelt wirkt durch diese Prozesse identitätsstiftend.

Eine spezifische Form räumlicher Konzentration stellt die Umwelt-Zentralisation unter funktionsbeeinträchtigten Personen dar. „One facet of environmental behaviour in regard to both environmental docility and proactivity is to optimise environmental control at home by ways of 'environmental centralisation' (Oswald et al, 2006, S. 10). Um Autonomie zu bewahren und Kontrolle über die unmittelbare Umwelt zu erlangen, werden innerhalb der Wohnung Lieblingsplätze geschaffen, in denen für die Person funktional wichtige Gegenstände (z.B. Brille, Post, Zeitschriften, Telefonbuch, Fernbedienung des Fernsehers, Tabletten) und emotional wichtige (z.B. Familienfotos, Erinnerungsstücke) beieinander liegen. Dabei wird auch eine Raum- und Sitzanordnung geschaffen, die z.B. eine möglichst gute Sicht auf Fenster oder Eingang sowie eine Zugänglichkeit garantieren. Solche Formen von „control centres" oder „living centres" (Lawton, 1985a; Oswald & Wahl, 2005; Rubinstein & Parmelee, 1992) sind Ausdruck von Umweltfügsamkeit und Proaktivität. Umwelt wird durch Zentralisierung und Miniaturisierung so optimiert, dass ein Höchstmaß an Kontrolle und Autonomie erhalten bleibt.

2.5.1.2 Medienbezogene Implikationen

Diese außerordentliche Bedeutung und Verbundenheit mit der eigenen Wohnung im Alter wirft eine medienbezogene Fragestellung auf. Wie stehen ältere Menschen technischen und medialen Innovationen gegenüber, die die unmittelbare Wohnumwelt betreffen?

Wie aufgezeigt wurde, nimmt mit der Zeit das „residential knowing" (Lawton, 1985a) über die eigene Wohnung zu, was zu einer hohen Kontrolle, Autonomie und Sicherheit im eigenen Refugium beiträgt. Die häusliche Umwelt ist zudem leichter zu gestalten und zu kontrollieren als die außerhäusliche Umwelt. Dies gilt gleichermaßen für technische Innovationen, die als Bestandteil häuslicher oder außerhäuslicher Umwelt differenziert werden können. Während außerhäusliche Technikinnovationen viel selbstverständlicher als unvermeidbarer Bestandteil gesellschaftlichen Wandels betrachtet werden, gilt dies nicht ohne weiteres für häusliche Technikinnovationen. Sich mit einem Bankautomaten oder einem Fahrkartenschalter arrangieren zu müssen, kann als unangenehmer gesellschaftlicher Umweltdruck wahrgenommen werden. Hingegen kann man sich gegenüber der Option neuer Medien und Techniken zu Hause verweigern. Im Sinne des Umweltanforderungs-Kompetenzmodells von Lawton und Nahemow (1973) ist die Anforderungsstruktur außerhäuslicher Technikumwelten völlig unterschiedlich zu der häuslicher. Zu Hause besteht nicht nur ein geringerer Anforderungsdruck; eine Adoption technischer Innovation beruht auf einer erhöhten Motivation, sich aktiv mit dieser Innovation auseinander zu setzen. Wie die Ausführungen zum Generationenkonzept und zu Medienpraxiskulturen in Abschnitt 2.4.2.4 zeigten, stellen besonders in älteren Kohorten technische Innovationen ein erhöhtes Potenzial an Fremdheit und Unsicherheit dar und können ein Gefühl mangelnder Kompetenz evozieren. Eine Innovation wie Computer oder Internet kann insofern wie ein „Eindringling in das Hoheitsgebiet der eigenen vier Wände" verstanden werden. Dies kann das Gefühl von häuslicher Sicherheit, Kontrolle und Autonomie tangieren, was zu einer Abwehrreaktion führen kann: Man erachtet diese Innovation als unnötig und minimiert den möglichen Vorteil. Diese möglichen Interpretationsmuster müssen in Interventionsprogrammen mit berücksichtigt werden. Nicht jeder ältere Mensch wird technische Innovationen in seinem Wohnkontext als Entwicklungsressource oder als „environmental rich" betrachten. Andererseits besteht eine hohe Affinität zu vertrauten Medien, wie insbesondere die Ausführungen zu den häuslichen Kontrollzentren bei Funktionseinbußen zeigen konnten: Je nach Funktionseinschränkung werden bestimmte Medien wie Fernseher, Telefon, Zeitschriften ein wichtiger Bestandteil solcher zentralen Wohnbereiche, bzw. wird um ein nicht mobiles Medium wie dem Fernsehgerät solch ein Zentrum geschaffen.

2.5.2 Freizeit

2.5.2.1 Theoretische Aspekte

In den letzten Jahrzehnten hat durch den demografischen und sozialen Wandel die Bedeutung von Freizeit im Alter deutlich zugenommen. Mit der starken Ausweitung der Lebenserwartung und dem Zugewinn an gesunden Jahren wurde aus dem „Lebensabend" eine „Lebensfreizeit" (vgl. Rosenmayr, 1999, S. 53) oder wie es Bernard und Meade (1993, S. 146) euphemistisch überspitzt ausdrücken: „a time of opportunity for personal development, a time of freedom, of leisure and pleasure".

Eine Auffassung, die Tartler in seinem Klassiker „Das Alter in der modernen Gesellschaft" nicht teilen konnte, als er die provokante Frage aufwarf, ob der alte Mensch überhaupt Freizeit habe. Der Begriff Freizeit entstand durch die Industrialisierung des 19. Jahrhunderts bzw. ist nach Schelsky (1957) „das Produkt der die industrielle Gesellschaft konstituierenden Trennung von Arbeitsraum und Heim der Familie" (ebd., S. 326). Aus dieser Perspektive umfasst Freizeit „von der reglementierten Arbeit nicht betroffene, der individuellen Verwendung zur Verfügung stehende Zeit" und ist als „ein Komplementärbegriff zur Arbeitszeit" zu verstehen (Tartler, 1961, S. 143).

Der Begriff Freizeit beschränkte sich auf die Residualkategorie Erholung und Regeneration von der produktiven Arbeit oder wie es Habermas (1958, S. 219) überspitzt formulierte: „Freiheit von der Arbeit und sonst nichts". Während nach Habermas alle Tätigkeiten inklusive der Hausarbeit zur Freizeit gezählt werden müsste, folgerte Tartler (1961, S. 143), dass es im Prinzip für den „alten, berufsausgegliederten Menschen keine Freizeit" gibt und daher das Alter eine „Lebensführung ohne Beruf" (ebd.) darstellt.

Diese beiden unterschiedlichen Interpretationen von Freizeit im Alter stehen exemplarisch für die Schwierigkeit, den Begriff konzeptionell eindeutig zu fassen (vgl. Kolland, 2000, 2007; Künemund, 2007). Während Künemund (2007) aus dieser Problematik den pragmatischen Schluss zieht, am besten auf theoretische Zuordnungen zu verzichten und sich explorativ auf statistische Methoden zu beschränken, versteht es Kolland (2007), die theoretischen Ansätze zu systematisieren und vier konkurrierende Konzepte zu beschreiben:

Das am weitesten verbreitete Konzept stellt Freizeit als frei verfügbare, residuale Zeit im Gegensatz zur Arbeitszeit dar. Hierbei stellt sich allerdings die Frage nach der Erfassung und Abgrenzung des Begriffs Arbeit (siehe oben Tartler und Habermas). Bis wann zählen Pflege, Enkelkindbetreuung, Ehrenamt oder auch Gartenarbeit noch als Freizeit, ab wann sind sie Verpflichtung und Arbeit?

Eine alternative Perspektive ist es, Freizeit aus Sicht des älteren Menschen zu definieren. In diesem Sinne betont Lawton (1985a) die subjektive Wahrnehmung und Selbstdefinition, bei der Freizeit als Bestandteil des Selbstkonzepts und Identität verstanden wird. Freizeit umfasst hierbei Aspekte von Selbstbestimmung, Freiwilligkeit, Freude und Bedürfnisbefriedigung. So zeigen sich z.B. Personen im hohen Lebensalter mit häuslichen Aktivitäten zufriedener, während gemeinwesenorientierte und kulturelle Aktivitäten von jungen Alten geschätzt werden. Außerhäusliche und sportive Aktivitäten bieten in der Wahrnehmung älterer Menschen eine höhere Befriedigung als Fernsehen (vgl. Kolland, 2007, S. 229). Die Problematik dieses Konzepts besteht jedoch in der methodischen Erfassung und objektivierbaren Vergleichbarkeit.

In der empirischen Forschung ist vor allem das Konzept verbreitet, Freizeit als Aktivität zu definieren. Hieraus resultieren verschiedenartige Klassifikationen und Differenzierungen wie aktiv vs. passiv, formell vs. informell, außer Haus vs. zu Hause etc. Doch diese Unterscheidungen sind im Einzelfall unscharf. So bietet z.B. der Medienkonsum nicht nur eine passive, rekreative und häusliche Komponente, sondern kann auch aktiv, produktiv und außerhäuslich definiert sein (vgl. Künemund, 2007). Freizeitaktivitäten werden in diesem Zusammenhang mit Lebensstilen und Konzepten von „successful aging" betrachtet, wobei körperlich. kognitiv, sozial aktiven Lebensstilen gesundheitsfördernde Effekte zugesprochen werden (Teague & MacNeil, 1992, 1987; Vogt & Köpsel, 2000). Medienkonsum gilt nach einem einseitigen Rezeptions- und Wirkungsschema als passiv und bewegungsarm. Eine positive Wirkung auf Gesundheit wird den Medien kaum zugestanden. Im Gegenteil finden sich vor allem gegen das Fernsehen kritische Stimmen, die darin eine Gesundheitsgefährdung sehen (siehe Abschnitt 2.5.3). Allein Lese-Medien wie Printmedien und zum Teil auch Computer und Internet werden aufgrund der kognitiven Beanspruchung positive Effekte zugestanden. Auf konzeptioneller Ebene besteht hierbei das Problem, dass Freizeitaktivitäten als ziel- und zweckorientiert interpretiert werden (z.b. Sporttreiben, um gesund zu bleiben) und die subjektive Erfahrungsdimension unberücksichtigt bleibt.

Dieses Manko umgeht ein viertes Konzept, das Freizeit nicht als „activity", sondern als „action" definiert. Dieses Konzept lehnt sich an die Semantik von Aristoteles an, der zwischen produktiver Aktivität („poiesis") und „Praxis" im Sinne von Tun oder Tätigkeit („action") unterscheidet. Tätigkeit basiert hierbei auf Selbsterfahrung und Selbsterlebnis und kann im Idealfall zu einem „flow"-Erlebnis führen (Csikszentmihalyi, 1975). Die Aktivität an sich stellt das Ziel dar, weshalb Prozess und Ausübung im Forschungsinteresse stehen. Arbeiten zum „leisure repertoire" können hierunter gefasst werden (vgl. Kolland, 2007, S. 228).

Gemäß den Annahmen von Atchley (1989) besteht im Alter ein ausgeprägtes Bedürfnis nach Kontinuität der Lebensführung, was sich ebenso im Freizeitbereich niederschlägt. Ältere Menschen sind bestrebt, einen durch die Biographie geformten Freizeitstil und das darin implizierte Aktivitätsniveau bis ins höhere Lebensalter aufrecht zu erhalten (Kolland, 2007; Schmitz-Scherzer, 1988; Tokarski, 1989). Dies gilt gleichermaßen für Medien- und Kommunikationsgewohnheiten (Kübler, 2005; Opaschowski, 2006; Wittkämper, 2006): „When people retire, most continue to do the same activities as they did before, but at a different pace" (Kolland, 2007, S. 218).

2.5.2.2 Empirische Befunde

Übereinstimmend zeigen Freizeitstudien, dass im Übergang vom Dritten Alter zum Vierten Alter sich das Aktivitätsniveau verändert, indem sich Anzahl und Häufigkeit von Aktivitäten reduzieren. Allerdings nimmt nicht generell das Aktivitätsniveau ab, vielmehr zeigt sich eine Verlagerung von außerhäuslichen Aktivitäten und gesellschaftlicher Partizipation zu häuslichen, bewegungsärmeren Aktivitäten (vgl. Bernard & Phillipson, 2004; Kolland, 2007).

Dies konstatierte ebenso die Berliner Altersstudie (BASE), die zwischen 1990-1993 516 Personen aus West-Berlin im Alter zwischen 70 und 105 Jahren untersuchte (Mayer & Baltes, 1996; Baltes & Mayer, 2001). Dabei wurden neben diversen Freizeitaktivitäten (kulturelle, religiöse, politische, kreative, sportive und Garten bezogene Betätigungen, Medienkonsum) auch die basalen und erweiterten Alltagskompetenzen gemessen. Im Vergleich zwischen der jüngeren (70-84 Jahre) und der älteren Altersgruppe (85+ Jahre) fanden sich Effekte in drei Aktivitätsbereichen: Bei den Hochaltrigen stieg der Bedarf an Ruhepausen deutlich an und nahm ein Viertel der Tageszeit ein. Das ist ein Plus von 13 Prozentpunkten gegenüber der jüngeren Altersgruppe, die ihrerseits signifikant mehr Zeit für Freizeitaktivitäten (42% vs. 34%) und für komplexe Alltagsaktivitäten (IADL) (17% vs. 13%) verwendete. Die Bereiche Selbstpflege, soziale Aktivitäten, Hilfe und Arbeit zeigten keine nennenswerten Unterschiede (Baltes et al., 1996, S. 530). Des Weiteren fanden sich in neun von zwölf der basalen Alltagskompetenzen (ADL/IADL) signifikante Alterseffekte wie auch in allen zwölf außerhäuslichen Aktivitäten, die zu den erweiterten Alltagskompetenzen gezählt wurden. Allerdings werden diese Alterseffekte durch gesundheitsbezogene Faktoren (Gleichgewicht und Gang) und durch psychosoziale Faktoren (Intelligenz, Persönlichkeit) moderiert. Da zudem die Aktivitätswerte breit streuen, sind die Befunde als Beleg für eine große Heterogenität im Bereich der Alltagskompetenz und Freizeitaktivitäten zu bewerten (Baltes et al., 2001, S. 397). Eine kanadische Längsschnittstudie sieht ebenso gesundheitsbezogene Merkmale als Ursache für einen Rückgang bzw. Modifizierung von Freizeitaktivitäten und betrachtet das chronologische Alter als Proxy-Variable (Strain et al., 2002).

In einer weiteren Analyse zur gesellschaftlichen Partizipation (außerhäusliche Aktivitäten, politisches Interesse, Wahlbeteiligung, Kirchenbesuch, Medienkonsum) wurden ähnliche altersgebundene Rückgänge verzeichnet (Mayer & Wagner, 1996; Mayer et al., 2001). Wiederum wurde eine erhöhte Vulnerabilität im Gesundheitsstatus als Ursache festgestellt. Bemerkenswert ist hierbei der Befund, dass in der älteren Altersgruppe sowie unter Heimbewohnern die Mediennutzung geringer ausfällt und umgekehrt Personen mit hohen, außerhäuslichen Aktionsniveau einen erhöhten Medienkonsum aufweisen. Dies widerspricht der Befundlage aus der Medienforschung, wenngleich es zu dieser speziell alten Altersgruppe keine Vergleichsdaten gibt. So nennen die Autoren gesundheitsbezogene Aspekte wie körperliche Funktionseinschränkungen und besonders Sehbeeinträchtigungen als Grund für einen Rückgang der Mediennutzung. Allerdings könnten auch methodische Aspekte verantwortlich gemacht werden. So wurde die Mediennutzung als Form sozialer Partizipation operationalisiert und zwar hinsichtlich der Häufigkeit des Lesens einer Tageszeitung sowie der Nutzung von Nachrichtensendungen im Fernsehen und im Radio (Mayer & Wagner, 1996; S. 258; bzw. Mayer et al., 2001, S. 234).[40] Diesen Rückgang der Mediennutzung als Widerlegung der Kompensationsthese zu deklarieren (siehe Mayer et al., 2001, S. 242; Staudinger & Schindler, 2002), erscheint aufgrund der Datenbasis fragwürdig.

Neben altersgebundenen Zusammenhängen finden sich weitere Unterschiede in den Freizeitmustern nach soziodemografischen Merkmalen wie Bildung und Geschlecht. Ältere Personen mit höherem Bildungsstatus zeigen ein deutlich größeres Interesse für kulturelle und bildungsbezogene Aktivitäten. Männer verfügen im Durchschnitt über mehr Freizeit als Frauen und üben mehr sportive Aktivitäten aus, während Frauen mehr Lesen und Fernsehen und auch mehr soziale und musische Aktivitäten zeigen (vgl. Kolland, 2007, S. 226f.). Kolland (2007) weist zudem daraufhin, dass die Freizeitgestaltung von person- und umweltbedingten Gelegenheitsstrukturen und Optionen moderiert wird. Speziell Personen im Dritten Alter mit einem potenziell hohen Ausmaß an Freizeitmöglichkeiten können durch äußere Faktoren wie Pflege der Eltern starke Einschränkungen erfahren: Laut Alterssurvey von 1996 pflegen 10% der Rentner und Pensionäre ihre Eltern (Künemund, 2005, S. 308).

Der Umfang an Freizeit liegt bei älteren Menschen bei über fünf Stunden am Tag. Laut einer europäischen Studie von EUROSTAT (2003) variiert bei Männern ab 65 Jahren, die in einer Partnerschaft leben, das Freizeitbudget zwischen 6.5 Stunden in Ländern wie Frankreich oder Rumänien und neun Stunden in den skandinavischen Ländern. Bei Frauen schwanken die Werte in diesen Ländern zwischen fünf und acht Stunden.

Der größte Freizeitanteil entfällt auf den Medienkonsum, wobei die Fernsehnutzung im Durchschnitt etwa die Hälfte des gesamten Freizeitbudgets ausmacht (Bernard & Phillipson, 2004; Robinson et al., 2004; Schmitz-Scherzer, 1988). Dieser Befund lässt sich für viele moderne Gesellschaften bestätigen, wenngleich das Zeitbudget mitunter stark variiert: In den USA liegt die tägliche Sehdauer für Personen ab 60 Jahre bei etwa 6 Stunden (vgl. Nussbaum et al., 2000), in Deutschland bei 3.5 Stunden (Doh & Gonser, 2007). In einer europäischen Studie streute das Zeitbudget bei Personen ab 65 Jahren, die in einer Partnerschaft zusammenleben, zwischen 3.4 Stunden (Ungarn) und 2.3 Stunden (Slowenien) (EUROSTAT, 2003). Dabei sahen Frauen etwas weniger Fernsehen als Männer. Ein Befund, der zumindest für Deutschland und die USA nicht zutrifft (Doh & Gonser, 2007; Nussbaum et al., 2000). Die Dominanz des Fernsehens im Freizeitalltag älterer Menschen konnte in den USA bereits in den 1950er

---

[40] Bei Nachfrage beim Autor konnte trotz intensiver Recherche dieser Sachverhalt nicht geklärt werden. Prof. Wagner sei an dieser Stelle für seine Bemühungen herzlich gedankt.

Jahren nachgewiesen werden (Cowgill & Baulch, 1962; Schramm, 1969); in Deutschland seit den 1970er Jahren (Lehr, 1977; Schmitz-Scherzer, 1975).

Soziale und kulturelle Aktivitäten bilden die zweithäufigste Kategorie, während auf sportive Aktivitäten maximal eine halbe Stunde am Tag entfällt. Zu den häufigsten außerhäuslichen Freizeitaktivitäten zählen nach der europäischen MOBILATE-Studie: Freunde treffen, Spaziergänge, Gartenarbeiten, selbstbezogene Aktivitäten, kleinere Unternehmungen und religiöse Veranstaltungen (Mollenkopf et al., 2005).

Abschließend sei nochmals auf den eingangs erwähnten Aspekt des demografischen und sozialen Wandels hingewiesen. Wie Wahl und Kollegen (2007) konstatieren, hat sich in den letzten 20 Jahren die Lebenssituation und damit auch Lebensstil und Freizeitgestaltung älterer Menschen verändert. Sie sind deutlich mobiler (Fernreisen, Saisonmigration) und flexibler (privater Umzug auch mit über 70 Jahren) geworden. Sie sind kulturell und sozial so aktiv wie nie zuvor und nehmen sich zunehmend auch als einflussreiche Verbraucher und Wählerschicht wahr. Die nachfolgende Alterskohorte der Baby-Boomer-Generation könnte diese Entwicklung noch weiter vorantreiben (Dychtwald, 1999; Holladay & Coombs, 2004; Silverstone, 1996).

Entsprechend konnte in den letzten Jahrzehnten eine Veränderung hin zu mehr Aktivität und Produktivität aufgezeigt werden. So hat sich z.B. seit den 1960er Jahren auf internationaler Ebene das tägliche Zeitbudget für Sport und körperliche Fitness erhöht (Gauthier & Smeeding, 2001; Smeeding & Gauthier, in Druck). Ebenso konnte in den USA zwischen 1985 und 1995 ein Rückgang an bewegungsarmen Lebensstilen („sedentary lifestyles") bei Personen ab 65 Jahren festgestellt werden (vgl. Kolland, 2007, S. 225). Künemund (2005, 2007) weist anhand von Daten aus dem Alterssurvey auf eine analoge Entwicklung für „produktive" Tätigkeiten (Ehrenamt, Pflege, Kinderbetreuung, Erwerbstätigkeit, instrumentelle Hilfen an Haushaltsfremde) hin und folgert daraus: „Bisher weist jede jüngere Ruhestandskohorte ein höheres Ausbildungsniveau, eine bessere Gesundheit und eine bessere materielle Absicherung auf, verfügt also über mehr Ressourcen für Aktivität als jede ältere Kohorte" (Künemund, 2007, S. 238). Aus diesem Grund besteht die Annahme, dass zukünftige Ältere sich noch mehr für „produktive" Tätigkeiten engagieren werden, zugleich aber auch die Partizipationsansprüche zunehmen werden. Opaschowski (1998, 2006; Opaschowski & Reinhardt, 2007) zeichnet in seinen Freizeitstudien eine entsprechende Veränderung im Wertewandel bei älteren Menschen nach. Bestand für deutsche Ruheständler in den 1980er Jahren die „ideale Freizeit" noch aus Entspannung, Lebenslust und Zufriedenheit, verschob sich der Schwerpunkt mittlerweile zu Gunsten aktiver Aspekte.

Wie sich dies auf die Nutzung bewegungsarmer und mobiler Medien im Alter aus-
wirkt, bleibt offen und ein interessantes Forschungsfeld.

2.5.3 Gesundheit, kognitive Leistungsfähigkeit und Lernen

2.5.3.1 Theoretische Aspekte und empirische Befunde

Eine Basisressource des Menschen ist seine Wahrnehmung. Sie steht am Anfang des
psychischen Informationsverarbeitungsprozesses. Durch die Sinnesorgane werden
Umweltreize aufgenommen und anschließend kognitiv in Informationen umgewandelt, die zu kontextadäquaten Handlungen führen. Mit zunehmendem Alter
nimmt die Seh- und Hörfähigkeit ab, im Schnitt bereits ab dem 40. Lebensjahr (Martin & Kliegel, 2005). Altersveränderungen in der Anatomie und Physiologie des
Hörapparats führen dazu, dass z.b. bei etwa der Hälfte der Personen ab 60 Jahren
deutlich messbare Hörverluste bei hohen Frequenzen konstatiert werden können; bei
den 75- bis 79-Jährigen sogar bei 83% (ebd., S. 131). Bei Männern tritt dieser Hörverlust zeitlich früher auf als bei Frauen. Infolge einer zunehmenden Beeinträchtigung des hohen Frequenzbereichs werden das Hören und die Informations-
aufnahme erschwert, was letztlich auch zu alltagsrelevanten Verlusten führen kann.
Jedoch treten signifikante Altersunterschiede im Frequenzbereich der gesprochenen
Sprache erst ab dem 80. Lebensjahr auf. Dies gilt besonders unter erschwerten Hör-
bedingungen wie bei Störung durch Hintergrund- und Nebengeräusche.

Wie für das Hören gilt auch für das Sehen, dass mit dem Alter nicht generell das
Wahrnehmungsorgan schlechter funktioniert, sondern nur bestimmte Teilaspekte.
Ebenso finden qualitativ messbare Veränderungen erst im Vierten Alter statt. So treten bei etwa der Hälfte der Personen ab 75 Jahren Sehschärfeverringerungen auf. Dazu kommen Veränderungen der Kontrastempfindlichkeit, Dunkeladaptation, Farb-
wahrnehmung, Akkommodationsleistung und des Gesichtsfeldes (ebd., S. 131).
Durch Veränderungen der Bindehaut und der Augenlinse verringert sich die Abbil-
dungsqualität, der Akkommodationsprozess verlängert sich und es bedarf einer erhöhten Lichtmenge. Im Alter nimmt zudem die Störanfälligkeit des Lesens zu, etwa
durch zu starkem Kontrast oder zu hellem Licht. Ein Teil des Ressourcenverlusts
kann durch Hörgeräte und Sehhilfen ausgeglichen werden. Eine offene Frage ist, inwiefern sensorische Leistungseinbußen durch kognitive Veränderungen indiziert sind
(siehe unten „Common Cause-Hypothese"). Zweifelsfrei belegt, ist hingegen der negative Zusammenhang kognitiver Einbußen auf die Psychomotorik (Reaktionszeiten,
Gleichgewicht) (ebd., S. 137).

Als zentrale Ressource gilt beim Menschen die kognitive Leistungsfähigkeit (vgl. Lawton et al., 1999). Sie ist „Grundvoraussetzung für ein selbstständiges, erfolgreiches, zufriedenes und erfülltes Alter(n)" (Martin & Kliegel, 2005, S. 143). Für die beiden Hauptbereiche Intelligenz und Gedächtnis und deren Teilaspekte finden sich individuell sehr unterschiedliche Entwicklungsverläufe, wobei die Unterschiede innerhalb von Altersgruppen größer sind als zwischen Altersgruppen (ebd., S. 146). Die Seattle Längsschnittstudie konnte z.b. in einem 14-jährigen Altersverlauf zur Intelligenzentwicklung bei 60- bis 81-Jährigen nachweisen, dass erst ab einem Alter von 74 Jahren der Anteil an Verlusten zunahm und der Anteil an Stabilität abnahm. Aber auch in dieser Altersphase fanden sich bei etwa jeder zehnten Person Gewinne in der Intelligenz (Schaie & Baltes, 1996). Speziell die auf der Pragmatik beruhende kristalline Intelligenz (Allgemeines Wissen, verbale Fähigkeit) weist bis ins hohe Alter eine (trainierbare) Plastizität auf. Jedoch scheint es jenseits von 80 Jahren auch in diesem Bereich zu einem substanziellen Rückgang zu kommen, wie z.B. die BASE-Studie aufzeigen konnte (Reischies & Lindenberger, 1996).

Als Begründung für diese kognitive Ressourcenentwicklung werden zwei Theorien herangezogen. Zum einen besagt die „Speed-Hypothese" von Salthouse (1996), dass mit dem Alter die Geschwindigkeit der Informationsverarbeitung nachlässt, weshalb es zu einer kognitiven Verlangsamung kommt. Martin und Kliegel (2005) sehen aber das kognitive Altern nicht nur durch neurobiologische Prozesse bedingt, sondern auch durch eine Veränderung der Arbeitsgedächtniskapazität. Lindenberger und Baltes (1997) leiten aus den Befunden der Berliner Altersstudie die sogenannte „Common Cause Hypothese" ab. Sie gründet auf der Annahme, dass Altern mit grundlegenden Veränderungen der zentralen Informationsverarbeitung verbunden ist, und folglich kognitive und sensorische Leistungsminderungen eine „gemeinsame Ursache" haben. Befunde der BASE-Studie konstatieren, dass nahezu die gesamte altersbezogene Variation kognitiver Leistungen (vor allem die fluide Intelligenz) der Personen ab 70 Jahren durch sensorische Maße aufgeklärt werden kann.

Beide Theorien werden auch in Zusammenhang mit negativen Veränderungen in den Gedächtnisleistungen herangezogen. Dabei lassen sich ab dem achten Lebensjahrzehnt Alterseffekte in den Bereichen des episodischen Gedächtnisses (Erinnern kürzlich geschehener autobiografischer Ereignisse) und des prospektiven Gedächtnisses (Behalten von Zukunftsplänen) nachweisen (vgl. Martin & Kliegel, 2005). Einbußen in diesen beiden Gedächtnisbereichen geben im übrigen Warnhinweise auf eine beginnende demenzielle Erkrankung.

Die kognitiven Veränderungen beeinflussen zudem die Lernfähigkeit im Alter. Es wird eine generelle lebenslange Lernfähigkeit postuliert, wobei sich aber die Modalitäten ändern. So bedarf es im Alter eines erhöhten zeitlichen Lernaufwands bei gleichzeitig verringertem Lerntempo. Als förderlich für das erfolgreiche Erlernen neuen Wissens und neuartiger Fertigkeiten haben sich Rahmenbedingungen erwiesen, in denen ältere Menschen das Lerntempo selber bestimmen und die Präsentation des Lernmaterials individuell anpassen können (z.B. durch Schriftgröße, Beleuchtung). Hilfreich ist zudem ein Lernkontext ohne Zeitdruck, mit vertrautem Material aus dem Lebensalltag und einem konkreten Nutzen (vgl. Martin & Kliegel, 2005, S. 164f.).

Für Deutschland gibt es für das höhere Alter keine repräsentative Studie zur psychischen Gesundheit (Weyerer & Bickel, 2007). Doch zeigen verschiedene Stadt-Land-Studien übereinstimmend, dass in der Altersgruppe ab 65 Jahren etwa ein Viertel an einer psychischen Erkrankung leidet. Die mit Abstand häufigste psychiatrische Erkrankung stellt die leichte kognitive Beeinträchtigung (Ageing-Associated Cognitive Decline, AACD) dar.

Abb. 9: Verteilung der psychiatrischen Diagnosen der K30-32, 2005

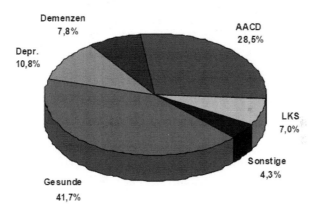

Quelle: Interdisziplinäre Längsschnittstudie des Erwachsenenalters (ILSE), 3.MZP, 2005, K30-32 (n=372), Schröder et al., 2008, S. 37.

Die Prävalenzrate betrug in der ILSE-Erhebung von 2005 für die 1930-32-Geborenen 29% (siehe Abbildung 9). Bei weiteren 7% wurde eine leichte kognitive Störung (LKS) und bei 8% eine demenzielle Erkrankung diagnostiziert, die auf eine wahrscheinliche Alzheimer-Demenz hindeutet. Damit waren bei 43% neuropsychiatrisch bedingte kognitive Leistungsdefizite gegeben. Eine depressive Störung lag bei 11% vor; 7% litten zudem an einer Depression in Zusammenhang mit einer anderen Erkrankung, zumeist mit einer leichten kognitiven Beeinträchtigung. Zu den weiteren 4%

psychiatrischen Erkrankungen zählten Angststörungen und Substanzmissbrauch. Der Anteil der Frauen an depressiven Störungen und Angststörungen lag bei 70%.[41]

Die Prävalenzrate für Demenz im ILSE-Sample entspricht den Werten aus einer Zusammenstellung von internationalen Meta-Analysen. Nach Weyerer und Bickel (2007, S. 65) liegt in der Altersgruppe zwischen 75 und 79 Jahren dieser Wert zwischen 5.6% und 7.3%. Mit dem Alter steigt die Rate deutlich an. Während bei den Personen ab 80 Jahren jeder Zehnte von einer Demenzerkrankung betroffen ist, gilt dies für ein Drittel der Personen ab 90 Jahren (vgl. Ziegler & Doblhammer, 2009). Von den derzeit etwa eine Million Erkrankten sind rund zwei Drittel über 80 Jahre alt (Bickel, 2002). Die demenziellen Erkrankungen gehören zu den häufigsten geriatrischen Krankheitsformen im Vierten Alter. Damit steigt in dieser Altersgruppe auch der Anteil an Pflegebedürftigkeit. In der Altersgruppe zwischen 80 und 84 Jahren gelten 20% als pflegebedürftig, zwischen 85 und 89 Jahren verdoppelt sich der Anteil auf 40% und liegt bei den Personen zwischen 90 und 94 Jahren bei über 60% (Statistisches Bundesamt, 2007). 2004 gab es zwei Millionen Menschen, die nach Maßgabe des Pflegeversicherungsgesetzes (SGB XI) pflegebedürftig waren, 31% (640000) wurden davon in Heimen versorgt (Weyerer, 2007).

2.5.3.2 Medenbezogene Implikationen

Eine zentrale Grundannahme stellt im Zusammenhang von Gesundheit und Mediennutzung die Kompensations- und Substitutionsfunktion von Medien dar. Der aus Querschnittdaten konstatierte Anstieg der Mediennutzung, insbesondere des Fernsehens, wird zumeist als Folge von psychischen und physischen Alterseffekten beschrieben. Doch wie die Ausführungen zum körperlichen und kognitiven Altern zeigen, finden sich deutliche Alterseffekte erst ab dem achten Lebensjahrzehnt, im Vierten Alter. Eine veränderte Nutzung klassischer Medien aufgrund sensorischer, kognitiver oder motorischer Einbußen ist demzufolge im Dritten Alter kaum gegeben.

Von den klassischen Massenmedien betreffen Einbußen am ehesten das Lesen. So wird eine Reduzierung des Lesevolumens zumeist mit Alterseffekten in Zusammenhang gesehen, wobei die medienwissenschaftlichen Befunde auf Querschnittdaten ohne Gesundheitsvariablen beruhen (vgl. Hilt & Lipschultz, 2005; Nussbaum et al., 2000; Robinson et al., 2004). Tatsächlich ist der Anteil an Nichtlesern in der Altersgruppe ab 65 Jahren höher als in jüngeren Altergruppen (vgl. Nussbaum et al., 2000).

---

[41] Diese Stichprobe (n=372) ist nicht identisch mit der für die vorliegende Arbeit (n=282) verwendeten, da (zumeist immobile) Teilnehmer, die mittels Hausbesuche und Telefonbefragungen erfasst wurden, nicht einbezogen wurden (siehe Abschnitt 4.2.3.1).

Es werden aber auch Bildungs- und Einkommenseffekte für diesen Alterseffekt diskutiert sowie eine mangelnde Angebotsvielfalt an seniorenspezifischen Printmedien (Grossman, 1999). Zudem gibt es Hinweise, dass sich der Zeitpunkt der Abnahme des Lesens in den letzten Jahrzehnten nach hinten verschoben hat: Während in den 1980er Jahren eine Abnahme des Lesens bei etwa 65 Jahren angesetzt wurde (Salisbury, 1981) und Ende der 1990er Jahre bei etwa 70 Jahren (Sommerville, 2001), weist eine Sonderanalyse aus der MK2000 eine Reduzierung des Lesevolumens erst ab 75 Jahren aus (Doh & Gonser, 2007). Daraus lässt sich entnehmen, dass es in der vorliegenden Untersuchung in der großen Mehrheit der Kohorte 1930-1932 keine alltagsrelevanten Einschränkungen in der Nutzung elektronischer Massenmedien geben sollte und auch nicht für das Lesen.

In diesem Zusammenhang sei auf das Forschungsdefizit hingewiesen, dass es bislang keine empirischen Befunde aus längsschnittlichen Daten gibt, die Art, Umfang und Zusammenhang zwischen kognitivem und körperlichem Altern und der Mediennutzung aufzeigen können. Inwiefern sich hierbei intermediale (z.B. Substitution des Lesens durch Hörbücher, Fernsehen, Radio) und transmediale bzw. akkommodative und assimilative Adaptationsprozesse abspielen, ist ebenfalls ein Forschungsdesiderat.

Seit den 1980er Jahren belegen zahlreiche Studien die generelle Lernfähigkeit und Lernbefähigung älterer Menschen im Umgang mit neuen Medien (vgl. Czaja & Lee, 2003; Kruse, 1997; Lehr, 2007). Ebenso evident sind aber auch erhöhte Lernschwierigkeiten infolge von sensorischen, kognitiven und motorischen Alterseffekten (vgl. Cutler, 2006; Charness et al., 2001; Charness & Schaie, 2003; Rogers & Fisk, 2001). Ältere Onliner benötigen z.B. mehr Zeit als jüngere, um spezielle Informationen im Web zu finden, sind in der Informationssuche weniger effizient und haben mehr Probleme, sich an vorherige Seiten und Links zu erinnern (Mead et al., 1997). Hochfrequenztöne am Computer werden von älteren Arbeitnehmern schlechter wahrgenommen als von jüngeren. Veränderungen in der Monitorbeleuchtung zeigen größere Effekte auf die Leistung älterer Arbeitnehmer (Czaja & Sharit, 1998). Aufgrund motorischer Einschränkungen haben ältere Menschen in verstärktem Maße Probleme im Umgang mit einer Maus oder einem Trackingball (Czaja & Lee, 2002; Stronge et al., 2001). Außerdem finden sich Barrieren in der Beschaffenheit und Bedienbarkeit, die eine Nutzung erschweren (Charness, 1998; Ellis & Kurniawan, 2000; Mead et al., 2002; Rogers et al., 2001; Rogers & Fisk, 2003a; Schieber, 2003; Schulz, 2004). Die US-amerikanische CREATE-Studie erfasste Prädiktoren für die geringe Nutzung von Computer und Internet im Alter, wobei sich neben einstellungsbezogenen Merkmalen wie subjektiv wahrgenommene Computerkompetenz und Computerangst, auch die fluide und kristalline Intelligenz als bedeutsam erwies (Czaja et al., 2006).

Zudem gilt es sozialisationsbedingte Lernaspekte zu berücksichtigen (Stichwort „Neulernen und Umlernen im Alter": Kade, 2009; Kruse, 1997; Rott & Hub, 1990; Tippelt & von Hippel, 2009 und „Medienpraxiskultur": Schäffer, 2003). Es bedarf folglich für ältere Menschen zum Erlernen neuer Medien spezieller Lernmodalitäten und -angebote (Handrow, 2004; Malwitz-Schütte, 2000; Stöckl, 2000).

Neben der Frage, inwiefern sich Alternsprozesse auf die Mediennutzung auswirken, lässt sich umgekehrt auch fragen, inwiefern Medien die Gesundheit beeinflussen. Betrachtet man hierzu die Forschungsliteratur aus der Psychologie, Medizin und den Neurowissenschaften, so diese Fragestellung überwiegend negativ konnotiert. Dies gilt in besonderer Weise für das „lean-back-medium" Fernsehen, aber auch hinsichtlich des Computers und des Internets finden sich kritische Stimmen (Spitzer, 2005; vgl. Aufenanger, 2007). Stattdessen gelten Aktivitäten wie Schach, Backgammon oder Musizieren, die eine erhöhte mentale Anforderung verlangen, als protektive Faktoren gegen kognitive Einbußen (Schaie & Willis, 2002; Verghese et al., 2003; vgl. Oswald & Engel). In einer Längsschnittstudie erwiesen sich Reisen, Stricken und Gartenarbeit als protektiv für ein geringeres Demenzrisiko. Fernsehen und selbst das Lesen zeigten keine solche Schutzfunktion (Fabrigoule et al., 1995). Vor allem ein intensiver Medienkonsum wird als kritisch bis schädigend eingeschätzt.

So behauptet z.B. eine US-amerikanische Studie eine erhöhte Prävalenz für eine Alzheimer-Erkrankung bei erhöhtem Fernsehkonsum im mittleren Erwachsenenalter nachweisen zu können (Lindstrom et al., 2004). Allerdings beruht diese medizinische Studie auf einem methodisch fragwürdigen Forschungsdesign: So rekurierte die Untersuchung auf der Sehdauer der letzten Jahrzehnte des Probanden als abhängige Zielvariable, wobei dieses Maß mittels retrospektiver Befragung Angehöriger erfolgte. Solch eine Operationalisierung von Mediennutzung kann keine Aussagen über mentale oder intellektuelle Rezeptionsmuster treffen und statistische Zusammenhänge könnten folglich auf Artefakten beruhen. So widerlegte z.B. eine Studie zur Fettleibigkeit bei Kindern einen direkten Mediennutzungseffekt und machte vielmehr das häusliche Umfeld (Ernährungs- und Lebensstil der Eltern, genetische Veranlagung) für diese Symptome verantwortlich (Boyce, 2007). Wie bereits die Diskussion um die Vielseher-Problematik in Abschnitt 2.2.1.3.5 anzeigte, sollte die Mediennutzung vielmehr als eine Proxy-Variable verstanden werden, bzw. als Ausdruck einer bestimmten Person-Umwelt-Relation. So kann hinter einem intensiven Fernsehkonsum eine individuell kritische Lebenslage stecken (z.B. Depressivität, gesundheitliche Einschränkungen, Arbeitslosigkeit) sowie eine wenig stimulierende Umwelt (Freizeitalternativen, soziales Netzwerk etc.) (vgl. Aufenanger, 2007).

Viel zu selten wird Mediennutzung in Bezug auf das kognitive Altern unter der Per-spektive protektiver Ressourcen betrachtet. Anknüpfungspunkte finden sich hierbei im Bereich der Medienpädagogik, in der Medien als Medium für die Konzepte „le-benslanges Lernens" oder „forschendes Lernens" eingesetzt werden. Seit den 1980er Jahren lassen sich mannigfaltige Projekte und Initiativen beschreiben, in denen klas-sische und moderne Medien als Artikulations-, Kommunikations- und Partizipati-onsmittel Verwendung finden (vgl. Baacke & Poelchau, 1993; Doh, 1994; KDA, 2000; Lauffer & Thier, 1993; Stadelhofer, 2002; Stadelhofer & Marquard, 2004). Ba-sierend auf einem handlungsorientierten Konzept produzieren ältere Teilnehmer zu-meist in Gruppenarbeit – mitunter intergenerationell -, eigene Texte, Filme, Reporta-gen, Fotoserien oder Websites. Die Handlungsziele beinhalten neben einer allgemei-nen Förderung von Medienkompetenz zumeist auch Aspekte sozialer, kognitiver, mo-torischer und emotionaler Kompetenzen sowie kulturelle und künstlerisch-ästhetische Ausdrucksweisen. Als ein „Leuchtturm" in Bezug auf internetbasierte Weiterbildung sei das ZAWiW (www.uni-ulm.de/uni/fak/zawiw) genannt, das zahlreiche regionale und europaweite Projekte, speziell auch zum Bereich „forschendes Lernen" anbietet (Stadelhofer, 2009).

Als ein weiteres Anwendungsfeld könnte das Internet zur Gesundheits-kommunikation im Alter relevant werden. Sei es als Informationsmedium für den älteren Menschen, für den speziell im Alter die Themenbereiche Gesundheit und Me-dizin an Relevanz gewinnen (Fox, 2004; Morell, 2002). Aber auch als Informations-und Kommunikationsplattform für (pflegende) Angehörige von hilfs- oder pflegebe-dürftigen älteren Personen bietet sich das Internet an. Gesundheitsbezogene Foren und Communities können für diesen Personenkreis positive Effekte wie soziale und emotionale Unterstützung, Rat und Lebenshilfe, Orientierungshilfe sowie Abbau von Stress und Belastung erbringen (vgl. Cutler, 2006). Wenngleich die Nutzungspotenzi-ale von Online-Medien für ein gesundes Altern noch wenig ausgeschöpft sind, stellt es ein bedeutsames Forschungsfeld dar.

2.5.4 Soziale Beziehungen

2.5.4.1 Theoretische Aspekte und empirische Befunde

Mit dem Alter findet eine zunehmende Konzentration auf die häusliche Umgebung statt und auch der Anteil an alleinlebenden Personen nimmt stark zu (siehe Abschnitt 2.5.1). Aufgrund der höheren Sterblichkeitsrate der Männer leben mehr ältere Frauen allein, während Männer zum Großteil partnerschaftlich leben. Der zunehmende Ver-lust von gleichaltrigen Bezugspersonen, der Rückzug von sozialen Rollen sowie eigene Einbußen physischer, sensorischer und kognitiver Fähigkeiten sind weitere Aspekte, die alters- und geschlechtsspezifisch unterschiedliche interpersonale Kommunikationsräume und -möglichkeiten bedingen. So wird im Alter ein Rückgang der Größe sozialer Netzwerke und eine verringerte Häufigkeit interpersonaler Kontakte konstatiert (Lang et al., 1998; Pinquart & Sörensen, 2001). Auch in der Qualität bestehender Sozialbeziehungen kann es zu negativen Veränderungen kommen, wenn ältere Menschen durch Partnerverlust über eine geringere Anzahl an Personen verfügen, die ihnen emotional unterstützend zur Seite stehen (Wagner et al., 1996). Ebenso kann durch persongebundene Einbußen die Möglichkeit reziprok befriedigender sozialer Kontakte zurückgehen.

Trotz dieser Entwicklungsverluste weist die überwiegende Anzahl älterer Menschen eine hohe Zufriedenheit hinsichtlich der sozialen Kontakte und Beziehungen auf, was auf verschiedenartige Schutzfaktoren zurückzuführen ist, bzw. auf der Fähigkeit zur Resilienz beruht (vgl. Kaspar, 2004, S. 33). Emotionale oder soziale Einsamkeit im Alter wird folglich im Alltagsverständnis überschätzt. Einer Meta-Analyse zu Folge liegt der Anteil bei Personen ab 65 Jahren, die angeben sich häufig einsam zu fühlen, zwischen 5% und 15%. Weitere 20% bis 40% äußern gelegentliche Einsamkeitsgefühle. Erst bei Personen ab 80 Jahren steigt die Prävalenzrate stärker an (Pinquart & Sörensen, 2001); vor allem bei institutionell lebenden Personen sowie bei verwitweten und geschiedenen Personen (vgl. Lehr, 2007). Damit finden sich unter den von Einsamkeit betroffenen Personen insbesondere hochaltrige Frauen.

Vor diesem Hintergrund werden innerhalb der Lebensspannenpsychologie zwei theoretische Konzepte diskutiert, die jedoch beide keine expliziten Bezüge zu Medien aufweisen. Doch bietet sich eine konzeptionelle Verschränkung an, wie folgend aufgezeigt werden soll.

Das „Social Convoy Model" von Antonucci (Antonucci, 1990, 2001; Antonucci & Akiyama, 1995; Kahn & Antonucci, 1980) geht davon aus, dass im Laufe des Lebens das Individuum ein soziales Netzwerk aufbaut, das einem Konvoi gleicht. Dies besagt zum einen, dass das individuelle soziale Netzwerk hierarchisch gegliedert ist und sich Beziehungen in emotionaler Nähe und Relevanz unterscheiden. Zum anderen intendiert der Begriff des Konvois die lebensspannenbezogene Dynamik sozialer Beziehungen. Synchron zur individuellen Entwicklung verändern sich Beziehungen und Beziehungspartner; es treten neue hinzu, alte gehen verloren oder kommen erneut hinzu. Dies impliziert, dass auch die Nähe und Bedeutung von Netzwerkpartnern Veränderungen unterliegen. Die Zusammensetzung und die Funktionen des sozialen Konvois werden dabei von Alter, Geschlecht, Kultur, körperlichen und emotionalen

Bedürfnissen sowie von der Beziehungsbiographie beeinflusst. Infolge zunehmender Verlusterlebnisse und kritischer Lebensereignisse wird besonders im Vierten Alter die Möglichkeit eines „support bank" relevant.

Das zweite Konzept bezieht sich auf die Qualität sozialer Kontakte im Alter. Die „sozioemotionale Selektivitätstheorie" von Carstensen und Kollegen (Carstensen & Lang, 2007; Lang et al., 1998; Lang & Carstensen, 2002) besagt, dass sich im hohen Alter die Art und die Präferenz sozialer Kontakte verändern, wenn sich das Individuum seiner Endlichkeit bewusst wird und die noch verbleibende Zeit eine kostbare Ressource wird. Die interpersonalen Kontakte werden demnach nicht nur geringer, auch erhalten die Kontakte eine andere Bedeutung. Das Individuum beginnt, sich zunehmend auf die wesentlichen Dinge und die Erfüllung unmittelbarer Bedürfnisse zu beschränken, was in Bezug auf soziale Beziehungen eine zunehmende Fokussierung auf emotional nahestehende Personen bedeutet. Emotionale Funktionen von Beziehungen gewinnen an Relevanz, während die Suche nach neuen Informationen und informell basierter Kommunikation in den Hintergrund tritt. Im Gegensatz dazu wurden in früheren Lebensphasen gezielt auch soziale Kontakte aufgesucht, die primär informativen Charakter hatten. Wahl und Lang (2006) weisen darauf hin, das sich die emotionale Hinwendung nicht allein auf bestimmte soziale Beziehungen wie den Lebenspartner richten muss, sondern auch Vertrautheit und Sicherheit von täglichen Routinen und Lebensgewohnheiten umfassen kann. Aus diesem Grund können periphere Kontaktpersonen, die man seit vielen Jahren und Dekaden kennt, emotional wichtig werden.

2.5.4.2 Medienbezogene Implikationen

Wie in Abschnitt 2.2.1.3.6 aufgezeigt, stehen bis heute in der Medienforschung zu älteren Menschen Substitutions- und Kompensationsaspekte im Vordergrund. Dies gilt vor allem in Bezug auf die sozialen Funktionen des Fernsehens.

So sah Schramm (1969) in der Tradition der Disengagement-Theorie in den Massenmedien eine geeignete Form, einen erwartbaren Rückgang an sozialen Beziehungen und außerhäuslichen Aktivitäten im Alter auszugleichen: „Increasingly what *comes into* the home is responsible for social satisfaction, rather than what is accomplished by *going out from* the home. And as the years go on, one of the more important visitors to the home of old persons is the mass media" (ebd., S. 372). Allerdings war diese These empirisch nicht haltbar. Bereits Graney (1974) konstatierte keinen statistisch relevanten Zusammenhang zwischen erhöhter Nutzung von Fernsehen, Radio oder Printmedien und einer reduzierten Aktivität oder verringerten sozialen Partizipation. Nach Bliese (1986) äußerten selbst sozial isolierte Personen mit hoher Mediennutzung den Wunsch nach sozialer Aktivität: „Not one of our subjects desired disengagement, though a few had even become „de facto" disengaged because of psychological trauma. All of these people wished that they had the ability to interact with others" (Bliese, 1986, S. 576).

Zahlreiche nationale und internationale Studien konnten stattdessen aufzeigen, dass lediglich eine kleine Gruppe sozial isolierter und einsamer älterer Personen Medien zur sozialen Kompensation oder Substitution nutzt (Aregger, 1991; Bliese, 1986; Eckhardt & Horn, 1988; Fabian, 1993; Graney & Graney, 1974; Kübler et al., 1991; Moll, 1997; Rubin & Rubin, 1982a, 1982b; Schade, 1983; Straka et al., 1989; Wenner, 1976). So gaben in einer US-Studie von Bliese (1986) 89% der befragten älteren Personen an, klassische Massenmedien auch als Ersatz für interpersonale Kommunikation zu nutzen. Zum überwiegenden Teil (40%) findet aber eine Substitution nur sporadisch und temporär statt, z.B. bei kurzfristiger Erkrankung oder wenn ein Kommunikationspartner vorübergehend fehlt (ebd., S. 576). Bei einem Drittel findet diese Ersatzform über einen längeren Zeitraum statt, z.B. bei kritischen Lebensereignissen wie Verlust eines Partners oder einer nahestehenden Person. Bei 17% wird diese Funktion extensiv genutzt, indem die Massenmedien nahezu gänzlich die interpersonale Kommunikation ersetzen. Dieser Personenkreis ist überwiegend immobil und an die häusliche Umgebung gebunden.

Diese Funktion erfüllt in besonderer Weise das Fernsehen, da es mit seiner audiovisuellen Präsentationsform und seiner „quasi-kommunikativen" Ansprache (Winterhoff-Spurk, 1986) eine emotionale Nähe und Vertrautheit zu Fernsehakteuren aufbauen kann. In gewisser Weise vermag dies auch das Talk-Radio (Bierig & Dimmick, 1979; Turow, 1974). Allerdings bringt die massenmediale Substitution nicht unbedingt die erhoffte Gratifikation. In der Studie von Bliese (1986) äußerten 93% der Personen, die Massenmedien als Ersatz für interpersonale Kommunikation nutzen, eine hohe Unzufriedenheit mit dieser Form sozialer Substitution (ebd., S. 576). Dieses zweischneidige Schwert konstatieren auch Gauntlett und Hill (1999): Fernsehen kann zu einem willkommenen und vertrauten Freund werden, es offenbart gleichzeitig aber auch, dass man allein ist. Van der Goot und Kollegen (2006, S. 449) führen in Anlehnung an die sozioemotionale Selektivitätstheorie an, dass auch die im Alter relevanter werdende emotionale Komponente Grund für die unbefriedigende Substitutionsleistung des Fernsehens sein könnte.

Stattdessen vermag das Telefon weit besser eine Gratifikation zu erbringen: 97% der Befragten aus der Studie von Bliese (1986) empfanden ein Telefonat als genauso gut wie die Kommunikation in einem direkten Gespräch. Ein Telefonat ermöglicht eine emotionale Nähe trotz oder manchmal sogar gerade wegen räumlicher Distanz. In diesem Sinne beschreibt Reimann (1994) das Telefon als ein spezifisch für immobile Personen alltagsrelevantes Kompensations- und Substitutionsmedium. Es wird „zum Kommunikationsmedium erster Güte und vermag sogar desintegrative Prozesse der Isolation älterer und behinderter Menschen hervorragend zu kompensieren, und dies als interaktives Medium eben stärker noch als Ton- und Bildfunk" (ebd., S. 125).

Als eine spezielle Form sozialer Kompensation beim Fernsehen gilt die „para-soziale Interaktion" (Horton & Wohl, 1956). Es werden mediale Freundschaften und Beziehungen aufgebaut, die ähnlich wie personale Beziehungen funktionieren können: Vertrautheit, Sympathie, Bindung, emotionale Nähe oder auch direkte Ansprache an mediale Protagonisten können gezeigt werden (vgl. Fabian, 1993; Moll, 1997). Entsprechend dem „Social Convey Model" wird sozusagen das Fernsehen zu einem guten Freund, Vertrauten oder Begleiter. Dies gilt insbesondere für einsame, schüchterne und emotional labile Personen (Finn & Gorr, 1988; Rubin et al., 1985; Schreier, 2006; Weaver, 2003). „Although the enjoyment of parasocial interactions and relations by no means a necessarily entails a lack of actual social relations, the prevalence of the social compensation motive has been shown to correlate with shyness, loneliness, and neuroticism, whereas persons high in extraversion have rejected the idea that the interaction with television characters can in any way substitute for 'real' interactions with actual persons" (Schreier, 2006, S. 397).

Jedoch bezogen diese Untersuchungen keine institutionalisierten Personen ein. Die wenigen Studien, die es hierzu gibt, weisen auf eine erhöhte akkommodative Adaptationsstrategie hin: In Altenwohnheimen und noch ausgeprägter in Pflegeheimen zeigten ältere Personen eine äußerst enge Bindung zum Fernsehen. Es erhält eine spezifisch hohe Funktionalität in Bezug auf Ablenkung, Ersatz der Sozialkontakte und Ersatz für Aktivitäten (Schade, 1983). Fernsehen kann in solchen sozial-räumlichen Kontexten als „Segen" angesehen werden. Im Gegensatz zu den Befunden von Bliese (1986) könnten in diesem sozial-räumlichen Kontext die gesuchten Gratifikationen mit den erhaltenen Gratifikationen übereinstimmen.

Der Fokus der Mediennutzung im Alter sollte in Bezug auf die sozialen Funktionen nicht einseitig auf einer verlustbedingten Kompensation oder Substitution liegen. So könnte z.B. das hohe mediale Informationsbedürfnis älterer Menschen auch positive Aspekte im Sinne der sozioemotionalen Selektivitätstheorie beinhalten: Durch die knapper werdenden Ressourcen findet eine gezielte Reduzierung informationsbasierter, interpersonaler Kommunikation statt, die durch die Massenmedien aufgefangen werden. Anstelle sich über Personen Informationen einzuholen, die einem emotional nicht nahe stehen, werden Medien wie Fernsehen, Tageszeitung und Radio genutzt. Eine daraus möglicherweise erhöhte Mediennutzung wäre somit als eine aktive Form der Kompensation von personalen Informationsquellen zu verstehen.

Des Weiteren wird die Bedeutung von Medien als selektive Strategie zur Aufrechterhaltung, Stimulation und Förderung sozialer Kommunikation viel zu selten beachtet. So lassen sich nach van der Goot und Kollegen (2006) zumindest zwei Formen sozial intendierter Mediennutzung unter dem Blickwinkel einer assimilativen Bewältigungsstrategie diskutieren: Wenn erstens Medien dazu genutzt werden, um eine interpersonale Anschlusskommunikation zu erzielen. Und zweitens, wenn Medien in Gemeinschaft genutzt werden, worunter in erster Linie das gemeinsame Fernsehen mit dem Partner oder den Enkelkindern im häuslichen Kontext verstanden wird.

Eine völlig neue Form der „Vergesellschaftung" (Schäffer, 2003) bietet das Internet mit seinen neuen Kommunikations- und Partizipationsformen. Mit E-Mail, Instant Messaging, Webcam, Internetelefonie, Sprachtechnologie und dem Mitmachnetz „Web2.0" (News Group, Community, Blog, FaceBook, My Space etc.) birgt das Internet für ältere Menschen und speziell auch für Personen mit Mobilitätseinschränkungen ein enormes Potenzial für Kommunikation und soziale Kontakte (Adams, 1998; Blit-Cohen & Litwin, 2004; Cutler, 2006; Cutler & Hendricks, 2001; Czaja & Lee, 2003; Howard et al., 2002; Katz & Rice, 2002; Landsdale, 2002; Schneider et al., 1997; Stadelhofer, 2002; Quan-Haase et al., 2002). Wie kein anderes Massenmedium kann es dazu dienen, intergenerationelle Kontakte und Beziehungen aufzubauen, zu fördern und zu pflegen. Damit kann sich das Internet zu einem gesellschaftsrelevanten Integrationsmedium im Alter entwickeln.

Wenngleich diese modernen Kommunikationsformen noch relativ wenig Beachtung in den älteren Kohorten gefunden haben, könnte sich dies in den nächsten Jahrzehnten stark ändern. Aufgrund einer digital geprägten Medienpraxiskultur werden nachwachsende Kohorten älterer Menschen die Möglichkeiten dieser neuen Kommunikationsformen viel selbstverständlicher zu nutzen wissen. Wie sich dies zukünftig auf die sozialen Beziehungen und Netzwerke auswirken wird, ist noch völlig offen: „Future cohorts of older persons will also be increasingly familiar with personal computers based on experience. How interaction through cyberspace will alter social networks, the support they provide, and even the nature of 'communities' will fertile topics for inquiry" (Wellman & Hampton, 1999, zitiert nach Cutler & Hendricks, 2001, S. 472).

2.6 Resumée und Forschungsdefizite

Wie die Sichtung der nationalen und internationalen Forschungsliteratur gezeigt hat, konnte der Themenkomplex „Alter und Medien" in den letzten Jahren auch im deutschsprachigen Raum an Bedeutung zu gewinnen, doch bestehen weiterhin deutliche Defizite an theoretischen Konzepten und empirischen Befunden. In der Medienforschung und noch stärker in der Alternsforschung fristet dieses Thema über Jahrzehnte ein Nischendasein, obgleich in den USA seit den 1960er Jahren in gewissem Umfang eine Forschungstradition nachgezeichnet werden kann.

Dabei beschränkt sich der Fundus an Forschungsergebnissen im Wesentlichen auf drei Schwerpunkte: Das junge Alter, das Leitmedium Fernsehen und die Kompensations- und Substitutionsfunktion von Medien. Als Grund für diese reduzierte Betrachtungsweise zeichnen sich vornehmlich stereotype, wissenschaftlich überholte Medien- und Altersbilder verantwortlich. Während in der Alternsforschung anstelle von rezipientenorientierten Konzepten mediumzentrierte und medienkonservative Denkmuster präsent sind, bleiben medienbezogene Forschungsarbeiten überwiegend einer defizit- und disengagementorientierten Perspektive verhaftet. Es fehlen Ansätze, die aus einer lebensspannenbezogenen Entwicklungsperspektive ältere Menschen als aktive Medienrezipienten definieren und dabei medienbezogene Bedürfnisse mit person- und umweltbezogenen Merkmalen verknüpfen.

Diese Perspektive obliegt dieser Arbeit, wobei versucht wurde, den Kontext „Alter und Medien" in seinen theoretischen Bezügen und Konzepten möglichst breit zu fassen. Dabei wurden Theoriebezüge mit Fokus auf der individuellen Ebene, der sozial-ökologischen Umweltebene und der Gesellschaftsebene einbezogen. Obgleich auf keinen der drei Ebenen theoretische Ansätze und Zugänge explizit zu alterns- mit medienbezogenen Konzepten vorliegen, bestehen doch Anknüpfungspunkte und Schnittmengen, aus denen sich „mediengerontologische" Prämissen ableiten lassen.

Die alternsbezogene Forschung wird auf der Individualebene durch zwei meta-theoretische Konzepte geprägt, die auch hinsichtlich der Mediennutzung als substanziell betrachtet werden können:

Erstens das Lebensspannenkonzept aus der Entwicklungspsychologie, wonach Altern ein lebenslanger und dynamischer Entwicklungsprozess ist, der nicht allein durch Verluste gekennzeichnet ist, sondern bis zum Lebensende auch mit Entwicklungsgewinnen einhergeht. Dabei bietet eine Differenzierung zwischen einem ressourcenreichen, jüngeren Dritten Alter und einem ressourcenreduzierten, höheren Vierten Alter eine heuristisch notwendige Strukturierung des Alternsprozesses. Der Mensch verfügt bis ins hohe Alter über eine hohe Plastizität, auf Veränderungen und Verluste einwirken zu können. Zudem beeinflussen historisch-kulturelle Faktoren das Altern, weshalb Kohorteneffekte z.B. in Bezug auf Gesundheit, Bildung, Aktivität und Selbstwirksamkeit angenommen werden können. Des Weiteren lassen sich theoretische Bezüge zu klassischen Lebenslaufmodellen von Erikson oder Havighurst herstellen, wonach spezifische Entwicklungsaufgaben im Alter bestehen, die in Wechselwirkung zwischen gesellschaftlichen Anforderungen und individuellen Bedürfnissen stehen. Diese Entwicklungsaufgaben stellen sich jedoch subjektiv für jedes Individuum unterschiedlich dar und sind daher auch nicht an objektiven oder universellen Kriterien wie kalendarischem oder biologischem Alter festlegbar. Das Alter stellt insofern eine sehr heterogene Entwicklungsphase dar, wobei die Heterogenität und Vielfalt an Alternsformen im Vergleich zu jüngeren Altersphasen zunimmt.

Zweitens bieten prozess- und ressourcenorientierte Modelle des erfolgreichen Alterns einen theoretischen Schwerpunkt für eine Untersuchung der Mediennutzung im Alter. Diese betonen die Handlungs- und Gestaltungskomponente im Entwicklungsprozess und beschreiben Einflussfaktoren und Strategien für ein gutes Altern. Damit gehen sie über die klassischen Aktivitäts-, die Disengagement- und die Kontinuitätstheorien hinaus, die allesamt kein differenzielles Altern berücksichtigen. Nach Rowe und Kahn (1997, 1999) kann durch einen aktiven, gesundheitsbewußten Lebensstil der Alternsprozess positiv gestaltet werden, wobei soziale Aktivitäten und gesellschaftliche Teilhabe – ein social engagement in life – eine wichtige Komponente einnehmen. Das SOK-Modell von Baltes und Baltes (1990) beschreibt drei zusammenwirkende Prozesse von Selektion, Optimierung und Kompensation, mit denen ein Individuum auf Alternsveränderungen und -verlusten (pro-)aktiv einwirken kann, woraus ein stabiles Funktionsniveau mit positivem Selbstbild und Wohlbefinden resultieren kann. Entwicklungsbedingt nehmen im hohen Alter Kompensationsprozesse zu und damit auch der Kulturbedarf z.B. an technischen Hilfsmitteln. In ähnlicher Weise sieht das Bewältigungsmodell von Brandtstädter (2007) eine Zunahme akkommodativer Strategien im ressourcenreduzierten Vierten Alter, wenn zuvor präferierte assimilative Strategien nicht mehr möglich werden. Ein gelingendes Altern zeichnet sich dann durch flexible Zielanpassung aus, bei dem Ziele und Bedürfnisse umformuliert und neu adjustiert werden. Dabei gilt es zu bedenken, dass aus der Perspektive differenziellen Alterns, neben solchen normativ geprägten Modellen erfolgreichen Alterns, weitere Alternsformen und Altersschicksale beschreibbar sind, die einem normalen und (dennoch) zufriedenen und gelingenden Altern entsprechen.

Als bestimmende metatheoretische Größe in der Medienforschung gelten rezipientenorientierte Ansätze wie der klassische Uses and Gratification Approach (Katz et al,

1974a,b), wonach Menschen aktiv und selektiv Medien nach bestimmten Erwartungen und Bedürfnissen nutzen. Des Weiteren betonen medienbiografische Ansätze die Relevanz lebenslauf- und lebensweltbezogener Mediennutzung (z.B. Cultural Studies).

Aus diesen alterns- und medientheoretischen Bezügen lassen sich auf der Individualebene folgende fünf mediengerontologische Prämissen ableiten:

1. Ältere Menschen sind den Medien nicht hilflos und passiv ausgeliefert, sondern nutzen diese aktiv und gezielt für ihre spezifischen Bedürfnisse.

2. Im Lebenslauf wandelt sich die Mediennutzung. Sowohl durch kulturelle, politische und historische Umweltfaktoren, die mit Veränderungen im Mediensystem, im Medienangebot und im Mediensetting einhergehen als auch auf Personenebene durch biographische, lebensphasen- und entwicklungsbezogene Faktoren. Damit ändern sich im Lebenslauf nicht nur die medialen Mittel, mit denen Bedürfnisse befriedigt werden, es wandeln sich auch die Bedürfnisse in Bezug auf Medien.

3. Medien können prinzipiell auch als Entwicklungsressource dienen oder zur Bearbeitung und Unterstützung von Entwicklungsaufgaben herangezogen werden. Medien stellen folglich weit mehr als bloße Kompensations- oder Substitutionsmittel für altersbedingte Verluste dar, sie können als Entwicklungsgewinn oder auch als „Befreiungsgeste" fungieren.

4. Dabei können alternsbedingt zwischen dem Dritten Alter und dem Vierten Alter Veränderungen in der Mediennutzung angenommen werden, wonach akkommodative und im Sinne Baltes kompensatorische Prozesse an Bedeutung gewinnen. Diese Adaptationsprozesse gehen folglich über einen negativ konnotierten Kompensations- und Substitutionsbegriff hinaus, der (erhöhte) Mediennutzung lediglich als Ersatz und Rückzug fokussiert. Vielmehr werden die Potenziale betont, wonach auch im hohen Alter eine Plastizität an Intervention und Trainierbarkeit wie auch Handlungs- und Gestaltungsspielräume bestehen, um selbstwirksam Entwicklungsziele in Bezug auf die Mediennutzung umzugestalten und zu adjustieren.

5. Insgesamt kann davon ausgegangen werden, dass sich nicht nur intraindividuell die Mediennutzung im Lebenslauf ändert, sondern auch die interindividuelle Heterogenität im Alter zunimmt.

Aus diesem Blickwinkel gilt es die oftmals pauschal postulierte Annahme einer intensiven Nutzung klassischer Massenmedien und insbesondere des Fernsehens kritisch zu hinterfragen. Diese These stützt sich zumeist nur auf Mittelwerte, die die

Streuung der Daten und damit die Hctcrogenität der Mediennutzung verdecken. Zudem bleibt zu vermuten, dass im hohen und sehr hohen Alter eine Verdichtung und Konzentration des Medienportfolios stattfindet und der Nutzungsumfang zurückgeht – wie z.b. Befunde aus der BASE-Studie zeigen.

Auch konzeptionell greifen Erklärungsmodelle zu kurz, wenn sie einseitig auf disengagementbezogene und strukturfunktionale Thesen verweisen, wonach mit dem Ausscheiden aus dem Erwerbsleben soziale Rollen, Status, Habitus und Identität in negativer Weise tangiert werden und Medien als Ersatz und Rückzug kompensierend wirken. Dabei wird übersehen, dass zum einen unter den jungen Alten zum überwiegenden Teil genügend Ressourcen vorhanden sind und erst im hohen Alter Aspekte wie Kompensation und Kulturbedarf ansteigen. Zum anderen können durch die frei gewordene Zeit, Medien proaktiv für neue Entwicklungsziele genutzt werden. Das hohe Informationsbedürfnis älterer Menschen könnte folglich auch Ausdruck gezielt genutzter Ressourcen sein. Allerdings fehlen bislang Paneldaten, die den Zusammenhang zwischen individuellen Entwicklungen, Bedürfnissen und Mediennutzung im höheren, hohen und sehr hohen Alter nachzeichnen könnten.

Neben diesen individuellen Faktoren, bedingen darüber hinaus umwelt- und gesellschaftliche Aspekte die Mediennutzung. Als theoretischen Bezugspunkt bieten sich hierfür sozial-ökologische Konzepte der Medienforschung (Baacke, 1989) an, die Medien als sozial-räumliche Umwelten betrachten und die Mediennutzung im Kontext von Medienumgebungen und Alltagswelt interpretieren. Dabei liegt eine direkte Verschränkung zu ökogerontologischen Konzepten vor, wonach mit dem Alter der Umweltdruck als Anforderungsqualität zunimmt, und die Wohnumwelt als ökologisches Zentrum an Bedeutung gewinnt. In diesem Zusammenhang können vertraute Medien wie das Fernsehen zu alltagsrelevanten Umwelten mit einer hohen kognitiv-affektiven Verbundenheit werden. In Anlehnung an Saup (1993) wird der Medienalltag im Alter zunehmend zum Wohnalltag.

Wie das Lebensspannenkonzept nach Baltes (1990) betont, ist der Alternsprozess historisch-kulturell verankert. Vor dem Hintergrund einer zunehmend digitalen Welt mit hoher Innovationsdynamik bzgl. Informations- und Kommunikationsmedien verändert sich das Gesamtgefüge gesellschaftlicher Kommunikation. Da in der Gesamtbevölkerung begrenzte Zeitbudgets an Freizeit und Mediennutzung bestehen, finden zwischen neuen und klassischen Medien Konvergenz- und Divergenzprozesse statt, die im Altersquerschnitt unterschiedliche Konsequenzen haben können.

Entscheidend für den Alternsprozess ist hierbei, inwiefern ältere Menschen von diesen medialen Entwicklungen tangiert werden, welche gesellschaftsstrukturellen Zugangs- und Nutzungsmöglichkeiten bestehen und wie sich dadurch die Mediennutzung im Alter verändert. Aus soziologischen, strukturfunktionalen Theorien, wie dem Insitiutionalisierungsansatz von Kohli (2003) oder der Altersschichtungstheorie von Riley und Kollegen (1999), lassen sich Annahmen für soziale Ungleichheiten im Zugang zur digitalen Welt ableiten. Hierzu finden sich in kulturanthropologischen Ansätzen weitere Hinweise für eine mögliche Benachteiligung und Ausgrenzung älterer Menschen in modernen Gesellschaften.

Anhand der Diffusionstheorie von Rogers (2003) kann aufgezeigt werden, wie im Zeitverlauf bestimmte Adoptionsgruppen sich z.b. des Schlüsselmediums Internet annehmen. Ältere Menschen zählen überwiegend zu späten Anwendern und zu den Internetverweigerern, wobei zwischen den Alters- und Kohortengruppen enorme Unterschiede im Diffusionsniveau bestehen.

Der damit verbundene Aspekt der Kohortendifferenz wird durch das Generationenkonzept Mannheim (1964) und der konzeptionellen Erweiterung auf Medienpraxiskulturen nach Schäffer (2003) deutlich. Es unterstreicht, dass innerhalb der Gruppe älterer Menschen in Bezug auf Medienumwelten und Mediennutzung Unterschiede entlang Kohorten und Generationen angenommen werden können. So weisen heutige Alterskohorten ein höheres Bildungs- und Gesundheitsniveau auf als noch vor drei Jahrzehnten, was sich nicht nur in einer Zunahme an aktiven gesunden Jahren bemerkbar macht (Klein, 2004), sondern auch in einem veränderten positiven Selbstbild und einer hohen Selbstwirksamkeit resultiert.

Aus diesen makrotheoretischen Bezügen lassen sich zwei weitere zentrale mediengerontologische Prämissen folgern:

1. Bei der Betrachtung der Mediennutzung im Alter gilt es den Messzeitpunkt zu beachten und damit zusammenhängend die Temporalität medienbezogener Daten. Dies gilt speziell vor dem Hintergrund gesellschaftlich hoher Innovationsdynamik von Medien und Technologien.

2. Zudem gilt es, das Alter speziell auch nach Kohorten zu differenzieren. Denn nicht nur innerhalb einer Alterskohorte können heterogene Nutzungsmuster angenommen werden, sondern auch zwischen den Alterskohorten.

Zusammenfassend können zwei Kernbereiche an Forschungsdesiderata konstatiert werden:

Zum einen fehlen empirische medienbezogene Befunde, die in differenzierter Weise Aspekte der Heterogenität, der Kontextualität und der Entwicklung von Mediennutzung älterer Menschen vor dem Hintergrund einer sich veränderten (digitalen) Medienwelt abbilden. Weder werden intervenierende Variablen wie Alter, Kohorte und Messzeitpunkt ausreichend beachtet, noch die Mediennutzung alltagsnah und kontextual untersucht.

Zum anderen fehlen person- und umweltbezogene Befunde, die Zusammenhänge zwischen der Heterogenität der Mediennutzung im Alter und stabilen und situativen psychologischen Aspekten zur Person und zur Lebenssituation aufzeigen können. Bisherige Typologieforschung, die heterogene Nutzungsformen teilweise mit psychologischen Variablen in Verbindung bringen konnten, weist das Manko auf, dass intervenierende Merkmale wie Alter, Kohorte und Periode nicht kontrolliert bzw. nicht beachtet wurden.

Diesem Forschungsdefizit will die vorliegende Arbeit mit empirischen Methoden entgegenwirken. Die hierfür verwendeten Forschungsfragen werden in Abschnitt 3 beschrieben.

3 Forschungsfragen

Da es national wie international keine „mediengerontologische" Studie gibt, die sowohl den Kontext Mediennutzung als auch den Kontext Alter(n) berücksichtigt, wurde auf zwei Studien unterschiedlicher fachspezifischer Provenienz zurückgegriffen. Zum einen auf die renommierte Medienstudie „Massenkommunikation", die repräsentative Basisdaten zum Kontext Mediennutzung zu zwei Messzeitpunkten (2005 und 2000) enthielt. Zum anderen auf die gerontologisch ausgerichtete „Interdisziplinäre Längsschnittstudie des Erwachsenenalters" (ILSE), die anhand einer Kohorte (K30-32) zu einem Messzeitpunkt (2005) umfangreiches Datenmaterial zu psychologischen Aspekten des Alterns bot. Dabei bestand eine Verknüpfung zur Medienstudie, da beide zu einer vergleichbaren Kohorte und einem gemeinsamen Messzeitpunkt identische Konstrukte der Mediennutzung enthielten.

3.1 Forschungsfragen zur MK2005 und MK2000

Aus den skizzierten theoretischen Bezügen, mediengerontologischen Prämissen und aufgezeigten Forschungsdefiziten ergeben sich speziell für die Medienstudie zwei zentrale Forschungsfragen:

1. Wie lässt sich die aktuelle Mediennutzung älterer Menschen im Kontext von Medienumwelt, Medienrepertoire, subjektiver Bedeutung von Medien und medienbezogenen Bedürfnissen am besten charakterisieren? Welche Unterschiede ergeben sich inter-gruppenspezifisch (nach Alter) und welche intra-gruppenspezifisch (nach soziodemografischen Merkmalen)?

Die erste zentrale Fragestellung besitzt einen medienbezogenen und einen alternsbezogenen Aspekt: Der medienspezifische Kern bezieht sich zum einen auf rezipientenorientierte Theorieaspekte, wonach die Nutzung von Medien mit Gratifikationserwartungen und Bedürfnissen zusammenhängen und mit subjektiver Bindung zu Medien. So müsste sich eine hohe Affinität zu einem bestimmten Medium in einer intensiven Nutzung, einer hohen Bindung und einer vielfältigen Zuweisung an Funktionen, Motiven und Images ausdrücken. Zum anderen zielt die Fragestellung auf unterschiedliche mediale Umwelten entlang soziodemografischer Merkmale. Es gilt daher die Verfügbarkeit von Medien, den Nutzungsort sowie das Repertoire an genutzten Medien zu untersuchen. Anstelle einer partiellen Betrachtung einzelner Medien soll die Mediennutzung in der Zusammenschau, sozusagen orchestral, erfasst werden.

Der alternsbezogene Kern zielt auf die Annahme von Heterogenität in der Mediennutzung zwischen älteren Menschen. Diese These lässt sich einerseits aus der differenziellen Gerontologie ableiten, wonach mit dem Alter die Heterogenität von Entwicklungsprozessen und Alternsformen zunimmt. Andererseits sollten sich hinsichtlich des Zugangs zu und Umgangs mit modernen Medien generationen- bzw. alters- und kohortengebundene Unterschiede zu einem einzelnen Messzeitpunkt beschreiben lassen. Hier bestehen alternsbezogene Verknüpfungen mit mehreren makrosoziologischen Theorien (Diffusionstheorie, Generationenkonzept, Altersschichtungstheorie). Demnach dürften sich unter älteren Menschen in geringerem Umfang innovationsaffine Personen befinden, gleichzeitig sollten innerhalb einer Generation bzw. Altersgruppe/Kohorte bedeutsame Unterschiede in der Innovationsbereitschaft messbar sein.

Dabei müssen Befunde zur Mediennutzung im zeithistorischen Kontext betrachtet werden. Vor dem Hintergrund einer hohen Innovationsdynamik im Bereich der Informations- und Kommunikationstechnologie, kann die Temporalität von medienbezogenen Ergebnissen begrenzt sein. Eine Einbeziehung eines weiteren Messzeitpunkts bietet sich hier an. Dabei könnte ein Messzeitpunkt, der wenige Jahre voraus liegt ausreichend sein, um einen Veränderungstrend und Entwicklungsprozess hinsichtlich der Adoption und Verbreitung neuer Medien in einer Population nachzeichnen zu können. Auch könnte die Nutzung klassischer etablierter Massenmedien wie Fernsehen, Radio und Tageszeitung auf mögliche Konstanz und Veränderung überprüft werden. Neben solch einer medienzentrierten Perspektive könnten sich aus einer gerontologischen Sichtweise auch Hinweise auf entwicklungsbezogene Veränderungen der Mediennutzung ergeben. Die zweite zentrale Forschungsfrage im Rahmen der Medienstudie lautet folglich:

2. Welche Veränderungstrends zeichnen sich in der Mediennutzung älterer Menschen ab? Inwiefern bestehen kohortenspezifische Unterschiede hinsichtlich Konstanz und Veränderung von Mediennutzung?

Daraus ergeben sich zur MK2005 konkrete Forschungsfragen im Altersquerschnitt (Personen über und unter 60 Jahren, Altersgruppen 60-69, 70-79, 80-89 Jahren) sowie innerhalb einer Kohorte entlang soziodemografischer Merkmale wie Geschlecht, Bildung, Einkommen, Haushaltsgröße und Region. Im Vergleich zur MK2000 kann zudem nach kohortenspezifischen Unterschieden (K20-29 bis K70-79) gefragt werden. Dabei können diese Forschungsfragen in einen medienökologischen, einen medienzentrierten und einen rezipientenorientierten Bezugspunkt unterteilt werden.

3.1.1 Medienökologischer Bezugspunkt

a) Nutzungsort

- Wie hoch liegt in den einzelnen Analysegruppen der Anteil zu Hause verbrachter Zeit und welche altersspezifischen Unterschiede bestehen?

- Wie hoch liegt in den einzelnen Analysegruppen der Anteil an ausschließlich zu Hause verbrachter Fernseh-, Radio- und Zeitungsnutzung und welche altersspezifischen Unterschiede bestehen?

b) Medienausstattung zu Hause

- Über welche Medien verfügen die einzelnen Analysegruppen und welche altersspezifischen und intra-kohortenspezifischen Unterschiede bestehen?

- Wie ist der Verlauf der Streuung im Altersquerschnitt zu einzelnen Medien? Nimmt diese im Altersquerschnitt zu?

- Welche soziodemografischen Prädiktoren haben die stärkste Vorhersagekraft für den Besitz moderner Medien?

- Welche kohortenspezifischen Veränderungen bestehen zwischen 2000 und 2005 in der Medienausstattung?

3.1.2 Medienorientierter Bezugspunkt

a) Nutzungshäufigkeit von Medien

- Welche tagesaktuellen Medien und nicht tagesaktuellen Medien werden in den einzelnen Analysegruppen genutzt und welche altersspezifischen und intra-kohortenspezifischen Unterschiede bestehen?

- Welche kohortenspezifischen Veränderungen bestehen zwischen 2000 und 2005 in den Nutzungshäufigkeiten?

b) Zeitbudgets für Medien

- Wie hoch liegt die Nutzungs- und Verweildauer zu tagesaktuellen und nicht tagesaktuellen Medien in den einzelnen Analysegruppen und welche altersspezifischen und intra-kohortenspezifischen Unterschiede bestehen?

- Wie ist der Verlauf der Streuung im Altersquerschnitt zu einzelnen Medien?

- Welche kohortenspezifischen Veränderungen bestehen zwischen 2000 und 2005 im Zeitbudget?

c) Mediennutzung im Tagesverlauf

- Wie werden die drei tagesaktuellen Medien Fernsehen, Radio, Zeitung im 24-Stunden-Verlauf genutzt? Welche Nutzungsschwerpunkte gibt es für die jeweiligen Medien? Wie unterscheiden sich die Tagesverläufe zwischen Viel- und Wenigsehern der K30-39? Wie nutzen Onliner der K30-39 das Medium im Tagesverlauf?

- Welche Veränderungen in der K30-39 bestehen zwischen 2000 und 2005 im Tagesverlauf von Fernsehen, Radio und Tageszeitung?

3.1.3 Rezipientenorientierter Bezugspunkt

a) Images tagesaktueller Medien im Direktvergleich

- Welche Images werden den vier tagesaktuellen Medien Fernsehen, Radio, Tageszeitung und Internet im Direktvergleich in den einzelnen Analysegruppen zugewiesen und welche altersspezifischen und intra-kohortenspezifischen Unterschiede bestehen?

- Welche kohortenspezifischen Veränderungen bestehen zwischen 2000 und 2005 in den Imagezuweisungen von Fernsehen, Radio, Tageszeitung und Internet?

b) Bindung an die Medien

- Welche Bindung zu den vier tagesaktuellen Medien Fernsehen, Radio, Tageszeitung und Internet bestehen in den einzelnen Analysegruppen und welche altersspezifischen und intra-kohortenspezifischen Unterschiede bestehen?

- Welche kohortenspezifischen Veränderungen bestehen zwischen 2000 und 2005 in der Bindung zu Fernsehen, Radio, Tageszeitung und Internet?

c) Nutzungsmotive

- Welche Nutzungsmotive bestehen zu den drei tagesaktuellen Medien Fernsehen, Radio, Tageszeitung in den einzelnen Analysegruppen und welche altersspezifischen und intra-kohortenspezifischen Unterschiede gibt es?

- Welche kohortenspezifischen Veränderungen bestehen zwischen 2000 und 2005 in den Nutzungsmotiven zu Fernsehen, Radio, Tageszeitung und Internet?

d) Präferenz von Sendertypen beim Fernsehen

- Welcher Fernsehsendertyp (öffentlich-rechtlicher oder privat-kommerzieller) wird favorisiert und welche Unterschiede bestehen in den einzelnen Analysegruppen?

3.2 Forschungsfragen zur ILSE-Studie

Für den zweiten Teil der vorliegenden Arbeit konnten aus den theoretischen Bezugs-punkten ebenso zwei zentrale Forschungsfragen abgeleitet werden, die speziell auf die Heterogenität der Mediennutzung im Alter zielen.

Heterogenität im Alter lässt sich in Anlehnung an die differenzielle Gerontologie Thomaes (1987) durch Alternsformen und Altersschicksale kennzeichnen, die wie-derum mit intra- und interindividuellen Unterschieden im Entwicklungsprozessen zusammenhängen. Eine methodische Möglichkeit Alternsformen zu ermitteln, bieten Clusteranalysen. Bezug nehmend auf eine rezipientenorientierte Medientheorie müss-ten sich entsprechend in der Mediennutzung unterschiedliche Bedürfnislagen älterer Menschen nachweisen lassen. Das Fernsehen als Leitmedium einer analogen Me-diengesellschaft bietet speziell für die Untersuchung älterer Kohorten ein geeignetes Analysemedium. Es wird im Alter nicht nur von allen Massenmedien am zeitinten-sivsten genutzt, ihm wird auch das breiteste Spektrum an Nutzungsmotiven und Funktionen zugesprochen. Nutzungsmotive gelten als den Bedürfnissen nachgelagert und gelten zur Operationalisierung als rational zugänglicher.

Ein Charakteristikum der meisten Typologien im Kontext von Alter und Medien ist die Verwendung einer großen Altersspanne in der Analysegruppe. Wie Ableitungen aus der lebensspannenbezogenen Entwicklungspsychologie und aus makrosoziologischen Theorien nahe legen, können sich dadurch Unterschiede zwischen den Clustern erge-ben, die auf Alternsprozessen und Generationseffekten beruhen. Der Versuch eine He-terogenität unabhängig von Alter und Generation zu bestimmen, fehlt in dieser Metho-dik. Aus diesen theoretischen Ausführungen lässt sich in Bezug auf das ILSE-Sample folgende zentrale Forschungsfrage stellen:

1. Welche Heterogenität besteht unter Fernsehnutzern der Kohorte 1930-1932? In-wiefern lassen sich explorativ heterogene Gruppen aus den Nutzungsmotiven beim Fernsehen gewinnen?

Dabei zeigen Typologien zur Fernsehnutzung zwei unterschiedliche kommunikative Grundorientierungen auf: Personen, die das Fernsehen in erster Linie informations-orientiert und selektiv nutzen, und Personen, die eher unterhaltungsorientiert sind und das Fernsehgerät stärker habituell einschalten. Für solche Unterschiede lassen sich stabile personbezogene Merkmale wie sozioökonomischer Status, Geschlecht oder Persönlichkeitsmerkmale wie Neurotizismus annehmen. Besonders Untersuchungen zu Vielsehern konnten Zusammenhänge zu einer starken Unterhaltungsorientierung aufzeigen. Dabei könnten solche Grundmuster medienübergreifend auftreten, wie Befunde zu transmedialen Nutzungsstilen zeigen.

Neben stabilen Personmerkmalen wird die Mediennutzung durch die Lebenswelt und aktuelle Lebenslage bestimmt. Speziell in einer Kohorte, die sich im Übergang zwischen einem Dritten Alter und einem Vierten Alter befindet, kann eine breite Streuung an Alternsprozessen angenommen werden. So könnte eine ressourcenreiche, gesunde Gruppe einer ressourcenarmen und vulnerablen, ko-morbiden gegenüberstehen. Unterschiede im Gesundheitsstatus, in der Alltagskompetenz, in der kognitiven Leistungsfähigkeit wie auch im subjektiven Wohlbefinden könnten folglich unterschiedliche medienbezogene Bedürfnisse und Nutzungsformen bedingen.

Unter einer medienphilosophischen und medienanthropologischen Perspektive könnte ein multifunktionales „Allroundmedium" wie das Fernsehen für manche Teilgruppen zur Kompensation und als Prothese fungieren, für andere Teilgruppen als Ressource für Entwicklungsgewinne und Verstärker. Aus diesen vielfältigen Annahmen kann als zweite konkrete Forschungsfrage formuliert werden:

2. Welche Erklärungen gibt es für eine Heterogenität in den Nutzungsmotiven beim Fernsehen? Welche Zusammenhänge lassen sich durch stabile und situative Person- und Umweltmerkmale herstellen?

4   Methodik

Die Methodik dieser quantitativ ausgerichteten Arbeit gliederte sich in zwei Bestand-
teile. Im ersten Teil wurde die bevölkerungsrepräsentativ angelegte Langzeitstudie
„Massenkommunikation" der ARD/ZDF-Medienkommission verwendet, mit den
beiden Erhebungswellen von 2005 (im Weiteren MK2005) und 2000 (im Weiteren
MK2000). Diese renommierte Medienstudie bot die Möglichkeit differenzierter Basisdaten zum Kontext Mediennutzung im Alter. Durch die hohe Kontinuität im Forschungsdesign der beiden Wellen konnten zudem die Mediendaten auf Ebene von
Personengruppen (Kohorten) auf Konstanz und Veränderung überprüft werden.

Im zweiten Teil wurde auf die interdisziplinär angelegte gerontologische Längsschnittstudie „Interdisziplinäre Längsschnittstudie des Erwachsenenalters" (ILSE)
zurückgegriffen. Das Sample umfasste eine einzelne Kohorte (K1930-1932) zum
Messzeitpunkt von 2005. Die Stärke dieser Studie lag in ihrem breiten psychologischen Variablenkranz, wobei erstmals in dieser Studie eine umfangreiche Daten-
erhebung zur Mediennutzung durchgeführt wurde. Anhand der Studie konnten mit explorativen Verfahren heterogene Motivprofile zum Fernsehen erfasst werden, die Zusammenhänge zu situativen und stabilen Person- und Umweltmerkmalen aufwiesen.

4.1   Methodik zur MK2005 und MK2000

4.1.1   Studiendesign

Die querschnittlich angelegte Langzeitstudie „Massenkommunikation" wurde erstmals 1964 durchgeführt und wird seit 1980 in einem Zeitintervall von fünf Jahren neu
aufgelegt. Sie ist international in dieser Form und Zeitdauer einmalig, da sie die Nutzung und subjektive Bedeutung von Massenmedien über einen Zeitraum von nunmehr schon 40 Jahren erhebt. Zu jedem Messzeitpunkt befragt die Studie etwa 5000
Probanden aus der Grundgesamtheit der deutsch sprechenden Bevölkerung ab 14 Jahren.

Für den ersten Teil der empirischen Arbeit bildete die neunte Erhebungswelle von
2005 mit 4500 Personen im Alter zwischen 14 und 89 Jahren die Grundlage. Um die
Analysen in ihrem zeithistorischen Kontext verorten zu können, wurden Vergleichsdaten aus der vorherigen Welle von 2000 (n=5017, 14-89 Jahre) hinzugenommen.

Die beiden Stichproben stellen keine längsschnittliche Panelerhebung dar, bei der die
gleichen Personen zu jedem Messzeitpunkt erneut kontaktiert werden: es handelt sich
um Zeitreihendaten mit einem jeweils neu zusammengesetzten, repräsentativen Sam-

ple. Die Langzeitstudie ist eine Querschnittsuntersuchung mit wiederholten Messzeitpunkten. Eine Analyse war daher nur durch Aggregierung von Altersgruppen und Geburtskohorten möglich und nicht mit Einzelpersonen. Diese Methode hatte jedoch gegenüber Panelstudien den Vorteil, dass es keine Lerneffekte durch wiederholte Befragung der gleichen Probanden gab und auch keine Stichprobenverzerrung infolge struktureller Dropouts oder Mortalität (wie z.B. in der ILSE-Studie, Abschnitt 4.2.3).

Die Langzeitstudie beinhaltet aufgrund ihrer medienzentrierten Ausrichtung keinen expliziten Fokus mit psychologischen oder gerontologischen Fragestellungen. Jedoch bot der Datensatz mit seinem breit angelegten Variablenset zur Medienausstattung, -nutzung und -einstellung in international einmaliger Weise die Möglichkeit einer differenzierteren Betrachtung medienbezogener Merkmale älterer Menschen. Des Weiteren war der Messzeitpunkt aus mediengerontologischer Sicht interessant, da im Jahr 2000 die Digitalisierung der Medien bei den älteren Altersgruppen noch nicht wie bei den jüngeren vorangeschritten war: Während bereits über ein Drittel der 14- bis 59-Jährigen das Internet nutzte, waren es bei den älteren Personen erst fünf Prozent (Doh & Gonser, 2007). In den folgenden Jahren hatte die Verbreitung auch unter älteren Menschen stark zugenommen, wie Publikationen zur Internetdiffusion darlegen (Doh, 2006; van Eimeren & Frees, 2009). Die MK2000 kann daher als wichtige Referenzquelle im Transformationsprozess von einem analogen zu einem digitalen Medienzeitalter betrachtet werden.

4.1.2 Untersuchungsdurchführung

Um dem Standard für repräsentative Umfragen in Deutschland zu entsprechen, erfolgte die Stichprobenziehung auf der Basis der Auswahlgrundlage des Arbeitskreises Deutscher Markt- und Sozialforschungsinstitute (ADM) für Telefonstichproben. Dabei wurde anhand des Gabler-Häder-Modells eine regionale Vorschichtung nach Regierungsbezirken und BIK-Wohnortgrößen vorgenommen (Gabler et al., 1998). Seit der MK2000 werden die Interviews mittels telefonischer Befragung (CATI-Verfahren) erfasst, zuvor durch face-to-face-Gespräche. Zudem liegen seit der MK1995 gesamtdeutsche Daten vor. Dies hatte zur Folge, dass für einige Medien (z.B. Fernsehen, Radio, CD) die Nutzungswerte angestiegen sind, zum einen da die neuen Bundesländer intensiver elektronische Medien nutzen, zum anderen da die CATI-Erhebungstechnik jüngere und mobilere Zielgruppen besser ausschöpft (van Eimeren & Ridder, 2001, S. 543).

Die Stichprobenteilnehmer wurden nach ausgewählten Telefonnummern per Zufall auf sieben Wochentags-Stichproben verteilt. Der dazu verwendete Fragebogen lehnte an das Tagesablauf-Modul der ag.ma (MMC) an, das im Rahmen der Radiotranche der Media-Analyse verwendet wurde. Basierend auf den Ergebnissen eines Pretests wurde anschließend eine Modifikation des Fragebogens vorgenommen. Durchführende Institute sind seit der MK2000 ENIGMA, GfK Medien- und Marketingforschung und MMA.

Ein Telefoninterview dauerte im Durchschnitt 50 Minuten (MK2000: 46 min.), wobei nach der Hälfte des Fragebogens die Option zur Vertagung des Interviews auf den darauf folgenden Tag bestand. 28% der Probanden (MK2000: 18%) nahmen diese Möglichkeit war, davon wurden 72% (MK2000: 75%) für das zweite Teilinterview erreicht. Für die Ausgangsstichprobe betrug die Ausschöpfungsrate 71%, für vollständige Interviews 66% (MK2000: 67%).

Die Haushaltsstichprobe der beiden MK-Datensätze wurde für die Analysen in eine Personenstichprobe umgewandelt. Dabei erfolgte eine Gewichtung iterativ nach Geschlecht x Alter, Schulbildung x Alter, nach Bundesland und BIK-Stadtregion sowie nach Wochentagen. Um der Vorgabe einer Repräsentativität für die deutsche Bevölkerung gerecht zu werden, wurde die Media-Analyse 2004/II als Referenz genommen.[42] Das Gewicht der Variable Alter wurde auf Basis von Altersgruppen (Dekaden) ermittelt und endete mit einem Gewichtungsmaß für die gesamte Altersgruppe zwischen 70 und 89 Jahren.

Insofern ist eine gewichtete Bevölkerungsrepräsentativität für die Altersgruppe 70 Jahre und älter gewährleistet, nicht jedoch für weiter spezifizierte Analysegruppen. So besteht z.B. eine Überrepräsentanz an Männern in der Altersgruppe 80-89 Jahre. Während das reale Verhältnis zwischen Männern und Frauen in dieser Altersgruppe laut Mikrozensus 29% zu 71% liegt, wird in der MK2005 ein gewichteter Anteil von 37% für Männer ausgegeben (siehe Tabelle 1).

Hinzuweisen ist zudem auf eine Besonderheit der Stichprobenziehung. Wie ein Vergleich der gewichteten Stichprobe mit der ungewichteten (siehe Tabelle 2) anzeigt, wurden zu wenig ältere Probanden gezogen. Vor allem Frauen, Personen mit formal niedriger Bildung und geringen Haushaltseinkommen waren unterrepräsentiert und mussten per Gewichtungsmaß nach oben korrigiert werden. So wurde z.B. bei den 70- bis 79-jährigen Personen mit niedrigen Haushaltseinkommen die Anzahl der Probanden von n=35 um den Faktor 3 auf n=109 erhöht; d.h. jeder Kennwert eines Probanden aus dieser Gruppe zählte für drei Personen. Hier lag die Gefahr einer Über-

---

[42] Die Media Analyse der ag.ma beruht auf dem Mikrozensus des Statistischen Bundesamtes. Der Mikrozensus ist die größte amtliche Haushaltsbefragung in der Bundesrepublik, an der etwa 380000 Haushalte und ca. 800000 Personen pro Jahr teilnehmen.

bewertung von Ausreißerwerten, was auch tatsächlich hinsichtlich der Dimension Zeitbudgets für das Fernsehen konstatiert werden musste (siehe Abschnitt 5.1.3.2). Auch die geringe Fallzahl der Altersgruppe 80-89 Jahre von n=41 und Nachjustierung auf n=69 bot Verzerrungen von Befunden, doch wurden keine Auffälligkeiten beanstandet.

Tab. 1: Stichprobe der MK2005, nach soziodemografischen Merkmalen, gewichtet

% N	Ge-samt	Geschlecht		Bildung			HH-Einkommen			HH-Größe	
		Männer	Frauen	Hoch	Mittel	Niedrig	Hoch	Mittel	Niedrig	MPS	Allein
14-49 Jahre	54.9 2469	50.4 1244	49.6 1225	19.1 472	42.4 1047	38.5 950	56.5 1238	32.4 709	11.5 244	86.6 2135	13.4 331
50-59 Jahre	14.4 649	49.4 321	50.6 329	14.4 94	33.5 217	52.1 338	61.9 374	27.5 166	10.6 64	83.9 545	16.1 104
60-69 Jahre	16.1 723	47.8 346	52.2 377	8.3 60	20.2 146	71.5 517	50.9 329	38.0 246	11.1 72	77.7 561	22.3 161
70-79 Jahre	13.1 590	37.3 220	62.7 370	9.9 58	18.5 109	71.6 422	30.2 167	50.1 277	19.7 109	54.2 319	45.8 270
80-89 Jahre	1.5 69	36.8 25	63.2 44	8.8 6	24.5 17	66.7 46	16.7 10	55.1 33	28.3 17	23.8 16	76.2 53
Gesamt	100 4500	47.9 2156	52.1 2344	15.3 689	34.2 1537	50.5 2274	52.2 2118	35.3 1431	12.5 506	79.6 3577	20.5 919

Quelle: ARD/ZDF-Medienkommission, MK2005, n=4500.
Anmerkung: Die Variable „HH-Einkommen" besitzt 445 missing values, „Haushaltsgröße" 4 missing values.

Tab. 2: Stichprobe der MK2005, nach soziodemografischen Merkmalen, ungewichtet

% N	Ge-samt	Geschlecht		Bildung			HH-Einkommen			HH-Größe	
		Männer	Frauen	Hoch	Mittel	Niedrig	Hoch	Mittel	Niedrig	MPS	Allein
14-49 Jahre	68.7 3092	50.1 1550	49.9 1542	39.5 1222	37.1 1147	23.4 723	54.5 1508	31.5 872	13.9 385	75.2 2322	24.9 768
50-59 Jahre	13.4 602	41.5 250	58.5 352	34.7 209	38.7 233	26.6 160	62.8 347	27.1 150	10.1 56	73.3 441	26.7 161
60-69 Jahre	11.0 494	47.2 233	52.8 261	31.4 155	31.0 153	37.7 186	55.4 248	32.6 146	12.1 54	65.3 322	34.7 171
70-79 Jahre	6.0 271	45.8 124	54.2 147	34.7 94	25.5 69	39.9 108	39.6 99	46.4 116	14.0 35	52.8 143	47.2 128
80-89 Jahre	0.9 41	39.0 16	61.0 25	29.3 12	39.0 16	31.7 13	31.6 12	50.0 19	18.4 7	24.4 10	75.6 31
Gesamt	100 4500	48.3 2173	51.7 2327	37.6 1692	36.0 1618	26.4 1190	54.6 2214	32.1 1303	13.3 537	72.0 3238	28.0 1259

Quelle: ARD/ZDF-Medienkommission, MK2005; n=4500.
Anmerkung: Unterrepräsentierte Merkmale von über 5 Prozentpunkten sind eckig markiert, überrepräsentierte Merkmale oval. „HH-Einkommen" hatte 446 missing values, „Haushaltsgröße" 3 missing values.

Darüber hinaus bezog sich die Stichprobe auf deutschsprechende Personen und Privathaushalte. Die etwa 9% in Deutschland lebenden Ausländer mit Migrationshintergrund waren somit nicht repräsentiert. Von dieser Gruppe waren 2005 über 450000 Personen älter als 65 Jahre; das entsprach 2.8% der Gesamtbevölkerung in Deutschland (eigene Berechnungen aus Statistisches Jahrbuch 2007, S. 64).

Auch Personen, die pflegebedürftig oder in Institutionen lebten, wurden nicht in das Sample aufgenommen. Wie bereits in Abschnitt 2.5.3 beschrieben, nimmt der Anteil an Pflegebedürftigkeit erst ab dem neunten Lebensjahrzehnt stark zu. Für die Stichprobenziehung der MK2005 bedeutete dies, dass zwischen 20% und 40% der Personen zwischen 80 und 89 Jahren aus gesundheitlichen Gründen nicht an der Studie teilnehmen konnten. Gleiches galt für die erhöhte Vulnerabilität einer Hörbeeinträchtigung im Alter, was ebenfalls ein Ausschlusskriterium für die CATI-Telefonbefragung sein konnte.

Damit lässt sich der Schluss ziehen, dass hinsichtlich der hochaltrigen Personen zwischen 80 und 89 Jahren ein sogenannter „differential nonresponse bias" besteht, was eine positive Selektion zur Folge hätte. Dies gilt es bei der Interpretation und Generalisierbarkeit der Befunde zu beachten.

4.1.3 Beschreibung der Stichprobe

Von den über 4500 Probanden zwischen 14 und 89 Jahren sind 45.1% (n=2031) 50 Jahre und älter. Davon entfallen 14.4% (n=649) auf die Altersgruppe 50-59 Jahre, 16.1% sind zwischen 60 und 69 Jahren, 13.1% (n=590) zwischen 70 und 79 Jahren und 1.5% (n=69) zwischen 80 und 89 Jahren (siehe Tabelle 1). Die zunehmende Feminisierung äußert sich in einem Zuwachs der Frauenanteile von 49.6% bei den 14- bis 49-Jährigen auf 63.2% bei den 80- bis 89-Jährigen (χ^2 (4)=36.78, p≤.001).

Alterskorreliert ist auch das Bildungsniveau: Während 19.1% der Personen zwischen 14-49 Jahren mindestens das Abitur absolviert haben, besitzen nur 8.8% bei den 80- bis 89-Jährigen eine formal hohe Bildung (χ^2 (8)=383.80, p≤.001). Umgekehrt verfügen über zwei Drittel dieser hochaltrigen Personen über einen formal niedrigen Bildungsstatus (kein allgemeiner Schulabschluss bzw. Hauptschul-, Volksschulabschluss), bei den Personen zwischen 14 und 49 Jahren sind es nur 38.5%. Ein mittleres Bildungsniveau (Abschluss der allgemeinbildenden polytechnischen Oberschule der DDR oder Realschule, also Mittlere Reife oder einem gleichwertigen Abschluss) besitzen 24.5% der ältesten Gruppe, hingegen 42.4% der jüngeren Altersgruppe. Dabei liegt das Bildungsniveau unter den Männern ab 60 Jahren deutlich über dem der Frauen. 14.3% verfügen über eine formal hohe Bildung, bei den Frauen sind es nur

5.0%. Umgekehrt weisen die Frauen ab 60 Jahren mit 75.7% einen um 10 Prozentpunkte höheren Anteil an formal niedriger Bildung auf (χ^2 (2)=38.19, p≤.001).

Der größte Alterseffekt zeigt sich in der Haushaltsgröße, da mit dem Alter der Anteil
an Alleinstehenden stark zunimmt. Bei den 14- bis 49-Jährigen betrifft dies lediglich
13.4%, bei den 70- bis 79-Jährigen sind es bereits 45.8% und bei den 80- bis 89-
Jährigen sogar 76.2% (χ^2 (4)=449.49, p≤.001). Davon sind im Alter besonders Frauen
betroffen. Unter den 60- bis 69 Jährigen sind 26.9% der Frauen alleinstehend und
17.3% der Männer (χ^2 (1)=9.64, p≤.01). Bei den 70- bis 79-jährigen Frauen wächst
der Anteil deutlich auf 61.8% an und die Differenz zu den Männern beträgt 43 Prozentpunkte (χ^2 (1)=101.51, p≤.001). Unter den 80- bis 89-jährigen Frauen sind nahezu
alle Frauen alleinstehend (94.1%), bei den Männern ist es nicht einmal jeder Zweite
(45.5%) (χ^2 (1)=20.94, p≤.001).

Entsprechend fällt für Frauen das Niveau des monatlichen Haushaltsnetto-
einkommens mit zunehmendem Alter ungünstiger aus. 63.1% der Männer zwischen
60 und 69 Jahren besitzen hohe finanzielle Ressourcen, unter den Frauen sind es nur
39.0%. Umgekehrt liegt deren Anteil an geringen Einkommen von unter 1000€ mit
15.5% doppelt so hoch als bei den Männern mit 6.6% (χ^2 (2)=39.72, p≤.001). Unter
den 80- bis 89-jährigen Frauen verfügen lediglich 10% über hohe finanzielle Ressourcen, bei den Männern sind es immerhin 25.7% (χ^2 (2)=7.74, p≤.05). In beiden
Gruppen nimmt durch die Verrentung und das Anwachsen an alleinstehenden Personen das Einkommensniveau mit dem Alter ab: Während in der Altersgruppe 14-49
Jahren 56.5% über ein Haushaltseinkommen von über 2000€ verfügt und bei den 60-
bis 69-Jährigen 61.9%, sind es bei den 70- bis 79-Jährigen 30.2% und bei den 80- bis
89-Jährigen nur 16.7% (χ^2 (8)=153.50, p≤.001).

Die Berufstätigkeit endet zum Großteil in der Altersgruppe zwischen 60 und 69 Jahren. Während von den 14- bis 49-jährigen Personen 86.4% und bei den 50- bis 59-
Jährigen 74.5% berufstätig sind, fällt der Anteil danach stark ab: unter den 60- bis 69-
Jährigen sind es noch 28.3%, bei den 70- bis 79-Jährigen 3.5% und bei den 80- bis
89-Jährigen ein Prozent (χ^2 (4)=1994.63, p≤.001).

4.1.4 Messinstrumente und Operationalisierung

Die Definition der Kohorten wurde, um ausreichende Stichprobengrößen zu gewährleisten, auf Dekaden festgesetzt. Die Zielkohorte der ILSE-Studie 1930-1932 ist somit in der MK2005 eingebettet in der Kohorte der 1930-1939-Geborenen. Mit einer
Gruppengröße von n=702 konnten somit multivariate Analysen zu intra-

kohortenspezifischen Gruppenvergleichen gerechnet werden. Im Vergleich zur untersuchten ILSE-Kohorte 1930-1932 ist die MK2005-Zielkohorte 1930-1939 im Altersdurchschnitt jünger, was im Einzelfall wie der Medienausstattung zu abweichenden
Ergebnissen führen kann. Als Beispiel sei auf die alters- und kohortengebundene Diffusionsdynamik des Internets hingewiesen (Doh, 2009).

Um die Mediennutzung möglichst kontextual abzubilden, kamen vielfältige Konstrukte
zur Ausstattung, Nutzung, Einstellung und Bewertung von Medien zum Einsatz.

4.1.4.1 Medienausstattung im Haushalt

Das Konstrukt der Medienumwelt wurde durch zwei Dimensionen operationalisiert.
Zum einen durch die Medienausstattung im Haushalt, zum anderen durch die Erfas-
sung des häuslichen und außerhäuslichen Nutzungsorts. Insgesamt konnten aus dem
Leitfadeninterview Items (nominalskaliert, ja/nein-Antworten) zum Besitz von 15 Me-
dien herangezogen werden: Fernsehen, Radio, Autoradio, Videorecorder, DVD-Player,
DVD-Recorder, CD-Player, Plattenspieler, Kassettenrecorder, Mini-Disk-Recorder,
MP3-Player/I-Pod, Computer/Laptop/ Notebook, Internetanschluss, GPS-Navigation,
Handy). Zum Leitmedium der älteren Menschen, dem Fernsehen, wurden weitere Ausstattungsmerkmale (Teletext, TV-Digitaldecoder, Flachbildschirm) miterhoben. Zudem
wurde nach der Mehrfachausstattung an Fernseh- und Radiogeräten gefragt. Als
Sprachregelung zur Klassifizierung des Versorgungsgrads in einer Population wurde
die Terminologie von Glatzer und Kollegen (1991) übernommen: Ab einer Versorgungsdichte von über 80% zählt ein Medium zur „Grundausstattung", bei einem Niveau von 50% bis 79% zur „Standardausstattung", zwischen 20% bis 49% gehört es
zur „erweiterten Ausstattung" und darunter zur „seltenen Ausstattung".

Die Operationalisierung des Nutzungsorts als zweiter Aspekt der Medienumwelt erfolgte indirekt über das Konstrukt Mediennutzung.

4.1.4.2 Mediennutzung

Das multidimensionale Konstrukt Mediennutzung wurde durch eine Tagesstichprobe
(„Stichtagsbefragung") im Tagesverlauf erhoben, wobei das Tagesablaufschema den
vorherigen Tag im Viertelstundenraster von 00.00 bis 24.00 Uhr erfasste (88 Variablen, nominal in 0/1-Werten codiert). Mit dieser Methode wurde die Dauer in Minuten
von medialen und nichtmedialen Tätigkeiten im Haus (Schlafen, Körperpflege/An-
ziehen, Essen/Mahlzeiten, Hausarbeiten, Berufsarbeit sowie Sonstiges) und außer
Haus (unterwegs im Auto, unterwegs mit Bahn/Bus, Einkaufen/Besorgungen, Berufsarbeit, Schule/Studium, Freunde/Bekannte/Verwandte, Kneipen/Gaststätte/ Re-

staurant sowie Sonstiges) ermittelt. Die Mediennutzung beinhaltete Fernsehen, Video/DVD sehen, Radio oder Musik (Schallplatten/CD/MC/MP3) hören, Zeitung, Zeitschriften, Bücherlesen sowie Internet/Online nutzen. Die Frage lautete hierzu:

"Kommen wir auf den gestrigen Tag zu sprechen. Denken Sie jetzt bitte immer daran, ob Sie gestern irgendwann ferngesehen, Radio oder Musik gehört, etwas gelesen haben oder Online bzw. im Internet waren. Wann sind Sie aufgewacht? Und was haben Sie dann gemacht?" (Reitze & Ridder, 2006, S. 261).

Mit dieser Erhebungsmethode konnten fünf Dimensionen generiert werden:[43]

1. Häusliche/außerhäusliche Medienumwelten: Addierung der medialen Aktivitäten zu Hause und außer Haus bzw. mobile Mediennutzung. Diese Spezifikation nach häuslicher und außerhäuslicher Mediennutzung lag allerdings nur für die MK2000 vor. Da für diese Dimension eine hohe Konstanz zwischen beiden Messzeitpunkten angenommen werden konnte, wurden diese Daten als Basisinformation verwendet.

2. Reichweiten: Prozentualer Anteil an Personen, die am Stichtag ein Medium genutzt haben. Misst somit die tägliche Erreichbarkeit eines Mediums.

3. Tagesverlaufskurven: Nutzungsverlauf der Massenmedien Fernsehen, Radio, Tageszeitung und Internet mittels Reichweiten im Viertelstundenintervall.

4. Nutzungsdauer: Durchschnittliches Zeitbudget eines Mediums am Stichtag. Dieser Kennwert bezieht sich auf das gesamte das Sample, einschließlich der Personen, die das Medium am Stichtag nicht genutzt haben.

5. Verweildauer: Durchschnittliches Zeitbudget, bezogen auf den Nutzerkreis am Stichtag.

Zudem konnte das Gesamtbudget der Mediennutzung durch Addition der einzelnen Nutzungszeiten errechnet werden. Es handelte sich hierbei um Brutto-Werte; da parallele Medientätigkeiten nicht herausgerechnet wurden. Diese Methode ist in der Langzeitstudie etabliert, da der Anteil an gleichzeitiger Nutzung mehrerer Medien sehr gering ist. In der MK2000 lag der Anteil bei 6% (ca. 30 Minuten) des gesamten täglichen Medienbudgets (Reitze & Ridder, 2006, S. 49).

Um speziell die Heterogenität zum Fernsehen bei älteren Menschen deutlicher zu beschreiben, wurde eine Differenzierung zwischen Viel- und Wenignutzung durchgeführt. Da eine klare Vorgabe zur Einteilung dieser Gruppen in der Literatur fehlt bzw. als veraltet betrachtet werden muss (siehe Abschnitt 2.2.1.3.5), wurde die Bemes-

---

[43] In Publikationen zur Mk2005 wird oftmals das eingeschränkte Intervall von 05.00 bis 24.00 verwendet, um eine Vergleichbarkeit zu alten Erhebungswellen herzustellen (z.B. Reitze & Ridder, 2006, S. 214). Die Werte zum Zeitbudget können daher geringer ausfallen als in der vorliegenden Arbeit.

sungsgrenze nach eigenen Kriterien festgelegt. Die Intention war, extensive Fernsehnutzung als eine Sondergruppe mit hoher Affinität zum Fernsehen zu definieren,
weshalb im Gegensatz zur Forschungsliteratur eine strenge Gruppeneinteilung vorgenommen wurde. Als Grundlage diente das oberste Quintil der Nutzungsdauer der Gesamtgruppe. Dadurch ergab sich für Vielseher eine Bemessungsgrenze von 360 Minuten Sehdauer, d.h. 20% aller Befragten nutzen im Mittel das Fernsehen mindestens
sechs Stunden am Tag. Umgekehrt entsprach das erste Quintil der Festlegung der
Wenigseher; die Bemessungsgrenze lag hier bei maximal einer Stunde.

In Bezug auf die Reliabilität weisen direkt erfragte Nutzungswerte im Vergleich zu
sekundengenauen, telemetrischen Methoden, wie bei der GfK-Einschaltquoten-
messung, Abweichungen auf (Stichwort „soziale Erwünschtheit"). Dennoch zeigt
eine Aufstellung der Nutzungsdauer verschiedener Medien der MK2000 zu anderen
Standarduntersuchungen erstaunlich gute Übereinstimmungen (Berg & Ridder, 2002,
S. 45). Für das Fernsehen lag z.B. in der MK2000 die Sehdauer um lediglich elf Minuten höher als in der GfK-Messung (174 Minuten). Ähnliche moderate Abweichungen
wurden auch für die MK2005 ausgegeben (Reitze & Ridder, 2006, S. 32).

Einen altersspezifischen Zusammenhang konstatierten hierbei Zubayr und Gerhard
(2005, S. 127). Demnach lagen die Selbsteinschätzungen zur Fernsehsehdauer in den
jüngeren Altersdekaden bis 40 Jahren etwas über den Vergleichswerten der GfK-
Messung. In den älteren Altersdekaden ab 40 Jahren wurden hingegen etwas niedrigere Werte ermittelt als zur telemetrischen Messung. Offensichtlich überschätzen
tendenziell jüngere Personen ihr Zeitbudget für das Fernsehen, während ältere Personen es eher unterschätzen. Diesen Hinweis gilt es zumindest für die Testung von Al-
tersgruppenunterschieden zu beachten.

4.1.4.3 Nutzungshäufigkeit von Medien

Die Nutzungsfrequenz verschiedener Medien wurde mit zwei Items erhoben. Nicht
tagesaktuelle Medien mit einer geringeren Frequenz wie Computer, Buch, Zeitschrift,
Schallplatte/CD/MC, Video/DVD wurden im Rahmen von 18 Tätigkeiten und Freizeitbeschäftigungen mit einem sechsstufigen ordinalskalierten Item erfasst:

"Ich lese Ihnen zunächst einige Tätigkeiten und Freizeitbeschäftigungen vor. Sagen
Sie mir bitte bei jeder Tätigkeit, wie oft Sie dazu kommen, d.h. ist es täglich/fast täglich, mehrmals in der Woche, mehrmals im Monat, etwa einmal im Monat, seltener
oder nie (Reitze & Ridder, 2006, S. 259).

Die Nutzungshäufigkeit der vier tagesaktuellen Massenmedien Fernsehen, Radio, Tageszeitung und Internet wurde danach gezielt erhoben, wobei eine siebenstufige Skala zum Einsatz kam:

"Unabhängig davon, wie viel Zeit Sie für die einzelnen Medien aufwenden, möchte ich jetzt von Ihnen wissen, wie häufig Sie diese einzelnen Medien nutzen: mehrmals täglich, täglich, mehrmals pro Woche, einmal pro Woche, mehrmals im Monat, seltener oder nie. Wie ist das mit: Radio hören, Fernsehen, Tageszeitung lesen, Internet nutzen" (ebd.).

Da nicht nur der Anteil interessiert, wie viele Personen täglich bzw. wöchentlich bestimmte Medien nutzen, sondern auch die Verteilung und die Überprüfung von Bipolarität, wurden die Merkmalsausprägungen nicht dichotomisiert. Die sieben- bzw. sechsstufigen Skalen wurden lediglich aufgrund der Rohwertverteilung auf jeweils vier Stufen reduziert. Hierzu wurden für die tagesaktuellen Massenmedien die beiden Kategorien „mehrmals täglich" und „täglich" zu „täglich" zusammengefasst, die beiden Kategorien „mehrmals pro Woche" und „einmal pro Woche" zu „wöchentlich" sowie die Kategorien „mehrmals im Monat" und „seltener" zu „seltener". Für die weniger genutzten Medien ergab sich eine vierstufige ordinale Skala durch Zusammenfassung der beiden Kategorien „täglich/fast täglich" und „mehrmals in der Woche" zu „mehrmals wöchentlich" sowie durch die Kategorien „mehrmals im Monat" und „einmal im Monat" zu „monatlich". Die Kategorien „seltener" und „nie" blieben unverändert.

Um eine Übersichtlichkeit zu wahren, wurden bei der tabellarischen Darstellung dieser Ergebnisse lediglich die Werte der ersten Kategorie „täglich" bzw. „mehrfach wöchentlich" berücksichtigt.

4.1.4.4 Images der tagesaktuellen Medien

Neben direkten Nutzungsfragen zu Häufigkeit, Reichweite und Zeitbudget galt es, weitere Informationen zur subjektiven Relevanz von Medien sowie Meinungsbilder einzeln und medienvergleichend zu gewinnen. Hierzu wurden aus der MK2005 alle drei verfügbaren Dimensionen ausgewählt. Erstens Images, die den Medien zugemessen werden, zweitens die Bindung zu Medien, und drittens Nutzungsmotive zu Medien.

Die Frage nach den Images von Medien wurde erstmals in der MK 2000 erhoben. Die Operationalisierung sah hierzu eine Liste von 14 Items vor, die die befragte Person einem Medium im Direktvergleich der vier tagesaktuellen Massenmedien Fernsehen, Radio, Tageszeitung und Internet zuweisen sollte. Der genaue Wortlaut der Frage lautete:

"Jetzt geht es um den Vergleich von Fernsehen, Radio, Tageszeitung und Internet, unabhängig davon, ob Sie es selbst nutzen oder nicht. Ich nenne Ihnen einige Eigenschaften und Sie sagen mir bitte jeweils, worauf eine Eigenschaft am ehesten zutrifft und worauf an 2. Stelle, also auf das Fernsehen, das Radio, die Tageszeitung und das Internet? Worauf trifft die Eigenschaft am ehesten zu? Und worauf an 2. Stelle? ist anspruchsvoll, ist modern, ist zukunftsorientiert, ist vielseitig, ist unterhaltend/unterhaltsam, ist aktuell, ist informativ, ist glaubwürdig, ist kompetent, ist sachlich, ist kritisch, ist mutig, ist locker und ungezwungen, ist sympathisch." (Reitze & Ridder 2006, S. 259f.).

Es wurden alle Befragten eingeschlossen, unabhängig ob sie zur Gruppe der engeren, weiteren oder Nichtnutzer dieser Medien gehörten. Für die Arbeit wurden jedoch nur die Kennwerte verwendet, die an erster Stelle vergeben wurde. Dadurch blieb das Imageprofil der einzelnen Medien schärfer und konturierter. Zudem wurde dadurch eine Vergleichbarkeit mit den Daten aus ILSE ermöglicht, deren Methodik lediglich die Erfassung der ersten Priorität der Images vorsah (siehe Abschnitt 4.2.4.1.5).

4.1.4.5 Bindung zu tagesaktuellen Medien

Die Bindung an die drei tagesaktuellen Massenmedien Fernsehen, Radio, Tageszeitung wird seit 1964 regelmäßig in den Erhebungswellen der Langzeitstudie erfasst. Seit 2000 wird auch das Internet in die Fragestellung einbezogen. Dabei wird die Bindung unter zwei Aspekten untersucht. Zum einen durch eine „Vermissensfrage", die sich einzeln auf jedes der vier tagesaktuellen Medien bezieht:

"Nehmen Sie einmal an, Sie könnten durch technische Umstände oder durch einen Streik längere Zeit nicht mehr fernsehen oder nicht mehr Radio hören, keine Zeitung mehr lesen oder das Internet nicht nutzen. Wie stark würden Sie das Fernsehen, Radio, Zeitung, Internet vermissen?" (Reitze & Ridder, 2006, S. 262).

Die Antwortkategorien bestehen aus vier ordinalskalierten Merkmalen („sehr stark", „stark", „ein wenig", „gar nicht"). Befragt wurde jeweils ein Subsample von Personen, die das jeweilige Medium mindestens mehrmals im Monat nutzten. Die Datenauswertung der MK2005 und MK2000 bezog allerdings nichtbefragte Personen in das Sample wieder mit ein, indem diese den Kennwert „gar nicht" erhielten. Wer ein betreffendes Medium kaum nutzt, wird es auch nicht vermissen, lautet die Annahme. Diese Vorgehensweise wurde für diese Auswertungsdimension übernommen. Da für die Interpretation der Ergebnisse eine Unterscheidung zwischen starker und geringer Bindung ausreichte, wurde für die Auswertung die vierstufige Skala dichotomisiert („sehr stark/stark" und „ein wenig/gar nicht").

Die ursprüngliche Hypothese für diese Bindungsvariable war, dass ein direkter Zusammenhang zwischen Nutzung und Bindung bestehen würde: Eine intensive Nutzung würde mit einer starken Unverzichtbarkeit eines Mediums korrespondieren. Doch zeigten die Ergebnisse aus der Langzeitstudie im Verlauf der letzten Jahrzehnte, dass solch ein enger Zusammenhang nicht besteht. So sanken die Bindungswerte für das Fernsehen, obwohl deren Nutzungswerte und Reichweite zunahmen. Als Erklärung hierfür wurde angenommen, dass die Vermissensfrage weit mehr ein „Meinungsklima über das Medium und seine Verzichtbarkeit" (Reitze & Ridder, 2006, S. 27) erfasst, als den persönlichen Gebrauchswert eines Mediums im Alltag des Befragten.

Daher wurde zum anderen seit 1970 der Bindungsaspekt um die sogenannte „Inselfrage" erweitert:

"Angenommen Sie könnten nur noch eines haben – ich meine, entweder Fernsehen, Radio, Zeitung oder Internet. Was würden Sie am liebsten behalten?" (ebd., S. 262).

Befragt wurden alle Personen, die mindestens zwei Medien mehrfach im Monat nutzten. Mit diesem Medienvergleich wurde die persönliche Bedeutung der Medien bzw. die relative Wichtigkeit der Medien erfasst.

4.1.4.6 Nutzungsmotive zu tagesaktuellen Medien

Zur Operationalisierung der Gründe einer Mediennutzung wurden erstmals in der MK2000 neun Nutzungsmotive zu den vier tagesaktuellen Medien Fernsehen, Radio, Tageszeitung und Internet erhoben. Die Items sind vierstufig und ordinalskaliert. Für diesen Untersuchungsbereich wurden nur Personen einbezogen, die mindestens mehrmals im Monat das jeweilige Medium nutzten:

"Nun geht es darum, aus welchen Gründen Sie Radio hören/fernsehen/Tageszeitung lesen/das Internet nutzen. Weshalb nutzen Sie [Medium]? Ich nenne Ihnen einige mögliche Gründe für das [Medium] und Sie sagen mir bitte jeweils, inwieweit ein Grund auf Sie persönlich zutrifft: voll und ganz, weitgehend, weniger oder gar nicht: damit ich mitreden kann, weil ich Denkanstöße bekomme, weil ich mich informieren möchte, weil ich dabei entspannen kann, weil es mir Spaß macht, weil ich mich dann nicht allein fühle, weil ich damit den Alltag vergessen kann, weil es aus Gewohnheit dazugehört, weil mir hilft, mich im Alltag zurechtzufinden" (Reitze & Ridder 2006, S. 260).

Für die vorliegende Arbeit wurden jedoch auf Analysen zum Internet verzichtet, da der Nutzerkreis unter den Personen ab 60 Jahren noch zu gering war und die Fallzahlen keine differenzierenden Berechnungen zuließen. Wie schon für die „Vermissensfrage" in der Bindungsdimension (s.o.) wurden auch für die Nutzungsmotive zu den drei Medien die vierstufigen Antwortkategorien dichotomisiert („voll und ganz/weitgehend" und „weniger/gar nicht").

Abschließend wurden die Nutzungsmotive medienvergleichend untersucht. Es wurde für jedes Nutzungsmotiv gefragt, auf welches der vier Massenmedien es am ehesten zutrifft. Auf diese Weise konnte eine Priorität der subjektiv bedeutsamsten Medien erfasst werden. Das Subsample umfasste Personen, die mindestens zwei dieser Medien mehrmals im Monat nutzten.

4.1.4.7 Exkurs: Präferenz von Sendertypen beim Fernsehen

Um den Zusammenhang von Funktionszuschreibung und Programmpräferenz überprüfen zu können, wurde erstmals in der MK2000 die Frage nach einem Lieblingssender gestellt:

"Jetzt speziell zum Fernsehen und zwar ganz generell: Welches Fernsehprogramm ist Ihr Lieblingspro-
gramm?" (Berg & Ridder, 2002, S. 246).

Die Frage bezog sich auf die Personen, die zumindest selten fernsahen. Für die Auswertung wurden die Antworten auf die beiden Sendertypen „öffentlich-rechtlich"
versus „privat-kommerziell" aggregiert. Die Analysen bezogen sich auf Daten der
MK2000, da für die MK2005 keine Daten zur Verfügung standen. Es fehlen somit
aktuelle Befunde, weshalb die Befunde als Exkurs dargestellt werden. Dennoch bieten die Daten zur MK2000 eine valide Grundlage für die Analyse forschungsleitender
Fragestellungen. So weisen die publizierten Befunde aus der MK2005 keine nennenswerten Abweichungen zur MK2000 in den verschiedenen Subgruppen auf. Die
Präferenzen für einen öffentlich-rechtlichen oder privat-kommerziellen Sendertyp
blieben überwiegend stabil (vgl. Reitze & Ridder, 2006, S. 95ff.).

4.1.4.8 Vergleichbarkeit der Studien MK2000 und MK2005

Alle zur Auswertung vorliegenden Dimensionen wurden in gleicher Form auch in der
MK2000 operationalisiert. Für die beiden verwendeten Datensätze von 2000 und
2005 besteht eine hohe Vergleichbarkeit, da nicht nur die Generierung der Daten ähnlich ist, sondern auch deren Variablenstruktur. Die hier verwendeten Fragenkomplexe
zu Medienausstattung, Nutzungsfrequenz, Tagesverläufe, Images, Nutzungsmotive
und Bindung an Medien sind identisch. Es kamen lediglich in der MK2005 für die
Medienausstattung und Mediennutzung Variablen zu neuen Medien hinzu.

Allerdings fanden leichte Abweichungen in der Feldzeit statt, die zumindest die Befunde zur Mediennutzung tangieren konnten. Während die Untersuchung von 2005
im Frühjahr (Januar bis März) durchgeführt wurde, fand die Erhebung 2000 erst im
Frühsommer (Mai bis Juli) statt. Deutliche jahreszeitliche Schwankungen der Nutzungsgewohnheiten zu bestimmten Medien lassen sich nach Peiser (1996, S. 192ff.)
für Deutschland, Westeuropa und die USA für Fernsehen und Radio nachweisen. So
werden diese elektronischen Medien in der kälteren Jahreszeit stärker genutzt als in
der wärmeren Jahreszeit. Da die beiden Erhebungswellen jedoch nur zum Teil diese
Jahreszeiten abdeckten, dürften sich keine bedeutsamen Effekte ergeben. Tatsächlich
konstatieren die Herausgeber der MK2005, Reitze und Ridder (2006, S. 21, S. 41) für
das Radio eine etwas höhere Reichweite als für die Media-Analyse-Radio 2005 und

führen diese Abweichung auf saisonale Unterschiede zurück. Die ebenfalls erhöhte Reichweite für das Fernsehen wird hingegen durch veränderte Programmangebote am späten Nachmittag und Vorabend erklärt (ebd., S. 40). Bei der Darstellung der Ergebnisse zur Nutzungsdauer von Fernsehen und Radio wird auf diese möglichen Saisoneffekte hingewiesen.

4.1.5 Statistische Verfahren – Inferenzstatistische Methoden

Für die globale Unterschiedstestung von Gruppen kamen je nach Skalenniveau verschiedene statistische Verfahren zum Einsatz. $\chi2$-Testungen erfolgten für dichotome Daten (Medienausstattung, Reichweiten) und für multinominale Daten (Images, Bindung an Medien, Nutzungsmotive, Sendertyp-Präferenz). Metrische Daten wie die Zeitbudgets wurden mittels einfaktorieller Varianzanalysen (Anova) berechnet.

Im Bezug auf ordinale Daten musste ein spezielles Verfahren gewählt werden, da durch die Verwendung gewichteter Daten keine Unterschiedstestungen mittels Kuskall-Wallis-Varianzanalyse oder Mann-Whitney-Rangsummentest möglich waren. Daher wurde alternativ für das Konstrukt der Nutzungshäufigkeiten von Medien die multinominale logistische Regressionsanalyse gewählt, die als konservative Methode kategorial und verteilungsfrei Unterschiedstestungen berechnet. Als Gütemaß für die Gruppenunterschiede wurde die Irrtumswahrscheinlichkeit der Typ-3-Effektanalyse verwendet.

Bei der Frage nach relevanten Prädiktoren für den Besitz moderner Medien in den Haushalten älterer Menschen (60- bis 89-Jährige), wurden multivariate logistische Regressionen berechnet. Dabei wurden jene unabhängigen Variablen in das Modell einbezogen, die in den bivariaten Analysen signifikante Ergebnisse lieferten. Wie schon mehrfach am Beispiel der Internetnutzung repliziert (Doh, 2005a, 2006a, 2007, 2009; Doh & Kaspar, 2006a,b) konnten die Variablen Geschlecht, Bildungsstatus, Einkommensstatus, Haushaltsgröße, Region als relevante Regressoren identifiziert werden; Regressand war der Besitz eines Handys bzw. Computers (dichotome Kategorie). Um die zusätzlichen Alters- und Kohorteneffekte darzustellen, wurden diese Variablen in einem zweiten Modell hinzugefügt. Als Referenz dienten die aus der Literatur bekannten technikdistanten Gruppen (80-89 Jahre, Frauen, formal niedrige Bildung, niedriges Haushaltseinkommen, alleinstehend und neues Bundesland).

Als Quotenverhältnis wurden die geschätzten Odds-Ratio-Werte für die Einzelprädiktoren herangezogen. Das Odds Ratio gibt an, um wie viel größer die Chance in der innovationsaffinen Gruppe ist, das untersuchte Medium im Haushalt zu besitzen, verglichen mit der distanten Gruppe. Das Quotenverhältnis kann Werte zwischen 0 und Unendlich annehmen, wobei ein Wert von 1 ein gleiches Quotenverhältnis bedeutet. Als Gütekriterium des Modells wurde der Anteil übereinstimmender Vergleiche von vorhergesagtem und tatsächlichem Besitz des Mediums (Konkordanzmaß) ausgegeben. Als Approximationen der Modelldetermination wurde Nagelkerke's R^2 (maximal neu skaliertes R^2) verwendet (Nagelkerke, 1991). Zusätzlich wurde ein Wald-Test durchgeführt, um die für das Modell verwendeten Regressoren auf Signifikanz zu überprüfen.

4.1.6 Untersuchungsdesign

Abgeleitet aus den theoretischen Grundlagen des differenziellen Alterns wurde der Komplex „Mediennutzung" altersspezifisch und kohortenspezifisch untersucht. Altersspezifisch stand die Altersgruppe der Personen zwischen 60 und 89 Jahren im Fokus, wobei einerseits diese Altersgruppe mit jüngeren Personen zwischen 14 und 59 Jahren verglichen wurde. Andererseits wurden ältere Menschen nach drei Altersgruppen differenziert: den 60- bis 69-Jährigen als Repräsentanten des Dritten Alters, den 70- bis 79-Jährigen als Übergangsgruppe und den 80- bis 89-Jährigen als Vertreter des Vierten Alters.

Zusätzlich wurden zu einzelnen Konstrukten wie Medienausstattung und Zeitbudget die Streuungen einzelner Altersgruppen untersucht, ob diese als Indikator für eine Heterogenität im Umgang mit Medien sprechen. Daraufhin wurde die Heterogenität innerhalb einer Altersgruppe (Kohorte 1930-1939) eingehender analysiert, indem nach den bekannten soziodemografischen Distinktionsmerkmalen Geschlecht, Bildungs- und Einkommensstatus, Haushaltsgröße und Region differenziert wurde.

Um die Dynamik gesamtgesellschaftlicher Medienentwicklung zu erfassen, wurde zum Messzeitpunkt 2005 die vorhergehende Welle der MK2000 hinzugenommen. Als Analysegruppe wurden neben der Kohorte 1930-1939 fünf weitere Kohorten verwendet. Damit konnten intra- und interkohortenspezifische Entwicklungen im Kontext der Mediennutzung untersucht werden. Abbildung 10 gibt eine Übersicht zum Untersuchungsdesign der MK2005 und MK2000.

Abb. 10: Übersicht zum Untersuchungsdesign der MK2005 und MK2000

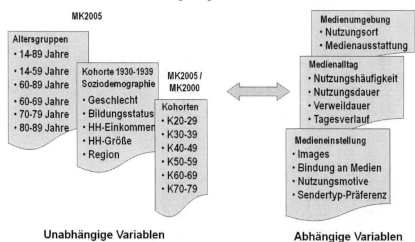

Unabhängige Variablen   Abhängige Variablen

4.2 Methodik zur ILSE-Studie

4.2.1 Studiendesign

Der zweite Teil der vorliegenden Arbeit basiert auf Daten aus dem Jahr 2005 zur Kohorte 1930-1932 der „Interdisziplinären Längsschnittstudie des Erwachsenenalters" (ILSE). Die Studie folgt einem Forschungsdesign, das zwei Kohorten (1930-1932 und 1950-1952) aus zwei Regionen (Heidelberg-Mannheim-Ludwigshafen und Leipzig und Umgebung) über einen Beobachtungszeitraum von 20 Jahren zu beschreiben versucht. Mittlerweile konnten drei Messzeitpunkte (1993/1994, 1997/1998 und 2005) abgeschlossen werden, weitere Erhebungswellen sind geplant. Das Design sieht vor, dass die ältere Kohorte bis in den Übergang ins hohe Alter differenziert abgebildet werden soll. Die jüngere Kohorte hätte am Beobachtungsende etwa das Alter der älteren Kohorte zu Beginn der Studie erreicht, was erstmals Kohortenanalysen ermöglichen würde. Für weitere Informationen zu den theoretischen Leitlinien sei auf den Übersichtsartikel von Schmitt (2006) verwiesen; aktuelle Ergebnisse sind im Abschlussbericht zum dritten Messzeitpunkt zusammengefasst (Schmitt et al., 2008).

Ziel der Studie ist die Untersuchung individueller, gesellschaftlicher und materieller Bedingungen für ein gesundes, selbstbestimmtes und zufriedenes Altern (vgl. Schmitt, 2006). Hierzu wird ein Messinstrumentarium hoher interdisziplinärer Datendichte verwendet, das neben einer umfassenden Exploration der Biographie, standardisierte Tests und Fragebögen zu den Bereichen kognitive Leistungsfähigkeit, Persönlichkeit, Gesundheit, Sport, Ernährung, Freizeit und Wohnen beinhaltet. Vor dem Hintergrund des Interesses der ILSE an Fragen der gesellschaftlichen Partizipation wurde zum dritten Messzeitpunkt zudem eine ausführliche Erhebung zum Medienverhalten durchgeführt, wobei die konsumstärksten Massenmedien Fernsehen, Radio und Tageszeitung/Zeitschrift, aber auch das neue Medium Internet im Mittelpunkt standen. Hierzu wurden Fragebatterien der Langzeitstudie „Massenkommunikation" der ARD/ZDF-Medienkommission aus den Erhebungswellen von 2000 und 2005 übernommen wie auch aus den beiden ARD/ZDF-Online- und Offline-Studien aus dem Jahr 2005. Die etablierten und zum Teil mehrfach replizierten Items aus diesen Studien bieten die Möglichkeit zum Vergleich der Ergebnisse.

4.2.2 Untersuchungsdurchführung

Die potenziellen Untersuchungsteilnehmer der Kohorte 1930-1932 zum dritten Messzeitpunkt wurden schriftlich und anschließend telefonisch kontaktiert. Zu Bestätigung der Terminvereinbarung erhielten die Probanden einen umfassenden Fragebogen zugesendet, der die Bereiche sozioökonomische Situation, Einstellung und Persönlichkeit, Zufriedenheit, Wohlbefinden, Selbständigkeit, Wohnen, Medien, Freizeit- und Bewegungsaktivitäten, bürgerschaftliches Engagement und Ernährung enthielt. Für die sehr umfangreiche Fragebogenbatterie benötigten die Probanden etwa drei Stunden. Zur Sicherung der Datenqualität wurden die Fragebögen nach deren Abgabe am Untersuchungstag auf Vollständigkeit überprüft und eventuell anstehende Fragen geklärt.

Die Untersuchungen fanden in den Räumlichkeiten der beteiligten Institute statt. Waren die Probanden aus gesundheitlichen, familiären oder anderen Gründen verhindert, wurde alternativ angeboten, die Untersuchungen in ihren häuslichen Umfeld durchzuführen. Die Durchführung der Untersuchung erstreckte sich auf etwa fünf Stunden, wobei entweder mit der halbstandardisierten Exploration und der kognitiven Testung begonnen wurde oder mit der medizinischen Untersuchung. Die Probanden erhielten eine Aufwandsentschädigung von 30 Euro. Die Arbeit stützt sich in weiten Teilen auf die Daten der Fragebogenbatterie sowie auf Kernvariablen der Medizinuntersuchung und Testung der kognitiven Leistungsfähigkeit. Für die Untersuchungsmethodik der hier nicht verwendeten Daten wie Exploration, Demenzscreening, medizinisch-psychiatrisches Screening sowie weitere differenzierte Analysen zur kognitiven Leistungsfähigkeit sei auf die Methodik von ILSE zum dritten Messzeitpunkt verwiesen (Schmitt & Zimprich, 2008).

4.2.3 Beschreibung der Stichprobencharakteristika

4.2.3.1 Stichprobenentwicklung

Die Stichprobe wurde für den ersten Messzeitpunkt 1993/1994 repräsentativ ausgewählt und nach Region, Geschlecht und Kohorte stratifiziert. Vom ersten Messzeitpunkt an gab es mit 52% einen leichten Männerüberschuss. Von den ursprünglich 500 Teilnehmern der Kohorte 1930-1932 – mit einem Altersdurchschnitt von 62.96 Jahre (SD 0.9) – blieben zum zweiten Messzeitpunkt 1996/1997 449 Personen erhalten; der Altersdurchschnitt betrug damals 66.91 Jahre (SD 0.9). Zum dritten Messzeitpunkt 2005 konnten 318 Personen rekrutiert werden; das Durchschnittsalter lag bei 74.01 Jahre (SD 0.8).

Die Rücklaufquote betrug zum zweiten Messzeitpunkt 90% der Probanden, zum dritten Messzeitpunkt ging die Teilnahmequote auf 71% der Probanden zurück. Gegenüber der Ausgangsstichprobe bedeutet dies ein Rücklauf von 64% der Probanden. Bei 12.5% wurde die komplette Untersuchung im häuslichen Umfeld vorgenommen. Gründe für ein Ausscheiden wurden telefonisch erfasst. Demnach verringerte sich die Stichprobe vor allem aufgrund von Mortalität, Morbidität und Wegzügen aus dem Erhebungsgebiet. Von den 131 Personen, die zum dritten Messzeitpunkt nicht mehr teilgenommen haben, waren aus Heidelberg 34% und aus Leipzig 41% verstorben. Wegen Erkrankungen schieden 23% der Probanden aus Heidelberg und 33% aus Leipzig aus der Studie aus.

Vertiefende Selektivitätsanalysen konstatieren die für gerontologische Längsschnittstudien bekannten Effekte: Probanden, die zu allen drei Messzeitpunkten teilgenommen haben, wiesen im Vergleich zu Personen, die zum zweiten oder dritten Messzeitpunkt ausschieden, ein höheres Ausmaß an guten Gesundheitsstatus und an kognitiver Leistungsfähigkeit auf und besaßen ein geringeres Ausmaß an Depressivität.[44] Jedoch fielen die Effekte insgesamt sehr gering aus, wie weitere Varianzanalysen belegten (vgl. Schmitt & Zimprich, 2008, S. 26). In den soziodemografischen Merkmalen wie Geschlecht, Alter, Region, Bildung oder Einkommen fanden keine bedeutsamen Selektionen statt.

Da für die Analysen der vorliegenden Arbeit die Daten zu den Nutzungsmotiven zum Fernsehen als Ausgangsbasis für eine Clusteranalyse dienten, reduzierte sich die

---

[44] Die gerontopsychiatrische Sektion des Forschungsprojekts ILSE konnte zum dritten Messzeitpunkt weitere Personen mittels Hausbesuche und Telefonbefragungen zum Gesundheitsstatus befragen (n=372). Tatsächlich wurde für dieses Subsample ein etwas niedrigeres Gesundheitsniveau ausgegeben (Schröder et al., 2008).

Stichprobe von 318 Personen auf 282. Von den 36 ausgeschlossenen Fällen entfielen drei (8%) auf Personen, die keinen Fernseher nutzten. Die restlichen Personen wiesen unvollständige oder fehlerhafte Daten auf und mussten deshalb aus den Analysen ausgeschlossen werden.

Eine Drop-Out-Analyse zu den exkludierten 33 Personen zeigte keine systematischen Effekte nach Gesundheit, Depressivität, Bildungs- oder Einkommensniveau. Jedoch fanden sich in der Unterschiedstestung (T-Test) in der Gruppe der Ausgeschlossenen deutlich geringere Werte in der Persönlichkeitsdimension „Gewissenhaftigkeit" (t (303)=-2.53, p$\leq$.01; R^2=.02). Dies könnte ein Hinweis sein, dass die fehlerhaften und fehlenden Werte in Zusammenhang mit einer entsprechenden Verhaltensdisposition stehen könnten, da sich diese Personen als weniger zuverlässig, diszipliniert und ordentlich beurteilten. Zudem fiel die kognitive Leistungsfähigkeit bei den Ausgeschlossenen deutlich schlechter aus (t (33.5)=-3.69, p$\leq$.001; R^2=.07). Zudem entfielen 27 der 33 ausgeschlossenen Fälle auf das Zentrum Heidelberg (χ^2 (1)=16.24, p$\leq$.001; R^2=.05). Da weder zur kognitiven Leistungsfähigkeit noch zur Gewissenhaftigkeit bedeutsame Unterschiede zwischen den Zentren bestanden, deutet dies auf keinen systematischen, personenbezogenen Effekt hin. Offensichtlich bestand in Leipzig eine höhere Effizienz in der Datengenerierung.

4.2.3.2 Beschreibung der Stichprobe

Die Stichprobe von 282 Personen der Kohorte 1930-1932 hat einen Altersdurchschnitt von 74.00 Jahren (SD 0.8). Sie enthält etwas mehr Männer (52%) als Frauen (n.s.) und mit 57% mehr Personen aus dem neuen Bundesland (χ^2 (1)=5.67, p$\leq$.05) (siehe Tabelle 3). Die Mehrheit in dieser Kohorte weist ein formal niedriges Bildungsniveau auf. 56% der Probanden besitzen keinen allgemeinen Schulabschluss oder nur einen Hauptschul-/Volksschulabschluss. Knapp jeder Fünfte verfügt über ein mittleres Bildungsniveau. Dazu zählt der Abschluss an einer Realschule oder einer allgemeinbildenden polytechnischen Oberschule der DDR, was der Mittleren Reife entspricht. Zu den formal hoch Gebildeten gehört ein Viertel dieser Kohorte; d.h., sie erlangten mindestens eine Fachhochschulreife oder Allgemeine Hochschulreife.

Zwischen den beiden Regionen findet sich kein signifikanter Unterschied hinsichtlich des Bildungsstatus, wohl aber im durchschnittlichen Umfang an Bildungsjahren. Während im alten Bundesland jede Person durchschnittlich 12.6 Jahre für Schule und Berufsausbildung aufwendete, ist es im neuen Bundesland etwa ein Jahr mehr (13.8 Jahre) (t (276)=-3.51, p$\leq$.001).

Tab. 3: ILSE-Stichprobe nach soziodemografischen Merkmalen

in Prozent	Gesamt n=282 (100%)	Heidelberg n=121 (42.9%)	Leipzig n=161 (57.1%)	Männer n=147 (52.1%)	Frauen n=135 (47.9%)
Mittlere Anzahl Bildungsjahre (SD)	13.28 (2.8)	12.61 (2.9) *** 13.78 (2.6)		14.05 (2.5) *** 12.46 (2.8)	
Bildungsstatus		n.s.		*	
Studium, Abitur, FH-Reife	25.62	22.31	28.13	32.19	18.52
Mittlere Reife	18.86	23.97	15.00	19.86	17.78
Volks-, Hauptschule	55.52	53.72	56.88	47.95	63.70
Haushaltsnettoeinkommen		***		***	
= 2045€/Monat	35.87	50.00	25.32	45.77	25.37
1022 - 2045€/Monat	52.17	38.98	62.03	52.82	51.49
< 1022€/Monat	11.96	11.02	12.66	1.41	23.13
Anteil Erwerbstätiger	1.77	3.31 n.s. 0.62		2.04 n.s 1.48	
Familienstand		n.s.		***	
verheiratet	64.77	65.00	64.60	85.71	41.79
geschieden	9.25	7.50	10.56	4.76	14.18
verwitwet	21.35	23.33	19.88	8.84	35.07
ledig	4.63	4.17	4.97	0.68	8.96
Partnerschaft	70.00	68.07 n.s. 71.43		91.84 *** 45.86	
Alleinstehend in HH	31.91	31.40 n.s. 32.30		10.20 *** 55.56	
Mittlere Anzahl an Kindern (SD)	1.88 (1.3)	1.99 (1.4) n.s. 1.78 (1.2)		1.96 (1.3) n.s. 1.77 (1.2)	
Kinderlos	13.26	15.25 n.s. 11.80		10.96 n.s. 15.79	

Anmerkung: Unterschiedstestung erfolgte mittels χ^2-Test bzw. mittels T-Test. Haushaltseinkommen: 6 missing values (mv); Anzahl der Kinder: 3 mv; Partnerschaft: 2 mv; Bildung, Familienstand: 1 mv.

Hier lässt sich ein Geschlechtereffekt konstatieren, wonach Frauen über einen deutlich schlechteren Bildungsstatus verfügen (χ^2 (2)=8.42, p≤.01). Dies zeigt sich darin, dass 32% der Männer die Hochschulreife erlangten, doch nur 19% der Frauen. Umgekehrt besitzen nahezu zwei Drittel der Frauen und 48% der Männer eine formal niedrige Bildung. Entsprechend weisen Männer im Durchschnitt 14 Bildungsjahre auf, Frauen hingegen etwas über 12 Jahre (t (276)=-4.96, p≤.001).

Erwerbstätig ist zum Messzeitpunkt 2005 nahezu niemand mehr. 2% (n=5) der Probanden gehen noch einer beruflichen Tätigkeit nach. Etwa jede dritte Person verfügt über ein monatliches Haushaltsnettoeinkommen von über 2045€, jeder zweite zwischen 1534 und 2045€ im Monat und 12% gehören zu den Personen, die mit weniger als 1534€ im Monat auskommen müssen.[45] Es besteht eine deutliche Einkommensschere zwischen den beiden Regionen (χ^2 (2)=18.50, p≤.001), wobei sich die Kluft

---

[45] Infolge der Anpassung an die beiden ersten Messzeitpunkte erfolgte eine Währungsumrechnung der Einkommensklassen von Deutscher Mark in Euro. Dadurch entstanden diese „ungelenken" Kennwerte, die nicht exakt den Kennwerten der MK2005 und MK2000 entsprechen.

aus den Anteilen der Finanzstarken ergibt. Während jeder zweite Haushalt aus der Region Heidelberg über ein monatliches Einkommen von über 2045€ verfügt, ist es aus der Region Leipzig nur jeder vierte Haushalt. Noch deutlicher wirken sich die Unterschiede in den finanziellen Ressourcen zwischen den Geschlechtern aus (χ^2 (2)=35.24, p≤.001). Fast jeder zweite Mann verfügt über ein hohes monatliches Haushaltseinkommen (46%), aber nur jede vierte Frau. Unter den Finanzschwachen befinden sich fast nur Frauen (94%). Während nahezu jede vierte Frau (23%) mit einem monatlichen Haushaltseinkommen von unter 1022 € lebt, liegt der Anteil bei den Männern bei nur 1%. Diese enormen Verteilungsdifferenzen lassen sich zum Teil auf die Haushaltsgröße zurückführen, da Frauen weit häufiger alleinstehend im Haushalt sind. Lediglich 44% leben in einem Mehr-Personen-Haushalt, hingegen 90% der Männer (χ^2 (1)=66.61, p≤.001). Allerdings verfügen auch unter den alleinstehenden Personen Männer über ein deutlich besseres Einkommensniveau als Frauen: 21% alleinstehender Männer besitzen hohe finanzielle Ressourcen, ein niedriges kein einziger. Bei den alleinstehenden Frauen verfügen lediglich 9% über mehr als 2045€ im Monat und 37% über weniger als 1022€ (χ^2 (2)=8.07, p≤.01).

Etwa jede dritte Person in dieser Kohorte zählt zu den Singles, wobei 86% der Singles Frauen sind. Während mit 92% nahezu jeder Mann in einer Partnerschaft lebt, ist es bei den Frauen nicht einmal mehr jede Zweite (46%) (χ^2 (1)=70.27, p≤.001). Dieser deutliche Geschlechtseffekt drückt sich auch im Familienstand aus. 86% der Männer sind verheiratet, nur 9% sind verwitwet und nicht einmal 1% ist ledig. Bei den Frauen sind hingegen nur 42% verheiratet und bereits 35% sind verwitwet. Hier spiegelt sich die geringere Lebenserwartung der Männer wider. Auch der Anteil an Ledigen (9% zu 1%) und Geschiedenen (14% zu 5%) ist bei den Frauen deutlich höher. Entsprechend sind deutlich mehr Frauen alleinstehend. Zwischen den beiden Regionen finden sich bzgl. der sozialen Struktur keine bedeutsamen Unterschiede. Dies gilt auch für die Kinderzahl. In der Kohorte blieben 13% kinderlos, 27% haben ein Kind, 32% zwei Kinder und weitere 27% haben mindestens drei Kinder. Auch zwischen Frauen und Männern zeigen sich diesbezüglich keine Signifikanzen.

Zusammenfassend lässt sich feststellen, dass es sich bei der vorliegenden Stichprobe um ein selektives Sample handelt. So findet sich im Vergleich zur deutschen Gesamtbevölkerung ein Überhang an Personen aus der Region Leipzig, an Männern und an Personen mit formal hoher Bildung und hohen finanziellen Ressourcen. Ein Vergleich mit der repräsentativ angelegten MK2005 bestätigt dies. Die Unterschiedstestung konstatierte bezüglich der Merkmale Region (χ^2 (1)=130.61, p≤.001), Geschlecht (χ^2 (1)=6.67, p≤.01), Bildungsstatus (χ^2 (2)=50.10, p≤.001) und der finanziellen Ressourcen (χ^2 (2)=11.36, p≤.01) erwartbare signifikante Unterschiede, nicht jedoch hinsichtlich der Haushaltsgröße (n.s.).

4.2.4 Messinstrumente und Operationalisierung

Für die Auswertung kamen Elemente aus den Fragebögen zu Soziodemografie, Einstellung und Persönlichkeit, Freizeit- und Bewegungsaktivitäten und Medien zum Einsatz. Darüber hinaus wurden Daten aus der kognitiven Testung und der medizinischen Untersuchung einbezogen. Einen Überblick über die verwendeten Fragebögen gibt Tabelle 4.

Tab. 4: Übersicht über die verwendeten Messinstrumente

Untersuchungsbereiche	Ausgewählte Messinstrumente
Medien und Freizeit Freizeitinteressen Medienausstattung, Mediennutzung, Medieneinstellung	Fragebogen Freizeit- / Bewegungsaktivitäten – ILSE-Methodologie Fragebogen (Doh et al., 2008a; Berg & Ridder, 2002; ILSE-Methodologie)
Einstellung und Persönlichkeit Persönlichkeitstraits Kontrollüberzeugungen Selbstbeurteilung zu alterstypischen Veränderungen	NEO-Fünf-Faktoren-Inventar (Borkenau & Ostendorf, 1993) Fragebogen zur allgemeinen Kontrollüberzeugung (Smith & Baltes, 1996) Nürnberger Selbsteinschätzungs-Liste (Oswald & Fleischmann, 1995)
Wohlbefinden und Zufriedenheit Subjektives Wohlbefinden Lebenszufriedenheit Depressivität	Philadelphia Morale Scale (Lawton, 1975), Valuation of Life Scale (Lawton et al., 1999, 2001) Fragebogen – ILSE-Methodologie Self-Rating Depression Scale (Zung, 1965; Zung & Zung, 1986)
Gesundheit und Selbstständigkeit Körperliche Symptomatik Basale und instrumentelle Aktivitäten des täglichen Lebens	Körperliche Untersuchung, Anamnese anhand der Cumulative Illness Rating Scale (CIRS) (Parmelee et al., 1995) Fragebogen in Anlehnung an Schneekloth & Potthoff (1993)
Kognitive Leistungsfähigkeit Intelligenz	Wechsler Adult Intelliegence Scale (Kurzfassung des HAWIE-R), (Tewes, 1991)
Sozioökonomische und soziodemografische Situation Erwerbstätigkeit, Bildung, Finanzen etc.	Soziodemografischer Fragebogen – ILSE-Methodologie

4.2.4.1 Verfahren zur Mediennutzung und Medieneinstellung

Der Fragebogen zu Medien war so aufgebaut, dass zunächst allgemein nach den Mediennutzungshäufigkeiten und Images gefragt wurde und danach weitere Dimensionen wie Ausstattung, Zeitbudget, Nutzungsmotive und Zufriedenheit spezifisch zu einzelnen Medien (Fernsehen, Radio, Tageszeitung, Zeitschrift) erfasst wurden. Zu den weiteren Medien Telefon, Handy, Faxgerät und Computer wurden Items zu spezifischen Ausstattungs- oder Nutzungsmerkmalen hinzugezogen.

4.2.4.1.1 Nutzungsmotive zu tagesaktuellen Medien

Die Motive zur Nutzung der drei Medien Fernsehen, Radio und Tageszeitung wurden gemäß der MK2005-Methodik operationalisiert (siehe Abschnitt 4.1.4.6). Neben den neun Nutzungsmotiven kam ein Item hinzu: „weil es so einfach ist". Dahinter stand die theoretische Ableitung aus der sozial-ökologischen Alternsforschung, dass mit dem Alter die Bedeutung der Zugänglichkeit und Sicherheit von (medialen) Umwelten zunimmt (siehe Abschnitt 2.3.2.1). Die vierstufigen Antwortkategorien wurden für die Auswertung dichotomisiert: „trifft weitgehend/voll und ganz zu" und „trifft weniger/gar nicht zu".

Im Vergleich zur MK2005 war der für das Subsample einbezogene Nutzerkreis weiter gefasst. Es wurden jeweils die Personen einbezogen, die das Medium mindestens „seltener als einmal im Monat" nutzten, während in der MK2005 nur Personen zum Subsample gehörten, die zumindest „mehrmals im Monat" das Medium nutzten. Dadurch konnte zum einen das ILSE-Subsample ausreichend groß gehalten werden, zum anderen blieben Informationen zu mediumdistanten Personen erhalten.

Um das Profil zu den zehn Fernseh-Nutzungsmotiven der einzelnen Cluster darzustellen, wurde eine z-Transformation vorgenommen. Dabei wurden die Rohwerte in z-Werte mit dem Mittelwert 0 und der Standardabweichung +/- 1 transformiert. Mittels „Star-Plot"-Grafiken wurde die relative Bedeutung eines Nutzungsmotivs illustriert.

4.2.4.1.1 Medienausstattung im Haushalt

Zur Dimension Medienausstattung gab es keinen separaten Fragebogen. Die Daten konnten über einzelne Items gewonnen werden (ja/nein-Antworten) und zwar zu den Medien: Fernsehen und Radio – hier wurde nach Anzahl der Geräte gefragt –, Teletext, Videorecorder, DVD-Player, Computer/Laptop/Notebook, Internetanschluss, Telefonanschluss, schnurloses Telefon, Handy, Fax-Gerät. Hieraus wurde ein intervallskalierter Summenscore über die Anzahl an Mediengeräten ermittelt (Range 0-13) und ein Summenscore zur Ausstattung mit modernen Geräten (Internet, Computer, Handy, DVD-Recorder, Videorecorder, Fax-Gerät).

4.2.4.1.2 Nutzungshäufigkeiten von Medien

Die Nutzungshäufigkeiten konnten zu zwölf Medien (Fernseher, Teletext, Radio, Tageszeitung, Zeitschrift, Bücher, Computer, Internet, CD/LP/MC, Video/DVD, Telefon, Handy) in einem Fragebogen erfasst werden, wobei beim Handy zusätzlich zwischen den Nutzungsformen „Gespräch" und „SMS versenden" unterschieden wurde. Die Itemskala umfasste acht ordinale Kategorien („mehrmals täglich", „täglich/fast täglich", „mehrmals in der Woche", „einmal in der Woche", „mehrmals im Monat", „etwa einmal im Monat", „seltener", „nie").

Für die Auswertung wurde die Skala auf vier ordinale Stufen zusammengefasst. In Abhängigkeit der allgemein unterschiedlichen Nutzungsintensitäten ergaben sich unterschiedliche Skalierungen. Für häufig genutzte Medien erschien eine Codierung nach täglicher Nutzung angebracht, für weniger häufig genutzte Medien eine Codierung nach wöchentlicher Nutzung. Daher wurden für die Medien Radio, Tageszeitung und Telefon die Kategorien „täglich", „wöchentlich", „seltener" und „nie" erstellt. Für die Nutzung von Zeitschrift, Buch, Computer, Internet, CD/LP/MC, Video/DVD, Handy und SMS ergaben sich die vier Kategorien „wöchentlich", „monatlich", „seltener", „nie".

Für das Fernsehen entfiel die Kategorie „nie", da das Sample auf Fernsehnutzern basierte. Dafür wurde eine Differenzierung zwischen „mehrmals täglicher" und „(fast) täglicher" Nutzung vorgenommen, um die Affinität zu diesem Medium besser erfassen zu können.

4.2.4.1.3 Nutzungsdauer von Medien

Die Nutzungsdauer konnte für die Massenmedien Fernsehen, Radio, Tageszeitung und Zeitschrift mittels einer subjektiven Einschätzung des Probanden erhoben werden. Beispiel Fernsehen:

"Wenn Sie an einen durchschnittlichen Tag denken, wie viele Minuten sehen Sie dann fern?

Diese ermittelten Werte sind als relationale Größen für Gruppenvergleiche interpretierbar, da sie auf persönlichen Einschätzungen der Probanden beruhen und keine exakten telemetrischen Maße darstellen. Sie erfassen auch nicht, wie in der MK2005 und der MK2000, einen konkreten Stichtag, sondern einen durchschnittlichen Wert der Nutzung. Saisonale Fluktuationen in der Nutzung eines Mediums blieben insofern unbedeutsam.

4.2.4.1.4 Images von tagesaktuellen Medien

In Anlehnung an die MK2005 wurde zur Erfassung eines Meinungsbildes über Medien der Fragebogen zu Images übernommen (siehe Abschnitt 4.1.4.4). Neben den 14 Items der MK2005 war im ILSE-Fragebogen zusätzlich das Attribut „ist einfach zu bedienen" vorgesehen – in Korrespondenz zum hinzugefügten Nutzungsmotiv „weil es so einfach ist" (s.o.). Allerdings mussten für die Analysen die drei Items „mutig", „glaubwürdig" und „kompetent" eliminiert werden, da die Missingraten bei über 20% lagen.

Wie in der MK2005 mussten sich die Probanden entscheiden, welches der vier Medien Fernsehen, Radio, Tageszeitung oder Internet am ehesten das vorgegebene Attribut erfüllt. Die Fragestellung aus der CATI-Messung der MK2005 wurde für einen paper-pencil-Fragebogen angepasst:

"Wenn Sie an das Fernsehen, das Radio, die Tageszeitung und das Internet denken, welche der folgenden Eigenschaften treffen Ihrer Meinung nach am ehesten auf eines dieser Medien zu? (Bitte pro Eigenschaft nur ein Medium ankreuzen.)"

4.2.4.1.5 Zufriedenheit mit Medien und Lieblingssender

Um den Kontext „Mediennutzung" multidimensional zu erfassen, wurden neben einstellungs- und verhaltensbezogenen Aspekten auch zwei normative Kriterien in die Auswertung einbezogen. Zum einen wurde nach der allgemeinen Zufriedenheit mit den vier Massenmedien Fernsehen, Radio, Tages- und Wochenzeitungen und Zeitschriften gefragt. Hierbei gab es jeweils ein Item, das nach der Zufriedenheit mit dem derzeitigen Angebot fragte. Die Antwortvorgabe bestand aus einer vierstufigen Skala von „sehr zufrieden", „überwiegend zufrieden", „weniger zufrieden", „ganz und gar nicht zufrieden". Konsistent zur Skala der Lebenszufriedenheit (s.u.) wurden die Daten intervallskaliert als Mittelwerte berechnet.

Als weiterer Aspekt subjektiver Bewertung wurde beim Leitmedium nach dem Fernsehsender gefragt, den der Proband am liebsten sieht. Dieses Item bot eine Vergleichbarkeit zur MK2000, wobei zusätzlich nach öffentlich-rechtlichen und privatkommerziellen Haupt- und Spartenkanälen unterschieden werden konnte.

4.2.4.1.6 Interesse an gesellschaftlichen Themen

Am Ende des Medienfragebogens wurden Fragestellungen thematisiert, die über die Mediennutzung hinausreichen. So wurde allgemein nach dem Interesse an gesellschaftlichen Themen mit einer vierstufigen Ordinalskala gefragt, wobei für die Auswertung eine Umcodierung auf zwei dichotome Kategorien vorgenommen wurde: „(sehr) interessiert" und „weniger/gar nicht interessiert".

Die zehn Items umfassen, basierend auf der MK2000, die Bereiche „Politisches Geschehen", „Medizin / Gesundheit / Ernährung", „Kunst / Literatur / Theater", „Arbeit/ Beruf / Ausbildung", „Wirtschaft und Börse", „Geschichte und Landeskunde", „Ratgeber- und Verbraucherthemen", „Kriminalität und Katastrophen", „Unterhaltung (Klatsch / Tratsch)" sowie „Gesellschaft/ Öffentlichkeit".

Zusätzlich wurde mit einem fünfstufigem Item nach dem Ausmaß an „Interesse für aktuelle Ereignisse aus der Politik und dem öffentlichen Leben" gefragt („sehr stark", „ziemlich stark", „durchschnittlich", „weniger", „überhaupt nicht"). Dieses wurde als Mittelwert intervallskaliert berechnet.

4.2.4.1.7 Nutzung von Informationsquellen

Ebenso aus der MK2000 stammt die Frage nach der Relevanz von Informationsquellen:

"Nun geht es speziell um aktuelle Ereignisse aus der Politik und dem öffentlichen Leben und darum, wie man Informationen darüber bekommt. Bitte kreuzen Sie an, wie wichtig für Sie folgende Informationsmöglichkeiten sind, wenn Sie sich über das aktuelle Geschehen informieren wollen. – Gespräche mit anderen, Fernsehen, Radio, Zeitschriften, regionale Tageszeitungen, überregionale Tageszeitungen, Wochenmagazine wie Spiegel oder Focus, Informationsangebote aus dem Internet"

Die Items waren mit einer vierstufigen Ordinalskala versehen, wobei für die Auswertung eine Umcodierung auf ein dichotomes Niveau verwendet wurde: „(sehr) wichtig" und „eher unwichtig/gar nicht wichtig".

4.2.4.1.8 Freizeit- und Bewegungsaktivitäten

Der Fragebogen zu Freizeit- und Bewegungsaktivitäten enthält 26 Items mit zehn ordinalskalierten Antwortkategorien („täglich", „4-5mal pro Woche", „2-3mal pro Woche", einmal pro Woche", „alle zwei Wochen", „einmal pro Monat", „seltener als einmal pro Monat", „3-4 mal pro Jahr", „1-2 mal pro Jahr oder seltener", „nie"). In Anlehnung an die Einteilung von Vogt und Köpsel (2000) zum zweiten ILSE-Messzeitpunkt wurden die Aktivitäten zu folgenden fünf Bereichen zusammengefasst:

1. Information und Unterhaltung: Fernsehen, Lesen, Musik hören, Rätsel lösen, Spielen.

2. Bewegungsaktivitäten: Spazieren gehen, Gartenarbeit, Sport treiben, Wandern, Tanzen gehen.

3. Pflege sozialer Kontakte: Kurze Besuche abstatten, kurze Besuche bekommen, Besuch von Restaurants / Kneipen, Besuch von Nachbarschafts- / Bürger- / Seniorentreff, Besuch von Skatabend / Kaffeekränzchen.

4. Kreative Aktivitäten / Hobbys: Handarbeiten/Basteln, Heimwerken, Musizieren / Singen, Sammlungen, Fotografieren / Filmen, Malen / Töpfern.

5. Kirchliche, Kultur- und Bildungsaktivitäten: Teilnahme an kirchlichen oder karitativen Veranstaltungen/Kirchenbesuch, Weiterbildung/Sprachen (z.b. Volkshochschulkurse), Besuch von Ausstellungen/Vorträgen, Besuch von Sportveranstaltungen (als Zuschauer/in), Besuch Kino-, Theater- oder Konzertveranstaltungen.

Für die Unterschiedstestung wurden die zehn Merkmalsausprägungen auf vier reduziert: „wöchentlich", „monatlich", „seltener", „nie". In der Ergebnisdarstellung wurden exemplarisch nur die ersten beiden Kategorie verwendet. Zudem wurde für jeden Freizeitbereich ein intervallskalierter Summenwert erstellt. Hierzu wurden die Rohwerte zu jeder Freizeitaktivität eines Bereichs in Anzahl Tage pro Woche bzw. pro Monat umcodiert und addiert.

4.2.4.2 Verfahren zur Persönlichkeit und Einstellung

Neben diesen umfassenden Medienaspekten kam eine Vielzahl von psychologischen Dimensionen zum Einsatz.

4.2.4.2.1 NEO-Fünf-Faktoren-Inventar (NEO-FFI)

"Die Persönlichkeit umfasst ein Profil von Merkmalen des Verhaltens und Erlebens [...], das Personen zuverlässig unterscheidet und ihnen eine phänomenale Einzigartigkeit verleiht" (Schmitt, 2004, S. 153). Die Merkmale einer Persönlichkeit, sogenannte Traits, gelten als dauerhaft, zeitlich stabil und transsituativ konsistent (McCrae & Costa, 1999), wenngleich in der aktuellen Persönlichkeitsforschung intraindividuelle Veränderungen und Instabilitäten im Alter nachgewiesen werden können (vgl. Mroczek et al., 2006a,b; Schilling et al., 2008). Zur Überprüfung solcher relativ stabiler, situationsübergreifender Persönlichkeitseigenschaften wurden die fünf Persönlichkeitsdimensionen des NEO-Fünf-Faktoren-Inventars (NEO-FFI, Borkenau & Ostendorf, 1993) herangezogen.

Das NEO-FFI misst die Persönlichkeitsmerkmale Neurotizismus, Extraversion, Offenheit für Erfahrungen, Verträglichkeit und Gewissenhaftigkeit. Jedes Merkmal wird durch 12 Items in Form von Statements operationalisiert, wobei die Items fünfstufig ordinalskaliert sind: „völlig zutreffend", „zutreffend", „weder/noch", „unzutreffend", „völlig zutreffend". Der Summenwert gilt als intervallskaliert, wobei der Range für jede Dimension zwischen 0 und 48 liegt. Je höher der Wert ausfällt, desto eher trifft die Dimension auf das Individuum zu.

Neurotizismus: Die Skala umfasst individuelle Unterschiede in der emotionalen Stabilität vs. Labilität. Der Kern der Dimension liegt in der Art und Weise, wie Emotionen, vor allem negative Emotionen, erlebt werden. Personen mit einer hohen Ausprägung in Neurotizismus geben häufiger an, sie seien leicht aus dem emotionalen Gleichgewicht zu bringen und empfinden häufiger negative Gefühlszustände. Sie berichten über viele Sorgen, reagieren häufig erschüttert, betroffen, unsicher, ängstlich, nervös und traurig. Emotional stabile Personen mit einer niedrigen Ausprägung auf dieser Dimension bezeichnen sich selbst als ruhig, ausgeglichen, sorgenfrei und geraten in Stresssituationen nicht so leicht aus der Fassung. Der Reliabilitätskoeffizient der Neurotizismus-Skala betrug für die ILSE-Stichprobe $\alpha=.81$.

Extraversion: Diese Skala umfasst individuelle Unterschiede in der Geselligkeit, Selbstsicherheit und Aktivität. Personen mit hohen Werten auf dieser Skala sind gesprächig, heiter, optimistisch, mögen Menschen und fühlen sich in Gruppen besonders wohl. Sie lieben Aufregungen und neigen zu einem heiteren Naturell. Personen mit niedrigen Werten beschreiben sich eher als zurückhaltend, unabhängig, ausgeglichen und sind lieber allein. Der Reliabilitätskoeffizient für die ILSE-Stichprobe liegt bei $\alpha=.78$.

Offenheit für Erfahrungen: Diese Dimension misst das Interesse und Ausmaß an neuen Erfahrungen, Erlebnissen und Eindrücken. Personen mit hohen Werten auf dieser Skala besitzen ein breites Interesse, nehmen ihre Gefühle akzentuiert wahr, sind wissbegierig, originell, phantasievoll, kreativ, verhalten sich eher unkonventionell, erproben neue Verhaltensweisen und bevorzugen Abwechslung. Personen mit niedrigen Ausprägungen auf dieser Skala neigen eher zu konventionellem Verhalten, konservativen Einstellungen und scheuen Erfahrungen und Erlebnisse. Das Cronbachs Alpha für Offenheit liegt für die ILSE-Stichprobe bei $\alpha=.54$.

Verträglichkeit: Personen mit hohen Punktwerten in Verträglichkeit, die sich ebenso wie Extraversion eher auf interpersonelles Verhalten bezieht, sind besonders durch ihren Altruismus gekennzeichnet. Sie sind anderen freundlich zugewandt, begegnen ihnen mit Verständnis, Wohlwollen und Mitgefühl und sind hilfsbereit. Sie neigen zu zwischenmenschlichem Vertrauen, sind kooperativ, nachgiebig und haben ein starkes Harmoniebedürfnis. Personen mit niedrigen Werten sind eher missgünstig, negativistisch, misstrauisch, eher kompetitiv als kooperativ, reizbar und eigenwillig. In der ILSE-Stichprobe beträgt der Reliabilitätskoeffizient $\alpha=.75$.

Gewissenhaftigkeit: Diese Dimension beschreibt die Planung, Organisation und Durchführung von Aufgaben. Personen mit hohen Ausprägungen bezeichnen sich selbst als beharrlich, zielstrebig, fleißig, diszipliniert, pünktlich, ordentlich, penibel und fühlen sich stärker verantwortlich. Der Reliabilitätskoeffizient beträgt $\alpha = .82$.

Die Skalen „Neurotizismus", „Extraversion", „Verträglichkeit" und „Gewissenhaftigkeit" weisen mit einem α-Wert von über .70 eine zufriedenstellende Reliabilität auf. Für die Skala „Offenheit für Erfahrungen" wird eine vergleichsweise niedrige interne Konsistenz angezeigt, ist aber mit einem α-Wert von über .50 noch als ausreichende Reliabilität zu betrachten. Eine mögliche Erklärung für diese reduzierte Konsistenz, die schon zum zweiten Messzeitpunkt berichtet wurde (Martin & Martin, 2000), könnte im Zusammenhang mit einem Selektionseffekt der Stichprobe gesehen werden. So dürfte die größere Offenheit für Erfahrungen mit einer erhöhten Bereitschaft zur Teilnahme an psychologischen Untersuchungen einhergehen. Allgemein gilt, dass die Ergebnisse nicht diagnostisch für das Vorliegen einer psychischen Störung zu verstehen sind, sondern zur Unterscheidung von Persönlichkeitsmerkmalen in den einzelnen Clustergruppen.

4.2.4.2.2 Allgemeine Kontrollüberzeugung

Selbstregulative Prozesse wurden mit dem Instrument der Allgemeinen Kontrollüberzeugung aus der Berliner Altersstudie erhoben (vgl. Smith & Baltes, 1996). Der Fragebogen erfasst, inwieweit Individuen glauben, dass Gutes und Schlechtes in ihrem Leben Folge ihrer eigenen Handlungen ist (positive und negative internale Kontrolle), Folge von Handlungen anderer (soziale externale Kontrolle) oder Folge von Schicksal oder Glück (fatalistische externale Kontrolle).

Der Fragebogen beinhaltet 14 Items in Form von Statements, wobei die Items fünfstufig sind („trifft sehr gut zu", „trifft gut zu", „teils/teils", „trifft kaum zu" „trifft überhaupt nicht zu"). Für die beiden internalen Dimensionen sind jeweils drei Items vorhanden und der theoretische Range liegt zwischen 3 und 15 Punkten; für die beiden externalen Dimensionen gibt es jeweils vier Items und der Range liegt folglich zwischen 4 und 20 Punkten. Je höher der Wert, desto eher trifft die Dimension auf das Individuum zu. Die Summenwerte werden intervallskaliert verwendet.

Für die ILSE-Stichprobe lagen die Reliabilitätskoeffizienten für die Dimensionen negative Internalität ($\alpha = .75$) und fatalistische Externalität ($\alpha = .80$) deutlich über .70 und besitzen damit zufriedenstellende Skalenqualität. Die beiden Dimensionen positive Internalität ($\alpha = .67$) und soziale Externalität ($\alpha = .64$) weisen eine ausreichende Reliabiltät auf.

4.2.4.2.3 Nürnberger-Selbsteinschätzungs-Liste (NSL)

Die von Oswald und Fleischmann (1995) entworfene Nürnberger-Selbsteinschätzungs-Liste (NSL) soll die Einstellung zum Altern in Bezug auf drei alterstypische Veränderungsbereiche erfassen: Vitalität, kognitive Leistungsfähigkeit und soziale Kontakte. Theoretisch basiert die Selbstbeurteilungsskala auf dem Alltagskompetenz-Konzept von Lawton (ADL/IADL, 1971) und auf der kognitiven Alternstheorie nach Thomae (1970), nach der der subjektiven Repräsentation von Alterungsvorgängen Rechnung getragen werden soll. Der Test gibt Hinweise auf einen (vorzeitig) einsetzenden Alterungsprozess und auch auf beginnende hirnpathologische Veränderungen. Die Skala setzt sich aus 20 prozessorientierten Items zusammen, die jeweils altersbedingte Beschwerden beinhalten (z.b. „Mir geht *in letzter Zeit* die Arbeit langsamer von der Hand"). Es stehen vier Antwortkategorien zur Auswahl („trifft zu", „trifft teilweise zu", „trifft kaum zu", „trifft nicht zu"). Der Summenscore wird als intervallskaliert interpretiert. Der theoretische Range liegt zwischen 20 und 80 Punkten, wobei ein hoher Wert eine negative Einstellung zum Altern ausweist.

Bei Werten von 55 Punkte und mehr besteht ein Verdacht für das Vorliegen eines hirnorganischen Psychosyndroms (vgl. Oswald et al., 1990). So ergab sich für eine unabhängige Stichprobe gesunder Testpersonen ein monotoner Anstieg des Verdachts auf Hirnleistungsstörungen von 8% bei Personen unter 70 Jahren auf 44% bei Personen ab 80 Jahren (Oswald & Fleischmann, 1995, S. 272). Der Normvergleichswert für Testpersonen zwischen 70 und 79 Jahren, die in einem eigenen Haushalt leben und für die keine Hirnleistungsstörungen vorliegen, liegt bei 45,9 (SD 12,8).

Nach testanalytischen Ergebnissen erweist sich die Nürnberger-Selbsteinschätzungs-Liste als sorgfältig konstruiert. Die Messgenauigkeit der Skala liegt für die ILSE-Stichprobe bei α=.93 und kann als ausgezeichnet bezeichnet werden. Bei Oswald und Fleischmann (1995) lag der Reliabilitätskoeffizient bei α=.90.

4.2.4.3 Verfahren zum subjektiven Wohlbefinden und zur Zufriedenheit

Das subjektive Wohlbefinden wurde als mehrdimensionales Konstrukt aufgefasst, das durch vier Bereiche gemessen wurde: Die Erfassung von Depressivität durch die Self-Rating-Depression-Scale (SDS), die augenblickliche Stimmungslage durch die Skalen der Philadelphia-Geriatric-Center-Morale-Scales (PGC), die Lebensbewertung (Valuation of Life, VoL) sowie die allgemeine und bereichsspezifische Lebenszufriedenheit (LZ).

4.2.4.3.1 Self-Rating-Depression-Scale (SDS)

Die 20 Items umfassende Self-Rating-Depression-Scale (SDS, Zung, 1965; Zung & Zung, 1986) dient der Erfassung von Depressivität durch Selbstbeurteilung. Sie misst keine klinische Depression. Die Items beziehen sich zum Teil direkt auf Symptome von Depressivität, zum Teil auf gesundheitliche Probleme, die im Zusammenhang mit Depressivität auftreten werden können. Zehn Items sind positiv ausgerichtet (z.B. „Morgens fühle ich mich am besten") und zehn negativ (z.B. „Ich fühle mich bedrückt, schwermütig und traurig"). Anhand einer vierstufigen Skala („meistens oder immer", „oft", „manchmal", „selten oder nie") wurden die Probanden aufgefordert, ihr Befinden während der letzten Wochen einzuschätzen.

Der intervallskalierte Summenscore liegt zwischen 20 und 80 Punkten, wobei ein Wert ab 50 für eine Depression spricht. Als Richtlinie zur Interpretation gilt ein Wert unter 50 Punkten als normal; bei einem Wert zwischen 50-59 liegt eine minimale bis leichte Depression vor, bei einem Wert von 60-69 eine moderate bis schwere Depression und ab 70 Punkte eine schwere Depression. Der Reliabilitätskoeffizient für die ILSE-Stichprobe liegt bei α= .82 und kann als zufriedenstellend bezeichnet werden.

4.2.4.3.2 Philadelphia-Geriatric-Center-Morale-Scales (PGC)

Dieser revidierte standardisierte Fragebogen von Lawton (1975) erfasst die aktuelle Stimmungslage mit 17 Items (ja/nein-Antworten) zu wahrgenommenen Veränderungen beim Älterwerden. Es werden drei intervallskalierte Dimensionen „Agitation", „Einstellungen zum Altern" und „Soziale Isolation" unterschieden. Die interne Konsistensprüfung zeigte ausreichende bis zufriedenstellende Reliabilitätskoeffizienten an.

Agitation: Bezieht sich auf eine unruhige Stimmungslage mit Ängsten und Sorgen. Diese Unterskala besitzt sechs Items wie z.B. „Kleinigkeiten beunruhigen mich heute stärker als früher". Der addierte Skalenwert kann zwischen 6 und 12 Punkten variieren. Dabei gilt, je kleiner der Wert ist, desto eher liegt eine Agitiertheit vor. Der Reliabilitätskoeffizient liegt bei α= .72.

Einstellungen zum Altern: Diese Dimension umfasst fünf Items (z.B. „Je älter ich werde, desto weniger werde ich gebraucht"). Die Skala hat einen Wertebereich zwischen 5 bis 10 Punkten. Je höher der Wert ist, desto positiver fällt die Einstellung zum Altern aus. Die interne Konsistenz liegt bei α= .66.

Soziale Isolation: Besteht aus sechs Items (z.B. „Manchmal fühle ich mich einsam"). Der Range liegt zwischen 6 und 12 Punkten, wobei ein höherer Wert für ein erhöhtes Ausmaß an sozialer Isolation spricht. Der Reliabilitätskoeffizient liegt bei $\alpha = .75$.

4.2.4.3.3 Valuation of Life (VoL)

Dieser Fragebogen zur Lebensbewertung wurde ebenfalls von Lawton (Lawton et al. 1999, 2001) konzipiert. Er besteht aus 16 Items, die vierstufig sind („trifft zu", „trifft teilweise zu", „trifft kaum zu", „trifft nicht zu") und beinhaltet zwei intervallskalierte Dimensionen:

Positive Lebensbewertung (10 Items): Repräsentiert einen kognitiv-affektiven Zustand, in dem die Bedeutung und Sinnhaftigkeit des gesamten Lebens eines Individuums zusammengefasst ist. Sie ist das Ergebnis des Ausbalancierens von positiven und negativen Gründen, weiter leben zu wollen und beinhaltet Projektionen in die Zukunft. Die Dimension misst auch, wie sehr Personen am gegenwärtigen Leben hängen. Itembeispiel: „Ich habe derzeit einen starken Lebenswillen". Der Range liegt zwischen 10 und 40 Punkten, wobei ein hoher Wert ein hohes Ausmaß an positiver Lebensbewertung kennzeichnet. Die Skalenqualität ist mit einem Reliabilitätskoeffizient von $\alpha = .89$ als hoch zu bewerten.

Negative Lebensbewertung (6 Items): Repräsentiert eine negative Bilanzierung des Lebens wie z.B. „Die wirklichen Freuden meines Lebens liegen in der Vergangenheit". Der Range liegt zwischen 6 und 24 Punkten, wobei ein niedriger Wert ein hohes Ausmaß an negativer Lebensbewertung darstellt. Die interne Konsistenzprüfung ergab einen zufriedenstellenden Reliabilitätskoeffizienten von $\alpha = .77$.

Der Gesamtscore mit einem Range von 16 bis 64 Punkten umfasst die positive und negative Lebensbewertung. Je höher der Wert, desto positiver fällt die Lebensbewertung aus.

4.2.4.3.4 Heidelberger Analogskalen zur Lebenszufriedenheit (LZ)

Diese Skala stammt aus der ILSE-Methodologie. Sie ermöglicht Aussagen zur allgemeinen Lebenszufriedenheit aktuell und vor fünf Jahren sowie zu den fünf bereichsspezifischen Lebenszufriedenheiten Familie, außerfamiliäre Beziehungen, Finanzsituation, Wohnsituation und Gesundheit. Die sieben Items sind fünfstufig („völlig zufrieden", „zufrieden", „weder/noch", „nicht zufrieden", überhaupt nicht zufrieden") und wurden als Mittelwerte intervallskaliert berechnet.

Darüber hinaus wurde für ein Subsample von Personen, die in einer Ehe oder Partnerschaft leben, die Zufriedenheit der Partnerschaft mit einem Item erfasst: „Wie glücklich würden Sie Ihre Partnerschaft gegenwärtig einschätzen?". Die sechsstufige Antwortkategorien („sehr glücklich" bis „sehr unglücklich") wurden als Mittelwert intervallskaliert interpretiert. Je höher der Wert liegt, desto glücklicher wird die Partnerschaft eingeschätzt.

4.2.4.4 Verfahren zur Gesundheit und Alltagskompetenz

Der Gesundheitsstatus wurde sowohl durch den Probanden als auch über den Hausarzt erfasst. Der subjektive Gesundheitszustand wurde durch eine Selbsteinschätzung
des Probanden erhoben und umfasste eine sechsstufige Ratingskala („sehr gut" bis
„sehr schlecht"). Der Hausarzt beurteilte den objektiven Gesundheitsstatus anhand
der gleichen Ratingskala. Hinzu kam eine Erfassung von chronischen Erkrankungen
mit Hilfe der „Cumulative Illness Rating Scale" (CIRS, Parmelee et al., 1995). Dieser
Fragebogen umfasst 14 Diagnosebereiche, für die ein Schweregrad von 1 (kein Problem) bis 5 (lebensbedrohlich) angegeben werden muss. Ab Stufe 3 gilt die Diagnose
als alltagsrelevant, so dass eine Behandlung als notwendig betrachtet werden muss,
die jedoch eine gute Prognose besitzt (z.B. Gallensteine, Diabetes, Frakturen).

Zu den subjektiven Einschätzungen des Probanden gehörte die Erfassung der Alltagskompetenz durch die 24 Items umfassende Skala von Lawton und Brody (1969),
wobei die deutsche Version aus der MuG-Studie von Schneekloth und Posthoff
(1993) verwendet wurde. Sie beinhaltet elf basale Aktivitäten des täglichen Lebens
(ADL, „activities of daily living") und 13 instrumentelle Aktivitäten des täglichen
Lebens (IADL, „instrumental activities of daily living"). Dieses Messinstrument ist in
Bezug auf ältere Menschen besonders relevant, da es einen vorhandenen oder sich
abzeichnenden Hilfe- oder Pflegebedarf indiziert. Insbesondere die komplexeren
IADL wie Nutzung öffentlicher Verkehrsmittel, Erledigung von Bankangelegenhei-
ten, Telefonieren und Einkaufen, können Hinweise für Kompetenz- und Autonomie-
verlust geben. Die Items fragen, ob eine Aktivität „ohne Schwierigkeiten" ausgeübt
werden kann, „mit Schwierigkeiten" oder ob es „allein unmöglich" ist. Falls Schwierigkeiten bestehen, wird weiter gefragt, ob es regelmäßige Hilfe gibt oder nicht. Der
Range liegt zwischen 24 und 72 Punkten, wobei bei einem Punktwert von 24 keinerlei Schwierigkeiten vorliegen. Die Daten gelten als intervallskaliert.

4.2.4.5 Verfahren zur kognitiven Leistungsfähigkeit

Zur Bestimmung der kognitiven Leistungsfähigkeit wurde eine Kurzform des Hamburg Wechsler Intelligenztests (HAWIE) (Tewes, 1991) eingesetzt, die vier Subtests enthalten:

Allgemeines Wissen (24 Items, max. 24 Punkte): Zur Erfassung des semantischen Gedächtnisses und des Wissenssystems.

Gemeinsamkeiten finden (16 Items, max. 32 Punkte): Zur Konzeptbildung als Teilbereich des problemlösendes Denkens.

Mosaiktest (9 Aufgaben, max. 51 Punkte): Zur Bestimmung der Fähigkeit zur visuell-räumlichen Konstruktion.

Bilder ergänzen (17 Bilder, max. 17 Punkte): Zur Erfassung der visuellen Organisation und dem konkreten Denken.

In Anlehnung an den reduzierten Wechsler-Intelligenztest (WIP) von Dahl (1986) wurde daraus ein intervallskalierter Summenwert errechnet. Der theoretische Range liegt zwischen 1 und 124 Punkten, wobei ein hoher Wert eine hohe kognitive Leistungsfähigkeit kennzeichnet.

4.2.5 Statistische Verfahren

Allgemein wurden die Rohwerte zu Summenskalen nur verwendet, wenn sie für eine Person vollständig waren. Mit dieser konservativen Vorannahme reduzierte sich die Stichprobengröße, ohne jedoch ins Gewicht zu fallen.

4.2.5.1 Clusteranalyse zur Bestimmung von Fernseh-Nutzungsmotivtypen

Die Ausgangsfrage war, ob es Gruppen von Personen gibt, die sich hinsichtlich ihres Fernseherlebens ähnlich sind. Gibt es solche Gruppen, die ein möglichst homogenes Nutzungsmotivprofil besitzen? Um dieser explorativen Fragestellung nachzugehen, wurde eine Clusteranalyse zu Nutzungsmotiven durchgeführt. Als Ausgangsbasis dienten die Rohwerte mit allen vier Kategorien („trifft voll und ganz zu" bis „trifft überhaupt nicht zu"). Das Subsample bezog alle Personen ein, die zumindest selten Fernsehen. Die Berechnungen basierten auf unstandardisierten Rohwerten. Es wurde auf die Faktorisierung der Daten verzichtet. Zum einen, weil eine Faktorenanalyse den Analysespielraum zur Clusterung zu sehr eingeschränkt hätte. Zum anderen sollte die Option bestehen, Personen als Cluster zusammenzuführen, die sich auch durch korrelierende Variablen ähnlich sind.

Bei der Clusteranalyse kamen hierarchisch agglomerative Algorithmen zum Einsatz. Hierbei wird mit der feinsten Partition unter Einbeziehung aller Untersuchungsobjekte begonnen und zunehmend werden ähnliche Objekte zu einem Cluster zusammengefügt bis am Ende nur noch ein Cluster übrig bleibt. Als Grundlage diente die quadrierte Euklidische Distanz als Ähnlichkeitsmaß. Diese Distanzmetrik stellt die Abstände der Objekte im p-dimensionalen X-Variablenraum dar.

Zunächst wurde eine Identifizierung möglicher Ausreißer von Untersuchungsobjekten vorgenommen. Hierbei werden nach der Nearest-Neighbour-Regel sukzessive Fusionierungsschritte durchgeführt; d.h., es werden jeweils die beiden Cluster fusioniert, die den geringsten Abstand zweier Objekte aus je einem der beiden Cluster aufweisen. Durch diese raumkontrahierende Vorgehensweise besteht die Tendenz zu vielen kleinen und wenig großen Gruppen, weshalb am Ende Objekte ohne Gruppierung als Ausreißer übrig bleiben können. Dies war jedoch nicht der Fall, so dass alle 282 Fälle in einem Ward-Verfahren verrechnet werden konnten.

Es handelt sich bei diesem Verfahren um eine Minimum-Varianz-Methode (Ward, 1963). Die Vereinigung von Clustern geschieht über die Fehlerquadratsumme als vorgegebenes Heterogenitätsmaß. Dabei werden diejenigen Gruppen zusammengefasst, die die Innerhalb-Varianz (Abweichung der Objekte von ihren Clustermittelpunkt) am minimalsten hält. Das Verfahren kennzeichnet eine Tendenz zur Bildung homogener Cluster mit relativ gleicher Größe (Aldenderfer & Blashfield 1984). Dieses Verfahren stellt ein weit verbreitetes Analyseverfahren in den Medien- wie Sozialwissenschaften dar, das auch für die Typologie von Fernseh-Nutzungsmotiven von Dehm und Kollegen (2004) Verwendung fand. Ihre methodologische Relevanz gründet auf einem im Vergleich zu anderen Clusteralgorithmen sehr guten Fusionierungsalgorithmus, der unter bestimmten Voraussetzungen sehr gute Partitionen findet und die Elemente korrekt den Gruppen zuordnen kann (Bergs, 1981).

Die Festlegung der Anzahl relevanter Cluster geschah nach verschiedenen statistischen Kriterien, die vom SAS Institute entwickelt wurden: Pseudo F- Statistik, Pseudo t^2-Statistik, aufgeklärte Varianz (RSQ) sowie Fehlerquadratsumme (SPRSQ) (SAS Institute Inc., 2007). Da es sich um ein exploratives Verfahren handelt, wurden sachlogische Überlegungen wie Relevanz und Interpretierbarkeit der Cluster miteinbezogen.

4.2.5.2 Faktorenanalyse zur Ermittlung medienübergreifender Nutzungsmuster

Zur Ermittlung von Nutzungsmotiv-Dimensionen wurden Faktorenanalysen (Hauptkomponentenanalyse mit VARIMAX-Rotation) zu Fernsehen, Radio und Zeitung berechnet. Die Bündelung von Variablen auf wenige Faktoren diente als Grundlage für die Erfassung medienübergreifender Nutzungsmotivprofile. Zur Interpretation der Faktorladungen wurden in Anlehnung an Backhaus und Kollegen (2006, S. 331) nur Faktoren mit Ladungen von mindestens r=.50 zusammengefasst (vgl. Fabrigar et al., 1999).

4.2.5.3 Inferenzstatistische Analysen zur Beschreibung der Cluster

Bei diesem explorativen Verfahren stellten die ermittelten Cluster unabhängige Variablen dar, deren prädiktive Einflussfaktoren mittels inferenzstatistischer Verfahren überprüft wurden. Der Methode lag die Annahme zu Grunde, dass die Profile der einzelnen Fernseh-Nutzungsmotivtypen sich entlang situativer und stabiler person- und umweltbezogener Merkmalen unterscheiden. Als Traits wurden hierbei Dimensionen wie Persönlichkeit und sozialer Status einbezogen, situative Aspekte umfassten Bereiche wie Gesundheitsstatus, funktionaler Status, kognitive Leistungsfähigkeit, Wohlbefinden sowie Freizeit- und Bewegungsaktivitäten, Mediennutzung und Medienumgebung. Zu solchen intra-clusterspezifischen Zusammenhängen zählten auch medienübergreifende Motivprofile und Interdependenzen zwischen Mediennutzung, Einstellung und Bewertung von Medien.

Inferenzstatistische Verfahren dienten zur Testung von Gruppenunterschieden. Dabei wurden sowohl globale Signifikanztestungen über alle Cluster hinweg durchgeführt, als auch paarweise Kontrastanalysen zwischen den einzelnen Clustern. Multinominale logistische Regressionsanalysen für globale und paarweise Unterschiedstestungen kamen bei Vorliegen dichotomer Daten zum Einsatz. Dies betraf die Konstrukte Nutzungsmotive, Soziodemografie, Medienausstattung, Medienimages, Informationsquellen, Themeninteressen und Sendertyppräferenz. Bei metrischem Skalenniveau wurden unter Annahme einer Normalverteilung einfaktorielle Varianzanalysen berechnet. Hierzu zählten Konstrukte wie Zeitbudgets für Medien, Summenwerte zu Freizeit- und Bewegungsaktivitäten und zur Medienausstattung sowie zum überwiegenden Teil der psychologischen Konstrukte (NEO-FFI, AK, NSL, SDS, Lebenszufriedenheit, VoL, I/ADL, CIRS, WIP).

Eine Besonderheit stellten die Berechnungen zu mehrstufigen, ordinalen Daten dar (Mediennutzungsfrequenzen, Freizeit- und Bewegungsaktivitäten, Lebenszufriedenheit, Zufriedenheit mit Medien). So handelte es sich z.b. bei den Nutzungshäufigkeiten von Medien um ursprünglich achtstufige ordinalskalierte Daten. Die Verteilungsmuster der Rohdaten erlaubten eine Reduzierung der Informationen auf vier Kategorien. Eine Normalverteilung war für keine der untersuchten Medien gegeben. Bei tagesaktuellen Medien wie Fernsehen und Radio wurden rechtsschiefe Verteilungen angezeigt, bei modernen Medien mit geringerer Verbreitungsrate (Computer, Internet) linksschiefe Verteilungen. Eine Dichotomisierung der Ausprägungen war nicht angebracht, da nicht allein der Anteil an täglicher bzw. wöchentlicher Nutzung interessierte, sondern auch die Verteilung der Nutzungsfrequenz. Zudem zeigten einige Medien bipolare Verteilungsmuster auf: Medien wie Video/DVD, CD/LP/MC, Internet und Computer wurden von einem Teil der Befragten regelmäßig genutzt, von anderen selten oder überhaupt nicht.

Aus diesen Vorannahmen zur Datenqualität fiel die Wahl für Unterschiedstestungen für mehrere Gruppen auf die Kruskal-Wallis-Varianzanalyse. Dieses Verfahren stellt ein verteilungsfreies Analogon zur einfachen Varianzanalyse dar, da es weder eine Normalverteilung noch ein Intervallskalenniveau voraussetzt. Als Prüfgröße gilt der H-Wert, der die in Rangreihen transformierten Kennwerte für jede Stichprobe vergleicht. Analog zum F-Test wird geprüft, ob die Zahl der Beobachtungen, die kleiner (oder größer) als der gemeinsame Median beider Variablen ist, in den Gruppen verschieden ist. Für jede Stichprobe wird ein Rangsummenwert gebildet; die Prüfgröße kann mittels einer χ^2-Verteilung mit L-1 Freiheitsgraden berechnet werden, wobei l für die Anzahl der Cluster steht.

In Entsprechung zum T-Test wurde für die paarweise Unterschiedstestung der Mann-Whitney-Test als Rangsummentest für ordinale Daten durchgeführt. Die Testung erfolgte zweiseitig ungerichtet.

Das Problem der multiplen Testung legte eine Alphafehler-Adjustierung im Sinne einer Bonferoni-Korrektur nahe. Dies ist vor allem dann notwendig, wenn eine inhaltliche Hypothese mittels mehrerer statistischer Tests überprüft werden soll (Rule, 1976). Hier besteht die Gefahr einer Inflation des Alpha-Fehlers sowie Inkonsistenzen zwischen globalen und paarweisen Testungen. Für die vorliegende Arbeit war jedoch die forschungsmethodische Fragestellung und testtheoretische Intention explorativer Natur. Bei dieser Vorgehensweise stellte sich die Frage nach Signifikanzen anders als bei hypothesenüberprüfenden Verfahren. Anstelle einer konservativen Adjustierung des Alphafehler-Niveaus, wurde das Augenmerk auf statistisch relevanten Kriterien wie Effektstärken gelegt und darüber hinaus sachlogische Aspekte einbezogen.

Handlungsleitend war die grundlegende Frage, ob es zu den gefundenen Clustern Zusammenhänge mit weiteren mediengebundenen und psychologischen Variablen gibt. Eine Richtung erwartbarer Zusammenhänge oder Unterschiede zwischen den Clustern konnte nicht a priori festgesetzt werden. Die anschließenden Unterschiedstestungen hatten daher die Funktion, die in der deskriptiven Analyse aufgefundenen Zusammenhänge und Unterschiede auf statistische Substanz zu überprüfen. Wie oben erwähnt, wurden daher in den Varianzanalysen Effektstärken mittels Varianzen angegeben.

Anzumerken bleibt, dass nicht immer paarweise logistische Regressionsanalysen berechnet werden konnten. In diesen besonderen Fällen lagen Kennwerte von 100% und 0% vor, wodurch die Voraussetzung für eine valide Wahrscheinlichkeitstestung zwischen zwei Clustern nicht mehr erfüllt war. Ein relevanter Gruppenunterschied ist für die Interpretation dieser Ergebnisse dennoch gegeben (siehe z.B. Kontrastanalysen zu den Nutzungsmotiven, Abschnitt 5.2.4).

Im Einzelfall wurden in der globalen Testung keine signifikanten Unterschiede angezeigt, obgleich deutliche Kontraste in paarweisen Clustervergleichen bestanden. Diese Signifikanzen wurden zum Teil bei der Interpretation berücksichtigt. Der Hintergrund ist, dass bei logistischen Regressionen die Logarithmik nicht auf varianzanalytischen Kriterien beruht, sondern ein Verhältniswert zur Auftretenswahrscheinlichkeit eines Ereignisses berechnet wird. Aus diesem Grund konnte eine weitere Überprüfung paarweiser Kontrastanalysen methodisch Sinn machen. Das Zielinteresse für das explorative Verfahren lag in der Überprüfung von Kontrasten zwischen den Clustern und der Gewinnung deutlicher Clusterprofile.

Die Unterschiedstestung ist zudem stichprobensensitiv; d.h., bei ungleichen Gruppengrößen kann die Basis für Signifikanzen beeinträchtigt sein. Aus diesem Grund können im Kontrastvergleich Cluster mit kleiner Stichprobengröße mitunter das Signifikanzniveau von $p \leq .05$ verfehlen, auch wenn die deskriptiven Befunde dies annehmen lassen.

Es sei in diesem Zusammenhang darauf hingewiesen, dass bei der tabellarischen Darstellung der Ergebnisse das Signifikanzniveau für die paarweisen Kontraste nicht differenziert ausgegeben wurde. Die Kennzeichnung signifikanter Kontraste zwischen zwei Clustern erfolgte ab einem Signifikanzniveau von $p \leq .05$ mittels hochgestellter Nummerierung.

Für die Darstellung von Signifikanzen galt die übliche Schreibweise: *** p≤.001; ** p≤.01; * p≤.05; n.s.= nicht signifikant.

4.2.6 Untersuchungsdesign

Ausgangpunkt für den zweiten Teil der vorliegenden Arbeit war eine Clusteranalyse von Personen aus der Kohorte 1930-1932 aus dem ILSE-Sample von 2005, die das Fernsehen nutzten. Als abhängige Variable wurden zehn Nutzungsmotive zum Fernsehen verwendet.

In einem weiteren Schritt wurden die ermittelten Cluster anhand von situativen und stabilen Person- und Umweltmerkmalen kontrastiert. Durch Gruppentestungen sollten Clusterprofile beschrieben werdenkönnen wie auch Zusammenhänge zwischen Motivprofil und Person- und Umweltaspekten. Als abhängige Variable wurden Aspekte der Persönlichkeit, Soziodemografie, Gesundheit, Alltagskompetenz, kognitive Leistungsfähigkeit, Wohlbefinden, Freizeit- und Bewegungsaktivitäten sowie verschiedene medienbezogene Aspekte einbezogen. Abbildung 11 gibt hierzu eine Übersicht.

Abb. 11: Übersicht zum Untersuchungsdesign der ILSE-Studie

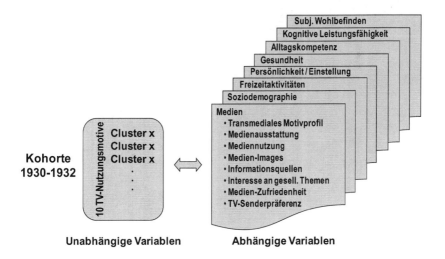

5   Ergebnisse

Im Folgenden werden empirische Befunde zur ersten Studie (MK2005, MK2000) präsentiert. Diese zeigen differenzierte Basisdaten zum Kontext Mediennutzung an und ermöglichen bestehende Grunderkenntnisse zu replizieren. Dabei erfolgt die Ergebnisdarstellung zu den einzelnen Konstrukten (abhängigen Variablen) überwiegend dem gleichen Muster: Zunächst werden Befunde der MK2005 zum Altersvergleich zwischen den beiden Altersgruppen über und unter 60 Jahren dargestellt sowie zwischen den drei höheren Altersgruppen ab 60 Jahren (60-69 Jahren, 70-79 Jahre und 80-89 Jahre); danach zur fokussierten Kohorte K30-39, differenziert nach soziodemografischen Merkmalen. Zuletzt werden Ergebnisse aus den Vergleichsanalysen zur MK2000 beschrieben. Die Zielkohorte K30-39 ist dabei eingebettet in die Kohorten K70-79, K60-69, K50-59, K40-49 und K20-29.

Der zweite Ergebniskorpus beinhaltet die explorativen Analysen zur ILSE-Studie der Kohorte K30-32. Zu Anfang wird die Vergleichbarkeit der beiden Samples anhand des exponierten Konstrukts der Fernseh-Nutzungsmotivation dargestellt (Abschnitt 5.2.1). Im Anschluss folgen die Ergebnisse aus den Faktorenanalysen zu den Nutzungsmotiven der drei Medien Fernsehen, Radio und Zeitung (Abschnitt 5.2.2). Diese Befunde dienen als Grundlage für die Überprüfung transmedialer Nutzungsstile der einzelnen Cluster (Abschnitt 5.2.6). Die Vorgehensweise der Clusteranalyse zu den Nutzungsmotiven beim Fernsehen und die statistische Überprüfung der Clusterlösung werden in Abschnitt 5.2.3 beschrieben. Die daraus entwickelten Fernseh-Nutzungsmotivtypen wurden durch Kontrastanalysen zu psychologischen und medienbezogenen Konstrukten in Bezug gesetzt. Abschnitt 5.2.4 zeigt die Ergebnisse zu den Gruppentestungen entlang der abhängigen Konstrukte. Dieser umfangreiche Ergebnisteil diente als Grundlage für die folgenden Beschreibungen der ermittelten Clusterprofile (Abschnitt 5.2.5).

5.1   Ergebnisse zur MK2005 und MK2000

5.1.1 Medienumwelten und Medienausstattung im Haushalt

Die empirischen Befunde aus der Tagesablauf-Erhebung der MK2005 bestätigen eine hohe Konzentration auf die häusliche Umwelt im Alter. Demzufolge verbringen innerhalb des untersuchten Zeitintervalls von 05.00 Uhr bis 24.00 Uhr Personen ab 60 Jahren im Durchschnitt 15 Stunden zu Hause, Personen unter 60 Jahren hingegen zwölf Stunden (F (1,4498)=1.23, p≤.001) (siehe Abbildung 12).

Abb. 12: Anteil zu Hause verbrachter Zeit (MK2005) und Anteil an medialer Nutzung zu Hause (MK2000), nach Altersgruppen

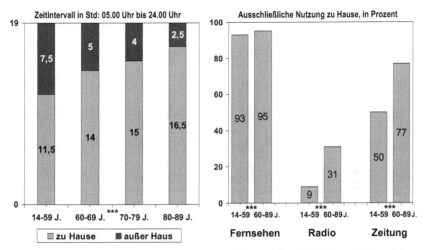

Quellen: ARD/ZDF-Medienkommission, MK2005; n=4500; gewichtet; MK2000; n=5000; gewichtet.
Anmerkung: Unterschiedstestung erfolgte mittels einfaktorieller Varianzanalyse (Anova).

In den drei Altersgruppen ab 60 Jahren steigt dieser Anteil signifikant weiter an: Die 60- bis 69-Jährigen sind im Mittel 14 Stunden im Haus, die 70- bis 79-Jährigen 15 Stunden und die 80- bis 89-Jährigen über 16 ½ Stunden (F (2,804)=13.86, p≤.001). Umgekehrt nimmt mit dem Alter die Zeit außerhalb der Wohnung kontinuierlich ab: Während sich Personen zwischen 14 und 59 Jahren im Durchschnitt 7 ½ Stunden pro Tag außer Haus befinden, sind es bei den älteren Personen knapp 4 ½ Stunden (F (1,4498)=1.39, p≤.001). Die 60- bis 69-Jährigen sind dabei mit fünf Stunden am Tag deutlich länger außer Haus als die 70- bis 79-Jährigen mit knapp unter vier Stunden und die 80- bis 89-Jährigen mit 2 ½ Stunden (F (2,804)=11.98, p≤.001).

Damit einhergehend wird der Medienalltag im Alter in verstärktem Maße auf den häuslichen Bereich verlagert. Analysen zur MK2000 belegen dies eindrucksvoll. Neben dem „Hausmedium" Fernsehen, das von 95% der Personen ab 60 Jahren ausschließlich zu Hause genutzt wird – bei den 14- bis 59-Jährigen sind es 93% (χ^2 (1)=18.90, p≤.001) – wird auch das Radio und die Tageszeitung seltener außer Haus genutzt. Während von den 14- bis 59-Jährigen nur 9% das Radio ausschließlich zu Hause nutzen, sind es in der älteren Altersgruppe fast ein Drittel (31%, χ^2 (1)=391.23, p≤.001). Die Hälfte der 14- bis 59-Jährigen liest ausnahmslos zu Hause Zeitung, bei den Personen ab 60 Jahren sind es über drei Viertel (77%, χ^2 (1)=298.67, p≤.001). Noch deutlicher ist die mediale Gebundenheit an die häusliche Umgebung bei den

80- bis 89-Jährigen. Fernsehen findet in dieser Altersgruppe ausnahmslos zu Hause statt und der Anteil, der nur zu Hause Radio hört, steigt auf 65%; der Anteil für das Zeitung lesen liegt in dieser Altersgruppe bei 79%. Umgekehrt nimmt die außerhäusliche und mobile Nutzung mit dem Alter kontinuierlich ab. 87% der 14- bis 59-Jährigen hören unterwegs Radio, deutlich weniger sind es bei den Personen ab 60 Jahren mit zwei Dritteln (χ^2 (1)=281.45, p≤.001). Nicht einmal jeder Fünfte der 80- bis 89-Jährigen hört gelegentlich mobiles Radio.

Damit bestätigen sich die Annahmen, dass mit zunehmendem Alter der häusliche Bereich als ökologisches Zentrum bedeutsam wird. Entsprechend geht im Altersquerschnitt die mobile Mediennutzung zurück und beschränkt sich auf den häuslichen Kontext.

5.1.1.1 Die Medienausstattung nach Altersgruppen

Ein Fernseh- und Radiogerät gehört seit den 1970er Jahren zur Standardausstattung eines deutschen Haushalts, weshalb sich keine relevanten Alterseffekte zeigen. Für alle weiteren untersuchten Medien weist die Altersgruppe ab 60 Jahren deutlich schlechtere Versorgungsraten auf als die Altersgruppe der 14- bis 59-Jährigen. Damit fällt auch der Gesamtumfang des Medienrepertoirs bei den 60- bis 89-Jährigen mit 9.7 (SD 4.5) Geräten von 20 möglichen hoch signifikant geringer aus als in der jüngeren Altersgruppe mit 12.3 (SD 2.6) (F (1,4498)=690.36, p≤.001).

Die größten Differenzen finden sich bezüglich neuer Medien, die nach der Diffusionstheorie von Rogers (2003) bereits in der Gesellschaft über den kritischen Masse-Punkt hinaus Verbreitung gefunden haben, aber noch nicht in den technikfernen Gruppen. Während z.B. 85% der 14- bis 59-Jährigen einen Computer besitzen, sind es erst 38% der 60- bis 89-Jährigen (χ^2 (1)=1057.12, p≤.001). Wie Tabelle 5 aufzeigt, bestehen des Weiteren große Versorgungsunterschiede mit äußerst hohen Signifikanzen hinsichtlich der modernen Medien Internetanschluss (67% zu 20%, χ^2 (1)=852.65, p≤.001), Handy (93% zu 67%, χ^2 (1)=517.61, p≤.001), DVD-Player (73% zu 40%, χ^2 (1)=498.73, p≤.001) und MP3-Player (34% zu 8%, χ^2 (1)=336.42, p≤.001).

Bei differenzierter Betrachtung der Altersgruppen fällt zum einen auf, dass die 50- bis 59-Jährigen in ihrem Ausstattungsset weit mehr der Altersgruppe der 14- bis 49-Jährigen gleichen, als den älteren Personen ab 60 Jahren. Dies ist im Übrigen ein Befund, der sich in weiteren Dimensionen zur Mediennutzung nachzeichnen lässt und auch mit anderen Mediendaten repliziert werden konnte (vgl. Doh, 2006b; Doh & Gonser, 2007; Doh & Kaspar, 2006a,b). Zum anderen zeigt eine Segmentierung der

Personen ab 60 Jahren nach Altersdekaden und nach soziodemografischen Merkmalen, dass die Ausstattung mit einzelnen Medien wie auch der Gesamtumfang sehr heterogen ausfällt. Dies betrifft nicht allein moderne Medien, sondern auch die Versorgung mit Mehrfachgeräten von Fernseher und Radio. Dies kann in Zusammenhang mit den Altersstrukturmerkmalen Singularisierung und Feminisierung gesehen werden und einer damit verbundenen einkommens- und bildungsbezogenen Benachteiligung älterer Frauen. So besitzt jede zweite 60- bis 69-Jährige mindestens zwei Fernseher zu Hause, bei den 80- bis 89-Jährigen sind es nur 31% (χ^2 (2)=20.41, p≤.001). Entsprechend fallen die Signifikanzen in der K30-39 nach Geschlecht (χ^2 (1)=32.83, p≤.001) und Einkommensstatus (χ^2 (2)=61.63, p≤.001) sehr hoch aus (siehe Tabelle 5).

Vor allem bei über 80- bis 89-Jährigen zeigen sich deutlich geringere Versorgungsbestände mit modernen Medien. Lediglich jeder dritte Haushalt verfügt über einen CD-Spieler, bei den 60- bis 69-Jährigen sind es 86%, bei den 70- bis 79-Jährigen 70% (χ^2 (2)=107.67, p≤.001). Weitere negativ alterskorrelierte, hohe Signifikanzen bestehen hinsichtlich der Ausstattung mit Autoradio (χ^2 (2)=163.90, p≤.001), Handy (χ^2 (2)=161.90, p≤.001), Computer (χ^2 (2)=133.64, p≤.001), Videorecorder (χ^2 (2)=113.34, p≤.001) und Internetanschluss (χ^2 (2)=82.24, p≤.001) – mit Differenzen von teilweise über 50 Prozentpunkten zwischen den 60- bis 69-Jährigen und den 80- bis 89-Jährigen.

So liegt in der ältesten Gruppe die Versorgungsrate für Computer, Internetanschluss, MP3-Player oder Mini-Disk bei unter 10%. Neben einer Grundausstattung mit einem Fernseh- und Radiogerät zählt lediglich der Kassettenrecorder mit einem Verbreitungsgrad von 66% zur Standardausstattung. Selbst das in dieser Altersphase so relevante Fernsehgerät ist relativ „veraltet", da nur 58% mit Teletext ausgestattet sind; bei den 60- bis 69-Jährigen sind es 90%, bei den 70- bis 79-Jährigen immerhin 79% (χ^2 (2)=61.31, p≤.001). Der Fernsehempfang ist nur bei einem Teil der Hochaltrigen veraltet. 26% besitzen noch eine Antenne, in der Gesamtstichprobe der 14- bis 89-Jährigen sind es nur 4%. Lediglich 32% empfangen über Satellit (gesamt: 51%) und 43% über Kabel (gesamt: 49%). Gleichzeitig verfügt ein Teil (28%; gesamt: 14%) bereits über einen TV-Digitalrecorder und kann damit digitale Programme empfangen.[46]

---

[46] Dieser signifikant hohe Wert könnte auch aufgrund der geringen Fallzahl auf einem Messfehler beruhen. Zur Überprüfung müssten weitere Quellen herangezogen werden.

Tab. 5: Medienausstattung der Haushalte 2005, nach Altersgruppen und soziodemografischen Merkmalen der K30-39

in Prozent / N	Alter							Ko-horte	Ge-schlecht			Bildungs-status				HH-Einkommen				HH-Größe			Region		
	14-89	14-49	50-59	60-69	70-79	80-89	sig	K30-39	M	W	sig	H	M	N	sig	H	M	N	sig	2+	1	sig	W	O	sig
N	4500	2469	649	723	590	69		702	302	400		64	120	519		259	264	119		438	264		554	140	
Fernsehgerät	98	97	99	99	98	99	n.s.	99	100	98	*	99	99	99	n.s.	98	100	100	n.s.	100	98	*	99	100	n.s.
davon 2 und mehr	46	47	51	48	36	31	***	44	56	35	***	52	53	41	*	61	36	20	***	59	19	*	47	35	*
davon Teletext	91	94	93	90	79	58	***	85	89	82	**	94	88	83	*	88	87	75	**	90	76	***	86	82	n.s.
davon TV-Digital-Decoder	23	28	27	18	8	28	***	14	21	9	***	22	16	13	n.s.	17	17	2	***	18	7	*	16	8	*
davon Flachbildschirm	7	7	8	7	6	2	n.s.	7	4	9	*	6	3	8	n.s.	7	6	5	n.s.	7	6	n.s.	7	7	n.s.
Radiogerät	97	97	98	99	96	99	***	97	97	97	n.s.	99	100	96	*	99	97	91	***	100	92	***	96	100	*
davon 2 und mehr	77	78	80	77	71	66	*	78	81	77	n.s.	84	80	77	n.s.	86	76	62	***	83	71	***	83	62	***
Autoradio	85	89	91	88	65	32	***	75	88	66	***	89	89	71	***	93	67	50	***	91	49	***	77	66	**
Videorecorder	75	76	81	83	60	41	***	70	78	65	***	73	69	70	n.s.	83	70	46	***	81	53	***	73	62	**
DVD-Player	63	75	62	49	30	24	***	38	37	38	n.s.	44	37	37	n.s.	41	39	24	**	45	26	***	40	28	**
DVD-Recorder	15	13	19	23	12	10	***	18	19	17	n.s.	11	21	18	n.s.	24	19	11	**	20	15	*	20	11	*
CD-Player	87	93	90	86	70	37	***	76	76	76	n.s.	87	82	73	*	78	79	58	***	80	68	***	81	74	n.s.
Plattenspieler	46	42	55	51	49	41	n.s.	53	52	53	n.s.	76	49	51	***	58	51	44	*	56	47	*	54	47	n.s.
Kassetten-recorder	81	83	84	82	74	66	***	79	80	78	n.s.	86	81	78	n.s.	88	76	62	***	86	68	***	78	83	n.s.
Mini-Disk-Recorder	17	22	19	11	7	2	**	9	11	7	n.s.	18	6	8	*	13	6	4	**	12	4	**	9	10	n.s.
MP3-Player / iPod	26	38	22	9	7	2	n.s.	8	10	6	n.s.	12	12	6	n.s.	9	7	4	n.s.	8	7	n.s.	8	8	n.s.
Computer	71	89	73	51	24	5	***	36	44	30	***	66	48	29	***	59	24	10	***	49	13	***	38	28	*
Internet	53	72	49	29	11	4	***	19	31	10	***	49	23	14	***	32	11	7	***	25	8	***	20	13	*
GPS-Navigation	11	13	11	8	9	4	n.s.	8	12	5	**	13	7	8	n.s.	12	7	0	***	12	2	***	9	4	*
Handy	85	94	90	82	52	41	***	66	79	57	***	82	82	61	***	90	56	33	***	81	42	***	68	60	n.s.
Anzahl Geräte [1]	11.5	12.4	12.0	10.9	8.6	6.9	***	9.7	10.6	9.1	***	11.6	10.4	9.4	***	10.5	11.3	9.3	***	11.0	7.6	***	10.0	8.9	*
Range 0-20;(M,SD)	3.3	2.5	3.1	3.6	4.9	3.8		4.6	4.0	4.8		2.0	3.4	6.1		4.9	3.1	4.4		3.8	4.2		4.7	3.8	

Quelle: ARD/ZDF-Medienkommission, MK2005; n=4500; gewichtet.
Anmerkung: Unterschiedstestung erfolgte mittels χ^2-Test.
1) Unterschiedstestung erfolgte mittels einfaktorieller Varianzanalyse (Anova).

Ältere Menschen besitzen aber nicht nur generell eine geringere Ausstattung mit Medien als jüngere, auch unter den spezifisch technik- und innovationsfreudigen älteren Personen, die bereits über einen Computer oder Internetanschluss verfügen, zeigen sich hoch signifikante Alterseffekte. So hat jeder dritte Computerbesitzer im Alter zwischen 14 und 59 Jahren einen USB-Stick, doch erst jeder Fünfte über 60 Jahren (χ^2 (1)=45.69, p≤.001). Während unter den jüngeren Onlinern bereits 20% einen Internetzugang über WLAN haben, sind es bei den über 60-Jährigen erst 13% (χ^2 (1)=8.03, p≤.01). Auch ist der Internetzugang bei jüngeren Onlinern schneller: 41% der 14- bis 59-jährigen Onliner gehen über DSL ins Netz, doch erst 30% der älteren Onliner über 60 Jahre (χ^2 (1)=15.43, p≤.001). Jedoch gibt es unter den Computerbesitzern auch technische Innovationen, für die (noch) keine Alterseffekte nachgewiesen werden. So verfügen unter den 14- bis 59-jährigen Computerbesitzern 17% über eine TV-Karte, mit der sie über den Computer Fernsehen können, bei den älteren Computerbesitzern sind es 16% (n.s.). 29% der jüngeren Computerbesitzer besitzen auch einen Laptop oder ein Notebook, unter den Computerbesitzern ab 60 Jahren sind es 33% (n.s.).

Zu manchen technischen Innovationen treten bedeutsame Altersunterschiede schon im frühen Diffusionsprozess auf. So besitzen erst 6% der Personen ab 14 Jahren ein PDA (Handheld-Computer). Dabei sind es unter 14- bis 59-Jährigen 8%, bei den Personen ab 60 Jahren lediglich 1% (χ^2 (1)=75.77, p≤.001). Anders ausgedrückt: 93% der PDA-Besitzer sind unter 60 Jahre alt. Ähnliches gilt für das UMTS-Handy mit einer Versorgungsrate von 9%. Der Anteil in der jüngeren Altersgruppe liegt hier mit 12% ebenfalls deutlich höher als in der älteren Altersgruppe mit 4% (χ^2 (1)=55.79, p≤.001) – 85% aller UMTS-Handy-Besitzer sind zwischen 14-59 Jahre.

Diese Ausführungen verdeutlichen, dass die Diffusion von technischen Innovationen nicht gleichförmig nach deterministischen Gesetzen verläuft, sondern person- und umweltbezogene Einflussfaktoren den Entwicklungsprozess moderieren. Dabei spielen im Alter psychologische Aspekte wie subjektiv wahrgenommene Funktionalität, Nutzwert und Mehrwert eine bedeutsame Rolle für eine Adoption. Offensichtlich hat bislang ein Laptop ein größeres Verbreitungspotenzial für ältere Menschen als ein PDA oder UMTS-Handy.

Zudem können Transformationsprozesse von analogen zu digitalen Medien konstatiert werden (siehe auch Abschnitt 5.1.1.4). Dabei zeigt das Beispiel Video, wie mitunter Medien von einer neuen technischen Generation überholt werden, bevor sie in den distanten Personengruppen diffundieren konnten. So besitzt in der Altersgruppe der 20- bis 29-Jährigen 66% einen Videorecorder, was die niedrigste Penetrationsrate unter den Altersdekaden bis 70 Jahren ausmacht. In den nachfolgenden Altersdekaden erhöht sich der Anteil kontinuierlich. Die höchste Ausstattungsdichte haben die 60- bis 69-Jährigen mit 83%, danach fällt sie bei den 70- bis 79-Jährigen auf 60% zurück, bei den 80- bis 89-Jährigen sogar auf 41%. Dagegen nimmt der Anteil an DVD-Playern mit dem Alter ab. Von den 14- bis 19-Jährigen sind es bereits 86%, die digital Filme konsumieren können, bei den 20- bis 29-Jährigen 76%, bei den 70- bis 79-Jährigen hingegen lediglich 30% und bei den 80- bis 89-Jährigen 24%. Dabei wenden sich die Personen schneller dem neuen Bildspeichermedium zu, wenn sie schon zuvor auf analogem Wege den zeitsouveränen Konsum eigener Filme wertschätzten. Dies gilt in verstärktem Maße für ältere Personen: Während unter den 60- bis 69-Jährigen, die auch schon einen Videorecorder zu Hause stehen haben, bereits 54% einen DVD-Player besitzen, sind es nur 26%, die über ein digitales Bildspeichermedium verfügen, ohne ein analoges zu haben. Bei den 70- bis 79-Jährigen beträgt dieses Verhältnis 41% zu 14%, bei den 80- bis 89-Jährigen sogar 55% zu 3%.

Insgesamt nimmt in den höheren Altersgruppen der Umfang an Mediengeräten deutlich ab: Während von den 60- bis 69-Jährigen im Schnitt 10.9 (SD 3.6) Mediengeräte im Haushalt stehen, sind es bei den 70- bis 79-Jährigen 8.6 (SD 4.4) und bei den 80- bis 89-Jährigen lediglich 6.9 (SD 3.8) (F (2,803)=67.76, p≤.001). Gleichwohl variieren die Werte entlang soziodemografischer Merkmale beträchtlich wie Analysen zur Kohorte 1930-1939 zeigen (s.u.). Die Heterogenität in den Altersgruppen lässt sich durch die Standardabweichung belegen. So nimmt die Varianz in den Altersgruppen ab 14-49 Jahren (SD 2.5) kontinuierlich zu und stagniert erst in der Altersgruppe der 80- bis 89-Jährigen. Eine Testung auf Gleichheit der Varianzen bestätigt hoch signifikante Varianzunterschiede (14-49 Jahre zu 50-59 Jahre: F (601,3091)=1.47, p≤.001; 50-59 Jahre zu 60-69 Jahre: F (493,601)=1.38, p≤.001; 60-69 Jahre zu 70-79 Jahre: F (270,493)=1.86, p≤.001; 70-79 Jahre zu 80-89 Jahre: F (270,40)=1.68, p≤.05).

5.1.1.2 Die Medienausstattung der K30-39 nach soziodemografischen Merkmalen

In der K30-39 besitzen 99% einen Fernsehapparat und 97% ein Radiogerät, wobei drei Viertel sogar mehrere Radiogeräte haben und nahezu die Hälfte mehrere Fernsehgeräte (siehe Tabelle 5). Beim Fernsehen gehört mittlerweile Teletext zur Grundausstattung (85%). Zur Standardausstattung zählen folgende Geräte: Kassettenrecorder (79%), Autoradio (75%), CD-Player (76%), Videorecorder (70%), mobiles Telefon (66%) und Schallplattenspieler (53%). Die Ausstattung mit weiteren neuen Medien fällt deutlich geringer aus: Computer und DVD-Player finden sich in jedem dritten Haushalt und ein Internetanschluss in jedem fünften. Diese beiden Medien zählen somit zur „erweiterten Ausstattung" (ebd.). Mit einem Verbreitungsgrad von unter 10% zählen Flachbildschirm, Mini-Disk-Recorder, MP3-Player/iPods und GPS-Navigationsgerät (noch) zu den „seltenen Geräten" (ebd.). Die Versorgung mit irgendeinem Bildspeichermedium (Videorecorder, DVD-Player oder DVD-Recorder) liegt bei 77%, die Versorgung mit einem analogen oder digitalen Tonträgermedium (Plattenspieler, Kassettenrecorder, CD-Player oder MP3) sogar bei 92%. Hier liegt das Ausstattungsniveau so hoch wie in der Altersgruppe der über 60-Jährigen.

Wie am Beispiel der Kohorte K30-39 aufgezeigt werden kann, besteht innerhalb einer Altersgruppe eine deutliche Variabilität im Ausstattungsniveau der Haushalte. Nahezu alle aufgeführten Medien weisen signifikante Unterschiede entlang einer oder mehrerer soziodemografischer Merkmale auf. Eine bedeutsame Diskriminante in der Versorgung mit Medien ist das Einkommensniveau und eng damit verbunden die Haushaltsgröße. Gerade bei der Anschaffung neuer Medien spielen die finanziellen Ressourcen eine wichtige Rolle wie auch das Bildungsniveau. Über diese Ressourcen verfügen alleinstehende Frauen deutlich weniger, wie auch Personen aus neuen Bundesländern ein geringeres Einkommensniveau aufweisen. Aus diesem Grund bestehen deutliche Versorgungsdefizite in der Medienausstattung in Haushalten von Frauen, Alleinstehenden, Personen mit formal niedriger Bildung und geringen finanziellen Einkommen sowie Personen aus den neuen Bundesländern. Durch die im Alter zunehmende Singularisierung und Feminisierung kumulieren diese Faktoren im höheren Alter, weshalb das Ausstattungsniveau unter alleinstehenden Frauen noch geringer ausfällt.

Besonders deutlich zeigen sich diese Differenzen in der Verbreitung eines Mobiltelefons. So besteht in Haushalten mit hohen monatlichen Einkommen mit 90% nahezu eine Vollabdeckung mit einem Handy, in Haushalten mit geringen Einkommen verfügt erst jeder Dritte über ein Handy (χ^2 (2)=136.64, p≤.001). Unter den alleinstehenden Personen haben erst 42% ein Mobiltelefon, in Mehr-Personen-Haushalten liegt die Versorgungsdichte fast doppelt so hoch (χ^2 (1)=111.98, p≤.001). Auch nach Geschlecht und Bildungsstatus zeigen sich bedeutsame Differenzen von über 20 Prozentpunkten zu Gunsten von Männern (χ^2 (1)=36.12, p≤.001) und formal hoch Gebildeten (χ^2 (1)=27.50, p≤.001); nicht jedoch zwischen den alten und neuen Bundesländern (n.s.).

Hinsichtlich Computer und Internetanschluss bestehen ebenfalls große Diffusionsunterschiede über alle soziostrukturellen Merkmalen. Während von den finanziell besser Gestellten bereits sechs von zehn Personen über einen Computer verfügen, ist es in der einkommensschwachen Gruppe erst jeder Zehnte (χ^2 (2)=108.95, p≤.001). Von den Personen, die nicht alleinstehend sind, besitzt jeder Zweite einen Computer, von den alleinstehenden sind es erst 13% (χ^2 (1)=92.87, p≤.001). Unter den Personen mit

hohem Bildungsniveau liegt die Diffusionsrate bei 66% und 29% bei den bildungsbenachteiligten Personen (χ^2 (2)=42.47, p≤.001). Zwischen den Geschlechtern besteht
nicht nur hinsichtlich der Verfügbarkeit von Computern eine deutliche Diskrepanz,
sondern auch in der tatsächlichen Nutzung. Unter den Männern haben 44% einen
Computer zu Hause stehen und nur 30% der Frauen (χ^2 (1)=14.25, p≤.001). Von den
Computerhaushalten nutzen über 81% der Männer den Computer, bei den Frauen ist
es dagegen nur jede Zweite (χ^2 (1)=27.43, p≤.001). Dies unterstreicht die technik-
distante Einstellung älterer Frauen gegenüber einem Computer wie auch gegenüber
dem Internet.

5.1.1.3 Multivariate Analysen zur Medienausstattung älterer Personen

Wie bedeutsam die angeführten soziodemografischen Merkmale als Diskriminante
hinsichtlich der Medienausstattung sind, lässt sich in multivariaten Regressionsanalysen demonstrieren. Dies wird folgend anhand der beiden Medien Computer und
Handy exemplifiziert. Anhand der Personengruppe der über 60-Jährigen wurden in
einem ersten Schritt die fünf soziostrukturellen Merkmalsgruppen Geschlecht, Bil-
dungs- und Einkommensniveau, Haushaltsgröße und Region als Determinanten zur
Schätzung bzw. Vorhersage des Besitzes eines Mediums im Haushalt ausgewählt. Diese Variablen zeigten auch die größten bivariaten Zusammenhänge an. Berichtet werden
in Tabelle 6 die geschätzten Odds-Ratio-Werte für die Einzelprädiktoren als auch der
Anteil übereinstimmender Vergleiche von vorhergesagtem und beobachtetem PC-
Besitz als Gesamtmaß der Vorhersagegüte des Modells (Konkordanzmaß) wie auch die
Approximation der Modelldetermination nach Nagelkerke-R² und Wald χ^2.

Mit einem Nagelkerke-R² von .36 lässt sich Modell 1 als ein akzeptables Vorhersagemodell beschreiben (Backhaus et al., 2006, S. 456); d.h., die berücksichtigten Determinanten stellen eine recht verlässliche Zuordnung zu Besitz und Nichtbesitz von
Computer dar (76% konkordante Urteile). Dabei entscheiden besonders das formale
Bildungsniveau und das Haushaltseinkommen über den Besitz eines Computers bei
den 60- bis 89-Jährigen. Personen mit formal hoher Bildung oder mit hohen Einkommen haben eine um das dreifache erhöhte Wahrscheinlichkeit (Odds-Ratio-Wert
3.5 bzw. 3.2) in ihrem Haushalt einen Computer zu besitzen als Personen mit formal
niedriger Bildung oder geringen finanziellen Möglichkeiten. Auch die Prädiktoren
Haushaltsgröße, Geschlecht und regionale Zugehörigkeit fallen signifikant ins Gewicht.

Tab. 6: Regressionsmodelle zur Haushaltsausstattung mit einem Computer in den Alters-
        gruppen 60-89 Jahren

Prädiktoren	Modell 1		Modell 2	
	OR	(KI 95%)	OR	(KI 95%)
60-69 Jahre vs. 80-89 Jahre			16.4 ***	(5.0 – 53.3)
70-79 Jahre vs. 80-89 Jahre			6.0 **	(1.8 – 19.7)
Männer vs. Frauen	1.5 **	(1.3 – 1.9)	1.5 **	(1.2 – 2.0)
Hohe vs. niedrige Bildung	3.5 ***	(2.2 – 5.6)	4.5 ***	(2.7 – 7.4)
Mittlere vs. niedrige Bildung	1.9 ***	(1.4 – 2.7)	2.3 ***	(1.4 – 3.2)
Hohes vs. niedriges HH-Einkommen	3.2 ***	(1.9 – 5.3)	2.9 ***	(1.7 – 5.0)
Mittleres vs. niedriges HH-Einkommen	1.3 n.s.	(0.8 – 2.1)	1.3 n.s	(0.8 – 2.1)
Mehr-Pers.HH vs. alleinlebend	2.7 ***	(1.9 – 3.8)	2.1 ***	(1.5 – 3.0)
West- vs. Ostdeutschland	1.9 ***	(1.4 – 2.7)	1.8 ***	(1.3 – 2.6)
Konkordanzmaß	76.1%		80.2%	
Max neu skaliertes R^2	0.36		0.43	
Wald χ^2	220.50 ***		243.28 ***	

Quelle: ARD/ZDF-Medienkommission, MK2005; n=1382; gewichtet.

Wie jedoch Modell 2 aufzeigt, stellt der bedeutsamste Prädiktor mit dem höchsten
Vorhersagewert die Variable Alter dar. Dieser klärt zusätzliche Varianz in statistisch
relevanter Weise auf. So liegt der O.R. zwischen den 70- bis 79-Jährigen und den 80-
bis 89-Jährigen bei 6.0 beim Vergleich zwischen den 60- bis 69-Jährigen und den 80-
bis 89-Jährigen steigt der O.R. auf 16.4. Auch erhöht sich das Konkordanzmaß um
vier Prozentpunkte auf 80.2% und das Nagelkerke-R^2 von .36 auf .43. Die Güte des
Modells verbessert sich von einem akzeptablen zu einem guten Vorhersagemodell.
Dies belegt, dass die bedeutsamen soziodemografischen Merkmale vom kalendarischen Alter bzw. Geburtsjahrgang überlagert werden. Analysen zur Adoption des Internets bestätigen die außerordentliche Alters- und Kohortengebundenheit.

Ähnlich fallen auch die Schätzmodelle für den Besitz eines Handys aus (siehe Tabelle
7). Da jedoch das Diffusionsniveau wesentlich höher liegt als bei Computer oder Internetanschluss, werden nicht mehr alle Determinanten in Modell 1 signifikant. Der
wichtigste Prädiktor stellt bei den 60- bis 89-Jährigen das Haushaltseinkommens-
niveau dar, mit einem O.R. von über 6. Kommt die Variable Alter nach Dekaden als
Indikator hinzu, trägt diese wiederum zu einer bedeutsamen Varianzaufklärung bei.
In Modell 2 erhöht sich das Nagelkerke-R^2 auf einen Wert von über .40 und kann als
ein gutes Vorhersagemodell deklariert werden. Allerdings spielen hier – anders als
beim Computer und dem Internet – die finanziellen Ressourcen eine bedeutsamere
Rolle als das Alter. So klärt das Alter lediglich zwischen der jüngsten und ältesten

Personengruppe zusätzliche, signifikante Varianz auf. Die Vorhersagegüte zwischen
den 70- bis 79-Jährigen und den 80- bis 89-Jährigen ist schon nicht mehr signifikant
als auch weiter oben die deskriptiven Befunde belegen. Der Einfluss des Haus-
haltsnettoeinkommens bleibt hingegen auch in Modell 2 der bedeutsamste Einfluss-
faktor mit einem O.R. von 6.2.

Tab. 7: Multivariate Analyse zur Haushaltsausstattung mit einem Handy in der Altersgruppe 60-89 Jahren

Prädiktoren	Modell 1 OR	Modell 1 (KI 95%)	Modell 2 OR	Modell 2 (KI 95%)
60-69 Jahre vs. 80-89 Jahre			3.9 ***	(2.1 – 7.3)
70-79 Jahre vs. 80-89 Jahre			1.2 n.s.	(0.7 – 2.2)
Männer vs. Frauen	1.3 n.s.	(1.0 – 1.8)	1.3 n.s.	(1.0 – 1.8)
Hohe vs. niedrige Bildung	1.4 n.s.	(0.8 – 2.4)	1.6 n.s.	(0.9 – 2.8)
Mittlere vs. niedrige Bildung	1.4 n.s.	(1.0 – 2.0)	1.4 n.s.	(1.0 – 2.0)
Hohes vs. niedriges Einkommen	6.3 ***	(4.0 – 10.1)	6.2 ***	(3.8 – 10.1)
Mittleres vs. niedriges Einkommen	1.9 ***	(1.3 – 2.7)	2.0 ***	(1.4 – 3.0)
Mehr-Pers.HH vs. alleinlebend	2.5 ***	(1.8 – 3.4)	1.9 ***	(1.4 – 2.6)
West- vs. Ostdeutschland	1.6 **	(1.2 – 2.2)	1.6 ***	(1.1 – 2.1)
Konkordanzmaß	74.5%		78.9%	
Max neu skaliertes R^2	0.36		0.43	
Wald χ^2	219.53 ***		254.84 ***	

Quelle: ARD/ZDF-Medienkommission, MK2005; n=1382; gewichtet.

Zusammenfassend zeigen sich nach Alter wie auch nach soziodemografischen
Merkmalen große Unterschiede im Ausstattungsumfang, was besonders die Versorgung mit modernen Medien betrifft. Dabei kumulieren in den höheren Altersgruppen
Strukturmerkmale, wie einer Zunahme an Frauen, Alleinstehenden sowie Personen
mit niedrigem Einkommen und formal niedriger Bildung, die signifikante Ausstat-
tungsunterschiede bedingen. Wie multivariate Regressionsmodelle zu modernen Medien wie Computer und Handy belegen, gelten unter den Personen ab 60 Jahren besonders die beiden Variablen Einkommen und Bildung als prädiktiv für eine Adoption, jedoch klärt das Alter nach Dekaden die größte Varianz auf. Auch unter den technikaffinen älteren Personen, die bereits über einen Computer verfügen, bestehen deutliche Unterschiede in der Computerausstattung und Netzwerkverbindung zur Altersgruppe der 14- bis 59-Jährigen. Ebenso weisen die fernsehaffinen Hochaltrigen
schlechtere Ausstattungsmerkmale hinsichtlich ihrer Fernsehumgebung auf.

Damit bestehen sowohl im Altersquerschnitt als auch innerhalb einer Altersgruppe wie der K30-39 nach soziodemografischen Merkmalen hoch signifikante Unterschiede im Umfang der Medienausstattung.

Wie Analysen zur MK2000 aufzeigen, besteht jedoch bis ins hohe Alter eine Offenheit gegenüber neuen Medien und eine Partizipation an der Verbreitung moderner Geräte.

5.1.1.4 Entwicklung der Medienausstattung zwischen 2000 und 2005 nach Kohorten

Anhand der beiden Erhebungswellen MK2000 und MK2005 wurden kohortenspezifische Analysen berechnet, um Entwicklungstendenzen in der Medienausstattung zu überprüfen. Die Befunde belegen, dass sich auch in älteren Kohorten der Wandel der Mediengesellschaft bemerkbar macht, demzufolge immer mehr neue technische Innovationen in immer kürzeren Abständen in die Gesellschaft Eingang finden. Wesentliches Entwicklungskennzeichen ist hierbei der Übergang von der analogen zur digitalen Medienausstattung. So kamen zwischen 2000 und 2005 nicht einfach neue digitale Medien wie DVD-Player, DVD-Recorder, Mini-Disk, MP3 zu Computer und Internet hinzu, sondern analoge Vorgänger wie Videorecorder, Plattenspieler oder Kassettenrecorder gingen in ihrer Verbreitung deutlich zurück. Der Wandel in der Mediengesellschaft ist also nicht nur durch ein Mehr an technischen Geräten gekennzeichnet, sondern auch durch Substitution.

Exemplifizieren lässt sich dies an der Entwicklung des analogen Videorecorders und seines digitalen Nachfolgers, dem DVD-Player: Während zwischen 2000 und 2005 im Sample die Ausstattung mit einem Videorecorder von 77% auf 75% um zwei Prozentpunkte abnahm (χ^2 (1)=11.60, p≤.001), stieg die Diffusionsrate des DVD-Players von 11% auf 63% um 52 Prozentpunkte an (χ^2 (1)=2683.36, p≤.001) (siehe Tabelle 8). In den jüngeren Kohorten vollzog sich ein Substitutionsprozess in umfangreichem Ausmaß: So fand in der K70-79 ein Zuwachs von DVD-Playern um 65 Prozentpunkte statt (χ^2 (1)=530.66, p≤.001), gleichzeitig ging die Ausstattung mit einem Videorecorder um 18 Prozentpunkte zurück (χ^2 (1)=56.67, p≤.001). Mit 76% liegt 2005 in dieser Kohorte die Versorgungsrate mit DVD-Playern erstmals höher als mit Videorecordern mit 71%. Für die beiden folgenden K60-69 und K50-59 lassen sich auf etwas niedrigerem Niveau ähnlich substituierende Entwicklungsprozesse konstatieren.

Tab. 8: Vergleich der Medienausstattung der Haushalte 2000 und 2005, nach Kohorten

	K70 - 79		K60 - 69		K50 - 59		K40 - 49		K30 - 39		K20 - 29	
in Prozent	2000	2005	2000	2005	2000	2005	2005	2000	2000	2005	2005	2000
N	673	593	973	932	836	675	805	660	712	702	510	246
Fernsehgerät	95 n.s.	96	98 n.s.	96	98 n.s.	98	99 n.s.	99	99 n.s.	99	100 *	98
davon 2 und mehr	46 ***	34	43 n.s.	40	53 n.s.	51	52 *	46	46 n.s.	44	38 n.s.	37
davon Teletext	85 ***	94	86 ***	96	86 ***	92	86 ***	92	76 ***	85	56 ***	70
davon TV-Digital-decoder	11 ***	30	12 ***	28	8 ***	25	6 ***	19	4 ***	14	1 ***	10
Radiogerät	96 n.s.	96	99 n.s.	97	99 n.s.	98	100 **	98	100 ***	97	96 n.s.	97
davon 2 und mehr	81 ***	71	83 n.s.	79	86 ***	77	86 ***	76	81 n.s.	78	72 *	64
Videorecorder	89 ***	71	89 ***	77	87 ***	82	80 *	82	60 ***	70	41 ***	54
DVD-Player	11 ***	76	9 ***	73	12 ***	65	18 ***	54	13 ***	38	4 ***	27
CD-Player	96 ***	90	95 **	92	93 *	90	82 ***	88	66 ***	76	48 ***	63
Plattenspieler	50 ***	32	61 ***	45	62 *	55	66 ***	49	62 ***	53	60 ***	44
Kassettenrecorder	93 ***	79	94 ***	85	91 ***	83	87 ***	80	86 ***	75	72 n.s.	73
Mini-Disk-Recorder	16 n.s.	15	15 ***	21	17 n.s.	21	14 n.s.	15	5 **	9	3 n.s.	3
MP3-Player /iPod	8 ***	29	6 ***	32	3 ***	25	5 n.s.	14	2 ***	8	1 ***	5
Computer	67 ***	88	69 ***	87	67 ***	80	50 *	57	23 ***	36	9 ***	23
Internet	38 ***	76	33 ***	67	27 ***	56	17 ***	34	6 ***	19	0 ***	9
Handy	65 ***	95	54 ***	93	44 ***	91	39 ***	84	26 ***	66	14 ***	46

Quelle: ARD/ZDF-Medienkommission, MK2005; n=4500; MK 2000; n=5017; gewichtet.
Anmerkung: Unterschiedstestung erfolgte mittels χ^2-Test.

Bei den älteren Kohorten ab 1940-1949 wird dieser Trend jedoch von einem weiteren Diffusionsprozess tangiert: Neben einem hohen Anstieg an DVD-Playern fand gleichzeitig auch ein signifikanter Zuwachs an Videorecordern statt. So verdreifachte sich in den Haushalten der K30-39 zwischen 2000 und 2005 der Anteil an DVD-Playern von 13% auf 38% (χ^2 (1)=112.81, p≤.001) und der Anteil an Videorecordern stieg von 60% auf 70% (χ^2 (1)=15.33, p≤.001). Das heißt, die Diffusion der analogen Bildspeicher-Generation war in diesem Alterssegment noch in einer „Late-Majority"-Phase, als parallel bereits ein Innovationsschub mit DVD-Playern in diese Kohorte Einzug hielt. Während sich die einen verspätet dazu entschieden, sich ein analoges

Bildspeichermedium anzuschaffen, waren andere so modern, sich die neue Generation eines digitalen Endgeräts zu leisten.

Ebenso lässt sich für alle Kohorten eine Entwicklung von analogen zu digitalen Tonträgermedien nachzeichnen. In den jüngeren Kohorten bis 1960 wird dieser Wandel durch eine starke Verbreitung mobiler, digitaler Tonträger wie MP3-Player, iPod und Mini-Disk-Recorder geprägt, bei gleichzeitigem Rückgang der Versorgungsdichte mit Plattenspieler und Kassettenrecorder. Auch in den mittleren und älteren Kohorten hat zwischen 2000 und 2005 die Versorgungsrate analoger Tonträger deutlich abgenommen; doch lassen sich Zuwächse in verstärktem Ausmaß nur für CD-Player ausmachen; digitale Tonträger der neuen Generation fanden hingegen noch wenig Verbreitung. So liegt 2005 in der K20-29 erstmals eine höhere Versorgungsdichte mit CD-Playern vor (63%, +15 Prozentpunkte, χ^2 (1)=15.47, p≤.001) als mit Plattenspielern (44%, -16 Prozentpunkte; χ^2 (1)=17.89, p≤.001). Im Gegensatz zu allen anderen Kohorten ging jedoch in der K20-29 der Anteil an Kassettenrecordern nicht zurück.

Damit lässt sich festhalten, dass der Substitutionsprozess von analog zu digital nicht nur unterschiedliche Entwicklungsdynamiken zwischen den „digital natives" und den „digital immigrants" aufweist, es zeigen sich auch kohortenspezifische Übergangsprozesse.

Die mit Abstand größten Entwicklungsdynamiken im Sample vollzogen sich zwischen 2000 und 2005 für die Medien Computer (von 54% auf 71%, χ^2 (1)=291.87, p≤.001), Internet (von 23% auf 53%, χ^2 (1)=917.90, p≤.001) und Handy (von 44% auf 85%, χ^2 (1)=1778.93, p≤.001). Dabei unterstreicht die rasante Verbreitung von Handys, wie schnell auch unter älteren Personen Medien adoptiert werden können. So fanden im Vergleich zu 2000 die größten Zuwachsraten für das Mobiltelefon hauptsächlich in den älteren Kohorten statt: In der K50-59 stieg die Verbreitung im Jahr 2000 von 44% um 47 Prozentpunkte (χ^2 (1)=359.36, p≤.001); in der K40-49 von 39% um 45 Prozentpunkte (χ^2 (1)=310.71, p≤.001) und in der K30-39 von 26% um 40 Prozentpunkte (χ^2 (1)=288.15, p≤.001). Aber auch in der ältesten Kohorte stieg binnen fünf Jahre die Diffusion um über 32 Prozentpunkte auf 46% an (χ^2 (1)=88.47, p≤.001). Neben dem CD-Player und dem Handy werden weitere signifikante Zuwächse in dieser Kohorte für Videorecorder (χ^2 (1)=10.68, p≤.001), DVD-Player (χ^2 (1)=87.33, p≤.001), Computer (χ^2 (1)=29.80, p≤.001), Internet und MP3-Player (χ^2 (1)=11.67, p≤.001) angezeigt. Auch bezüglich des Leitmediums Fernsehen können Modernisierungseffekte nachgezeichnet werden, wonach die Verbreitung mit Teletext (χ^2 (1)=12.60, p≤.001) und TV-Digitaldecodern (χ^2 (1)=19.72, p≤.001) deutlich zugenommen hat. Gleichzeitig ging in dieser Kohorte die Versorgung mit einem Fernsehgerät (χ^2 (1)=5.83, p≤.05) und der Mehrfachausstattung mit einem Radiogerät (χ^2 (1)=5.29, p≤.05) zurück.

Die Analysen zum Zeitverlauf zwischen 2000 und 2005 belegen eindrucksvoll die enorme Entwicklungsdynamik digitaler Medien in Deutschland. Dieser Transformationsprozess betrifft alle Kohorten, wobei die Dynamik mit dem Alter abnimmt und weniger durch Substitutionsprozesse analoger Medien gekennzeichnet ist. Dabei lassen sich selbst im hohen Alter deutliche Zuwächse in der Adoption moderner Medien nachzeichnen, wie in besonderer Weise die Entwicklung des Handys beweist. Dies unterstreicht die generelle Offenheit gegenüber technischen Innovationen. Gleichwohl nimmt im Altersquerschnitt aufgrund geringer Adoption neuer Medien das Portfolio an Mediengeräten stark ab. Speziell im hohen Alter kann dies auch klassische Medien wie das Fernsehen betreffen, was einen Zusammenhang mit altersbedingten Veränderungen und Verlusten nahelegt. Die Entwicklung der Medienausstattung unter älteren Menschen ist folglich sehr heterogen und verläuft multidirektional zwischen Modernisierung und Verdichtung des Medienportfolios.

5.1.2 Nutzungshäufigkeit von Medien

5.1.2.1 Nutzungshäufigkeit von Medien 2005

Erwartungsgemäß wird für die Altersgruppe zwischen 60 und 89 Jahre ein deutlich intensiveres Mediennutzungsniveau angezeigt als für die jüngere Altersgruppe unter 60 Jahren – zumindest bei Grundlage der drei klassischen Massenmedien Fernsehen, Radio und Tageszeitung sowie dem Lesen insgesamt. Das Fernsehen wird nahezu von allen in der Altersgruppe ab 60 Jahren täglich genutzt (95%), von einem Viertel mehrfach am Tag. Bei den 14- bis 59-Jährigen liegt die tägliche Nutzungsfrequenz mit 90% signifikant niedriger (χ^2 (1)=44.83, p≤.001). Im Altersquerschnitt nimmt diese Frequenz ab 30 Jahren kontinuierlich zu, wobei allein in der Altersdekade 60-69 Jahre ein signifikanter Zuwachs zu den 50- bis 59-Jährigen von 87% auf 94% zu verzeichnen ist (χ^2 (1)=11.46, p≤.001). Unter den 80- bis 89-Jährigen schaltet zudem fast die Hälfte (43%) mehrfach täglich das Fernsehgerät ein, unter den 60- bis 69-Jährigen ist es lediglich jeder Fünfte. Wie differenzierte Analysen zur K30-39 zeigen, gehören besonders Personen mit formal niedriger Bildung zu den intensiven Fernsehnutzern (χ^2 (2)=5.92, p≤.05). Signifikante Unterschiede werden zudem zwischen alleinstehenden und nicht alleinstehenden Personen ausgegeben (χ^2 (2)= 4.35, p≤.05), jedoch beruhen diese allein auf dem höheren Anteil an Nichtnutzern unter den alleinstehenden Personen (2% versus 0%).

Die deutlich höhere Intensität der Radionutzung ab 60 Jahren im Vergleich zu den Personen unter 60 Jahren (χ^2 (1)=15.81, p≤.001) drückt sich in der täglichen Nutzungsfrequenz aus: 83% der Personen zwischen 60 und 89 Jahren hören täglich Radio, bei den Personen zwischen 14 und 59 Jahren sind es 79%. In den drei höheren Altersgruppen ab 60 Jahren finden sich keine signifikanten Unterschiede in der Nutzungsfrequenz, wenngleich der Anteil an Nichtnutzer von 5% auf 11% bei den 80- bis 89-Jährigen ansteigt. Auch in den soziodemografischen Subgruppen der K30-39 zeigen sich keine statistischen Unterschiede.

Das Lesen nimmt im Alter einen deutlich höheren Stellenwert ein als bei den jüngeren Personen unter 60 Jahren. Mit einer täglichen Zuwendungsfrequenz von 81% lesen von den Personen ab 60 Jahren deutlich mehr die Tageszeitung als jüngere Personen mit einem Anteil von 55% (χ^2 (1)=13.67, p≤.001). Allerdings nimmt mit fortschreitendem Alter das Zeitung lesen auch wieder signifikant ab: 84% der 60- bis 69-Jährigen lesen täglich die Zeitung, doch nur 65% der 80- bis 89-Jährigen (χ^2 (2)=30.96, p≤.001) (siehe Tabelle 9). Auch der Anteil an Nichtlesern steigt stark von 8% auf 35% an. Dabei differiert das Nutzungsniveau erheblich nach soziostrukturellen Merkmalen. Besonders das Einkommensniveau zeigt sehr hohe Signifikanzen an: Während 88% der Personen mit einem hohen Haushaltseinkommen täglich Zeitung lesen, sind es lediglich 67% der Personen mit geringen Einkommen (χ^2 (2)=17.36, p≤.001). Überdurchschnittlich fällt zudem der Anteil für Männer (χ^2 (1)=4.87, p≤.05), nicht alleinstehenden Personen (χ^2 (1)=8.13, p≤.01) und in den hohen Bildungsgruppen (χ^2 (2)=5.51, p≤.05) aus.

Im Vergleich zwischen Alt und Jung werden auch die weiteren Printmedien Zeitschriften und Bücher von Personen ab 60 Jahren signifikant häufiger genutzt. Der wöchentliche Nutzerkreis für Zeitschriften liegt hier bei 59%, bei den Jüngeren bei 54% (χ^2 (1)=13.69, p≤.001). Allerdings ist auch der Anteil an Personen, die nie dieses Printmedium nutzen, bei den Älteren mit 13% um fünf Prozentpunkte höher. Dabei lässt mit fortschreitendem Alter das Interesse signifikant nach: Während von den 60- bis 69-Jährigen 60% mindestens mehrfach wöchentlich Zeitschriften lesen, sind es bei den 80- bis 89-Jährigen nur 47% – umgekehrt steigt der Anteil an Nichtnutzern von 12% auf 27% an (χ^2 (2)=6.18, p≤.05). In den soziodemografischen Subgruppen der K30-39 zeigen sich zudem überdurchschnittliche Nutzungsfrequenzen bei alleinstehenden Personen (63%, +7 Prozentpunkte, χ^2 (1)=10.01, p≤.01), sowie tendenziell in den neuen Bundesländern (72%, +17 Prozentpunkte, n.s.), bei Frauen (61%, 5 Prozentpunkte, n.s.) und bei Personen mit geringen finanziellen Einkommen (65%, +11 Prozentpunkte, n.s.).

Tab. 9: Nutzungshäufigkeit von Medien 2005, nach Altersgruppen und soziodemografischen Merkmalen der K30-39

Kohorte 1930 - 1939 (spanning columns: Kohorte, Geschlecht, Bildungsstatus, HH-Einkommen, HH-Größe, Region)

	Alter						Ko-horte	Ge-schlecht		Bildungs-status			HH-Einkommen			HH-Größe		Region	
N	14-89	14-49	50-59	60-69	70-79	80-89	K30-39	M	W	H	M	N	H	M	N	2+	1	W	O
	4500	2469	649	723	590	69	702	302	400	64	120	519	259	264	119	438	264	554	140

mindestens tägliche Nutzung in % [1]

	14-89	14-49	50-59	60-69	70-79	80-89	K30-39	M	W	H	M	N	H	M	N	2+	1	W	O
Fernsehen	85	79	87	94	95	99	95	96	95	89	93	97	96	95	100	96	95	95	96
(Sig.)					n.s.			n.s.			*			n.s.		n.s.		*	
Radio	80	77	86	85	81	85	83	85	81	84	85	82	86	85	72	86	77	83	82
(Sig.)					n.s.			n.s.			n.s.			n.s.		n.s.		n.s.	
Tages-zeitung	63	51	73	84	80	65	80	86	75	90	84	77	88	76	67	89	65	79	84
(Sig.)					***			*			*			***		**		n.s.	

mindestens mehrfach wöchentliche Nutzung in % [2]

	14-89	14-49	50-59	60-69	70-79	80-89	K30-39	M	W	H	M	N	H	M	N	2+	1	W	O
Zeitschrift	55	51	63	60	58	47	59	56	61	58	59	59	54	60	65	56	63	55	72
(Sig.)					*			n.s.			n.s.			n.s.		**		n.s.	
Buch	45	41	44	45	60	40	53	43	61	79	49	51	47	57	55	51	56	50	65
(Sig.)					n.s.			*			*			n.s.		n.s.		n.s.	
CD/LP/ MC/MP3	64	73	59	51	48	29	49	48	50	60	57	46	51	49	41	52	44	45	65
(Sig.)					***			*			n.s.			**		n.s.		n.s.	
Video/DVD	17	23	11	9	8	6	11	10	12	12	6	12	10	12	16	11	12	11	13
(Sig.)					***			n.s.			n.s.			n.s.		n.s.		n.s.	
Computer	56	74	56	35	13	4	22	33	14	50	26	18	34	15	10	28	13	24	16
(Sig.)					***			***			***			***		***		n.s.	
Internet	44	60	42	23	10	4	14	22	8	40	19	10	23	8	6	19	8	15	3
(Sig.)					***			***			***			***		***		n.s.	

Quelle: ARD/ZDF-Medienkommission, MK2005; n=4500; gewichtet.
Anmerkung: Unterschiedstestung erfolgte mittels logistischer Regression und bezieht gesamte Häufigkeitsverteilung der vierstufigen Skala ein.
1) Berechnungen beruhen auf ordinaler 4er-Skala von „ täglich / mehrmals täglich" bis „nie".
2) Berechnungen beruhen auf ordinaler 4er-Skala von „ fast täglich /täglich" bis „nie"; hier zusammengefasst dargestellt „täglich / fast täglich" und „mehrfach wöchentliche" Nutzung.

Jede zweite Person über 60 Jahre liest mehrfach in der Woche Bücher; das sind neun Prozentpunkte mehr als bei den jüngeren Personen ($\chi^2 (1)=6.02$, $p \leq .05$). In beiden Altersgruppen lesen jeweils etwa 15% keine Bücher. Nach Altersdekaden vergrößert sich der wöchentliche Nutzerkreis ab 14-19-Jahren von 37% kontinuierlich bis 70-79-Jahre auf 60%. Erst bei den 80- bis 89-Jährigen geht die Nutzungsrate auf 40% zurück und der Anteil an Nichtnutzern steigt von 15% bei den 60- bis 69-Jährigen auf 21% an. Die Affinität zum Buch ist stark vom Bildungsniveau und dem Geschlecht abhängig, wie weitere Analysen zur K30-39 bestätigen: Unter den formal hoch Gebildeten liegt der wöchentliche Nutzerkreis mit 79% um 28 Prozentpunkte deutlich höher als bei den formal niedrig Gebildeten ($\chi^2 (2)=6.51$, $p \leq .05$); bei Frauen fällt der Anteil mit 61% um 18 Prozentpunkte höher aus als bei den Männern ($\chi^2 (1)=6.42$, $p \leq .05$).

Musikhören über CD, Kassette oder Schallplatte findet bei jeder zweiten Person ab 60 Jahren mehrfach wöchentlich statt, doch liegt die Nutzungsfrequenz in der jüngeren Altersgruppe mit 70% deutlich höher (χ^2 (2)=34.83, p≤.001). Unter den Jugendlichen bis 19 Jahren sind es sogar 90% – diese Affinität drückt sich auch im Boom von digitalen Tonträgermedien wie MP3-Player aus (vgl. Reitze & Ridder, 2006, S. 47). In den höheren Altersgruppen ab 60 Jahren geht die Nutzungsintensität nochmals deutlich zurück. Die wöchentliche Frequenz geht von 51% bei den 60- bis 69-Jährigen auf 29% bei den 80- bis 89-Jährigen zurück (χ^2 (2)=18.34, p≤.001). Auch steigt der Anteil derer, die keine Tonträgermedien nutzen, kontinuierlich an: Bei den 60- bis 69-Jährigen sind es 9%, bei den 70- bis 79-Jährigen schon 20% und bei den 80- bis 89-Jährigen 31%. Des Weiteren lassen sich in der K30-39 signifikant erhöhte Zuwendungsfrequenzen unter Frauen (χ^2 (1)=6.11, p≤.05) und Personen mit hohen finanziellen Ressourcen ausmachen (χ^2 (2)=12.10, p≤.01). Aber auch unter den Personen mit formal hoher Bildung und aus den neuen Bundesländern liegt die wöchentliche Nutzungsfrequenz mit etwa 60% deutlich höher als in den jeweiligen Vergleichsgruppen, wenngleich bei Betrachtung der gesamten Häufigkeitsverteilung in der logistischen Regression keine Signifikanzen angezeigt werden.

Die größten Nutzungsunterschiede zeigen sich im Umgang mit dem Computer und dem Internet. Diese werden mit zunehmendem Alter geringer genutzt, wobei hoch signifikante Differenzen in den soziostrukturellen Merkmalsgruppen bestehen. Hier wirken sich im Wesentlichen die unterschiedlichen Diffusionsniveaus auf die Nutzungsfrequenz der jeweiligen Gesamtgruppe aus. Ein Viertel der Personen ab 60 Jahren nutzt mehrfach wöchentlich einen Computer, gleichzeitig bleiben über zwei Drittel dem Computer distant. Bei den 14- bis 59-Jährigen umfasst der Nutzerkreis, der mehrfach in der Woche den Computer nutzt, bereits 70% (χ^2 (1)=752.21, p≤.001%). In den höheren Altersgruppen fällt dieser Anteil stark ab: Von 35% bei den 60- bis 69-Jährigen auf 4% bei den 80- bis 89-Jährigen (χ^2 (2)=53.88, p≤.001). Besonders diskrepant fallen die Unterschiede der K30-39 in den Einkommensgruppen und nach Geschlecht aus. Jede dritte Person mit einem hohen Haushaltseinkommen nutzt bereits mehrfach in der Woche einen Computer, bei Personen mit niedrigem Einkommensniveau ist es erst jeder Zehnte (χ^2 (2)=30.92, p≤.001). Auch ist der Anteil bei den Männern mit 33% doppelt so hoch als bei den Frauen mit 14% (χ^2 (1)=29.19, p≤.001). Des Weiteren finden sich deutliche Nutzungsunterschiede in den Bildungsgruppen und in der Haushaltsgröße: 2005 nutzt schon jeder zweite formal hoch Gebildete mehrfach in der Woche einen Computer, doch nur jeder Fünfte unter den formal niedrig Gebildeten (χ^2 (2)=22.62, p≤.001). Bei Personen aus Mehr-Personen-Haushalten sind es 28%, bei den alleinstehenden Personen erst 13% (χ^2 (1)=23.87, p≤.001). Zwischen den beiden Regionen bestehen keine Unterschiede.

Betrachtet man die Nutzungsfrequenz speziell unter den älteren Computerbesitzern (38% der über 60-Jährigen), so werden die Unterschiede zu den jüngeren Computerbesitzern (85% der 14- bis 59-Jährigen) zwar geringer, bleiben aber hoch signifikant (χ^2 (1)=100.81, p≤.001): 59% der über 60-Jährigen nutzen mehrfach wöchentlich einen Computer, bei den 14- bis 59-Jährigen sind es 79%. Doch sind diese Unterschiede vor allem auf die Einbeziehung von Nichtnutzern zurückzuführen. Während von den Computerbesitzern ab 60 Jahren 29% dieses Medium überhaupt nicht nutzen, sind es bei den 14- bis 59-Jährigen nur 8%. Bei Eliminierung dieser Nichtnutzer, verschwinden die signifikanten Unterschiede in der Nutzungsfrequenz. Der Anteil bei den Personen ab 60 Jahren, die mehrfach in der Woche den Computer nutzen, erhöht sich auf 83% und liegt damit nur unwesentlich unter dem Anteil der 14- bis 59-Jährigen mit 86% (n.s.).

Gleiches gilt für die konstatierten soziodemografischen Unterschiede in der K30-39. Die Signifikanzen hinsichtlich der Merkmale Bildung, Einkommen, Haushaltsgröße und Region lösen sich auf, wenn man nur die Nutzungsfrequenz des Subsamples der Computerbesitzer betrachtet. Einzig zwischen den Geschlechtern bleiben Diskrepanzen bestehen (χ^2 (1)=16.94, p≤.001): 70% der Männer mit PC-Besitz im Haushalt nutzen mehrfach wöchentlich den Computer, doch nur 45% der Frauen. Umgekehrt nutzen 40% der Frauen, die in PC-Haushalten leben, überhaupt keinen Computer, bei den Männern sind es 20%. Doch auch dieser Effekt verschwindet, wenn man nur die Männer und Frauen in die Analyse einbezieht, die nicht nur einen Computer besitzen, sondern diesen auch selber verwenden. Hiervon geben 87% der Männer an, den Computer mehrfach in der Woche zu nutzen, bei den Frauen sind es 75% (n.s.). Die zunächst konstatierten Signifikanzen beruhen dem zu Folge auf statistischen Artefakten der inkludierten Nichtbesitzer bzw. Nichtnutzer eines Computers. Tatsächlich unterscheiden sich die PC-User hinsichtlich ihrer Häufigkeitszuwendung weder in den beiden Altersgruppen unter und über 60 Jahren noch nach soziodemografischen Aspekten.

Bezüglich der Nutzungsfrequenz beim Internet finden sich auf einem niedrigeren Niveau ähnliche Verteilungsmuster wie beim Computer, wobei die Diskrepanzen in den jeweiligen Subgruppen noch deutlicher ausfallen. Während jeder sechste der über 60-Jährigen mehrfach wöchentlich online geht (16%), ist es bei den 14- bis 59-Jährigen bereits jeder Zweite (56%, χ^2 (1)=659.06, p≤.001). In den höheren Altersgruppen reduziert sich dieser Anteil: Während unter den 60- bis 69-Jährigen 23% zum wöchentlichen Nutzerkreis gehören, sind es bei den 80- bis 89-Jährigen lediglich 4% (χ^2 (2)=38.19, p≤.001). Ebenso fallen in den soziodemografischen Subgruppen der K30-39 die Nutzungsunterschiede hoch signifikant aus: Bildungsstatus (χ^2 (2)=32.03, p≤.001), Geschlecht (χ^2 (1)=27.85, p≤.001), Einkommensniveau (χ^2 (2)=18.13, p$\leq$.001) und Haushaltsgröße (χ^2 (1)=9.98, p$\leq$.001). Wie schon für die Computernutzung ist auch die Frequenzverteilung der Internetnutzung zwischen alten und neuen Bundesländern in dieser Kohorte nicht signifikant.

Unter den Personen, die über einen Internetanschluss zu Hause verfügen, bleibt der statistische Alterseffekt zwischen den über und den unter 60-Jährigen in der Frequenzverteilung bestehen (χ^2 (1)=17.33, p$\leq$.001). Doch geht dieser Unterschied unter den tatsächlichen Internetnutzern (Onlinern) zurück, wenngleich er statistisch auf einem niedrigen Niveau signifikant bleibt (χ^2 (1)=5.31, p$\leq$.05): In beiden Altersgruppen gehen acht von zehn Personen mehrfach wöchentlich ins Internet. Jeder zweite der 14- bis 59-jährigen Onliner ist bereits täglich im Netz, bei den über 60-Jährigen sind es 46%. Das Internet stellt offensichtlich auch für die älteren Onliner ein äußerst attraktives Medium dar. Sie nutzen auch deutlich intensiver den Computer als Computernutzer ohne Internetanschluss: 91% der über 60-jährigen Onliner nutzt mehrfach wöchentlich einen Computer, doch nur 58% der Computernutzer (χ^2 (2)=55.52, p$\leq$.001).

Innerhalb der K30-39 verschwinden die Signifikanzen entlang der soziodemografischen Subgruppen, wenn man die Nutzungsfrequenzen auf die Onliner eingrenzt. Der wöchentliche Nutzerkreis fällt in allen Subsamples ähnlich aus. Lediglich bei Betrachtung der täglichen Nutzung finden sich Geschlechtsunterschiede: Während jeder zweite männliche Onliner der K30-39 täglich ins Netz geht, ist es nur jede vierte Frau (49% zu 26%, χ^2 (1)=8.26, p$\leq$.01).

Noch weniger als das Internet werden von den Personen ab 60 Jahren Bildspeicherträger wie DVD oder VHS genutzt. Lediglich 8% schauen sich mehrfach wöchentlich zeitsouverän Filme an, immerhin ein Drittel mindestens einmal monatlich. Bei den 14- bis 59-Jährigen ist der wöchentliche Nutzerkreis mit 21% wie auch der monatliche mit 69% um das Doppelte größer (χ^2 (1)=233.74, p$\leq$.001). Lediglich jeder Zehnte von ihnen schaut sich keine Filme über VHS oder DVD an, bei den älteren Personen ab 60 Jahren ist es hingegen jeder Zweite. Zudem nimmt im Querschnitt in den drei Altersgruppen ab 60 Jahre die Nutzungsfrequenz deutlich ab (χ^2 (2)=21.64, p$\leq$.001). Zwischen den soziodemografischen Subgruppen der K30-39 finden sich keine relevanten Unterschiede. Dies deutet auf ein generell absinkendes Interesse für diese Medien hin. Dies bestätigt sich auch bei weitergehenden Analysen unter den Besitzern von Bildspeichermedien. Im Gegensatz zum Computer und dem Internet bleibt der Altersunterschied signifikant: Bei den über 60-Jährigen erhöht sich zwar der Anteil, die zumindest monatlich eines dieser Medien nutzen, auf 42%, bei den Jüngeren sind es aber 73% (χ^2 (1)=160.18, p≤.001). Ebenso bleiben in den drei Altersgruppen ab 60 Jahren die Unterschiede bestehen (χ^2 (2)=14.0, p≤.001).

Wie die Ergebnisse aufzeigen, können ältere Menschen nicht pauschal als intensive Mediennutzer gekennzeichnet werden. So besitzt die Altersgruppe ab 60 Jahren zum einen andere Nutzungsschwerpunkte als jüngere. Während sie die klassischen Massenmedien Fernsehen, Radio und Printmedien stärker frequentieren, nutzen 14- bis 59-Jährige im größeren Umfang Bild- und Tonträgermedien und neue Medien wie Internet und Computer. Zudem nimmt in den höheren Altersgruppen nicht nur das Lesen ab, es erhöht sich für nahezu alle Medien auch der Anteil an Abstinenz. Dies spricht für eine zunehmende Nutzungsverlagerung und Fokussierung im Vierten Alter auf zentrale Medien wie Fernsehen und Radio. Darüber hinaus bestehen große Unterschiede in den soziodemografischen Subgruppen. Zusammengefasst erweist sich der Personenkreis ab 60 Jahren auch in Bezug auf die Nutzungshäufigkeit vom Medien als sehr heterogen. Offen bleibt, inwieweit die altersgebundenen Unterschiede mit (verlustbedingten) Entwicklungsprozessen zusammenhängen. Hierzu können die kohortenspezifischen Analysen zur MK2000 und MK2005 weitere Hinweise liefern.

5.1.2.2 Entwicklung der Nutzungshäufigkeit von Medien zwischen 2000 und 2005 nach Kohorten

Die Nutzung des Fernsehens stieg zwischen 2000 und 2005 in nahezu allen Kohorten an, am deutlichsten im mittleren Erwachsenenalter der K50-59 mit einem Anstieg täglicher Nutzung um zehn Prozentpunkte auf 89% (χ^2 (1)=10.30, p≤.01) (siehe Tabelle 10). Einzig in der K20-29 stagnierte der Anteil täglicher Fernsehnutzung auf einem sehr hohen Niveau (95%). Ebenso blieb die tägliche Radioreichweite in der K20-29 und der K30-39 konstant bei deutlich über 80%

Ebenso fand kohortenübergreifend eine erhöhte Abwendung von der Tageszeitung und eine verstärkte Zuwendung zu Büchern statt. Einzig in der K20-29 ging das Zeitung lesen deutlich zurück (χ^2 (1)=12.20, p≤.001), wobei nicht nur der tägliche Nutzerkreis um neun Prozentpunkte auf 79% zurückging, sondern auch der Anteil an Nichtlesern von 9% auf 19% anstieg. Die Nutzungsfrequenz von Zeitschriften ging ebenfalls zurück, nicht aber das Bücherlesen. Eine ähnliche Entwicklung zeigt K30-39. Hier erhöhte sich der wöchentliche Nutzerkreis von Büchern von 44% auf 53% und der monatliche von 63% auf 72% (χ^2 (1)=4.02, p≤.05). Umgekehrt ging der tägliche Nutzerkreis von Tageszeitungen um sechs Prozentpunkte zurück (n.s.) und der monatliche Nutzerkreis von Zeitschriften von 83% auf 78% (χ^2 (1)=9.11, p≤.01); der wöchentliche Nutzerkreis blieb jedoch mit 59% unverändert.

Tab. 10: Vergleich der Nutzungshäufigkeit von Medien 2000 und 2005, nach Kohorten

in Prozent N	K70 - 79		K60 - 69		K50 - 59		K40 - 49		K30 - 39		K20 - 29	
	2000	2005	2000	2005	2000	2005	2000	2005	2000	2005	2000	2005
	673	593	973	932	836	675	806	660	712	702	510	246
mindestens tägliche Nutzung in % [1]												
Fernsehen	73	75 n.s.	76	81 **	79	89 **	88	90 n.s.	93	95 *	98	95 n.s.
Radio	78	77 n.s.	84	85 n.s.	87	84 *	85	84 ***	87	83 n.s.	81	84 n.s.
Tageszeitung	55	44 n.s.	65	59 n.s.	80	69 n.s.	87	81 n.s.	86	80 n.s.	88	79 ***
mindestens mehrfach wöchentliche Nutzung in % [2]												
Zeitschrift	63	49 n.s.	59	54 n.s.	61	63 *	63	61 **	59	59 **	63	53 n.s.
Buch	40	41 n.s.	37	44 n.s.	39	42 n.s.	42	45 n.s.	44	53 *	51	59 n.s.
CD / LP / MC / MP3	85	75 n.s.	74	68 n.s.	70	61 n.s.	61	53 n.s.	52	49 n.s.	43	43 **
Video / DVD	17	24 ***	10	16 ***	7	12 ***	11	7 ***	6	11 *	7	3 n.s.
Computer	56	76 ***	55	69 ***	47	61 ***	35	41 n.s.	12	22 ***	2	11 *
Internet	33	65 ***	26	53 ***	21	47 ***	12	29 ***	4	14 ***	0	9 ***

Quelle: ARD/ZDF-Medienkommission, MK2005; n=4500; MK 2000; n=5017; gewichtet.
Anmerkung: Unterschiedstestung erfolgte mittels logistischer Regression und bezieht gesamte Häufigkeitsverteilung der vierstufigen Skala ein.
1) Berechnungen beruhen auf ordinaler 4er-Skala von „mehrmals täglich / täglich" bis „nie".
2) Berechnungen beruhen auf ordinaler 4er-Skala von „täglich / fast täglich" bis „nie"; hier zusammengefasst dargestellt „tägliche / fast tägliche" und „mehrfach wöchentliche" Nutzung.

Die Nutzung von Tonträgern war zwischen 2000 und 2005 kohortenübergreifend rückläufig, wenngleich allein in der K20-29 signifikant (χ^2 (1)=6.72, p≤.01). Dabei blieb der wöchentliche Nutzerkreis in dieser Kohorte unverändert bei 43%, doch nahm der Anteil an Personen, die diese Medien selten oder nie nutzen, von 36% auf 43% zu ($\chi2$ (1)=6.71, p<0.01). Im Gegensatz zu jüngeren Kohorten nahm in der K20-29 auch die Nutzungshäufigkeit von Bildspeichermedien deutlich ab, wobei sich der Anteil an Nutzungsabstinenten von 58% auf 65% erhöhte.

Computer und Internet erfuhren zwischen 2000 und 2005 in allen Kohorten eine enorme Nutzungssteigerung, besonders die jüngeren Kohorten konnten ihre wöchentliche Nutzungsfrequenz hoch signifikant ausbauen. In der K70-79 stieg der wöchentliche Nutzerkreis für Computer von 56% um 20 Prozentpunkte (χ^2 (1)=41.96, p≤.001) und für das Internet von 39% sogar um 33 Prozentpunkte (χ^2 (1)=101.46, p≤.001). Aber auch in den beiden ältesten Kohorten fanden sich für beide Medien signifikante Steigerungen um etwa zehn Prozentpunkte, wenngleich auf niedrigem Ausgangsniveau – Computer (K30-39: χ^2 (1)=11.75, p≤.001; K20-29: χ^2 (1)=9.68, p≤.01); Internet (K30-39: χ^2 (1)=29.93, p≤.001; K20-29: χ^2 (1)=22.15, p≤.001).

Von einer allein altersgebundenen Veränderung der Mediennutzung ab 60 Jahren kann demnach nicht gesprochen werden. Die meisten Entwicklungen zeigen einen kohortenübergreifenden Trend, weshalb auch zeitlich gebundene Periodeneffekte für die Nutzungsänderungen angenommen werden müssen. Dennoch könnten zumindest in der K20-29 auch altersbezogene Prozesse für den überdurchschnittlichen Rückgang der Zeitungsnutzung wie auch der Nutzung von Tonträgern gemacht werden, zumal die Abstinenzwerte stark angestiegen sind. Der Umstand, dass sich auch die jüngeren Kohorten in verstärktem Maß von der Zeitung abwenden, kann hingegen an der zunehmenden Nutzung des Internets als Informationsquelle gesehen werden (vgl. Reitze & Ridder, 2006, S. 33). Dabei lassen sich selbst in den beiden ältesten Kohorten Aneignungsprozesse für den Gebrauch neuer Medien wie Computer und Internet konstatieren. Dies belegt, dass selbst unter den Hochaltrigen noch neue Medien adoptiert werden, wenngleich auch Befunde für eine Konzentration der Mediennutzung sprechen. Diese multidirektionalen Entwicklungsprozesse in der Mediennutzung unterstreicht die Heterogenität an Nutzungsformen im Alter.

5.1.3 Zeitbudgets für Medien

5.1.3.1 Entwicklung des Gesamtbudgets für Medien 1980-2005

Alltag wurde in den letzten Jahrzehnten immer mehr zum Medienalltag. Dies lässt sich nicht nur in der Zunahme an Medien im Haushalt nachzeichnen, sondern auch im Zeitbudget für Medien. Zieht man das gesamte Medienportfolio in Betracht und summiert die Nutzungsdauern für die einzelnen Medien Fernseher, Radio, Printmedien, Audio- und AV-Medien, Computer und Internet, so beträgt im Jahr 2005 das tägliche Gesamtbudget für Personen zwischen 14 und 89 Jahren über zehn Stunden. 1980 waren es noch keine sechs Stunden. Dabei unterscheiden sich 2005 die beiden Altersgruppen über und unter 60 Jahren kaum voneinander. 2005 fiel das Brutto-Zeitbudget in der Altersgruppe der 14- bis 59-Jährigen mit 618 Minuten nur um neun Minuten höher aus (n.s.). Wie weiter unten ausgeführt wird, bestehen aber innerhalb der Gruppe älterer Personen enorme Unterschiede im Gesamtbudget der Mediennutzung wie auch im Portfolio der verwendeten Medien.

Der Anteil an paralleler Nutzung fällt sehr gering aus: Von den zehn Stunden entfallen lediglich 45 Minuten auf gleichzeitige Nutzung mehrerer Medien, was 7% des Gesamtbudgets entspricht. In der Erhebungswelle von 2000 lag dieser Anteil bei 6%, was die Konstanz an geringer Parallelnutzung demonstriert. Diesbezüglich finden sich keine Unterschiede zwischen den beiden Altersgruppen über und unter 60 Jahren.

Der Zeitaufwand für Medien hat sich in den letzten Jahrzehnten kontinuierlich vergrößert, obwohl seitens der Freizeitforschung wiederholt Grenzen des Medienkonsums prognostiziert wurden (Opaschowski, 1995; vgl. Reitze & Ridder, 2006, S. 51). Als Gründe für diesen Anstieg werden medien- und gesellschaftsspezifische Ursachen genannt. Medienspezifisch kamen in den letzten Jahrzehnten nicht nur neue Medien hinzu, auch die traditionellen Massenmedien unterlagen nachhaltigen Veränderungen in ihren Programmstrukturen und -inhalten. So brachte die Einführung des dualen Rundfunksystems Mitte der 1980er Jahre eine Ausweitung des Programmangebots bei Fernsehen und Radio, zudem wurde in den letzten Jahren das Radio noch stärker zu einem Tagesbegleiter, während sich immer mehr Fernsehprogramme zu „leicht konsumierbaren 24-Stunden Unterhaltungsangeboten" (Reitze & Ridder, 2006, S. 51) entwickelten. Vor allem wurde seit 1990 der Nachmittag im Fernsehen gezielt mit Programminhalten gefüllt, was zu einer starken Erhöhung dieser Nutzungszeiten führte (ebd., S. 40). Als ein gesellschaftsspezifischer Faktor lässt sich der Zuwachs an frei verfügbarer Zeit anführen. Ursache hierfür sind zum einen arbeitsmarktpolitische, wie kürzere Arbeitszeiten in den 1990er Jahren sowie eine erhöhte Arbeitslosigkeit und mehr Frühverrentungen seit 2000. Zudem spielen demografische Ursachen eine Rolle, da durch das Anwachsen der älteren Bevölkerung immer mehr Personen über mehr freie Zeit verfügen.

5.1.3.2 Zeitbudgets für das Fernsehen und Vielseher 2005

Fernsehen konnte seine außerordentliche Stellung innerhalb des größer werdenden Medienrepertoirs behaupten. Laut den Messungen der Langzeitstudie „Massenkommunikation" wuchs in den letzten vier Jahrzehnten bei Personen ab 14 Jahren die Reichweite von 72% im Jahr 1970 auf 89% im Jahr 2005 (Reitze & Ridder, 2006, S. 32). Dabei ist die tägliche Erreichbarkeit dieses Mediums unter den älteren Menschen besonders hoch. Von den Personen ab 60 Jahren sahen 2005 am Stichtag der Befragung 94% fern, dagegen nur 86% von den 14- bis 59-Jährigen (F $(1,4498)=54.11$, p≤.001). Innerhalb der höheren Altersgruppen steigt der Wert tendenziell weiter an von 93% bei den 60- bis 69-Jährigen auf 98% bei den 80- bis 89-Jährigen (n.s.).

Seit 1980 hat sich die erhöhte Erreichbarkeit des Fernsehens auch in einer Zunahme des Zeitbudgets ausgedrückt. 2005 lag die durchschnittliche Nutzungsdauer bei Personen ab 14 Jahren bei 226 Minuten, was für die letzten 25 Jahre nahezu eine Verdopplung der Sehdauer bedeutet. Personen ab 60 Jahren konsumieren täglich fast viereinhalb Stunden (266 min.) das Fernsehen und damit eine Stunde länger als die

14- bis 59-Jährigen (F (1,4498)=106.28, p≤.001). Gerade an der Schnittstelle von 60 Jahren fällt die Sehdauer deutlich höher aus: Mit 254 Minuten liegt der Wert bei den 60- bis 69-Jährigen um über ein halbe Stunde höher als bei den 50- bis 59-Jährigen (F (1,1094)=9.63, p≤.01); zu den 70- bis 79-Jährigen legt die Sehdauer nochmals um eine halbe Stunde zu (F (1,763)=4.29, p≤.05) und stagniert bei den 80- bis 89- Jährigen (n.s.) (siehe Tabelle 11).

Tab. 11: Nutzungsdauer von Medien 2005, nach Altersgruppen und soziodemografischen Merkmalen der K30-39

							Kohorte 1930 - 1939													
	Alter						Ko-horte	Ge-schlecht		Bildungs-status			HH-Einkommen			HH-Größe		Region	
N	14-89	14-49	50-59	60-69	70-79	80-89	K30-39	M	W	H	M	N	H	M	N	2+	1	W	O
	4500	2469	649	723	590	69	702	302	400	64	120	519	259	264	119	438	264	554	140
Nutzungsdauer in min./Tag, (SD)																			
Gesamt-budget	615 (297)	612 (282)	639 (304)	618 (322)	602 (371)	572 (349)	623 (369)	603 (331)	638 (400)	562 (183)	595 (302)	637 (492)	605 (268)	608 (266)	674 (283)	599 (368)	662 (365)	622 (393)	626 (284)
			n.s.						n.s.			n.s.		**			*		n.s.
Fernsehen	226 (175)	204 (157)	223 (176)	254 (200)	280 (260)	270 (182)	278 (243)	257 (196)	294 (277)	199 (97)	244 (204)	295 (323)	219 (159)	256 (156)	358 (216)	254 (219)	317 (268)	269 (255)	311 (193)
			n.s.						*			**		***			***		*
Radio	224 (220)	212 (203)	281 (250)	236 (243)	198 (276)	194 (190)	217 (266)	206 (229)	224 (296)	162 (118)	226 (239)	221 (351)	201 (181)	217 (209)	207 (196)	226 (270)	200 (259)	226 (280)	177 (210)
			*						n.s.			n.s.		n.s.			n.s.		*
Zeitung	28 (44)	19 (34)	30 (40)	44 (68)	43 (70)	32 (53)	47 (74)	59 (87)	38 (58)	52 (38)	53 (57)	45 (101)	51 (50)	45 (59)	31 (45)	51 (60)	40 (91)	48 (81)	42 (50)
			n.s.						***			n.s.		n.s.			*		n.s.
Zeitschrift	12 (39)	8 (29)	15 (48)	16 (57)	16 (51)	24 (93)	16 (54)	17 (59)	16 (49)	15 (34)	18 (44)	16 (79)	21 (66)	16 (34)	22 (48)	15 (57)	18 (49)	16 (57)	17 (45)
			n.s.						n.s.			n.s.		n.s.			n.s.		n.s.
Buch	26 (66)	25 (62)	18 (51)	24 (74)	40 (110)	22 (63)	27 (86)	15 (68)	36 (98)	67 (74)	25 (61)	23 (103)	39 (82)	34 (67)	20 (56)	21 (75)	37 (99)	26 (83)	33 (95)
			**						**			***		n.s.			*		n.s.
Lesen	65 (86)	53 (75)	63 (77)	83 (111)	95 (128)	92 (119)	89 (121)	89 (122)	89 (121)	133 (88)	90 (85)	83 (154)	110 (112)	93 (88)	72 (85)	85 (111)	94 (135)	89 (125)	87 (109)
			n.s.						n.s.			**		n.s.			n.s.		n.s.
CD / LP / MC / MP3	49 (119)	69 (126)	32 (97)	21 (83)	20 (97)	7 (31)	23 (106)	22 (95)	24 (115)	24 (45)	15 (66)	25 (150=)	25 (67)	28 (80)	27 (85)	14 (67)	38 (144)	21 (111)	29 (88)
			n.s.						n.s.			n.s.		n.s.			**		n.s.
Radio / Musik	272 (235)	280 (222)	312 (260)	257 (248)	218 (276)	201 (196)	239 (271)	228 (234)	247 (301)	186 (127)	239 (252)	246 (352)	225 (191)	245 (208)	231 (220)	240 (271)	238 (272)	248 (286)	205 (212)
			**						n.s.			n.s.		n.s.			n.s.		n.s.
Internet	45 (126)	65 (135)	38 (113)	20 (94)	6 (44)	8 (102)	12 (77)	22 (101)	5 (41)	39 (71)	11 (47)	9 (92)	45 (116)	9 (37)	4 (21)	14 (74)	10 (80)	13 (83)	9 (53)
			**						**			*		n.s.			n.s.		n.s.
Video / DVD	5 (31)	8 (36)	2 (17)	3 (23)	1 (12)	0 (0)	3 (27)	5 (36)	1 (14)	4 (18)	3 (23)	3 (34)	4 (27)	3 (17)	4 (25)	3 (29)	3 (23)	2 (19)	8 (43)
			n.s.						*			n.s.		n.s.			n.s.		*

Quelle: ARD/ZDF-Medienkommission, MK2005; n=4500; gewichtet. Mo-So, 00.00 Uhr - 24.00 Uhr.
Anmerkung: Unterschiedstestung erfolgte mittels einfaktorieller Varianzanalyse (Anova).

Bei den Analysen zur Verweildauer erhöht sich allgemein das Niveau leicht und erreicht für das Sample einen Wert von 253 Minuten.[47] Bei den 70- bis 79-Jährigen steigt die Verweildauer auf den Höchstwert von knapp fünf Stunden. Ältere Menschen jedoch pauschal als intensive Fernsehkonsumenten zu kennzeichnen, ist empirisch nicht haltbar. Denn allein schon in der K30-39 differieren sowohl die Sehdauer als auch die Verweildauer erheblich entlang sozioökonomischer Merkmale. Frauen nutzen über eine halbe Stunde länger das Fernsehen als Männer (F $(1,371)=4.00$, $p \leq .05$) und auch die Verweildauer ist um 40 Minuten deutlich ausgeprägter (F $(1,345)=6.46$, $p \leq .05$) (siehe Tabelle 12).

Tab. 12: Verweildauer von Medien 2005, nach Altersgruppen und soziodemografischen Merkmalen der K30-39

			Alter				Ko-horte	Ge-schlecht		Bildungs-status			HH-Einkommen			HH-Größe		Region	
	14-89	14-49	50-59	60-69	70-79	80-89	K30-39	M	W	H	M	N	H	M	N	2+	1	W	O
Verweildauer in min./Tag, (SD)																			
N	3995	2107	590	674	556	68	662	289	374	56	113	493	230	256	119	411	252	528	134
Fernsehen	253	237	245	272	296	275	294	268	314	221	259	310	254	294	385	271	332	286	324
	(170)	(153)	(170)	(191)	(250)	(179)	(233)	(189)	(265)	(89)	(199)	(307)	(175)	(217)	(337)	(207)	(259)	(246)	(182)
									*		**			***		***			n.s.
N	3795	2042	580	637	478	58	589	267	322	56	104	429	233	206	93	390	199	478	111
Radio	265	255	313	268	244	232	258	234	278	183	261	267	233	289	263	254	266	266	224
	(217)	(202)	(244)	(234)	(262)	(163)	(251)	(222)	(274)	(118)	(234)	(327)	(208)	(284)	(320)	(259)	(237)	(267)	(192)
				n.s.					*		*			n.s.		n.s.			n.s.
N	2316	1003	377	508	393	35	511	248	263	51	95	365	216	174	72	363	148	408	102
Tages-zeitung	54	47	51	63	64	63	65	72	58	65	67	64	64	69	58	62	71	66	57
	(50)	(42)	(39)	(70)	(64)	(42)	(74)	(88)	(52)	(38)	(54)	(104)	(56)	(102)	(71)	(56)	(100)	(80)	(46)
				n.s.					*		n.s.			n.s.		n.s.			n.s.
N	3085	1466	472	579	516	51	594	259	335	56	105	433	232	221	89	383	212	477	117
Lesen	94	88	85	103	109	117	105	103	106	151	102	99	96	111	97	98	117	105	104
	(90)	(81)	(76)	(110)	(124)	(113)	(119)	(120)	(118)	(86)	(82)	(155)	(97)	(137)	(127)	(108)	(135)	(124)	(104)
				n.s.					n.s.		**			n.s.		*			n.s.

Quelle: ARD/ZDF-Medienkommission, MK2005; n=4500; gewichtet. Mo-So, 00.00 Uhr - 24.00 Uhr.
Anmerkung: Unterschiedstestung erfolgte mittels einfaktorieller Varianzanalyse (Anova).

In den neuen Bundesländern beträgt die Nutzungsdauer deutlich über fünf Stunden, eine drei Viertel Stunde mehr als in den alten Bundesländern (F $(1,371)=3.34$, $p \leq .05$). Alleinstehende Personen nutzen ebenfalls über fünf Stunden täglich das Fernsehen und damit eine Stunde länger als nicht alleinstehende Personen (F $(1,371)=11.24$,

---

[47] Da die Nutzungsfrequenz zu den nicht tagesaktuellen Medien in manchen Subgruppen sehr niedrig ausfiel, waren die Fallzahlen zu den Verweildauern zu gering, um sie für deskriptive Analysen verwenden zu können.

p≤.001); auch die Verweildauer ist eine Stunde höher (F (1,345)=11.36, p≤.001). Noch deutlicher fällt die Diskrepanz in den Bildungs- und Einkommensgruppen aus, in denen Personen mit hohem Bildungsstatus (F (2,370)=6.00, p≤.01) und Personen mit hohem Haushaltseinkommen (F (2,336)=19.62, p≤.001)[48] dem Fernsehen wesentlich distanzierter gegenüberstehen als in den jeweiligen Vergleichsgruppen.

Innerhalb dieser fernsehaffinen Subgruppen finden sich überdurchschnittlich viele Personen, die extrem viel Fernsehen (über sechs Stunden). Jeder Vierte in der Altersgruppe zwischen 60 und 89 Jahren zählt zu solchen Vielsehern, bei den Personen zwischen 14 und 59 Jahren ist es jeder sechste (χ^2 (2)=95.32, p≤.001). Umgekehrt gibt es unter den älteren Menschen nur 13%, die am Tag weniger als eine Stunde Fernsehen; bei den 14- bis 59-Jährigen sind es 23%.

Entsprechend ist auch in der K30-39 der Anteil an Vielsehern mit 28% erhöht, während der Anteil an Wenigsehern mit 10% niedriger ausfällt. Jede zweite Person mit einem geringen Haushaltseinkommen zählt zu den Vielsehern, doch nur jede fünfte Person aus der einkommensstarken Gruppe (χ^2 (4)=59.47, p≤.001). Aus den alten Bundesländern ist lediglich jeder Fünfte ein Vielseher, aus den neuen fast jeder Zweite (44%, χ^2 (2)=20.81, p≤.001). Zudem gehört unter den Frauen (χ^2 (2)=10.03, p≤.01), den alleinstehenden Personen (χ^2 (2)=7.58, p≤.05) und den formal niedrig Gebildeten (χ^2 (4)=25.32, p≤.001) jede dritte Person zu den intensiven Fernsehkonsumenten. Da diese Effekte soziodemografischer Merkmale miteinander konfundieren, zeigen sich kumulierende Vielseher-Anteile unter Frauen aus den neuen Bundesländern mit niedrigen Haushaltseinkommen. Zwei Drittel von ihnen sah am Stichtag mindestens sechs Stunden Fernsehen.

5.1.3.3 Zeitbudgets für weitere Medien 2005

Bei einer einfachen Klassifizierung zwischen der Altersgruppe über und unter 60 Jahren werden keine bedeutsamen Unterschiede in der Radionutzung angezeigt – die Nutzungsdauer liegt bei etwas über 3 ½ Stunden, die Verweildauer bei etwas über 4 Stunden. Dahinter verbergen sich jedoch deutlich unterschiedliche Verläufe. So nimmt in den Altersdekaden ab 14 Jahren die Nutzung kontinuierlich zu und erreicht im mittleren Erwachsenenalter (50-59 Jahren) die höchste Ausprägung. Die Nutzungsdauer liegt hier bei 281 Minuten, die Verweildauer bei deutlich über fünf Stun-

---

[48] Allerdings beruhte die überhöhte Nutzungs- und Verweildauer in der niedrigen Einkommensgruppe auf 10% Ausreißerwerten, die eine Sehdauer von über zehn Stunden anzeigten. Durch das Gewichtungsmaß erhöhte sich der Mittelwert zusätzlich. Die beiden Werte sind hier als relationale Größen zu interpretieren und wurden in den Tabellen 12 und 13 kursiv gesetzt. In der MK2000 zeigten sich keine solch deutlichen Effekte. Die Sehdauer in den Einkommensgruppen differerierte um eine Stunde, was aber nicht signifikant ist.

den. In den drei höheren Altersgruppen gehen Reichweite (F (2,803)=3.68, p≤.05), Nutzungsdauer (F (2,803)=4.06, p≤.05) als auch Verweildauer (n.s.) wieder zurück. Die Nutzungsdauer wie auch die Verweildauer fallen bei den 80- bis 89-Jährigen um über 1 ½ Stunden niedriger aus.

Wie auch beim Fernsehen sind es vor allem ältere Frauen, die intensiver Radio hören: In der K30-39 liegt die Verweildauer mit 278 Minuten um eine drei Viertel Stunde höher als bei den Männern (F (1,317)=4.67, p≤.05). Eine relativ geringe Radionutzung weist zudem die Gruppe mit formal hoher Bildung auf, deren Nutzungsdauer (n.s.) als auch Verweildauer (F (2,316)=2.85, p≤.05) um eine Stunde niedriger ausfällt als in den beiden anderen Bildungsgruppen. In den alten Bundesländern liegt die Nutzungsdauer deutlich höher als in den neuen Bundesländern (F (1,371)=3.86, p≤.05), in der Tendenz auch die Verweildauer (266 min. vs. 224 min., n.s.)

Neben dem deutlichen Mehrkonsum an Fernsehen besteht bei den Personen ab 60 Jahren auch ein signifikant höheres Ausmaß beim Lesen von Tageszeitung, Zeitschriften und Büchern. Vor allem Zeitung lesen ist im Gegensatz zu Jugendlichen eine Domäne älterer Menschen. Die tägliche Reichweite liegt bei den Personen ab 60 Jahren bei 68%, bei den Personen unter 60 Jahren bei 44% F (1,4498)=222.24, p≤.001). Die höchste Erreichbarkeit besitzen die 60- bis 69-Jährigen mit 70%, die geringste die Altersgruppe der 14- bis 19-Jährigen mit 27%. Der tägliche Zeitungskonsum liegt bei den Personen ab 60 Jahren mit bei 43 Minuten doppelt so hoch als bei den jüngeren Personen (22 min., F (1,4498)=234.72, p≤.001). Die Verweildauer der älteren Personen, die am Stichtag die Tageszeitung genutzt haben, beträgt über eine Stunde, bei den 14- bis 59-Jährigen ist es eine Viertelstunde weniger (F (1,2172)=49.95, p≤.001). Der Leserkreis zeigt also signifikante Altersunterschiede nicht nur in der Häufigkeit, sondern auch in der Lesedauer der Zeitung. Zeitung lesen ist darüber hinaus eine Männerdomäne. In der K30-39 beträgt deren Nutzungsdauer eine Stunde und damit 21 Minuten länger als bei den Frauen (F (1,371)=13.93, p≤.001), auch die Verweildauer beträgt mit 72 Minuten eine Viertelstunde länger (F (1,272)=4.57, p≤.05). Zudem wird von alleinstehenden Personen signifikant mehr Zeitung gelesen als von nicht alleinstehenden Personen (F (1,371)=4.29, p≤.05).

Hinsichtlich der Verweildauer für Zeitschriften werden keine Unterschiede zwischen den beiden Altersgruppen über und unter 60 Jahren angezeigt, jedoch fällt in der älteren Altersgruppe die Reichweite mit 22% um 8 Prozentpunkte höher aus (F (1,4498)=46.95, p≤.001) und die Nutzungsdauer mit 17 Minuten um sieben Minuten (F (1,4498)=34.45, p≤.001). Anders als bei der Tageszeitung zeigen sich aber keine weiteren signifikanten Effekte nach Alter oder soziodemografischen Merkmalen. Zeitschriften werden offensichtlich in den höheren Altersgruppen relativ homogen genutzt.

Anders verhält es sich mit dem Lesen von Büchern, das deutlich vom Bildungsniveau abhängt. In der K30-39 liegt unter den Personen mit formal hoher Bildung die tägliche Lesedauer mit 67 Minuten um über 40 Minuten höher als in den beiden anderen Bildungsgruppen (F (2,370)=7.78, p≤.001). Im Gegensatz zur Zeitung lesen Frauen (F (1,371)=10.23, p≤.01) und alleinstehende Personen (F (1,371)=5.78, p≤.05) deutlich intensiver Bücher. Zudem lässt sich bei querschnittlicher Betrachtung ein deutlicher Altersunterschied für die Nutzungsdauer konstatieren. Bei Personen über 60 Jahren liegt die Nutzungsdauer bei einer halben Stunde und die Verweildauer bei 114 Minuten, in der jüngeren Altersgruppe sind es lediglich 24 Minuten (F (1,4498)=10.12, p≤.01) bzw. 108 Minuten (n.s.). Besonders ausgeprägt ist das Bücherlesen bei den 70- bis 79-Jährigen. Mit 40 Minuten am Tag ist die Nutzungsdauer signifikant höher als in den beiden anderen Altersgruppen (F (2,803)=6.10, p≤.01). Damit nimmt das Lesen insgesamt im Alter einen größeren Raum im Medienalltag ein als bei den 14- bis 59-Jährigen. Die kumulierte Lesedauer für die drei Printmedien beträgt am Tag bei den Personen ab 60 Jahren 1 ½ Stunden, bei den jüngeren Personen nicht einmal eine Stunde (55 Minuten) (F (1,4498)=152.28, p≤.001). Dabei lesen insgesamt ältere Personen mit formal hoher Bildung deutlich mehr; deren Nutzungsdauer liegt in der K30-39 um eine ¾ Stunde höher als in den beiden anderen Bildungsgruppen (F (2,370)=4.92, p≤.01).

Die Nutzung weiterer Medien wie Ton- und Bildträger und der neuen Medien wie Computer und Internet ist hingegen deutlich stärker in den jüngeren Altersgruppen ausgeprägt. Wie schon in Abschnitt 5.1.2.1 die Nutzungshäufigkeiten bei den Personen ab 60 Jahren geringer ausfallen, liegen auch die Reichweiten, Nutzungs- und zum Teil auch die Verweildauern unter denen jüngerer Personen. So wird in den jüngeren Altersgruppen insgesamt mehr Musik gehört als in den höheren: Die Reichweite für auditive Medien wie CD, Musikkassette, LP oder MP3 liegt in der jüngeren Altersgruppe bis 60 Jahre mit 33% doppelt so hoch wie in der älteren; die Nutzungsdauer ist mit einer Stunde dreifach so hoch (F (1,4498)=121.09, p≤.001) und auch die Verweildauer fällt mit drei Stunden um 50 Minuten signifikant höher aus (F (1,1554)=19.32, p≤.001). In den höheren Altersgruppen geht der Gebrauch von auditiven Medien ab 80 Jahren stark zurück und auch das Hören von Musik geht signifikant von 257 Minuten bei den 60- bis 69-Jährigen auf 201 Minuten bei den 80- bis 89-Jährigen zurück (F (2,803)=4.61, p≤.01). Innerhalb der Kohorte 1930-1939 weisen einzig die alleinstehenden Personen eine deutlich erhöhte Affinität zu auditiven Medien auf (F (1,371)=8.96, p≤.01). Da aber gleichzeitig etwas weniger Radio gehört wird, hören alleinstehende Personen nicht prinzipiell mehr Musik als nicht alleinstehende Personen, sie präferieren weit mehr, eigene Musik selektiv auszuwählen.

Die Internetnutzung nimmt erwartungsgemäß mit fortschreitendem Alter deutlich ab. Die Reichweite für dieses neue Medium liegt 2005 bei den Personen ab 60 Jahren erst bei 9%, bei den jüngeren Personen bei 36% (F (1,4498)=368.19, p≤.001). Die Nutzungsdauer fällt mit einer Stunde in der jüngeren Altersgruppe entsprechend signifikant höher aus als in der älteren mit einer Viertelstunde (F (1,4498)=132.69, p≤.001). Doch verschwinden diese Unterschiede bei Berücksichtigung der Verweildauer. Die relativ wenigen älteren Personen, die am Stichtag online waren, nutzten das Internet im Durchschnitt 143 Minuten, Personen unter 60 Jahren 165 Minuten (n.s.). Dies korrespondiert mit den Befunden zu den Nutzungshäufigkeiten, wonach unter den Onlinern keine Unterschiede auftreten (siehe Abschnitt 5.1.2.1). Unter den älteren Personen differieren die Reichweiten und die Nutzungsdauer entsprechend den bekannten soziodemografischen Merkmalen: Werte für überdurchschnittliche Reichweiten und damit verbunden mit höheren Nutzungsdauern erzielen vor allem 60- bis 69-Jährige (F (1,803)=4.80, p≤.01) sowie innerhalb der K30-39 Männer (F (1,371)=8.12, p≤.01) und Personen mit hohem Bildungsstatus (F (2,370)=4.36, p≤.05).

Zusammengefasst nutzen 2005 ältere Menschen nicht wesentlich weniger Medien als jüngere, jedoch setzt sich ihr Medienportfolio anders zusammen. Personen ab 60 Jahren verwenden deutlich mehr Zeit für Fernsehen und Lesen, jüngere Altersgruppen hingegen hören mehr Musik und nutzen verstärkt neue Medien wie Computer und Internet. Eine deutliche Erhöhung des Fernsehens aber auch für das Lesen kann beim Übergang in die nachberufliche Phase konstatiert werden. Da sich gleichzeitig die Hörfunknutzung stark reduziert, ist das Gesamtbudget bei den 60- bis 69-Jährigen rückläufig.

Mit der Etablierung digitaler Medien könnte allerdings in den nächsten Jahren das Gesamtbudget in den jüngeren Altersgruppen überdurchschnittlich ansteigen. Gleichfalls lassen sich in den jüngeren Altersgruppen substituierende Effekte konstatieren, wonach die anwachsende Internetnutzung auf Kosten von Zeitung und Fernsehen gehen (vgl. Reitze & Ridder, 2006). Bereits jetzt beträgt das Gesamtbudget bei den 20- bis 29-Jährigen fast elf Stunden; dabei entfällt auf das Internet eine Nutzungsdauer von über 1 ½ Stunden pro Tag, auf die Tageszeitung aber nur noch eine Viertelstunde.

Die Befunde zeigen zudem, dass von einer generellen Vielnutzung im Alter nicht gesprochen werden kann. Zwar verfügen Personen in der nachberuflichen Phase über mehr frei verfügbare Zeit. Jedoch besteht eine große Varianz in der Gesamtnutzung von Medien wie auch im Gebrauch einzelner Medien. So liegt das Gesamtbudget bei alleinstehenden Personen der K30-39 (F (1,371)=4.93, p≤.05) und bei Personen mit geringen finanziellen Ressourcen (F (2,336)=5.65, p≤.01) bei über elf Stunden und damit um über eine Stunde höher als in den jeweiligen Vergleichsgruppen. Dabei zeigt eine Analyse zu außerhäuslichen Freizeitaktivitäten, dass diese beiden Personengruppen deutlich weniger außerhäuslich aktiv sind (vgl. Doh & Gonser, 2007, S. 62). Am wenigsten werden Medien bei Personen mit hohem Bildungsstatus genutzt. Hier fällt das Gesamtbudget mit 562 Minuten um 75 Minuten geringer aus als bei Personen mit niedrigem Bildungsstatus (n.s.). Dieser bildungsstarke Personenkreis zeichnet sich zudem durch ein spezifisches Nutzungsmuster von Medien aus. Es werden deutlich mehr kognitiv anregende Medien wie Bücher (F $(1,370)=7.78$, p$\leq$.001) und Computer/Internet (F $(1,370)=4.36$, p$\leq$.05) genutzt und deutlich weniger lean-back-Medien wie Fernsehen (F $(1,370)=6.00$, p$\leq$.01) und Radio (n.s.).

Wie schon für die Medienausstattung spiegelt sich auch im Zeitbudget für Medien die hohe Heterogenität älterer Medienkonsumenten in einer zunehmenden Varianz bis zur Altersgruppe 70-79 Jahre wider. In dieser Altersgruppe werden die höchsten Streuungen in der Nutzungs- und Verweildauer für die Medien Fernsehen, Radio, Tageszeitung und Bücher sowie für das Lesebudget und das gesamte Medienbudget konstatiert. Mit Ausnahme zur Tageszeitung sind diese Varianzen im Vergleich zu den 60- bis 69-Jährigen signifikant größer: Fernsehen (F $(270,493)=1.69$, p$\leq$.001), Radio (F $(270,493)=1.29$, p$\leq$.05), Buch (F $(270,493)=2.20$, p$\leq$.001), Lesebudget (F $(270,493)=1.33$, p$\leq$.01) und Gesamtbudget (F $(270,493)=1.33$, p$\leq$.01). Erst bei den 80- bis 89-Jährigen nehmen die Varianzen wieder ab. Dies zeigt, dass es vor allem im Übergang vom sogenannten Dritten Alter zum Vierten Alter multidirektionale Nutzungsformen gibt, in der sowohl Vielnutzer präsent sind wie auch Abstinente.

Bei den Hochaltrigen geht im Vergleich zu den 70- bis 79-Jährigen nicht nur die Varianz zurück, auch die Nutzungszeiten fallen zu allen Medien – mit Ausnahme der Zeitschrift – niedriger aus, signifikant in der Nutzung von Büchern (t $(72.5)=2.06$, p$\leq$.05) und Tonträgern (t $(153.9)=2.30$, p$\leq$.05). Damit geht auch das Gesamtbudget von 572 Minuten gegenüber den 70- bis 79-Jährigen um eine halbe Stunde zurück, gegenüber den 60- bis 69-Jährigen ist es bereits eine ¾ Stunde (n.s.) – differenziert nach Altersdekaden ist es auch im Sample der niedrigste Wert, hinter den Jugendlichen (14-19 Jahre) mit 585 Minuten (SD 300.13). Wie bereits die Ergebnisse zur Medienausstattung angezeigt haben, vollzieht sich auch im Bezug auf die Mediennutzung im Vierten Alter eine qualitative Veränderung in Richtung Reduzierung und Verdichtung. Dabei gewinnt das Fernsehen durch eine stabile Nutzungsdauer von über 4 ½ Stunden an Zentralität im Medienalltag, 47% des gesamten Medienbudgets entfallen auf dieses Medium.

5.1.3.4 Entwicklung des Zeitbudgets zwischen 2000 und 2005 nach Kohorten

Zwischen 2000 und 2005 nahm das Gesamtmedienbudget für das Sample um über 100 Minuten zu (F $(1,9515)=321.75$, $p \leq .001$), wobei in nahezu allen Kohorten signifikante Zuwächse verzeichnet werden konnten. Als Ursache für diesen Periodeneffekt ist zum einen die enorme Verbreitung des Internets (+31 min., F $(1,9515)=235.64$, $p \leq .001$) zu nennen, zum anderen die erhöhten Zuwendungen für Fernsehen (+38 min., F $(1,9515)=95.38$, $p \leq .001$), Radio (+15 min., F $(1)=7.46$, $p \leq .01$) und Bücher (+7 min., F $(1,9515)=26.49$, $p \leq .001$), die durch neue attraktive Konsumangebote zu Stande kamen wie auch saisonal bedingt der kalten Jahreszeit zum Messzeitpunkt 2005 geschuldet sind (siehe Abschnitt 4.1.4.8 und 5.1.4.2).

Tab. 13: Vergleich der Nutzungsdauer von Medien 2000 und 2005, nach Kohorten

	K70 - 79		K60 - 69		K50 - 59		K40 - 49		K30 - 39		K20 - 29	
in Prozent	2000	2005	2000	2005	2000	2005	2000	2005	2000	2005	2000	2005
N	673	593	973	932	836	675	806	660	712	702	510	246
Nutzungsdauer in min./Tag, (SD)												
Gesamtbudget	535	625	504	596	509	630	507	621	506	623	506	553
	(261)	(263)	(251)	(290)	(275)	(306)	(304)	(302)	(276)	(369)	(326)	(309)
	***		***		***		***		***		n.s.	
Fernsehen	172	204	158	199	167	225	180	252	217	278	250	240
	(144)	(140)	(128)	(162)	(143)	(175)	(166)	(204)	(169)	(243)	(211)	(198)
	***		***		***		***		***		n.s.	
Radio	201	229	233	242	247	257	230	249	193	217	155	194
	(210)	(196)	(208)	)221)	(220)	(238)	(230)	(248)	(211)	(266)	(238)	(242)
	*		n.s.		n.s.		n.s.		n.s.		*	
Zeitung	20	18	25	24	30	27	34	35	42	47	44	39
	(32)	(34)	(36)	(40)	(36)	(35)	(43)	(53)	(53)	(74)	(75)	(70)
	n.s.		n.s.		n.s.		n.s.		n.s.		n.s.	
Zeitschrift	5	7	8	9	10	15	11	16	14	16	14	23
	(17)	(23)	(25)	(26)	(32)	(54)	(35)	(52)	(42)	(54)	(56)	(73)
	n.s.		n.s.		**		*		n.s.		n.s.	
Buch	24	21	15	26	15	17	17	26	17	27	29	45
	(70)	(46)	(45)	(64)	(50)	(48)	(56)	(76)	(60)	(86)	(87)	(102)
	n.s.		***		n.s.		*		**		*	
Lesen	52	45	48	58	55	59	64	76	74	89	88	101
	(86)	(60)	(59)	(77)	(69)	(77)	(80)	(102)	(89)	(121)	(127)	(122)
	*		**		n.s.		*		*		n.s.	
CD/LP/MC/MP3	75	64	43	41	24	38	23	22	18	23	12	9
	(136)	(111)	(92)	(96)	(74)	(107)	(86)	(74)	(82)	(106)	(61)	(37)
	**		n.s.		*		n.s.		n.s.		n.s.	
Internet	31	77	18	50	15	49	9	21	2	12	0	3
	(100)	(136)	(61)	(122)	(69)	(133)	(55)	(92)	(31)	(77)	(6)	(26)
	***		***		***		**		***		**	
Video / DVD	7	6	4	5	2	2	4	1	2	3	2	0
	(26)	(25)	(18)	(31)	(13)	(17)	(21)	(11)	(19)	(27)	(15)	(4)
	n.s.		n.s.		n.s.		**		n.s.		**	

Quelle: ARD/ZDF-Medienkommission, MK2005; n=4500; MK 2000; n=5017; gewichtet. Mo-So, 00.00 Uhr - 24.00 Uhr.
Anmerkung: Unterschiedstestung erfolgte mittels einfaktorieller Varianzanalyse (Anova).

Vor allem im mittleren höheren Erwachsenenalter (K50-59, F (1,1563)=66.01, p≤.001; K40-49, F (1,1226)=51.35, p≤.001; K30-39, F (1,890)=47.74, p≤.001) fanden Zuwächse im Gesamtbudget von bis zu zwei Stunden statt (siehe Tabelle 13). Allein in der ältesten Kohorte K20-29 blieb der Anstieg von 47 Minuten auf 553 Minuten des Gesamtbudgets statistisch unbedeutsam. Im Gegensatz zu anderen Kohorten entfielen die Zuwächse hier allein auf das Radio (+39 min., F (1,380)=4.27, p≤.05) und auf das Bücherlesen (+16 min., F (1,380)=3.87, p≤.05), während die sehr hoch ausgeprägte Fernsehnutzung keine Steigerung erfuhr (-10 min., n.s.) und das Internet weiterhin keine Rolle spielt (+3 min., F (1,380)=6.53, p≤.01).

Abgesehen von der K20-29 erfuhren in allen weiteren Kohorten das Fernsehen und das Internet die größten Zuwachsraten mit hohen Signifikanzen. Mit einer Zunahme der Sehdauer um über eine Stunde erzielte das Fernsehen in den älteren Kohorten K50-59 (F (1,1563)=40.37, p≤.001), K40-49 (F (1,1226)=49.72, p≤.001) und K30-39 (F (1,890)=26.84, p≤.001) eine außerordentlich hohe Zuwendung. Damit entfällt 2005 die höchste Sehdauer mit 278 Minuten auf die K30-39, gefolgt von der K40-49 mit 252 Minuten, während die K20-29 mit 240 Minuten nur noch an dritter Stelle ist. Diese Entwicklung wiederholte sich auch in der Verweildauer, die in der K30-39 (294 min., F (1,890)=23.35, p≤.001) und in der K40-49 (273 min., F (1,1226)=35.39, p≤.001) um eine Stunde hinzugewann, in der K20-29 aber um sechs Minuten zurückging (256 min., n.s.) (siehe Tabelle 14). Dies widerspricht eindrucksvoll dem gängigen Klischee einer unentwegten Zunahme der Fernsehnutzung mit dem Alter.

Die Internetnutzung erfuhr ebenso in allen Kohorten signifikante Zuwachsraten, insbesondere durch die enorme Diffusionsdynamik in den jüngeren Kohorten, wo die Nutzungsdauer um über eine halbe Stunde anstieg (K70-79: +46 min., F (1,1702)=42.04, p≤.001; K60-69: +32 min., F (1,2283)=51.82, p≤.001; K50-59: +34 min., F (1,1563)=41.96, p≤.001).

In vergleichsweise moderatem Umfang zum Fernsehen konnte das Radio kohortenübergreifend nicht nur die Nutzungsdauer erhöhen sondern auch die Verweildauer. Besonders hohe Zuwächse in der Nutzungsdauer fanden in der ältesten Kohorte K20-29 (+39 min, s.o.) und in der jüngsten K70-79 (+28 min., F (1,1702)=5.09, p≤.05) statt, hinsichtlich der Verweildauer in der K70-79 (+24 min., F (1,1702)=4.09, p≤.05) und K30-39 (+56 min., F (1)=7.59, p≤.01) in der Verweildauer.

Das Lesen hat mit Ausnahme der jüngsten Kohorte K70-79 überall zugenommen, was in erster Linie einer erhöhten Zuwendung zum Buch geschuldet ist. Besonders in den älteren Kohorten K40-49 (+9 min., F (1,1226)=4.50, p≤.05), K30-39 (+10 min., F (1,890)=7.04, p≤.01), K20-29 (+16 min., s.o.) sowie in der K60-69 (+11 min., F

(1,2283)=16.34, p≤.001). Dies hatte jedoch keine nennenswerten Auswirkungen auf die Verweildauer.

Tab. 14: Vergleich der Verweildauer von Medien 2000 und 2005, nach Kohorten

in Prozent	K70 - 79		K60 - 69		K50 - 59		K40 - 49		K30 - 39		K20 - 29	
	2000	2005	2000	2005	2000	2005	2000	2005	2000	2005	2000	2005
Verweildauer in min./Tag, (SD)												
N	534	501	804	805	694	610	688	607	650	662	487	230
Fernsehen	216	240	191	230	201	248	211	273	238	294	262	256
	(135)	(136)	(123)	(158)	(136)	(171)	(160)	(194)	(158)	(233)	(205)	(186)
	*		***		***		***		***		n.s.	
N	551	496	850	812	749	581	705	575	622	589	387	207
Radio	246	273	267	277	276	298	263	284	221	258	205	230
	(210)	(195)	(207)	(218)	(219)	(231)	(225)	(238)	(209)	(251)	(238)	(233)
	*		n.s.		n.s.		n.s.		**		n.s.	
N	279	206	488	450	496	383	498	400	474	511	310	139
Zeitung	48	50	50	49	51	48	55	58	63	65	73	69
	(38)	(46)	(41)	(46)	(35)	(34)	(41)	(54)	(49)	(74)	(71)	(62)
	n.s.		n.s.		n.s.		n.s.		n.s.		n.s.	
N	69	64	151	128	122	128	124	125	144	166	94	56
Zeitschrift	49	61	55	61	66	81	69	79	69	68	74	93
	(30)	(47)	(46)	(44)	(57)	(108)	(60)	(79)	(57)	(72)	(92)	(100)
	n.s.		n.s.		n.s.		n.s.		n.s.		n.s.	
N	124	127	153	218	138	127	128	141	125	170	160	94
Buch	129	93	95	110	88	88	108	116	95	109	93	116
	(114)	(66)	(74)	(85)	(87)	(64)	(84)	(98)	(89)	(106)	(107)	(101)
	**		n.s.		n.s.		n.s.		n.s.		n.s.	
N	388	326	644	644	599	483	612	491	567	594	396	210
Lesen	91	80	73	88	77	82	84	100	93	105	113	116
	(99)	(66)	(62)	(81)	(71)	(78)	(81)	(101)	(87)	(119)	(121)	(117)
	n.s.		**		n.s.		**		n.s.		n.s.	
N	255	220	235	248	131	139	100	119	74	91	64	38
CD/LP/MC/MP3	199	170	170	153	151	178	184	122	176	177	99	55
	(165)	(136)	(120)	(132)	(124)	(159)	(153)	(109)	(153)	(166)	(132)	(58)
	***		***		n.s.		***		n.s.		*	

Quelle: ARD/ZDF-Medienkommission, MK2005; n=4500; MK 2000; n=5017; gewichtet. Mo-So, 00.00 Uhr - 24.00 Uhr.
Anmerkung: Unterschiedstestung erfolgte mittels einfaktorieller Varianzanalyse (Anova).

Wie Tabelle 14 veranschaulicht, blieben mit Ausnahme zum Fernsehen und dem Radio die Werte zur Verweildauer relativ konstant oder gingen zum Teil sogar deutlich zurück, wie in der Nutzung von Tonträgern. Dies unterstreicht, dass diese positiven Entwicklungen in der Nutzungsdauer vornehmlich auf einer Erhöhung von Nutzerkreisen beruhen und weniger auf einer Ausweitung von Nutzungszeiten.

Die Befunde bestätigen die Ergebnisse zu den Nutzungshäufigkeiten von Abschnitt 5.1.2, wonach vor allem zeitgebundene Aspekte ausschlaggebend für die erhöhte Nutzung von Fernsehen, Radio und Büchern sind. Dabei beruhen die Zuwächse im Gesamtbudget in den jüngeren Kohorten vor allem auf einer Erhöhung der Internet-

und Fernsehnutzung, in den älteren Kohorten auf Zugewinne im Fernseh-, Radio- und Bücherkonsum.

Die in den Querschnittsanalysen zur MK2005 konstatierten altersgebundenen Unterschiede lassen sich ebenso in den Kohorten zu beiden Messzeitpunkten nachzeichnen, doch traten im Zeitverlauf vorrangig Periodeneffekte auf. So nahm z.B. 2005 die Radionutzung in den Altersdekaden ab 60-69 Jahren ab, gleichwohl stiegen zwischen 2000 und 2005 die Nutzungszeiten in den ältesten Kohorten überdurchschnittlich. Hier konfundierten Altersunterschiede mit Periodeneffekten. Dieses Zusammenspiel von Alters-, Kohorten- und Periodeneffekten kann durch Querschnittsdaten nicht aufgelöst werden. Dies soll folgend anhand weiterer Erhebungswellen veranschaulicht werden.

5.1.3.5 Medienportfolio von 1970 bis 2005 im Kohortenvergleich

Die dargestellten Befunde zum Medienverhalten im Kohortenvergleich rekurrieren auf Querschnittsanalysen. Aus diesem Grund ist es nicht möglich, die ausgewiesenen altersspezifischen Unterschiede einzig als Alterseffekte, also im Bezug auf das kalendarische Alter, zu interpretieren. Vielmehr müssen immer auch Konfundierungen mit kohortenspezifischen Korrelaten, also generationsspezifischen Auswirkungen auf bestimmte Jahrgangsgruppen, sowie Zeitperiodeneffekten mit berücksichtigt werden, wie z.B. die Einführung des dualen Rundfunksystems 1984 oder die Verbreitung des Internets Ende der 1990er Jahre. Diese drei Effekte lassen sich also nicht gänzlich voneinander trennen, sondern stehen miteinander in Beziehung (vgl. Wahl, 2006).

Einige Beispiele des Zusammenwirkens solcher Effekte sollen anhand eines Kohortenvergleichs im Zeitverlauf skizziert werden. Dies geschieht anhand dreier Kohorten aus den alten deutschen Bundesländern: der K10-19, der K30-39 und der K50-59. Als Messzeitpunkte wurden acht Erhebungswellen der MK-Studie zwischen 1970 und 2005 einbezogen. Als Grundlage diente der prozentuale Anteil der täglichen Nutzungszeit am Budget für Fernsehen, Radio und Tageszeitung.

So lassen sich im Beobachtungszeitraum von 35 Jahren für das Fernsehen kohorten- und altersgebundene Zusammenhänge beschreiben, als zu allen Messzeitpunkten die Anteile für das Fernsehen umso höher ausfallen, je älter die Kohorte ist. In ähnlicher Weise, nur auf niedrigerem Niveau, gilt dies auch für die Zeitung. Dabei stellt allein in der ältesten Kohorte der K10-19 konstant das Fernsehen das zeitintensivste Medium dar (siehe Abbildung 13).

Abb. 13: Medienportfolio von Fernsehen, Radio und Tageszeitung im Kohortenverlauf zwischen 1970 und 2005

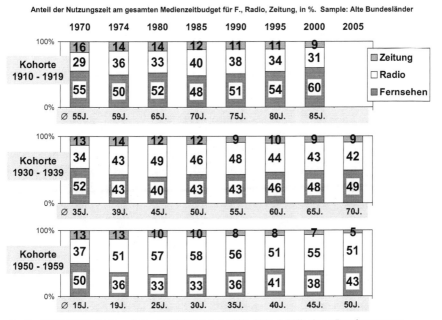

Quelle: ARD/ZDF-Medienkommission: MK2000 (Berg & Ridder 2002, S. 238), eigene Berechnungen aus MK2000 und MK2005. Basis: Alte Bundesländer.
Anmerkung: Da für die MK2005 die Stichprobenaltersgrenze bei 89 Jahren lag, konnten keine weiteren Berechnungen für die K10-19 vorgenommen werden.

Ein Zusammenhang zwischen Kohorten- und Periodeneffekten liegt insofern vor, als die beiden Kohorten 1910-1919 und 1930-1939 deutlich unterschiedliche Anteile für das Fernsehen aufweisen, wenn sie 55 Jahre alt sind: 1970 entfällt in der älteren Kohorte 55% der täglichen Mediennutzung auf das Fernsehen, hingegen nur 43% im Jahr 1990 in der jüngeren Kohorte. Im weiteren Zeitverlauf behält die älteste Kohorte höhere Werte bei. D.h. in der K10-19 nimmt das Fernsehen einen größeren Stellenwert ein als in der jüngeren K30-39. Ähnlich verhält es sich bei einem Vergleich der beiden jüngeren Kohorten K50-59 und K30-39 miteinander, wenn man die Fernsehanteile ab einem Alter von 35 Jahren betrachtet. Auch für die Zeitung besteht ein solcher Zusammenhang: Im Vergleich der Kohorten zu gleichen Altersjahren wendet die ältere Kohorte anteilig stets mehr Zeit für die Zeitung auf. Ein Beleg dafür, dass in den älteren Kohorten sozialisationsbedingt eine höhere Bindung zur Tageszeitung besteht als in den nachfolgenden Kohorten.

Schließlich zeigt sich für beide Medien auch ein Zusammenspiel aus Alters- und Periodeneffekten: Im Altersverlauf haben sich die Anteile für das Fernsehen seit 1990 in allen drei Kohorten vergrößert. Noch deutlicher hat die Zeitung im Zeitverlauf seit 1970 in allen drei Kohorten Anteile eingebüßt.

Für das Radio hören lassen sich zwischen 1970 und 2005 Zusammenhänge von kohorten- und altersspezifischen Effekten insofern nachweisen, als die Nutzungsanteile über alle Messzeitpunkte umso höher ausfallen, je jünger die Kohorte ist. Ein Zusammenwirken von Kohorten- und Periodeneffekten offenbart ein Vergleich der beiden älteren Kohorten miteinander, wenn sie jeweils 55 Jahre alt sind: Für die K10-19 beträgt der Anteil für das Radio hören lediglich 29%, für die K30-39 dagegen 48%. Im weiteren Verlauf behält die jüngere Kohorte einen Vorsprung, wenngleich dieser nicht mehr ganz so hoch ausfällt. Zudem deutet die Entwicklung seit 1990 beim Radiokonsum auf eine Konfundierung von altersspezifischen und zeitgebundenen Zusammenhängen: So nahm bis 2005 in allen drei Kohorten der Anteil für die Radionutzung ab. Lediglich in der Erhebungswelle von 2000 konnte dieses Medium in der jüngsten Kohorte nochmals kurzfristig an relativer Nutzungsintensität zulegen. Der Grund hierfür könnte im Funktionswandel liegen, den das Radio nach 1995 vollzogen hat und seitdem zum Allround-Medium einer mobilen Gesellschaft geworden ist. In der Folge konnte es zum Messzeitpunkt 2000 jüngere Alterskohorten wieder zurückgewinnen, nicht jedoch ältere Kohorten (vgl. Berg & Ridder, 2002).

5.1.4 Fernsehen, Radio, Tageszeitung und Internet im Tagesverlauf

In Übereinstimmung mit rezipientenorientierten Konzepten wird die Nutzung von Medien als ein aktiver, selektiver und sozial ausgehandelter Prozess betrachtet (siehe Abschnitt 2.2.1.1). Gleichwohl beinhaltet Medienhandeln eine rituelle und habituelle Komponente (vgl. Gerbner et al., 2002; Rubin, 2002). Besonders bei älteren Menschen können Medien in der nachberuflichen Phase eine relevante Funktion zur Tagesstrukturierung und Rhythmisierung des Alltags gewinnen (siehe Abschnitt 2.2.1.3.3). Dabei hängt der Medienkonsum nicht nur von der inhaltlichen Angebotsstruktur ab, sondern auch von den individuellen tageszeitlichen Zugangsmöglichkeiten zu den Medien. Je nach Lebensphase und -situation verfügt das Individuum über bestimmte Zeitfenster, in der es Medien potenziell nutzen kann. Die Rezeption der drei klassischen Massenmedien Fernsehen, Radio, Tageszeitung wird nicht nur inhaltlich auf medienspezifische Funktionen und Gratifikationserwartungen aufeinander abgestimmt, sondern auch in ihrem zeitlichen Nutzungsverlauf.

Wie Analysen anhand der Langzeitstudie „Massenkommunikation" anzeigen, blieben in Deutschland in den letzten Jahrzehnten die Tagesverlaufskurven und Kernzeiten der Fernseh-, Radio- und Zeitungsnutzung relativ stabil (vgl. Reitze & Ridder, 2006). Abweichungen resultieren zumeist auf periodenbezogenen Faktoren wie veränderter Angebotsstrukturen oder Einführung technischer Innovationen.

Folgend werden die Verläufe der Nutzungskurven zu den drei tagesaktuellen Medien Fernsehen, Radio, Tageszeitung in der K30-39 und der Gesamtgruppe beschrieben. Da diese Daten die Nichtnutzer mit einbeziehen, wurden gesondert die Tagesverlaufskurven nur der Stichtagsnutzer angeführt. Für das Fernsehen wurde zusätzlich ein Vergleich zwischen Viel- und Wenigseher vorgenommen. Zum Internet konnte aufgrund der niedrigen Verbreitungsrate in der K30-39 die Tagesverlaufsanalyse nur für die Stichtagsnutzer angezeigt werden.

5.1.4.1 Die Fernsehnutzung im Tagesverlauf

Das Massenmedium Fernsehen war von Anfang an ein Abendmedium. Bereits die ersten Programmausstrahlungen 1952 waren auf 20.00 Uhr bis 22.00 Uhr terminiert. Die ersten Erhebungen zum Tagesverlauf aus der MK-Langzeitstudie datieren von 1964. Als damals jeder zweite Haushalt ein Fernsehgerät besaß, zeigten sich bereits in diesen Haushalten ähnliche Grundmuster der Fernsehnutzung wie heute: Die Hauptnutzungszeit lag am Abend zwischen 19.00 Uhr und 21.00 Uhr, davor und danach gingen die Reichweiten stark zurück. Und mit leichten Fluktuationen (1985-1990) erreicht bis heute unverändert der Nutzungsgipfel eine Reichweite von über 60%. Allerdings hat sich seit den 1990er Jahren die Nutzungsspitze verlängert und von 20.00 Uhr nach hinten Richtung 21.00 Uhr verschoben. Auch stiegen in den letzten Jahrzehnten die Reichweiten in den Nebenzeiten, da sich die durchschnittliche Sehdauer kontinuierlich erhöht hat: Zwischen 1970 und 2005 nahm das Zeitbudget für das Fernsehen von 113 Minuten auf 220 Minuten zu (vgl. Reitze & Ridder, 2006, S. 39).[49] Ein Hauptgrund für diesen Mehrkonsum ist die tageszeitliche Ausweitung des Programmangebots zu einem 24-Stunden-Programm. Vor allem seit 1990 wurde der Nachmittag gezielt mit Programminhalten gefüllt.

Auch ähneln sich bis heute die Verhältnisse in den Nutzungskurven zwischen den älteren und jüngeren Zuschauern, demzufolge ältere Rezipienten im Tagesverlauf über weite Strecken höhere Reichweiten erzielen. So konstatieren Berg und Kiefer

---

[49] Die Nutzungsdauer ist auf das Zeitintervall 05.00 Uhr - 24.00 Uhr bezogen, wobei der Sonntag erst 1990 hinzukam. 1995 wurden zudem die neuen Bundesländer in die Berechnungen integriert. Durch diese methodischen Modifikationen erhöhten sich seit 1990 die Werte für die Sehdauer wie auch für die Hördauer leicht.

(1987, S. 41) in ihrer Replik auf die 1970er und 1980er Jahre: „Je älter die Gruppe, um so höher wird der Gipfel der Fernsehnutzungskurve, um so rascher baut sie sich zwischen 15.00 Uhr und 20.00 Uhr auf, um so langsamer baut sie sich zwischen 20 Uhr und 22 Uhr wieder ab".

Im Jahr 2005 zeichnet sich für die deutsche Bevölkerung ab 14 Jahren die Tagesver-laufskurve für das Fernsehen wie folgt ab: Die Fernsehnutzung steigt im Laufe des Vormittags stetig an, wobei die Reichweiten am Morgen noch bei unter 5% liegen und gegen Mittag 10% erzielen. Gegen Nachmittag beginnt eine intensivere Nutzung des Fernsehens, gegen 17.00 Uhr schaltet bereits ein Fünftel der Bevölkerung das Fernseh-gerät ein, am frühen Abend um 19.00 Uhr sind es bereits über 40%. In den weiteren zwei Stunden klettert die Reichweite nochmals deutlich um 20 Prozentpunkte und er-zielt gegen 20.45 Uhr ihren Nutzungsgipfel mit 63%. Danach fällt die Nutzungskurve deutlich ab, gegen 22.00 Uhr rutscht die Reichweite auf unter 50%, gegen 23.00 Uhr auf etwa 20% und nach Mitternacht auf unter 5% (siehe Abbildung 14).

Abb. 14: Fernsehen im Tagesverlauf 2005, nach Gesamtgruppe und K30-39 und jeweilige Nutzer am Stichtag

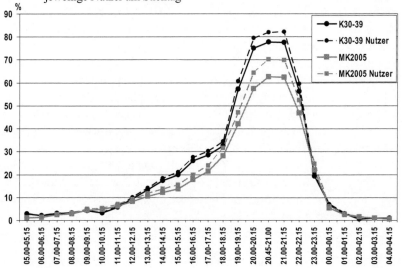

Quelle: ARD/ZDF-Medienkommission, MK2005: n=4500, Basis: Nutzer am Stichtag: n=3995; K30-39: n=702, Nutzer am Stichtag: n=662; gewichtet.

Die Tagesreichweite lag am Stichtag bei 89%, weshalb im Subsample der Stichtags-nutzer die Nutzungsreichweiten zumeist nur um etwa einen Prozentpunkt höher aus-fallen. Erst während der Hauptnutzungsphase erhöht sich die Differenz um acht Pro-

zentpunkte. So schalten zum Nutzungsgipfel um 20.45 Uhr 70% der Stichtags-
zuschauer ein.

In der K30-39 wird im Vergleich zum Sample das Fernsehen über fast den ganzen
Tag hinweg überdurchschnittlich genutzt, wenngleich der Verlauf der Nutzungskurve
ähnlich ist. Zwischen 13.45 Uhr und 22.45 Uhr liegen in der K30-39 die Reichweiten
stets um mindestens fünf Prozentpunkte über denen der Gesamtgruppe. Vor allem
aber am Nachmittag und am Abend wird deutlich häufiger das Fernsehgerät eingeschaltet. Zwischen 16.00 Uhr und 17.00 Uhr liegen die Reichweiten um acht Prozentpunkte höher, zur Hauptsendezeit zwischen 19.00 Uhr und 21.00 Uhr sogar um
über 15 Prozentpunkte. Um 20.00 Uhr wenn das Flagschiff „Tagesschau" der ARD
ausgestrahlt wird, ist die Diskrepanz mit 18 Prozentpunkten am größten: ¾ aller Personen dieser Kohorte haben dann den Fernseher eingeschaltet. Der Nutzungszenit
wird mit 78% Reichweite ebenfalls zwischen 20.45 Uhr und 21.00 Uhr erzielt. Konform zum Nutzungsverlauf im Sample geht danach die Nutzung stark zurück und die
Reichweiten nähern sich zunehmend denen des Samples an. Um 22.00 Uhr haben
noch 56% das Fernsehgerät eingeschaltet, um 23.00 Uhr sind es nur noch 19%. Da
mit einer Tagesreichweite am Stichtag von 94% nahezu jeder Befragte in der K30-35
das Fernsehen nutzte, verläuft die Nutzungskurve im Subsample der Stichtags-
zuschauer nur marginal höher. Die höchste Differenz beträgt lediglich vier Prozentpunkte während der Hauptnutzungszeit.

Zusammengefasst hat das Fernsehen seine Hauptnutzungsphase am Abend zwischen
19.00 Uhr und 22.00 Uhr, mit Einschaltquoten zwischen 40% und 60%. Die Ver-
laufskurve in der K30-39 gleicht im Wesentlichen der des Samples. Aufgrund der
überdurchschnittlichen Fernsehnutzung finden sich jedoch zwei Besonderheiten. Zum
einen weist das Fernsehen zur Hauptsendezeit und speziell zu den Hauptnachrichten
eine deutlich höhere Erreichbarkeit auf. Zum anderen nutzt ein beachtlicher Teil von
einem Viertel bereits ab dem Nachmittag das Fernsehen. Damit ist die Funktion als
Tagesbegleiter in dieser Kohorte weitaus stärker ausgeprägt als im Sample.

5.1.4.2 Entwicklung der Fernsehnutzung im Tagesverlauf zwischen 2000 und 2005

Zwischen 2000 und 2005 nahm in der Gesamtgruppe das Zeitbudget von 188 Minuten auf 226 Minuten zu, also um über eine halbe Stunde. In der K30-39 erhöhte sich
die Sehdauer um knapp eine Stunde auf 271 Minuten (siehe Abschnitt 5.1.3.4). Die
Tagesverlaufskurven von 2000 und 2005 veranschaulichen diese Nutzungszuwächse,

wonach die Ausweitung des Fernsehkonsums vor allem aufgrund einer intensiveren Nutzung am späteren Nachmittag und am Vorabend resultiert.[50] In den Viertelstundenintervallen zwischen 16.00 Uhr und 20.00 Uhr fanden deutliche Zuwächse in der Fernsehnutzung von jeweils über sechs Prozentpunkten im Sample statt. Den größten Zuwachs gab es in der Zeitschiene zwischen 16.45 Uhr und 17.00 Uhr, mit einem Anstieg der Reichweite von 13% auf 21% (χ^2 (1)=88.08, p≤.001) sowie zwischen 17.00 Uhr und 17.15 Uhr, wo ebenfalls die Reichweite um sieben Prozentpunkte auf 21% anstieg (χ^2 (1)=80.67, p≤.001) (siehe Abbildung 15).

Abb. 15: Fernsehen im Tagesverlauf 2000 und 2005, nach Gesamtgruppe und K30-39

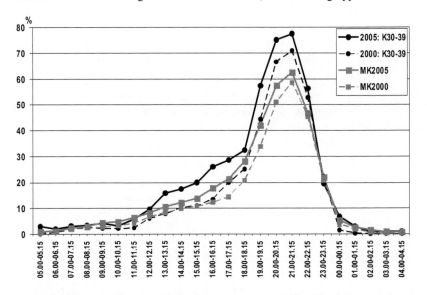

Quelle: ARD/ZDF-Medienkommission, MK2005, n=4500, K30-39, n=702; MK 2000, n=5017, K30-39, n=712; gewichtet.

Ähnlich verhält es sich mit den Zuwächsen der Fernsehnutzung in der K30-39. Die Reichweiten erhöhten sich im Vergleich zu 2000 vor allem am späten Nachmittag zwischen 16.00 Uhr und 17.00 Uhr sowie am Vorabend zwischen 19.00 Uhr und 20.00 Uhr. Die Reichweiten stiegen in diesen Zeitschienen um über zehn Prozentpunkte. Der höchste Zuwachs fand zwischen 16.45 Uhr und 17.00 Uhr statt, als sich die Reichweite von 15% auf 29% verdoppelte (χ^2 (1)=40.37, p≤.001). Im Gegensatz

---

[50] Zwar zeigen sich statistisch relevante Unterschiede zu fast allen Zeitintervallen, doch beruhen diese auf der hohen Fallzahl. Dadurch werden auch Abweichungen von unter einem Prozentpunkt signifikant, was inhaltlich als unbedeutsam interpretiert wird.

zur Gesamtgruppe gab es weitere hoch signifikante Nutzungszuwächse am frühen Nachmittag und in der Nacht. Schon ab 13.30 Uhr zeigen sich in den Viertelstundenintervallen kontinuierliche Anstiege in den Reichweiten von über sechs Prozentpunkten. Und auf sehr niedrigem Niveau stieg auch die Nutzungszeit gegen Mitternacht, wo sich zwischen 00.00 Uhr und 00.30 Uhr die Reichweiten um fünf Prozentpunkte erhöhten (z.B. 00.15 Uhr - 00.30 Uhr von 1% auf 7%, χ^2 (1)=27.66, p≤.001).

Als Erklärung für diesen altersunabhängigen Nutzungsanstieg können vorrangig Periodeneffekte angenommen werden. Doch werden weniger saisonale Unterschiede zwischen den beiden Erhebungszeiträume angenommen, als vielmehr Veränderungen in der Programmstruktur der privaten und öffentlich-rechtlichen Sender (Reitze & Ridder, 2006, S. 40). Wie Programmstrukturanalysen zeigen, wurden seitens der Fernsehsender in den letzten Jahren tatsächlich erfolgreich Versuche unternommen, die Zeitschienen am Nachmittag und am Vorabend massenattraktiv zu gestalten. Durch die Programmierung von regionalen Boulevard-Magazinen, Telenovelas und Gerichtsshows konnten zusätzliche Zielgruppen erschlossen werden, für die diese Formate offenbar eine positive Zäsur zwischen (Arbeits-)Alltag und Freizeit darstellen: „Sie bedienen den Wunsch nach individuellem Rückzug aus dem Alltag bei gleichzeitig leichter Nebenbei-Konsumierbarkeit. Zu keiner anderen Tageszeit hat das Fernsehen so stark die Funktion eines im Hintergrund laufenden Stimmulierungsmodulators" (ebd.). Eine Funktion, die in der Tradition des Radios steht. Und tatsächlich hat das Radio genau in dieser Zeitschiene eine etwas rückläufige Nutzungskurve seit 2000 zu verzeichnen (s.u.).

5.1.4.3 Die Radionutzung im Tagesverlauf

Das Radio hatte bis Ende der 1950er Jahre seine Hauptnutzungszeit am Abend zwischen 19.00 Uhr und 21.00 Uhr (Klingler, 1999, S. 119). Zudem wurde in deutschen Haushalten schon immer das Radio auch am Morgen und am Mittag verstärkt goutiert. Als das Fernsehen zunehmend die Rolle des dominanten Abendmediums einnahm, reduzierte sich die Nutzung des Radios auf die Tagzeit. Dieser Verdrängungsmechanismus zeigte sich noch in den Stichtagsanalysen der MK1964. Während in Haushalten ohne Fernsehgerät das Radio einen dreistufigen Gipfel im Nutzungsverlauf mit einem ausgeprägten Peak am Abend aufwies, fehlte dieser letzte Nutzungsgipfel in den Haushalten, die bereits mit einem Fernsehgerät ausgestattet waren (vgl. Berg & Kiefer, 1987, S. 37). In den folgenden Jahren verlagerte sich der Nutzungsgipfel in die Morgenstunden gegen 07.00 Uhr, einen zweiten Anstieg gab es am Mittag gegen 12.00 Uhr und einen letzten mit niedriger Reichweite am Vorabend gegen 19.00 Uhr.

Dieses Grundmuster des Tagesverlaufs aus den 1960er Jahren bleibt bis heute erkennbar. Allerdings veränderten sich in den letzten vier Jahrzehnten die programminhaltlichen Strukturen und Kontexte der Radionutzung beträchtlich. Das Radio konnte seit den 1970er Jahren mit dem Aufkommen des Autoradios und tragbaren Radiogeräten seinen Nutzungskontext erweitern und wurde durch seine „Überall-Verfügbarkeit" (Reitze & Ridder, 2006, 42) in verstärktem Maße auch zu einem mobilen Medium. Zudem entwickelte sich der Hörfunk immer mehr zu einem „freizeitunabhängigen" Medium, das auch während den Phasen der Regeneration (Essen, Schlafen, Körperpflege) und Produktion (Berufs- und Hausarbeit, Wegezeiten, Lernen) genutzt werden konnte (Reitze & Ridder, 2006, S. 59). Als Folge stieg seit 1970 das Zeitbudget an und verdreifachte sich von 73 auf 221 Minuten im Jahr 2005 (Berg & Kiefer, 1986, S. 30; Reitze & Ridder, 2006, S. 50). Dadurch erhöhten sich die Reichweiten und das Nutzungsniveau im Tagesverlauf kontinuierlich. Zudem verlagerte sich der morgendliche Nutzungsschwerpunkt seit den 1980er Jahren von 07.00 Uhr auf 09.00 Uhr. Die Funktionsverlagerung des Radios zu einem „Nebenbeimedium" und Tagesbegleiter hatte zur Folge, dass sich die Nutzungsgipfel zunehmend verflachten und sich stattdessen Nutzungsplateaus mit nahezu gleich bleibenden Reichweiten entwickelten (vgl. Reitze & Ridder, 2006, S. 41). Solche Plateaus zeigten sich in der Erhebungswelle von 2000 und sind 2005 noch ausgeprägter.

Im Sample finden sich 2005 keine Reichweitenspitzen als vielmehr zwei größere Nutzungsplateaus. Das erste erstreckt sich vom Morgen gegen 08.00 Uhr bis zum Mittag gegen 12.00 Uhr mit Reichweiten von über 30% (siehe Abbildung 16). Danach fällt die Radionutzung kontinuierlich ab und erreicht zwischen 15.00 Uhr und 18.00 Uhr ein zweites, kürzeres und weniger hohes Nutzungsplateau mit Reichweiten von über 20%. Zum Abend hin fällt die Erreichbarkeit des Radios stark ab und verflacht ab 21.00 Uhr auf einem Niveau von unter 5%. Verglichen mit den Nutzungsspitzen beim Fernsehen, fallen die beiden Nutzungsplateaus beim Radio moderat aus.

Die K30-39 weist in der MK2005 eine tägliche Nutzungsdauer von 217 Minuten auf, vergleichbar mit der für die Gesamtgruppe mit 224 Minuten. Allerdings unterscheiden sich die Nutzungskurven in ihren Schwerpunkten. So wird in der K30-39 das Radio in den Morgenstunden ab 07.15 Uhr bis zum Mittag gegen 13.00 Uhr häufiger gehört; die Reichweitenspitzen liegen hier bei 40% um 08.00 Uhr und um 11.00 Uhr. Die Erreichbarkeit des Mediums liegt in dieser Zeitschiene um sechs bis neun Prozentpunkte höher als in der Gesamtgruppe. Im Gegensatz zum Sample fällt danach die Radionutzung stark ab, auf ein unterdurchschnittliches Niveau von unter 20% zwischen 14.00 Uhr und 17.00 Uhr. Anstelle eines zweiten Nutzungsplateaus wie im Sample gleicht der Verlauf einer Talsohle. Allerdings erzielt das Radio gegen 18.00 Uhr mit Reichweiten von über 20% letztmals ein kurzzeitiges Normalniveau. Danach geht die Erreichbarkeit sukzessiv zurück auf ein Nutzungsniveau von unter 5% ab 20.00 Uhr. Bei Betrachtung der Nutzungskurven der Stichtagsnutzer fallen keine weiteren Besonderheiten auf. Sowohl in der Gesamtgruppe als auch in der K30-39 liegen die Reichweiten zu den Nutzungsschwerpunkten um etwa fünf bis sieben Prozentpunkte höher; in den Nebenschienen liegen die Reichweiten relativ nahe beieinander.

Abb. 16: Radionutzung im Tagesverlauf 2005, nach Gesamtgruppe und K30-39 sowie jeweilige Nutzer am Stichtag

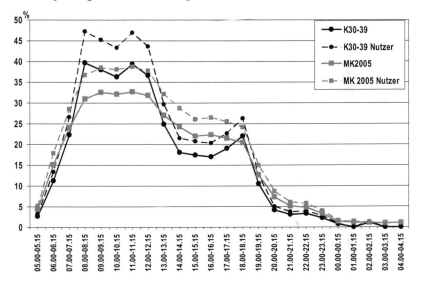

Quelle: ARD/ZDF-Medienkommission, MK2005: n=4500, davon Nutzer am Stichtag: n=3795; K30-39: n=702, davon Nutzer am Stichtag: n=589; gewichtet.

Zusammengefasst lässt sich festhalten, dass die Radionutzung in der K30-39 weit mehr auf die Hauptnutzungsphase am Morgen bis zum Mittag fokussiert ist als in der Gesamtgruppe. Im Gegensatz zum Sample spielt das Medium am Nachmittag keine besondere Rolle mehr, es stellt in erster Linie ein Vormittagsmedium dar. Damit verläuft die Nutzungskurve komplementär zur Fernsehnutzung, die hier bereits am Nachmittag überdurchschnittlich hoch ist und nur gegen 18.00 Uhr kurzzeitig auf ein Normalmaß zurückgeht, wenn parallel die Radionutzung – vermutlich zum Abendbrot – ansteigt.

5.1.4.4 Entwicklung der Radionutzung im Tagesverlauf zwischen 2000 und 2005

In den beiden Erhebungswellen 2000 und 2005 nahm in der Gesamtgruppe die Zeit-dauer für die Radionutzung signifikant von 209 Minuten auf 224 Minuten zu (F (1,9515)=7.46, p≤.01). In der K30-39 fand eine noch stärkere Erhöhung statt – von 193 Minuten auf 217 Minuten, wenngleich sie durch die geringere Fallzahl nicht sig-nifikant ist.

Für die Gesamtgruppe ergeben sich die ersten statistisch bedeutsamen Veränderungen am Morgen ab 08.30 Uhr mit einem Anstieg der Reichweite um drei Prozentpunkte auf 32% im Jahr 2005 (χ^2 (1)=12.71, p≤.001). Dieses Ausmaß an relevanten Zu-wachsraten bleibt über den Mittag hinaus bis kurz vor 15.00 Uhr (χ^2 (1)=9.37, p≤.01) bestehen. Erst danach nivellieren sich die Reichweitenunterschiede in den beiden Er-hebungswellen (siehe Abbildung 17).

Abb. 17: Radionutzung im Tagesverlauf 2000 und 2005, nach Gesamtgruppe und K30-39

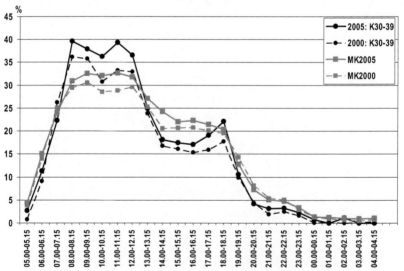

Quelle: ARD/ZDF-Medienkommission, MK2005, n=4500, K30-39, n=702; MK 2000, n=5017, K30-39, n=712; gewichtet.

Im Vergleich zum Fernsehen nahmen die Reichweiten für das Radio zwischen 2000 und 2005 nur moderat in einer begrenzten Zeitspanne zu. So wird die höchste Zu-wachsrate um 10.45 Uhr konstatiert mit einem Nutzungsanstieg von fünf Prozent-punkten (33%, χ^2 (1)=3.73, p≤.001). Die saisonal erhöhte Radionutzung in der

MK2005 erzielte im Vergleich zur MK2000 hauptsächlich zwischen morgens und mittags höhere Reichweiten, nicht jedoch am Nachmittag oder später. Hier macht sich die Konkurrenz des Fernsehens bemerkbar, das mit attraktiven Programmangeboten den Nachmittag und den Vorabend erfolgreich erschließen konnte und damit den zeitlichen Nutzungsradius des Radios weiter eingeschränkt hat.

Spezifisch für die Entwicklung der Radionutzung in der K30-39 ist die Begrenzung statistisch relevanter Zuwächse auf den Zeitraum zwischen 09.30 Uhr (von 32% auf 38%, χ^2 (1)=4.51, p≤.05) und 13.15 Uhr (17% auf 23%, χ^2 (1)=4.60, p≤.05) mit einem Reichweitenanstieg um etwa fünf Prozentpunkte. Lediglich zwischen 18.00 Uhr (von 18% auf 22%, χ^2 (1)=4.30, p≤.05) und 18.30 Uhr (von 11% auf 17%, χ^2 (1)=11.69, p≤.001) öffnet sich nochmals kurzzeitig ein signifikant nutzungsintensiveres Zeitfenster im Vergleich zu 2000. Diese noch stärkere Konzentration der zeitlichen Zuwächse auf den Morgen und den Mittag korrespondiert ebenfalls mit der diskrepanten Entwicklung der Fernsehnutzung in dieser Kohorte. Bereits ab 13.30 Uhr finden sich dort signifikante Reichweitengewinne, die der Radionutzung entgegenstehen.

Die Radionutzung hat folglich im Sample eine erhöhte Erreichbarkeit am Vormittag bis zum frühen Nachmittag erzielen können. In der K30-39 blieb der Zugewinn an Nutzungszeit hingegen dem Vormittag vorbehalten, da bereits am Nachmittag das Fernsehen dominiert.

5.1.4.5 Die Zeitungsnutzung im Tagesverlauf

Die Nutzung der Tageszeitung ist seit den letzten Jahrzehnten rückläufig. Lag die tägliche Nutzungsdauer in den Erhebungswellen der MK1964 und MK1970 noch bei 35 Minuten und stieg zwischen 1974 und 1980 auf 38 Minuten an, ist sie im weiteren Verlauf bis 2005 auf 28 Minuten gesunken (vgl. Reitze & Ridder, 2006, S. 39). Dabei blieb die Verweildauer nahezu unverändert: 1964 betrug die Lesedauer der am Stichtag erfassten Nutzer 52 Minuten, 2005 54 Minuten. Grund für den Rückgang der Nutzungsdauer ist allein die Tagesreichweite. Diese hat sich von 76% im Jahr 1980 auf 51% im Jahr 2005 verringert (ebd., S. 208).

Im Gegensatz zum Fernsehen und zum Radio können die Inhalte der Zeitung völlig zeitsouverän genutzt werden, weshalb die Tagesverlaufskurven in den Erhebungswellen seit 1964 relativ heterogene Entwicklungen aufweisen (vgl. auch Abbildung 19). Heute fungiert die Tageszeitung im Wesentlichen als Morgenmedium, da in den letzten Jahrzehnten weitere Nutzungsschwerpunkte am Mittag und am Abend sukzessive zurückgingen (vgl. Reitze & Ridder, 2006, S. 42). So gab bis 1970 eine intensivere Nutzungsphase zum „Abendbrot" (Berg & Ridder, 2002, S. 52), die besonders ausgeprägt in Haushalten ohne Fernsehgerät war (vgl. Berg & Kiefer, 1996, S. 66). In den folgenden Jahren drängte jedoch das Fernsehen in die Abendschiene.

Entsprechend lässt sich für den Tagesverlauf 2005 nur noch eine zentrale Nutzungsphase am Morgen zwischen 07.30 Uhr bis 09.30 Uhr konstatieren (siehe Abbildung 18). Die Reichweiten liegen hier bei etwa 7%, bzw. bei 13% bei den Stichtagsnutzern. Die Nutzungsspitze wird um 09.00 Uhr erreicht, mit einer Reichweite von 8% bzw. 15%. Danach fällt die Nutzung ab und gewinnt gegen Mittag nochmals einen zweiten Nutzungsgipfel auf niedrigem Niveau. Zwischen 11.45 Uhr und 13.30 Uhr lesen etwa 3% die Tageszeitung, bei den Stichtagsnutzern sind es ungefähr 5%. Ab dem Nachmittag verflacht die Nutzungskurve bei einer Reichweite von unter 2% – bei den Stichtagsnutzern sind es 3% – und erreicht gegen 23.00 Uhr ihren Nullpunkt.

Abb. 18: Zeitung lesen im Tagesverlauf 2005, nach Gesamtgruppe und K30-39 sowie jeweilige Nutzer am Stichtag

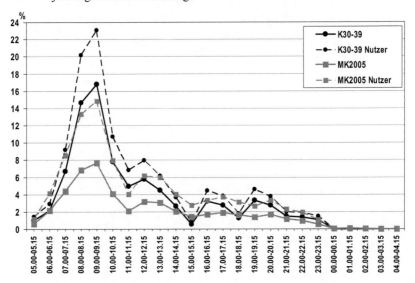

Quelle: ARD/ZDF-Medienkommission, MK2005: n=4500, davon Nutzer am Stichtag: n=2316; K30-39: n=702, davon Nutzer am Stichtag: n=511; gewichtet.

Ältere Menschen gehören zu den traditionellen Lesern von Tageszeitungen, wie auch die Befunde zur Nutzungshäufigkeit und zum Zeitbudget gezeigt haben. In der K30-39 liegt die Nutzungsdauer mit 47 Minuten um fast 20 Minuten höher als in der Gesamtgruppe. Die Tagesreichweite liegt bei über zwei Dritteln, in der Gesamtgruppe ist es lediglich jeder Zweite. Es lesen aber nicht nur mehr ältere Menschen die Zeitung, diese lesen sie auch länger. Die Verweildauer liegt in der K30-39 mit 65 Minuten um elf Minuten höher als in der Gesamtgruppe.

Entsprechend verläuft die Nutzungskurve fast durchgehend auf einem überdurchschnittlichen Niveau. Allen voran die Hauptlesephase am Morgen wird von den älteren Menschen intensiver genutzt. Bereits kurz vor 07.00 Uhr steigt die Nutzungsrate von 4% auf 7% und gegen 08.00 Uhr wächst die Reichweite von 9% auf 15% und erreicht ihre Nutzungsspitze bereits um 08.30 Uhr mit 17%. Danach geht die Nutzung stark zurück, gegen 09.30 Uhr sind es noch etwa 10%, um 11.00 Uhr nur noch 5%. Diese ausgesprochen hohe Nutzungsphase am Morgen wird durch die Stichtagsnutzer verdeutlicht: Von ihnen liest jeder Fünfte zwischen 08.00 Uhr und 09.00 Uhr die Tageszeitung. Wie in der Gesamtgruppe findet auch in der K30-39 eine zweite kleinere Nutzungsspitze am Mittag statt: Zwischen 11.30 Uhr und 12.00 Uhr mit einer Reichweite von 8% – bei den Stichtagsnutzern sind es 11%. Bereits ab 12.15 Uhr liegt die Nutzungsrate bei unter 3%. Im weiteren Verlauf kommt es auf niedrigem Niveau zu zwei weiteren kurzzeitigen Nutzungsspitzen gegen 16.00 Uhr und gegen 19.00 Uhr mit jeweils 3%. Genau entgegengesetzt verläuft hierzu die Radionutzung. Gegen 16.00 Uhr wird in dieser Kohorte relativ wenig Radio gehört, doch steigt die Nutzung danach wieder an und erzielt um 18.00 Uhr einen letzten kurzzeitigen Nutzungsgipfel. Wie schon oben eine diskrepante Entwicklung in den Nutzungszeiten zwischen Fernsehen und Radio konstatiert wurde, besteht eine gegenläufige Nutzung zwischen Radio und Tageszeitung – siehe hierzu die Zusammenschau der drei Entwicklungsverläufe in Abschnitt 5.1.4.7

Zusammenfassend bleibt zu konstatieren, dass die Tageszeitung vorrangig eine Morgenlektüre bei Alt und Jung darstellt. Jedoch verläuft aufgrund der hohen Nutzung die Nutzungskurve in der K30-39 auf einem deutlich höheren Nutzungsniveau als im Sample. Dies gilt besonders am Morgen zur Hauptnutzungszeit, wo gegen 08.30 Uhr der Nutzungsgipfel um eine halbe Stunde früher liegt als im Sample. Zudem gibt es zu den Regenerations- und Essensphasen weitere kleinere Nutzungsspitzen, die es im Sample in dieser Affinität nicht gibt. Könnte auch als Ausdruck einer größeren Strukturierung und Rhythmisierung der Zeitungslektüre unter älteren Menschen interpretiert werden.

5.1.4.6 Entwicklung der Zeitungsnutzung im Tagesverlauf zwischen 2000 und 2005

Zuvor soll noch ein kurzer Blick auf den Tagesverlauf von 2000 geworfen werden, um die Befunde von 2005 auf ihre Konstanz zu untersuchen. In der Gesamtgruppe nahm die Nutzungsdauer zwischen 2000 und 2005 von 29 Minuten um eine Minute ab (F (1,9515)=4.55, p≤.05), in der K30-39 jedoch von 42 Minuten auf 47 Minuten leicht zu (n.s.).

Für die Gesamtgruppe zeigen sich grundlegend keine allzu großen Diskrepanzen im Verlauf. In der Erhebungswelle von 2000 war die Hauptnutzungsphase am Morgen stärker ausgeprägt als 2005, dafür lag die Lesezeit am Mittag leicht unter der von 2005 (siehe Abbildung 19). So sanken die Reichweiten zwischen 06.15 Uhr (von 4% auf 3%, χ^2 (1)=5.97, p≤.05) und 09.15 Uhr (von 9% auf 8%, χ^2 (1)=4.02, p≤.05) um etwa einen Prozentpunkt. Umgekehrt nahmen die Nutzungswerte auch signifikant zwischen 11.30 Uhr (von 1% auf 2%, χ^2 (1)=13.74, p≤.001) und 12.00 Uhr (von 1% auf 3%, χ^2 (1)=19.31, p≤.001) zu. Im weiteren Tagesverlauf lassen sich noch weitere einzelne signifikante Differenzen nachzeichnen, jedoch nur kurzzeitig und auf einem sehr geringen Niveau.

Abb. 19: Zeitung lesen im Tagesverlauf 2000 und 2005, nach Gesamtgruppe und K30-39

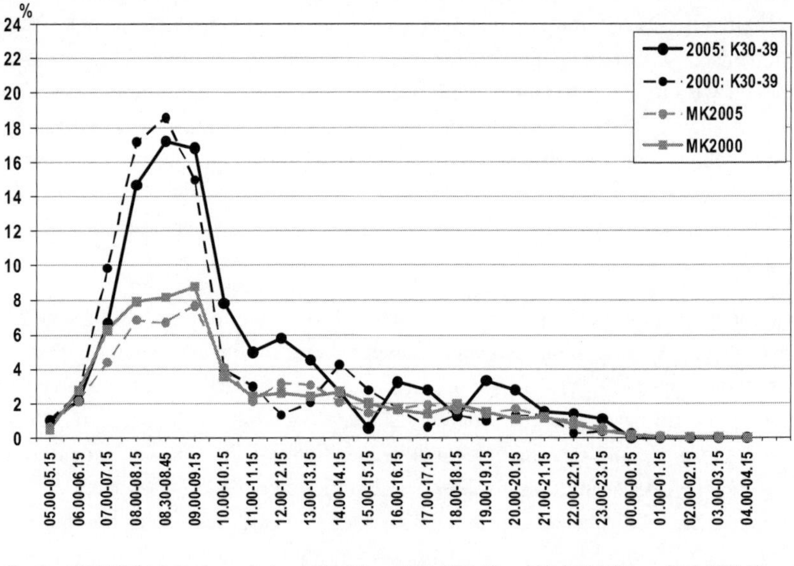

Quelle: ARD/ZDF-Medienkommission, MK2005, n=4500, K30-39, n=702; MK 2000, n=5017, K30-39, n=712; gewichtet.

Der Vergleich der Tagesverläufe zwischen 2000 und 2005 in der K30-39 legt größere Diskrepanzen offen. So wurde 2005 die Zeitungslektüre in den Morgenstunden zwischen 07.00 Uhr (10% zu 7%, χ^2 (1)=4.62, p≤.05) und 08.00 Uhr (13% zu 9%, χ^2 (1)=6.19, p≤.05) signifikant seltener genutzt als noch 2000. Von 09.00 Uhr bis 13.30 Uhr fallen hingegen die Reichweiten höher aus, wobei es zwischen 10.00 Uhr und

12.00 Uhr hoch signifikante Zunahmen von bis sieben Prozentpunkte gibt; am deutlichsten um 11.45 Uhr, wo sich die Nutzung von 1% auf 8% steigerte (χ^2 (1)=35.80, p$\leq$.001).

Für 2005 findet sich im Gegensatz zu 2000 ein Mittagshoch, dagegen fehlt eine verspätete Nutzungsspitze zwischen 14.00 Uhr und 15.00 Uhr. Im weiteren Tagesverlauf wurde 2005 die Zeitung mehr genutzt als 2000, was sich in zwei Nutzungsgipfeln am Nachmittag und am frühen Abend bemerkbar macht, die es 2000 nicht gab. Als Erklärung für diese periodengebundenen Unterschiede können in erster Linie saisonale Gründe durch unterschiedliche Feldzeiten angeführt werden. So wurde vermutlich im Frühjahr 2005 in der K30-39 etwas später gefrühstückt als im Frühsommer 2000. Auch die Differenzen in den Nutzungsspitzen am Mittag, Nachmittag und am frühen Abend könnten mit zeitlich veränderten Essens- und Regenerationsphasen zusammenhängen.

5.1.4.7 Zusammenschau der Tagesverlaufskurven der K30-39

Als Essenz bleibt festzuhalten, dass zu den drei tagesaktuellen Massenmedien Fernsehen, Radio und Tageszeitung tradierte Nutzungsgewohnheiten mit relativ konstanten Nutzungsschwerpunkten bestehen. Gleichwohl lassen sich zwischen den Erhebungswellen periodenbedingte Entwicklungen und Fluktuationen nachzeichnen. So werden für die erhöhte Sehdauer beim Fernsehen hauptsächlich Veränderungen im Programmangebot am Nachmittag und am Vorabend verantwortlich gemacht. Zudem können für die höhere Radionutzung saisonale Unterschiede in den Feldzeiten als Grund angeführt werden.

Da es kaum Parallelnutzung gibt, verlaufen die Nutzungszeiten der drei untersuchten Medien komplementär zueinander. Speziell in der K30-39 konnte sich 2005 das Fernsehen als Tagesbegleiter und Nebenbeimedium etablieren und übernahm damit nicht nur traditionelle Funktionen des Hörfunks, die Radionutzung verlagerte sich im Gegenzug noch stärker auf den Vormittag. Während das Fernsehen 2005 deutlich seine Reichweiten am Nachmittag ausweiten konnte, gingen sie gleichzeitig beim Radio zurück. Dadurch verlagerte sich der Zeitpunkt, an dem das Fernsehen höhere Nutzungsraten erzielt, um zwei Stunden nach vorne. 2000 fand dieser Führungswechsel in den Reichweiten gegen 16.30 Uhr statt, 2005 bereits um 14.30 Uhr. In der Gesamtgruppe erzielte 2000 das Fernsehen erst gegen 18.00 Uhr höhere Reichweiten, 2005 um 17.15 Uhr (siehe Abbildung 20 und 21).

Abb. 20: Tagesverlauf von Fernsehen, Radio und Tageszeitung 2005 der K30-39

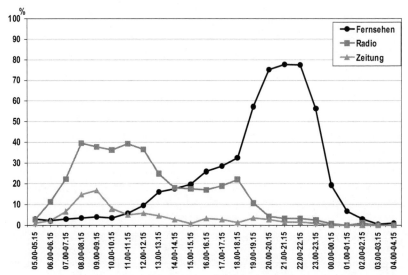

Quelle: ARD/ZDF-Medienkommission, MK2005; K30-39, n=702; gewichtet.

Abb. 21: Tagesverlauf von Fernsehen, Radio und Tageszeitung 2000 der K30-39

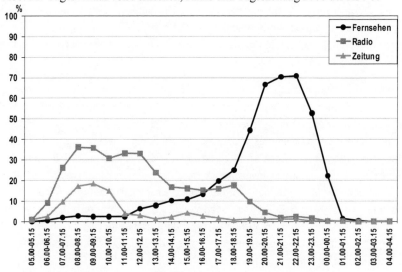

Quelle: ARD/ZDF-Medienkommission, MK2000; K30-39, n=712; gewichtet.

Das Fernsehen konnte also speziell unter den Personen der K30-39 seine traditionelle Rolle als dominantes Abendmedium erweitern, indem es nun auch zum führenden Medium am Vorabend und Nachmittag wurde. Es entwickelt sich zunehmend zu einem Tagesbegleiter. Unklar bleibt, inwiefern diese Entwicklung Alternsprozessen oder Periodeneffekten geschuldet ist. Im Gegenzug konzentrierte sich der Radiokonsum auf den Morgen und den Mittag, so dass die Hördauer insgesamt nicht stagnierte.

Die Tageszeitung hat ihre Funktion als Morgenlektüre konstant halten können und zwar parallel zum ersten Nutzungsgipfel des Radios – was für die Möglichkeit einer gleichzeitigen Nutzung spricht. Ab dem Vorabend findet nahezu überhaupt keine Zeitungslektüre mehr statt, wenn gegen 18.00 Uhr die Radionutzung einen letzten Peak erreicht und die Fernsehnutzung als Abendmedium dominant wird.

5.1.4.8 Tagesverlaufskurven 2005 von Viel- und Wenigsehern

Die Befunde zur Medienausstattung und Mediennutzung konnten nachweisen, dass sowohl nach Altersgruppen wie auch nach soziodemografischen Merkmalen im Alter große Unterschiede bestehen. Dies lässt sich ebenso für die Tagesverlaufskurven von Viel- und Wenigsehern der K30-39 demonstrieren.

Vielseher mit einer täglichen Sehdauer von mindestens sechs Stunden machen in der K30-39 28% aus, deren durchschnittliche Nutzungsdauer bei über acht Stunden liegt (490 min.). Bei diesem enormen Zeitbudget fungiert das Fernsehen als Tagesbegleiter wie Abbildung 22 eindrucksvoll belegt. Es sind nicht nur die Nutzungsspitzen am Abend mit Reichweiten von bis zu 95% erheblich ausgeprägter als in der Kohorte, auch über den ganzen Tag hinweg wird das Fernsehen intensiver genutzt.

Für jeden zehnten Vielseher der K30-39 beginnt der Fernsehtag bereits um 08.00 Uhr und bereits ab 10.00 Uhr steigen die Reichweiten kontinuierlich bis in den Abend hinein. Schon kurz nach 12.00 Uhr liegt der Fernsehkonsum über der Radionutzung. Entsprechend fällt auch im Mittel die Radionutzung unter den Vielsehern mit 159 Minuten signifikant geringer aus als bei den Fernseh-Durchschnittsnutzern (249 min., $F_{(1,319)}=15.84$, $p \leq .001$).[51] In Bezug auf die Tageszeitung bestehen allerdings keine Unterschiede (48 min. bzw. 45 min.). Dies hat zur Folge, dass der Radiokonsum ein geringeres Nutzungsniveau auch zu den Spitzenzeiten zwischen 09.00 Uhr und 10.00 Uhr erreicht, während die Zeitung zwischen 08.00 Uhr und 09.00 Uhr mit knapp 20% Reichweiten überdurchschnittlich gelesen wird. Da der Radiokonsum am Abend na-

---

[51] Da die Aufteilung zwischen Viel- und Wenigsehern auf Quintilen beruht, weisen die Durchschnittsnutzer ein großes Nutzungsintervall zwischen einer und sechs Stunden auf.

hezu gar nicht mehr vorhanden ist, hat sogar die Zeitung am Abend etwas höhere Reichweiten. Wenn allerdings gegen 21.00 Uhr der Nutzungszenit für das Fernsehen erreicht wird, gehen die Reichweiten für das Radio und die Tageszeitung gegen den Nullpunkt.

Abb. 22: Tagesverlauf von Fernsehen, Radio, Tageszeitung, 2005 von Vielsehern der K30-39

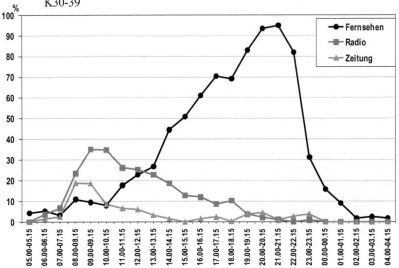

Quelle: ARD/ZDF-Medienkommission, MK2005; K30-39, n=199; gewichtet.

Zu den sogenannten Wenigsehern, die maximal eine Stunde pro Tag Fernsehen, ge-hören in der K30-39 10%. In dieser Gruppe ist nicht nur der Fernsehkonsum mit durchschnittlich 18 Minuten äußerst gering, auch das Radio wird mit 184 Minuten relativ eingeschränkt genutzt, gemessen am Fernseh-Durchschnittnutzern (249 min., $F_{(1,284)}=3.91$, $p \leq .001$). Zwischen den Vielsehern und Wenigsehern zeigen sich hin-gegen weder in der Radionutzung noch im Zeitbudget für Tageszeitung, Bücher oder Tonträger signifikante Unterschiede. Fernsehdistante Personen lesen insgesamt am Tag durchschnittlich 100 Minuten, bei den Vielsehern sind es 84 Minuten.

Infolge des extrem unterschiedlichen Fernsehkonsums gestaltet sich die Zusammen-setzung der Tagesverläufe von Fernsehen, Radio und Zeitung völlig anders als bei den Vielsehern (siehe Abbildung 23). Das Leitmedium in dieser Subgruppe stellt das Radio dar. Es ist das Medium, das von den fernsehdistanten Personen am meisten genutzt wird, obwohl das Zeitbudget im Vergleich zur Gesamtgruppe nicht über-durchschnittlich ausfällt. Die Radionutzung besitzt hier in der Zeitspanne zwischen

Morgen und Mittag sowie am Nachmittag zwei Nutzungsplateaus mit Reichweiten von etwa 25%. Auch am Abend wird es stärker genutzt als das Fernsehen. Selbst um 21.00 Uhr, wenn ansonsten in den deutschen Haushalten das Fernsehen seinen Nutzungsgipfel erzielt, verfügt das Radio bei den Wenigsehern über höhere Reichweiten.

Abb. 23: Tagesverlauf von Fernsehen, Radio und Tageszeitung 2005 von Wenigsehern der K30-39

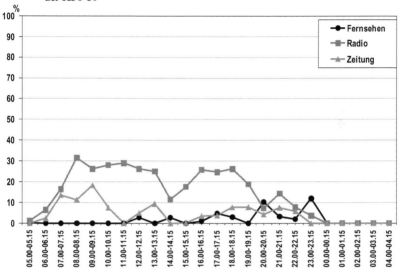

Quelle: ARD/ZDF-Medienkommission, MK2005; K30-39, n=72; gewichtet.

Fernsehen spielt bei den Wenigsehern im Alltag eine untergeordnete Rolle, die Reichweiten liegen über den ganzen Tag bei unter 5%. Lediglich am Abend zwischen 20.00 Uhr und 20.15 Uhr und zwischen 22.30 Uhr und 23.00 Uhr erzielt es mit über 10% Reichweite kurzfristig höhere Nutzungsraten als das Radio und die Tageszeitung. Das sind genau die Zeitintervalle, in denen traditionelle Nachrichtensendungen in den öffentlich-rechtlichen Hauptsendern laufen. Wie weiter unten ausgeführt wird, präferieren besonders ältere Menschen in verstärktem Maße Informationsangebote dieser Sender. Fernsehen wird in dieser speziellen fernsehdistanten Gruppe, wenn überhaupt, offensichtlich nur in einer sehr selektiven und eingeschränkten Weise genutzt. Korrespondierend dazu ist unter den Wenigsehern das aktive Zusammenstellen eines eigenen Filmprogramms mittels audiovisueller Speichermedien im Vergleich zu Durchschnitts- und Vielsehern überdurchschnittlich ausgeprägt – zu den Vielsehern fällt der Nutzungsunterschied signifikant aus (F (1,137)=6.77, p≤.05). Auch das Internet wird unter den Wenigsehern mit einer täglichen Nutzungsdauer von 27 Minuten deutlich mehr genutzt als von den Vielsehern mit drei Minuten (F (1,137)=4.12, p≤.05). Man kann also nicht pauschal argumentieren, dass Wenigseher generell weniger die Medien nutzen. Sie haben lediglich gegenüber dem Fernsehen eine distante Haltung und nutzen Medien aktiver und selektiver (z.B. zur Information).

Wenigseher kommen zusammengerechnet auf ein Gesamtbudget von immerhin 6 ½ Stunden am Tag, Vielseher dagegen auf über 12 ½ Stunden (F (1,137)=50.02, p≤.001), wobei deren Mehrkonsum nicht allein auf die exzessive Fernsehnutzung (von etwa 470 min.) zurückzuführen ist. Vielseher sind aufgrund des immensen Medienbudgets sehr stark auf den häuslichen Kontext konzentriert, wie auch Analysen zu Freizeitaktivitäten bestätigen. Neben Mediennutzung, Regeneration (Schlafen, Essen, Körperpflege) und Hausarbeit sind auch die sonstigen Tätigkeiten im Haus signifikant höher ausgeprägt als bei den Wenigsehern (498 min. zu 268 min., F (1,137)=64.52, p≤.001). Umgekehrt sind Personen, die das Fernsehen sehr sporadisch nutzen, stärker außerhäuslich orientiert. Sie sind signifikant mobiler mit dem Auto (61 min. zu 15 min., F (1,137)=24.14, p≤.001), mit Bahn oder Bus unterwegs (12 min. zu 2 min., F (1,137)=5.41, p≤.05) und verbringen auch mehr Zeit mit Einkaufen (44 min. zu 19 min., F (1,137)=7.45, p≤.01). Vor allem sind sie deutlich mehr in Gesellschaft mit Freunden, Bekannten oder Verwandten (94 min. zu 18 min., F (1,137)=18.13, p≤.001) und in gastronomischen Einrichtungen (28 min. zu 7 min., F (1,137)=3.69, p≤.05).

5.1.4.9 Die Internetnutzung im Tagesverlauf

Abschließend soll die Nutzung des Internets im Tagesverlauf kurz skizziert werden, auch wenn es unter den älteren Personen zum Zeitpunkt der Erhebung 2005 noch kein „Massen"-Medium darstellt. Während 2005 schon jede zweite Person ab 14 Jahren im Internet surft, ist es unter den Personen ab 60 Jahren erst jede Vierte – in der K30-39 sind es 19%. Entsprechend spielt dieses digitale Medium im Alltag erst bei einem Teilsegment eine relevante Rolle; im Tagesverlauf liegen die Reichweiten bei maximal 3%. Hingegen besitzt das Internet im Sample bereits ab 11.00 Uhr eine höhere Erreichbarkeit als für die Tageszeitung; dabei liegen die Reichweiten zwischen 09.00 Uhr und 21.30 Uhr bei 4% bis 6%.

Aufgrund der niedrigen Reichweiten wurden für die weiteren Analysen nur Personen einbezogen, die am Stichtag online waren. Dies betraf 28% in der Gesamtgruppe ab 14 Jahren und jeweils 9% bei den Personen ab 60 Jahren und in der K30-39. Dabei zeigen die Befunde zur Mediennutzung, dass ältere und jüngere Onliner vergleichbar häufig das Internet nutzen (siehe auch Abschnitt 5.1.3.3). Auch hinsichtlich der Verweildauer werden keine signifikanten Unterschiede konstatiert: Onliner ab 60 Jahre sind im Mittel 143 Minuten im Netz, Onliner unter 60 Jahren 165 Minuten; in der K30-39 beträgt die Verweildauer der Stichtagsnutzer 135 Minuten, im Sample 163 Minuten.

Im Tagesverlauf verteilen sich die Nutzungszeiten nahezu über den ganzen Tag, doch lassen sich Kernzeiten am Morgen und am Nachmittag ausmachen (siehe Abbildung 24). Von den Stichtagsnutzern im Sample ist bereits jeder zehnte ab 08.00 Uhr im Netz, bis um 11.00 Uhr steigt die Anzahl auf etwa 20% an. Nach dieser ersten Nutzungsspitze fällt die Internetnutzung in ein kleines Mittagsloch mit Reichweiten von über 15%. Am Nachmittag ist das Surfen im Netz noch ausgeprägter als am Vormittag. Zwischen 14.00 Uhr und 17.00 Uhr besteht ein längeres Nutzungsplateau mit Reichweiten von erneut über 20%. Am Vorabend ist die Nutzung leicht rückläufig, aber erzielt um 20.00 Uhr einen dritten, kurzzeitigen Peak. Erst danach fallen die Reichweiten endgültig ab; gegen 22.00 Uhr ist nur noch jede zehnte Person im Internet, um Mitternacht sind es nur noch 5%.

Für die Personen ab 60 Jahren, die am Stichtag online sind, ergibt sich eine ähnliche Tagesverlaufkurve. Auch sie zeigen am Vormittag eine erste Nutzungsspitze, allerdings besitzt diese mit über 20% Reichweite sogar ein leicht überdurchschnittliches Niveau und ist auch zeitlich bis um 11.00 Uhr etwas ausgedehnter. Am Nachmittag findet sich ebenfalls ein zweites Nutzungshoch, jedoch etwas verspäteter und kürzer als in der Gesamtgruppe: Um 16.00 Uhr liegt die Nutzungsspitze bei 20% Reichweite. Danach geht die Nutzungsrate leicht zurück, und nach einem kleinen Zwischenhoch zwischen 19.00 Uhr und 20.00 Uhr fällt die Nutzung stark ab. Der gravierendste Nutzungsunterschied zur Gesamtgruppe besteht jedoch in der ausgeprägten Aussparung der Zeitspanne zwischen Mittag und frühem Nachmittag. Im Gegensatz zur Gesamtgruppe zeichnet sich bei den Personen ab 60 Jahren ein ausgeprägtes Nutzungstief zwischen 11.00 Uhr und 16.00 Uhr ab, mit einem Tiefpunkt von 7% Reichweite gegen 14.00 Uhr. Die etwas geringere Verweildauer von 20 Minuten der älteren Personen im Vergleich zur Gesamtgruppe beruht offensichtlich auf diesem Nutzungstief. Zu den übrigen Tageszeiten liegen die beiden Nutzungsverläufe bemerkenswert nahe beieinander.

Die Internetnutzung der Stichtagsnutzer aus der K30-39 hat in der Tendenz ein ähnliches Muster wie das der Personen ab 60 Jahre, doch zeigen sich aufgrund der niedrigen Fallzahlen auch Ausreißerwerte. So fallen die Nutzungsspitzen am Morgen und am Nachmittag noch deutlicher aus, und am Abend sinken die Reichweiten schneller auf ein Niveau von unter 5%.

Abb. 24: Internetnutzung im Tagesverlauf, 2005, Stichtagsnutzer Gesamtgruppe, K30-39, 60-89 Jahre

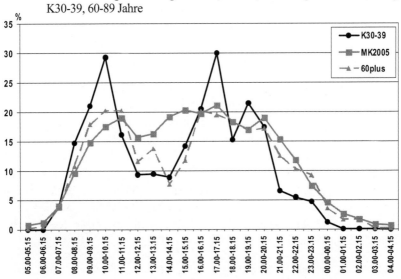

Quelle: ARD/ZDF-Medienkommission, MK2005, n=1247; K30-39, n=64; 60 Jahre und älter, n=127.

Die Befunde belegen, dass unter den älteren Onlinern das Internet ein fester Bestandteil im Medienalltag geworden ist. Allerdings bleibt der Abend auch in dieser speziellen Altersgruppe dem Fernsehen vorbehalten. Diese außerordentliche Dominanz des Fernsehens im Alter lässt sich auch im Folgenden an den zugeschriebenen Images und Funktionen festmachen.

5.1.5 Images der tagesaktuellen Medien im Direktvergleich

In den vorangegangenen Abschnitten wurden Ergebnisse zusammengetragen, die eine umfassende Darstellung der Ausstattung und der Nutzung von Medien beinhalteten. Damit sollte der Medienkontext älterer Menschen im Sinne medialer Umwelten im Wohnalltag erfasst werden. Die Ausgangsfragestellung war: Welche Medien besitzen ältere Menschen und in welchem Umfang nutzen sie wann welche Medien? Offen blieb, wieso sie diese Medien nutzen und welche Bedeutung sie diesen zumessen. Aus dieser rezipientenorientierten Perspektive werden folgend die Aspekte der Images und Funktionszuschreibungen im Medienvergleich beschrieben und im Anschluss die Medienbindung und die Motive der Mediennutzung.

5.1.5.1 Images der tagesaktuellen Medien im Direktvergleich 2005

Bei einer Imagezuschreibung im Medienvergleich der vier tagesaktuellen Medien Fernsehen, Radio, Zeitung und Internet kommt die Sonderstellung des Fernsehens bei den Personen ab 60 Jahren zum Tragen. Wie keinem anderen Medium wird dem Fernsehen ein solch breites Imageprofil zuteil: Alle 14 erhobenen Items werden mehrheitlich dem Fernsehen zugesprochen, davon elf mit über 50% Zustimmung, bei den 14- bis 59-Jährigen sind es lediglich fünf Attribute und nur eines mit absoluter Mehrheit. Am deutlichsten wird das Fernsehen als „unterhaltsam" wahrgenommen. Über drei Viertel sehen diese Funktion am ehesten beim Fernsehen, bei den 14- bis 59-Jährigen sind es 61% (χ^2 (3)=77.32, p≤.001) (siehe Abbildung 25).

Abb. 25: Images der Medien im Direktvergleich 2005, Altersgruppen über/ unter 60 Jahren

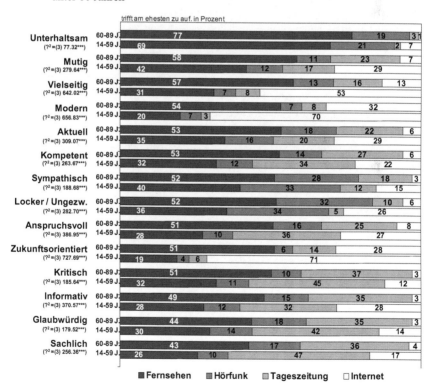

Quelle: ARD/ZDF-Medienkommission, MK2005: 14-59 Jahre: n=3116; 60-89 Jahre: n=1376; gewichtet.
Anmerkung: Unterschiedstestung erfolgte mittels χ^2-Test.

Des Weiteren betrachtet die Altersgruppe ab 60 Jahren das Fernsehen als ausgesprochen „mutig" (58%), „vielseitig" (57%), „modern" (54%), „aktuell" (53%), „kompetent" (53%), „sympathisch" (52%), „locker und ungezwungen (52%), „kritisch" (51%) und „informativ" (49%). Lediglich für die beiden Eigenschaften „sachlich" (43%) und „glaubwürdig" (44%) fällt die Zustimmung geringer aus, wobei sich jeder Dritte für die Tageszeitung entscheidet. Ebenso beurteilen etwas über ein Drittel die Zeitung als am ehesten „kritisch" (37%) und „informativ" (35%). Das Imageprofil des Radios ist im Medienvergleich noch eingeschränkter. Es gilt bei etwa 30% als „locker und ungezwungen" und als „sympathisch". Diese beiden Images bilden mit dem Merkmal „unterhaltsam" die einzigen, bei denen das Radio vor der Tageszeitung an zweiter Stelle steht.

Bei den 14- bis 59-Jährigen besitzt das Fernsehen keine solche Dominanz und die Funktions- und Imagezuschreibungen stehen in einer größeren Konkurrenz zur Tageszeitung und zunehmend auch zum Internet. Infolge der starken Verbreitung des Internets wird es in der jüngeren Altersgruppe als ausgesprochen „zukunftsorientiert" und „modern" wahrgenommen. Die Zustimmungswerte liegen hier bei über 70%. Zudem gilt es als das „vielseitigste" Medium (53%). Die Tageszeitung besitzt seine klassischen Stärken in den Attributen „sachlich" (47%), „kritisch" (45%) und „glaubwürdig" (42%), und etwa ein Drittel betrachten es als besonders „anspruchsvoll", „kompetent" und „informativ". Mit diesen sechs Merkmalen besitzt die Zeitung ein breiteres Profil als das Fernsehen. Dies ist insofern bemerkenswert, als die Zeitung in den jüngeren Altersgruppen weniger gelesen wird als bei den älteren. Dies unterstreicht die größere Distanz zum Fernsehen, während bei älteren Menschen trotz überdurchschnittlicher Zeitungsnutzung das Fernsehen in den Image- und Funktionszuweisungen dominiert.

Dadurch bestehen zwischen der jüngeren und älteren Altersgruppe hoch signifikante Unterschiede zu allen Images. Besonders diskrepant fallen dabei die Einschätzungen zu zwei Merkmalen aus, die spezifisch für das neu aufkommende Medium Internet gelten: „modern" (χ^2 (3)=656.83, p≤.001) und „zukunftsorientiert" (χ^2 (3)=727.69, p≤.001). Die Zustimmungswerte zum Internet liegen um etwa 40 Prozentpunkte auseinander, zum Fernsehen um über 30 Prozentpunkte – hier treten die Unterschiede zwischen einer jungen Internetgeneration und einer älteren Fernsehgeneration offen zu Tage.

Dabei nimmt die Dominanz des Fernsehens in den höheren Altersgruppen für nahezu alle Eigenschaften signifikant zu, im besonderen Maße für diejenigen, die für das Internet prädestiniert sind: Bei den 60- bis 69-Jährigen schätzen 44% das Fernsehen als

„modern" ein, das Internet erhält mit 41% einen ähnlich hohen Zustimmungswert. Bei den 70- bis 79-Jährigen dominiert aber das Fernsehen mit 65%, lediglich 21% betrachten das Internet als „modern"; bei den 80- bis 89-Jährigen liegen die Zustimmungswerte ähnlich diskrepant bei 67% bzw. 20% (χ^2 (6)=74.87, p≤.001). Noch deutlicher ist der Unterschied bzgl. des Merkmals „vielseitig", das von 51% der 60- bis 69-Jährigen dem Fernsehen zugewiesen wird, von den 70- bis 79-Jährigen sind es schon 62% und von den 80- bis 89-Jährigen 84% (χ^2 (6)=85.99, p≤.001). Als das Medium, das am ehesten „unterhaltsam" ist, wird von nahezu allen Personen zwischen 80- bis 89-Jährigen das Fernsehen genannt (98%), bei den beiden jüngeren Altersgruppen sind es 73% (60-69-Jahre) bzw. 79% (70-79 Jahre) (χ^2 (6)=28.58, p≤.001).

Ähnlich fallen auch in der K30-39 die Zustimmungswerte für das Fernsehen überdurchschnittlich aus (siehe Abbildung 26).

Abb. 26: Images der Medien im Direktvergleich 2005 der K30-39

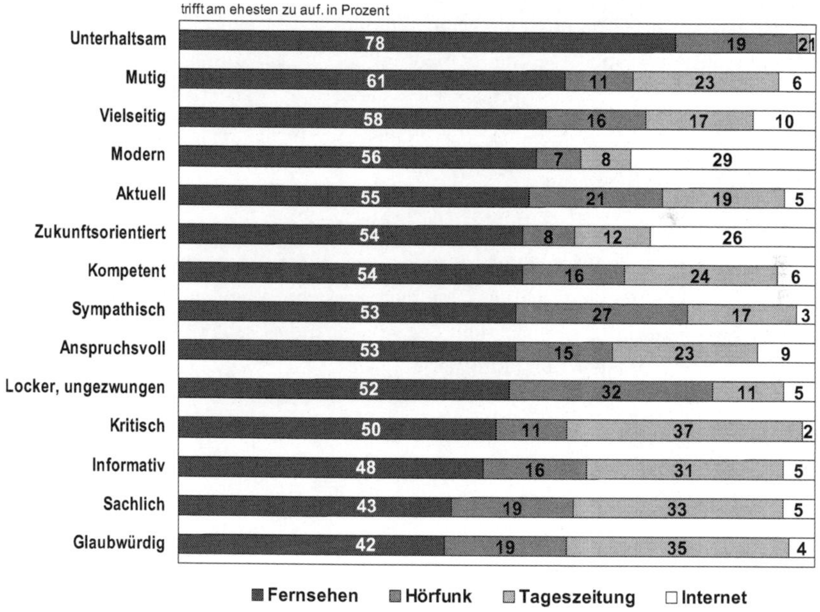

trifft am ehesten zu auf. in Prozent

	Fernsehen	Hörfunk	Tageszeitung	Internet
Unterhaltsam	78	19	2	1
Mutig	61	11	23	6
Vielseitig	58	16	17	10
Modern	56	7	8	29
Aktuell	55	21	19	5
Zukunftsorientiert	54	8	12	26
Kompetent	54	16	24	6
Sympathisch	53	27	17	3
Anspruchsvoll	53	15	23	9
Locker, ungezwungen	52	32	11	5
Kritisch	50	11	37	2
Informativ	48	16	31	5
Sachlich	43	19	33	5
Glaubwürdig	42	19	35	4

■ Fernsehen ■ Hörfunk ■ Tageszeitung □ Internet

Quelle: ARD/ZDF-Medienkommission, MK2005: n=702; gewichtet.

Allerdings lassen sich innerhalb dieser Kohorte entlang der bekannten soziodemografischen Merkmale deutliche Unterschiede in den Zustimmungsmustern beschreiben. Erwartungsgemäß weisen die bekannten fernsehaffinen Subgruppen diesem Medium eine zentrale Position in den Images zu. Während Frauen, Alleinstehende,

Personen aus den neuen Bundesländern, Bildungs- und Einkommensschwache sämtliche 14 Images dem Fernsehen zuweisen, werden in den anderen Subgruppen auch andere Medien berücksichtigt. So wertschätzen z.B. Männer der K30-39 die Tageszeitung höher als Frauen und betrachten es mehrheitlich als das glaubwürdigste Medium. Der Wert liegt hier bei 41% und nur 31% für das Fernsehen, bei den Frauen sind es 30% und 50% für das Fernsehen (χ^2 (3)=25.07, p≤.001). 38% der Männer betrachten die Tageszeitung als das informativste Medium und 39% das Fernsehen. Bei den Frauen dominiert hingegen das Fernsehen mit 56% deutlich vor der Tageszeitung mit 25% (χ^2 (3)=22.78, p≤.001).

Die deutlichsten Unterschiede ergeben sich jedoch bei Betrachtung des Bildungs- und Einkommensstatus. Innerhalb dieser beiden sozialen Kategorien differieren die Verteilungsmuster zu nahezu jedem Image signifikant. Bei den formal niedrig Gebildeten und Personen mit geringen finanziellen Ressourcen konzentrieren sich die 14 Merkmalszuschreibungen in solch dominanter Weise auf das Fernsehen, dass deren Zustimmungswerte zum Teil um über 30 Prozentpunkte über denen der formal höher Gebildeten („anspruchsvoll", „zukunftsorientiert") bzw. einkommensstarken Personen („informativ", „sachlich", „anspruchsvoll", „aktuell") liegen: Als am ehesten „anspruchsvoll" benennen unter den formal niedrig Gebildeten 58% das Fernsehen, aber nur 24% der Personen mit formal hoher Bildung (χ^2 (6)=29.97, p≤.001); bei den Einkommensschwachen sind es sogar 83% und damit 33 Prozentpunkte mehr als bei den Einkommensstarken (χ^2 (6)=64.44, p≤.001). Stattdessen bevorzugen die älteren Personen mit höherem Bildungsstatus und Personen mit hohen finanziellen Ressourcen weit mehr die Tageszeitung und auch das Internet. So steht in beiden Subgruppen die Tageszeitung an erster Stelle hinsichtlich der Attribute „kritisch" (44% der formal hoch Gebildeten bzw. 53% der einkommensstarken Personen), „glaubwürdig" (50% bzw. 46%), „sachlich" (42% bzw. 46%) und „informativ" (34% bzw. 49%). Bei den formal hoch Gebildeten erhält die Tageszeitung zudem noch die höchste Zustimmung für die Attribute „kompetent" (43%) und „anspruchsvoll" (39%) sowie das Internet für die Merkmale „modern" (51%) und „zukunftsorientiert" (43%).

Ein Imagemerkmal, das über alle soziodemografischen Gruppen hinweg sehr diskrepante Zustimmungsmuster offenbart, ist die Variable „informativ" (siehe oben, Abbildung 27). Hier manifestieren sich unterschiedliche Nutzungspräferenzen und Nutzungsgewohnheiten, wonach fernsehdistante Bevölkerungssegmente in verstärktem Maße auch die Tageszeitung als Informationsquelle nutzen. Insbesondere in den internetaffinen Gruppen könnte zukünftig auch das Internet als Informationsmedium an Relevanz gewinnen und damit zusätzlich zum Fernsehen in Konkurrenz treten.

Abb. 27: Image der Medien im Direktvergleich 2005: „ist informativ", nach Altersgruppen und soziodemografischen Merkmalen der K30-39

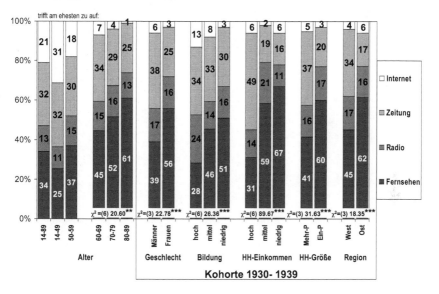

Quelle: ARD/ZDF-Medienkommission, MK2005; n=4500, K30-39, n=702; gewichtet.
Anmerkung: Unterschiedstestung erfolgte mittels χ²-Test.

Die über die 14 Merkmale größtenteils hoch signifikanten Verteilungsunterschiede in
der K30-39 spiegeln sich letztlich auch in der Sympathiebewertung der einzelnen
Medien wider. Fernsehaffine Gruppen betrachten deutlich stärker dieses Medium als
sympathisch, während in den anderen Subgruppen dieses Image zwar mehrheitlich
dem Fernsehen zugesprochen wird, doch Tageszeitung und Radio deutlich höhere
Zustimmungswerte erzielen (siehe Abbildung 28).

Zusammenfassend bestätigen die Befunde die Annahmen im Sinne des UGA, wonach
die Mediennutzung in engen Zusammenhang mit der Bedeutungszuweisung liegt.
Dies lässt sich im Altersquerschnitt wie auch entlang soziodemografischer Merkmale
innerhalb der K30-39 belegen. In Bevölkerungssegmenten, in denen ein überdurchschnittlicher Fernsehkonsum besteht, zentrieren sich die Imagezuschreibungen auf
das Fernsehen, während in Bevölkerungssegmenten mit überdurchschnittlicher Nutzung von Tageszeitung oder Internet die Dominanz des Fernsehens eingeschränkt
bleibt.

Abb. 28: Image der Medien im Direktvergleich 2005: „ist sympathisch", nach Altersgruppen und soziodemografischen Merkmalen der K30-39

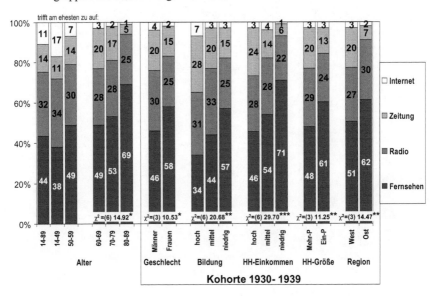

Quelle: ARD/ZDF-Medienkommission, MK2005; n=4500, K30-39, n=702; gewichtet.
Anmerkung: Unterschiedstestung erfolgte mittels χ^2-Test.

5.1.5.2 Entwicklung der Images der Medien zwischen 2000 und 2005 nach Kohorten

Im Vergleich der Images zur MK2000 macht sich besonders die starke Verbreitung des Internets bemerkbar, das in der Gesamtgruppe im Beobachtungszeitraum deutlich an Imageprofil zulegen konnte – auf Kosten von Fernsehen und Tageszeitung. So galt in der Erhebung 2000 noch das Fernsehen als das „vielseitigste" Medium mit 43% und das Internet stand erst an zweiter Stelle mit 31%. 2005 nahm die Zustimmung für das neue Medium um zehn Prozentpunkte zu, während der Wert für das Fernsehen um vier Prozentpunkte und für die Tageszeitung um fünf Prozentpunkte auf 11% zurückging (χ^2 (3)=119.32, p≤.001).

Betrachtet man in einem weiteren Schritt die Kohorten näher, lassen sich solche Veränderungsprozesse vor allem in den jüngeren Kohorten nachzeichnen, die auch die stärkste Diffusionsentwicklung des Internets aufweisen (siehe Abschnitt 5.1.1.4). In den älteren Kohorten der K30-39 und K20-29 nahm zwischen 2000 und 2005 die Adoption des Internets zwar signifikant zu, liegt aber weiterhin auf einem solch niedrigen Niveau, dass es im Mittel noch keine Alltagsrelevanz besitzt. Entsprechend fielen die Imagegewinne für das Internet verhältnismäßig gering aus. Allerdings lassen sich in den beiden ältesten Kohorten signifikante Veränderungen für einzelne Images konstatieren, die auf Umschichtungen innerhalb der drei klassischen Medien Fernsehen, Radio und Tageszeitung beruhen. Ausgerechnet die Tageszeitung, die unter den älteren Menschen relativ stark genutzt wird, musste Einbußen in der Gunst hinnehmen.

Tab. 15: Vergleich 2000 und 2005: Images der Medien im Direktvergleich der Kohorten K40-49, K30-39 und K20-29

in Prozent	Kohorte 1940 - 1949				Kohorte 1930 - 1939				Kohorte 1920 - 1929			
	Fernsehen	Radio	Tageszeitung	Internet	Fernsehen	Radio	Tageszeitung	Internet	Fernsehen	Radio	Tageszeitung	Internet
	00 05	00 05	00 05	00 05	00 05	00 05	00 05	00 05	00 05	00 05	00 05	00 05
Unterhaltsam	66 69	27 26	5 4	3 2 n.s.	73 78	22 19	5 2	0 1 *	80 86	13 11	7 3	0 0 n.s.
Mutig	55 54	11 12	23 25	11 9 n.s.	62 61	11 11	23 23	4 6 n.s.	62 58	11 14	26 22	2 6 **
Vielseitig	50 49	16 11	20 15	15 26 ***	57 57	14 16	22 17	7 10 **	61 65	8 13	28 16	3 6 ***
Modern	39 39	8 9	6 7	46 44 n.s.	55 56	8 7	8 8	29 29 n.s.	69 69	6 6	8 4	17 21 n.s.
Aktuell	50 47	22 17	22 25	7 11 **	57 55	16 21	26 19	2 5 ***	69 63	8 17	21 17	1 3 **
Zukunftsorientiert	37 39	7 6	10 15	46 41 *	53 54	7 8	15 12	26 26 n.s.	58 55	6 6	16 12	20 26 n.s.
Kompetent	46 47	13 13	35 31	7 9 n.s.	49 54	15 16	34 24	2 6 ***	54 60	9 9	34 27	3 4 n.s.
Sympathisch	45 48	32 30	20 18	2 4 n.s.	53 53	21 27	25 17	1 3 ***	54 59	20 26	26 15	0 1 **
Anspruchsvoll	40 42	14 16	35 32	12 10 n.s.	50 53	17 15	29 23	5 9 ***	49 64	17 15	30 17	4 4 ***
Locker / Ungezwungen	47 46	40 37	6 8	7 9 n.s.	59 52	27 32	12 11	2 5 **	65 62	22 27	11 7	2 4 n.s.
Kritisch	41 44	10 11	46 39	2 6 **	54 50	9 11	36 37	1 2 n.s.	54 62	8 6	38 31	1 1 n.s.
Informativ	36 45	19 13	36 33	9 10 ***	48 48	13 16	35 31	3 5 n.s.	56 54	9 15	33 29	2 2 n.s.
Sachlich	40 37	14 14	41 44	5 6 n.s.	44 43	15 19	40 33	1 5 ***	44 46	14 20	41 31	1 3 *
Glaubwürdig	40 39	21 17	34 40	5 4 *	48 42	16 19	35 35	1 4 ***	48 55	13 15	39 28	1 2 *

Quelle: ARD/ZDF-Medienkommission, MK2005; K40-49: n=660; K30-39: n=702; K20-29: n=244; MK2000; K40-49: n=806, K30-39: n=712, K20-29: n=510; gewichtet.
Anmerkung: Unterschiedstestung erfolgte mittels χ^2-Test.

Dies gilt vor allem für die K20-29, bei der die Nutzungsfrequenz für die Tageszeitung als einzige Kohorte signifikant zurückging (siehe Abschnitt 5.1.2.2) wie auch in der Tendenz die Nutzungs- und Verweildauer (siehe Abschnitt 5.1.3.4). Korrespondierend zu dieser Entwicklung verzeichnet in der MK2005 die Tageszeitung in dieser Kohorte über alle Merkmale hinweg Rückgänge, besonders in den Eigenschaften „anspruchsvoll" (-13 Prozentpunkte, χ^2 (3)=17.85, p≤.001), „vielseitig" (-zwölf Prozentpunkte, χ^2 (3)=18.35, p≤.001), „glaubwürdig" (χ^2 (3)=10.84, p≤.05) und „sympathisch" (χ^2 (3)=14.58, p≤.01) um jeweils elf Prozentpunkte (siehe Tabelle 15). Auf der anderen Seite gewann das Radio in einigen Eigenschaften an Zustimmung, zusätzlich auch das Leitmedium Fernsehen. Als am ehesten „vielseitig" galt 2000 bei 61% das Fernsehen, 2005 stieg der Anteil um vier Prozentpunkte, für das Radio um fünf Prozentpunkte und für das Internet um drei Prozentpunkte (χ^2 (3)=18.39, p≤.001). Auch konnte das Fernsehen sein Image in der K20-29 als „anspruchsvollstes" Medium um 15 Prozentpunkte auf 64% ausbauen. Da das Fernsehen in dieser Kohorte sehr stark konsumiert wird, aber zu 2005 sein Zeitbudget nicht erhöhte, beruhen diese Veränderungen primär auf einen Imageverlust der Tageszeitung. Es wird nicht nur weniger Zeitung gelesen, es hat auch an subjektiv an Bedeutung verloren. Im folgenden Abschnitt findet sich ein weiterer Hinweis, wonach der in der K20-29 auch die Bindung zur Tageszeitung zurückging und stattdessen das Radio an Bedeutung hinzugewann.

Für die K30-39 zeigte sich in moderater Form ein ähnlicher Negativtrend für die Tageszeitung wie in der K20-29. Die Tageszeitung wird vor allem als weniger „kompetent" (-10 Prozentpunkte, (χ^2 (3)=23.16, p≤.001) „sympathisch" (-8 Prozentpunkte, (χ^2 (3)=24.32, p≤.001), „aktuell" (−7 Prozentpunkte, χ^2 (3)=27.24, p≤.001) und „sachlich" (-7 Prozentpunkte, (χ^2 (3)=22.59, p≤.001) wahrgenommen. Das Radio konnte punktuell hinzugewinnen, allen voran in den Attributen „sympathisch" (+6 Prozentpunkte), „locker/ungezwungen" (+5 Prozentpunkte, χ^2 (3)=13.57, p≤.01) und „aktuell" (+5 Prozentpunkte). Das Fernsehen hat zwischen 2000 und 2005 signifikant an Nutzungs- und Verweildauer zulegen können, dennoch fielen die Imagebewertungen uneinheitlich aus. So wird dieses Medium noch stärker als Unterhaltungsmedium (von 73% auf 78%, χ^2 (3)=10.95, p≤.05) wahrgenommen und gilt als besonders „kompetent" (von 49% auf 54%). Gleichzeitig hat es im Medienvergleich gegenüber dem Radio hinsichtlich der Merkmale „locker/ungezwungen" (-7 Prozentpunkte) und „glaubwürdig" (-6 Prozentpunkte, χ^2 (3)=16.88, p≤.001) an Boden verloren.

Trotz des Imagegewinns des Radios bleibt aber in beiden älteren Kohorten das Fernsehen das dominante Medium. Allein in der K30-39 und K20-29 erhielt sowohl 2000 als auch 2005 das Fernsehen über sämtliche Eigenschaften hinweg die höchsten Zustimmungswerte. Diese besondere Relevanz des Fernsehens in den älteren Kohorten findet seinen Ausdruck auch in den Bindungsvariablen.

5.1.6 Bindung an die Medien

Die Bindung an Medien wurde durch zwei Dimensionen operationalisiert – einer hypothetischen Vermissensfrage, die das gesellschaftliche Meinungsklima von Medien erfassen soll. Um die persönliche Alltagsrelevanz einzuschätzen, wurde hypothetisch die sogenannte „Inselfrage" gestellt.

5.1.6.1 Bindung an die Medien 2005: Vermissensfrage

Die Ergebnisse aus der Langzeitstudie „Massenkommunikation" konstatieren für das Fernsehen eine sukzessive Verschlechterung des Meinungsklimas seit 1995 (Berg & Ridder, 2006, S. 27), obwohl deren Nutzung zugenommen hat. Demgemäß erhält in der MK2005 das Fernsehen in der Vermissensfrage geringere Werte als das Radio und die Tageszeitung. 44% geben in der Gesamtgruppe an, das Fernsehen stark oder sehr stark zu vermissen, wenn sie darauf verzichten müssten, 46% die Zeitung und 57% das Radio.

Unter den Personen ab 60 Jahren besitzt das Fernsehen eine deutlich höhere Relevanz als bei den jüngeren Personen: Jede zweite Person ab 60 Jahre gibt an, das Fernsehen (sehr) stark zu vermissen, neun Prozentpunkte mehr als bei den 14- bis 59-Jährigen (χ^2 (1)=33.85, p≤.001). Die größte Differenz besteht jedoch in der Bewertung der Tageszeitung, für die der Vermissenswert bei den älteren Personen mit 58% um 17 Prozentpunkte höher liegt als in der jüngeren Altersgruppe (χ^2 (1)=112.16, p≤.001). Hinsichtlich des Radios fällt die Einschätzung bei den 60- bis 89-Jährigen mit 59% lediglich um drei Punkte höher aus (χ^2 (1)=3.45; p≤.05). Diese signifikanten Altersunterschiede haben auch Bestand, wenn die Vermissensfrage auf den regelmäßigen Nutzerkreis eines Mediums eingeschränkt wird.

Diese allgemein stärkere Bindung zu Fernsehen, Radio und Tageszeitung unterstreicht die hohe gesellschaftliche Relevanz von Massenmedien im Alter. Hingegen besitzt analog zu den bisherigen Befunden das Internet keine hohe Bindung unter den 60- bis 89-Jährigen. Lediglich 5% halten das neue Medium für unverzichtbar, dagegen 28% der 14- bis 59-Jährigen (χ^2 (1)=300.92, p≤.001). Diese Signifikanz bleibt auch im Subsample der Onliner erhalten: Unter den Onlinern ab 60 Jahren, die mehrmals im Monat das Internet nutzen, erhöht sich der Wert auf 29%, bei den jüngeren Onlinern auf 41% (χ^2 (1)=15.68, p≤.001). Selbst unter den älteren, regelmäßigen Onlinern kann das neue Medium nicht den Stellenwert der drei klassischen Massenmedien erzielen.

Innerhalb der Altersgruppe 60-89 Jahre zeigen sich im Altersquerschnitt bedeutsame Veränderungen in der Medienbindung. So nimmt allein das Fernsehen an Relevanz mit dem Alter zu. Der Vermissenswert steigt von 47% bei den 60- bis 69-Jährigen auf 67% bei den 80- bis 89-Jährigen (χ^2 (2)=10.47, p≤.01) (siehe Tabelle 16). Die Bindung zum Radio bleibt in den drei höheren Altersgruppen nahezu unverändert (n.s.), zum Internet geht sie zurück (von 8% auf 2%, χ^2 (2)=16.86, p≤.001), wie auch zur Tageszeitung deutlich von 61% auf 48% (χ^2 (2)=8.29, p≤.05). Diese Differenz findet sich jedoch nicht im Subsample der täglichen Leser: Bei den 60-69-jährigen Zeitungslesern erhöht sich der Wert auf 68%, bei den 70- bis 79-Jährigen auf 64% und bei den 80- bis 89-Jährigen 74% (n.s.). Damit nimmt die Bedeutung der Tageszeitung unter den Hochaltrigen nicht generell ab – wie schon die Befunde zur Nutzungsfrequenz und zum Zeitbudget bestätigt haben, beruhen die Altersdifferenzen vor allem auf der Zunahme an Zeitungsabstinenten.

Tab. 16: Bindung an die Medien 2005, nach Altersgruppen und soziodemografischen Merkmalen der K30-39

in Prozent / N	\multicolumn{6}{c} Alter	Kohorte	Geschlecht		Bildungsstatus			HH-Einkommen			HH-Größe		Region	
	14-89	14-49	50-59	60-69	70-79	80-89	K30-39	M	W	H	M	N	H	M	N	2+	1	W	O
N	4500	2469	649	723	590	69	702	302	400	64	120	519	259	264	119	438	264	554	140
Es würden stark /sehr stark vermissen [1]																			
Fernsehen	44	42	38	47	52 **	67	50	46 *	54	42	41 *	53	52	48 *	64	44	60 ***	49	54 n.s.
Radio	57	55	62	62	56 n.s.	59	60	52	65 ***	60	57 n.s.	60	65	59 n.s.	54	59	61 n.s.	60	57 n.s.
Tageszeitung	46	37	55	61	55 *	48	58	64	53 **	67	57 n.s.	57	69	52 ***	42	65	46 ***	59	54 n.s.
Internet	21	32	15	8	3 ***	2	4	8	1 ***	13	11 ***	2	8	2 ***	2	6	1 **	4	6 n.s.
Es würden sich für das Medium entscheiden [2]																			
N	4400	2433	635	709	558	64	676	295	381	63	119	494	252	260	105	433	243	541	135
Fernsehen	45	43	42	49	50	67	51	40	59	37	47	54	47	51	74	45	61	48	64
Radio	27	24	34	29	29	14	28	25	30	29	27	28	27	30	23	28	28	29	24
Tageszeitung	12	8	13	17	19	19	18	28	10	23	22	16	22	16	2	22	9	20	9
Internet	17	25	11	5	3	0	3	6	1	11	4	2	4	3	1	5	1	3	3
χ^2-Test				*				***		**			***			***		**	

Quelle: ARD/ZDF-Medienkommission, Massenkommunikation 2005; n=4500; gewichtet.
Anmerkung: Unterschiedstestung erfolgte mittels χ^2-Test.
1) Berechnungen beruhen auf nominaler Skala „stark /sehr stark" und „ein wenig /gar nicht".
2) Subsample, Basis: Personen, die mehr als ein Medium mindestens mehrmals im Monat nutzen.

Innerhalb der K30-39 finden sich erwartungsgemäß die bekannten Verteilungsmuster in den soziodemografischen Subgruppen. Frauen weisen für das Fernsehen (+8 Prozentpunkte, χ^2 (1)=4.28, p≤.05) und noch mehr für das Radio (+13 Prozentpunkte, χ^2

(1)=11.16, p≤.001) ein deutlich höheres Ausmaß in der Vermissensfrage auf, während Männer signifikant stärker die Zeitung (+11 Prozentpunkte, χ^2 (1)=7.17, p≤.01) und das Internet (+7 Prozentpunkte, χ^2 (1)=20.83, p≤.001) für unverzichtbar halten. Hinsichtlich des Internets bleiben die Unterschiede auch unter Onlinern erhalten, die mehrfach im Monat ins Netz gehen: Ein Drittel der männlichen Onliner würde das Internet stark vermissen, dagegen nur jeder zehnte weibliche Onliner (χ^2 (1)=5.60, p≤.05).

Die größte Diskrepanz hinsichtlich der Fernsehbindung besteht jedoch zwischen fernsehaffinen, alleinstehenden Personen und nicht alleinstehenden Personen (+16 Prozentpunkte, χ^2 (1)=16.83, p≤.001); sowie unter den Personen mit geringen finanziellen Ressourcen (+12 Prozentpunkte, χ^2 (2)=8.25, p≤.05) und mit formal niedriger Bildung (+11 Prozentpunkte, χ^2 (2)=7.76, p≤.05). Umgekehrt weisen diese Subgruppen eine vergleichsweise höhere Distanz zur Tageszeitung und zum Internet auf. In regionaler Hinsicht zeigen sich in der K30-39 zu keinem Medium signifikante Unterschiede. Lediglich in der Altersgruppe 60-89 Jahre halten Personen aus den alten Bundesländern die Zeitung für unverzichtbarer als in den neuen Bundesländern (60% zu 51%, χ^2 (1)=9.50, p≤.01) – dieser regionale Unterschied besteht im Übrigen nicht bei den 14- bis 59-Jährigen. Das Meinungsklima zu Fernsehen und Radio ist unter älteren Menschen in beiden Teilen Deutschlands relativ ähnlich.

5.1.6.2 Bindung an die Medien 2005: Die Inselfrage

Anders verhält es sich jedoch in der regionalen Einschätzung der persönlichen Relevanz der Medien. Bei der sogenannten „Inselfrage" drückt sich in den neuen Bundesländern eine deutlich höhere Bindung an das Fernsehen aus: Zwei Drittel würden sich für das Fernsehen entscheiden, hingegen nur die Hälfte in den alten Bundesländern. Im Gegenzug würde immerhin jeder Fünfte aus den alten Bundesländern sich für die Zeitung entscheiden, doch nur jeder zehnte aus den neuen (χ^2 (3)=14.44, p≤.01).

Allgemein lässt sich festhalten, dass sich in dieser hypothetisch gestellten Entscheidungsfrage die Dominanz des Fernsehens im Alter noch stärker präsent wird. Während in der Vermissensfrage zumeist das Radio und die Tageszeitung für unverzichtbarer gehalten werden als das Fernsehen, würde sich im „Inselfall" die Mehrheit für das Fernsehen entscheiden – und zwar in allen Subgruppen im Altersquerschnitt als auch entlang der soziodemografischen Merkmalsgruppen der K30-39. Signifikante Unterschiede bestehen lediglich in Ausmaß und im Kontrast zu den anderen Medien.

Personen ab 60 Jahre äußern eine deutlich höhere persönliche Bindung zum Fernsehen und zur Zeitung als jüngere Personen: 50% der Personen ab 60 Jahre würden sich für das Fernsehen entscheiden und 18% für die Zeitung, bei den 14- bis 59-Jährigen sind es 42% bzw. 9%. Umgekehrt würden nur 4% der älteren Altersgruppe das Internet präferieren, aber bereits 22% der 14- bis 59-Jährigen (χ^2 (3)=260.85, p≤.001). In den drei Altersgruppen ab 60 Jahren bestätigt sich der positive Zusammenhang zwischen Alter und Fernsehbindung (χ^2 (6)=16.49, p≤.05): Zwei Drittel der 80- bis 89-Jährigen würden sich für das Fernsehen entscheiden, in den jüngeren Altersgruppen ist es nur jeder Zweite. Im Gegenzug liegt bei den 80- bis 89-Jährigen der Wert für das Radio mit 14% um die Hälfte niedriger als bei den beiden jüngeren Altersgruppen. Ein Befund, der ebenfalls in der MK2000 beobachtet werden konnte (Doh & Gonser, 2007).

Innerhalb der K30-39 dominiert bei den Frauen ebenfalls das Fernsehen mit 59%; lediglich jede Dritte würde sich für das Radio und nur jede Zehnte für die Zeitung entscheiden. Bei den Männern steht das Fernsehen mit 40% auf deutlich niedrigerem Niveau an erster Stelle, die Zeitung nimmt mit 28% sogar den zweiten Platz vor dem Radio mit 25% ein (χ^2 (3)=55.09, p≤.001). Personen mit formal niedriger Bildung zeigen mit 54% eine um 17 Prozentpunkte höhere Präferenz für das Fernsehen als Personen mit formal hoher Bildung (χ^2 (6)=20.39, p≤.01) und alleinstehende Personen mit 61% eine um 16 Prozentpunkte höhere als nicht alleinstehende Personen (χ^2 (3)=27.55, p≤.001). Die höchste Bindungsaffinität zum Fernsehen besteht in der Subgruppe mit geringen finanziellen Ressourcen: Drei Viertel würden sich für das Fernsehen entscheiden, das sind 27 Prozentpunkte mehr als bei Personen mit hohen finanziellen Ressourcen (χ^2 (6)=32.81, p≤.001).

Bei Betrachtung von Viel- und Wenigsehern verstärken sich die Bindungsunterschiede. Drei Viertel aller Personen ab 60 Jahre, die durchschnittlich mehr als sechs Stunden täglich Fernsehen, würden sich für dieses Medium entscheiden, doch nur 28% der Personen, die unter einer Stunde täglich Fernsehen. Lediglich 15% der Vielseher präferieren das Radio und 10% die Zeitung. Wie die Befunde zum Zeitbudget gezeigt haben, stellt unter den Wenigsehern das Radio das zeitlich am stärksten genutzte Medium dar. Entsprechend wird mit 36% das Radio favorisiert, gefolgt von der Zeitung mit 30% (χ^2 (6)=115, p≤.001). In den höheren Altersgruppen nimmt unter den Vielsehern die Konzentration auf das Fernsehen signifikant zu (χ^2 (6)=23.97, p≤.001): Während 63% der 60-69-jährigen Vielseher das Fernsehen wählen würden, sind es bei den 70-79-jährigen 80% und bei den 80-89-jährigen sogar 100%.

Zusammenfassend kann im Alter eine relativ hohe Bindung an die drei klassischen Massenmedien Fernsehen, Tageszeitung und Radio nachgewiesen werden. Dabei nimmt im Querschnitt die Bedeutung des Fernsehens in beiden Bildungsvariablen zu, während die Zeitung in der Vermissensfrage und das Radio in der Inselfrage an Relevanz verlieren. Speziell unter den Hochaltrigen scheint das Fernsehen zum zentralen Medium mit sehr hoher Bindung zu werden. Ebenso ist die persönliche Relevanz zum Fernsehen in den affinen Gruppen – Alleinstehende, Bildungs- und Einkommensschwache, Frauen und Personen aus den neuen Bundesländern – der K30-39 stark ausgeprägt, weshalb sich eine intra-kohortenspezifische Varianz in der Medienbindung konstatieren lässt.

5.1.6.3 Entwicklung der Bindung an Medien zwischen 2000 und 2005 nach Kohorten

Betrachtet man den Verlauf der Bindungsqualität zu Fernsehen, Radio, Tageszeitung und Internet zwischen 2000 und 2005, so fällt vor allem die zunehmende Alltagsrelevanz des Internets auf. Konträr dazu hat sich das Meinungsklima für die Tageszeitung verschlechtert, weshalb sie in nahezu allen Kohorten nicht mehr so stark vermisst wird und in der Inselfrage an die letzte Stelle hinter dem Internet gerutscht ist. Unverändert blieb in allen Kohorten die Ausnahmestellung des Fernsehens als persönlich wichtigstes Medium, wenngleich es auch 2000 ein negativeres Image hatte als das Radio und die Tageszeitung. Diese konsistenten Befunde in den Kohorten der einzelnen Medien weisen auf zeitlich gebundene Effekte hin, doch lassen sich auch kohortenspezifische Unterschiede beobachten.

Das Internet konnte im Verlauf der beiden Messzeitpunkte in allen Kohorten hoch signifikante Zuwächse verzeichnen. Zu beiden Bindungsvariablen haben sich die Werte verdoppelt, wodurch sich die Abstände zwischen den Kohorten weiter vergrößert haben. Das bedeutet, je jünger die Kohorte, umso nachhaltiger hat im Beobachtungszeitraum das Internet das Mediengefüge beeinflusst. In der jüngsten Kohorte K70-79 nahm in der Vermissensfrage der Wert von 18% um 19 Prozentpunkte zu (χ^2 (1)=55.90, p≤.001), in der K60-69 von 12% um zwölf Prozentpunkte (χ^2 (1)=45.79, p≤.001). Dagegen stiegen die Werte in der K30-39 lediglich um drei Prozentpunkte auf 4% (χ^2 (1)=11.93, p≤.001) und in der K20-29 von 0% auf 3% (χ^2 (1)=10.30, p≤.001) (siehe Tabelle 17).

Bezüglich der Inselfrage stieg in der jüngsten Kohorte K70-79 die Bindung so stark an, dass das Internet mit 28% nunmehr um zwei Prozentpunkte vor dem Radio auf dem zweiten Platz hinter dem Fernsehen rangiert; 2000 lag es noch mit 15% um 17 Prozentpunkte hinter dem Radio an dritter Stelle (χ^2 (3)=29.73, p≤.001). Auch in den beiden nachfolgenden Kohorten konnte das Internet in der Rangreihe aufrücken und steht nun an dritter Stelle vor der Tageszeitung (K60-69: χ^2 (3)=51.41, p≤.001; K50-59: χ^2 (3)=35.75, p≤.001). In den Kohorten ab K40-49 und älter spielt das Internet im

Mediengefüge keine entscheidende Rolle und steht an letzter Stelle hinter der Tageszeitung. Hingegen ging die hohe Zunahme an persönlicher Relevanz für das Internet in den drei jüngeren Kohorten K70-79, K60-69 und K50-59 vor allem zu Lasten des Radios, in der jüngsten Kohorte auch auf Kosten des Fernsehens.

Tab. 17: Vergleich der Bindung an die Medien 2000 und 2005, nach Kohorten

in Prozent	K70 - 79		K60 - 69		K50 - 59		K40 - 49		K30 - 39		K20 - 29	
	2000	2005	2000	2005	2000	2005	2000	2005	2000	2005	2000	2005
N	673	593	973	932	836	675	805	660	712	702	510	246
Es würden sehr stark /stark vermissen:												
Fernsehen	41 n.s.	42	39 n.s.	39	35 **	43	37 **	44	49 n.s.	50	67 ***	49
Radio	57 n.s.	59	59 n.s.	60	62 n.s.	61	60 n.s.	60	56 n.s.	60	54 n.s.	55
Tageszeitung	39 n.s.	39	51 **	45	55 *	50	63 n.s.	60	61 n.s.	58	64 ***	50
Internet	18 ***	37	12 ***	24	9 ***	18	4 ***	10	1 ***	4	0 **	3
Es würden sich für das Medium entscheiden:												
in Prozent	2000	2005	2000	2005	2000	2005	2000	2005	2000	2005	2000	2005
N	653	586	952	918	828	670	803	639	703	676	499	232
Fernsehen	44	40	41	42	40	46	38	45	49	51	58	50
Radio	32	26	36	27	40	30	36	32	27	28	20	27
Tageszeitung	9	7	14	12	14	12	24	16	23	18	21	21
Internet	15	28	9	19	6	13	2	6	0	3	0	2
χ^2-Test	***		***		***		***		***		**	

Quelle: ARD/ZDF-Medienkommission, MK2005; n=4500; MK 2000; n=5017; gewichtet.
Anmerkung: Unterschiedstestung erfolgte mittels χ^2-Test.

In der K30-39 blieb in der Inselfrage das Ausmaß an persönlicher Relevanz für das Fernsehen und das Radio relativ konstant, doch büßte die Tageszeitung um fünf Prozentpunkte ein (χ^2 (3)=22.07, p≤.001). Auch in der K20-29 hat die Bindung zur Tageszeitung in der Vermissensfrage deutlich von 64% auf 50% nachgelassen (χ^2 (1)=12.73, p≤.001); zudem im Subsample der täglichen Zeitungsleser (von 72% auf 63%, χ^2 (1)=4.76, p≤.05).

Bemerkenswert ist indes der signifikante Rückgang zum Fernsehen in dieser Kohorte. Hielten 2000 noch 67% das Fernsehen für unverzichtbar, sind es 2005 49% (χ^2 (1)=21.87, p≤.001). Auch in der Inselfrage ging der Wert um acht Prozentpunkte auf 50% zurück, während umgekehrt das Radio einem Zuwachs um sieben Prozentpunkte auf 27% verzeichnen konnte (χ^2 (3)=14.62, p≤.01). Dieser Befund überrascht einerseits, da mit zunehmendem Alter eine erhöhte Bindung zum Fernsehen erwartet worden wäre und was tatsächlich in den mittleren Kohorten geschah (K40-49: +7 Prozentpunkte und K50-59: +6 Prozentpunkte). Andererseits korrespondiert dies mit den Entwicklungen zum Zeitbudget. Denn einzig in dieser Kohorte stieg der Fernsehkonsum nicht weiter an, stattdessen aber deutlich die Radionutzung (siehe Abschnitt 5.1.3.4). Durch diese konträre Entwicklung haben sich die Werte in der Medienbindung zwischen der K20-29 und der K30-39 angeglichen.

Wie die Analysen zur MK2000 und zur MK2005 aufzeigen konnten, wurde die Bindung zu Medien in besonderer Weise in den jüngeren Kohorten durch das Aufkommen des Internets modifiziert, was in der Inselfrage vor allem die Bindung zum Radio reduzierte. In den beiden ältesten Kohorten fand hingegen ein Konsolidierungsprozess statt, als sich die Medienbindung anglich: In der K30-39 ging die Bindung zur Tageszeitung stärker zurück, in K20-29 zum Fernsehen. Damit besteht aber in beiden Kohorten weiterhin eine außerordentlich hohe Fernsehbindung.

5.1.7 Nutzungsmotive tagesaktueller Medien

Die bisherigen Ergebnisse zeigen einen engen Zusammenhang zwischen Mediennutzung und den subjektiven Einstellungen und Bedeutungszuweisungen zu Medien. Dabei wird dem Fernsehen in der Altersgruppe ab 60 Jahren eine hervorgehobene Stellung im Alltag zuteil, dennoch lassen sich im Altersquerschnitt als auch intrakohortenspezifisch in der K30-39 entlang soziodemografischer Merkmale relevante Unterschiede nachzeichnen. Im Folgenden soll dies anhand der Nutzungsmotive zum Fernsehen, Radio und Tageszeitung beschrieben werden. Die forschungsleitende Frage lautet hierzu: Aus welchem Grund werden diese Medien genutzt? Welche Bedürfnisse und Gratifikationserwartungen stehen dahinter? Für diese Fragestellung wurden diejenigen Personen in die Analyse einbezogen, die das jeweilige Medium mindestens mehrfach monatlich nutzen.

5.1.7.1 Nutzungsmotive des Fernsehens

Unter den Personen ab 60 Jahren dominiert als Hauptgrund für die Fernsehnutzung „sich informieren" zu wollen. Nahezu jeder nennt dieses Statement als ein wichtiges Motiv (96%). Mit Abstand folgen die beiden Unterhaltungsmotive Spaß (83%) und Entspannung (76%), sowie die beiden spezifischen Informationsmotive „damit ich mitreden kann" (72%) und „weil ich Denkanstöße bekomme" (68%). Jeder Zweite nutzt das Fernsehen auch „aus Gewohnheit". Nur drei von zehn Personen nennen das Bedürfnis nach Alltagsorientierung (34%) und nach Evasion: „weil ich mich dann nicht allein fühle" (30%) und „weil ich damit den Alltag vergessen kann" (28%).

Diese Rangreihe ist nahezu identisch mit der Altersgruppe der 14- bis 59-Jährigen, doch fallen drei Aspekte auf: Erstens sind in den jüngeren Altersgruppen alle drei Informationsmotive deutlich weniger relevant: „Denkanstöße bekommen" um 20 Prozentpunkte (χ^2 (1)=151.74, p≤.001), „mitreden können" um 14 Prozentpunkte (χ^2 (1)=96.92, p≤.001) und das allgemeine Informationsmotiv um neun Prozentpunkte (χ^2 (1)=80.01, p≤.001). Im Gegenzug nimmt die Entspannungsfunktion unter den jüngeren Personen eine größere Rolle ein (80%, χ^2 (1)=10.80, p≤.001). Zweitens ist die habituelle Nutzung unter den jüngeren Personen mit 56% ausgeprägter (χ^2 (1)=14.95, p≤.001) und steht in der Rangfolge einen Platz höher als bei den älteren. Drittens zeigen sich hinsichtlich der beiden evasiven Nutzungsmotive unterschiedliche Affinitäten. Bei den Personen ab 60 Jahren besitzt das Motiv sich „nicht alleine zu fühlen" eine deutlich höhere Relevanz als bei den 14- bis 59-Jährigen (+12 Prozentpunkte, χ^2 (1)=80.63, p≤.001), was im Zusammenhang einer zunehmenden Singularisierung im Alter zu sehen ist. Auf der anderen Seite sind eskapistische Motive vor allem bei den 14- bis 29-Jährigen (37%) relevant, weshalb die Zustimmung zum Motiv „den Alltag vergessen können" bei den 14- bis 59-Jährigen mit 31% um drei Prozentpunkte höher ausfällt (χ^2 (1)=5.60, p≤.05) (siehe Tabelle 18).

Im Altersquerschnitt der drei Gruppen ab 60 Jahren erhöht sich das Nutzungsspektrum. Von den 80- bis 89-Jährigen werden alle Nutzungsmotive signifikant höher bewertet, mit Ausnahme der beiden bedeutsamsten Motive „Information" und „Spaß"; acht von zehn Personen betrachten die drei Informationsmotive und die beiden Kernmotive zur Unterhaltung als relevant. Die größten Kontraste zu den beiden jüngeren Altersgruppen bestehen hinsichtlich der Motive „sich nicht alleine zu fühlen" (χ^2 (1)=53.64, p≤.001) und „hilft, mich im Alltag zurechtzufinden" (χ^2 (1)=30.75, p≤.001). Hier liegen die Zustimmungswerte um über 30 Prozentpunkte über denen der 60- bis 69-Jährigen. Darüber hinaus gewinnt die kognitive Stimulanz eine wesentlich höhere Relevanz: 85% der 80- bis 89-Jährigen geben an, beim Fernsehen Denkanstöße bekommen zu wollen, das sind 21 Prozentpunkte mehr als bei den 60- bis 69-Jährigen und 15 Prozentpunkte mehr als bei den 70- bis 79-Jährigen (χ^2 (1)=15.49, p≤.001). In Entsprechung zu Befunden der Mediennutzung, Imagebewertung und Bindungsqualität weisen die Hochaltrigen dem Fernsehen das breiteste Nutzungsspektrum zu. Dies spricht für eine ausgeprägte Alltagsrelevanz des Fernsehens als multifunktionales „Allroundmedium" im Vierten Alter.

Tab. 18: Nutzungsmotive des Fernsehens 2005, nach Altersgruppen und soziodemografischen Merkmalen der K30-39

weitgehend /trifft voll und ganz zu, in Prozent	Alter					Ko-horte	Ge-schlecht		Bildungs-status			HH-Größe		Region		HH-Ein-kommen		
	14-89	14-59	60-69	70-79	80-89	K30-39	M	W	H	M	N	2+	1	W	O	H	M	N
N	4380	3016	716	579	68	694	302	392	63	118	513	436	257	554	140	254	262	119
weil ich mich informieren möchte	90	87	96	95 n.s.	100	96	93	98 **	91	95	96 n.s.	95	97 n.s.	95	87 n.s.	96	95	96 n.s.
weil es mir Spaß macht	83	83	82	83 n.s.	85	82	71	91 ***	68	87	83 **	78	89 ***	83	78 n.s.	82	78	93 ***
weil ich dabei entspannen kann	79	80	76	74 *	89	75	66	82 ***	69	79	75 n.s.	70	84 ***	73	81 n.s.	66	78	86 ***
damit ich mitreden kann	62	57	75	68 **	85	72	66	77 **	56	67	75 **	71	73 n.s.	70	78 n.s.	74	68	84 ***
weil ich Denkanstöße bekomme	54	48	64	70 ***	85	67	63	69 n.s.	57	62	69 n.s.	63	73 **	64	77 **	67	60	81 ***
weil es aus Gewohnheit dazugehört	54	56	51	46 **	65	49	49	49 n.s.	23	49	52 ***	50	47 n.s.	50	46 n.s.	52	45	60 ***
weil es mir hilft, mich im Alltag zurechtzufinden	28	25	30	37 ***	62	39	40	38 n.s.	25	33	42 **	36	45 *	31	69 ***	31	37	65 ***
weil ich mich dann nicht allein fühle	22	18	24	35 ***	61	32	23	39 ***	14	16	38 ***	21	51 ***	31	38 n.s.	22	29	63 ***
weil ich damit den Alltag vergessen kann	30	31	27	28 *	40	29	28	30 n.s.	14	16	34 ***	27	33 n.s.	25	47 ***	20	26	56 ***

Quelle: ARD/ZDF-Medienkommission, Massenkommunikation 2005. Basis: Personen, die mindestens mehrmals im Monat fernsehen, gewichtet.
Anmerkung: Unterschiedstestung erfolgte mittels χ^2-Test; bzgl. des Alters bezieht sich die Testung auf die drei Altersgruppen ab 60 Jahren.

Dies gilt ebenso für alle weiteren fernsehaffinen Gruppen, wie wiederum anhand soziodemografischer Differenzierung der K30-39 demonstriert werden kann. So verbinden Frauen das Fernsehen deutlich mehr mit „Spaß" (+20 Prozentpunkte, χ^2 (1)=47.67, p≤.001) und „Entspannung" (16 Prozentpunkte, χ^2 (1)=23.45, p≤.001) als Männer und äußern zudem verstärkt das Bedürfnis „sich nicht allein zu fühlen" (+16 Prozentpunkte, χ^2 (1)=21.43, p≤.001). Neben den Unterhaltungsmotiven spielen auch die drei Informationsfunktionen eine größere Rolle: „Mitreden können" um elf Prozentpunkte (χ^2 (1)=10.16, p≤.01), „sich informieren" um fünf Prozentpunkte (χ^2 (1)=9.18, p≤.01) und „Denkanstöße bekommen" um sechs Prozentpunkte (n.s.).

Ähnlich unterschiedliche Verteilungsmuster finden sich in den Bildungs- und Einkommensgruppen und entlang der Haushaltsgröße, besonders hinsichtlich der nachgeordneten, evasiven Aspekte: Jede zweite alleinstehende Person gibt an, den Fernseher einzuschalten, um „sich nicht allein zu fühlen"; bei nicht alleinstehenden Personen ist es lediglich jede Fünfte (χ^2 (1)=64.63, p≤.001). Bei den einkommensschwachen Personen liegt der Anteil fast bei 63% und damit um das Doppelte höher als in den beiden anderen Einkommensgruppen (χ^2 (2)=67.20, p≤.001). Da der Anteil an Frauen unter den alleinstehenden und einkommensschwachen Personen überdurchschnittlich ist, fällt dieses Nutzungsmotiv hier noch mehr ins Gewicht. Von den einkommensschwachen Frauen, die alleinstehend sind, stimmen über drei Viertel diesem Motiv zu; unter den nicht alleinstehenden, mit hohen finanziellen Ressourcen ausgestatteten Frauen ist es lediglich jede Fünfte.

Eine Besonderheit lässt sich in den neuen Bundesländern beobachten, wo innerhalb eines etwas breiteren Nutzungsspektrums der Funktionsbereich „Alltagsorientierung" hervorsticht: Mit 69% wird diese Funktion deutlich stärker gewichtet als in den alten Bundesländern mit 31% (χ^2 (1)=67.47, p≤.001). Eine weitere Besonderheit weist die Subgruppe der formal niedrig Gebildeten auf. Sie zeigen das schmalste Nutzungsprofil von allen untersuchten Analysegruppen, weshalb auch eine habituelle Nutzung deutlich seltener angezeigt wird: Lediglich 23% schalten das Fernsehgerät aus Gewohnheit ein; in den beiden anderen Bildungsgruppen liegen die Werte doppelt so hoch (χ^2 (2)=18.58, p≤.001).

Jedoch werden die größten Kontraste in den Einkommensgruppen angezeigt. Hier verbucht die Gruppe mit geringen finanziellen Ressourcen ein solch starkes Nutzungsspektrum, dass Signifikanzen mit 30 bis 40 Prozentpunkten Differenz zur einkommensstarken Gruppe zu allen Nutzungsmotiven bestehen, mit Ausnahme des allgemeinen Informationsmotivs. Der Grund für dieses außerordentliche Zustimmungsniveau liegt in einem überhäufigen Anteil von Vielsehern (über sechs Stunden am Tag) und extremen Vielsehern (über zehn Stunden pro Tag) begründet (zur Beschreibung und Identifikation siehe Abschnitt 5.1.3). Diese Befunde beruhen zum Teil auf Ausreißern, dennoch bleiben die Unterschiede eindeutig. Analysen zur MK2000 replizierten ebenfalls signifikante Unterschiede auf einem moderaten Niveau.

Zusammenfassend lassen sich sowohl im Altersquerschnitt als auch intra-kohortenspezifisch entlang soziodemografischer Merkmale in der K30-39 relativ ähnliche Rangreihen in den Nutzungsprioritäten konstatieren. Die Kernmotive aus Information und Unterhaltung finden sich in allen Subgruppen, was diese als Charakteristikum des Fernsehprofils auszeichnet. Gleichzeitig besteht ein sehr heterogenes Nutzungsspektrum, wobei fernsehaffine Gruppen dem Fernsehen ein höheres Informations- und Unterhaltungsprofil zuweisen. Dabei kommt den beiden spezifisch unterhaltungsorientierten und deutlich nachgeordneten, evasiven Motiven ein größeres Gewicht zu.

Wie zeitstabil die Motivmuster sind, belegen Analysen zur Erhebungswelle 2000 (siehe Tabelle 19). In beiden Messzeitpunkten gleichen sich die Rangreihen in den Kohorten, wie auch das Zustimmungsniveau wenig statistisch relevante Unterschiede anzeigt. Wenn Signifikanzen konstatiert werden, zeigen diese für 2005 größtenteils Verluste in den Zustimmungswerten an – was für die Annahme periodisch bedingter Effekte spricht. Das Medium Fernsehen wird 2005 in seinen Funktionen etwas kritischer wahrgenommen, obgleich mehr als je zuvor Fernsehen konsumiert wird. Dies könnte als Indiz für ein negativeres Meinungsklima verstanden werden.

Tab. 19: Vergleich der Nutzungsmotive des Fernsehens 2000 und 2005, nach Kohorten

weitgehend /trifft voll und ganz zu, in Prozent	K70 - 79		K60 - 69		K50 - 59		K40 - 49		K30 - 39		K20 - 29	
	2000	2005	2000	2005	2000	2005	2000	2005	2000	2005	2000	2005
N	645	568	934	889	805	663	793	651	706	694	505	240
weil ich mich informieren möchte	85 n.s.	85	90 n.s.	90	94 *	91	96 n.s.	95	99 **	96	98 n.s.	98
weil es mir Spaß macht	89 *	84	85 *	82	81 n.s.	80	80 n.s.	80	84 n.s.	82	82 n.s.	88
weil ich dabei entspannen kann	82 n.s.	81	79 n.s.	79	79 n.s.	77	74 n.s.	76	78 n.s.	75	79 n.s.	78
damit ich mitreden kann	52 n.s.	51	58 n.s.	57	65 n.s.	69	71 n.s.	68	77 *	72	74 n.s.	71
weil ich Denkanstöße bekomme	43 n.s.	42	52 n.s.	52	61 n.s.	58	66 n.s.	62	67 n.s.	67	74 *	81
weil es aus Gewohnheit dazugehört	61 n.s.	60	48 n.s.	52	43 n.s.	47	46 **	53	52 n.s.	49	58 *	49
weil es mir hilft, mich im Alltag zurechtzufinden	24 n.s.	21	22 n.s.	20	29 n.s.	32	33 *	27	41 n.s.	39	46 **	34
weil ich mich dann nicht allein fühle	23 n.s.	20	18 *	14	20 n.s.	20	26 *	20	33 n.s.	32	43 n.s.	41
weil ich damit den Alltag vergessen kann	41 n.s.	34	28 n.s.	29	24 n.s.	28	24 n.s.	24	25 n.s.	29	33 n.s.	26

Quelle: ARD/ZDF-Medienkommission, MK2005 und MK2000. Basis: Personen, die mindestens mehrmals im Monat fernsehen, gewichtet.
Anmerkung: Unterschiedstestung erfolgte mittels χ^2-Test.

Es gibt allerdings unter den älteren Kohorten eine bemerkenswerte Ausnahme: In der ältesten Kohorte K20-29 nahm im Beobachtungszeitraum die Bedeutung des Motivs „weil ich Denkanstöße bekomme" signifikant um sieben Prozentpunkte auf 81% zu und steht an dritter Stelle in der Rangreihe der Nutzungsmotive (χ^2 (1)=4.50, p≤.05). In der Tendenz zeigt sich dies auch für das Radio hören (s.u.). Ein Hinweis, dass speziell im Vierten Alter das Fernsehen zur kognitiven Stimulanz genutzt wird.

5.1.7.2 Nutzungsmotive des Radios

Das Radio ist das Medium, das im Sample die höchsten Zustimmungswerte im Bereich der Unterhaltung auf sich vereinigen kann und die Rolle eines stimmungsmodulierenden Tagesbegleiters einnimmt (vgl. Berg & Ridder, 2002, S. 87; Reitze & Ridder, 2006, S. 73). Von den Personen ab 60 Jahren geben neun von zehn an, dass sie Radio hören, weil es „Spaß macht", acht von zehn, „um sich zu entspannen". Das allgemeine Informationsmotiv steht zwar an zweiter Stelle mit 88%, was aber von allen drei untersuchten Medien der niedrigste Wert ist.

Dabei verschieben sich in den höheren Altersgruppen die Schwerpunkte zu Gunsten der Information. Während in den beiden Altersgruppen ab 70 Jahren die allgemeine Informationsfunktion an erster Stelle steht, ist es bei allen jüngeren Altersdekaden der Faktor „Spaß". Diese unterschiedliche Kommunikationsorientierung setzt sich in der Einschätzung der beiden spezifischen Informationsfunktionen fort. Hierzu bestehen zwischen den beiden Altersgruppen über und unter 60 Jahre die größten Differenzen: Während zwei Drittel der älteren Personen Radio hört, um „mitreden zu können", ist es bei den jüngeren Personen nur jede Zweite (χ^2 (1)=75.08, p≤.001). Noch stärker liegen die Werte hinsichtlich des kognitiv anregenden Motivs „Denkanstöße bekommen" auseinander: 57% der älteren Personen stimmen diesem Motiv zu und 39% der 14- bis 59-Jährigen (χ^2 (1)=118.47, p≤.001). Innerhalb der drei Altersgruppen ab 60 Jahren gewinnen diese beiden spezifischen Informationsmotive weiter an Bedeutung: 78% nutzen das Radio, um „mitreden zu können" (χ^2 (2)=6.65, p≤.05) und 63% um „Denkanstöße zu bekommen" (χ^2 (2)=14.37, p≤.001). Umgekehrt verliert die Entspannungsfunktion bei den 80- bis 89-Jährigen mit 67% signifikant an Bedeutung, bei den 60- bis 69-Jährigen sind 84%, bei den 70- bis 79-Jährigen 77% (χ^2 (2)=16.46, p≤.001) (siehe Tabelle 20).

Eine habituelle Radionutzung geschieht vor allem in der jüngeren Altersgruppe zwischen 14 und 29 Jahren (74%). In der Altersgruppe ab 60 Jahren sind es 62%, die angeben, aus „Gewohnheit" das Radio zu hören, bei den 14- bis 59-Jährigen 69% (χ^2 (1)=18.89, p≤.001). Wie auch beim Fernsehen sind in der Rangreihe die Funktionsbereiche Alltagsorientierung, Eskapismus und Alleinsein nachgeordnet. Diese Motive spielen allerdings bei den Hochaltrigen eine größere Rolle. So attestiert jeder zweite der 80- bis 89-Jährigen Radio zu hören, um „den Alltag vergessen zu können", in den beiden jüngeren Altersgruppen ist es nur jeder Fünfte (χ^2 (2)=22.79, p≤.001). Damit gewinnen unter den hochaltrigen Radiohörern sowohl spezifische Informationsaspekte als auch evasive Unterhaltungsaspekte an Relevanz.

Tab. 20: Nutzungsmotive des Radios 2005, nach Altersgruppen und soziodemografischen Merkmalen der K30-39

weitgehend /trifft voll und ganz zu, in Prozent	Alter					Ko-horte	Kohorte 1930 - 1939											
							Ge-schlecht		Bildungs-status			HH-Größe		Re-gion		HH-Ein-kommen		
	14-89	14-59	60-69	70-79	80-89	K30-39	M	W	H	M	N	2+	1	W	O	H	M	N
N	*4147*	*2892*	*669*	*524*	*61*	*634*	*277*	*359*	*57*	*112*	*466*	*405*	*231*	*508*	*128*	*237*	*243*	*102*
weil es mir Spaß macht	90	90	91	85 **	89	89	85	93 **	82	92	89 n.s.	90	87 n.s.	90	84 *	93	82	97 ***
weil ich mich informieren möchte	84	82	86	89 n.s.	93	88	85	91 *	89	84	89 n.s.	86	92 *	87	94 *	88	88	89 n.s.
weil ich dabei entspannen kann	78	77	84	77 ***	67	82	82	82 n.s.	76	77	84 n.s.	82	82 n.s.	80	89 *	79	82	90 *
weil es aus Gewohnheit dazugehört	67	69	65	59 n.s.	60	60	62	59 n.s.	49	69	59 *	64	52 **	59	63 n.s.	66	54	51 **
damit ich mitreden kann	53	48	61	63 *	78	59	54	62 *	56	61	59 n.s.	57	63 n.s.	56	69 **	59	59	60 n.s.
weil ich Denkanstöße bekomme	44	39	52	63 ***	63	59	58	60 n.s.	56	52	62 n.s.	59	60 n.s.	56	74 ***	62	58	57 n.s.
weil ich mich dann nicht allein fühle	32	29	33	42 ***	47	38	24	49 ***	25	31	41 *	30	52 ***	37	44 n.s.	34	29	66 ***
weil es mir hilft, mich im Alltag zurechtzufinden	29	28	31	28 *	43	31	29	33 n.s.	26	26	33 n.s.	30	34 n.s.	25	55 ***	37	22	45 ***
weil ich damit den Alltag vergessen kann	24	24	22	22 ***	49	21	18	23 n.s.	14	13	23 *	17	27 **	18	32 ***	16	17	41 ***

Quelle: ARD/ZDF-Medienkommission, MK2005. Basis: Personen, die mindestens mehrmals im Monat Radio hören, gewichtet.

Anmerkung: Unterschiedstestung erfolgte mittels χ2-Test; bzgl. des Alters bezieht sich die Testung auf die drei Altersgruppen ab 60 Jahren.

Bei Segmentierung nach Geschlecht in der K30-39 treten bedeutsame Unterschiede in ähnlicher Form auf wie schon beim Fernsehen. Die beiden Kernmotive „Spaß" (+8 Prozentpunkte, χ^2 (1)=10.23, p≤.01) und „Information" (+6 Prozentpunkte, χ^2 (1)=4.65, p≤.05) sind bei den Frauen ausgeprägter als bei den Männern. Die Rolle als „Stimmungsmanager" gilt in besonderer Weise bei den Frauen, bezieht man die hoch signifikante Bedeutung des Motivs „um sich nicht alleine zu fühlen" mit ein. Jede zweite Frau stimmt diesem Motiv zu, bei den Männern ist es nur jeder Vierte (χ^2 (1)=42.14, p≤.001). Diesem spezifisch evasiven Motiv wird besonders unter Personen mit niedrigem Haushaltseinkommen (66%, χ^2 (1)=42.95, p≤.001) und alleinstehenden Personen (52%, χ^2 (1)=30.67, p≤.001) zugestimmt.

Ein deutlich umfangreicheres Nutzungsspektrum weisen in dieser Kohorte Personen aus den neuen Bundesländern auf. Nahezu alle Funktionen erhalten für das Radio eine signifikant höhere Zustimmung; lediglich die Spaßfunktion ist in den alten Bundesländern präsenter (+6 Prozentpunkte, χ^2 (1)=3.93, p≤.05). So liegt in den neuen Bundesländern die allgemeine Informationsfunktion mit 94% sogar um zehn Prozentpunkte vor dem Motiv „Spaß". Erneut spielt hier die „Alltagsorientierung" eine wesentlich größere Rolle als in den alten Bundesländern (55% zu 25%, χ^2 (1)=41.81, p≤.001). Dieses hohe Nutzungsspektrum ist insofern bemerkenswert als diese Subgruppe keine erhöhte Relevanz hinsichtlich der Bindung zum Radio aufweist (siehe Abschnitt 5.1.6.1) und sogar ein signifikant niedrigeres Zeitbudget für das Radio hören aufbringt als Personen aus den alten Bundesländern (siehe Abschnitt 5.1.3.2). Wie die Ergebnisse zu den Nutzungsmotiven Fernsehen und Zeitung ergeben, könnte dahinter eine generell höhere Medienbezogenheit stecken.

Wie stabil die Motivpräferenzen auch beim Radio sind, zeigen die Analysen zur MK2000. Es dominieren in beiden Wellen die gleichen Nutzungsmotive, und auch die Rangreihen bleiben wie beim Fernsehen unverändert (siehe Tabelle 21). Lediglich in den mittleren Kohorten K50-59 und K40-49 finden sich mehrere signifikant negativ gerichtete Veränderungen – was auch mit einer deutlich reduzierten Nutzungsfrequenz zusammenhängen könnte (siehe Abschnitt 5.1.2). Die habituelle Nutzung konnte in einzelnen Kohorten bedeutsame Zuwächse verzeichnen, darunter in der ältesten Kohorte K20-29 (+9 Prozentpunkte, χ^2 (1)=4.58, p≤.05).

Tab. 21: Vergleich der Nutzungsmotive des Radio 2000 und 2005, nach Kohorten

weitgehend /trifft voll und ganz zu, in Prozent	K70 - 79		K60 - 69		K50 - 59		K40 - 49		K30 - 39		K20 - 29	
	2000	2005	2000	2005	2000	2005	2000	2005	2000	2005	2000	2005
N	617	551	921	882	792	648	767	611	669	636	451	223
weil es mir Spaß macht	91	91 n.s.	93	89 *	93	92 n.s.	89	91 n.s.	88	89 n.s.	81	83 n.s.
weil ich mich informieren	82	80 n.s.	85	86 n.s.	88	86 n.s.	91	87 *	88	88 n.s.	91	90 n.s.
weil ich dabei entspannen kann	79	75 n.s.	80	80 n.s.	85	74 ***	83	85 n.s.	79	82 n.s.	75	71 n.s.
weil es aus Gewohnheit dazugehört	70	75 *	63	67 n.s.	64	63 n.s.	58	65 **	58	60 n.s.	56	65 *
damit ich mitreden kann	44	45 n.s.	49	51 n.s.	60	53 **	60	65 n.s.	64	59 n.s.	69	67 n.s.
weil ich Denkanstöße bekomme	37	34 n.s.	44	41 n.s.	54	48 *	55	49 *	58	59 n.s.	61	68 n.s.
weil ich mich dann nicht allein fühle	40	31 **	30	28 n.s.	31	33 n.s.	36	29 **	38	38 n.s.	51	48 n.s.
weil es mir hilft, mich im Alltag zurechtzufinden	29	25 n.s.	25	25 n.s.	31	31 n.s.	31	32 n.s.	37	31 *	46	29 ***
weil ich damit den Alltag vergessen kann	29	21 ***	24	22 n.s.	24	27 n.s.	25	22 n.s.	22	21 n.s.	33	31 n.s.

Quelle: ARD/ZDF-Medienkommission, MK2005 und MK2000. Basis: Personen, die mindestens mehrmals im Monat Radio hören, gewichtet.
Anmerkung: Unterschiedstestung erfolgte mittels χ^2-Test.

Gleichzeitig nahm in dieser Kohorte die Funktion der „Alltagsorientierung" stark ab (-17 Prozentpunkte, χ^2 (1)=17.84, p≤.001). Im Übrigen liegt allein in dieser Kohorte das allgemeine Informationsmotiv zu beiden Wellen konstant an erster Stelle und nicht wie sonst das Spaßmotiv. In der Tendenz nahm auch das Motiv der kognitiven Stimulanz („Denkanstöße bekommen") zu (+7 Prozentpunkte auf 68%), während in allen weiteren Kohorten dieses Motiv zum Teil deutlich an Relevanz verlor (K50-59: -6 Prozentpunkte, χ^2 (1)=5.00, p≤.05; K40-49: -6 Prozentpunkte, χ^2 (1)=4.48, p≤.05).

Festzuhalten bleibt, dass die Radionutzung im Sample stärker als das Fernsehen durch Unterhaltungsfunktionen gekennzeichnet wird. Dabei findet im Alters-querschnitt unter den Personen ab 60 Jahren eine Umformung des Nutzungs-schwerpunkts statt, wonach die Informationsrelevanz zu- und die Entspannungs-funktion abnehmen. Entlang soziodemografischer Aspekte werden in geringerem Ausmaß Differenzen angezeigt als beim Fernsehen. Frauen legen wiederum auf Un-terhaltung einen größeren Schwerpunkt und für Personen aus den neuen Bundes-ländern nimmt die Alltagsorientierung einen größeren Stellenwert ein. Im Vergleich zur MK2000 werden ebenfalls kaum Veränderungen angezeigt, was für eine hohe Konstanz der Motivzuschreibungen spricht.

5.1.7.3 Nutzungsmotive der Tageszeitung

Die Tageszeitung nimmt im Alter eine vergleichsweise zentrale Rolle im Medienport-folio ein. Welchen besonderen Stellenwert die Zeitung als „rationales Informations-medium" (Reitze & Ridder, 2006, S. 73) im Alltag besitzt, zeigen die hohen Zustim-mungswerte für die drei Informationsmotive. Im Gegensatz zum Fernsehen und Ra-dio rangieren diese Motive bei den Personen ab 60 Jahren vor den allgemeinen Un-terhaltungsmotiven. Dabei bestehen deutliche Kontraste zur jüngeren Altersgruppe: Das allgemeine Informationsmotiv erhält in der Altersgruppe ab 60 Jahren von 99% Zustimmung (+2 Prozentpunkte, χ^2 (1)=15.79, p≤.001), „mitreden können" 84% (+7 Prozentpunkte, χ^2 (1)=24.03, p≤.001) und „Denkanstöße bekommen" 67% (+6 Pro-zentpunkte, χ^2 (1)=12.15, p≤.001). Unterhaltende Aspekte nehmen in beiden Alters-gruppen eine deutlich nachgeordnete Rolle ein. Während zwei Drittel in der älteren Altersgruppe beim Zeitung lesen Spaß erwarten (n.s.), suchen 42% Entspannung (-6 Prozentpunkte, χ^2 (1)=14.57, p≤.001). Hingegen ist in der älteren Altersgruppe die habituelle Nutzung der Tageszeitung mit 62% signifikant ausgeprägter als bei den 14- bis 59-Jährigen mit 53% (χ^2 (1)=29.07, p≤.01). Innerhalb der drei höheren Alters-gruppen treten bedeutsame Unterschiede nur in den nachgeordneten evasiven Moti-ven („sich nicht alleine fühlen", χ^2 (1)=15.11, p≤.001; „den Alltag vergessen", χ^2 (1)=33.22, p≤.001) und bzgl. der Entspannung (χ^2 (1)=10.84, p≤.01) auf, wobei wiederum die hochaltrigen Personen eine deutlich höhere Affinität aufweisen (siehe Tabelle 22).

Tab. 22: Nutzungsmotive der Tageszeitung 2005, nach Altersgruppen und soziodemografischen Merkmalen der K30-39

weitgehend /trifft voll und ganz zu, in Prozent	Alter					Kohorte 1930 - 1939												
						Ko-horte	Ge-schlecht		Bildungs-status			HH-Größe		Re-gion		HH-Ein-kommen		
	14-89	14-59	60-69	70-79	80-89	K30.39	M	W	H	M	N	2+	1	W	O	H	M	N
N	3742	2534	657	507	45	621	283	338	61	114	445	414	207	498	123	246	226	90
weil ich mich informieren möchte	98	97	99	100	100	99	99	99	100	99	99	100	98	99	98	10	100	99
			n.s.				n.s.		n.s.			*		n.s.		n.s.		
damit ich mitreden kann	79	77	84	83	81	81	80	82	76	75	83	79	85	82	76	83	79	88
			n.s.				n.s.		n.s.			n.s.		n.s.		n.s.		
weil ich Denkanstöße bekomme	63	61	65	70	64	67	66	67	65	67	67	65	69	67	64	71	58	75
			n.s.				n.s.		n.s.			n.s.		n.s.		**		
weil es mir Spaß macht	65	65	67	63	64	64	57	70	57	65	65	62	68	65	59	61	61	82
			n.s.				***		n.s.			n.s.		n.s.		***		
weil es aus Gewohnheit dazugehört	56	53	63	60	69	59	61	57	53	62	58	60	56	58	60	59	49	82
			n.s.				n.s.		n.s.			n.s.		n.s.		***		
weil es mir hilft, mich im Alltag zurechtzufinden	49	50	48	48	61	49	48	50	46	43	51	49	49	44	68	54	40	63
			n.s.				n.s.		n.s.			n.s.		***		***		
weil ich dabei entspannen kann	38	36	46	37	51	40	45	35	23	35	43	39	41	39	44	48	31	44
			**				**		**			n.s.		n.s.		***		
weil ich mich dann nicht allein fühle	9	6	11	17	26	16	14	17	8	9	19	14	19	13	27	14	12	33
			***				n.s.		**			n.s.		***		***		
weil ich damit den Alltag vergessen kann	7	6	8	10	35	11	9	12	2	11	12	9	15	10	16	11	8	24
			***				n.s.		n.s.			*		n.s.		***		

Quelle: ARD/ZDF-Medienkommission, MK2005. Basis: Personen, die mindestens mehrmals im Monat Zeitung lesen; gewichtet.
Anmerkung: Unterschiedstestung erfolgte mittels χ^2-Test; bzgl. des Alters bezieht sich die Testung auf die drei Altersgruppen ab 60 Jahren.

Entlang der soziodemografischen Teilgruppen zeichnen sich in den Rangreihen wie auch im Ausmaß der Zustimmung weniger Unterschiede ab als zu den elektronischen Massenmedien. Dies liegt zum einen an dem Charakteristikum des Mediums als dezidiertes Informationsmedium mit geringem Unterhaltungswert. Somit bleibt das Angebotsprofil eingeschränkter als das der elektronischen Medien. Zum anderen muss berücksichtigt werden, dass sich die Analysen auf den regelmäßigen Nutzerkreis beziehen. Es kann also davon ausgegangen werden, dass dieser Nutzerkreis homogenere Gratifikationserwartungen aufweist als diejenigen von Fernsehen und Radio. Diese Annahme wird durch die geringen Motivunterschiede in den soziodemografischen Subgruppen der K30-39 hinsichtlich der drei Informationsmotive bestätigt.

Signifikante Gruppenunterschiede beruhen überwiegend auf medienübergreifenden Nutzungspräferenzen. So weisen Frauen zu allen drei Medien eine signifikant höhere Affinität zur Spaßfunktion auf als Männer. Beim Zeitung lesen nennen 70% dieses Nutzungsmotiv, bei den Männern sind es nur 57% (χ^2 (1)=10.99, p≤.001); in der Rangreihe rangiert dieses Motiv bei den Frauen an dritter Stelle, bei den Männern an sechster. Ebenso nimmt bei Personen aus den neuen Bundesländern beim Zeitung lesen die Alltagsorientierung eine bedeutsamere Stellung ein: Mit 68% liegt der Wert um 22 Prozentpunkte höher als bei Personen aus den alten Bundesländern und rangiert unter den Motiven an dritter Stelle (χ^2 (1)=23.15, p≤.001). Eine Besonderheit zeigt sich unter den regelmäßigen Zeitungslesern mit geringen finanziellen Ressourcen. Sie weisen ein deutlich breiteres Nutzungsspektrum auf als diejenigen aus den beiden anderen Einkommensgruppen.

Ein Vergleich zu den Daten der MK2000 bestätigt ebenfalls eine hohe Stabilität in den Nutzungsprioritäten und im Nutzungsspektrum der Kohorten (siehe Tabelle 23). Signifikante Unterschiede sind allesamt negativ gerichtet, was dem oben konstatierten Verlust im Meinungsklima entsprechen könnte (siehe Abschnitt 5.1.6.3). So hat in den drei mittleren Kohorten das Informationsmotiv „Denkanstöße bekommen" an Bedeutung verloren (K60-69: -8 Prozentpunkte, χ^2 (1)=12.80, p≤.001; K50-59: -8 Prozentpunkte, χ^2 (1)=9.48, p≤.01; K40-49: -8 Prozentpunkte, χ^2 (1)=9.94, p≤.01). In der K30-39 ging die Spaßfunktion um sechs Prozentpunkte auf 64% zurück (χ^2 (1)=5.68, p≤.05) und in der K20-29 die beiden nachrangigen Motive „sich nicht allein fühlen" um neun Prozentpunkte auf 20% (χ^2 (1)=5.87, p≤.05) und „den Alltag vergessen können" um zehn Prozentpunkte auf 11% (χ^2 (1)=8.92, p≤.01).

Die Nutzung der Tageszeitung ist geprägt von der Informationsfunktion. Dabei weisen ältere Menschen, wie schon beim Fernsehen und Radio hören, eine deutlich höhere Informationsorientierung auf. Aufgrund des begrenzten Motivspektrums fallen jedoch die Unterschiede in den Teilgruppen weniger deutlich aus als bei den elektronischen Medien. Frauen betonen wiederum den Unterhaltungsaspekt „Spaß", Personen aus den neuen Bundesländern die „Alltagsorientierung". Unter den hochaltrigen Personen zeigt sich ein etwas größeres Nutzungsspektrum, da auch evasive Aspekte mehr Gewicht haben. Wie zu den anderen Massenmedien lässt sich im Vergleich zur MK2000 eine hohe Stabilität in den Nutzungspräferenzen und im Zustimmungsniveau für die Kohorten konstatieren.

Tab. 23: Vergleich der Nutzungsmotive der Tageszeitung 2000 und 2005, nach Kohorten

weitgehend /trifft voll und ganz zu, in Prozent	K70 - 79		K60 - 69		K50 - 59		K40 - 49		K30 - 39		K20 - 29	
	2000	2005	2000	2005	2000	2005	2000	2005	2000	2005	2000	2005
N	*548*	*445*	*827*	*794*	*767*	*592*	*749*	*586*	*644*	*621*	*458*	*197*
weil ich mich informieren möchte	99 n.s.	98	98 n.s.	97	98 n.s.	98	99 n.s.	99	99 n.s.	99	99 n.s.	99
damit ich mitreden kann	79 n.s.	74	80 n.s.	79	84 n.s.	82	87 n.s.	87	84 n.s.	81	82 n.s.	83
weil ich Denkanstöße bekomme	65 n.s.	64	68 ***	60	72 **	64	70 **	62	71 n.s.	67	77 n.s.	75
weil es mir Spaß macht	71 n.s.	68	67 n.s.	65	65 n.s.	68	68 n.s.	66	70 *	64	70 n.s.	69
weil es aus Gewohnheit dazugehört	52 n.s.	49	47 n.s.	50	55 n.s.	53	58 n.s.	63	59 n.s.	59	68 n.s.	65
weil es mir hilft, mich im Alltag zurechtzufinden	51 n.s.	50	47 n.s.	47	47 n.s.	50	49 n.s.	47	52 n.s.	49	58 n.s.	51
weil ich dabei entspannen kann	40 n.s.	38	41 **	34	42 n.s.	37	46 n.s.	43	43 n.s.	40	47 n.s.	42
weil ich mich dann nicht allein fühle	4 n.s.	5	4 n.s.	5	7 n.s.	8	8 n.s.	8	16 n.s.	16	29 *	20
weil ich damit den Alltag vergessen kann	8 *	5	5 n.s.	5	7 n.s.	6	7 n.s.	8	12 n.s.	11	21 **	11

Quelle: ARD/ZDF-Medienkommission, MK2005 und MK2000. Basis: Personen, die mindestens mehrmals im Monat Zeitung lesen, gewichtet.
Anmerkung: Unterschiedstestung erfolgte mittels χ^2-Test.

5.1.7.4 Nutzungsmotive der Medien im Direktvergleich

Bei der Frage, welche Nutzungsmotive von welchem Medium am ehesten abgedeckt werden, wird die Stärke des Fernsehens als multifunktionales „Allroundmedium" im Alter sichtbar. Unter den Personen ab 60 Jahren werden im Medienvergleich mehrheitlich sämtliche neun Nutzungsmotive dem Fernsehen zugesprochen. Bei den Personen unter 60 Jahren besitzt das Fernsehen keine solche Sonderstellung, zumal das Internet als neu hinzugekommene Informationsquelle bereits in der MK2005 eine substanzielle Konkurrenz darstellt. In der Folge erhält die Tageszeitung im Bereich der allgemeinen Information und der Alltagsorientierung höhere Werte als das Fernsehen. Die Altersgruppe ab 60 Jahren weist zu fast allen Motiven eine hoch signifikant höhere Zustimmung zum Fernsehen auf als die 14- bis 59-Jährigen (siehe Abbildung 29).

Abb. 29: Nutzungsmotive der Medien im Direktvergleich 2005 zwischen Personen über und unter 60 Jahren

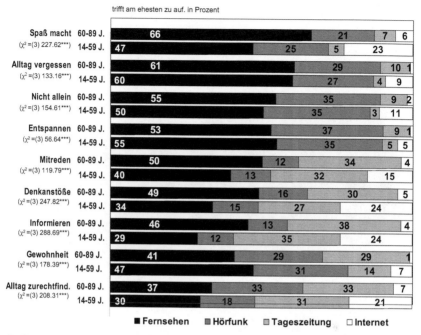

trifft am ehesten zu auf. in Prozent

		Fernsehen	Hörfunk	Tageszeitung	Internet
Spaß macht (χ^2=(3) 227.62***)	60-89 J.	66	21	7	6
	14-59 J.	47	25	5	23
Alltag vergessen (χ^2=(3) 133.16***)	60-89 J.	61	29	10	1
	14-59 J.	60	27	4	9
Nicht allein (χ^2=(3) 154.61***)	60-89 J.	55	35	9	2
	14-59 J.	50	35	3	11
Entspannen (χ^2=(3) 56.64***)	60-89 J.	53	37	9	1
	14-59 J.	55	35	5	5
Mitreden (χ^2=(3) 119.79***)	60-89 J.	50	12	34	4
	14-59 J.	40	13	32	15
Denkanstöße (χ^2=(3) 247.82***)	60-89 J.	49	16	30	5
	14-59 J.	34	15	27	24
Informieren (χ^2=(3) 288.69***)	60-89 J.	46	13	38	4
	14-59 J.	29	12	35	24
Gewohnheit (χ^2=(3) 178.39***)	60-89 J.	41	29	29	1
	14-59 J.	47	31	14	7
Alltag zurechtfind. (χ^2=(3) 208.31***)	60-89 J.	37	33	33	7
	14-59 J.	30	18	31	21

■ Fernsehen   ▨ Hörfunk   ▤ Tageszeitung   ☐ Internet

Quelle: ARD/ZDF-Medienkommission, MK2005. Basis: Personen, die mindestens zwei Medien mehrmals im Monat nutzen; 14-59 Jahre: n=3069, 60-89 Jahre: n=1334; gewichtet. Unterschiedstestung erfolgte mittels χ^2-Test.

Lediglich in der Frage nach dem Medium, welches am ehesten aus Gewohnheit genutzt wird, zeigt die ältere Gruppe für die Tageszeitung eine relativ hohe Zustimmung mit 29%, das Fernsehen erhält 41%. In der Altersgruppe unter 60 Jahren besteht eine geringere rituelle Nutzung der Tageszeitung, weshalb der Wert mit 14% deutlich niedriger ist und stattdessen für das Fernsehen, mit 47% höher ausfällt als in der älteren Gruppe (χ^2 (3)=178.39, p≤.001).

Allerdings verbirgt sich hinter diesen Mittelwerten wiederum eine breite Streuung in der Altersgruppe ab 60 Jahren. Sowohl im Altersquerschnitt als auch entlang den soziodemografischen Merkmalen der K30-39 bestätigen sich die bekannten Verteilungsmuster, wonach fernsehaffine Bevölkerungssegmente dem Leitmedium Fernsehen eine deutlich größere Bedeutung zukommen lassen als fernsehdistante. Dabei konturieren diese beiden Gruppen besonders stark in der Wahl der Medien hinsichtlich der Informationsfunktion. Dies lässt sich am Beispiel des kognitiv anregenden Motivs „Denkanstöße bekommen" demonstrieren (siehe Abbildung 30).

Abb. 30: Nutzungsmotiv der Medien im Direktvergleich 2005: „weil ich Denkanstöße bekomme", nach Altersgruppen und soziodemografischen Merkmalen
der K30-39

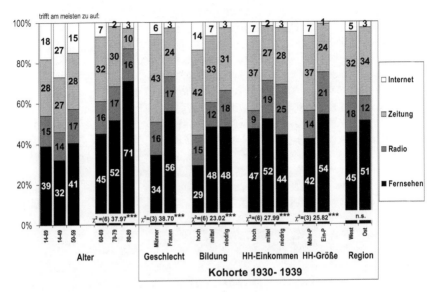

Quelle: ARD/ZDF-Medienkommission, Massenkommunikation 2005; n=4402, K30-39: n=679; gewichtet.
Basis: Personen, die zumindest mehrmals im Monat zwei Medien nutzen.
Anmerkung: Unterschiedstestung erfolgte mittels χ^2-Test;

So nimmt in den drei Altersgruppen ab 60 Jahren die Relevanz des Fernsehens für
dieses Motiv zu und die der Tageszeitung deutlich ab (χ^2 (6)=37.97, p≤.001): Bei den
60- bis 69-Jährigen betrachten 45% das Fernsehen und 32% die Tageszeitung als das
Medium, das am ehesten für Denkanstöße sorgt; bei den 80- bis 89-Jährigen dominiert hingegen das Fernsehen mit 71%, vor dem Radio mit 16% und der Tageszeitung
mit lediglich 10%.

Die Bewertung von Fernsehen und Tageszeitung variiert deutlich zwischen den soziodemografischen Subgruppen der K30-39. Frauen sehen Denkanstöße vor allem
durch das Fernsehen gegeben. Mit 56% fällt die Zustimmung doppelt so hoch aus als
für das zweitplazierte Medium Zeitung (24%). Die zeitungsaffinen Männer präferieren hingegen das Printmedium mit 43% deutlich vor dem Fernsehen mit 34% (χ^2
(3)=38.70, p≤.001). Auch die beiden weiteren Informationsmotive („sich informieren", „mitreden können") und der Aspekt der Alltagsorientierung werden von den
Männern mehrheitlich der Zeitung zugestanden.

Personen mit formal hoher Bildung weisen neben den Informationsmotiven zusätzlich die habituelle Funktion mehrheitlich der Tageszeitung zu. Während jeder Zweite aus der niedrigeren und mittleren Bildungsgruppe angibt, Denkanstöße am ehesten durch das Fernsehen zu erhalten, ist es lediglich jeder Dritte aus der bildungsstarken Gruppe; umgekehrt fällt die Zustimmung für die Tageszeitung hier mit 42% um etwa 10 Prozentpunkte höher aus (χ^2 (6)=23.02, p≤.001). Darüber hinaus geben bereits 14% der formal hoch Gebildeten an, das Internet als präferiertes Medium für Denkanstöße zu nutzen.

Insgesamt präferieren fernsehdistante Gruppen hinsichtlich der Informationsfunktion verstärkt die Tageszeitung, während in der Gruppe der Hochaltrigen, Bildungs- und Einkommensschwachen, Alleinstehenden und in den neuen Bundesländern das Fernsehen in allen neun Nutzungsmotiven dominant ist. Dies korrespondiert mit den Befunden zur Medienbindung, wonach in diesen Gruppen die Tageszeitung eine geringere subjektive Relevanz besitzt.

In der Entscheidungssituation, welche Motive von welchem Medium am ehesten befriedigt werden, manifestiert sich das Fernsehen als Leitmedium im Alter. Dabei weisen die bekannten fernsehaffinen Teilgruppen dem Fernsehen eine zentrale Stellung im Medienset zu. Zudem werden die unter älteren Menschen so bedeutsamen Informationsmotive deutlich stärker dem Fernsehen zugesprochen, zumal das Internet keine Konkurrenz darstellt wie in der jüngeren Altersgruppe.

5.1.8 Exkurs: Präferenz von Sendertypen beim Fernsehen 2000

Programmstrukturanalysen des Fernsehens dokumentieren den hohen Informationsanteil bei den öffentlich-rechtlichen Programmanstalten, während bei privatkommerziellen Sendern Unterhaltung und Werbung überproportional gesendet wird. Diese klar konturierbaren Senderprofile bestehen seit Einführung des dualen Rundfunksystems 1984 (Doh, 1994; Krüger, 1992, 2008; Krüger & Zapf-Schramm, 2006, 2008), was auch in der Rezeption unter den Zuschauern wahrgenommen wird (Darschin & Horn, 1997; Darschin & Zubayr, 2001; Zubayr & Geese, 2005).

Wie die Analysen zu den Nutzungsmotiven aufzeigen konnten, besteht unter älteren Menschen ein ausgeprägtes Informationsinteresse für alle drei Massenmedien Fernsehen, Radio und Tageszeitung. Diese alters- und kohortengebundene kommunikative Grundorientierung äußert sich beim Fernsehen in einer deutlichen Nutzungspräferenz für öffentlich-rechtliche Sender (siehe Abbildung 31).

Abb. 31: Präferenz der Sendertyps in der K30-39, nach soziodemografischen Merkmalen

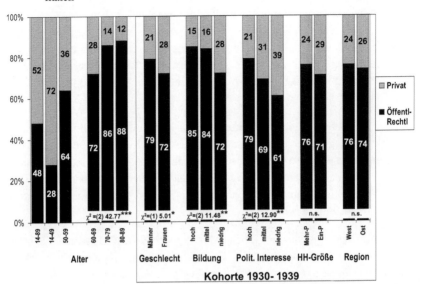

Quelle: ARD/ZDF-Medienkommission, Massenkommunikation 2000. Basis: Personen, die mindestens selten fernsehen, gewichtet; n=4832. Unterschiedstestung erfolgte mittels χ^2-Test;

Befragt nach den Lieblingssender nennen in der Altersgruppe ab 60 Jahren acht von zehn einen öffentlich-rechtlichen Sender, bei den 14- bis 59-Jährigen ist es lediglich jeder Dritte (χ^2 (1)= 713.50, p≤.001). Dabei vergrößert sich die Schere im Altersquerschnitt: Während in der Gunst der 14- bis 19-Jährigen mit 95% privatkommerzielle Anbieter dominieren, sind es bei den 50- bis 59-Jährigen lediglich 36% (χ^2 (4)=536.20, p≤.001). In den höheren Altersgruppen verschiebt sich der Schwerpunkt noch weiter zu den Öffentlich-Rechtlichen: Bei den 60- bis 69- Jährigen liegt der Anteil bei 72%, bei den 80- bis 89-Jährigen sind es 88% (χ^2 (2)=42.77, p≤.001). Damit stehen sich die beiden Alterspole diametral in der Sendertyppräferenz gegenüber.

In der K30-39 dominieren die öffentlich-rechtlichen Sender mit 75% Zustimmung. Dabei variiert in den soziodemografischen Teilgruppen das Ausmaß dieser Präferenz nicht unerheblich. So finden sich überdurchschnittliche Affinitätswerte für diesen Sendertyp bei den formal hoch Gebildeten (85%, χ^2 (2)=11.48, p≤.01) und bei Männern (79%, χ^2 (1)=5.01, p≤.05) – nicht jedoch in den Einkommensgruppen und zwischen Ost und West. Stattdessen diskriminiert das politische Interesse: Personen mit hohen politischen Interessen präferieren die informationsstarken Sender mit 79%, dagegen sind es 61% bei den Personen mit geringen politischen Interesse (χ^2 (2)=12.90, p≤.001).

Umgekehrt besteht eine erhöhte Affinität zu privat-kommerziellen Sendern, wenn eine Unterhaltungsorientierung vorliegt. Dies gilt in besonderer Weise für Subgruppen, die gegenüber dem Fernsehen eine eskapistische Gratifikationserwartung aufweisen. Unter den Personen der K30-39, die beim Fernsehen das Bedürfnis haben den Alltag zu vergessen, nennen 38% einen privaten Lieblingssender; das sind 18 Prozentpunkte mehr als bei Personen, die dieses eskapistische Motiv als unwichtig erachten (χ^2 (1)=24.37, p≤.001).

Diese intra-kohortenspezifischen Differenzen in der Gewichtung der öffentlich-rechtlichen Dominanz konnten in einer publizierten Untersuchung zur ILSE-Studie aus dem Jahr 2005 repliziert werden. Differenzierte Analysen konnten darüber hinaus in der K30-32 eine überdurchschnittliche Affinität zu den „Dritten" Programmen unter Personen aus den neuen Bundesländern, formal hoch Gebildeten und Frauen konstatieren. Die Bildungskomponente ist zudem entscheidend für die Präferenz von kultur- oder nachrichtenorientierten Spartenkanälen der öffentlich-rechtlichen Anstalten (z.B. arte, 3Sat, Phönix) (Doh et al., 2008).

Wie stabil diese Präferenzen ausfallen, ergaben längsschnittliche Analysen zu einem Subsample zum ersten Messzeitpunkt von 1993/1994: Über 80% hatten zu beiden Messzeitpunkten den gleichen Sendertyp favorisiert. Im Vergleich zu 2005 nahm aber die Dominanz der öffentlich-rechtlichen Sender zu. Offensichtlich hat mit dem Übergang in die nachberufliche Phase eine zusätzliche Favorisierung informationsstarker Sender stattgefunden.

5.2 Ergebnisse zur ILSE-Studie

Ein zentraler Befund des ersten Ergebnisteils liegt in der Heterogenität im Umgang mit Medien älterer Menschen. Zudem weisen die Befunde auf eine Veränderbarkeit und Plastizität der Medienausstattung, Mediennutzung und Medienbewertung hin – obgleich die alters- und zeitgebundenen Unterschiede auf Querschnittsanalysen beruhen und damit keine intraindividuelle Entwicklung und Veränderung anzeigen können. Die konstatierte Heterogenität kann als Ausdruck multidirektionaler und multidimensionaler Mediennutzung verstanden werden und verweist auf unterschiedliche Bedürfnisse und Nutzungsschwerpunkte in Bezug auf Medien. Variablen wie Alter, Kohorte und Messzeitpunkt sowie soziodemografische Kriterien wie Geschlecht, Bildungsstatus, Einkommensniveau, Haushaltsgröße und Region lassen sich als bedeutsame Distinktionsmerkmale beschreiben, die diese medienbezogene Varianz bedingen. Offen bleibt jedoch, inwiefern sich hinter diesen heterogenen Nutzungsformen unterschiedliche individuelle Lebenslagen, Persönlichkeitsmuster und Alternsprozesse verbergen. Aus der Perspektive einer lebensspannenbezogenen Entwicklungsperspektive lässt sich hierbei die forschungsleitende Annahme ableiten, dass speziell in einer zunehmend vulnerablen Lebensphase medienbezogene Bedürfnisse, Interessen und Aktivitäten von person- und umweltbezogenen Merkmalen wie Persönlichkeit, Gesundheit, funktionaler und kognitiver Status, subjektives Wohlbefinden und Lebenszufriedenheit den Entwicklungsprozess beeinflusst werden.

Diese personbezogenen Zusammenhänge explorativ zu untersuchen ist zentraler Bestandteil des zweiten empirischen Abschnitts. Hierzu wurde mit Daten von 2005 aus der ILSE-Studie eine Typologie zum Fernseherleben mittels Clusteranalyse zu Nutzungsmotiven der Kohorte 1930-1932 gerechnet. Die dabei ermittelten Cluster wurden in einem weiteren Schritt mit stabilen Eigenschaften der Persönlichkeit und der Soziodemografie, mit situativen Aspekten der Gesundheit, Alltagskompetenz, der kognitiven Leistungsfähigkeit, Lebenszufriedenheit und des Wohlbefindens sowie mit Freizeit- und Bewegungsaktivitäten und Mediennutzung verglichen und zur Beschreibung der Clusterprofile verwendet.

5.2.1 Sample-Vergleich hinsichtlich der Nutzungsmotive

Wie die Stichprobenbeschreibung (Abschnitt 4.2.3.2) aufzeigt, handelt es sich bei den ILSE-Daten um keine bevölkerungsrepräsentative Stichprobe. Im Sample besteht ein erhöhter Anteil an Personen aus der Region Leipzig, an Männern sowie ein höheres Bildungs- und Einkommensniveau. Wie zudem die Stichprobenentwicklung zu den drei Messzeitpunkten darlegt, hat auch eine positive Selektion hinsichtlich der Gesundheit, dem kognitiven Leistungsvermögen und der Depressivität stattgefunden. Es handelt sich folglich um eine selektive Gruppe älterer Menschen, die zwischen 1930 und 1932 geboren wurden. Eine Repräsentativität war auch nicht vom längsschnittlichen Forschungsdesign intendiert gewesen noch war es für die vorliegenden Analysen notwendig. Forschungsziel war es, heterogene Nutzungsmotivgruppen seitens des Fernsehens zu finden und Zusammenhänge mit psychologischen und persönlichkeitsgebundenen Merkmalen aufzuzeigen.

Eine Validitätsprüfung zu den medienbezogenen Merkmalen der ILSE-Studie mit den Repräsentativdaten aus der MK2005 ergab vergleichbare Ergebnisse. Dies gilt auch hinsichtlich der Nutzungsmotive, die als Grundlage für die Clusteranalyse zur Überprüfung transmedialer Motivprofile dienten. Tabelle 24 zeigt eine überwiegend übereinstimmende Gewichtung und Rangreihe der Nutzungsmotive.

Tab. 24: Nutzungsmotive der K30-39 der MK2005 und der K30-32 der ILSE-Studie

trifft weitgehend/ voll und ganz zu, in %	Fernsehen		Hörfunk		Tageszeitung	
	MK2005 K30-39 n=702	ILSE K30-32 n=282	MK2005 K30-39 n=634	ILSE K30-32 n=269	MK2005 K30-39 n=621	ILSE K30-32 n=264
weil ich mich informieren möchte	96 n.s.	98	88 n.s.	94	99 n.s.	99
weil ich Denkanstöße bekomme	67 n.s.	61	59 **	48	67 n.s.	66
damit ich mitreden kann	72 ***	57	59 n.s.	50	81 ***	66
weil es mir Spaß macht	82 ***	67	89 ***	61	64 ***	45
weil ich dabei entspannen kann	75 ***	60	82 ***	57	40 **	31
weil es aus Gewohnheit dazu gehört	49 n.s.	48	60 ***	46	59 n.s.	54
weil ich mich dann nicht allein fühle	32 n.s.	27	38 ***	26	16 **	9
weil es mir hilft, mich im Alltag zurechtzufinden	39 ***	25	31 n.s.	26	49 n.s.	47
weil ich damit den Alltag vergessen kann	29 ***	18	21 ***	10	11 n.s.	7

Basis: Subsample MK2005: Personen, die zumindest mehrmals im Monat das Medium nutzen; ILSE-Studie: Personen, die zumindest selten das Medium nutzen.
Anmerkung: Unterschiedstestung erfolgte mittels χ^2-Test.

In beiden Studien dominiert an erster Stelle das allgemeine Informationsmotiv „weil ich mich informieren möchte". Dieses Motiv wird nahezu von jeder Person benannt. Mit deutlichem Abstand folgen die beiden Unterhaltungsmotive „Spaß" und „Entspannung" und die beiden spezifischen Informationsmotive „Denkanstöße bekommen" und „mitreden können". Etwa jede zweite Person konsumiert das Fernsehen aus habituellen Gründen. In der Rangreihe nachgeordnet ist das Motiv zur Alltagsorientierung sowie die beiden evasiven Motive „weil ich mich dann nicht allein fühle" und „damit ich den Alltag vergessen kann". Diese Übereinstimmung in den Nutzungsschwerpunkten und in der Präferenz der Motive belegt die Validität der Daten und die Vergleichbarkeit beider Studien.

Jedoch sei angemerkt, dass die Kennwerte im ILSE-Sample akzentuierter im Ausmaß der Zustimmung ausfallen. So wird das Kernmotiv „Information" höher bewertet, während nachgeordnete Motive zum Teil signifikant niedriger eingeschätzt werden. Diese Unterschiede sind zum einen der unterschiedlichen Methodik geschuldet, da im ILSE-Subsample auch der erweiterte Nutzerkreis, der selten das Medium nutzt, einbezogen wurde. In der MK2005 war der Nutzerkreis auf Personen begrenzt, die mindestens mehrmals im Monat das Medium nutzten. Zum anderen könnten Unterschiede in gewissen Umfang auf einen Bildungs-Bias und auf soziale Erwünschtheit zurückzuführen sein, weshalb Informationsaspekte in der Mediennutzung stärker und Unterhaltungsmotive kritischer eingeschätzt wurden.

5.2.2 Faktorenanalysen zu den Nutzungsmotiven

Um der Frage nach medienübergreifenden Nutzungsstilen nachzugehen, wurden Faktorenanalysen zu den zehn Nutzungsmotiven, getrennt zu den drei Massenmedien Fernsehen, Radio und Zeitung, berechnet.

5.2.2.1 Faktorenanalyse zu Nutzungsmotiven beim Fernsehen

Die Faktorenanalyse zu den Nutzungsmotiven des Fernsehens erbrachte eine Zwei-Faktorenlösung, bei der beide Faktoren einen Eigenwert von über 1 besitzen. Zusammen erklären sie in der Hauptkomponentenanalyse 55% der Varianz auf. Nach einer Hauptkomponentenanalyse mit VARIMAX-Rotation ergibt sich folgendes Bild: Faktor 1 erklärt allein 35% der Varianz und umfasst sieben Items mit Faktorladungen von über .60. Die Items „weil es so einfach ist" (.76), „aus Gewohnheit" (.74), „weil ich den Alltag vergessen kann" (.71), „weil ich mich dann nicht allein fühle" (.69), „weil es mir Spaß macht" (.67), „weil ich mich entspannen kann" (.67) und „weil es mir hilft, mich im Alltag zurechtzufinden" (.61) stellen Aspekte dar, die sich als Motivdimension „Unterhaltung" umschreiben lassen. Der zweite Faktor erklärt zusätzlich 19% Varianz. Hier bündeln sich drei Items, deren Nutzungsmotive sich an „Information" ausrichtet: „weil ich mich informieren möchte" (.73), „weil ich Denkanstöße bekomme" (.73) und „damit ich mitreden kann" (.69) (siehe Tabelle 25).

Tab. 25: Faktorenanalyse zu den Nutzungsmotiven beim Fernsehen

Faktorladungen	Faktor Unterhaltung (R^2 .35%)	Faktor Information (R^2 .19%)
weil mich informieren möchte	-0.15	0.73
weil ich Denkanstöße bekomme	0.29	0.73
damit ich mitreden kann	0.27	0.69
weil es so einfach ist	0.76	0.10
weil es aus Gewohnheit dazu gehört	0.74	0.01
weil ich damit den Alltag vergessen kann	0.71	0.26
weil ich mich dann nicht allein fühle	0.69	0.33
weil ich dabei entspannen kann	0.67	-0.05
weil es mir Spaß macht	0.67	0.18
weil es mir hilft, mich im Alltag zurechtzufinden	0.61	0.40

Anmerkung: Hauptkomponentenanalyse mit VARIMAX-Rotation; Basis: n=282.

Diese Einteilung entspricht somit den kommunikativen Grundorientierungen nach Information und Unterhaltung der Fernsehnutzung, wie sie bereits Rubin und Rubin (1982b) in den 1980er Jahren konstatiert hatten (siehe Abschnitt 2.2.3.8). Ebenso wurden in der renommierten Medienstudie zum Alter von Eckhardt und Horn (1988) in einer Faktorenanalyse zu Programmpräferenzen zwei vergleichbare Hauptfaktoren gefunden. Zum einen der Faktor „leichte Unterhaltung mit Orientierung", der Präferenzen für Volksstücke, Familienserien, Spielfilme, Naturfilme, Regional- und Ratgebersendungen umfasste. Zum anderen der Faktor „Information, Berichterstattung", der Nachrichten und politische Reportagen zusammenfasste.

Zur Bestimmung der Güte der Faktorenlösung wurden Korrelationsanalysen nach Pearson gerechnet. Die sieben Variablen, die zum Faktor Unterhaltung gebündelt wurden, korrelieren allesamt signifikant auf einem mittleren bis hohen Niveau (zwischen .29 und .74) (siehe Anhang A1). Der Faktor Information korreliert ebenfalls signifikant für alle drei Variablen, doch auf einem niedrigen bis mittleren Niveau (.23 bis .48).

Bei Betrachtung der orthogonalen Transformationsmatrix zeigt sich, dass nahezu alle Variablen der Motivdimension Unterhaltung positiv auf der Motivdimension Information laden (siehe Anhang A2). Mit einer Ausnahme: Das Motiv „sich zu entspannen" ist hinsichtlich des Informationsfaktors leicht negativ geladen. Sich entspannen zu wollen ist nicht notwendig an Informationsgewinn gebunden; es geht weniger um Inhalte als um Emotion durch Ablenkung, Entspannung und Unterhaltung. Bei allen anderen Unterhaltungsmotiven steht zwar das Emotionale im Vordergrund, doch können auch informative Aspekte enthalten sein.

Umgekehrt schließt das Erleben und die Präferenz für Informatives nicht den Aspekt der Unterhaltung aus: Sowohl das sozial intendierte Motiv „mitreden können" als auch das kognitiv anregende Motiv „Denkanstöße bekommen" laden positiv auf der Motivdimension Unterhaltung. Information kann also Unterhaltung implizieren. Einzig das Motiv „sich zu informieren" ist hinsichtlich des Faktors Unterhaltung negativ geladen. Dieses Motiv zielt offensichtlich auf Inhalte, die für den Rezipienten vorrangig informativen Charakter besitzen, ohne emotionale oder unterhaltende Aspekte. Die Konfundierung der Funktionsbereiche Information und Unterhaltung in der Rezeptionssituation entsprechen medienwissenschaftlichen Befunden wie sie bereits die MK1964 nachweisen konnte (vgl. Reitze & Ridder (2006, S. 65) oder speziell Mangold (2000) zum Erleben von Nachrichtensendungen.

5.2.2.2 Faktorenanalyse zu Nutzungsmotiven beim Radio

Das Subsample umfasste 269 Personen, die zumindest selten Radio hören. Die Faktorenanalyse zu den Nutzungsmotiven des Radios zeigte eine Drei-Faktorenlösung an. Drei Faktoren erreichen einen Eigenwert von über 1 und erklären zusammen 66% der Varianz auf. Die Varianzaufklärung kann damit als mittelmäßig bezeichnet werden. Nach der Hauptkomponentenanalyse mit VARIMAX-Rotation ergibt sich folgendes Bild (siehe Tabelle 26):

Tab. 26: Faktorenanalyse zu den Nutzungsmotiven beim Radio

Faktorladungen	Faktor Habituell-Evasiv (R² .29%)	Faktor Unterhaltung (R² .20%)	Faktor Information (R² .18%)
weil ich mich informieren möchte	- 0.11	- 0.02	0.76
weil ich Denkanstöße bekomme	0.21	0.22	0.73
damit ich mitreden kann	0.40	0.07	0.72
weil es mir Spaß macht	0.14	0.89	0.13
weil ich dabei entspannen kann	0.17	0.85	0.03
weil es aus Gewohnheit dazu gehört	0.81	0.03	- 0.02
weil es so einfach ist	0.77	0.14	0.08
weil ich damit den Alltag vergessen kann	0.71	0.39	0.12
weil es mir hilft, mich im Alltag zurechtzufinden	0.68	0.09	0.36
weil ich mich dann nicht allein fühle	0.62	0.46	0.19

Anmerkung: Hauptkomponentenanalyse mit VARIMAX-Rotation; Basis: n=269.

Faktor 1 erklärt allein 29% der Varianz und umfasst sieben Items mit Faktorladungen von über .60. Die Items „aus Gewohnheit" (.81), „weil es so einfach ist" (.77), „damit ich den Alltag vergessen kann" (.71), „weil es mir hilft, mich im All-

tag zurechtzufinden" (.68) und „weil ich mich dann nicht allein fühle" (.62) bündeln habituelle und evasive Motive, weshalb der Faktor als „habituell-evasive"
Motivdimension umschrieben werden kann. Der zweite Faktor „Unterhaltung"
ladet auf den beiden allgemeinen Unterhaltungsmotiven „weil es mir Spaß macht"
(.89), und „weil ich mich entspannen kann" (.85) hoch und erklärt eine zusätzliche
Varianz von 20%. Der dritte Faktor „Information" umfasst alle drei Informationsmotive „weil ich mich informieren möchte" (.76), „damit ich Denkanstöße bekomme" (.73) und „damit ich mitreden kann" (.72) und hat einen Varianzanteil
von 18%.

5.2.2.3 Faktorenanalyse zu Nutzungsmotiven der Tages- und Wochenzeitung

Zum Printmedium Zeitung (Tages- und Wochenzeitungen) findet sich ein Leserkreis
von 264 Personen, die zumindest selten lesen. Die Faktorenanalyse zu den Nutzungsmotiven hierzu erbrachte eine Drei-Faktorenlösung, bei der alle Faktoren einen
Eigenwert von über 1 besitzen und eine Varianz von 65% aufklären (siehe Tabelle
27)..

Tab. 27: Faktorenanalyse zu den Nutzungsmotiven bei der Zeitung

Faktorladungen	Faktor Evasiv-Unterhaltend (R^2 .25%)	Faktor Information (R^2 .20%)	Faktor Habituell-Orientierung (R^2 .20%)
weil ich mich informieren möchte	- 0.25	0.74	0.00
weil ich Denkanstöße bekomme	0.35	0.73	0.04
damit ich mitreden kann	0.22	0.72	0.13
weil es so einfach ist	0.19	0.10	0.86
weil es aus Gewohnheit dazu gehört	0.15	- 0.03	0.83
weil es mir hilft, mich im Alltag zurechtzufinden	0.31	0.20	0.58
weil ich mich dann nicht allein fühle	0.87	0.06	0.25
weil ich damit den Alltag vergessen kann	0.86	-0.00	0.21
weil ich dabei entspannen kann	0.58	0.41	0.25
weil es mir Spaß macht	0.49	0.42	0.23

Anmerkung: Hauptkomponentenanalyse mit VARIMAX-Rotation; Basis: n=264.

Die Hauptkomponentenanalyse mit VARIMAX-Rotation zeigt drei gleich bedeutsame Faktoren an. Der Faktor „Evasiv-Unterhaltend" besitzt eine Varianz von 25%,
wobei vor allem die beiden evasiven Nutzungsmotive „damit ich mich nicht allein
fühle" (.87) und „damit ich den Alltag vergessen kann" (.86) hoch laden. Zudem laden hier moderat die beiden klassischen Unterhaltungsmotive „damit ich entspannen

kann" (.58) und „weil es mir Spaß macht" (.49). Diese beiden Motive spielen ebenso beim zweiten Faktor „Information" eine gewisse Rolle. Dieser Faktor, der zusätzlich 20% an Varianz aufklärt, fasst die drei Informationsmotive zusammen, die auch für das Fernsehen und für das Radio eine Motivdimension bilden. Der dritte Faktor „Habituell-Orientierung" bündelt vorrangig die beiden habituellen Motive „weil es so einfach ist" (.86) und „weil es aus Gewohnheit dazugehört" (.83), zudem das Motiv zur Alltagsorientierung (.58).

Zusammenfassend zeigt sich also für alle drei Medien der gleiche Informationsfaktor. Der Faktor „Unterhaltung" vom Fernsehen teilt sich hingegen in den beiden weiteren Medien in zwei Dimensionen. Dabei bilden die beiden Kernmotive der Unterhaltung „Entspannung" und „Spaß" hinsichtlich der Radionutzung einen eigenen Faktor, bezüglich der Zeitung in Verbindung mit den beiden evasiven Motiven „den Alltag vergessen" und „mich dann nicht allein fühle".

5.2.3 Bestimmung und Überprüfung der Clusteranalyse

5.2.3.1 Durchführung der Clusteranalyse

Wie bereits in Abschnitt 4.2.5.1 ausgeführt, ergab die Clusteranalyse mit einem Single-Linkage-Verfahren, dass keine bedeutsamen Ausreißer der Observationen hinsichtlich der Zusammensetzung der Kennwerte bestanden. Es konnten folglich alle 282 erfassten Observationen in die Ward-Clusteranalyse einbezogen werden. Die Ergebnisse der schrittweisen, hierarchisch agglomerativen Fusionierungsprozesse können in einem Dendrogramm grafisch dargestellt werden. Dies geschieht anhand der Entwicklung der Fehlerquadratsummen (SPRSQ), die als Hetrogenitätsmaß herangezogen werden (siehe Anhang A3).

Die Pseudo-F-Statistik zeigt keine eindeutige Clusterlösung an, da der Wert sich kontinuierlich erhöht (siehe Anhang A4). Demzufolge könnte eine 2-Clusterlösung mit dem größten Pseudo-F-Wert gewählt werden. Die Pseudo t2-Statistik gibt ebenfalls keine eindeutige Präferenz an. Ein abrupter Sprung nach oben findet sich bei einer 8er-Clusterlösung sowie für 2er-, 3er-, 4er- und 5er-Clusterlösung. Daher wurde als finales Entscheidungskriterium die Varianz mit der Fehlerquadratsumme herangezogen. Hierbei findet sich zwischen einer 5er- und einer 4er-Clusterlösung der erste größere Sprung, wonach die Fehlerquadratsumme unverhältnismäßig ansteigen würde. Aus diesem Grund wurde eine Lösung mit fünf Clustern gewählt. Die Varianz beträgt hierbei 44%.

Zur Überprüfung der Validität der Clusterlösung wurde eine Diskriminanzanalyse mit den zehn Nutzungsmotiven des Fernsehens gerechnet. Sie ergab eine hohe Zuordnungsschätzung der fünf Cluster mit einem Fehlerzählungsschätzwert von lediglich 6% (siehe Anhang A5). Zudem zeigen die Zusammenhänge zwischen den einzelnen Clustern und weiteren abhängigen psychologischen, soziodemografischen und medienbezogenen Variablen eine Validität der Clusterlösung an.

Im Folgenden werden die fünf Cluster kurz eingeführt und vor dem Hintergrund ihrer Motivprofile in Bezug auf das Fernsehen mit Labels versehen. Danach werden in Abschnitt 5.2.4 zum einen deskriptive Befunde des Samples zu medienbezogenen und psychologischen Konstrukten vorgestellt, zum anderen Kernergebnisse der Unterschiedstestungen zu den Clustern in Bezug auf die abhängigen Variablen. Eine ausführliche Beschreibung der einzelnen Clusterprofile anhand der psychologischen, soziodemografischen und medienbezogenen Konstrukte erfolgt in Abschnitt 5.2.5.

5.2.3.2 Beschreibung der Clusterlösung

Die Clusteranalyse ermittelte fünf heterogene Gruppen, die sich in ihren Motiven der Fernsehnutzung unterscheiden (siehe Abbildung 32).

Abb. 32: Zusammensetzung der Fernsehnutzungsmotiv-Typologie

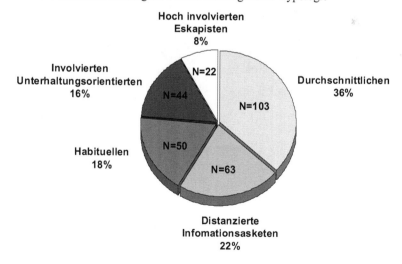

Basis: n=282. Personen, die zumindest selten das Fernsehen nutzen.

Dabei findet sich ein großes Cluster, das mit 103 Personen über ein Drittel des Samples auf sich vereinigen kann. Dieses Cluster repräsentiert die „Durchschnittlichen" (im Weiteren DU), da sie in ihrem Motivprofil zum Fernsehen kaum Abweichungen vom Gesamtdurchschnitt aufweisen und somit die Gesamtgruppe im Mittel repräsentieren. Fernsehen wird hier in seinen Kernmotiven von Information und von Unterhaltung gleichermaßen genutzt. Fernsehen soll in breiter Form informieren und ebenso Entspannung und Spaß bieten; spezifische Unterhaltungsmotive wie Alltagsorientierung und Eskapismus spielen keine Rolle.

Danach folgen zwei mittelgroße Cluster. Mit einem Anteil von 22% (n=63) lassen sich die sogenannten „distanzierten Informationsasketen" (im Weiteren IA) als eine Gruppe beschreiben, die dem Fernsehen distanziert gegenüber steht und es als Gebrauchsmedium zur Informationsgewinnung betrachtet.

Das dritte Cluster bezieht sich idealtypisch auf eine Gruppe von Personen, die das Fernsehen vor allem habituell und aus Bequemlichkeit nutzen. Diese „Habituellen" (im Weiteren HA) (18%, n=50) betrachten Fernsehen als Unterhaltungsmedium, das für Entspannung und Spaß sorgen soll, wie auch als Informationsmedium, allerdings ohne spezifisches Interesse an einer sozial-kommunikativen Komponente („mitreden können").

Die zwei folgenden Cluster repräsentieren fernsehaffine Gruppen, die das Fernsehen intensiv nutzen und ein sehr breites Funktions- und Nutzungsprofil aufweisen. Für die „involvierten Unterhaltungsorientierten" (im Weiteren UO) (16%, n=44) bedeutet Fernsehen, sich nicht nur zu informieren und zu unterhalten; es soll darüber hinaus auch Orientierung geben und helfen, sich nicht allein zu fühlen.

Eine außerordentlich hohe Affinität und Bindung zum Fernsehen besteht in einer kleinen Gruppe von 8% (n=22). Bei diesen sogenannten „hoch involvierten Eskapisten" (im Weiteren ES) kommen sämtliche zehn Nutzungsmotive sehr stark zum Tragen. Im Gegensatz zu allen anderen Clustern artikulieren sie ein starkes Bedürfnis nach Eskapismus und Ablenkung. Dieses Cluster zeigt ein hohes Involvement zum „Allroundmedium" Fernsehen. Positioniert man die fünf Cluster in einem Koordinatensystem zu den beiden aus der Faktorenanalyse hervorgegangenen Motivdimensionen „Information" und „Unterhaltung", ergibt sich folgendes Bild (siehe Abbildung 33):

Abb. 33: Einordnung der Typen nach Motivdimensionen

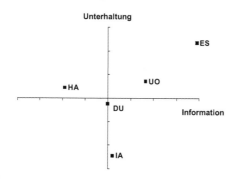

Basis: n=282. Personen, die zumindest selten das Fernsehen nutzen.

Cluster DU repräsentiert die Mitte um den Nullpunkt zu beiden Achsen. Das stark fernsehaffine Cluster ES stellt auf der Unterhaltungsachse ein Gegenpol zu Cluster IA dar,
auf der Informationsachse ein Gegenpol zu Cluster HA. Cluster UO tendiert aufgrund
seines breiten Motivprofils zu beiden Dimensionen am stärksten zu Cluster ES.

Wie heterogen diese Motivgruppen sind, zeigen die folgenden Unterschiedstestungen
zu den für die Clusteranalyse verwendeten abhängigen Variablen, den Nutzungsmotiven zum Fernsehen.

5.2.3.3 Beschreibung der Cluster anhand der Nutzungsmotive zum Fern-
sehen

Die Auswertungen zu den Nutzungsmotiven der MK2005 belegten eine hohe Informationsorientierung älterer Menschen. Dieser Befund spiegelt sich ebenfalls in den
Analysen zur K30-32 der ILSE-Studie wider. Nahezu alle Befragten haben das Bedürfnis, den Fernseher einzuschalten, um sich zu informieren (siehe Tabelle 28). Erst
mit deutlichem Abstand folgen die beiden Kernmotive zur Unterhaltung „Spaß" und
„Entspannung" mit Zustimmungswerten von 67% und 60%. Ebenso erachten sechs
von zehn Personen die beiden spezifischen Informationsmotive „Denkanstöße bekommen" und „mitreden können" als ein wichtiges Nutzungsmotiv. Jeder Zweite
nutzt das Fernsehen aus Gewohnheit, vier von zehn Personen, „weil es so einfach
ist". Fernsehen, um sich „im Alltag zurechtzufinden" oder um sich „nicht alleine zu
fühlen" spielt nur bei einem Viertel eine Rolle. Eskapistische Bedürfnisse werden
beim Fernsehen von einem Fünftel geäußert.

Tab. 28: Nutzungsmotive und Faktoren zum Fernsehen

trifft weitgehend/ voll und ganz zu, in %	Gesamt 282 (100%)	1 (DU) 103 (36%)	2 (IA) 63 (22%)	3 (HA) 50 (18%)	4 (UO) 44 (16%)	5 (ES) 22 (8%)
weil ich mich informieren möchte	98.23 n.s.	99.03	100.00	92.00	100.00	100.00
weil ich Denkanstöße bekomme	60.64 *** R²=.26	59.22 [3,4]	44.44 [4]	40.00 [1,4]	90.91 [1,2,3]	100.00
damit ich mitreden kann	56.74 *** R²=.25	58.25 [3,4]	49.21 [3,4]	24.00 [1,2,4]	79.55 [1,2,3]	100.00
Faktor Information [1]	0.00 *** R²=.29	-0.01 [3,4,5]	0.10 [3,5]	-0.95 [1,2,4,5]	0.36 [1,3,5]	1.18 [1,2,3,4]
weil es mir Spaß macht	67.38 *** R²=.26	67.96 [2,4]	34.92 [1,3,4]	74.00 [2]	88.64 [1,2]	100.00
weil ich dabei entspannen kann	60.28 *** R²=.25	58.25 [2,4]	28.57 [1,3,4]	72.00 [2]	77.27 [1,2]	100.00
weil es aus Gewohnheit dazu gehört	47.87 *** R²=.55	37.86 [3,4,5]	0.00	82.00 [1]	79.55 [1]	90.91 [1]
weil es so einfach ist	41.84 *** R²=.57	27.18 [3,4]	0.00	66.00 [1]	79.55 [1]	100.00
weil ich mich dann nicht allein fühle	26.60 *** R²=.55	19.42 [2,4,5]	6.35 [1,4,5]	0.00	68.18 [1,2,5]	95.45 [1,2,4]
weil es mir hilft, mich im Alltag zurechtzufinden	25.18 *** R²=.57	5.83 [4,5]	9.52 [4,5]	12.00 [4,5]	72.73 [1,2,3]	95.45 [1,2,3]
weil ich damit den Alltag vergessen kann	17.73 *** R²=.55	5.83 [4]	7.94 [4]	2.00 [4]	36.36 [1,2,3]	100.00
Faktor Unterhaltung [1]	0.00 *** R²=.75	-0.12 [2,3,4,5]	-1.22 [1,3,4,5]	0.22 [1,2,4,5]	0.82 [1,2,3,5]	1.94 [1,2,3,4]

Basis: n=282. Das Sample bezieht sich auf Personen, die das Medium zumindest selten nutzen.
Anmerkung: Unterschiedstestung erfolgte mittels logistischer Regressionsanalyse. Paarweise Kontraste in hochgestellter Zahl: $p \leq .05$. Die detaillierten Testkennwerte sind unter Anhang A6 aufgeführt.
1) Unterschiedstestung erfolgte mittels einfaktorieller Varianzanalyse (Anova).

Da die Clusteranalyse über diese zehn Nutzungsmotive als abhängigen Variablen erfolgte, findet sich in der Zustimmung zu diesen Motiven eine breite Streuung in den Clustern. Selbst bei Zusammenfassung der Kennwerte von vier Merkmalsausprägungen auf eine dichotome Kategorisierung werden zu allen Motiven signifikante globale und paarweise Gruppenunterschiede angezeigt – mit einer Ausnahme: Das allgemeine Informationsmotiv „weil ich mich informieren möchte" besitzt bei einer zweistufigen Aggregierung der Kennwerte keine statistische Relevanz, da alle Cluster diesem Motiv Zustimmungswerte von knapp 100% geben.

Auf der vierstufigen Ebene werden hingegen über alle fünf Cluster Gruppenunterschiede angezeigt ($\chi 2$ (4)=18.43, $p \leq .001$), wobei in den paarweisen Kontrastanalysen das Cluster ES seine hohe Affinität zum Fernsehen herausstellt: Über 90% stimmen diesem Motiv „voll und ganz zu", das sind über 20 Prozentpunkte mehr als zum nächsten Cluster IA und maximal 50 Prozentpunkte mehr als zum Cluster HA (ES zu HA: $\chi 2$ (1)=11.97, $p \leq .01$; DU: $\chi 2$ (1)=8.41, $p \leq .01$; UO: $\chi 2$ (1)=5.67, $p \leq .01$; IA: $\chi 2$ (1)=3.72, $p \leq .05$).

Bei Betrachtung der beiden Motivdimensionen kontrastiert weit stärker der Faktor „Unterhaltung"; die Varianzaufklärung liegt hier bei $R^2=.75$ (F (4,277)=206.50, p≤.001), für den Faktor „Information" bei R^2=.29 (F (4,277)=28.27, p≤.001). Allen voran die spezifischen Unterhaltungsmotive weisen eine hohe Streuung unter den Clustern auf. Dabei steht das informationsorientierte, fernsehdistante Cluster IA dem stark fernsehaffinen Cluster ES diametral gegenüber. Bezüglich der Motivdimension „Unterhaltung" liegen die beiden Cluster um drei Standardabweichungen auseinander (F (1,277)=640.27, p≤.001). Während sich im Cluster IA Fernsehen auf informative Aspekte beschränkt, nehmen im Cluster ES sämtliche informations- und unterhaltungsorientierten Motive eine hohe Bedeutung ein. Als Alleinstellungsmerkmal gilt hierbei das eskapistische Motiv „den Alltag zu vergessen", das im Cluster ES eine Zustimmung von 100% erfährt. Einzig das fernsehaffine Cluster UO misst in moderatem Umfang diesem Motiv Relevanz zu (36%) (zu HA: χ^2 (1)=9.93, p≤.01; IA: χ^2 (1)=11.34, p≤.001; DU: χ^2 (1)=17.96, p≤.001). Cluster IA und ES stehen sich somit als Antipoden gegenüber und kontrastieren signifikant zu allen anderen Clustern.[52]

Bemerkenswert ist bei beiden fernsehaffinen Clustern ES und UO die hohe Relevanz von Unterhaltungs- und Informationsbedürfnis. Das Phänomen des „Unterhaltungsslaloms" (Frank & Klingler, 1987) scheint hier nicht vorzuliegen. Am ehesten trifft diese Nutzungsform für das Cluster HA zu. Dieses Cluster zeichnet ein Nutzungsprofil aus, bei dem besonders Aspekte wie Gewohnheit und Bequemlichkeit betont werden und spezifische Informationsbedürfnisse relativ unbedeutsam bleiben. Dies gilt vor allem für das sozial-kommunikative Motiv „mitreden können", das zu allen Clustern deutliche Kontraste aufweist (zu UO: χ^2 (1)=25.28, p≤.001; DU: χ^2 (1)=14.76, p≤.001; IA: χ^2 (1)=7.26, p≤.01).

5.2.4 Ergebnisse zur Fernseh-Nutzungsmotivtypologie – Korrelate zu abhängigen Konstrukten

Folgend werden die Ergebnisse zu Zusammenhängen zwischen den Clustern und medienbezogenen und psychologischen Konstrukten beschrieben. Dabei sollen zunächst Befunde zu den Nutzungsmotiven der beiden weiteren alltagsrelevanten Medien Radio und Zeitung präsentiert werden, verbunden mit der Intention, medienübergreifende Motivmuster zu untersuchen. Danach erfolgen weitere medienbezogene Befunde zur Medienausstattung, Mediennutzung und subjektiven Bewertung von Medien (Images, Informationsquelle, Interesse an gesellschaftlichen Themen, Zufriedenheit mit Medien). Im Anschluss kommen Ergebnisse zu den deskriptiven Verteilungen und Kontrastanalysen der Konstrukte Soziodemografie, Freizeit- und Bewegungsak-

---

[52] Es konnten nicht für alle Motive paarweise logistische Regressionsanalysen berechnet werden, da bei Zustimmungswerten von 100% und 0% keine valide Wahrscheinlichkeitstestung gegeben war.

tivitäten, Persönlichkeit und Einstellung, Gesundheit, Alltagskompetenz, kognitiver Leistungsfähigkeit und zum subjektiven Wohlbefinden.

5.2.4.1 Nutzungsmotive zu Radio und zur Zeitung

Die Nutzungsmotive zum Radio und zur Zeitung bezogen sich ebenfalls auf ein Subsample von Personen, die das betreffende Medium zumindest selten nutzen; wobei der Nutzerkreis hinsichtlich der Radionutzung 95% (n=269) des Samples entsprach und 93% (n=264) für die Zeitungsnutzung. Ähnlich wie zum Fernsehen steht in der Nutzung von Radio und Zeitung das Bedürfnis nach Information an erster Stelle (siehe Tabelle 29 und 30).

Nahezu jede Person stimmt diesem Nutzungsmotiv zu. Je nach mediumspezifischen Möglichkeiten kommen zudem Unterhaltungsaspekte wie Spaß und Entspannung beim Radio mehr zum Tragen – jeweils sechs von zehn Personen äußern diese Motive – bzw. spezifische Informationsaspekte beim Zeitung lesen – jeweils zwei Drittel wollen dabei „Denkanstöße bekommen" und „mitreden können". Zudem bietet die Zeitung für jeden Zweiten eine Alltagsorientierung und nutzt diese aus Gewohnheit.

Beim Radio hören gelten diese beiden erweiterten Informationsmotive bei jedem Zweiten als bedeutsam; etwas weniger als die Hälfte schätzen zudem die habituellen Aspekte. Das evasive Bedürfnis „sich nicht allein zu fühlen" wie auch das Bedürfnis nach Alltagsorientierung wird von jedem Vierten in Anspruch genommen, was etwa dem Zustimmungsniveau beim Fernsehen entspricht. Offensichtlich lassen sich eskapistische Aspekte besser durch das Fernsehen abdecken, lediglich jeder Zehnte versucht, den Alltag auch durch Radio hören zu vergessen.

Wie schon für das Fernsehen, lassen sich auch für die beiden Massenmedien Radio und Zeitung zu fast allen Nutzungsmotiven relevante globale und paarweise Gruppenunterschiede beschreiben. Einzig für das allgemeine Informationsmotiv werden aufgrund des hohen Zustimmungsniveaus keine Signifikanzen angezeigt.

Dabei bestehen entlang der Cluster nicht nur heterogene Motivmuster, es finden sich in den Clustern zu Radio und Zeitung ähnliche Motivmuster wie zum Fernsehen. So steht z.B. im Cluster IA auch bei der Nutzung des Radios oder der Zeitung das Informationsbedürfnis im Vordergrund. Das Cluster ES zeigt hingegen nicht nur für das Fernsehen sondern auch für die beiden weiteren Massenmedien das breiteste Motivprofil, einschließlich einem hohen evasiven Bedürfnis.

Tab. 29: Nutzungsmotive und Faktoren zum Radio

trifft weitgehend/ voll und ganz zu, in %	Gesamt 269 (100%)	1 (DU) 102 (36%)	2 (IA) 59 (22%)	3 (HA) 47 (18%)	4 (UO) 42 (15%)	5 (ES) 19 (7%)
weil ich mich informieren möchte	93.68 n.s.	97.06 [3]	91.53	85.11 [1]	95.24	100.00
damit ich mitreden kann	49.62 *** R^2=.17	49.50 [2,4,5]	33.33 [1,4,5]	33.33 [4,5]	69.05 [1,2,3]	94.74 [1,2,3]
weil ich Denkanstöße bekomme	48.11 *** R^2=.15	49.00 [3,5]	34.48 [4,5]	28.89 [1,4,5]	66.67 [2,3]	89.47 [1,2,3]
Faktor „Information" [1]	0.00 *** R^2=.15	0.05 [3,5]	0.02 [3,5]	-0.66 [1,2,4,5]	0.01 [3,5]	1.00 [1,2,3,4]
weil es mir Spaß macht	61.42 *** R^2=.13	64.71 [2,4]	37.29 [1,3,4,5]	58.70 [2,4]	83.33 [1,2,3]	77.78 [2]
weil ich dabei entspannen kann	56.60 *** R^2=.11	52.48 [4,5]	40.68 [4,5]	53.49 [4]	81.40 [1,2,3]	78.95 [1,2]
Faktor „Unterhaltung" [1]	0.00 *** R^2=.08	-0.01 [4,5]	-0.29 [4,5]	-0.17 [4,5]	0.43 [1,2,3]	0.53 [1,2,3]
weil es aus Gewohnheit dazu gehört	46.27 *** R^2=.27	41.18 [2,3,4,5]	11.86 [1,3,4,5]	63.04 [1,2]	71.43 [1,2,3]	84.21 [1,2]
weil es so einfach ist	44.94 *** R^2=.37	37.25 [2,4,5]	8.47 [1,4,5]	55.56 [2,4,5]	83.33 [1,2,3]	89.47 [1,2,3]
weil ich mich dann nicht allein fühle	25.94 *** R^2=.39	26.47 [2,3,4,5]	1.69 [1,4,5]	4.55 [1,4,5]	57.14 [1,2,3]	78.95 [1,2,3]
weil es mir hilft, mich im Alltag zurechtzufinden	25.56 *** R^2=.30	13.73 [2,4,5]	15.25 [1,3,4,5]	13.64 [2,4,5]	54.76 [1,2,3,5]	84.21 [1,2,3,4]
weil ich damit den Alltag vergessen kann	9.77 *** R^2=.46	2.94 [4,5]	0.00	0.00	30.95 [1]	52.63 [1]
Faktor „Habituell-Evasiv" [1]	0.00 *** R^2=.48	-0.06 [2,4,5]	-1.02 [1,3,4,5]	0.04 [2,4,5]	0.84 [1,2,3,5]	1.34 [1,2,3,4]

Basis: n=269. Das Subsample bezieht sich auf Personen, die das Medium zumindest selten nutzen.

Tab. 30: Nutzungsmotive und Faktoren zur Zeitung

trifft weitgehend/ voll und ganz zu, in %	Gesamt 264 (100%)	1 (DU) 95 (36%)	2 (IA) 60 (22%)	3 (HA) 45 (18%)	4 (UO) 42 (16%)	5 (ES) 22 (8%)
weil ich mich informieren möchte	99.24 n.s.	98.95	100.00	97.78	100.00	100.00
weil ich Denkanstöße bekomme	66.03 *** R^2=.16	67.37 [3,4,5]	56.67 [4,5]	43.18 [1,4,5]	85.37 [1,2,3]	95.45 [1,2,3]
damit ich mitreden kann	65.90 *** R^2=.18	63.83 [4]	58.33 [4]	45.45 [4]	85.37 [1,2,3]	100.00
Faktor „Information" [1]	0.00 ** R^2=.06	-0.04 [5]	0.14 [3,5]	-0.31 [2,5]	0.01 [5]	0.63 [1,2,3,4]
weil es aus Gewohnheit dazu gehört	53.85 *** R^2=.22	51.06 [2,4,5]	23.33 [1,3,4,5]	61.36 [2,4]	82.93 [1,2,3]	80.95 [1,2]
weil es mir hilft, mich im Alltag zurechtzufinden	46.95 *** R^2=.14	41.49 [4,5]	30.00 [4,5]	42.22 [4,5]	73.17 [1,2,3]	77.27 [1,2,3]
weil es so einfach ist	40.70 *** R^2=.30	35.11 [2,4,5]	8.47 [1,3,4,5]	46.51 [2,4,5]	73.17 [1,2,3]	80.95 [1,2,3]
Faktor „Habituell-Orientierung" [1]	0.00 *** R^2=.24	-0.01 [2,3,4,5]	-0.75 [1,3,4,5]	0.33 [1,2]	0.53 [1,2]	0.69 [1,2]
weil es mir Spaß macht	45.42 *** R^2=.14	42.11 [2,4,5]	25.00 [1,4,5]	43.18 [4,5]	68.29 [1,2,3]	77.27 [1,2,3]
weil ich dabei entspannen kann	30.53 *** R^2=.19	24.21 [4,5]	15.00 [4,5]	27.27 [5]	43.90 [1,2,5]	81.82 [1,2,3,4]
weil ich mich dann nicht allein fühle	9.20 *** R^2=.53	2.11 [4,5]	0.00	0.00	20.00 [1,5]	63.64 [1,4]
weil ich damit den Alltag vergessen kann	6.92 *** R^2=.37	3.19 [4,5]	0.00	0.00	14.63 [1,5]	42.86 [1,4]
Faktor „Evasiv-Unterhaltend" [1]	0.00 *** R^2=.30	-0.07 [2,3,4,5]	-0.44 [1,4,5]	-0.44 [1,4,5]	0.51 [1,2,3,5]	1.47 [1,2,3,4]

Basis: n=264. Das Subsample bezieht sich auf Personen, die das Medium zumindest selten nutzen.

Anmerkung: Unterschiedstestung erfolgte mittels logistischer Regressionsanalyse. Paarweise Kontraste in hochgestellter Zahl: $p \leq .05$. Die detaillierten Testkennwerte sind unter Anhang A7 und A8 aufgeführt.
1) Unterschiedstestung erfolgte mittels einfaktorieller Varianzanalyse (Anova).

Das Cluster UO verbindet relativ stark unterhaltungsorientierte Bedürfnisse mit der Radio- und Zeitungsnutzung, allerdings ohne der Notwendigkeit einer Alltagsflucht. Das Nutzungsprofil von Cluster HA betont wiederum die habituellen Aspekte beim Radio hören und Zeitung lesen stärker und erachtet aus dem Faktor „Information" lediglich das allgemeine Informationsmotiv als wichtig. Das Cluster DU hingegen zeigt zu keinem der beiden Medien ein distinktes Nutzungsmerkmal. Die Medien werden ähnlich der Gesamtstichprobe vor allem als Informationsmedium betrachtet, das soweit möglich auch unterhaltende Bedürfnisse befriedigen soll.

Die Befunde sprechen folglich für medienübergreifende Motivprofile in den einzelnen Clustern. In den Beschreibungen der einzelnen Cluster wird auf diesen Aspekt gesondert eingegangen (siehe Abschnitt 5.2.5).

5.2.4.2 Soziodemografie

Wie bereits die Stichprobenbeschreibung in Abschnitt 4.2.3.2 darlegte, besteht für das verwendete ILSE-Sample, gemessen an der deutschen Bevölkerung, ein erhöhter Anteil an Personen aus den neuen Bundesländern, an Männern sowie ein erhöhter Bildungs- und Einkommensstatus. Dabei zeigen sich in der soziodemografischen Zusammensetzung der fünf Cluster signifikante Unterschiede (siehe Tabelle 31), insbesondere im Bildungs- und Einkommensstatus (Bildungsstand: χ^2 (4)=13.71; Anzahl Bildungsjahre: F (4)=34.75, p≤.001; Haushalts-Einkommen: p≤.01; χ^2 (4)=15.86) als auch hinsichtlich der Haushaltsgröße (χ^2 (4)=15.42, p≤.01) und dem Vorhandensein einer Partnerschaft (χ^2 (4)=14.03, p≤.01).

Insbesondere die beiden Cluster IA und HA weisen einen hohen sozioökonomischen Status auf, während die beiden fernsehaffinen Cluster ES und UO zu den sozial benachteiligten Gruppen gezählt werden können. Dies gilt in besonderer Weise für das Cluster ES. Hier liegt der Anteil an Personen mit formal hoher Bildung bei lediglich 5% (zu IA: χ^2 (1)=8.07, p≤.01; HA: χ^2 (1)=6.13, p≤.01) und an Bildungsjahren bei 11.86 Jahren (zu IA: F (1,273)=10.03, p≤.01; HA: F (1,273)=6.24, p≤.05; DU: F (1,273)=5.99, p≤.05). Auffallend ist zudem der hohe Anteil an Personen aus Leipzig (73%) sowie die relativ geringe Anzahl an Kindern (1.27; ES zu DU: F (1,274)=6.82, p≤.01; HA: F (1,274)=5.92, p≤.05).

Tab. 31: Soziodemografie

in Prozent	Gesamt n=282 (100%)	Heidelberg n=121 (42.9%)	Leipzig n=161 (57.1%)	Männer n=147 (52.1%)	Frauen n=135 (47.9%)
Mittlere Anzahl Bildungsjahre (SD)	13.28 (2.8)	12.61 (2.9) ***	13.78 (2.6)	14.05 (2.5) ***	12.46 (2.8)
Bildungsstatus		n.s.		*	
Studium, Abitur, FH-Reife	25.62	22.31	28.13	32.19	18.52
Mittlere Reife	18.86	23.97	15.00	19.86	17.78
Volks-, Hauptschule	55.52	53.72	56.88	47.95	63.70
Haushaltsnettoeinkommen		***		***	
= 2045€/Monat	35.87	50.00	25.32	45.77	25.37
1022 - 2045€/Monat	52.17	38.98	62.03	52.82	51.49
< 1022€/Monat	11.96	11.02	12.66	1.41	23.13
Anteil Erwerbstätiger	1.77	3.31 n.s.	0.62	2.04 n.s	1.48
Familienstand		n.s.		***	
verheiratet	64.77	65.00	64.60	85.71	41.79
geschieden	9.25	7.50	10.56	4.76	14.18
verwitwet	21.35	23.33	19.88	8.84	35.07
ledig	4.63	4.17	4.97	0.68	8.96
Partnerschaft	70.00	68.07 n.s.	71.43	91.84 ***	45.86
Alleinstehend in HH	31.91	31.40 n.s.	32.30	10.20 ***	55.56
Mittlere Anzahl an Kindern (SD)	1.88 (1.3)	1.99 (1.4) n.s.	1.78 (1.2)	1.96 (1.3) n.s.	1.77 (1.2)
Kinderlos	13.26	15.25 n.s.	11.80	10.96 n.s.	15.79

Anmerkung: Unterschiedstestung erfolgte mittels logistischer Regressionsanalyse. Paarweise Kontraste in
hochgestellter Zahl: p≤.05.
1) Unterschiedstestung erfolgte mittels einfaktorieller Varianzanalyse (Anova).

Das Cluster UO zeichnet sich durch einen sehr hohen Frauenanteil aus (64%; zu IA:
χ^2 (1)=5.09, p≤.05; HA: χ^2 (1)=4.32, p≤.05; DU: χ^2 (1)=3.93, p≤.05) und einem geringen Niveau an Personen, die noch in einer Partnerschaft leben (50%; zu HA: χ^2
(1)=12.82, p≤.001; IA: χ^2 (1)=5.51, p≤.05; DU: χ^2 (1)=5.55, p≤.05). Außerdem verfügen sie über ein unterdurchschnittliches Einkommens- und Bildungsniveau (Anzahl
Bildungsjahre, zu IA: F (1,273)=11.85, p≤.001; HA: F (1,273)=6.17, p≤.05; DU: F
(1,273)=6.22, p≤.05).

Cluster HA hat als Alleinstellungsmerkmal einen außerordentlichen Anteil an Personen, die in einer Partnerschaft leben (86%; zu UO: s.o.; ES: χ^2 (1)=4.35, p≤.05; DU:
χ^2 (1)=4.14, p≤.05) bzw. nicht alleinstehend im Haushalt sind (86%; zu UO: χ^2
(1)=12.82, p≤.001); ES: χ^2 (1)=7.63, p≤.01); DU: χ^2 (1)=5.84, p≤.05). Zudem verfügen sie über ein hohes Bildungs- und Einkommensniveau (Bildung, zu ES: χ^2
(1)=6.13, p≤.01; UO: χ^2 (1)=4.00, p≤.05; Einkommen, zu UO: χ^2 (1)=6.46, p≤.01;
ES: χ^2 (1)=4.48, p≤.05). Cluster IA zeigt zusammen mit Cluster HA die höchsten Anteile an Männern (59%) und Personen mit hoher formaler Bildung auf (33%; zu ES:

χ^2 (1)=8.07, p≤.01; DU: χ^2 (1)=4.56, p≤.01; UO: χ^2 (1)=6.48, p≤.01); besonders kennzeichnend ist deren hohes Einkommensniveau (51% mit hohen finanziellen Ressourcen; zu UO: χ^2 (1)=11.29, p≤.001; ES: χ^2 (1)=7.61, p≤.01; DU: χ^2 (1)=4.71, p≤.01) und hoher Anteil an Personen aus Heidelberg (zu ES: χ^2 (1)=4.94, p≤.05; UO: χ^2 (1)=5.74, p≤.01; DU: χ^2 (1)=3.87, p≤.05). Cluster DU hat entlang soziodemografischer Merkmale keine spezifischen Auffälligkeiten und gleicht wiederum dem Mittelwert des Samples.

Damit lassen sich deutliche Zusammenhänge zwischen traitspezifischen Aspekten der Soziodemografie und dem Fernseherleben konstatieren. Speziell die Clusterunterschiede hinsichtlich Bildung- und Einkommensstatus sowie der Haushaltsgröße lassen weitere Korrespondenzen zur Medienausstattung annehmen.

5.2.4.3 Medienausstattung im Haushalt

Das Sample weist von den 13 erfassten Mediengeräten im Mittel einen Bestand von acht Medien pro Haushalt auf (7.75, SD: 2.2.). Zur Grundausstattung zählen die beiden elektronischen Massenmedien Fernsehen und Radio sowie das Telefon. Vier von zehn Personen besitzen mindestens zwei Fernsehgeräte, acht von zehn Personen mehrere Radiogeräte. Die Aufgeschlossenheit gegenüber modernen Medien lässt sich am Beispiel des Mobiltelefons aufzeigen: Mit einer Versorgungsrate von 64% gehört das Handy mittlerweile zur Standardausstattung in der K30-32 wie auch schnurloses Telefon (65%) und Videorecorder (62%). Etwa jede dritte Person aus diesem Cluster hat bereits einen DVD-Player und einen Computer zu Hause stehen, jeder Fünfte einen Internetanschluss. Diese digitalen Medien zählen somit schon zur erweiterten Ausstattung (siehe Tabelle 32).

Insgesamt gleichen die Befunde denen der Repräsentativdaten der MK2005 zur K30-39. Obwohl die Basis in der MK2005 der Besitz eines Telefons ist und im ILSE-Sample die Nutzung eines Fernsehgeräts, fallen die Versorgungsraten zur Grundausstattung und zur erweiterten Ausstattung wie auch zur Mehrfachausstattung mit Fernseh- und Radiogeräten nahezu identisch aus. Lediglich der Besitz von Videorecordern liegt im ILSE-Sample etwas unter dem Niveau der MK2005 (-8 Prozentpunkte). Dies belegt die Validität und Generalisierbarkeit der ILSE-Daten hinsichtlich häuslicher Medienumgebungen.

Die die größten Unterschiede zwischen den Clustern finden sich bezüglich moderner Medien (Computer: χ^2 (4)=20.42, p≤.001; Internet: χ^2 (4)=21.49, p≤.001; Fax-Gerät: χ^2 (4)=16.40, p≤.01). So zählen in den beiden Clustern IA und HA mit hohem sozialökonomischen Status Computer, Internet und Fax-Gerät bereits zur „erweiterten Ausstattung". Hingegen fällt in den Clustern ES und UO die Versorgungsrate zu diesen drei Medien so niedrig aus, dass sie hier zur seltenen Ausstattung zählen; dies gilt auch für das Cluster DU hinsichtlich Internet und Fax-Gerät.[53] Das Adoptionsniveau mit Handys im Cluster UO und Cluster ES ist um über 20 Prozentpunkte niedriger als im Cluster IA und HA (UO zu IA: χ^2 (1)=6.34, p≤.05; HA (χ^2 (1)=4.69, p≤.05; ES zu IA und HA: n.s.).

Tab. 32: Medienausstattung im Haushalt

in Prozent	Gesamt 282 (100%)	1 (DU) 103 (36%)	2 (IA) 63 (22%)	3 (HA) 50 (18%)	4 (UO) 44 (16%)	5 (ES) 22 (8%)
Fernsehgerät	100.00 [n.s.]	100.00	100.00	100.00	100.00	100.00
mind. 2 Geräte	44.36 * [R²=.05]	42.00 [3]	42.62 [3]	61.22 [1,2,5]	44.19	22.73 [3]
Teletext	84.95 [n.s.]	84.47	83.87	84.00	86.05	90.48
Radiogerät	99.65 [n.s.]	100.00	100.00	100.00	100.00	95.45
mind. 2 Geräte	73.40 [n.s.]	78.64	77.78	68.00	65.91	63.64
Videorecorder	62.37 [n.s.]	58.25	70.97	64.00	62.79	52.38
DVD-Player	35.64 [n.s.]	35.29	43.55	42.00	23.26	22.22
Computer	32.98 *** [R²=.11]	28.16 [2,3]	49.21 [1,4,5]	46.00 [1,4,5]	18.18 [2,3]	9.09 [2,3]
Internetanschluss	20.14 *** [R²=.15]	14.85 [2,3]	30.16 [1,4,5]	38.78 [1,4,5]	4.65 [2,3]	4.55 [2,3]
Telefonanschluss	99.28 [n.s.]	99.03	100.00	100.00	97.73	100.00
Telefon, schnurlos	64.54 [n.s.]	62.14	76.19	60.00	68.18	45.45
Handy	63.70 [n.s.]	61.17	74.19 [4]	72.00 [4]	50.00 [2,3]	54.55
Fax-Gerät	15.00 ** [R²=.12]	9.71 [2,3]	27.87 [1,4,5]	24.00 [1,4]	4.55 [2,3]	4.55 [2]
Anzahl Mediengeräte (SD)[1]	7.75 *** [R²=.07] (2.2)	7.62 [2,5] (2.2)	8.39 [1,4,5] (2.1)	8.30 [4,5] (2.2)	7.16 [1,2] (1.8)	6.45 [1,2,3] (1.7)
Anzahl Neuer Mediengeräte (SD)[1]	2.13 *** [R²=.09] (1.5)	1.97 [2,3] (1.5)	2.65 [1,4,5] (1.5)	2.62 [1,4,5] (1.7)	1.57 [2,3] (1.2)	1.36 [2,3] (0.9)

Anmerkung: Unterschiedstestung erfolgte mittels logistischer Regressionsanalyse. Paarweise Kontraste in hochgestellter Zahl: p≤.05.
1) Unterschiedstestung erfolgte mittels einfaktorieller Varianzanalyse (Anova).

Als ein Spezifikum von Cluster HA stellt sich die signifikant hohe Mehrfachausstattung mit Fernsehgeräten dar: Mit 61% liegt die Quote um 20 Prozentpunkte höher als im Cluster IA (χ^2 (1)=3.72, p≤.05) und DU (χ^2 (1)=4.78, p≤.05) und knapp 40 Prozentpunkte höher als beim Cluster ES (χ^2 (1)=8.19, p≤.01) – die Unterschiede erklären sich durch die markant niedrige Anzahl an Singles im Cluster HA.

Letztlich bestehen bedeutsame Unterschiede in der Gesamtausstattung zwischen den Clustern (F (4)=5.41, p≤.001), besonders was die Bandbreite an modernen Geräten

---

[53] Computer: IA zu ES: χ^2 (1)=8.41, p≤.01; UO: χ^2 (1)=10.02, p≤.01; DU: χ^2 (1)=7.35, p≤.01; HA zu UO: χ^2 (1)=7.28, p≤.01; UO: χ^2 (1)=7.74, p≤.01; DU: χ^2 (1)=4.69, p≤.05; Internet: IA zu ES: χ^2 (1)=4.33, p≤.05; UO: χ^2 (1)=7.93, p≤.01; DU: χ^2 (1)=5.35, p≤.05; HA zu ES: χ^2 (1)=5.91, p≤.01; UO: χ^2 (1)=10.77, p≤.001; DU: χ^2 (1)=10.12, p≤.001; Fax-Gerät: IA zu ES: χ^2 (1)=3.88, p≤.05; UO: χ^2 (1)=7.24, p≤.01; DU: χ^2 (1)=8.51, p≤.01; HA zu UO: χ^2 (1)=5.65, p≤.05; DU: χ^2 (1)=5.27, p≤.05.

betrifft (F (4)=7.00, p≤.001). Erwartungsgemäß heben sich die beiden sozial privilegierten Cluster IA und HA deutlich in der Ausstattungsvielfalt von den einkommensschwächeren Clustern ES und UO ab (IA zu ES: F (1,277)=13.95, p≤.001; UO: F (1,277)=9.00, p≤.01; DU: F (1,277)=5.33, p≤.05; HA zu ES: F (1,277)=11.80, p≤.001; UO: F (1,277)=6.91, p≤.01).

5.2.4.4 Nutzungshäufigkeit von Medien

Vergleichbar mit den Ergebnissen aus der MK2005 werden für alle drei Massenmedien sehr hohe Reichweiten konstatiert. Da das ILSE-Sample aus Fernsehnutzern besteht, wird von nahezu jeder Person das Fernsehen täglich genutzt. Eine signifikante Streuung findet hier erst bei Betrachtung der Anteile mehrmals täglicher Nutzung statt χ^2 (4)=15.78, p≤.01). Deutlich kontrastiert das Cluster ES von allen anderen mit einem Anteil von 70%. Zu den nächsten Clustern HA (p≤.05) und UA (p≤.05) beträgt der Unterschied 30 Prozentpunkte, zu den Clustern DU (p≤.001) und IA (p≤.001) über 40 Prozentpunkte (siehe Tabelle 33).

Tab. 33: Nutzungsfrequenz häufig genutzter Medien

	Frequenz	Gesamt	1 (DU)	2 (IA)	3 (HA)	4 (UO)	5 (ES)
	(N) p[k]	(278) **	(102) [5]	(62) [5]	(50) [5]	(44) [5]	(20) [1,2,3,4]
Fernsehen	mehrmals tägl.	34.89	28.43	27.42	40.00	38.64	70.00
	täglich	60.07	64.71	66.13	56.00	59.09	30.00
	wöchentlich	4.68	6.86	4.84	4.00	2.27	0.00
	seltener	0.36	0.00	1.61	0.00	0.00	0.00
	(N) p[k]	(261) n.s.	(99) [3,5]	(57)	(42) [1]	(42)	(21) [1]
Radio	täglich	85.82	90.91	84.21	76.19	90.48	76.19
	wöchentlich	8.81	7.07	10.53	14.29	4.76	9.52
	seltener	4.21	2.02	5.26	7.14	4.76	4.76
	nie	1.15	0.00	0.00	2.38	0.00	9.52
	(N) p[k]	(267) n.s.	(97)	(61)	(48)	(40)	(21)
Zeitung	täglich	85.39	84.54	88.52	81.25	87.50	85.71
	wöchentlich	8.61	7.22	8.20	8.33	10.00	14.29
	seltener	3.00	3.09	3.28	6.25	0.00	0.00
	nie	3.00	5.15	0.00	4.17	2.50	0.00
	(N) p[k]	(280) n.s.	(103)	(62)	(50)	(44)	(21)
Telefon	täglich	77.14	72.82	79.03	82.00	77.27	80.95
	wöchentlich	20.00	22.33	20.97	16.00	18.18	19.05
	seltener	1.43	1.94	0.00	0.00	4.55	0.00
	nie	1.43	2.91	0.00	2.00	0.00	0.00

Anmerkung: Unterschiedstestung erfolgte mittels Kruskal-Wallis-Varianzanalyse. Paarweise Unterschiedstestung mittels Mann-Whitney-Test. Paarweise Kontraste in hochgestellter Zahl: p[K]≤.05.

Tab. 34: Nutzungsfrequenz weiterer Medien

	Frequenz	Gesamt	1 (DU)	2 (IA)	3 (HA)	4 (UO)	5 (ES)
Zeitschrift	(N) p[k]	(259) *	(93) [2,3]	(57) [1,5]	(47) [1,5]	(44)	(18) [1,2]
	wöchentlich	74.90	81.72	61.40	68.09	77.27	94.44
	monatlich	12.36	8.60	21.05	12.77	13.64	0.00
	seltener	10.42	9.68	15.75	10.64	9.09	0.00
	nie	2.32	0.00	1.75	8.51	0.00	5.56
Buch	(N) p[k]	(277) *	(102)	(62) [3,5]	(49) [2]	(44)	(20) [2]
	wöchentlich	59.93	61.76	69.35	53.06	56.82	45.00
	monatlich	18.05	14.71	24.19	16.33	18.18	20.00
	seltener	17.33	18.63	6.45	22.45	18.18	30.00
	nie	4.69	4.90	0.00	8.16	6.82	5.00
Handy	(N) p	(280) n.s.	(102)	(62)	(50)	(44)	(21)
	wöchentlich	39.64	37.25	40.32	46.00	36.36	40.91
	monatlich	10.00	7.84	17.74	12.00	4.55	4.55
	seltener	13.93	14.71	17.74	14.00	6.82	13.64
	nie	36.43	40.20	24.19	28.00	52.27	40.91
CD/LP/MC	(N) p[k]	(278) n.s.	(102)	(62) [3]	(50) [2,4]	(44) [3]	(22)
	wöchentlich	36.69	41.18	35.48	22.00	45.45	35.00
	monatlich	30.22	23.53	38.71	34.00	29.55	30.00
	seltener	19.42	21.57	19.35	26.00	11.36	10.00
	nie	13.67	13.73	6.45	18.00	13.64	25.00
Teletext	(N) p[k]	(269) n.s.	(98)	(59)	(50)	(42)	(20)
	wöchentlich	30.11	30.61	25.42	30.00	35.71	30.00
	monatlich	8.92	5.10	15.25	6.00	14.29	5.00
	seltener	20.45	28.57	18.64	20.00	11.90	5.00
	nie	40.52	35.71	40.68	44.00	38.10	60.00
Computer	(N) p[k]	(275) ***	(102) [2,4,5]	(61) [1,4,5]	(48) [4,5]	(44) [1,2,3]	(20) [1,2,3]
	wöchentlich	22.91	22.55	36.07	27.08	9.09	5.00
	monatlich	1.82	1.09	0.00	2.08	2.27	0.00
	seltener	3.27	0.00	6.56	10.42	0.00	0.00
	nie	72.00	74.51	57.38	60.42	74.51	95.00
Video/DVD	(N) p[k]	(275) n.s.	(102)	(61)	(48)	(44)	(20)
	wöchentlich	17.45	15.69	22.95	6.25	27.27	15.00
	monatlich	18.55	17.65	14.75	27.08	15.91	20.00
	seltener	18.91	15.69	22.95	27.08	11.36	20.00
	nie	45.09	50.98	39.34	39.58	45.45	45.00
Internet	(N) p[k]	(271) **	(100) [2]	(60) [1,4,5]	(48) [4,5]	(43) [2,3]	(20) [2,3]
	wöchentlich	13.28	12.00	20.00	20.83	2.33	5.00
	monatlich	2.21	1.00	3.33	4.17	2.33	0.00
	seltener	2.21	1.00	5.00	4.17	0.00	0.00
	nie	82.29	86.00	71.67	70.83	95.35	95.00
SMS	(N) p[k]	(277) n.s.	(101)	(61)	(50)	(44)	(21)
	wöchentlich	6.14	6.93	1.64	8.00	6.82	9.52
	monatlich	2.89	2.97	4.92	2.00	0.00	4.76
	seltener	9.03	10.89	6.56	16.00	4.55	0.00
	nie	81.95	79.21	86.89	74.00	88.64	85.71

Anmerkung: Unterschiedstestung erfolgte mittels Kruskal-Wallis-Varianzanalyse. Paarweise Unterschiedstestung mittels Mann-Whitney-Test. Paarweise Kontraste in hochgestellter Zahl: $p^K \le .05$.

Für Radio und Zeitung liegen die täglichen Reichweiten bei etwa 85%; zudem telefonieren drei Viertel täglich. Signifikante Gruppenunterschiede zeigen sich hier keine.
Jedoch weist das Cluster HA (p≤.05) und ES (p≤.05) deutlich niedrigere Nutzungsintensitäten für das Radio auf als das Cluster DU. Der Anteil wöchentlicher Nutzung
fällt mit 76% um 15 Prozentpunkte niedriger aus.

Des Weiteren lesen drei Viertel mindestens im wöchentlichen Turnus Zeitschriften,
lediglich 2% nutzen dieses Medium nie (siehe Tabelle 34). Es finden sich Gruppenunterschiede (χ^2 (4)=12.15, p≤.05), wobei die beiden bildungsstärkeren Cluster IA
und HA deutlich weniger intensiv von dieser leichten Form des Lesens Gebrauch machen als das stark unterhaltungsorientierte Cluster ES (jeweils p≤.05). Mit 94% liegt
deren Anteil an wöchentlicher Nutzung um etwa 30 Prozentpunkte höher als bei IA
und HA. Auch im Vergleich zu DU weisen IA (p≤.01) und HA (p≤.05) deutlich niedrigere Häufigkeiten beim Zeitschriften lesen auf.

Sechs von zehn Personen lesen mindestens wöchentlich ein Buch, wobei ebenfalls
deutliche Clusterunterschiede bestehen (χ^2 (4)=8.56, p≤.05). Hier ist es das Cluster
IA, das deutlich mehr Bücher liest und als einziges Cluster dieses Printmedium intensiver nutzt als Zeitschriften. Der wöchentliche Nutzerkreis fällt mit 70% deutlich höher aus als zum bildungsfernen Cluster ES (45%, p≤.05), aber auch zum Cluster HA
(53%, p≤.05), das generell Medien weniger intensiv nutzt.

Der wöchentliche Nutzerkreis für das Handy liegt immerhin bei 40%. Etwas über ein
Drittel hört mindestens wöchentlich Musik mittels auditiver Speichermedien (CD,
MC, Schallplatte) und lediglich jeder Sechste nutzt wöchentlich Bildspeichermedien
wie VHS oder DVD. Für diese Medien werden keine bedeutsamen Gruppenunterschiede angezeigt. Lediglich Cluster HA nutzt Tonträger in deutlich geringerem Umfang als Cluster IA und UO (jeweils p≤.05).

Aufgrund der niedrigen Ausstattungsrate nutzt wöchentlich erst jeder Vierte einen
Computer und jeder Neunte das Internet. Statistisch relevante Gruppenunterschiede
bestehen für beide Medien – Computer (χ^2 (4)=19.98, p≤.001), Internet (χ^2 (4)=16.53,
p≤.01). Aufgrund der höheren Adoptionsraten zu Computer und Internet weisen die
beiden Cluster IA und HA deutlich höhere Nutzungsfrequenzen auf als die beiden
internetdistanten Cluster UO und ES.

Zusammenfassend fällt auf, dass die Unterschiedstestungen zu den Medienhäufigkeiten uneinheitlich ausfallen. Zu einigen Medien wie Fernsehen, Zeitschrift,
Buch, Internet und Computer werden deutliche Varianzen in der Nutzungsintensität
angezeigt. Zu bestimmten Medien finden sich ähnliche Häufigkeitsverteilungen. Dies

betrifft sowohl häufig genutzte Medien wie die Zeitung oder das Telefon als auch seltener verwendete Medien wie Teletext, Handy und die auditiven und audiovisuellen Trägermedien. Diese Medien besitzen für die K30-32 keine Distinktionskraft – zumindest nicht zum Messzeitpunkt 2005.

Folglich lassen sich Profilunterschiede in den Clustern konstatieren: Cluster ES nutzt am intensivsten das Fernsehen als Leitmedium und bevorzugt leichte Lektüre wie Zeitschriften. Cluster UO fokussiert entsprechend ihren unterhaltungsorientierten Bedürfnissen intensiver Fernsehen und Radio. Cluster HA besitzt zwar ein sehr breites Spektrum an klassischen und modernen Medien, nutzt diese aber moderat. Das Cluster IA zeigt ein ähnlich breites Mediensortiment, doch kultivieren sie bildungsaffine Medien wie Zeitung, Bücher und Computer weit aus stärker, während die Fernsehfrequenz vergleichsweise gering ausfällt. Diese Nutzungsunterschiede schlagen sich in entsprechenden Zeitbudgets nieder.

5.2.4.5 Zeitbudget für Medien

Die Alltagsrelevanz des Fernsehens spiegelt sich besonders im zeitlichen Nutzugsumfang wider. Wie schon die Basisdaten der K30-39 aus der MK2005 bestätigt haben, dominiert der Fernsehkonsum deutlich vor allen anderen Medien. Entsprechend den hohen Reichweiten liegt die tägliche Sehdauer bei allen fünf Clustern über der Hördauer des Radios (siehe Tabelle 35). Im Durchschnitt sind es drei Stunden und damit fast eine Stunde mehr als Radio hören. Damit fallen die Zeitbudgets deutlich moderater aus als in der CATI-Befragung der K30-39, obgleich der zeitliche Abstand zwischen der Seh- und Hördauer vergleichbar ist (vgl. Abschnitt 5.1.3).

Tab. 35: Tägliche Mediennutzungsdauer

	Gesamt 282 (100%)	1 (DU) 103 (36%)	2 (IA) 63 (22%)	3 (HA) 50 (18%)	4 (UO) 44 (16%)	5 (ES) 22 (8%)
Minuten pro Tag, *(SD)*						
Fernsehen	175.74 *** $R^2=.09$ *(85.9)*	178.69 [2,5] *(77.6)*	137.66 [1,3,4,5] *(72.5)*	172.90 [2,5] *(83.2)*	197.14 [2] *(76.4)*	237.62 [1,2,3] *(130.5)*
Radio	126.96 ** $R^2=.05$ *(111.1)*	136.70 [5] *(105.1)*	96.83 [1,4] *(93.5)*	105.64 [4] *(97.9)*	170.85 [2,3] *(139.0)*	131.50 *(129.2)*
Zeitung	60.70 [n.s.] *(37.4)*	61.28 *(38.2)*	68.63 [3] *(41.6)*	50.00 [2] *(34.3)*	57.81 *(34.3)*	65.71 *(29.1)*
Zeitschrift	33.61 ** $R^2=.06$ *(29.9)*	36.59 [3] *(30.3)*	27.65 [4,5] *(27.6)*	23.35 [1,4,5] *(22.9)*	40.73 [2,3] *(36.6)*	48.06 [2,3] *(27.7)*
Gesamt-budget	xxx *** $R^2=.08$ *(xx.9)*	404.92 [2,3] *(147.9)*	316.75 [1,4,5] *(142.0)*	348.62 [1,4,5] *(167.7)*	440.35 [2,3] *(165.0)*	448.41 [2,3] *(225.5)*

Anmerkung: Unterschiedstestung erfolgte mittels einfaktorieller Varianzanalyse (Anova). Paarweise Kontraste in hochgestellter Zahl: $p \leq .05$.

Die tägliche Lesedauer für die Tageszeitung liegt bei einer Stunde und für Zeitschriften bei einer halben Stunde. Diese Werte fallen etwas höher aus als in den Referenzdaten der MK2005. Zum Teil lassen sich diese Differenzen auf die selektive Zusammensetzung der ILSE-Stichprobe erklären. Aufgrund des erhöhten Bildungsanteils im ILSE-Sample werden die elektronischen Medien weniger und die Printmedien stärker genutzt. Darüber hinaus könnten die abweichenden Zeitbudgets auf der Erhebungsmethodik beruhen. So könnte das ILSE-Sample bei der 1 Item-Messung per Fragebogen im Sinne einer sozialen Erwünschtheit die Zeitbudgets etwas verzerrt haben. Schließlich beruhten die Daten zur Nutzungsdauer in ILSE auf selbst eingeschätzten Durchschnittswerten, während in der MK diese Werte in ein Viertel-Stunden Tagesverlaufsprotokoll zum gestrigen Stichtag eingebettet waren. Auch wenn damit die Reliabilität dieser Daten eingeschränkt ist, sind sie für die Unterschiedstestung der Clustergruppen als relationale Größen valide.

Wie die varianzanalytischen Unterschiedstestungen ergeben, variieren die Zeitbudgets für Fernsehen (F $(4,273)$=7.02, p$\leq$.001), Radio (F $(4,267)$=3.49, p$\leq$.01) und Zeitschriften (F $(4,222)$=3.61, p$\leq$.01) zwischen den Clustern beträchtlich. So fällt die tägliche Sehdauer bei den stark fernsehaffinen ES um über 70% höher aus als bei den fernsehdistanten IA (238 min. zu 138 min., F $(1,273)$=23.07, p$\leq$.001). Die Sehdauer differiert in beiden Clustern signifikant zu weiteren Clustern (IA zu UO: F $(1,273)$=13.04, p$\leq$.001; DU: (F $(1,273)$=9.59, p$\leq$.01); HA: (F $(1,273)$=5.06, p$\leq$.05 sowie ES zu HA: (F $(1,273)$=9.12, p$\leq$.01); DU: (F $(1,273)$=8.92, p$\leq$.01). Lediglich zwischen ES und den ebenfalls fernsehaffinen UO findet sich kein relevanter Kontrast.

Der Radiokonsum ist, wie schon die Reichweiten in Tabelle 34 anzeigen, besonders im Cluster UO und DU ausgeprägt. Auch hier variiert die tägliche Hördauer um über 70% zwischen UO und den relativ distanten IA (F $(1,267)$=11.20, p$\leq$.01). Signifikante Unterschiede zeigen sich zudem zwischen IA und DU (F $(1,267)$=5.02, p$\leq$.01) und zwischen UO und HA (F $(1,267)$=8.04, p$\leq$.01).

Zeitschriften als leichte Lektüre werden vor allem von den beiden bildungsschwächeren und unterhaltungsorientierten Clustern ES und UO genutzt. Entsprechend finden sich relevante Kontraste zu den beiden bildungsstarken Clustern IA und HA (ES zu HA: (F $(1,222)$=9.08, p$\leq$.01; IA: F $(1,222)$=6.42, p$\leq$.05; UO zu HA: (F $(1,222)$=6.26, p$\leq$.01; IA: F $(1,222)$=3.73, p$\leq$.05). Vor allem das Cluster HA zeigt sich gegenüber Zeitschriften distanzierter, weshalb auch zum Cluster DU ein Kontrast besteht (F $(1,222)$=5.91, p$\leq$.05). Dabei erweist sich, konform zu den Befunden der Medienhäufigkeiten, das Cluster HA als allgemein etwas zurückhaltender in der Mediennutzung. Selbst zur Tageszeitung, deren Nutzung bildungsabhängig ist, wird unterdurchschnittlich gelesen. Dies drückt sich auch in einem signifikanten Unterschied zum bildungsstarken Cluster IA aus (F (1,273)=6.95, p≤.01).

In Entsprechung zu den in Abschnitt 5.2.4.4 aufgezeigten Unterschieden in den Reichweiten und Nutzungsfrequenzen, setzt sich das Gesamtbudget für Medien wie auch das Medienportfolio in den Clustern unterschiedlich zusammen (F (4,276)=6.05, p≤.001). Die beiden bildungsschwachen Cluster ES und UO zählen zu den intensiven Mediennutzern, was besonders am überdurchschnittlichen Konsum von Fernsehen und Zeitschriften liegt bzw. auch am Radiokonsum im Cluster UO (ES zu IA: (F (1,276)=11.03, p≤.001; HA: F (1,276)=5.94, p≤.05; UO zu IA: (F (1,276)=15.24, p≤.001; HA: F (1,276)=7.59, p≤.01). Die beiden bildungsstarken Cluster IA und HA weisen hingegen das geringste Gesamtbudget auf (IA zu DU: (F (1,276)=11.86, p≤.001; HA zu DU: (F (1,276)=4.16, p≤.05). Dabei nutzt das Cluster IA deutlich weniger Fernsehen und liest mehr Zeitung als Cluster HA (s.o.).

5.2.4.6 Images im Direktvergleich von Fernsehen, Radio, Zeitung und Internet

Die hervorgehobene Bedeutung des Fernsehens in den älteren Kohorten der MK2005 äußert sich auch hier in den Imagezuschreibungen. Wie Abschnitt 5.1.5 aufzeigte, wird dem Fernsehen wie keinem anderen Medium ein sehr breites Imageprofil zugewiesen. Diesen Befund bestätigen die Analysen aus dem ILSE-Sample. Im Vergleich zur MK2005 fallen jedoch die Zustimmungswerte etwas niedriger für das Fernsehen aus, was wiederum mit dem Bildungsbias zusammenhängt.

Der Grundtenor bleibt der gleiche: Das Fernsehen stellt das dominante Medium dar. Elf von zwölf Images werden mehrheitlich dem Fernsehen zugeschrieben, wobei auch die Rangfolge der Attribute der aus der MK2005 ähnlich ist: Das Fernsehen gilt allen voran als „unterhaltsam" (69%) und „vielseitig" (56%). Zudem erhält es mehrheitlich die Eigenschaften „locker und ungezwungen" (55%), „einfache Bedienung" (54%), „aktuell" (50%), „sympathisch" (47%), „kritisch" (46%), „zukunftsorientiert" (45%), „modern" (44%), „informativ" (43%), %) und „anspruchsvoll" (39%) zugewiesen. Lediglich in der Frage, welches Medium am ehesten „sachlich" ist, erhält die Tageszeitung mehr Zuspruch (siehe Tabelle 36).

Tab. 36: Images der Medien im Direktvergleich

trifft am ehesten zu auf	Cluster	N	p	p^K	Fernsehen	Radio	Zeitung	Internet
unterhaltend / unterhaltsam	(1) DU	91		4	62.64	35.16	2.20	0.00
	(2) IA	55	*	4	58.18	34.55	3.64	3.64
	(3) HA	42	R²=.7		76.19	21.43	2.38	0.00
	(4) UO	40		1,2	85.00	15.00	0.00	0.00
	(5) ES	19			84.21	15.79	0.00	0.00
vielseitig	(1) DU	90		4,5	53.33	16.67	18.89	11.11
	(2) IA	56	**	4,5	41.07	16.07	30.36	12.50
	(3) HA	40	R²=.8	1,2,3	52.50	12.50	22.50	12.50
	(4) UO	37		1,2,3	78.38	8.11	8.11	5.41
	(5) ES	18		1,2,3	83.33	0.00	16.67	0.00
locker /ungezwungen	(1) DU	81			45.68	48.15	3.70	2.47
	(2) IA	46			60.87	30.43	6.52	2.17
	(3) HA	39	n.s.		51.28	35.90	7.69	5.13
	(4) UO	36			63.89	33.33	2.78	0.00
	(5) ES	18			72.22	16.67	11.11	0.00
einfache Bedienung	(1) DU	84		3,4,5	45.24	45.24	9.52	0.00
	(2) IA	47	***	3,4,5	36.17	44.68	19.15	0.00
	(3) HA	40	R²=.12	1,2	72.50	15.00	5.00	7.50
	(4) UO	37		1,2	64.86	32.43	2.70	0.00
	(5) ES	20		1,2	80.00	15.00	5.00	0.00
aktuell	(1) DU	92			50.00	26.09	23.91	0.00
	(2) IA	57		4	38.60	22.81	35.09	3.51
	(3) HA	43	n.s.	4	44.19	23.26	32.56	0.00
	(4) UO	39		2,3	69.23	7.69	23.08	0.00
	(5) ES	19			63.16	10.53	26.32	0.00
sympathisch	(1) DU	85		5	44.71	34.12	20.00	1.18
	(2) IA	47	***	1,4,5	29.79	31.91	36.17	2.13
	(3) HA	39	R²=.11	5	41.03	30.77	20.51	7.69
	(4) UO	37		2	62.16	29.73	8.11	0.00
	(5) ES	18		1,2,3	83.33	11.11	5.56	0.00
kritisch	(1) DU	82		4	39.02	15.85	45.12	0.00
	(2) IA	47	*	4	38.30	10.64	51.06	0.00
	(3) HA	42	R²=.5		45.24	11.90	38.10	4.76
	(4) UO	39		1,2	66.67	7.69	25.64	0.00
	(5) ES	20			55.00	10.00	35.00	0.00
zukunftsorientiert	(1) DU	84		2	50.00	3.57	9.52	36.90
	(2) IA	48	*	1,5	27.08	6.25	18.75	47.92
	(3) HA	39	R²=.6	5	35.90	7.69	12.82	43.59
	(4) UO	36			52.78	8.33	13.89	25.00
	(5) ES	19		2,3	73.68	10.53	10.53	5.26
modern	(1) DU	84		5	39.29	7.14	8.33	45.24
	(2) IA	52	**	5	34.62	11.54	7.69	46.15
	(3) HA	41	R²=.9	5	34.15	12.20	7.32	46.34
	(4) UO	38		5	55.26	13.16	2.63	28.95
	(5) ES	18		1,2,3,4	88.89	5.56	5.56	0.00
Informativ	(1) DU	92			42.39	23.91	30.43	3.26
	(2) IA	55		5	36.36	21.82	40.00	1.82
	(3) HA	41	n.s.	5	36.59	19.51	43.90	0.00
	(4) UO	38			47.37	15.79	34.21	2.63
	(5) ES	18		2,3	66.67	11.11	22.22	0.00
anspruchsvoll	(1) DU	84			36.90	21.43	30.95	10.71
	(2) IA	49			30.61	24.49	28.57	16.33
	(3) HA	38	n.s.		39.47	13.16	31.58	15.79
	(4) UO	34			47.06	17.65	29.41	5.88
	(5) ES	18			61.11	22.22	16.67	0.00
sachlich	(1) DU	82		5	30.49	25.61	42.68	1.22
	(2) IA	45		5	26.67	22.22	42.22	8.89
	(3) HA	41	n.s.	5	31.71	21.95	46.34	0.00
	(4) UO	36			47.22	25.00	27.78	0.00
	(5) ES	18		1,2,3	61.11	11.11	27.78	0.00

Anmerkung: Unterschiedstestung erfolgte mittels logistischer Regressionsanalyse. Paarweise Kontraste in Zahlen: $p^K \leq .05$.

Wie heterogen jedoch diese Altersgruppe in ihren subjektiven Imagezuschreibungen sind, zeigten bereits die Analysen aus der MK2005 entlang soziodemografischer Merkmale. Ähnlich finden sich in sieben der zwölf Items statistisch bedeutsame Gruppenunterschiede, wobei die größte Varianz in der Einschätzung der Sympathie (χ^2 (4)=20.02, p≤.001) und in der Einfachheit der Bedienung (χ^2 (4)=23.51, p≤.001) besteht. So weist das Cluster IA als einziges dem Fernsehen nicht die höchsten Sympathiewerte zu, sondern der Zeitung (36%). Das Fernsehen kommt erst mit 30% hinter dem Radio an dritter Stelle. Diese Einschätzung steht im deutlichen Kontrast zu allen anderen Clustern (zu ES: χ^2 (1)=13.64, p≤.001; UO: χ^2 (1)=11.48, p≤.001; DU: χ^2 (1)=4.56, p≤.05). Diese Distanziertheit gegenüber dem Fernsehen äußert sich zu allen Attributen. Stattdessen besitzen Zeitung und Internet ein relativ hohes Ansehen, was sich in weiteren Zuschreibungen äußert: für die Zeitung sind es die Images „kritisch" (52%), „sachlich" (42%) und „informativ" (40%), für das Internet „zukunftsorientiert" (48%) und „modern" (46%) und für das Radio das Image „einfache Bedienung" (45%).

Umgekehrt stellt im Cluster ES das Fernsehen das zentrale Medium dar, was sich nicht nur in der Sympathieeinschätzung von über 80% widerspiegelt, sondern in den höchsten Zustimmungswerten zu fast allen Eigenschaften. Entsprechend konturiert dieses Cluster am deutlichsten in den paarweisen Kontrastanalysen, vor allem gegenüber Cluster IA („sympathisch": zu IA: χ^2 (1)=13.64, p≤.001; HA: χ^2 (1)=7.05, p≤.01; DU: χ^2 (1)=7.55, p≤.01; „einfache Bedienung": zu IA: χ^2 (1)=6.74, p≤.01; DU: χ^2 (1)=10.71, p≤.001; „vielseitig": zu IA: χ^2 (1)=7.75, p≤.01; DU: χ^2 (1)=4.23, p≤.05; HA: χ^2 (1)=4.12, p≤.05; „modern": zu IA: χ^2 (1)=11.12, p≤.001; HA: χ^2 (1)=10.92, p≤.001; DU: χ^2 (1)=9.93) , p≤.001; „zukunftsorientiert": zu IA: χ^2 (1)=8.48, p≤.01; HA: χ^2 (1)=5.15, p≤.05; „informativ": zu IA: χ^2 (1)=4.45, p≤.05; HA: χ^2 (1)=4.86, p≤.05; „sachlich": zu IA: χ^2 (1)=4.07, p≤.05; HA: χ^2 (1)=4.50, p≤.05; DU: χ^2 (1)=4.63, p≤.05).

Auch im Cluster UO dominiert das Fernsehen, wobei sie bezeichnenderweise diesem Medium mit 85% die höchste Zustimmung für Unterhaltung zuweisen und es für aktueller und kritischer halten als im Cluster ES. In den weiteren Eigenschaften liegen die Imagezuschreibungen für das Fernsehen zum Teil deutlich über dem Durchschnitt, was sich in relevanten Kontrasten ausdrückt: „unterhaltend": zu IA: χ^2 (1)=7.02, p≤.01; DU: χ^2 (1)=6.24, p≤.05; „vielseitig": zu IA: χ^2 (1)=12.00, p≤.001; DU: χ^2 (1)=6.25, p≤.05; HA: χ^2 (1)=5.55, p≤.05; „einfache Bedienung": zu IA: χ^2 (1)=8.23, p≤.01; DU: χ^2 (1)=4.18, p≤.05; „kritisch": zu IA: χ^2 (1)=7.52, p≤.01; DU: χ^2 (1)=7.08, p≤.01; „aktuell": IA: χ^2 (1)=6.63, p≤.01; HA: χ^2 (1)=4.42, p≤.05.

Deutlich moderater fallen die Imagezuschreibungen für das Fernsehen im Cluster HA und DU aus. Hier werden vereinzelte Eigenschaften mehrheitlich der Zeitung zugeschrieben („sachlich", bei HA auch „informativ") wie auch dem Internet („modern", bei HA auch „zukunftsorientiert") und dem Radio (DU „einfache Bedienung"). Die besondere Bedeutung im Cluster HA für eine bequeme und unterhaltungsorientierte Fernsehnutzung manifestiert sich in entsprechend hohen Zustimmungswerten hinsichtlich der Attribute „unterhaltend/unterhaltsam" (76%) und „einfache Bedienung" (73%), was sich für Letzteres auch in deutlichen Kontrasten zu den beiden Clustern IA (χ^2 (1)=14.06, p≤.001) und DU (χ^2 (1)=8.56, p≤.01) niederschlägt.

Zusammenfassend zeigt sich gemäß den clusterspezifischen Bedürfnissen und Nutzungsmotiven ein differentes Imageprofil zum Fernsehen. Je intensiver dieses Medium genutzt wird und je zentraler es im medialen Mittelpunkt steht, desto breiter fällt das Imageprofil aus. So weisen die beiden fernsehaffinen Clustern ES und UO alle zwölf Images mehrheitlich dem dominanten Medium Fernsehen zu. Im Kontrast dazu steht Cluster IA dem Fernsehen auch in den Imagezuschreibungen distanziert gegenüber und hält es für weniger sympathisch als die Zeitung und das Radio. Eine Zwischenposition nehmen Cluster HA und DU ein, für die das Fernsehen ein deutliches Übergewicht in den Images hat, jedoch auch eine begrenzte Offenheit zur Zeitung und zum Internet besteht. Dabei betont Cluster HA beim Fernsehen die Unterhaltungsfunktion und die bequeme Zugänglichkeit.

5.2.4.7 Medien als Informationsquelle

Fernsehen gilt im Sample als wichtigste Informationsquelle, wenn es darum geht, sich über aktuelle Politik und öffentliches Leben auf dem Laufenden zu halten. Nahezu alle Befragten nutzen dieses Medium hierfür (97%). Als weitere wichtige Informationsquellen nennen neun von zehn Personen die Tageszeitung und das Radio, acht von zehn Personen Gespräche mit anderen. Von den weiteren Printmedien hebt sich die Zeitschrift gegenüber den überregionalen Zeitungen und Wochenmagazinen ab: Zwei Drittel nutzen diese Lektüre als Informationsquelle, hingegen nur vier von zehn Personen die zwei anderen Printmedien. Das Internet hat keinerlei Breitenwirkung (10%) (siehe Tabelle 37).

Es lassen sich kaum relevante Gruppenunterschiede beschreiben. Lediglich das Radio wird von den fünf Clustern unterschiedlich bewertet (χ^2 (4)=16.83, p≤.01). Wie schon die Analysen zum Zeitbudget aufzeigten, nimmt dieses Medium in den Clustern UO und DU einen deutlich größeren Stellenwert ein. Diese nutzen das Radio in deutlich stärkerem Ausmaß als Informationsquelle, vor allem im Vergleich zu Cluster HA (DU zu HA: χ^2 (1)=13.25, p≤.001; IA: (χ^2 (1)=4.03, p≤.05 und UO zu HA: χ^2 (1)=7.09, p≤.01). Bei differenzierter Betrachtung aller vier Merkmalsausprägungen werden zudem signifikante Gruppenunterschiede zum Fernsehen (χ^2 (4)=15.42,

$p \leq .01$) und zur Zeitschrift (χ^2 (4)=20.18, $p \leq .001$) angezeigt. Während im Cluster ES 95% das Fernsehen als „sehr wichtige" Informationsquelle bewerten, sind es in den anderen Clustern lediglich um die 10% – der Mann-Whitney-Rangsummentest zeigt für alle vier Cluster hoch signifikante Kontraste ($p \leq .001$) an.

Tab. 37: Informationsquellen über aktuelle Politik und öffentliches Leben

eher / sehr wichtig in Prozent	Gesamt 282 (100%)	1 (DU) 103 (36%)	2 (IA) 63 (22%)	3 (HA) 50 (18%)	4 (UO) 44 (16%)	5 (ES) 22 (8%)
Fernsehen	97.09 [n.s.]	96.97	95.16	95.92	100.00	100.00
Regionale Tageszeitung	91.97 [n.s.]	92.08	91.80	85.42	95.35	100.00
Radio	88.04 ** $R^2=.13$	95.00 [2,3]	85.48 [1]	71.43 [1,4]	95.35 [3]	86.36
Gespräche mit anderen	79.78 [n.s.]	80.20	75.00	75.00	87.80	86.36
Zeitschriften	67.03 [n.s.]	70.71	61.67 [5]	59.18 [5]	62.79 [5]	90.91 [2,3,4]
Überregionale Zeitung	42.96 [n.s.]	42.27	53.23 [4]	37.50	33.33 [2]	47.62
Wochenmagazine	42.49 [n.s.]	45.36	48.39	32.65 [5]	30.23 [5]	59.09 [3,4]
Internet	10.82 [n.s.]	7.45	18.03	14.29	4.65	9.52
Interesse an Politik / öffentliches Leben [1] (SD)	2.25 ** $R^2=.04$ (0.8)	2.31 [2] (0.7)	1.98 [1,4,5] (0.8)	2.16 [4] (0.9)	2.51 [2,3] (0.8)	2.36 [2] (0.9)
ziemlich/ sehr starkes, %	58.13	58.00	67.74	66.00	41.86	45.45

Anmerkung: Unterschiedstestung erfolgte mittels logistischer Regressionsanalyse. Paarweise Kontraste in hochgestellter Zahl: $p \leq .05$.
1) Range von 1-5, je niedriger der Wert, desto höher das Interesse.

Paarweise Kontraste lassen sich zudem für das relativ informationsdistante Cluster HA beschreiben. So betrachtet dieses Cluster Medien in einem geringeren Umfang als Informationsquelle. Im Gegensatz dazu haben im Cluster ES Medien allgemein einen größeren Stellenwert als Informationsquelle. Besonders Fernsehen, Tageszeitung und Zeitschriften erfüllen bei nahezu allen Mitgliedern diese Funktion. Signifikanzen bestehen hinsichtlich Zeitschriften (zu HA: χ^2 (4)=5.88, $p \leq .05$; IA: χ^2 (1)=5.38, $p \leq .05$; UO: χ^2 (1)=4.87, $p \leq .05$) und Wochenmagazinen (zu HA: χ^2 (1)=4.24, $p \leq .05$; UO: χ^2 (1)=4.86, $p \leq .05$). Aufgrund der ausgeprägten Informationsorientierung im Cluster IA besteht neben den dominanten Quellen Fernsehen und regionale Tageszeitung eine erhöhte Affinität zu überregionalen Zeitungen (zu UO (χ^2 (1)=3.93, $p \leq .05$).

Das Interesse an Politik und öffentlichem Leben ist besonders stark präsent in den Clustern IA und HA, was auf deren erhöhten Anteilen an formal hoch Gebildeten und Männern gründet. Während zwei Drittel in diesen Clustern solch ein Interesse bekunden, sind es in den Clustern UO und ES lediglich vier von zehn Personen. Dementsprechend geben die einfaktoriellen Varianzanalysen sowohl globale (χ^2 (4)=3.38, $p \leq .01$) als auch paarweise signifikante Gruppenunterschiede aus (IA zu UO: χ^2

(1)=6.76, p≤.01; ES (χ^2 (1)=3.32, p≤.05; HA zu UO: χ^2 (1)=5.33, p≤.01). Wie folgender Abschnitt darlegt, drückt sich dieses unterschiedlich ausgeprägte Politikinteresse in den Präferenzen gesellschaftlicher Themeninteressen aus.

5.2.4.8 Interesse an gesellschaftlichen Themen

Von den erfragten gesellschaftlichen Themen interessieren allen voran die Bereiche Gesundheit (96%) und Politik (91%) (siehe Tabelle 38). Dabei bestehen relevante Gruppenunterschiede zum Bereich „Politisches Geschehen" (χ^2 (4)=9.78, p≤.05). Konform der Selbsteinschätzung zum Interesse am öffentlichen Leben und an Politik zeigen die beiden bildungsbenachteiligten Cluster ES und UO ein deutlich niedrigeres Interesse an politischen Inhalten (ES zu IA: (χ^2 (1)=4.63, p≤.05; UO zu IA: (χ^2 (1)=5.53, p≤.05), DU (χ^2 (1)=4.02, p≤.05). Hingegen ist im Cluster IA das Interesse am politischen Geschehen stärker ausgeprägt als zum Themenbereich Gesundheit.

Tab. 38: Interesse an gesellschaftlichen Themen

etwas / sehr interessiert in Prozent	Gesamt 282 (100%)	1 (DU) 103 (36%)	2 (IA) 63 (22%)	3 (HA) 50 (18%)	4 (UO) 44 (16%)	5 (ES) 22 (8%)
Medizin, Gesundheit, Ernährung	95.67 [n.s.]	96.00	91.44	96.00	97.67	100.00
Politisches Geschehen	91.27 * [R²=.08]	93.00 [4]	96.77 [4,5]	93.88	81.40 [1,2]	80.95 [2]
Ratgeber-, Verbraucherthemen	83.70 [n.s.]	83.84	80.65	84.00	86.05	86.36
Geschichte, Landeskunde	78.62 [n.s.]	80.00	85.48 [5]	78.00	74.42	61.90 [2]
Gesellschaft, Öffentlichkeit	73.36 [n.s.]	78.79 [5]	68.85	70.00	78.57 [5]	59.09 [1,4]
Kunst, Literatur, Theater	70.91 ** [R²=.08]	72.00 [5]	85.48 [1,3,5]	57.14 [2]	74.42 [5]	47.62 [1,2,4]
Kriminalität, Katastrophen	60.14 * [R²=.06]	55.00 [4,5]	46.77 [3,4,5]	68.00 [2]	74.42 [2]	76.19 [2]
Wirtschaft, Börse	39.35 [n.s.]	38.00	48.39 [5]	46.00	30.23	22.73 [2]
Arbeit, Beruf, Ausbildung	30.18 [n.s.]	35.35 [5]	25.81	30.00	30.23	19.05 [1]
Unterhaltung: Klatsch, Tratsch	25.00 *** [R²=.13]	24.00 [2,5]	6.45 [1,3,4,5]	28.00 [2]	37.21 [2]	52.38 [1,2]

Anmerkung: Unterschiedstestung erfolgte mittels logistischer Regressionsanalyse. *** = p≤.001; ** = p≤.01; * = p≤.05. Paarweise Kontraste in hochgestellter Zahl: p≤.05.

An dritter Stelle folgen „Ratgeber- und Verbraucherthemen" und „Geschichte, Landeskunde", das acht von zehn Personen als bedeutsam erachten, während sieben von zehn Personen ein Interesse an „Gesellschaft, Öffentlichkeit" aufweisen bzw. sich als kulturinteressiert („Kunst, Literatur, Theater") geben. Zudem bezeugen sechs von zehn Personen ein Interesse an „Kriminalität, Katastrophen" (χ^2 (4)=12.53, p≤.05). Hierzu, wie auch zum Bereich Kultur (χ^2 (4)=15.58, p≤.01), bestehen relevante Gruppenunterschiede. Während das bildungsbenachteiligte Cluster ES der Kultur deutlich reservierter gegenübersteht (48%, zu IA: χ^2 (1)=10.88, p≤.001); DU: (χ^2 (1)=4.50, p≤.05; UO: (χ^2 (1)=4.32, p≤.05), weisen sie umgekehrt die höchste Affinität zum Themenbereich „Kriminalität, Katastrophen" auf (76%). Ebenso zeigen die beiden weiteren unterhaltungsaffinen Cluster UO und HA an diesem Thema über-durchschnittliches Interesse (74% bzw. 68%), was sich in signifikanten Kontrasten zum informationsorientierten Cluster IA äußert (47%, IA zu ES: (χ^2 (1)=5.10, p≤.05); UO: (χ^2 (1)=7.67, p≤.01; HA: (χ^2 (1)=4.98, p≤.05). Bemerkenswerterweise zeigen die bildungsstarken HA kein ausgeprägtes Interesse an Kulturthemen (57%), was sie deutlich von Cluster IA unterscheidet (85%, χ^2 (1)=10.34, p≤.001).

Zu den nachgeordneten Themen zählen „Wirtschaft, Börse" (39%), „Arbeit, Beruf, Ausbildung" (30%) und Unterhaltungsthemen wie „Klatsch, Tratsch" (25%). Dabei konturiert der rangletzte Aspekt am stärksten von allen Themenbereichen (χ^2 (4)=19.42, p≤.001). Dies resultiert aus den völlig entgegengesetzten Präferenzen zwischen dem unterhaltungssuchenden Cluster ES und den informationsorientierten Cluster IA: Während über die Hälfte von Cluster ES an leichter Unterhaltung Interesse bekundet, sind es im Cluster IA lediglich 6% (χ^2 (1)=16.74, p≤.001 (zudem ES zu DU: χ^2 (1)=6.34, p≤.05). Diesbezüglich gibt sich das Cluster IA zu allen weiteren Clustern deutlich reservierter (UO: χ^2 (1)=12.61, p≤.001; HA: χ^2 (1)=8.16, p≤.01; DU: χ^2 (1)=7.19, p≤.01).

Entlang der fünf Cluster lassen sich deutliche Profilunterschiede in Bezug auf die Themeninteressen nachzeichnen, wobei der Bereich Gesundheit generell als sehr bedeutsam gilt. Einzig für informationsinteressierte Cluster IA sind politische Aspekte noch wichtiger, zudem besteht eine hohe Affinität zur Hochkultur. Das ebenfalls bildungsstarke Cluster HA zeigt zwar ein hohes Interesse an Politik, ist aber weniger an Kunst und Kultur interessiert. Für die Cluster ES und UO stehen zum einen Gesundheit und Lebenshilfe stärker im Vordergrund als politische Themen, zum anderen ist das Bedürfnis nach leichter Unterhaltung und Sensation deutlich ausgeprägter.

5.2.4.9 Zufriedenheit mit Massenmedien und Sendertyppräferenz

Trotz intensiver Fernsehnutzung und einem breiten Image- und Funktionsprofil fällt die Zufriedenheit mit diesem Medium moderat aus. Lediglich die Hälfte im Sample bewertet das Fernsehprogramm als zufriedenstellend. Hingegen zeigen sich mit den Medien Radio, Zeitung und Zeitschrift etwa 90% zufrieden (siehe Tabelle 39). Dieses negative Image ist Ausdruck eines kritischen Meinungsklimas gegenüber dem Medium Fernsehen, wie bereits die Analysen aus der MK2005 zur Bindungsqualität aufgezeigt haben (siehe Abschnitt 5.1.6).[54]

---

[54] Diese Ambivalenz könnte zudem in der jahrzehntelangen Nutzungserfahrung gründen, wonach ein Qualitätsverlust beim Fernsehen wahrgenommen wurde. So wurde bereits zum ersten Messzeitpunkt 1993/1994 häufig Kritik an zuviel Werbung, Gewalt und Sexualität geäußert.

Tab. 39: Zufriedenheit mit Medien und Senderpräferenz

	Gesamt 282 (100%)	1 (DU) 103 (36%)	2 (IA) 63 (22%)	3 (HA) 50 (18%)	4 (UO) 44 (16%)	5 (ES) 22 (8%)
Zufriedenheit mit Medien Mittelwert *(SD)*, Range 1-4						
Fernsehen	2.49 ** R^2=.06 *(0.6)*	2.44 [2,5] *(0.6)*	2.71 [1,4,5] *(0.7)*	2.50 [5] *(0.5)*	2.45 [2,5] *(0.6)*	2.10 [1,2,3,4] *(0.6)*
Hörfunk	1.97 [n.s.] *(0.5)*	1.95 *(0.5)*	1.95 *(0.5)*	2.00 *(0.4)*	1.98 *(0.5)*	2.00 *(0.7)*
Zeitung	2.00 [n.s.] *(0.5)*	2.03 *(0.4)*	1.97 *(0.6)*	2.00 *(0.6)*	2.07 *(0.5)*	1.81 [1,4] *(0.5)*
Zeitschrift	1.92 [n.s.] *(0.6)*	1.90 *(0.5)*	1.91 *(0.7)*	2.06 *(0.5)*	1.90 *(0.5)*	1.80 *(0.5)*
Zufriedenheit mit Medien (überwiegend / sehr zufrieden), in Prozent						
Fernsehen	53.45	57.58	37.09	52.00	59.09	75.00
Hörfunk	90.16	91.09	89.66	90.91	90.47	84.21
Zeitung	89.10	88.54	91.80	84.45	88.38	95.24
Zeitschrift	91.16	92.77	86.96	85.71	96.78	95.00
Lieblingssender in Prozent						
Präferenz für Ö/R-Sender oder Nachrichtensender [1]	93.39 [n.s.]	94.85 [4,5]	100.00	95.65 [5]	84.21 [1]	77.78 [1,3]

Anmerkung: Unterschiedstestung erfolgte mittels einfaktorieller Varianzanalyse (Anova). Paarweise Kontraste in hochgestellter Zahl: $p \leq .05$.
1) Unterschiedstestung erfolgte mittels logistischer Regressionsanalyse.

So finden sich bei der Bewertung des Fernsehens signifikante Unterschiede innerhalb der fünf Cluster (F (4,270)=4.23, $p \leq .001$). Erwartungsgemäß äußert das fernsehdistante Cluster IA die geringste Zufriedenheit, während Cluster ES eine signifikant hohe Zufriedenheit anzeigt (IA zu ES: F (1,270)=15.11, $p \leq .001$, DU: F (1,270)=7.21, $p \leq .01$; UO: F (1,270)=4.50, $p \leq .05$ und ES zu HA: F (1,270)=6.15, $p \leq .05$, DU: F (1,270)=5.31, $p \leq .05$; UO: F (1,270)=4.65, $p \leq .05$).

Auf die Frage nach dem Fernseh-Lieblingssender werden im Sample hauptsächlich öffentlich-rechtliche Sender genannt. Das Ergebnis fällt noch drastischer aus als in der MK2005. Neun von zehn Personen der K30-32 präferieren einen öffentlich-rechtlichen Sender; in der MK2005 sind es drei Viertel der K30-39. Trotz dieser hohen Anteile variiert das Ausmaß entlang soziodemografischer Merkmale. Wie schon die Analysen der MK2005 darlegten, konturieren vor allem Bildungsstatus und politisches Interesse die Senderpräferenz (vgl. Abschnitt 5.1.8). Dies spiegelt sich in der Clusterlösung der ILSE-Studie wider, bei der privat-kommerzielle Lieblingssender signifikant häufiger unter den bildungs- und politikdistanten Cluster ES (22%) und UO (18%) genannt werden (ES zu DU: χ^2 (1)=5.17, $p \leq .05$; HA: χ^2 (1)=4.00, $p \leq .05$; UO zu DU: χ^2 (1)=3.75, $p \leq .05$), während von allen Personen im Cluster IA öffentlich-rechtliche Sender bzw. Nachrichtensender (wie n-tv oder CNN) favorisiert werden.

5.2.4.10 Freizeit- und Bewegungsaktivitäten

Der Schwerpunkt der Freizeit- und Bewegungsaktivitäten liegt in der K30-32 auf dem häuslichen Kontext. Dabei nehmen mediale Tätigkeiten wie Fernsehen, Musik hören oder Lesen einen zeitlich breiten Raum ein. Täglich sehen neun von zehn Personen Fernsehen, drei von vier Personen hören Musik und Lesen (siehe auch Abschnitt 5.2.4.4). Im Bereich der Unterhaltung ist zudem das Kreuzworträtsel beliebt: Zwei Drittel üben diese kognitiv stimulierende Aktivität mindestens wöchentlich aus; lediglich das Cluster ES zeigt ein deutlich geringeres Interesse (zu DU und UO jeweils $p \leq .05$) (siehe Tabelle 40).

Signifikante globale Gruppenunterschiede werden in der Kruskal-Wallis-Varianzanalyse für keine dieser Aktivitäten angezeigt. Jedoch konstatiert die einfaktorielle Varianzanalyse zum Summenwert des Freizeitbereichs „Information und Unterhaltung" für das Cluster HA ein deutlich niedrigeres Aktivitätsniveau (zu DU: χ^2 (1)=6.79, $p \leq .01$; UO: χ^2 (1)=6.01, $p \leq .05$). Dies korrespondiert mit deren allgemein geringerem Mediengebrauch. Wie die weiteren Analysen zeigen, weist dieses Cluster auch zu anderen Freizeitbereichen unterdurchschnittliche Nutzungsfrequenzen auf; d.h., es liegt im Cluster HA ein generell niedrigeres Aktivitätsniveau vor.

Die Freizeitdimension „Pflege sozialer Kontakte" wird von gegenseitigen Besuchen geprägt. Wöchentlich bekommt jeder Vierte Besuch, weitere 48% zumindest monatlich. Besuche abstatten macht wöchentlich jeder Fünfte, weitere 42% monatlich. Die aktiven IA zeichnen sich in den paarweisen Kontrastanalysen durch ein deutlich höheres Kontaktniveau aus (Besuche abstatten: $p \leq .05$ zu HA, DU und UO; Besuche bekommen: $p \leq .05$ zu HA). Deutlich nachgeordnet sind Restaurant- und Kneipenbesuche. Jeder Zehnte geht wöchentlich aus, ein weiteres Viertel zumindest monatlich.

Weitere soziale Aktivitäten wie Bürger,- Senioren- oder Nachbarschaftstreffen wie auch Skatabende und Kaffeekränzchen nimmt nur ein kleiner Kreis wahr. Etwa 60% gehen diesen sozialen Aktivitäten nie nach. Innerhalb dieser Freizeitdimension bestehen einzig für die Aktivitäten Skatabende und Kaffeekränzchen signifikante Gruppenunterschiede (χ^2 (4)=9.26, $p \leq .05$). Deutliche Kontraste bestehen hierbei zwischen dem passiven Cluster HA und den Clustern UO und ES (jeweils $p \leq .05$) sowie zwischen ES und IA ($p \leq .05$).

Tab. 40: Freizeit- und Bewegungsaktivitäten

wöchentlich, in Prozent	Gesamt 282 (100%)	1 (DU) 103 (36%)	2 (IA) 63 (22%)	3 (HA) 50 (18%)	4 (UO) 44 (16%)	5 (ES) 22 (8%)
1. Information und Unterhaltung						
Fernsehen	99.64 [n.s.]	100	98.39	100.00	100.00	100.00
Lesen	91.37 [n.s.]	93.14	95.16	89.58	84.09	90.91
Musik hören	93.07 [n.s.]	96.00	93.55	91.30	90.91	86.36
Rätsel lösen	63.87 [n.s.]	67.00 [5]	63.93	56.25	72.73 [5]	47.62 [1,4]
Spielen	27.94 [n.s.]	28.00	25.81	26.09	32.57	28.57
Summe Anzahl Aktivitäten pro Woche [1] (SD)	21.33 [n.s.] *(5.9)*	22.02 *(5.5)*	21.22 *(5.4)*	19.21 [1,4] *(6.8)*	22.34 [3] *(5.7)*	20.89 *(7.2)*
2. Bewegungsaktivitäten						
Spazieren gehen	83.94 [n.s.]	80.20	86.67	83.33	83.72	95.45
Gartenarbeit	56.88 [n.s.]	62.8 [4]	57.38	54.17	45.45 [1]	57.14
Sport treiben	52.40 [n.s.]	52.53	58.33	52.08	44.19	52.38
Wandern	19.34 **	19.80 [2,4]	30.00 [1,2,4,5]	10.42 [2]	13.64 [1,2]	19.05 [2]
Tanzen gehen	1.83 [n.s.]	2.00	0.00	0.00	4.55	5.00
Summe Anzahl Aktivitäten pro Woche [1] (SD)	7.71 [n.s.] *(4.8)*	7.97 [3] *(5.1)*	8.52 [3] *(4.5)*	6.16 [1,2,5] *(3.2)*	7.30 *(5.6)*	8.61 [3] *(5.0)*
monatlich, in Prozent						
3. Pflege sozialer Kontakte						
Kurze Besuche abstatten	67.64 [n.s.]	65.35 [2]	77.42 [1,3,4]	57.45 [2]	67.44 [2]	72.73
Kurze Besuche bekommen	67.27 [n.s.]	67.33	79.03 [3]	53.19 [2]	65.91	66.67
Besuch Restaurants/Kneipen	35.74 [n.s.]	33.33	35.48	39.58	38.64	33.33
Besuch Bürger-/ Senioren-/ Nachbarschaftstreff	18.48 [n.s.]	16.67	20.97	18.75	13.64	30.00
Besuch Skat-/Kaffeekränzchen	18.41 *	17.65	16.13 [5]	12.50 [4,5]	25.00 [3]	28.57 [2,3]
Summe Anzahl Aktivitäten pro Monat [1] (SD)	7.00 [n.s.] *(6.9)*	6.47 [2] *(6.8)*	8.72 [1] *(7.9)*	6.44 *(7.1)*	6.34 *(5.1)*	7.05 *(6.8)*
4. Kreative Aktivitäten/ Hobbys						
Handarbeiten	28.94 [n.s.]	33.66	34.43	22.92	20.45	21.05
Heimwerken	32.10 **	37.37 [4,5]	45.16 [4,5]	29.17	13.95 [1,2]	10.53 [1,2]
Musizieren/ Singen	12.92 [n.s.]	15.15	21.67	6.25	6.82	5.00
Sammlungen	6.59 [n.s.]	6.93	5.00	6.25	9.09	5.00
Fotografieren/ Filmen	24.54 *	24.75 [5]	26.23 [5]	29.17 [5]	22.73	10.53 [1,2,3]
Malen/ Töpfern	2.55 [n.s.]	2.97	1.61	6.25	0.00	0.00
Summe Anzahl Aktivitäten pro Monat [1] (SD)	8.24 [n.s.] *(13.6)*	8.93 *(14.9)*	11.70 [3,5] *(14.6)*	5.83 [2] *(10.3)*	6.62 *(12.5)*	4.13 [2] *(10.5)*
5. Kirchliche, Kultur- und Bildungsaktivitäten						
Besuch kirchl Veranstaltungen	16.97 *	18.63	22.58 [4,5]	14.58	9.09 [2]	14.29 [2]
VHS/ Weiterbildung/ Sprachen	8.52 *	9.18	11.29 [4]	8.33	2.33 [2]	10.53
Besuch Ausstellung/ Vorträge	16.67 **	18.63 [5]	24.19 [5]	12.50 [5]	13.64 [5]	0.00 [1,2,3,4]
Besuch Sportveranstaltungen	4.45 [n.s.]	2.94	4.84	0.00	11.36	5.00
Besuch Kino/ Theater/ Konzert	19.57 **	18.63 [5]	29.03 [3,5]	10.42 [2]	20.93	14.29 [1,2]
Summe Anzahl Aktivitäten pro Monat [1] (SD)	2.76 [n.s.] *(4.9)*	2.68 *(4.6)*	3.71 [4] *(5.3)*	2.76 *(5.6)*	1.62 [2] *(2.3)*	2.66 *(7.1)*
Urlaub machen [2] (mind. einmal pro Jahr, in %)	73.7 * R^2=.06	75.5 [5]	82.3 [5]	75.5 [5]	70.5 [5]	42.9 [1,2,3,4]

Anmerkung: Unterschiedstestung erfolgte mittels Kruskal-Wallis-Varianzanalyse, paarweise mittels Mann-Whitney-Test und bezog sich auf alle vier Kategorien. Paarweise Kontraste in hochgestellter Zahl: p≤.05.
1) Unterschiedstestung erfolgte mittels einfaktorieller Varianzanalyse (Anova). 2) Unterschiedstestung erfolgte mittels logistischer Regression.

Unter den Bewegungsaktivitäten steht im Sample das Spazierengehen an erster Stelle. Acht von zehn Personen üben dies wöchentlich aus. Sechs von zehn Personen sind mit Gartenarbeit beschäftigt und jeder Zweite treibt wöchentlich Sport. Jeder Dritte ist sportabstinent, im Cluster UO ist es sogar jeder Zweite. Wandern wird von einem Fünftel wöchentlich betrieben, von einem weiteren Fünftel zumindest monatlich.

Allerdings findet sich in der Frequenz eine breite Streuung zwischen den Clustern (χ^2 (4)=15.82, p$\leq$.01). Das Cluster IA erweist sich als das deutlich aktivste, besonders gegenüber den Clustern HA (p$\leq$.01) und UO (p$\leq$.001), deren wöchentlicher Nutzerkreis um die Hälfte kleiner ist als im Cluster IA (30%). In der Summe finden sich keine bedeutsamen globalen Gruppenunterschiede im Bereich der Bewegungsaktivitäten, doch zeigt erneut das relativ passive Cluster HA deutliche Kontraste zu anderen Clustern, besonders zum Cluster IA (χ^2 (1)=6.43, p$\leq$.01; DU: χ^2 (1)=4.57, p$\leq$.05; ES: χ^2 (1)=3.73, p$\leq$.05).

Im Bereich der kreativen und musischen Aktivitäten sind vor allem das Heimwerken und das Handarbeiten relevant. Immerhin drei von zehn Personen üben dies monatlich aus. Ein Viertel fotografiert und filmt in dieser Häufigkeit, während Musizieren und Singen lediglich von einer Minderheit von 13% monatlich ausgeübt wird. Bedeutsame Gruppenunterschiede lassen sich bezüglich des Heimwerkens (χ^2 (4)=16.81, p$\leq$.01; ES und UO zu IA und DU: jeweils p$\leq$.05) und des Fotografierens/ Filmens ausmachen (χ^2 (4)=9.07, p$\leq$.01; ES zu HA, IA, DU: jeweils p$\leq$.05). Dabei besitzt wiederum das Cluster IA ein deutlich erhöhtes Aktivitätsniveau. Entsprechend ist auch deren Summenwert für diesen Freizeitbereich insgesamt überdurchschnittlich, was sich in deutlichen Kontrasten zu den Clustern ES (χ^2 (1)=4.52, p$\leq$.05) und HA (χ^2 (1)=4.97, p$\leq$.05) ausdrückt.

Kulturelle, kirchliche und bildungsbezogene Veranstaltungen spielen im Freizeitrepertoire der K30-32 eine nachgeordnete Rolle. Jeder Fünfte geht zumindest monatlich ins Theater, Konzert oder ins Kino (χ^2 (4)=13.60, p$\leq$.01), jeder Sechste in die Kirche (χ^2 (4)=10.51, p$\leq$.05) oder zu einem Vortrag/Ausstellung (χ^2 (4)=16.80, p$\leq$.01). Jeder Zehnte nimmt einmal im Monat an einer Weiterbildung teil. Die aufgezeigten Gruppenunterschiede resultieren größtenteils auf Bildungseffekten (Ausstellungen/Vorträge: χ^2 (2)=35.57, p$\leq$.001; Theater/Konzert/Kino: χ^2 (2)=22.43, p$\leq$.001) und bzgl. des Kirchenbesuchs auf Ost-West-Unterschieden (χ^2 (1)=43.09, p$\leq$.001). So suchen das bildungsstarke Cluster IA deutlich mehr kulturelle, bildungsorientierte Angebote auf, während die beiden bildungsschwächeren Cluster ES und UO das geringste Interesse bekunden. Während der Anteil an Personen, die nie in Ausstellungen oder Vorträge gehen, im Cluster IA, DU und HA bei etwa zehn Prozent liegt, sind es in den Clustern ES 45% und UO 20% (ES zu IA und DU: p≤.001; zu HA: p≤.01, UO: p≤.05).

Überhaupt für Weiterbildungsveranstaltungen offen ist im Cluster IA ein Drittel, in den Clustern DU und HA sind es 20%, in den Clustern ES und UO nur 10% (IA zu UO: p≤.01). Dabei verhalten sich die bildungsstarken HA zu Kultur- und Bildungsangeboten distanzierter. Lediglich jeder Zehnte geht monatlich in ein Konzert, Theater oder ins Kino, im Cluster IA sind es drei von zehn Personen (p≤.01; zudem IA zu ES: p≤.01). Infolge des hohen Anteils aus den neuen Bundesländern sind die beiden Cluster ES und UO auch deutlich weniger kirchentreu: Zwei Drittel gehen nie in die Kirche, etwa jeder Zehnte einmal im Monat. Im Cluster IA geht hingegen jeder Vierte monatlich in die Kirche und nur vier von zehn Personen bleibt gegenüber der Kirche abstinent (zu UO: p≤.01; zu ES: p≤.05).

Neben einem insgesamt sehr vielfältigen und umfangreichen Freizeitprofil verfügt die K30-32 über eine ausgeprägte Reisemobilität. Drei Viertel von ihnen verreist mindestens einmal im Jahr für länger als fünf Tage. Fast jeder Zweite geht mindestens zweimal im Jahr in Urlaub, etwa jeder Zehnte sogar viermal und öfters. Der Anteil, die pro Jahr mindestens einmal in Urlaub fahren, liegt bei den IA mit über 82% fast doppelt so hoch als bei den ES (43%, χ^2 (1)=10.09, p≤.001).

Zusammenfassend fällt das außerordentliche hohe Aktivitätsniveau von Cluster IA auf. Sie sind in ihrer Freizeit sehr aktiv und mobil, sozial und außerhäuslich orientiert. Hingegen zeichnet sich das Cluster HA durch ein eingeschränktes Freizeitprofil aus. Mit Ausnahme des kulturellen Freizeitbereichs besitzen sie zu allen vier anderen Bereichen unterdurchschnittliche Aktivitätsscores, die mitunter signifikant sind. Die beiden medienintensivsten Nutzergruppen ES und UO sind nicht generell passiver in den nonmedialen Aktivitäten, jedoch zeigen sie sich gegenüber kulturellen und kreativen Aktivitäten distanter. Dies gilt in besonderer Weise für das fernsehaffine Cluster ES, das zudem auch gegenüber kognitiv stimulierenden Aktivitäten wie Rätsel lösen, Ausstellungen/Vorträge zurückhaltender ist. Kennzeichnend für das Cluster UO sind die verhältnismäßig niedrigen Werte für körperliche Aktivitäten wie Wandern und Heimwerken, was mit einem eingeschränkten Gesundheitsstatus zusammenhängen kann (siehe Abschnitt 5.2.4.12).

5.2.4.11 Persönlichkeit und Einstellung

Neben den medienbezogenen Aspekten wurde für die Beschreibung der Cluster ein zweiter Schwerpunkt auf psychologische Merkmale gelegt. Hierzu kamen umfangreiche Daten zu Bereichen der Persönlichkeit, Gesundheit, Intelligenz, des subjektiven

Wohlbefindens, Lebenszufriedenheit und zur Lebensbewertung zum Tragen. Die Befunde zu diesem Schwerpunkt ergänzen die bereits gefundenen Profilunterschiede der einzelnen Cluster. Dabei bilden sich erneut die bekannten Positionen der Cluster zueinander: Cluster IA und Cluster ES stehen sich über nahezu alle erfassten Konstrukte diametral gegenüber, während Cluster DU als mittlere Referenzgruppe fungiert.

Innerhalb der fünf Persönlichkeitsmerkmale des NEO-FFI stellt das Merkmal Neurotizismus die deutlichsten Profilunterschiede her ($F_{(4,257)}$=6.99, $p \leq .001$). Dabei sind die sozial privilegierten Cluster IA und HA durch eine signifikant hohe emotionale Stabilität gekennzeichnet (IA zu ES: $F_{(1,257)}$=16.19, $p \leq .001$; UO: $F_{(1,257)}$=11.66, $p \leq .001$; DU: $F_{(1,257)}$=11.35, $p \leq .001$; HA zu ES: $F_{(1,257)}$=9.83, $p \leq .01$; UO: $F_{(1,257)}$=5.25, $p \leq .05$; DU: $F_{(1,257)}$=3.94, $p \leq .05$). Umgekehrt weisen die fernsehaffinen Cluster UO und noch stärker ES deutlich höhere Werte für Neurotizismus auf. Als zweites distinktes Merkmal erweist sich die Dimension „Offenheit" ($F_{(4)}$=2.44, $p \leq .05$), insofern Cluster ES eine deutlich geringere Offenheit für Neues anzeigt (zu IA: $F_{(1,258)}$=8.13, $p \leq .01$; DU: $F_{(1,258)}$=5.50, $p \leq .05$; HA: $F_{(1,258)}$=5.15, $p \leq .05$) (siehe Tabelle 41).

Im Vergleich zu den Normwerten von Costa und McCrae (1992) zeigt sich das ILSE-Sample als etwas weniger emotional labil, extravertiert und offen und etwas stärker gewissenhaft und verträglich. Dies korrespondiert mit Befunden zu Querschnittsanalysen zwischen älteren und jüngeren Altersgruppen.

Der zweite Aspekt zum Bereich der Persönlichkeit stellen die Dimensionen der Kontrollüberzeugungen dar. Ein relevanter Gruppenunterschied besteht hierbei nur in der Bewertung der fatalistischen Externalität ($F_{(1,275)}$=2.86, $p \leq .05$). Dieses resultiert auf einem starken Kontrast im Cluster ES, das zu allen vier Clustern signifikant häufiger angibt, Ausgänge von Handlungen dem Zufall zu zuschreiben (zu IA: $F_{(1,275)}$=10.75, $p \leq .001$; DU: $F_{(1,275)}$=8.15, $p \leq .01$; UO: $F_{(1,275)}$=6.26, $p \leq .05$; HA: $F_{(1,275)}$=4.40, $p \leq .05$). Auch der zweite externale Faktor („powerful others") ist in diesem Cluster überdurchschnittlich ausgeprägt (zu HA: $F_{(1,275)}$=4.36, $p \leq .05$; IA: $F_{(1,275)}$=3.79, $p \leq .05$).

Dabei weisen alle Cluster den intrinsischen Kontrollüberzeugungen mehr Gewicht zu als den extrinsischen. Das Schicksal wird vornehmlich durch eigenes positives und negatives Handlungsgeschick wahrgenommen. Dies gilt besonders für das Cluster UO, das sich stärker als ihres „Glückes Schmied" sieht (zu DU: $F_{(1,275)}$=4.80, $p \leq .05$; IA: $F_{(1,275)}$=3.93, $p \leq .05$).

Tab. 41: Persönlichkeit und Einstellung

	Gesamt 282 (100%)	1 (DU) 103 (36%)	2 (IA) 63 (22%)	3 (HA) 50 (18%)	4 (UO) 44 (16%)	5 (ES) 22 (8%)
NEO-FFI (SD), Range 0-48						
Neurotizismus	17.40 *** R^2=.09 (6.7)	18.26 [2,3,5] (6.1)	14.68 [1,4,5] (6.5)	15.98 [1,4,5] (7.2)	19.12 [2,3] (5.9)	21.35 [1,2,3] (6.4)
Extraversion	25.46 [n.s.] (6.1)	24.95 (5.4)	26.89 (6.6)	24.84 (7.1)	26.13 (5.8)	23.95 (5.8)
Offenheit für Erfahrung	26.15 * R^2=.04 (4.6)	26.31 [5] (4.7)	27.02 [5] (4.3)	26.47 [5] (4.9)	25.33 (4.2)	23.76 [1,2,3] (3.5)
Gewissenhaftigkeit	35.01 [n.s.] (5.4)	35.00 (5.1)	36.07 [4] (5.3)	35.47 (5.3)	33.63 [2] (5.5)	33.42 (6.4)
Verträglichkeit	33.00 [n.s.] (4.8)	32.85 (4.8)	34.02 [5] (4.9)	33.37 (4.9)	32.32 (4.3)	31.05 [2] (5.0)
Allgemeine Kontrollüberzeugung (SD), Range [a] 3-15; [b] 4-20						
Positive Internalität [a]	11.02 [n.s.] (1.9)	10.86 [4] (1.8)	10.87 [4] (1.9)	10.88 (1.9)	11.59 [1,2] (1.8)	11.38 (1.9)
Negative Internalität [a]	10.19 [n.s.] (2.2)	9.92 (2.2)	10.10 (2.2)	10.24 (2.1)	10.59 (2.1)	10.86 (2.3)
Soziale Externalität [b]	7.35 [n.s.] (2.6)	7.51 (2.6)	7.02 [5] (2.6)	6.88 [5] (2.2)	7.56 (2.8)	8.29 [2,3] (3.0)
Fatalistische Externalität [b]	10.78 * R^2=.04 (2.7)	10.65 [5] (2.5)	10.27 [5] (2.5)	11.02 [5] (3.0)	10.70 [5] (2.8)	12.48 [1,2,3,4] (3.1)
Nürnberger Selbsteinschätzungs-Liste (SD), Range 20-80						
NSL-Summenwert (SD)	42.00 ** R^2=.05 (12.4)	42.85 [2] (12.1)	37.31 [1,3,4,5] (11.5)	42.30 [2] (13.6)	44.38 [2] (11.1)	46.74 [2] (12.7)
Verdacht auf hirnorgan. Psychosyndrom [1] (in %)	16.23 [n.s.]	19.79 [2]	4.92 [1,4,5]	14.89	21.43 [2]	26.32 [2]

Anmerkung: Unterschiedstestung erfolgte mittels einfaktorieller Varianzanalyse (Anova). Paarweise Kontraste in hochgestellter Zahl: p≤.05.
1) Unterschiedstestung erfolgte mittels logistischer Regressionsanalyse.

Ebenfalls ein signifikanter Gruppenunterschied zeigt sich in der Nürnberger-Selbsteinschätzungs-Liste zur subjektiven Einschätzung eigener Alternsprozesse (F (4,260)=3.53, p≤.01). Dieser gründet im Kontrast von Cluster IA, das alterstypische Veränderungen im Hinblick auf die Vitalität, kognitive Leistungen und Sozialkontakte deutlich weniger wahrnimmt als in anderen Clustern (zu ES: F (1,260)=8.73, p≤.01; UO: F (1,260)=8.44, p≤.01; DU: F (1,260)=7.78, p≤.01; HA: F (1,260)=4.48, p≤.05). Darüber hinaus weisen sie mit Abstand die geringste Quote für einen Verdacht einer hirnpathologischen Störung auf (zu ES: χ^2 (1)=6.00, p≤.05; DU: χ^2 (1)=5.87, p≤.05; UO: χ^2 (1)=5.62, p≤.05). Für lediglich 5% könnte ein hirnorganisches Psychosyndrom vorliegen, im Cluster ES sind es 26%, in den Clustern UO und DU etwa 20%. Im Vergleich zum ausgewiesenen Normwert bei 70- bis 79-Jährigen (Oswald & Fleischmann, 1995, S. 272) weist das Sample im NSL eine positivere Selbsteinschätzung zum Altern auf (45.9; ILSE: 42.00). Mit Ausnahme von Cluster ES liegt der Wert für die übrigen vier Nutzungsmotivtypen günstiger.

Insgesamt hebt sich Cluster IA durch ein ressourcenreiches Persönlichkeitsbild hervor. Seine Persönlichkeit ist durch eine besonders hohe emotionale Stabilität gekennzeichnet sowie durch ein erhöhtes Ausmaß an Offenheit, Verträglichkeit und Gewissenhaftigkeit. Das Leben wird als selbstbestimmbar wahrgenommen und nicht so sehr durch äußere Einflussfaktoren. Ein weiteres Kennzeichen stellt die eigene Alternseinschätzung dar, die durch Vitalität und hoher geistiger Frische geprägt ist. Ein ähnliches Muster weist das Cluster HA insofern auf, als es ebenfalls eine höhere emotionale Stabilität und Offenheit besitzt, geringe externale Kontrollüberzeugungen anzeigt und in der Tendenz auch weniger Alternsveränderungen.

Im Kontrast dazu weisen die fernsehaffinen Cluster ES und UO ein erhöhtes Ausmaß an Neurotizismus auf. Dies gilt noch stärker für Cluster ES, das zusätzlich einen geringeren Grad an Offenheit für Neues und Verträglichkeit besitzt. Als ein Alleinstellungsmerkmal ist die starke externale Kontrollüberzeugung anzusehen, wonach Glück und Zufall im Leben eine wesentlich größere Beachtung geschenkt wird. Zudem finden sich, ähnlich wie im Cluster UO und DU, in gewissem Umfang Alternsveränderungen, wobei die Prävalenzrate für kognitive Beeinträchtigungen am stärksten ausfällt.

5.2.4.12 Gesundheit, funktionaler Status und kognitive Leistungsfähigkeit

Wie die Ergebnisse zur Nürnberger-Selbsteinschätzungs-Liste offenbaren, finden sich im Cluster ES deutlich mehr Personen mit negativen altersbedingten Veränderungsprozessen, zum Teil mit Verdacht auf hirnpathologische Veränderungen. Diese Hinweise werden durch weitere Analysen zur Gesundheit und zur kognitiven Leistungsfähigkeit gestützt.

Allgemein verfügt ein Großteil des Samples über einen guten Gesundheitszustand. Die ärztliche Beurteilung attestiert 8% einen sehr guten Gesundheitsstatus und weiteren 51% einen guten. Lediglich 8% bekommen ein „ausreichend" als Bewertung; als (sehr) schlecht wird niemand eingestuft. Wie zusätzliche psychiatrische Analysen ergaben, liegt auch die Prävalenzrate für eine demenzielle Erkrankung mit 5.32% etwas unter dem internationalen Niveau (Weyerer & Bickel, 2007). Dies ist auch als Ausdruck einer positiven Selektion von längsschnittlich ausgerichteten Studien zu sehen (siehe Tabelle 42).

Global bedeutsame Unterschiede finden sich diesbezüglich nicht, obgleich Cluster IA besonders günstige Gesundheitsressourcen aufweist; zwei Drittel besitzen einen (sehr) guten Gesundheitszustand. In den beiden fernsehaffinen Clustern ES und UO liegt dieser Anteil bei 41% und 50%, wobei im Cluster UO keiner einzigen Person ein sehr guter Zustand bescheinigt wird (zu IA: F $(1,221)=4.57$, p$\leq$.05).

Tab. 42: Gesundheitszustand, Alltagskompetenz und kognitive Leistungsfähigkeit

	Gesamt 282 (100%)	1 (DU) 103 (36%)	2 (IA) 63 (22%)	3 (HA) 50 (18%)	4 (UO) 44 (16%)	5 (ES) 22 (8%)
Objektiver Gesundheitsstatus (SD), Range 1-6	2.42 [n.s.] (0.7)	2.39 (0.7)	2.27 [4] (0.8)	2.44 (0.7)	2.61 [2] (0.7)	2.53 (0.8)
Anteil mit (sehr) gutem objektiven Gesundheitsstatus [1] (in %)	58.41 [n.s.]	60.98	65.38	58.97	50.00	41.18
I/ADL-Alltagskompetenz (SD), Range 24-72	25.45 * R^2=.04 (4.3)	25.71 (5.4)	24.67 [4] (1.3)	24.60 [4] (1.5)	26.95 [2,3] (6.2)	25.29 (2.0)
Anteil mit neg. Alltagskompetenz[1] (>24, in %)	34.96 [n.s.]	33.67 [5]	32.76 [5]	29.79 [5]	35.71	57.14 [1,2,3]
Anzahl an Erkrankungen (SD)	3.52 * R^2=.04 (1.8)	3.57 [2] (1.8)	2.88 [1,3,4,5] (1.8)	3.67 [2] (2.0)	3.94 [2] (1.7)	3.94 [2] (1.8)
Vorliegen einer alltagsrelevanten Erkrankung [1] (in %)	57.96 [n.s.]	55.42	47.06	64.10	66.67	70.59
Kognitive Leistungsfähigkeit (SD), Range 1-124	78.30 ***R^2=.09 (16.6)	80.00 [4,5] (15.8)	81.71 [4,5] (14.8)	81.24 [4,5] (14.4)	73.52 [1,2,3,5] (18.3)	63.77 [1,2,3,4] (18.2)

Anmerkung: Unterschiedstestung erfolgte mittels logistischer Regressionsanalyse. Paarweise Kontraste in hochgestellter Zahl: p≤.05.
1) Unterschiedstestung erfolgte mittels einfaktorieller Varianzanalyse (Anova).

Allerdings werden in den basalen und instrumentellen Alltagsaktivitäten, die als Gradmesser für Selbständigkeit und Autonomie gelten, Gruppenunterschiede konstatiert (F (4,261)=2.39, p≤.05). Korrespondierend zu den ärztlichen Befunden erweist sich das Cluster UO als auffällig. Hier liegen deutlich größere Einschränkungen in den Alltagskompetenzen vor als im Cluster IA (F (1,261)=7.04, p≤.01) und HA (F (1,261)=6.85, p≤.01).

Das in der Tendenz schlechtere Gesundheitsniveau im Cluster ES könnte ebenso auf funktionale Einschränkungen zurückzuführen sein. Während nämlich Cluster UO insgesamt ein niedrigeres Ausmaß an Alltagskompetenzen aufweist, findet sich im Cluster ES eine signifikant höhere Rate an Personen mit Funktionseinbußen. Sechs von zehn Personen beklagen Einschränkungen in mindestens einer basalen oder instrumentellen Alltagsaktivität, während es in den anderen Clustern nur jede dritte Person betrifft (zu HA: χ^2 (1)=4.42, p≤.05; DU: χ^2 (1)=3.88, p≤.05; IA: χ^2 (1)=3.71, p≤.05).

Probleme in den basalen Aktivitäten bestehen im Sample vor allem beim Treppensteigen (28%), zudem beim An- und Ausziehen (19%) und beim Baden (19%). Bei den erweiterten, instrumentellen Aktivitäten ist es die Benutzung öffentlicher Verkehrsmittel (21%) und das Saubermachen der Wohnung (16%), die Schwierigkeiten bereiten.

Anhand der „Cumulative Illness Rating Scale" (CIRS) konnte Vorliegen und Schweregrad von Erkrankungen erfasst werden. Auch hier konnten globale Gruppenunterschiede gemessen werden (F (4,221)=2.37, p≤.05). In Entsprechung zur objektiven

Gesundheit und Alltagskompetenz weisen die Cluster UO und ES die höchste Anzahl an Erkrankungen auf (jeweils 3.94). Relevante Kontraste zeigen sich zum Cluster IA, das aufgrund eines geringen gesundheitlichen Belastungsgrads (2.88) zu allen Clustern Signifikanzen aufweist (zu UO: F $(1,221)=7.22$, $p \leq .01$; ES: F $(1,221)=4.33$, $p \leq .05$; DU: F $(1,221)=4.48$, $p \leq .05$; HA: F $(1,221)=4.12$, $p \leq .05$).

Die meisten Erkrankungen entfallen auf erhöhte Blutdruckwerte, Erkrankungen des Haut-, Muskel- oder Skelettsystems und auf ein metabolisches Leiden wie z B. Diabetes. Bei etwas mehr als jedem Zweiten liegt zumindest eine alltagsrelevante Erkrankung vor, die eine Behandlung erfordert. Bei 12% besteht eine schwere Erkrankung mit einer zweifelhaften Prognose (z.b. Krebserkrankung, Herzinsuffizienz). In der Tendenz ist auch der Schweregrad der Erkrankungen in den Clustern ES und UO höher: 71% bzw. 67% haben eine alltagsrelevante Erkrankung.

Die größten Gruppenunterschiede finden sich jedoch in den kognitiven Leistungen (F $(4,274)=7.02$, $p \leq .001$). Unter Verwendung des reduzierten Wechsler-Intelligenztests, der sowohl kristalline als auch fluide Intelligenzbereiche erfasst, finden sich hoch signifikante Kontraste zwischen den Clustern. Hierbei heben sich die beiden fernseh-affinen Cluster ES und UO durch ein deutlich reduziertes kognitives Leistungsvermögen ab, insbesondere von den beiden bildungsstärkeren Clustern IA und HA (ES zu IA: F $(1,274)=20.69$, $p \leq .001$; HA: F $(1,274)=18.46$, $p \leq .001$; DU: F $(1,274)=18.84$, $p \leq .001$; UO: F $(1,274)=5.52$, $p \leq .05$; UO zu IA: F $(1,274)=6.83$, $p \leq .01$; HA: F $(1,274)=5.52$, $p \leq .05$; DU: F $(1,274)=5.09$, $p \leq .05$). Bemerkenswert ist dabei der zusätzliche Kontrast zwischen Cluster ES und UO, wonach die hoch involvierten Eskapisten auch im Vergleich zu den Unterhaltungsorientierten ein bedeutsam schlechteres kognitives Leistungsvermögen zeigen. Dies kann als ein weiteres bedeutsames Indiz für ein erhöhtes Ausmaß an kognitiven Defiziten in diesem Cluster gesehen werden (weitere Analysen hierzu im Abschnitt 5.2.5.5).

Zusammenfassend können im Analysebereich der Gesundheit relevante Clusterunterschiede nachgewiesen werden, die Hinweise und Rückschlüsse auf spezifische Nutzungsmotive und Bedürfnisse in Bezug auf die Fernseh- und Mediennutzung geben. Dabei bestehen auf der Ebene des allgemeinen Gesundheitszustands keine bedeutsamen Effekte, da das Sample insgesamt durch ein hohes Niveau gekennzeichnet ist. Allerdings variieren die Ergebnisse im funktionalen, körperlichen und kognitiven Status beträchtlich. Dabei kontrastieren die beiden fernsehaffinen Cluster ES und UO durch deutlich schlechtere Kennwerte. Besonders Cluster ES zeichnet sich durch erhebliche kognitive Leistungseinbußen aus, was in Zusammenhang mit weiteren Mobilitätseinschränkungen die außerordentlich intensive und multifunktionale Fernsehnutzung bedingen könnte. Die spezifisch evasive Komponente könnte mit einer insgesamt negativeren Lebenssituation und Lebensbewertung zusammenhängen, wie folgender Abschnitt ausführt. Konträr dazu ist das fernsehdistante, mobile und aktive Cluster IA durch hohe Ressourcen im Bereich der Gesundheit, Alltagskompetenz und kognitiver Fähigkeiten gekennzeichnet.

5.2.4.13 Subjektives Wohlbefinden und Lebensbewertung

Das Sample zeigt im Mittel ein hohes Ausmaß an Wohlbefinden und Zufriedenheit, obgleich entlang der Cluster eine bedeutsame Streuung vorliegt: Auf der einen Seite das ressourcenreiche Cluster IA, auf der anderen das Cluster ES mit seinen vielfältigen, multidimensionalen Einschränkungen.

So lassen sich hoch signifikante Gruppenunterschiede in der Selbstwahrnehmung einer depressiven Verstimmung konstatieren ($F_{(4,244)}=5.27$, $p \leq .001$). Die größten Kontraste bestehen erwartungsgemäß zwischen dem emotional stabilen Cluster IA und dem Cluster ES ($F_{(1,244)}=16.31$, $p \leq .001$), dessen Depressivitätsniveau ebenso zu den Clustern HA ($F_{(1,244)}= 7.74$, $p \leq .01$) und DU ($F_{(1,244)}=5.10$, $p \leq .05$) signifikant ausfällt. Allerdings liegt das Niveau (39.86, SD 6.79) im Cluster ES noch im Normalbereich von unter 50 Punkten – der theoretische Range liegt zwischen 20 und 80. Das besonders niedrige Depressivitätsniveau im Cluster IA bedingt weitere Kontraste zum Cluster UO ($F_{(1,244)}=9.93$, $p \leq .01$) und DU ($F_{(1,244)}= 8.10$, $p \leq .01$), nicht jedoch zum ebenfalls emotional stabilen Cluster HA (siehe Tabelle 43).

Konsistent dazu zeichnen sich relevante Gruppenunterschiede für die aktuelle Stimmungslage in den Dimensionen Agitation ($F_{(4,276)}=2.90$, $p \leq .05$) und Einstellung zum Alter ($F_{(4,276)}=2.62$, $p \leq .05$) ab. Hinsichtlich der dritten Dimension Einsamkeit und soziale Isolation besteht ein Unterschied über alle fünf Cluster nur auf einem 10%-Signifikanzniveau. In den paarweisen Anova-Kontrastanalysen konturiert das Cluster IA am stärksten. Es zeigt das geringste Ausmaß an Agitation (zu ES: $F_{(1,276)}=6.52$, $p \leq .01$; UO: $F_{(1,276)}=6.75$, $p \leq .01$; DU: $F_{(1,276)}=5.72$, $p \leq .05$) sowie an Einsamkeit und sozialer Isolation (zu ES: $F_{(1,276)}=8.10$, $p \leq .01$; UO: $F_{(1,276)}=3.66$, $p \leq .05$) und zugleich die höchste Ausprägung an positiver Einstellung zum Alter (zu ES: $F_{(1,276)}=5.69$, $p \leq .05$; UO: $F_{(1,276)}=4.73$, $p \leq .05$). Die deutlichsten Kontraste bestehen wiederum zu den beiden fernsehaffinen Clustern ES und UO. Insbesondere scheint das Cluster ES stärker von Gefühlen der Einsamkeit und Isolation betroffen zu sein (auch zu HA: $F_{(1,276)}=6.40$, $p \leq .01$; DU: $F_{(1,276)}=4.46$, $p \leq .05$).

Tab. 43: Subjektives Wohlbefinden und Lebensbewertung

	Gesamt 282 (100%)	1 (DU) 103 (36%)	2 (IA) 63 (22%)	3 (HA) 50 (18%)	4 (UO) 44 (16%)	5 (ES) 22 (8%)
Depressivität (SDS) [1] *(SD)*, Range 20-80	35.39 ***R^2=.08 *(7.5)*	35.90 [2,5] *(6.9)*	32.39 [1,4,5] *(7.1)*	34.57 [5] *(7.8)*	37.22 [2] *(7.7)*	39.86 [1,2,3] *(6.7)*
Aktuelle Stimmungslage (PGC), *(SD)*, Range [a] 6-12; [b] 5-10						
Agitation [a]	9.52 * R^2=.04 *(2.0)*	9.36 [2] *(2.0)*	10.10 [1,4,5] *(1.9)*	9.76 *(1.5)*	9.11 [2] *(1.9)*	8.86 [2] *(2.4)*
Einstellung zum Alter [b]	7.85 * R^2=.04 *(1.7)*	7.85 *(1.7)*	8.22 [4,5] *(1.7)*	7.94 *(1.5)*	7.52 [2] *(1.5)*	7.24 [2] *(1.8)*
Soziale Isolation [a]	10.97 n.s. *(1.5)*	10.95 [5] *(1.6)*	11.27 [4,5] *(1.3)*	11.18 [5] *(1.3)*	10.70 [2] *(1.5)*	10.19 [1,2,3] *(2.2)*
Valuation of Life (VOL)						
Pos. Lebensbewertung *(SD)*, Range 10-40	33.72 * R^2=.03 *(4.9)*	33.22 [2] *(4.8)*	35.25 [1,3] *(4.0)*	32.69 [2] *(5.9)*	34.00 *(4.9)*	33.45 *(4.7)*
Neg. Lebensbewertung *(SD)*, Range 6-24	17.14 ***R^2=.10 *(3.8)*	17.35 [2,4,5] *(3.5)*	18.63 [1,4,5] *(3.1)*	17.31 [4,5] *(4.3)*	15.64 [1,2,3] *(3.9)*	14.48 [1,2,3] *(3.5)*
Gesamt *(SD)*, Range 16-64	50.70 ** R^2=.06 *(7.8)*	50.38 [2] *(7.3)*	53.77 [1,3,4,5] *(6.2)*	50.00 [2] *(9.5)*	49.64 [2] *(8.2)*	47.14 [2] *(6.9)*
Lebenszufriedenheit (LZ), *(SD)*, Range 1-5						
Aktuelle LZ	3.96 n.s. *(0.8)*	3.85 [2] *(0.8)*	4.17 [1] *(0.8)*	4.02 *(0.8)*	3.89 *(0.6)*	3.86 *(0.5)*
LZ vor 5 Jahren	4.07 ** R^2=.05 *(0.7)*	3.97 [2,5] *(0.8)*	4.24 [1,4] *(0.7)*	4.14 [4] *(0.5)*	3.84 [2,3,5] *(0.6)*	4.33 [1,4] *(0.9)*
Gesundheit	3.49 n.s. *(1.0)*	3.41 *(1.0)*	3.65 *(1.0)*	3.54 *(1.0)*	3.50 *(0.9)*	3.24 *(1.0)*
Familie	4.11 n.s. *(0.8)*	4.13 *(0.7)*	4.25 [4,5] *(0.8)*	4.14 *(1.0)*	3.93 [2] *(0.8)*	3.86 [2] *(0.9)*
Freunde/ Bekannte	4.10 n.s. *(0.7)*	3.99 [2] *(0.6)*	4.25 [1] *(0.7)*	4.02 *(0.9)*	4.18 *(0.6)*	4.19 *(0.5)*
Finanzen	3.85 * R^2=.04 *(0.8)*	3.78 *(0.8)*	4.03 [5] *(0.9)*	4.02 [5] *(0.6)*	3.77 *(0.7)*	3.43 [2,3] *(0.9)*
Wohnung	4.34 * R^2=.04 *(0.6)*	4.28 [2] *(0.6)*	4.51 [1,4,5] *(0.7)*	4.42 [5] *(0.6)*	4.27 [2] *(0.5)*	4.10 [2,3] *(0.8)*
Subsample: Partner vorhanden (n=204)	(n=76)	(n=46)	(n=43)	(n=24)	(n=15)	
Bewertung Partnerschaft *(SD)*, Range 1-6	4.90 *** R^2=.10 *(1.0)*	4.83 [2,4] *(1.0)*	5.37 [1,3,4,5] *(0.7)*	4.88 [2,4] *(0.9)*	4.33 [1,2,3] *(1.2)*	4.73 [2] *(1.0)*
(sehr) glücklich, in %	70.6	67.1	84.8	74.4	58.3	53.3

Anmerkung: Unterschiedstestung erfolgte mittels einfaktorieller Varianzanalyse (Anova). Paarweise Kontraste in hochgestellter Zahl: $p \leq .05$. Je höher der Wert, desto positiver.
1) Je höher der Wert, desto negativer.

In der Einschätzung der gegenwärtigen Lebenssituation zeichnet sich das Sample im Mittel durch eine hohe Zufriedenheit aus, wenngleich das Ausmaß vor fünf Jahren noch höher lag. Ein Grund hierfür könnte die Zunahme an gesundheitlichen Einschränkungen sein; zumindest erhält dieser Teilbereich der Zufriedenheit bei allen Nutzungsmotivtypen die niedrigsten Werte. Die höchste Zufriedenheit besteht in fast allen Gruppen mit der Wohnsituation – allein Cluster ES schätzt seine Zufriedenheit mit Freunden und Bekannten etwas höher ein als mit seiner Wohnung.

Relevante Gruppenunterschiede lassen sich folglich in der Einschätzung der Lebenszufriedenheit vor fünf Jahren (F (4)=3.64, $p \leq .01$) konstatieren sowie in den Bereichen Wohnen (F (4,275)=2.58, $p \leq .05$) und Finanzen (F (4,275)=3.16, $p \leq .05$). Bezüglich der Teilbereiche Finanzen und Wohnen weisen die beiden einkommensstarken Gruppen IA und die HA ein signifikant höheres Ausmaß an Zufriedenheit auf als die finanziell schwächeren ES (zu Finanzen IA: F $(1,275)=9.11$, $p\leq.01$; HA: F $(1,275)=8.22$, $p\leq.01$; zu Wohnen IA: F $(1,275)=7.15$, $p\leq.01$; HA: F $(1,275)=4.16$, $p\leq.05$).

Hingegen zeigt Cluster ES neben den Bereichen Wohnen und Finanzen auch die niedrigsten Werte für die Bereiche Gesundheit und Familie, wobei auch ein negativer Kontrast bzgl. der familiären Situation zu Cluster IA (F $(1,276)=3.83$, $p\leq.05$) angezeigt wird. Ebenso weist das Cluster UO eine deutlich niedrigere Zufriedenheit im Bereich Familie gegenüber Cluster IA auf (F $(1,276)=4.15$, $p\leq.05$). Als Grund kann für beide Cluster sowohl der hohe Anteil an Alleinlebenden wie auch eine schlechtere Qualität in der Paarbeziehung (s.u.) gesehen werden. Kompensierend könnten Beziehungen zu Freunden und Bekannten wirken, da hierzu die Zufriedenheit höher ausfällt.

Das Cluster UO weist zudem in der Rückschau vor fünf Jahren die negativste Lebenszufriedenheit auf (zu IA: F $(1,276)=8.75$, $p\leq.01$; ES: (F $(1,276)=7.38$, $p\leq.05$; HA: F $(1,276)=4.48$, $p\leq.05$). Im Vergleich zur heutigen Situation ist das Niveau an Lebenszufriedenheit stabil geblieben. Entgegengesetzt wird hingegen die Situation von heute mit der vor fünf Jahren im Cluster ES eingeschätzt. Zum früheren Zeitpunkt wurde die Lebenszufriedenheit so hoch wie in keinem anderen Cluster bewertet (zu DU: F $(1,276)=4.91$, $p\leq.05$; UO: s.o.), seitdem hat sich die Lebenssituation deutlich verschlechtert. Hinter dieser negativen Entwicklung können kritische Lebensereignisse angenommen werden. Hier könnten direkte Auswirkungen mit den oben aufgezeigten Einschränkungen im kognitiven, körperlichen und funktionalen Bereich bestehen, oder weitere kritische Lebensereignisse eine Rolle spielen wie z.B. durch soziale Verluste – siehe deren erhöhter Anteil an geschiedenen und alleinstehenden Personen in Abschnitt 5.2.4.2

Darüber hinaus finden sich große Unterschiede in der Qualität der Paarbeziehungen (F $(4,199)=5.33$, $p\leq.001$). Der Anteil an Personen, die in einer Partnerschaft leben und diese als (sehr) glücklich einschätzen, liegt bei 70%, wobei sich Cluster IA mit einem Anteil von 85% deutlich von allen anderen Clustern abhebt (zu UO: F $(1,199)=19.35$, $p\leq.001$), DU: F $(1,199)=9.57$, $p\leq.01$), HA: F $(1,199)=5.99$, $p\leq.05$), ES: F $(1,199)=5.23$, $p\leq.05$). Umgekehrt fällt die Paarqualität in den Clustern UO und ES besonders niedrig aus: Lediglich 58% im Cluster UO und 53% im Cluster ES geben an, derzeit mit ihrer Partnerschaft (sehr) glücklich zu sein. Cluster UO weist hierbei weitere Kontraste zu den Clustern HA (F $(1,199)=5.33$, $p\leq.05$) und DU (F $(1,199)=5.12$, $p\leq.05$) auf.

Abschließend lassen sich signifikante Gruppenunterschiede für die allgemeine Lebensbewertung konstatieren (F (4,274)=4.08, p≤.01). Konform zu den vorangehenden Ergebnissen weisen Cluster ES und UO ein deutlich höheres Ausmaß an negativen Lebensbewertungen auf (ES zu IA: F (1,272)=20.41, p≤.001; DU: F (1,272)=10.81, p≤.001; HA: F (1,272)=8.88, p≤.01; UO zu IA: F (1,272)=17.39, p≤.001; DU: F (1,272)=6.76, p≤.01; HA: F (1,272)=4.88, p≤.05). Aussagen wie „Ich habe derzeit nur sehr wenige Ziele in meinem Leben" oder „Die wirklichen Freuden liegen in der Vergangenheit" werden weit mehr zugestimmt als in anderen Clustern. Dagegen zeigen beide Cluster zu positiven Aspekten der Lebenswertung (z.B. „Ich habe vor, das Beste aus meinem Leben zu machen") keine bedeutsamen Einschränkungen.

Umgekehrt äußert Cluster IA nicht nur deutlich weniger negative Aspekte (neben ES und UO auch zu DU: F (1,272)=4.77, p≤.05), sie vereinigen gleichzeitig mehr positive Aspekte (zu HA: F (1,268)=7.43, p≤.01; DU: F (1,268)=6.49, p≤.05). Damit verfügt dieses ressourcenstarke Cluster über die beste Lebensbewertung, die zu allen anderen in Kontrast steht, ganz besonders zum Cluster ES (zu ES: F (1,274)=12.30, p≤.001; UO: F (1,274)=7.57, p≤.01; HA: F (1,274)=6.70, p≤.01; DU: F (1,274)=7.63, p≤.01).

Zusammenfassend lässt sich festhalten, dass sich das ressourcenstarke Cluster IA wie kein anderes Cluster durch ein hohes Maß an Wohlbefinden, Lebenszufriedenheit und positiver Lebensbewertung auszeichnet. In nahezu allen untersuchten Dimensionen erzielt es die besten Werte. Ohne diese prononcierte Sonderstellung weist auch das Cluster HA ein überdurchschnittlich positives Gesamtbild auf. Gemeinsam ist beiden ein hoher sozialer Status und eine hohe emotionale Stabilität als Persönlichkeitsmerkmal. Dies zusammen lässt beide Cluster als „successful ager" beschreiben, die über umfangreiche Ressourcen verfügen. Cluster DU weist weder in Bezug auf die Bewertung der gesamten Lebenssituation, noch in den Bereichen der Gesundheit und Persönlichkeit besondere Auffälligkeiten auf und lässt sich aufgrund eines positiven Gesamtbildes als „normal ager" kennzeichnen.

Hingegen zeigen die beiden Cluster mit der höchsten Fernsehaffinität und dem breitesten Motivspektrum Einschränkungen in Bezug auf die aktuelle Lebenssituation und Lebensbewertung. Im Cluster UO äußert sich dies in einem Übermaß an negativen Aspekten in der Lebensbewertung und Defiziten in der Paarqualität. Zudem durch ein erhöhtes Ausmaß an Neurotizismus sowie funktionalen und kognitiven Einbußen.

Cluster ES stellt hingegen eine extreme Variante mit kumulierenden negativen Aspekten dar. Diametral zu Cluster IA weist es nahezu durchgängig negativere Werte im Bereich des Wohlbefindens auf. Dieses Cluster ist weitaus stärker gekennzeichnet durch depressive Verstimmung, einer aktuell negativeren Stimmungslage und einer deutlichen Verschlechterung der globalen Lebenszufriedenheit. Dies korrespondiert mit funktionalen Einbußen und besonders starken Beeinträchtigungen in den kognitiven Fähigkeiten. Geprägt wird dieses Gesamtbild von einer emotional instabileren Persönlichkeit, die sich auch weniger offen für Neues zeigt und zudem ihr Schicksal fatalistisch und durch äußere Kräfte bestimmt sieht. Zusammen mit Cluster UO verfügen sie über den niedrigsten sozialen Status. Da beide Cluster über wenig individuelle Ressourcen und Handlungsspielräume verfügen und gleichzeitig mehr Entwicklungsverluste anzeigen, finden sich hier Hinweise für ein suboptimales Altern.

5.2.5 Beschreibung der Fernseh-Nutzungsmotivtypen

Im Folgenden werden die Profile der einzelnen Cluster näher beschrieben und in Bezug auf die spezifischen Zusammenhänge und Korrelate zu psychologischen und medienbezogenen Konstrukten zusammengefasst.

5.2.5.1 Typ 1: Die „Durchschnittlichen"

Mit einem Anteil von etwas über einem Drittel stellt dieser Fernseh-Nutzungsmotivtyp die größte Gruppe dar (n=103, 36%) und zeichnet sich in seinem medienspezifischen und psychologischen Profil als normal, durchschnittlich und unauffällig aus. Es gleicht in nahezu allen untersuchten Konstrukten und Dimensionen dem Mittel des Samples und zeigt von allen fünf Clustern die größten Parallelen zu den oben aufgezeigten Befunden zur K30-39 in der MK2005. Damit kann dieses Cluster als Referenzgröße bei der Beschreibung der Clusteranalyse betrachtet werden. Tatsächlich beruhen signifikante Kontraste zu anderen Clustern überwiegend auf Abweichungen der anderen Cluster vom Mittelwert.

Das Fernsehen wird in diesem Cluster von allen Mitgliedern zur Informationsgewinnung genutzt (siehe Tabelle 28). Für zwei Drittel ist zudem der Spaßfaktor wichtig; für sechs von zehn Personen auch das zweite Unterhaltungsmotiv „Entspannung" sowie die beiden spezifischen Informationsmotive „Denkanstöße bekommen" und „mitreden können". Alle weiteren Nutzungsmotive sind deutlich nachgeordnet. Über ein Drittel schaltet den Fernseher aus habituellen Gründen ein, etwas über ein Viertel „weil es so einfach ist". Motive wie Eskapismus „weil ich damit den Alltag vergessen kann" (6%) und Alltagsorientierung „weil es mir hilft, mich im Alltag zurechtzufinden" (6%) spielen für die Fernsehnutzung keine Rolle. Damit beschränkt sich das Nutzungsprofil im Wesentlichen auf die beiden Kernmotive Unterhaltung und Information.

Die beiden Faktoren „Information" und „Unterhaltung" wie auch die einzelnen Nut-
zungsmotive liegen in einer z-Transformation um den Nullpunkt. Allein die Motive
„Alltagsorientierung" (z=-0.25) und „Einfachheit" (z=-0.17) liegen leicht unter dem
Mittelwert (siehe Abbildung 34).

Abb. 34: Die „Durchschnittlichen": Standardisierte Fernsehnutzungsmotive

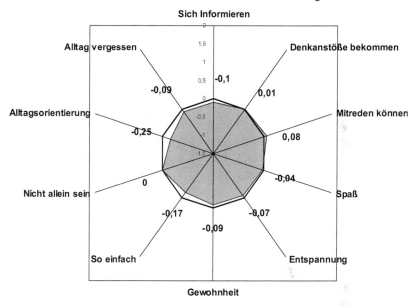

Basis: n=282; Cluster n=103. Standardisierung (z-Transformation).

Dieses Durchschnittsprofil findet sich medienübergreifend zum Radio und zur Zeitung, wobei entsprechend den mediumspezifischen Eigenschaften Akzent-
verschiebungen in den Motivschwerpunkten auftreten. So dominiert beim Radio wiederum das allgemeine Informationsmotiv „weil ich mich informieren möchte" mit
einem Zustimmungswert von 97% (siehe Tabelle 29). Die beiden Unterhaltungsmotive „Spaß" (65%) und „Entspannung" (52%) und die beiden spezifischen Informationsmotive „mitreden können" (50%) und „Denkanstöße bekommen" (49%) folgen in der Rangreihe, ihre Zustimmungswerte liegen aber leicht unter denen für das
Fernsehen. Dafür spielt die habituelle Nutzung beim Radio hören eine etwas größere
Rolle als beim Fernsehen. Immerhin vier von zehn Personen geben an, aus Gewohnheit das Radio einzuschalten. Zur Alltagsorientierung wird hingegen auch dieses Medium kaum genutzt (14%), eskapistische Aspekte spielen ebenfalls keine Rolle (3%).

Wiederum liegen die Faktorwerte für die drei Motivdimensionen „Information", „Unterhaltung" und „Habituell-Evasiv" um den Nullpunkt (siehe Abbildung 35).

Abb. 35: Die „Durchschnittlichen": Nutzungsmotive für Fernsehen, Radio und Zeitung, nach Faktoren

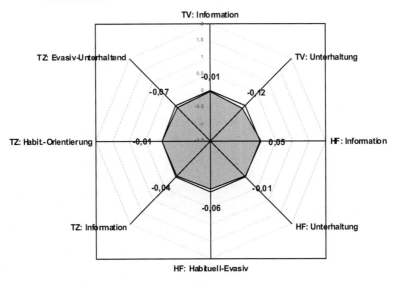

Basis: n=282; Cluster n=103. Standardisierung (z-Transformation).

Die Tageszeitung ist das Informationsmedium für die K30-32. Dies gilt auch für das Cluster DU, bei dem sämtliche Mitglieder dem allgemeinen Informationsmotiv „weil ich mich informieren möchte" zustimmen (99%) (siehe Tabelle 30). Den Charakteristika dieses Mediums entsprechend folgen in der Rangreihe die beiden spezifischen Informationsmotive „Denkanstöße bekommen" (67%) und „mitreden können" (64%). Zudem spielen beim Zeitung lesen Aspekte wie Gewohnheit (51%) und Alltagsorientierung (41%) eine verhältnismäßig große Rolle. All diese Nutzungsmotive erzielen eine höhere Zustimmung als das Fernsehen und das Radio. Hingegen sind unterhaltungsorientierte Motive deutlich nachgeordnet. 42% geben an, beim Lesen Spaß haben zu wollen, 24% Entspannung. Evasive Aspekte werden dem Printmedium überhaupt nicht zugesprochen. Konsistent zu den anderen Medien weichen auch die z-transformierten Faktorwerte zur Zeitung „Information", „Habituell-Orientierung" und „Evasiv-Unterhaltend" kaum vom Nullpunkt ab.

Damit lässt sich für alle drei Massenmedien ein Charakteristikum nachzeichnen, wonach das Cluster keine abweichenden Nutzungsschwerpunkte zum Sample besitzt.

Fernsehen, Radio und Zeitung werden im Cluster DU in erster Linie als Informationsquellen genutzt. Je nach Spezifität des Mediums kommen Unterhaltungsaspekte wie Spaß und Entspannung stärker zum Tragen. Das Fernsehen erfüllt dies besser als das Radio, während sich die Zeitung durch ihre umfangreichen Informations- und Orientierungsmöglichkeiten profiliert. Zu keinem Medium bestehen eskapistische Bedürfnisse.

Auch für die weiteren Aspekte zur Mediennutzung und zu den psychologischen Merkmalen weist das Cluster kaum besondere Abweichungen auf. So zeigt die soziodemografische Zusammensetzung ein ähnliches Profil wie das Sample. Es besteht ein Überhang an Männern (54%) und an Personen aus der Region Leipzig (60%) (siehe Tabelle 31). Ein Drittel lebt alleinstehend zu Hause und 29% zählen zu den Singles. Über zwei Drittel sind verheiratet, knapp ein Fünftel ist bereits verwitwet und jeweils 6% sind geschieden oder ledig. Die mittlere Anzahl an Kindern liegt bei diesem Cluster bei 2.05 (SD 1.4). Lediglich 11% sind kinderlos, jeweils ein weiteres Viertel hat ein Kind oder zwei Kinder; ein Drittel drei und mehr Kinder. Ein Drittel verfügt über ein hohes finanzielles Haushaltsnettoeinkommen, während 12% mit einem niedrigen monatlichen Einkommen von unter 1022 € auskommen muss. Ein Viertel besitzt einen formal hohen Bildungsstatus, die breite Mehrheit von 60% hat lediglich einen Volks- oder Hauptschulabschluss. Damit liegt der soziale Status unterhalb der sozial privilegierten Cluster IA und HA und oberhalb der sozial benachteiligten Gruppen UO und ES.

Zur Betrachtung der Medienumwelten wurde die Medienausstattung im Haushalt untersucht. Dabei ergibt sich für das Cluster DU eine Vollabdeckung hinsichtlich der beiden elektronischen Massenmedien und des Telefons. Sechs von zehn Personen besitzen ein schnurloses Telefon, ein Handy und einen Videorecorder. Weitere moderne Geräte sind deutlich weniger verbreitet: 35% verfügen über einen DVD-Player, 28% besitzen einen Computer, 15% einen Internetanschluss und lediglich 10% ein Fax-Gerät. Hinsichtlich moderner Medien finden sich deutliche Abweichungen zu den technikaufgeschlossenen Clustern IA und HA.

Die höchsten Tagesreichweiten entfallen auf Fernsehen (95%), Radio (91%) und Zeitung (85%), wobei die Radionutzung überdurchschnittlich zu den Clustern HA und ES ausfällt. Ein weiteres alltägliches Medium stellt das Telefon dar mit einer Nutzungsrate von 73%. Der wöchentliche Nutzerkreis für Zeitschriften liegt bei 82% und für das Buch bei 62%. Noch geringer ist die wöchentliche Nutzungsfrequenz für auditive (41%) und audiovisuelle Speichermedien (16%). Unter den modernen Medien wird am meisten das Handy genutzt (37%), während Computer (23%) und Internet (12%) nur von einem kleinen Teil regelmäßig in der Woche genutzt wird. Stattdessen liegen die Quoten an Nichtnutzern bei 75% für den Computer und 86% für das Internet. Im täglichen Medienbudget entfällt der Großteil auf die beiden elektronischen Medien Fernsehen (179 min.) und Radio (137 min.). Deutlich nachgeordnet sind die Nutzungszeiten für die Zeitung (61 min.) und Zeitschriften (37%). Im Vergleich dazu weist das Cluster IA deutlich geringere Nutzungswerte für Fernsehen und Radio auf, Cluster ES hingegen deutlich höhere für das Fernsehen.

Belege für eine hervorgehobene Stellung des Fernsehens im Alltag finden sich hinsichtlich des Medienimages. Dem Fernsehen werden im Direktvergleich der vier tagesaktuellen Medien mehrheitlich acht von zwölf Images zugesprochen, wenngleich die Werte zum Teil deutlich moderater ausfallen als bei den fernsehaffinen Clustern ES und UO. Stattdessen erhält das Radio überdurchschnittliche Bewertungen. Es wird vor allem wegen seiner „lockeren und ungezwungenen" Präsentationsform (48%) und seiner „einfachen Bedienung" (45%) geschätzt. Auch werden mehrheitlich der Tageszeitung die Eigenschaften „kritisch" (45%) und „sachlich" (43%) zugewiesen.

Alle drei klassischen Massenmedien besitzen eine dominante Funktion als Informationsquelle zu aktuellen Geschehnissen in Politik und öffentlichem Leben. 97% betrachten diesbezüglich das Fernsehen als wichtig, 95% das Radio und 92% die Tageszeitung. Zudem spielen bei 80% die personalen Gespräche und bei 71% Zeitschriften eine wichtige Rolle. Signifikanzen im Gruppenvergleich werden nur bezüglich der Einschätzung des Radios angezeigt. Hier weisen die Cluster IA und HA eine deutlich geringere Gewichtung auf.

Das größte Interesse an gesellschaftlichen Themen besteht für den Bereich „Medizin, Gesundheit und Ernährung" (96%) und das „politische Geschehen" (93%). Bedeutsam sind des Weiteren „Ratgeber- und Verbraucherthemen" (84%) sowie die Themenbereiche „Geschichte, Landeskunde" (79%) „Gesellschaft, Öffentlichkeit" (79%) und Kulturthemen über „Kunst, Literatur, Theater" (72%). Deutlich nachgeordnet sind spezifisch unterhaltende Aspekte wie „Kriminalität, Katastrophen" (55%) und Klatsch- und Tratschgeschichten (24%). Etwa ein Drittel zeigt sich darüber hinaus an den Themen „Wirtschaft, Börse" und „Arbeit, Beruf, Ausbildung" interessiert. Abweichungen finden sich zum Cluster ES, das deutlich weniger Interesse an den Themen Kultur, Gesellschaft und Arbeit zeigt, dafür mehr an Sensations- und Boulevardthemen.

In der Bewertung der Programmangebote und Inhalte schneidet das Fernsehen – trotz hoher Nutzung und Bindung – deutlich schlechter ab als das Radio oder die Printmedien. Nahezu identisch wie der Gesamtdurchschnitt urteilen nur 58%, mit der Qualität des Fernsehprogramms zufrieden zu sein. Dagegen liegen die Zufriedenheitsquoten für Radio, Zeitung und Zeitschrift bei etwa 90%. Wiederum findet sich ein deutlicher Kontrast zum Cluster ES, das zum Fernsehen eine höhere Zufriedenheit äußert und zum Cluster IA, das deutlich unzufriedener urteilt.

In den Freizeit- und Bewegungsaktivitäten besitzt neben Fernsehen, Lesen und Musik hören auch der Spaziergang einen hohen Stellenwert im Alltag. 80% machen dies zumindest wöchentlich. Beliebt ist das Kreuzworträtsel mit einem Nutzerkreis von 67% in der Woche. Wöchentlich verrichten 63% Gartenarbeit und 53% treiben Sport. Ein weiterer wichtiger Freizeitbereich stellt die Pflege sozialer Kontakte dar. Jeweils zwei Drittel statten mindestens einmal im Monat Besuche ab bzw. empfangen Besuche. Ein Drittel geht in dieser Frequenz ins Restaurant oder in eine Kneipe. Zu den wichtigsten Hobbys und kreativen Aktivitäten zählen Handarbeiten, Heimwerken und Fotografieren bzw. Filmen. Der monatliche Nutzerkreis umfasst für die ersten beiden Aktivitäten ein Drittel des Clusters und ein Viertel für Fotografie/Film. Kultur- und Bildungsaktivitäten sowie Kirchgang wird lediglich von einem kleinen Teil von etwa 20% regelmäßig wahrgenommen. Kontraste ergeben sich zum Cluster ES, das in geringerem Ausmaß kulturellen, bildungsbezogenen und kreativen Aktivitäten nachgeht, sowie zum Cluster IA, das ein erhöhtes Aktivitätsniveau zum Wandern und im Bereich Pflege sozialer Kontakte aufweist.

Hinsichtlich der Persönlichkeit zeigen sich keine besonderen Merkmale, das Cluster verfügt auch über eine relativ gute Gesundheit, gute Stimmungslage und hohe Lebenszufriedenheit. Damit besitzt das Cluster insgesamt eine gute und günstige Lebenssituation. Relevante Unterschiede finden sich zum Cluster ES, das zusammen mit dem Cluster UO eine negativere Gesamtsituation aufweist, sowie umgekehrt zum Cluster IA, das insgesamt über die beste Lebenslage und Gesamtsituation verfügt. Exemplarisch sei hierfür das Persönlichkeitsmerkmal Neurotizismus angeführt. Während für das Cluster DU eine relativ hohe emotionale Stabilität angezeigt wird, besitzt Cluster ES einen signifikant erhöhten Wert an Neurotizismus. Im Cluster IA und Cluster HA ist hingegen das Niveau an emotionaler Stabilität noch höher als im Cluster DU.

Zusammenfassend entspricht Cluster DU dem normalen Durchschnitt und kann als Repräsentant des Samples betrachtet werden. Es stellt sozusagen das „normal ageing" in der K30-32 dar. Auf die Mediennutzung bezogen bedeutet dies, dass das Fernsehen einen hohen Stellenwert einnimmt, indem es als Informations- und Unterhaltungsmedium fungiert. Zum festen Bestandteil im Medienalltag gehören zudem die beiden klassischen Massenmedien Radio und Tageszeitung, wobei die Bedeutung des Radios ausnahmsweise überdurchschnittlich ausfällt. Es gibt weder exzessive Mediennutzung wie beim Cluster ES, noch völlig distanzierte wie beim Cluster IA.

5.2.5.2 Typ 2: Die „distanzierten Informationsasketen"

Etwas mehr als ein Fünftel der Fernsehnutzer entspricht dem Idealtyp des IA (n=63). Das Charakteristikum der IA besteht in ihrem spezifisch distanzierten, kritischen und selektiven Umgang mit dem Medium Fernsehen. Es dient in erster Linie als Informationsquelle. Aspekte wie Unterhaltung, Spaß und Entspannung sind deutlich nachgeordnet, habituelle und evasive Aspekte fehlen in der Fernsehnutzung gänzlich.

Alle Mitglieder dieser Gruppe geben an, das Fernsehen zu nutzen, „um sich zu informieren", wobei 68% dieser Aussage sogar voll und ganz zustimmen. Lediglich die Gruppe hoch involvierter Eskapisten verfügt über einen noch höheren Wert (91%). Es ist für das Cluster IA zugleich das einzige von zehn Motiven, das im Vergleich zu den anderen Nutzungsmotivtypen von überdurchschnittlicher Relevanz ist – der standardisierte z-Wert liegt bei 0.23 (siehe Abbildung 36). Mit deutlichem Abstand folgen in der Motivrangreihe die beiden weiteren informationsorientierten Aspekte: Das sozial-kommunikative Informationsmotiv „um mitreden zu können" wird von jedem Zweiten als Nutzungsgrund benannt, das kognitiv stimulierende Motiv „um Denkanstöße zu bekommen" erhält immerhin von 44% Zustimmung.

Deutlich unterrepräsentiert sind hingegen unterhaltungsgebundene Motive. Lediglich ein Drittel wie beim Fernsehen „Spaß" (z=-0.81) oder „Entspannung" (z=-0.65) erleben. Nur jeder Zehnte nutzt das Fernsehen zur „Alltagsorientierung" (z=-0.63), noch weniger aus evasiven Gründen, um „den Alltag vergessen zu können" (8%, z=-0.57) oder um „sich nicht alleine zu fühlen" (6%, z=-0.68). Die Standardwerte liegen hier um jeweils über eine halbe Standardabweichung unter dem Mittelwert. Dieses sehr schmale Motivprofil zum Fernsehen weist auf eine sehr selektive Nutzung hin, was durch die fehlende habituelle Komponente unterstrichen wird: Nicht eine Person schaltet das Fernsehgerät aus Gewohnheit ein (z=-1.23) oder weil es so einfach ist (z=-1.13). Hier zeigen sich die größten Differenzen zu allen anderen Nutzungsmotivtypen. Entsprechend fällt die Motivdimension „Unterhaltung" (z=-1.22) mit seinen sieben Motiven um über eine Standardabweichung niedriger vom Mittelwert ab. Im Gegensatz zu anderen Clustern wird das Fernsehen reduziert zur Informationsgewinnung verwendet und wird sozusagen als „Gebrauchsgegenstand" genutzt.

Abb. 36: Die „Informationsasketen": Standardisierte Fernsehnutzungsmotive

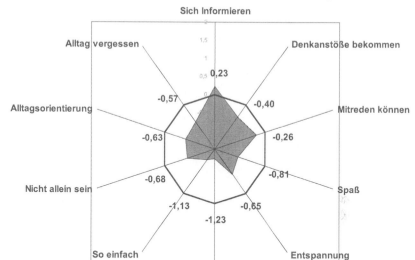

Basis: n=282; Cluster n=63. Standardisierung (z-Transformation).

Ein reduziertes Spektrum an Nutzungsmotiven findet sich ebenso in Bezug auf das Radio hören und das Zeitung lesen. Es besteht offensichtlich für alle drei Medien ein transmediales Motivmuster mit einer zentralen Präferenz für Information. So liegen die standardisierten Werte allein für die Dimension „Information" zu Radio (z=0.02) und Zeitung (z=0.14) um den Mittelwert, alle weiteren Faktoren mit unterhaltenden, evasiven oder habituellen Aspekten erzielen eine deutlich unterdurchschnittliche Zustimmung mit zum Teil über einer Standardabweichung (siehe Abbildung 37).

Diese Fokussierung auf informationsorientierte Medieninhalte äußert sich beim Fernsehen in einer Dominanz für öffentlich-rechtliche Programme (siehe Tabelle 39). Über 93% präferieren öffentlich-rechtliche Sender, die sich durch ihre Informationsmenge und -qualität auszeichnen. Die Hälfte nennt einen der beiden Hauptsender ARD und ZDF als ihren Lieblingssender, 26% ein regionales drittes Programm und immerhin 14% einen Kultursender wie ARTE oder 3sat. Die restlichen 7% entfallen nicht auf private Unterhaltungssender sondern auf Informationskanäle wie n-tv, N24 oder CNN. In dieser Exklusivität für informationsorientierte Programme unterscheidet sich das Cluster deutlich von den unterhaltungssuchenden Clustern ES und UO.

Abb. 37: Die „Informationsasketen": Standardisierte Nutzungsmotive für Fernsehen, Radio und Zeitung

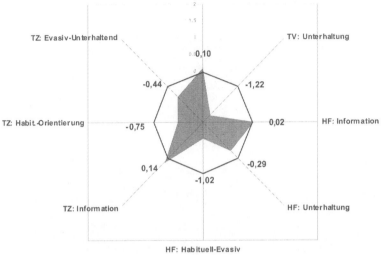

Basis: n=282; Cluster n=63. Standardisierung (z-Transformation).

Es besteht keine hohe Bindung zu Medien; dies gilt besonders für das Fernsehen, was sich in der Nutzungsfrequenz wie auch in medienpsychologischen Aspekten nachzeichnen lässt. So liegt die selbsteingeschätzte tägliche Sehdauer bei etwas über zwei Stunden und damit signifikant niedriger als bei allen anderen Nutzungsmotivtypen (siehe Tabelle 35). Da die tägliche Reichweite mit 94% dem Durchschnitt entspricht, ist die unterdurchschnittliche Sehdauer ein Beleg für eine reduzierte und selektive Fernsehnutzung.

Die außerordentlich kritische Haltung gegenüber dem Fernsehen äußert sich in der Bewertung dieses Mediums. Fast zwei Drittel (63%) sind mit dem Fernsehprogramm unzufrieden, davon 10% ganz und gar nicht zufrieden (siehe Tabelle 39). Alle weiteren Massenmedien wie Radio, Zeitung und Zeitschrift erhalten deutlich bessere Werte. Lediglich um die 10% geben an, mit deren Inhalte unzufrieden zu sein. Während zu diesen Medien keine Gruppenunterschiede konstatiert werden, fällt die Bewertung zum Fernsehen im Vergleich zu anderen Clustern deutlich schlechter aus.

Auch bei der Einschätzung, welche Eigenschaften und Funktionen von welchem Medium am ehesten erfüllt werden, äußert das Cluster IA eine große Distanziertheit gegenüber dem Fernsehen. Wie Tabelle 36 veranschaulicht, erhält das Fernsehen zu nahezu allen Images unterdurchschnittliche Zustimmungswerte. Während in allen anderen Gruppen dem Fernsehen nahezu alle Attribute im Medienvergleich zugeschrieben werden, bewertet dieses Cluster die anderen Medien deutlich stärker. Dem Fernsehen werden mehrheitlich nur die vier Attribute „unterhaltsam" (58%), „vielseitig" (41%) „aktuell" (39%) und „anspruchsvoll" (31%) zugewiesen. Die Zeitung erhält hingegen die höchsten Werte für folgende fünf Eigenschaften: „kritisch" (51%), „sachlich" (42%), „informativ" (40%), „glaubwürdig" (37%). Einzig in diesem Cluster bekommt die Zeitung die höchsten Sympathiewerte mit 36%. Das Fernsehen folgt erst an dritter Stelle mit 30%, hinter dem Radio mit 32%. Darüber hinaus erzielt das Internet das positivste Image von allen Motivtypen, was sich auch in der mehrheitlichen Zuschreibung der beiden Eigenschaften „zukunftsorientiert" (48%) und „modern" (46%) äußert.

Dieses konturierte Imageprofil ist folglich durch eine distanzierte Einstellung gegenüber dem Fernsehen und einer erhöhten Affinität zu Printmedien und modernen Medien geprägt. Es werden deutlich öfters Bücher und Zeitungen gelesen (siehe Tabellen 33, 34). Jeder Zweite aus dem Cluster verfügt bereits über einen Computer und bereits ein Viertel nutzt das Internet (siehe Tabelle 32). Von diesen Onlinern sind über 80% mehrmals in der Woche im Internet, jeder Zweite sogar täglich.

Wie Diffusionsanalysen zum Internet aufzeigen, stellt derzeit der ältere Onliner ein Bevölkerungssegment mit ganz spezifischen soziodemografischen Merkmalen dar (siehe Abschnitt 2.4.1), was durch die Befunde aus der MK2005 (siehe Abschnitt 5.1.1.3) bestätigt werden konnte. Demgemäß finden sich im Cluster IA (wie auch im internetaffinen Cluster HA) deutliches Übergewicht zu den Prädiktoren Männer (59%), formal hohe Bildung (33%), hohes Einkommensniveau (51%) und altes Bundesland (56%) (siehe Tabelle 31).

Mit einer durchschnittlichen Anzahl von über 14 Bildungsjahren (SD 2.9) repräsentieren sie das bildungsstärkste Cluster. Signifikant ist darüber hinaus der Anteil an Personen, die noch in einer Partnerschaft leben (73%). Über zwei Drittel sind verheiratet, knapp ein Fünftel ist verwitwet und jeweils 6% sind geschieden oder ledig. Mit einer mittleren Anzahl von 1.81 (SD 1.2) Kindern liegen sie im Durchschnitt – ein Viertel besitzt ein Kind, 38% zwei Kinder, 22 % drei und mehr Kinder und nur 14% blieben kinderlos. Insgesamt weist dieses Cluster den höchsten sozioökonomischen Status auf und verfügt im sozialen Bereich über ausreichend Ressourcen.

Des Weiteren zeichnet sich dieses Cluster durch ein spezifisches Interessenprofil an gesellschaftlichen Themen aus (siehe Tabelle 38). Zusammen mit Cluster HA äußern sie das höchste Interesse an aktuellen Ereignissen aus Politik und dem öffentlichen

Leben. Über zwei Drittel betrachten sich als (sehr) interessiert. Entsprechend halten 97% (mediale) Informationen über das „politische Geschchen" für (sehr) interessant. Als ebenfalls sehr bedeutsam wird der Bereich „Gesundheit, Medizin, Ernährung" erachtet; es rangiert allerdings mit einem Zustimmungswert von 92% erst an zweiter Stelle. Bei allen anderen Clustern hat der Gesundheitsaspekt oberste Priorität. Mit jeweils 85% besteht zudem ein deutlich erhöhtes Interesse an Kulturthemen und an Geschichte sowie mit 48% auch an Wirtschaftsthemen. Umgekehrt ist das Interesse an Sensations- und Boulevardthemen (47% für „Kriminalität, Katastrophen", 6% für „Klatsch, Tratsch", 6%) deutlich reduziert.

Bei der Frage, welche Informationsquellen als wichtig erachtet werden, dominieren die beiden klassischen tagesaktuellen Medien Fernsehen (95%) und Zeitung (92%), gefolgt von Radio (85%) und Gesprächen (75%) (siehe Tabelle 37). Dabei ist das Interesse am Radio wie auch an Zeitschriften unterdurchschnittlich. Umgekehrt weist dieses informationsorientierte Cluster der überregionalen Zeitung mit 53% (signifikant zu Cluster UO) und dem Internet mit 18% (n.s.) die höchste Zustimmung als Informationsquelle zu.

Dieses Cluster zeichnet sich des Weiteren durch eine äußerst mobile, außerhäusliche und aktive Freizeitorientierung aus und pflegt am intensivsten soziale Kontakte: Über drei Viertel bekommt mindestens einmal im Monat Besuch, ebenso viele statten im gleichen Turnus Besuch bei Freunden und Bekannten ab (siehe Tabelle 40). Bei den Bewegungsaktivitäten steht das Spazierengehen mit einem wöchentlichen Nutzerkreis von 87% an erster Stelle, gefolgt von Sport (58%) und Gartenarbeit (57%). Relativ beliebt ist in diesem Cluster das Wandern mit einem wöchentlichen Nutzerkreis von 30% und einem monatlichen von 55%. Diese Nutzungsfrequenz ist nicht nur am höchsten, sie zeigt auch signifikante Kontraste zu allen vier Clustern auf. Statistisch relevante Unterschiede zeigen sich zudem in den kreativen und körperlichen Aktivitäten wie Heimwerken (monatlich 45%) und Fotografieren/Filmen (26%); ebenso für kulturelle und bildungsbezogenen Aktivitäten wie dem Besuch von Theater, Konzerten oder Kino (29%), Ausstellungen und Vorträgen (24%) sowie Volkshochschul- und Weiterbildungskursen (11%). Auch geht dieses Cluster signifikant häufiger in die Kirche (monatlich 23%). Die besonders hohe Mobilität äußert sich schließlich beim Reisen. 83% verreisen mindestens einmal im Jahr für mindestens fünf Tage, 55% sogar öfters; kein anderer Nutzungsmotivtyp ist mobiler.

Diese außerordentlich aktive und fernsehdistante Freizeitgestaltung korrespondiert mit einem überaus guten Gesundheitsstatus. Zwei von drei Personen wird vom Arzt ein guter bis sehr guter Gesundheitszustand attestiert (signifikant zu Cluster UO).

Demgemäß zeigt sich ein sehr hohes Ausmaß an basalen und instrumentellen Alltagskompetenzen. Lediglich ein Drittel weist kleinere Einschränkungen beim Trep-
pen steigen oder Wohnung säubern auf. Ein signifikantes Merkmal zu allen anderen
Motivtypen ist die geringe Anzahl an körperlichen oder seelischen Erkrankungen:
Während im Durchschnitt 3.52 Erkrankungen (SD 1.8) pro Person genannt werden,
sind es im Cluster IA lediglich 2.88 (SD 1.8). 47% (gesamt: 58%) haben eine alltagsrelevante Erkrankung und nur 4% eine schwere Erkrankung wie Krebs oder Herzinsuffizienz. Darüber hinaus liegt die kognitive Leistungsfähigkeit deutlich über dem
Durchschnitt und signifikant zu den beiden bildungsfernen Clustern ES und UO. In
der Folge äußert dieses Cluster deutlich weniger alternstypische Veränderungen bezüglich Vitalität, kognitive Leistungsfähigkeit oder Sozialkontakte. Die Ergebnisse
zur Nürnberger-Selbsteinschätzungsliste fallen im Vergleich zu allen anderen Clustern signifikant besser aus.

Dieses Gesamtbild wird durch ein insgesamt hohes Ausmaß an subjektivem Wohlbefinden und positiver Lebensbewertung abgerundet (siehe Tabelle 43). Es findet sich
die geringste Rate für eine depressive Verstimmung, und die Erfassung der aktuellen
Stimmungslage mittels PGC bestätigt signifikant bessere Werte. Niemand anderes
gibt an, so wenig Sorgen und Ängste zu haben und sich nicht einsam zu fühlen; keiner besitzt eine so positive Einstellung zum Alter. Zu all diesen Merkmalen bestehen
Kontraste zu den Clustern ES und UO, zum Teil auch zum Cluster DU. Sowohl die
allgemeine aktuelle Lebenszufriedenheit als auch sämtliche bereichsspezifischen Aspekte wie Wohnung, Familie, Freunde/Bekannte, Finanzen und Gesundheit sind am
höchsten ausgeprägt. Drei Viertel leben in einer Partnerschaft, die von 85% als (sehr)
glücklich eingeschätzt wird. Im Gegensatz zu anderen Clustern, stuft niemand seine
Beziehung als unglücklich ein. Diese außerordentlich hohe Zufriedenheit wird durch
Kontraste zu allen anderen Typen unterstrichen.

Schlussendlich weist dieser Nutzungsmotivtyp eine zu allen anderen Gruppen signifikant bessere Lebensbewertung im Valuation of Life auf, wobei insbesondere das
Ausmaß an negativer Lebensbewertung deutlich geringer ausfällt. Aber auch positiven Aspekten wie „Ich empfinde mein Leben als nützlich" oder „Das Leben hat einen
Sinn für mich" wird überdurchschnittlich zugestimmt.

Zu dieser äußerst positiven Gesamtsituation kommen positive personbezogene
Merkmale hinzu (siehe Tabelle 41). So zeichnet sich dieses Cluster durch eine sehr
hohe emotionale Stabilität aus, die mit Ausnahme zu Cluster HA zu allen anderen
Nutzungsmotivtypen signifikant ist. Sie gelten als überdurchschnittlich offen und verträglich, was sich in Kontrasten zum Cluster ES äußert. Sie empfinden ihr Leben und

Schicksal deutlich weniger durch externale Faktoren wie Glück oder Zufall oder durch andere Personen bestimmt als der Durchschnitt. Wie im gesamten Sample überwiegt die Kontrollüberzeugung, selbst für positive und negative Dinge im Leben verantwortlich zu sein.

Bei dem Nutzungsmotivtyp „distanzierte Informationsasketen" handelt es sich um einen besonders privilegierten Prototyp, der durch eine positive Lebenslage mit günstigen Umweltbedingungen und einer Vielzahl interner und externer Ressourcen gekennzeichnet ist. Er verfügt über einen hohen sozialen Status, einen guten Gesundheitsstatus sowie ein hohes subjektives Wohlbefinden, hohe Lebenszufriedenheit und positive Lebensbewertung. Er ist ausgesprochen aktiv, mobil und kontaktfreudig. Als Persönlichkeitsmerkmal zeichnet er sich durch eine hohe emotional Stabilität und Offenheit für Neues aus. Er sieht sein Leben nicht von außen bestimmt, sondern selbstverantwortlich mit hohen Gestaltungsmöglichkeiten.

Der Umgang mit Medien ist sehr speziell: Er besitzt eine Vielzahl an Standardmedien und ist offen für neue Medien wie Computer, Internet und Handy. Jedoch werden Medien überwiegend als Gebrauchsgegenstände oder als Informationsquelle genutzt. Dies gilt in besonderer Weise für das Fernsehen, das kritisch betrachtet und bewertet wird und gezielt für informationsorientierte Bedürfnisse genutzt wird. Es bestehen keine habituellen und evasiven Bedürfnisse, unterhaltende Aspekte wie Entspannung oder Spaß sind von geringer Relevanz. Diese Motivschwerpunkte zeigen sich in ähnlicher Form für die Radio- und Zeitungsnutzung, was für ein transmediales Motivprofil spricht.

Der Fernseh-Nutzungsmotivtyp „distanzierte Informationsasketen" repräsentiert mit seinem überaus positiven Gesamtbild und vielfältigen Ressourcen sozusagen den idealtypischen „successful ager". Der Gesamteindruck in Bezug auf die Medienbefunde spricht für einen gezielten und kontrollierten Umgang mit Medien, bei dem Medien als Ressource für Entwicklungsgewinne genutzt werden. Dies könnte nicht nur das Internet und Computer betreffen, sondern auch alle anderen Massenmedien, einschließlich dem Fernsehen.

5.2.5.3 Typ 3: Die „Habituellen"

Der Fernseh-Nutzungsmotivtyp „Habitueller Nutzer" zählt mit einer Größe von 18% (n=50) zu den drei mittelgroßen Clustern. Das Charakteristikum dieser Gruppe liegt in der Betonung eines habituellen und bequemen Fernsehkonsums mit unterhaltungsorientierter Ausrichtung. Man nutzt das Fernsehen vorrangig aus Gewohnheit und Bequemlichkeit und will sich dabei informieren, entspannen und Spaß haben. Fernsehen gilt als gemütlicher Zeitvertreib, jedoch ohne evasive Aspekte wie Eskapismus oder Alleinsein. Zwar dient das Fernsehen als alltägliche Informationsquelle, doch werden spezifische sozial-kommunikative oder kognitiv stimulierende Informationsaspekte als nachrangig betrachtet.

82% stimmen dem Motiv zu, „aus Gewohnheit" den Fernseher einzuschalten, nur das fernsehabhängige Cluster ES verzeichnet einen noch höheren Wert (91%). Damit steht in der Priorität der Motive die habituelle Nutzung an zweiter Stelle, hinter dem allgemeinen Informationsbedürfnis „sich informieren" (92%). Dahinter folgen die beiden unterhaltenden Motive „weil es mir Spaß macht" mit 74% und „weil ich entspannen kann" mit 72% sowie das Nutzungsmotiv „weil es so einfach ist" mit 66%. Alle weiteren Motive sind deutlich nachgeordnet bzw. ohne Relevanz wie die beiden evasiven Aspekte „weil ich den Alltag vergessen kann" (2%) und „weil ich mich dann nicht allein fühle" (0%).

Es sind vor allem die habituellen und unterhaltenden Aspekte, die für diese Motivgruppe charakteristisch ist. Dies unterstreichen die standardisierten Werte, wobei die habituellen Aspekte „aus Gewohnheit" ($z=0.64$) und „weil es so einfach ist" ($z=0.52$) mit einer halben Standardabweichung hervorstechen. Die faktorisierte Motivdimension „Unterhaltung", die sich aus sieben unterhaltenden, habituellen und evasiven Nutzungsmotiven zusammensetzt, erzielt einen leicht überdurchschnittlichen z-Wert von 0.22. Abgeschwächt wird dieser Faktorwert durch die fehlende evasive Komponente: Die Nutzungsmotive „um den Alltag vergessen zu können" ($z=-0.65$) und „um nicht allein zu sein" ($z=-0.74$) (siehe Abbildung 38).

Hingegen besitzt die Motivdimension „Information" eine unterdurchschnittliche Relevanz. Dem allgemeinen Informationsmotiv „sich informieren" stimmen 42% „voll und ganz zu", weitere 50% „weitgehend zu". Dennoch fällt dieser Wert unterdurchschnittlich aus (-0.43). Noch deutlicher zeigen sich die Differenzen zu den beiden weiteren Informationsmotiven. „Denkanstöße bekommen" erfährt nur von 40% eine Zustimmung, das sind 21 Prozentpunkte weniger als im Gesamtdurchschnitt ($z=-0.47$). Hinsichtlich des Motivs „um mitreden können" fällt die Differenz mit 33 Prozentpunkten noch gravierender aus ($z=-0.69$) – mit 24% Zustimmung stellt es ein negatives Alleinstellungsmerkmal dar. Die Informationskomponente bleibt folglich auf die allgemeine Informationsgewinnung beschränkt, kognitiv stimulierende und sozial-kommunikative Aspekte sind deutlich nachgeordnet. Entsprechend fällt die standardisierte Motivdimension „Information" um eine Standardabweichung niedriger aus ($z=-0.95$).

Abb. 38: Die „Habituellen": Standardisierte Fernsehnutzungsmotive

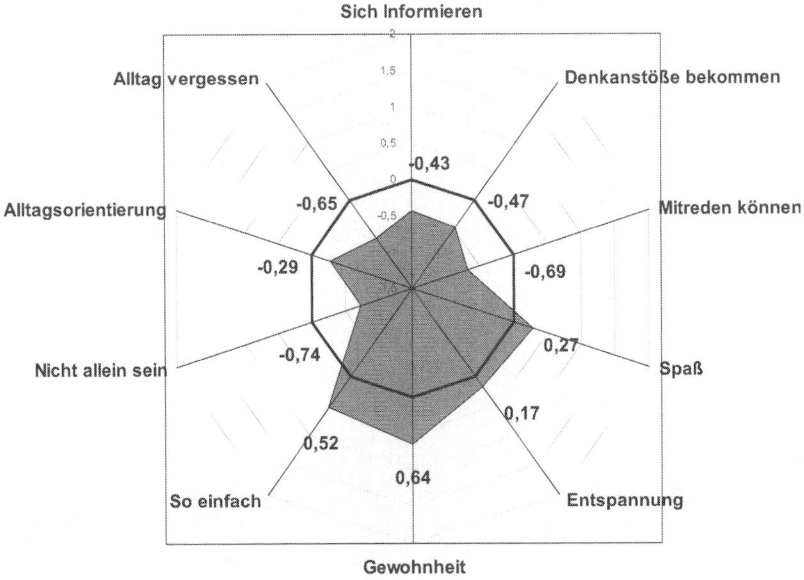

Basis: n=282; Cluster n=50. Standardisierung (z-Transformation).

Die Betrachtung der weiteren Massenmedien Radio und Tageszeitung lassen ebenfalls medienübergreifende Motivmuster annehmen. Habitualität und Bequemlichkeit stehen vergleichsweise stark im Vordergrund. So rangieren beim Radio hören die Nutzungs-motive „aus Gewohnheit" (63%) und „weil es so einfach ist" (56%) direkt hinter dem allgemeinen Informationsmotiv (85%). Selbst beim Informationsmedium Zeitung sind diese beiden Motive deutlich ausgeprägter als die spezifischen Informationsmotive „mitreden können" (45%) und „Denkanstöße bekommen" (43%). Wiederum bleibt das Informationsbedürfnis auf allgemeiner Ebene begrenzt, spezifisch informationsbezo-gene Aspekte spielen eine geringere Rolle. Entsprechend ist die Motivdimension „In-formation" bei der Radio- und Zeitungsnutzung geringer ausgeprägt (Radio: z=-0.66; Zeitung: z=-0.31). Zudem sind im Unterhaltungsbereich lediglich die Kernmotive „Entspannung" und „Spaß" bedeutsam, keinesfalls evasive Bedürfnisse. Damit zeich-net sich für alle drei untersuchten Massenmedien ein transmediales Motivmuster ab, bei dem habituelle Motive im Vordergrund stehen (siehe Abbildung 39).

Hinsichtlich der sozioökonomischen Aspekte weist dieses Cluster einen relativ hohen Status auf. So verfügt das Cluster über ein hohes Bildungs- und Einkommensniveau: Jeder Dritte besitzt eine formal hohe Bildung und lediglich jeder Zweite eine formal niedrige. Ebenso ist die mittlere Anzahl an Bildungsjahren mit 13.6 Jahre (SD 3.1) signifikant höher als zu den bildungsbenachteiligten Clustern ES und UO. Im Vergleich zu diesen beiden Cluster fällt auch das Haushaltsnettoeinkommen deutlich besser aus: 38% verfügen über mehr als 2045 € im Monat und nur 4% über weniger als 1022€. Es besteht zudem ein deutlicher Überhang an Männer (58%).

Abb. 39: Die „Habituellen": Nutzungsmotive für Fernsehen, Radio und Zeitung, nach Faktoren

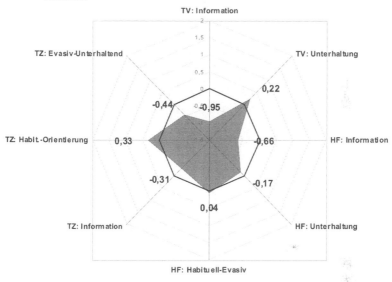

Basis: n=282; Cluster n=50. Standardisierung (z-Transformation).

Was als ein weiteres Alleinstellungsmerkmal angeführt werden kann, ist der außerordentlich hohe Anteil an Personen, die noch in einer Partnerschaft leben. Mit 86% liegt dieser Anteil um 36 Prozentpunkte höher als beim Cluster ES, zum Cluster UO beträgt der Abstand 20 Prozentpunkte und zu Cluster DU 15 Prozentpunkte. Ähnlich hoch liegt die Rate der verheirateten Personen mit 82%; lediglich 14% zählen zu den Singles. Zusammen mit dem Cluster DU weisen sie die höchste Kinderrate 2.06 (SD 1.2) auf. Nur jeder Zehnte in diesem Cluster ist kinderlos geblieben, 22% haben ein Kind, 32% zwei Kinder. Der Anteil an Großfamilien, die mindestens drei Kinder haben, ist von allen Clustern mit 36% am höchsten. Zusammen mit Cluster IA zählt dieses Cluster zu den sozial Privilegierten. Als eine besondere soziale Ressource kann hierbei die Partnerschaft und das familiäre Netzwerk betrachtet werden.

Aufgrund des sozialen Status verfügt dieses Cluster nicht nur über eine umfangreiche Medienausstattung mit Standardgeräten, sondern auch mit modernen Medien (siehe Tabelle 32). Neben einer Vollabdeckung mit Fernseh-, Radiogerät und Telefon besitzen drei von vier Personen ein Handy, zwei von drei einen Videorecorder und fast jeder Zweite bereits einen Computer. Vier von zehn Personen verfügen über einen Internetanschluss. Besonders die hohe Adoption an Computer und Internet ist auffällig. Neben den Cluster IA findet sich diesbezüglich ein signifikanter Kontrast zu allen anderen Clustern. Dies kann durch multivariate logistische Regressionsanalysen bestätigt werden: Die Schätzwerte geben eine 13fach höhere Wahrscheinlichkeit an, dass ein Mitglied von Cluster HA einen Internetanschluss zu Hause besitzt als ein Mitglied von Cluster ES (OR 13.30) oder UO (OR 13.00). Bezüglich der Ausstattung mit einem Computer fallen die Odds Ratios ähnlich hoch aus (zu ES: OR 8.52; zu UO: OR: 3.83). Ein Charakteristikum ist die signifikant hohe Mehrfachausstattung an Fernsehgeräten (61%), was u.a. auch im deutlichen Kontrast zum Cluster IA steht (43%). Dieser Befund resultiert zum einen auf der geringen Anzahl an Einzelhaushalten im Cluster HA, zum anderen auf deren höherem Stellenwert, den dieses Medium im Vergleich zum Cluster IA hat.

Die breite Medienausstattung geht jedoch nicht mit einer erhöhten Mediennutzung einher. Im Gegenteil zeichnet sich dieses Cluster durch ein moderates Nutzungsniveau aus (siehe Tabellen 33, 34). Hervorgehoben ist innerhalb des Gesamtbudgets für Medien das Fernsehen mit einer täglichen Reichweite von über 90%; 40% schalten sogar mehrmals täglich das Fernsehgerät ein. Acht von zehn Personen nutzen täglich die Tageszeitung und das Telefon, aber nur drei Viertel das Radio. Auch die wöchentliche Nutzungsfrequenz von Zeitschriften, Büchern, auditiven und audiovisuellen Speichermedien liegt allesamt unter dem Durchschnitt, was durch signifikante paarweise Kontraste angezeigt wird. Infolge der hohen Verbreitungsraten mit Computer und Internet liegen allein die Nutzungswerte für diese Medien deutlich über dem Durchschnitt: 27% nutzen mindestens wöchentlich einen Computer, 21% das Internet.

Zusammengefasst besteht zwar ein reichhaltiges Nutzungsspektrum, aber keine umfangreiche Nutzungsintensität mit Medien. Das Fernsehen stellt das Leitmedium im Medienalltag dar. Dies wird durch die Zuschreibung von Images und Funktionen unterstrichen.

Im direkten Medienvergleich der vier tagesaktuellen Massenmedien werden acht von zwölf Attributen mehrheitlich dem Fernsehen zugeschrieben. Allerdings fallen die Zustimmungswerte nur hinsichtlich zweier spezifischen Eigenschaften überdurchschnittlich aus: Zum einen gilt das Fernsehen bei 76% als das unterhaltsamste Medium, zum anderen betrachten 73% das Fernsehen als das Medium, was am einfachsten zu bedienen ist (siehe Tabelle 36). Diese hohe Bewertung spiegelt die besondere Bedeutung dieses Nutzungsmotivtyps zu einer habituell-bequemen Fernsehnutzung wider. Die überdurchschnittlichen Quoten sowohl für die Zeitung als auch für das Internet können in Zusammenhang mit dem hohen Bildungsniveau gesehen werden. So wird die Zeitung von allen Medien am ehesten als „sachlich" (46%) und „informativ" (44%) wahrgenommen; das Internet gilt als besonders „modern" (46%) und „zukunftsorientiert" (44%). In der Zusammenschau erhält das Fernsehen zwar den höchsten Sympathiewert mit 41%, jedoch liegt das Niveau signifikant unter dem Wert der beiden fernsehaffinen Cluster ES und UO.

In der Bewertung der Programme und Inhalte wird dem Fernsehen, wie in allen weiteren Clustern auch, die schlechteste Note zugewiesen. Lediglich 52% sind damit (sehr) zufrieden (siehe Tabelle 39). Mit der Qualität der Zeitung und Zeitschrift äußern sich hingegen über 80% zufrieden, mit dem Radio über 90%. Ein Kontrast besteht nur zum Cluster ES in Bezug auf das Fernsehen, das zu allen Clustern eine deutlich bessere Bewertung aufweist.

Das Interesse an gesellschaftlichen Themen ähnelt in Ausmaß und Gewichtung der Gesamtstichprobe (siehe Tabelle 38). Auch im Cluster HA dominieren die beiden großen Themenbereiche „Gesundheit" (96%) und „politisches Geschehen" (94%), die von nahezu jedem als wichtig eingeschätzt werden. Mit Abstand folgen „Ratgeber- und Verbraucherthemen" (84%) und „Geschichte, Landeskunde" (78%). Charakteristisch für diesen Nutzungsmotivtyp ist jedoch das überdurchschnittliche Interesse an „Kriminalität, Katastrophen" (68%) sowie ein geringes Interesse an „Kunst, Literatur, Theater" (57%). Lediglich Cluster ES zeigt eine ähnliche Schwerpunktsetzung in noch stärkerem Ausmaß.

Das Interesse an Kultur ist allgemein stark bildungsabhängig (χ^2 (2)=24.71, p$\leq$.001), daher erscheint der Befund für dieses bildungsstarke Cluster überraschend. Tatsächlich findet sich in diesem Cluster kein signifikanter Bildungseffekt zu diesem Thema. Auch ist das Interesse an Boulevardthemen („Klatsch, Tratsch") mit 28% deutlich höher als beim bildungsstarken Cluster IA. Dies belegt, dass trotz vergleichbarem Bildungshintergrund dieses Cluster ganz gezielt leichte Unterhaltung präferiert und Hochkultur reserviert gegenübersteht.

Allerdings schlägt sich dies beim Fernsehen nicht in einer erhöhten Präferenz für privat-kommerzielle Unterhaltungssender nieder: 96% nennen einen öffentlich-rechtlichen Lieblingssender (siehe Tabelle 39). Ein Grund für diese eindeutige Präferenz informationsstarker öffentlich-rechtlicher Programme könnte in der Affinität zu Politik und öffentlichem Leben liegen: Zwei Drittel bekunden ein starkes Interesse daran (66%). Dabei betrachten 96% das Fernsehen als (sehr) wichtige Informationsquelle und 85% die Tageszeitung (siehe Tabelle 37). Alle weiteren Medien sind deutlich nachgeordnet, wobei die Relevanz für das Radio mit 71%, zu Zeitschriften mit 59% und zu Wochenmagazinen mit 33% signifikant niedriger ausfällt. Die medienbezogenen Befunde unterstreichen, dass dieser Motivtyp insgesamt keine besonders intensive Bindung zu Medien aufweist und diese vorrangig „nur" aus Gewohnheit nutzt.

Ebenso zeichnet sich dieser Typ durch ein geringes Spektrum an Freizeitaktivitäten aus. Für vier von fünf Freizeitbereichen finden sich signifikant niedrigere Aktivitätsscores; bzgl. Bewegungsaktivitäten und kreativen Aktivitäten und Hobbys zeigen sich deutliche Kontraste zum aktiven Cluster IA (siehe Tabelle 40). 83% geben an, mindestens einmal in der Woche Spazieren zu gehen, etwa jeder Zweite verrichtet in dieser Frequenz auch Gartenarbeit und treibt Sport (52%). Alle weiteren spezifischen Bewegungsformen bleiben hingegen unbedeutend. Lediglich 27% gehen monatlich wandern, 33% machen dies nie. Das Spektrum an Bewegungsaktivitäten ist folglich deutlich eingeschränkter; der Summenscore zeigt relevante Kontraste zu allen Clustern – mit Ausnahme zum gesundheitlich eingeschränkten Cluster UO. Auch werden im Vergleich zum Cluster IA in deutlich geringerem Umfang außerfamiliäre Kontakte gepflegt. Während im Cluster HA jeder Zweite mindestens einmal im Monat Freunde und Bekannte besucht bzw. zu Hause empfängt, liegen die Anteile in den anderen Clustern um etwa zehn Prozentpunkte höher, im Cluster IA sogar um über 20 Prozentpunkte. Gesellige private Zusammenkünfte wie Skatabende finden ebenfalls deutlich weniger statt. Die Ausübung von kreativen Hobbys ist insgesamt unterdurchschnittlich, wobei wiederum der Unterschied zum Cluster IA signifikant ausfällt. Einzig durch ihre Technikoffenheit fotografieren und filmen sie deutlich mehr als Cluster ES. Trotz ihres überdurchschnittlichen Bildungsniveaus gehen sie relativ wenig kulturellen Veranstaltungen nach. Hier bestehen deutliche Interessenunterschiede zum ebenfalls bildungsstarken Cluster IA: Lediglich jeder Zehnte geht monatlich ins Theater, Kino oder in ein Konzert, beim Cluster IA sind es dreimal soviel.

Insgesamt ist dieser TV-Nutzungsmotivtyp relativ wenig gesellig, außerhäuslich, körperlich und kulturell aktiv. Wie schon bei den medialen Freizeittätigkeiten zeigt das Cluster HA auch im nichtmedialen Bereich ein geringeres Aktivitätsniveau. Diese Merkmale sprechen für einen generell eher introvertierten Charakter. Tatsächlich schätzt sich dieses Cluster als weniger extravertiert ein; im Vergleich zum Cluster IA findet sich auf einem 10%-Niveau ein signifikanter Kontrast (F $(1,240)$=2.73, p≤.09) (siehe Tabelle 41). Es entspricht nicht ihrem Naturell, gesellig und aktiv zu sein, sie geben sich vielmehr damit zufrieden, allein bzw. mit ihrem Partner zusammen zu sein. Das geringe Ausmaß an externaler Kontrollüberzeugung unterstreicht diese Einschätzung, wonach eine passive und häuslich zurückgezogene Lebensweise selbst gewählt und gestaltet ist. Sie sehen ihr Schicksal weit weniger durch andere Personen oder durch Glück und Zufall bestimmt als das Cluster ES. Gleichzeitig empfinden sie sich als emotional ausgeglichen und wenig besorgt oder ängstlich. Die emotionale Stabilität fällt zusammen mit dem Cluster IA am höchsten aus und zeigt deutliche Kontraste zu den weiteren Clustern.

Dies korrespondiert mit Befunden zur psychischen Gesundheit und zum subjektiven Wohlbefinden (siehe Tabelle 43). Ihre augenblickliche Stimmungslage schätzen sie als gut ein. Sie äußern im PGC relativ geringe Agitations- und Einsamkeitswerte und auch ihre Einstellung zum Alter liegt über dem Durchschnitt. Ebenso zeigt sich im SDS ein sehr geringes Depressivitätsniveau. Die allgemeine Lebenszufriedenheit entspricht dem Durchschnitt, wobei in den Bereichen Wohnung und Finanzen ein deutlich erhöhtes Zufriedenheitsmaß besteht.

Diese Gruppe weist nicht nur die höchste Partnerschaftsquote auf, auch die Qualität der Partnerschaft fällt überdurchschnittlich aus. Drei Viertel schätzen ihre Partnerschaft als glücklich bis sehr glücklich ein, was im Kontrast zum Cluster UO steht – lediglich Cluster IA zeigt ein noch besseres Qualitätsniveau an.

Das Cluster HA verfügt im Mittel über einen guten Gesundheitszustand (siehe Tabelle 42). 59% erhalten vom Hausarzt einen guten bis sehr guten Gesundheitszustand attestiert. Auch die Zufriedenheit mit der Gesundheit entspricht dem Durchschnitt im Sample. Lediglich 30% weisen im funktionalen Status Einschränkungen auf, was deutlich niedriger ist als im Cluster ES (57%). Alltagsrelevante Erkrankungen wie Diabetes oder Fraktur werden bei 64% diagnostiziert, bei 18% liegt eine schwere Erkrankung wie Krebs oder Herzinsuffizienz vor. Auch die Anzahl an Erkrankungen liegt mit 3.67 pro Person (SD 2.0) im Durchschnitt; lediglich Cluster IA weist zu allen Clustern ein deutlich besseres Gesundheitsniveau auf. Hingegen verfügt das Cluster HA zusammen mit Cluster IA über die höchste kognitive Leistungsfähigkeit (81.24, SD 14.4), die signifikant über denen der bildungsbenachteiligten Cluster UO und ES liegt.

Zusammenfassend lässt sich festhalten, dass der Fernseh-Nutzungsmotivtyp „Habituelle" insgesamt eine relativ gute Lebenssituation aufweist. Ein spezifisches Charakteristikum stellt die soziale Situation dar, die sich durch ein hohes Ausmaß an vorhandener und glücklicher Partnerschaft auszeichnet sowie durch ein überdurchschnittlich großes familiäres Umfeld. Er verfügt insgesamt über vielfältige interne und externe

Ressourcen und gehört zusammen mit Cluster IA zu den sozial Privilegierten. Neben einem hohen Bildungs- und Einkommensstatus besteht ein hohes kognitives Leistungsniveau, eine relativ gute Gesundheit sowie ein hohes Ausmaß an basalen und instrumentellen Alltagskompetenzen. Bezeichnend ist weiterhin die hohe emotionale Stabilität. Damit weist dieses Cluster insgesamt ein hohes Ausmaß an subjektivem Wohlbefinden, Lebenszufriedenheit und positiver Lebensbewertung auf. In Bezug auf die Medienaspekte finden sich zum Cluster IA Parallelen hinsichtlich einer umfangreichen Medienausstattung und einer erhöhten Affinität für Zeitungen und Internet.

Doch unterscheidet sich das Cluster HA deutlich in seinem transmedialen Motivprofil: Es nutzt Fernsehen, Radio und Zeitung in erster Linie aus Gewohnheit und Bequemlichkeit. Dieser Typ will sich informieren und gleichzeitig entspannen und unterhalten. Eine sozial intendierte Motivation „um mitreden zu können" spielt eine sehr nachgeordnete Rolle. Diese Haltung ist noch ausgeprägter als im Cluster IA. Grund für diese Spezifität können in den Persönlichkeitsmerkmalen und im sozialen Kontext gesehen werden. Man konzentriert sich in seiner Freizeit auf die Partnerschaft und den häuslichen Kontext. Cluster HA besitzt ein insgesamt niedrigeres Aktivitätsniveau, was aber nicht durch körperliche oder funktionale Einschränkungen bedingt ist, sondern durch ein selbstgenügsames Naturell.

5.2.5.4 Typ 4: Die „involvierten Unterhaltungsorientierten"

Dieser Nutzungsmotivtyp ist mit 16% (n=44) ähnlich groß wie Cluster HA (18%). Fernsehen hat im Gegensatz zu allen vorherigen Fernseh-Nutzungsmotivtypen ein wesentlich umfangreicheres Nutzungsspektrum, was sich in einer sehr hohen Bindung und Alltagsrelevanz manifestiert. Alle zehn Nutzungsmotive erhalten überdurchschnittliche Zustimmungswerte, was auf ein ausgeprägtes Informations- und Unterhaltungsbedürfnis schließen lässt. An erster Stelle steht die allgemeine Informationsfunktion „weil ich mich informieren möchte", das von allen Mitgliedern dieses Nutzungsmotivtyps als zutreffendes Motiv erachtet wird; von 59% sogar als voll und ganz zutreffend. Danach kommt das spezifische Informationsmotiv „Denkanstöße bekommen" mit 91%, gefolgt von dem Unterhaltungsmotiv „weil es mir Spaß macht" mit 89%. Die Zustimmungswerte liegen hierbei um 30 bzw. 22 Prozentpunkte über dem Durchschnitt. Bei den folgenden habituellen Nutzungsmotiven ist die relative Bedeutung noch deutlicher: Jeweils 80% geben an, das Fernsehgerät „aus Gewohnheit" (+32 Prozentpunkte) und weil der Zugang so „einfach ist" (+38 Prozentpunkte) einzuschalten. „Sich entspannen können" (+12 Prozentpunkte) und sich „im Alltag zurechtzufinden" (+48 Prozentpunkte) werden von drei Viertel als zutreffendes Motiv genannt. Selbst das evasive Motiv „nicht allein fühlen" (+41 Prozentpunkte) wird von über zwei Drittel genannt.

Abb. 40: Die „Unterhaltungsorientierten": Standardisierte Fernsehnutzungsmotive

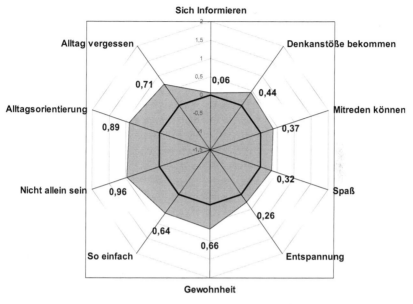

Basis: n=282; Cluster n=44. Standardisierung (z-Transformation).

Das Bedürfnis „nicht allein zu sein" und Alltagsorientierung zu bekommen, besitzt somit die größten Unterschiede zum Gesamtdurchschnitt, was in z-Transformation eine ganze Standardabweichung ausmacht (siehe Abbildung 40). Das eskapistische Bedürfnis „um den Alltag zu vergessen" liegt lediglich bei jedem Dritten vor, wovon aber 7% eine volle Zustimmung geben. Damit steht das Motiv in der Präferenzliste deutlich nachgeordnet an letzter Stelle, doch in Relation zur Gesamtstichprobe ist es relevant (z=0.71). Demgemäß besitzt die Motivdimension „Unterhaltung" eine sehr hohe Bedeutung für den Fernsehkonsum; der z-Wert fällt um fast eine Standardabweichung höher aus (z=0.82). Aber auch der Faktor „Information" liegt mit einem z-Wert von 0.36 über dem Durchschnitt.

Diese spezifische Unterhaltungsorientierung findet sich transmedial in den weiteren tagesaktuellen Medien Radio und Tageszeitung. Neben der Unterhaltungsdimension mit den beiden Motiven „Spaß" und „Entspannung" (z=0.43), kommt beim Radio hören noch mehr die habituell-evasive Motivdimension zum Tragen (z=0.84) (siehe

Abbildung 41). Gleiches gilt für das Zeitung lesen, wo ebenfalls die habituell-alltagsorientierende (z=0.53) und evasiv-unterhaltende Motivdimension (z=0.51) deutlich höher gewichtet wird. Es besteht folglich ein transmediales Bedürfnis nach Unterhaltung, wobei neben den Kernmotiven Entspannung und Spaß weitere spezifische Motive wie Gewohnheit, Bequemlichkeit, Alltagsorientierung und evasive Aspekte wie Alleinsein eine große Rolle spielen; gleichzeitig besteht aber auch ein hohes mediales Interesse an Information.

Abb. 41: Die „Unterhaltungsorientierten": Nutzungsmotive für Fernsehen, Radio und Zeitung, nach Faktoren

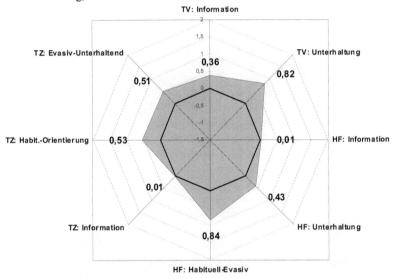

Basis: n=282; Cluster n=44. Standardisierung durch z-Transformation.

Die subjektiven Angaben zum Zeitbudget unterstreichen die hohe Alltagsrelevanz der elektronischen Medien (siehe Tabellen 33-35). Der Fernseher wird nahezu von jeder Person täglich eingeschaltet (98%) und die Sehdauer liegt mit 197 Minuten signifikant über dem Durchschnitt; lediglich Cluster ES nutzt intensiver Fernsehen (238 min.; n.s. zu UO). Im Gegensatz zu Cluster ES besteht hier aber auch eine deutlich erhöhte Nutzung des Radios. Mit einer Tagesreichweite von 90% und einer Hördauer von 171 Minuten wird dieses Medium ähnlich intensiv genutzt wie das Fernsehen. Zudem besteht von allen Clustern die höchste Affinität zu Tonträgermedien: Etwa jeder Zweite hört wöchentlich CDs, Schallplatten oder Kassetten, im Mittel sind es

37%. Offenbar stellt das Anhören von Musik eine wichtige Alltagstätigkeit zur Stimmungsmodulation dar.

Beim Fernsehen drückt sich die Unterhaltungsorientierung in einer deutlich erhöhten Präferenz für privat-kommerzielle Sender aus: Mit 16% liegt der Anteil um über 10 Prozentpunkte über dem Wert in Cluster IA, HA und DU – lediglich Cluster ES weist eine höhere Affinität auf (22%) (siehe Tabelle 39).

Trotz der hohen Radionutzung gilt das Fernsehen als das Leitmedium. Dies äußert sich in der Einschätzung und Bewertung dieses Mediums hinsichtlich seiner Funktionen und Eigenschaften. Im direkten Medienvergleich werden sämtliche zwölf Attribute mehrheitlich dem Fernsehen zugeschrieben, davon neun mit Zustimmungswerten von über 50%. Alle Zustimmungswerte liegen über dem Gesamtdurchschnitt (siehe Tabelle 36). Das breite Motivprofil spiegelt sich in der breiten Funktionsvielfalt wider. Dabei wird beim Fernsehen an erster Stelle das Unterhaltungspotenzial betont: 85% schätzen es als das „unterhaltsamste" Medium ein; dieser Höchstwert liegt um mehr als 20 Prozentpunkte signifikant höher als im Cluster IA und DU. Zudem wird dieses Medium als ausgesprochen „vielseitig" (78%), „aktuell" (69%), „kritisch" (67%) und „einfach zu bedienen" (65%) wahrgenommen. Folgerichtig fällt der Sympathiewert signifikant höher aus: Mit 62% Zustimmung liegt der Wert doppelt so hoch als im Cluster IA, und etwa 20 Prozentpunkte höher als im Cluster DU und HA. Der Sympathiewert für das Radio liegt mit 30% im Durchschnitt, während Zeitung (8%) und Internet (0%) eine Marginalie darstellen.

Der Medienalltag ist vorrangig von der Fernseh- und Radionutzung bestimmt. Dies wird durch eine relativ schmale Medienausstattung unterstrichen. So besteht eine große Distanz zu modernen Medien wie Computer oder Internet. Nur 18% verfügen über einen Computer und 5% über einen Internetanschluss (siehe Tabelle 32). Erst jeder zweite Haushalt ist mit einem Handy ausgestattet und 5% mit einem Fax-Gerät. Zu all diesen Medien bestehen relevante Kontraste zu den sozial privilegierten Clustern IA und HA.

Wenn es um die Nutzung von Informationsquellen geht, wird zu den zwei dominanten Massenmedien Fernsehen und Radio auch die Zeitung hinzugezogen. Nahezu jeder nennt diese drei Medien als wichtige Quellen für Informationen aus aktueller Politik und öffentlichem Leben. Gemeinsam mit Cluster DU besteht zum Radio ein signifikanter Kontrast zum radiodistanten Cluster HA. Alle weiteren Printmedien (Zeitschriften 63%, überregionale Zeitung 33%, Wochenmagazine 30%) sind als Informationsquelle deutlich nachgeordnet. Hier zeigen sich relevante Kontraste nicht nur zum

bildungsstarken Cluster IA (überregionale Zeitung), sondern auch zum bildungsfernen Cluster ES (Zeitschriften, Wochenmagazine).

In diesem Cluster besteht das geringste Interesse an Politik und am öffentlichen Leben: Nur 42% zeigen sich interessiert, was deutlich geringer ist als in Cluster IA und
HA (um etwa 25 Prozentpunkte). Dieses reduzierte Interesse äußert sich in den Themeninteressen. Übereinstimmend mit allen anderen Clustern steht an erster Stelle der
Bereich „Gesundheit und Ernährung" (98%), doch an zweiter Stelle folgen bereits
„Ratgeber- und Verbraucherthemen" mit 86% und erst an dritter Stelle steht das „Politisches Geschehen" mit 81% – was erneut im Kontrast zu Cluster IA und HA steht
(siehe Tabelle 38). Das relativ hohe Interesse an Rat und Lebenshilfe korrespondiert
wiederum mit dem ausgeprägten Bedürfnis nach Alltagsorientierung in der Mediennutzung. Erwartungsgemäß findet sich auch eine signifikant erhöhte Affinität an unterhaltenden Themen: Drei Viertel interessieren sich für „Kriminalität, Katastrophen"
und jeder Dritte für „Klatsch, Tratsch". Das Cluster ES zeigt ein ähnliches Interessenprofil mit einem etwas stärkeren Akzent auf Klatschgeschichten. Gleichzeitig
weist das Cluster UO ein signifikant höheres Interesse an Kunst und Literatur auf als
das Cluster ES.

Das reduzierte Interesse an Politik und stattdessen an leichter Unterhaltung steht in
engen Zusammenhang mit einem geringen Bildungsniveau (χ^2 (2)=10.77, p≤.01) und
dem weiblichen Geschlecht (χ^2 (1)=7.51, p≤.01). Diese beiden Merkmalen sind tatsächlich im Cluster UO signifikant stark verbreitet: Der Frauenanteil liegt mit 64%
am höchsten und im Mittel weist dieses Cluster lediglich 12.2 Jahre (SD 2.4) für
Schule und Berufsausbildung auf; hierzu bestehen Kontraste zu allen Clustern, außer
zum Cluster ES. Lediglich 16% verfügen über einen formal hohen Bildungsstatus,
aber 66% über einen formal niedrigen. Überdurchschnittlich ist zudem der Anteil an
Einzelhaushalten und Singles (jeweils 50%). Lediglich jede zweite Person ist verheiratet, während der Anteil an Ledigen mit 11% und Verwitweten mit 25% relativ hoch
ist. Die Kinderrate ist mit 1.60 (SD 1.1) leicht unterdurchschnittlich, wobei der Anteil
an Kinderlosen mit 19% am höchsten ist. Des Weiteren stammen mit 68% überdurchschnittlich viele Personen aus der Region Leipzig. Sechs von zehn Haushalt besitzen
geringe finanzielle Ressourcen von unter 1022€ im Monat und lediglich jedem Vierten stehen über 2045€ zur Verfügung.

Dieses Cluster wird folglich geprägt durch den hohen Anteil an alleinstehenden Frau-
en aus den neuen Bundesländern. Zusammen mit den niedrigen Einkommens- und
Bildungsniveau verfügt das Cluster UO über einen niedrigen sozialen Status. Dieses
soziodemografische Profil deckt sich mit Befunden aus der MK2005 zur Affinität für

eine Unterhaltungsorientierung und dem spezifischen Aspekt, sich durch die Mediennutzung nicht allein zu fühlen (siehe Abschnitt 5.1.7).

In den psychometrischen Instrumenten lassen sich weitere Anhaltspunkte für eine relativ erhöhte Einsamkeit und eine negativ empfundene Lebenssituation finden (siehe Tabelle 43). So bewertet das Cluster UO seine aktuelle Stimmungslage im PGC deutlich negativer. Dies gilt sowohl in der Einschätzung von Einsamkeit und der Einstellung zum Alter als auch hinsichtlich der Agitation; d.h. sie fühlen sich stärker besorgt, beunruhigt und verängstigt. Hier fallen im Vergleich zum Cluster IA alle drei Dimensionen signifikant schlechter aus.

Dabei beruht das überdurchschnittliche Gefühl von Einsamkeit auf dem hohen Anteil an alleinstehenden Personen. Wie weitere Analysen zum Sample belegen, besteht ein signifikanter Zusammenhang zwischen Alleinsein und sich einsamer fühlen (t (279)= 2.39, p≤.05). Zudem findet sich ein Geschlechtseffekt, demzufolge Frauen eine deutlich höhere Agitiertheit als Männer aufweisen (t (279)=2.26, p≤.05) als auch höhere Depressivitätswerte (t (247)= −2.37, p≤.05). Auch Martin und Kollegen (2000a) konnten solche Zusammenhänge für den ersten Messzeitpunkt in ILSE konstatieren. Entsprechend weist das Cluster UO in seiner Selbsteinschätzung ein überdurchschnittliches Niveau an Depressivität auf, das wiederum im Kontrast zum Cluster IA steht.

In der Einschätzung der allgemeinen Lebenszufriedenheit zeigt sich keine deutliche Einschränkung. Jedoch bestehen signifikant geringere Zufriedenheitsmaße zum Cluster IA im Bereich Familie und Wohnung – Aspekte, die sich auf die besondere soziodemografische Zusammensetzung dieses Clusters zurückführen lassen. So zeigt sich insgesamt für das Sample, dass die familiäre Situation bei alleinstehenden Personen deutlich weniger zufriedenstellend bewertet wird als bei Singles (t (180)=2.70, p≤.01). Zudem ist die Paarqualität unter den relativ wenigen Personen im Cluster UO, die in einer Partnerschaft leben, deutlich schlechter: Lediglich 58% geben an, mit ihrer Partnerschaft (sehr) glücklich zu sein. Hier werden signifikante Kontraste zu den Clustern IA (85%); HA (74%) und DU (67%) angezeigt. Diese Unterschiede lassen sich auch nicht auf den Überhang an Frauen und Personen aus Leipzig zurückführen; hierzu fanden sich in der bivariaten Testung keine Signifikanzen.

Was dieses Cluster weiter kennzeichnet ist die Konstanz dieser Lebensumstände. Während sich in allen anderen Motivgruppen die Lebenssituation im Vergleich zu vor fünf Jahren verschlechtert hat, blieb sie im Cluster UO nahezu unverändert. Hier zeigt sich ein signifikanter Kontrast zu Cluster IA und HA, aber vor allem gegenüber dem ebenfalls fernsehaffinen Cluster ES. Diese Motivgruppe hatte vor fünf Jahren noch die höchste allgemeine Lebenszufriedenheit.

Weitere Hinweise auf eine suboptimale Gesamtsituation finden sich in der Lebensbilanzierung (VoL). Wie auch im Cluster ES weisen sie zu allen anderen Clustern ein deutlich erhöhtes Ausmaß an negativen Empfindungen auf; d.h. Aspekten wie z.B. „es fällt mir schwer, in meinem alltäglichen Leben einen Sinn zu finden" oder „ich habe derzeit nur wenige Ziele in meinem Leben" wird deutlich mehr zugestimmt.

Darüber hinaus werden im körperlichen und kognitiven Bereich deutliche Einschränkungen verzeichnet. Wie die Befunde zur Nürnberger Selbsteinschätzungsliste aufzeigen, werden bei diesem Nutzungsmotivtyp in höherem Ausmaß alterstypische Veränderungen und Beschwerden wahrgenommen (siehe Tabelle 42). Bei einem Fünftel besteht sogar der Verdacht einer hirnorganischen Störung (21,4%). Es liegen demnach altersbedingte Beeinträchtigungen in der Vitalität und der kognitiven Leistungsfähigkeit vor. Tatsächlich belegen kognitive Leistungstests, dass hinsichtlich fluider und kristalliner Intelligenz signifikant schlechtere Ergebnisse erbracht werden und deutliche Kontraste zu den drei bisherigen Nutzungsmotivtypen bestehen. Ebenso finden sich im funktionalen Status der basalen und erweiterten Alltagskompetenzen signifikant mehr Einschränkungen: 36% haben Einschränkungen in mindestens einer Alltagsaktivität, wobei vor allem das Treppensteigen (28%), das An- und Ausziehen (19%), sich Baden (19%) und die Benutzung von öffentlichen Verkehrsmitteln (21%) Probleme bereiten. Zusätzliche Analysen zeigen signifikante Einschränkungen in der Selbsteinschätzung der körperlichen Fitness (3.27; χ^2 (4)=11.54, p≤.05) und der Reaktionsfähigkeit (2.88; χ^2 (4)=18.75, p≤.001). Es treten überhäufig Erkrankungen auf, im Mittel sind es mit 3.94 pro Person soviel wie im Cluster ES – was deutlich im Kontrast zum gesunden Cluster IA steht. Über zwei Drittel leidet zudem unter einer alltagsrelevanten Erkrankung wie z.B. Diabetes oder Frakturen. Entsprechend liegt der objektive Gesundheitsstatus unter dem Durchschnitt und im Kontrast zum Cluster IA. Es ist das einzige Cluster, in dem keine Person einen sehr guten Gesundheitsstatus vom Arzt attestiert bekommt, jeder zweite hat ein befriedigend bis ausreichend.

Ein Zusammenhang zu diesen körperlichen und funktionalen Einschränkungen kann aus den Freizeitaktivitäten abgelesen werden, demzufolge ein unterdurchschnittliches Ausmaß an Bewegungsaktivitäten vorliegt (siehe Tabelle 40). Es wird weniger Gartenarbeit verrichtet und weniger gewandert als anderswo. Lediglich ein Viertel wandert mindestens einmal monatlich, 45% machen dies nie. Ebenso verrichten 41% keine Gartenarbeit, 45% machen dies wöchentlich. Hier finden sich deutliche Kontraste zum aktiven Cluster IA und DU. Jeder Zweite treibt überhaupt keinen Sport, in den anderen Clustern liegt der Anteil an Sportabstinenten bei etwa einem Drittel. Was ebenso wie die Gartenarbeit mit dem hohen Frauenanteil zusammenhängt, ist das deutlich niedrigere Ausmaß an Heimwerken. Zudem fallen die niedrigen Nutzungswerte für Weiterbildung, Kultur- und Kirchenveranstaltungen statistisch bedeutsam aus. Hier gleichen sich die beiden fernsehaffinen Cluster UO und ES wie auch hinsichtlich einer deutlich erhöhten Affinität zu geselligen Treffen wie Kartenspielen oder Kaffeekränzchen. Im Gegensatz zum Cluster ES weist das Cluster UO aber ein sehr hohes Interesse an Kreuzworträtseln auf: Drei Viertel üben mindestens im wöchentlichen Rhythmus diese Form kognitiv stimulierender Unterhaltung aus, im Cluster ES sind es nur 48%.

Bezüglich der Persönlichkeitsmerkmale lässt sich als ein besonderes Charakteristikum der überdurchschnittlich hohe Wert an Neurotizismus konstatieren. Zu den beiden Clustern IA und HA besteht ein deutlicher Kontrast; allerdings auch zum Cluster ES, das ein noch höheres Ausmaß an emotionaler Labilität aufweist (siehe Tabelle 41). Dieser Befund wird durch einen Geschlechtseffekt moderiert. Frauen schätzen sich generell als emotional labiler ein (t (260)= -3.51, p≤.001) – dieser Befund ist in der Persönlichkeitsforschung gut belegt (vgl. Borkenau & Ostendorf, 1993) und konnte schon zu früheren Messzeitpunkten in der ILSE-Studie bestätigt werden (Ettrich, 2000). Gleichzeitig weist dieses Cluster das höchste Ausmaß an positiver internaler Kontrollüberzeugung auf; d.h. sie betrachten sich weit mehr für positive Dinge im Leben selbstverantwortlich als im Cluster IA und DU. Bemerkenswert ist auch, dass im Gegensatz zum eskapistisch-unterhaltungsorientierten Cluster ES signifikant weniger fatalistische Kontrollüberzeugungen bestehen; d.h. sie sehen ihr Leben weit weniger durch zufällige oder schicksalhafte Ereignisse bestimmt.

Zusammenfassend lässt sich festhalten, dass beim Fernseh-Nutzungsmotivtyp der „Unterhaltungsorientierten" das Fernsehen eine außerordentlich hohe Alltagsrelevanz als multifunktionales Unterhaltungs- und Informationsmedium besitzt. Daneben spielt aber auch das Radio eine tragende Rolle als Stimmungsmodulator. Transmedial stehen primär unterhaltende Aspekte im Vordergrund, wobei die habituell-bequeme Zugänglichkeit von Medien und ihre Funktion zur Alltagsorientierung wertgeschätzt werden. Des Weiteren erfüllen speziell die beiden elektronischen Medien das evasive Bedürfnis, sich nicht allein zu fühlen.

Dieses transmediale Motivprofil weist deutliche Zusammenhänge mit spezifischen personengebundenen Merkmalen auf. So besteht ein sehr hoher Anteil an Frauen, zudem ein deutlicher Überhang an Alleinstehenden und Personen aus den neuen Bundesländern. Darüber hinaus ist das Bildungs- und Einkommensniveau sehr niedrig.

Die Persönlichkeit ist durch eine erhöhte emotionale Labilität gekennzeichnet. Körperliche, funktionale und kognitive Einbußen treten deutlich hervor, was auch die außerhäusliche Mobilität und Freizeitgestaltung einschränkt. Es werden negative Alternsprozesse wahrgenommen, was sich ebenfalls auf die aktuelle Stimmungslage und das Wohlbefinden niederschlägt. Darüber hinaus scheint die familiäre Situation als Single wie auch in der Partnerschaft negative Auswirkungen auf die Lebenszufriedenheit zu haben. Diese kumulierenden negativen Aspekte gehen einher mit negativen Lebensbewertungen. Dies zeigt eine insgesamt eine suboptimale Gesamtsituation in den Alltags- und Lebensbezügen an. Da hierbei wenig personale und soziale Ressourcen zur Verfügung stehen, könnten die leicht zugänglichen Unterhaltungsmedien Fernsehen und Radio dazu dienen, den Alltag positiv zu gestalten, einen festen Halt zu geben und das Alleinsein zu vergessen.

5.2.5.5 Typ 5: Die „hoch involvierten Eskapisten"

Das fünfte Cluster stellt das kleinste dar mit einem Anteil von lediglich 8% (n=22). Es handelt sich um eine Sondergruppe, die wie kein anderer Nutzungsmotivtyp eine extensive Fernsehnutzung mit umfangreichen Gratifikationserwartungen aufweist und durch eine ausgesprochen hohe Bindung an das Medium gekennzeichnet ist. Das Fernsehen fungiert hier als ein „Allroundmedium" oder auch als Tagesbegleiter, das wichtige Kompensations- und Substitutionsfunktionen übernimmt. Unter den unterhaltungsorientierten Nutzergruppen stellt dieser Typ eine spezielle Problemgruppe dar, in der selbst nachgeordnete evasive Motive der Fernsehnutzung wie „Eskapismus" und „nicht Alleinsein" eine hervorgehobene Rolle spielen. Tatsächlich besitzt dieses Cluster eine schwierige und problematische Lebenssituation mit Einschränkungen und Verlusten in den psychologischen, persönlichkeits- und gesundheitsbezogenen Merkmalen. Insgesamt ist dieser Typus durch geringe individuelle und externe Ressourcen gekennzeichnet.

Die außerordentliche Involviertheit beim Fernsehen äußert sich darin, dass sämtliche zehn Nutzungsmotive Zustimmungswerte von über 90% erzielen. Alle drei informationsorientierten Motive („sich informieren", „Denkanstöße bekommen", „mitreden können") bekommen sogar Werte von 100%. Aber auch die beiden Kernmotive der Motivdimension „Unterhaltung" Spaß und Entspannung erhalten Werte von 100% sowie das habituelle Motiv „weil es so einfach ist" und das eskapistische Motiv „damit ich den Alltag vergessen kann". Um eine Rangreihe zu erhalten, bedurfte es einer Differenzierung zwischen den Kategorien „trifft voll und ganz zu" und „trifft weitgehend zu". Demzufolge steht das Motiv „weil es so einfach ist" an erster Stelle mit einem Wert von 95% für die Kategorie „trifft voll und ganz zu", gefolgt von „weil ich

mich informieren möchte" mit 91%. Über drei Viertel stimmen dem spezifischen Informationsmotiv „mitreden können" sowie dem Spaßmotiv zu. Nahezu alle weiteren
Motive werden von jeweils über zwei Dritteln dieses Nutzungsmotivtyps als voll und
ganz zutreffend bewertet. Selbst das ansonsten nachgeordnete Motiv „damit ich den
Alltag vergessen kann" erhält einen Zustimmungswert von 59%. Die einzige Gruppe,
die für dieses problembezogene Randmotiv auch eine gewisse Affinität aufweist, ist
das Cluster UO. Hier stimmen aber lediglich 7% „voll und ganz zu". Dies verdeutlicht, welch enorm hohe Relevanz alle Nutzungsmotive für das Fernsehen im Cluster
ES einnehmen.

Das Zugangs- und Nutzungsprofil des Fernsehens ist so umfassend ausgeprägt, dass
sowohl die Motivdimension „Unterhaltung" als auch die „Information" mit Abstand
die höchsten Werte im Gruppenvergleich erzielen (siehe Abbildung 42).

Abb. 42: Die „Eskapisten": Standardisierte Fernsehnutzungsmotive

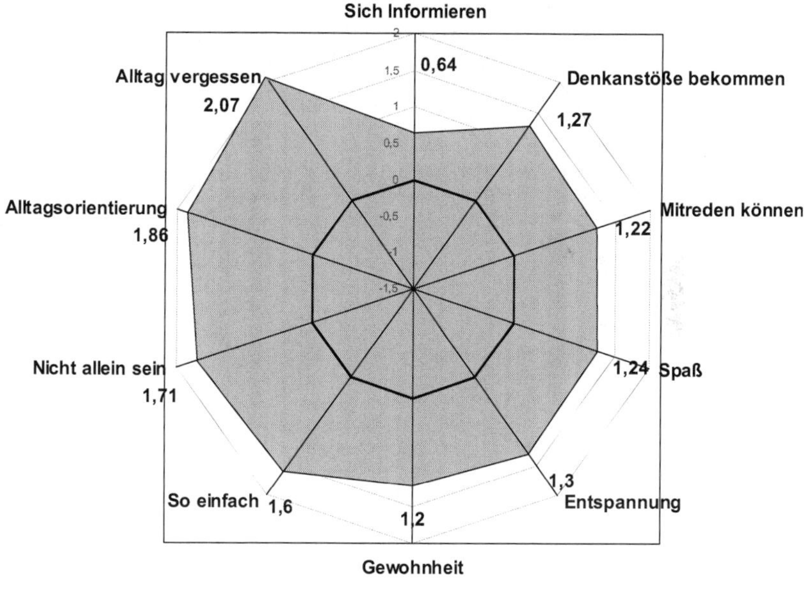

Basis: n=282; Cluster n=22. Standardisierung (z-Transformation).

Während der Motivfaktor „Information" in der z-Transformation eine Standardabweichung nach oben erreicht (z=1.18), sind es bezüglich der „Unterhaltung" zwei
Standardabweichungen (z=1.94). Am stärksten ist dabei der Unterschied hinsichtlich
des eskapistischen Motivs „Alltag vergessen können" ausgeprägt, mit einem standar-

disierten Wert von 2.07. Es stellt somit ein Alleinstellungsmerkmal zu den anderen Clustern da. Ebenfalls hohe Vergleichswerte erhalten die Motive „um sich im Alltag zurechtzufinden" (z=1.86) und „sich nicht allein zu fühlen" (z=1.71). Zu allen zehn Nutzungsmotiven liegen die Zustimmungswerte um mindestens eine halbe Standardabweichung über dem Mittelwert.

Die außerordentliche Relevanz evasiver Nutzungsmotive zeigt sich ebenso für die Nutzung von Radio und Tageszeitung. Für beide tagesaktuellen Medien fallen die z-Werte in den Motivdimensionen am höchsten aus, in denen die beiden evasiven Motive „Alltag vergessen" und „nicht allein fühlen" vertreten sind (siehe Abbildung 43). Das heißt, wenn Radio gehört oder die Zeitung gelesen wird, dann auch, um sich vom Alltag ablenken zu lassen oder sich nicht allein zu fühlen. Generell spielen bei beiden Medien unterhaltende und informative Aspekte eine überdurchschnittliche Rolle, was die Multifunktionalität dieser Medien ausdrückt. Das zentrale Medium stellt aber das Fernsehen dar, wobei das spezifisch unterhaltend-evasiv ausgerichtete Nutzungsmotivmuster auch die Sendertyppräferenz prägt. Wie in keiner anderen Gruppe werden private Fernsehprogramme mit ihrem dominanten Unterhaltungsprofil wertgeschätzt: 22% nennen einen privat-kommerziellen Anbieter als ihren Lieblingssender. Diese Präferenz ist – abgesehen vom ebenfalls unterhaltungsorientierten Cluster UO – deutlich höher als bei den anderen Clustern, deren Werte zwischen 0% und 5% liegen.

Abb. 43: Die „Eskapisten": Nutzungsmotive für Fernsehen, Radio und Zeitung, nach Faktoren

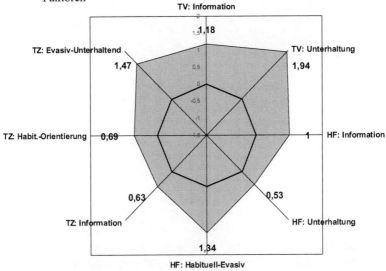

Basis: n=282; Cluster n=22. Standardisierung (z-Transformation).

Das Cluster ES nutzt das Fernsehen so intensiv wie kein anderes Cluster. Alle Personen schalten täglich das Fernsehgerät ein, 70% sogar mehrmals am Tag (siehe Tabelle 33). Im Gesamtdurchschnitt liegt die mehrmalige Nutzung um die Hälfte niedriger (35%). In der Kontrastanalyse zeigen sich hoch signifikante Unterschiede zu allen anderen Clustern. Da auch das tägliche Zeitbudget in ihrer subjektiven Einschätzung auf durchschnittlich vier Stunden taxiert wird, bestehen ebenfalls signifikante Kontraste zu Cluster IA, HA und DU. Aufgrund der methodischen Erfassung gilt es zu bedenken, dass die tatsächliche Sehdauer vermutlich noch höher ausfällt (siehe Abschnitt 5.2.4.5), weshalb in diesem Cluster ein erhöhter Anteil an Vielsehern angenommen werden kann, bei dem das Fernsehen als ständiger Tagesbegleiter fungiert.

Tatsächlich kumulieren noch mehr als im fernsehaffinen Cluster UO die soziodemografischen Prädiktoren, die für das Vielsehen typisch sind (siehe Abschnitt 5.1.3). So kommen 73% aus der Region Leipzig, was fünf Prozentpunkte mehr ist als im Cluster UO und mit 30 Prozentpunkte signifikant mehr als im Cluster IA (siehe Tabelle 31). Es findet sich das niedrigste Bildungsniveau von allen Clustern: Der Anteil an Personen mit formal hoher Bildung liegt bei lediglich 5%, während über drei Viertel zu den Bildungsschwachen zählen. Der Anteil an mittleren Bildungsjahren ist mit 11.86 Jahren (SD 1.9) deutlich unterdurchschnittlich und mit Ausnahme zum Cluster UO zu allen anderen Clustern signifikant. Ebenso fällt der Frauenanteil mit 59% um elf Prozentpunkte höher aus als im Durchschnitt. Damit zusammenhängend finden sich in dieser Gruppe verhältnismäßig viele Personen, die alleine zu Hause leben (45%) und über geringe finanzielle Ressourcen verfügen (36%). Lediglich jede zweite Person ist verheiratet, während mit 27% überdurchschnittlich viele Personen bereits verwitwet sind. Ein Spezifikum für dieses Cluster hinsichtlich des Familienstands ist der hohe Anteil an geschiedenen Personen: Mit 23% liegt der Wert um 14 Prozentpunkte über dem Durchschnitt. Auch fällt die Kinderrate mit 1.27 (SD 0.9) deutlich niedriger aus und ist signifikant zu den beiden kinderreichen Clustern DU und HA. 18% sind kinderlos und der Anteil an Personen mit nur einem Kind ist mit 50% deutlich erhöht.

Im Gegensatz zum Cluster UO spielt hier das Radio hören eine untergeordnete Rolle, mit 76% ist der Anteil an (fast) täglicher Nutzung signifikant geringer (siehe Tabelle 33). Dies korrespondiert mit den Analysen zu den Vielsehern der K30-39 in der MK2005 (siehe Abschnitt 5.1.4.8). Offensichtlich übernimmt hier das Fernsehen zusätzlich die traditionelle Funktion des Radios als Nebenbeimedium.

Ebenso signifikant niedriger fällt das Bücherlesen aus: 45% lesen zumindest wöchentlich, zugleich geben 45% an, selten oder nie ein Buch zu lesen. Dafür stehen

Zeitschriften als leichte Form der Lektüre hoch im Kurs: 94% lesen fast täglich dieses Printmedium, das sind 33 Prozentpunkte mehr als im Cluster IA und 26% Prozentpunkte mehr als im Cluster HA. Noch deutlicher als im Cluster UO besteht eine Distanz zu neuen Medien. Jeweils 5% verfügen über einen Computer und einen Internetanschluss zu Hause (siehe Tabelle 32). Weitere moderne Geräte wie DVD-Player, Videorecorder, Fax-Geräte, Handys und schnurlose Telefone haben ebenfalls die niedrigste Verbreitungsrate. Die Medienausstattung im Haushalt ist signifikant niedriger; der Medienalltag konzentriert sich somit noch mehr auf das Fernsehen.

Diese Zentralität des Fernsehens wird durch die Imagezuschreibungen unterstrichen. Sämtliche zwölf Eigenschaften werden im direkten Vergleich mit den tagesaktuellen Massenmedien Radio, Zeitung und Internet mehrheitlich dem Fernsehen zugesprochen (siehe Tabelle 36). Als Charakteristika mit signifikant hoher Zustimmung wird das Fernsehen als „modern" (89%), „unterhaltsam" (84%), „vielseitig" (83%) und als „einfach bedienbar" (80%) wahrgenommen. Alle weiteren Eigenschaften erhalten absolute Mehrheiten von über 50%. Entsprechend ist auch der Sympathiewert mit Abstand am höchsten: 83% schreiben dieses Attribut dem Fernsehen zu, das sind über 20 Prozentpunkte mehr als im ebenfalls fernsehaffinen Cluster UO und über 50 Prozentpunkte als zum fernsehdistanten Cluster IA. Noch intensiver als im Cluster UO wird zudem die einfache Bedienung beim Fernsehen wertgeschätzt (+15 Prozentpunkte). Die größte Differenz mit bedeutsamen Kontrasten zu allen Clustern besteht in der Einschätzung der Modernität dieses Mediums. Cluster ES weist gegenüber Cluster UO dem Fernsehen einen um 30 Prozentpunkte höheren Wert zu, gegenüber den Clustern IA und HA sind es sogar über 50 Prozentpunkte. Das Internet erhält in elf von zwölf Attributen überhaupt keine Zustimmung. Obwohl auch im Cluster UO der Verbreitungsgrad des Internets sehr gering ist, werden diesem neuen Medium im moderaten Umfang Attribute zugestanden; so betrachten immerhin 29% das Internet als das modernste Medium. Das Cluster ES steht folglich dem Internet sehr ablehnend gegenüber.

Diese Dominanz des Fernsehens im Imagevergleich als auch die weiteren Befunde hinsichtlich der Nutzungsmotive und dem Zeitbudget bezeugen die außergewöhnlich hohe Stellung im Medienalltag. Dies äußert sich auch in der Bewertung der Programmangebote und -qualität. Die Zufriedenheit mit diesem Medium ist signifikant höher als in allen anderen Clustern. So sind drei von vier Personen mit dem Programm überwiegend oder sogar sehr zufrieden, beim fernsehaffinen Cluster UO sind es 59%, beim Cluster IA nur 37%. Daneben besteht auch gegenüber der Zeitung eine deutlich erhöhte Zufriedenheit (95%), in der Tendenz auch gegenüber der Zeitschrift (95%). Die nachgeordnete Relevanz des Radios spiegelt sich wiederum in einer un-

terdurchschnittlichen Zufriedenheit wider (84%), wenngleich keine Signifikanz angezeigt wird. Hinter diesen insgesamt hohen Wertschätzungen zu Medien könnte ebenso eine unkritische Haltung vermutet werden, wie auch eine generell hohe Medienaffinität zu diesen klassischen Massenmedien.

Die spezifisch hohe Bindung an das Fernsehen lässt sich zudem in der Frage nach der
Bedeutsamkeit von Informationsquellen zur aktuellen Politik und dem öffentlichen
Leben nachzeichnen (siehe Tabelle 37). Das Fernsehen wird von 95% als eine sehr
wichtige Informationsquelle eingestuft, die restlichen 5% betrachten es zumindest als
wichtig. Zwar kommen auch die UO auf einen Zustimmungswert von 100% für beide
Kategorien, doch nennt von ihnen nur jeder Zweite das Fernsehen als eine sehr wichtige Informationsquelle. In dieser Eindeutigkeit unterscheidet sich das Cluster hoch
signifikant von allen anderen Nutzungsmotivtypen. Übereinstimmend zur überdurchschnittlichen Nutzung von Zeitschriften fällt deren Relevanz als Informationsquelle
für Politik und Gesellschaft zu allen Clustern signifikant aus: Der Zustimmungswert
liegt hier bei 92%, im Gesamtdurchschnitt sind es lediglich 67%. Noch vor den Zeitschriften rangiert die regionale Tageszeitung an zweiter Stelle mit einem Zustimmungswert von 100%. Dabei drücken sich die überdurchschnittlichen Zustimmungswerte keineswegs in einem gesteigerten Interesse an Politik oder am öffentlichen Leben aus. Lediglich 45% zeigen sich daran interessiert, was deutlich niedriger ist als
beim Cluster IA (68%).

Wie in keinem anderen Cluster ist man gegenüber Kulturthemen distant (48%), stattdessen wird leichter Unterhaltung wie „Tratsch und Klatsch" (52%) und Sensations-
themen wie „Kriminalität, Katastrophen" (76%) deutlich mehr Interesse geschenkt
(siehe Tabelle 38). Es besteht zudem das geringste Interesse am Themenbereich Beruf (19%) und Wirtschaft (23%). Gemeinsam ist hingegen das dominante Interesse an
„Medizin, Gesundheit, Ernährung". Zwei Drittel sind daran sehr interessiert, ein weiteres Drittel zeigt sich etwas interessiert. Und ebenso wie das fernsehaffine Cluster
UO werden „Ratgeber- und Verbraucherthemen" mit 86% eine höhere Priorität zugemessen als politischen Themen (81%).

Charakteristisch für dieses Cluster ist das Desinteresse an Bildungs- und Kulturakti-
vitäten sowie an kreativen und musischen Hobbys (siehe Tabelle 40). Besuche von
Ausstellungen und Vorträgen wie auch von Kino, Theater und Konzerten finden am
seltensten statt. Jeder Zweite bleibt diesen Veranstaltungen ganz fern, in den anderen
Clustern liegt die Rate an Abstinenten bei maximal einem Viertel wie im Cluster UO.
Gleichfalls stellen Musizieren, Fotografieren, Malen und Heimwerken signifikant
seltene Freizeitaktivitäten dar wie auch das Lösen von Kreuzworträtseln: Nur jeder

Zweite übt diese kognitiv anregende Aktivität wöchentlich aus (gesamt: 64%), vier von zehn Personen nie – das ist doppelt so viel wie in anderen Clustern. Ein deutlicher Kontrast besteht auch zum bildungsfernen Cluster UO.

Hinsichtlich des Ausmaßes an Bewegungsaktivitäten bestehen keine Defizite im Vergleich zu den anderen Clustern: 95% geben an, wöchentlich Spazieren zu gehen und in dieser Frequenz verrichten 57% Gartenarbeit und 52% Sport. Ebenso werden im vergleichbaren Ausmaß soziale Kontakte gepflegt. Jeder Vierte besucht wöchentlich Freunde oder Bekannte, weitere 50% machen dies monatlich. Umgekehrt erhält jeder Vierte wöchentlich Besuch, weitere 43% zumindest monatlich. Zudem finden überhäufig gesellige Treffen wie Kartenspiel und Kaffeekränzchen statt. Sechs von zehn Personen gehen zu solchen Zusammenkünften, im Cluster IA und HA ist es nur jeder Vierte. Eine soziale isolierte Situation liegt demnach nicht vor.

Auffällig ist die geringe Frequenz an Urlaubsaktivität. Während im Sample drei Viertel mindestens einmal im Jahr für mindestens fünf Tage verreisen, ist es im Cluster ES nicht einmal jeder Zweite. Ein Drittel geht nie in Urlaub, im Sample ist es nur jeder Achte. Die Kontrastanalysen geben hierzu zu allen Clustern Signifikanzen an.

Insgesamt zeigt sich ein reduziertes Aktivitätsspektrum, was zum Teil mit der sozioökonomischen Zusammensetzung in diesem Cluster zusammenhängt. Allerdings zeigen die Analysen zu psychologischen Konstrukten auch auf eine allgemein schwierige Lebensalge und Gesamtsituation hin.

So besteht ein signifikant erhöhtes Depressivitätsniveau (siehe Tabelle 43). In der Selbsteinschätzung der Self-Depression-Scale (SDS) fällt der Wert um über eine halbe Standardabweichung ($z=0.63$) höher aus. Wenngleich der Clustermittelwert mit 39.86 (SD 6.7) am höchsten ausfällt, liegt er immer noch unterhalb des Schwellenwerts von 50.00 einer leichten Depression. Allerdings erreichen 20% in diesem Cluster diesen Grenzwert. Ein eingeschränktes Wohlbefinden manifestiert sich auch in der aktuellen Stimmungslage (PGC). Ähnlich wie das fernsehaffine Cluster UO äußern sie signifikant häufiger Ängste und Sorgen (Agitation) und zeigen eine negativere Einstellung zum Alter; noch stärker fällt aber das Gefühl von Einsamkeit aus. Hier finden sich deutliche Kontraste zu Cluster IA, HA und DU.

Korrespondierend hierzu ist das Niveau an Lebenszufriedenheit niedriger, speziell was die finanzielle, familiäre und häusliche Situation anbetrifft. Von den zwei Dritteln, die in einer Partnerschaft leben, ist lediglich die Hälfte mit der Qualität der Paarbeziehung zufrieden – der Durchschnitt liegt bei 71%. Am markantesten fällt jedoch die Verschlechterung der Lebenssituation in den letzten fünf Jahren auf. Von allen Clustern wird im Cluster ES die damalige Lebenssituation rückblickend als am besten eingestuft; signifikant besser als beim Cluster UO und DU. Die heutige allgemeine Lebenszufriedenheit fällt hingegen auf ein unterdurchschnittliches Niveau. Offensichtlich haben in dieser Zeitspanne einschneidende negative Veränderungen bzw. kritische Lebensereignisse stattgefunden. Damit zusammenhängend, findet sich in der allgemeinen Lebensbilanzierung (VoL) ein deutlich erhöhtes Ausmaß an negativen Empfindungen wie z.B. „Die wirklichen Freuden meines Lebens liegen in der Vergangenheit" und „Ich habe derzeit nur sehr wenige Ziele in meinem Leben". Wie auch beim fernsehaffinen Cluster UO bestehen signifikante Kontraste zu allen anderen Clustern.

Weitere Indizien für eine eingeschränkte Mobilität und damit einhergehend mit einer erhöhten Konzentration auf die häusliche und mediale Umwelt finden sich im gesundheitlichen und funktionalen Bereich (siehe Tabelle 42). Danach berichten so viele wie in keinem anderen Cluster über Einschränkungen in den Alltagskompetenzen. 57% nennen Beeinträchtigungen in mindestens einem der 24 basalen und instrumentellen Aktivitäten des täglichen Lebens, im Gesamtdurchschnitt sind es 35%. Dieser Wert fällt in der z-Transformation um eine halbe Standardabweichung höher aus und es bestehen Kontraste zu Cluster IA, HA und DU. In der Tendenz fällt auch der Gesundheitsstatus von ärztlicher Seite schlechter aus: Lediglich 41% erhalten eine gute bis sehr gute Gesundheit attestiert, im Sample sind es 58%. 71% geben an, an einer alltagsrelevanten Erkrankung wie Diabetes oder Bluthochdruck zu leiden; 18% beklagen sogar eine schwere Krankheit wie Krebs oder Herzinsuffizienz. Überdurchschnittlich ist auch die Anzahl der diagnostizierten Erkrankungen: Mit einem Durchschnittswert von 3.94 (SD 1.8) pro Person besteht ein deutlicher Kontrast zum relativ gesunden Cluster IA.

Das vielleicht bedeutsamste Alleinstellungsmerkmal, das auch im Hinblick auf die spezifische Fernsehnutzung von besonderer Relevanz sein könnte, stellt die kognitive Leistungsfähigkeit dar. Die Werte in den kognitiven Leistungen zur fluiden und kristallinen Intelligenz fallen um fast eine Standardabweichung niedriger aus. Hier besteht selbst zum Cluster UO ein signifikanter Kontrast. Dieses Charakteristikum lässt sich auch nicht allein auf den geringen Bildungsstatus zurückführen. Vielmehr zeigen Befunde zur Nürnberger-Selbsteinschätzungs-Liste, dass bei einem Fünftel ein Verdacht für eine hirnorganische Störung vorliegt. Es werden entsprechend überdurchschnittlich viele altersbedingte Beschwerden verspürt, die sich auf die Vitalität, kognitive Leistungsfähigkeit oder Sozialkontakte auswirken. Der Verdacht auf kognitive Defizite liegt nahe und konnte durch weitere gerontopsychiatrische Analysen bestätigt werden: 13 von 22 Personen (60%) weisen in diesem Cluster Formen kognitiver

Leistungseinbußen auf, bei 7 Personen (33%) sogar eine beginnende Alzheimer-Demenz. Bemerkenswert ist auch, dass von allen demenzkranken Personen im Sample (n=13) über zwei Drittel (n=9) auf die beiden stark fernsehbezogenen Cluster ES und UO entfallen.[55]

Des Weiteren finden sich besondere Merkmale in einzelnen Persönlichkeitsdimensionen des NEO-FFI (siehe Tabelle 41). Noch stärker als im Cluster UO ist dieses Cluster durch ein signifikant niedrigeres Ausmaß an emotionaler Stabilität gekennzeichnet. Sie äußern deutlich häufiger negative Gefühlszustände, Sorgen, Zweifel und Ängste – ein Befund, der sich mit der aktuell negativeren Stimmungslage deckt. Ein weiterer signifikanter Unterschied besteht in der geringeren Offenheit für Erfahrungen; auch hier werden signifikante Kontraste zu den Clustern IA, HA und DU angezeigt. In diesem Zusammenhang kann auch die Distanz zu modernen Medien wie Computer und Internet gesehen werden (Jackson et al., 2003; Tuten & Bosnjak, 2001).

Unterschiede zeigen sich letztlich in der Einschätzung ihres persönlichen Handlungs- und Gestaltungsspielraums. Sie sehen ihr Leben weit fatalistischer durch Glück und Zufall bestimmt. Hier liegen erneut zu allen anderen Clustern signifikant höhere Werte vor (z=0.60). Auch hinsichtlich der sozialen Externalität weisen sie deutlich überdurchschnittliche Werte auf; d.h. sie sehen ihr Schicksal stärker von anderen Personen bestimmt.

Zusammenfassend bleibt festzuhalten, dass es sich beim Typ der „hoch involvierten Eskapisten" um eine spezielle Randgruppe handelt, bei der das Fernsehen eine zentrale Stellung im Medien- und im Lebensalltag einnimmt. Dies manifestiert sich in einer extensiven Fernsehnutzung und einer außerordentlich hohen Bindung und Bezogenheit auf dieses Medium. Das Fernsehen besitzt eine Multifunktionalität, was sich in einem sehr breiten Motivprofil äußert: Es werden sämtliche informations- und unterhaltungsbezogenen Nutzungsmotive als relevant eingeschätzt. Allein in diesem Cluster besteht ein ausgeprägtes Bedürfnis nach Eskapismus. Dieses spezifische Motivprofil äußert sich medienübergreifend bei der Nutzung von Radio und Zeitung.

Wie das personbezogene Profil zeigt, kumulieren hier in vielfältiger Weise negative Aspekte, die auf eine besonders schwierige Lebenslage hindeuten. Es besteht eine erhöhte depressive und fatalistische Tönung. Sowohl die aktuelle Stimmungslage weist negative Indikatoren von Einsamkeit, Zukunftsängsten und Sorgen auf, wie auch die Lebensbewertung insgesamt negativer ausfällt. Dabei haben sich das subjek-

---

[55] An dieser Stelle sei für die Übermittlung der Daten Dipl.-Psych. Christine Sattler und an Prof. Johannes Schröder herzlich gedankt.

tive Wohlbefinden und die Lebenszufriedenheit erst in den letzten Jahren deutlich verschlechtert. Als Auslöser für diese negativen Veränderungen finden sich Hinweise für kritische Lebensereignisse, da eine überhäufige Anzahl körperlicher, funktionaler und kognitiver Einschränkungen konstatiert werden kann. Es könnten zudem externe soziale Verluste die Lebenssituation erschwert haben wie z.b. durch Verlust von Lebenspartnern, was durch die erhöhte Anzahl an verwitweten und geschiedenen Personen angezeigt wird.

Die Gefahr einer erhöhten Vulnerabilität und Multimorbidität wird durch eine geringe Anzahl an internen und externen Ressourcen unterstrichen. So kommen zu den psychischen und physischen Beeinträchtigungen ungünstige soziale und ökonomische Faktoren hinzu. Es besteht ein sehr niedriger sozialer Status, was das Bildungs- und Einkommensniveau anbetrifft. Vulnerabilitätsfaktoren zeigen sich in der familiären Situation durch die Vielzahl an alleinstehenden Personen und Singles, einem kleinen familiären Netzwerk und einer schlechteren Paarqualität. Durch den deutlichen Überhang an Personen aus Leipzig könnte des Weiteren ungünstige Umweltbedingungen im Wohnbereich und im Wohnumfeld eine Rolle spielen – der Sozialreport Leipzig (2007) weist z.B. auf ein unzureichendes Freizeitangebot für ältere Menschen hin.

Diese negative Gesamtsituation mit kumulierenden negativen Aspekten und gleichzeitig fehlenden internen und externen Ressourcen kann folglich im direkten Zusammenhang mit der Zentralität des Fernsehenn im Alltag gesehen werden: Fernsehen stellt für dieses Cluster eine bequeme, billige und multifunktionale Ressource dar mit der Option zu Eskapismus wie auch zur Kompensation und Substitution von Entwicklungsverlusten. Das Vorliegen kognitiver Defizite könnte hierbei die Zentralität des Fernsehens als mental leicht zugängliches lean-back-Medium verstärken.

6   Diskussion

Die vorliegende Arbeit hat den Versuch unternommen, das Themenfeld „Alter und Medien" in seiner theoretischen Komplexität aus einer dezidiert mediengerontologischen Perspektive zu beleuchten. Mittels empirischer und explorativer Methoden wurden Befunde zur Heterogenität und Veränderbarkeit der Mediennutzung im Alter generiert. Um dabei der Vielschichtigkeit und Komplexität von Altern einerseits und der Mediennutzung andererseits gerecht zu werden, wurde ein theoretischer Rahmen gewählt, der multidisziplinär und multiperspektivisch ausgerichtet war. Neben der Betrachtung individueller Aspekte mit einem Schwerpunkt auf gerontologischen und medienwissenschaftlichen Konzepten, wurden gesellschaftliche und person-umweltbezogene Perspektiven aus der Soziologie, Sozio-Ökologie, Philosophie und Anthropologie einbezogen.

Zentral waren hierbei Grundannahmen einer differenziellen und lebensspannenbezogenen Gerontologie und einer rezipientenorientierten Medienforschung. Altern stellt demzufolge ein dynamischer, multidimensionaler, multidirektionaler Entwicklungsprozess dar, der interindividuell und intraindividuell unterschiedlich verlaufen kann. Dies bedingt nicht nur eine Heterogenität im Alternsprozess, sondern drückt sich in vielfältigen Alternsformen und Alternsschicksalen aus. Aufgrund des Stellenwerts, den klassische Massenmedien wie Fernsehen, Radio und Tageszeitung im Alltag älterer Menschen einnehmen, kann Mediennutzung ein substanzieller Bestandteil von Freizeit-, Wohn- und Alternsformen ausmachen. Mediennutzung wird als ein aktiver, selektiver und bedürfnisgeleiteter Prozess verstanden, wobei Faktoren wie Biografie, Persönlichkeit, Lebenslage, Ressourcen und aktuelle Lebenssituation medienbezogene Bedürfnisse bedingen. Da zudem die Mediennutzung von zeithistorischen und strukturellen Rahmenbedingungen präformiert wird, können sich weitere Unterschiede nach Kohorte und Periode ergeben. Damit sollten sich insbesondere im Alter heterogene Formen der Mediennutzung nachzeichnen lassen.

Daraus ergab sich, als ein zentrales Forschungsziel, die Heterogenität und Veränderbarkeit der Mediennutzung im Alter zu untersuchen. Um die Medienwelt älterer Menschen möglichst kontextual erfassen zu können, wurden Repräsentativdaten der Langzeitstudie „Massenkommunikation" von 2000 und 2005 herangezogen. Dabei konnte anhand von Faktoren wie Alter, Kohorte und Periode sowie soziodemografischen Merkmalen eine intra- und inter-gruppenspezifische Heterogenität nachgewiesen werden, wie auch eine Veränderbarkeit der Mediennutzung im Zeitverlauf (siehe Abschnitt 6.1).

Ein weiteres Forschungsziel war es, mittels psychologischer Person- und Umweltmerkmale aus der ILSE-Studie Erklärungsansätze für die Heterogenität der Mediennutzung aufzuzeigen. Am Beispiel der spezifizierten Kohorte 1930-1932 konnten anhand von Nutzungsmotiven beim Fernsehen fünf Motivprofile ermittelt werden, die
transmedial auch in Bezug auf die Nutzung von Radio und Zeitung Geltung haben.
Dabei fanden sich vielfältige statistische Zusammenhänge zwischen Mediennutzung
und psychologischen Konstrukten wie Persönlichkeit, Lebenszufriedenheit, Wohlbefinden und körperlichen, funktionalen und kognitiven Status (siehe Abschnitt 6.2).
Die Befunde zur Heterogenität und Veränderung der Mediennutzung älterer Menschen können insofern als Beitrag zur differenziellen Gerontologie gesehen werden.

6.1 Diskussion der Ergebnisse zur MK2005 und MK2000

Die Querschnittsanalysen zum Kontext Medien und Alter können zu allen untersuchten Konstrukten die Grundannahme der differenziellen Gerontologie bestätigen, wonach im Alter eine breite inter- und intra-kohortenspezifische Heterogenität besteht.
Dabei ergeben sich in den Ergebnissen zur Medienumwelt und Mediennutzung Hinweise, dass im Vierten Alter eine Verkleinerung und Konzentration des Medienportfolios stattfindet und einzelne Medien wie das Fernsehen intensiver genutzt werden.
Dies drückt sich auch in einem Rückgang der Varianz und Standardabweichung aus.
Diese medienbezogene Entwicklung kann in Zusammenhang mit alternsspezifischen
Entwicklungsprozessen gesehen werden. Hierfür sprechen auch die deutlich erhöhten
Anteile der Nichtnutzung für nahezu alle Medien, besonders der Printmedien Zeitung
und Zeitschrift.

Daneben bestätigen sich die Annahmen rezipientenorientierter Erklärungsansätze,
wonach die Affinität zu bestimmten Medien in engem Zusammenhang mit den Bedürfnissen, der Bindung und der Nutzungsintensität zu sehen ist. Dabei findet sich
unter älteren Menschen ein vergrößerter Personenkreis an Vielsehern, für die das
Fernsehen ein zentrales Medium als Tagesbegleiter im Alltag darstellt. Diese außerordentlich hohe Affinität spiegelt sich in einer umfangreichen Imagezuschreibung, in
einer intensiven Bindung und einem breiten Spektrum an Nutzungsmotiven wider,
das ein hohes Ausmaß an evasiven Bedürfnissen impliziert.

6.1.1 Veränderte Medienumwelten im Alter – Konzentration auf den häuslichen Kontext

Im Altersquerschnitt wird eine zunehmende Konzentration auf die häusliche Umgebung angezeigt. Dies geht einher mit einer geringeren außerhäuslichen und mobilen Mediennutzung und einer Zunahme ausschließlicher Mediennutzung zu Hause. So fällt der Anteil an außerhäuslich verbrachter Zeit bei den 60- bis 69-Jährigen mit fünf Stunden doppelt so hoch aus als bei den 80- bis 89-Jährigen – im Vergleich dazu beträgt der Anteil bei den 14- bis 59-Jährigen 7 ½ Stunden. Bei den Hochaltrigen findet Fernsehen ausschließlich zu Hause statt; acht von zehn Personen lesen Zeitung und zwei Drittel hören Radio ausschließlich zu Hause. Während nahezu jeder der 14- bis 59-Jährigen mobil Radio hört, ist es knapp ein Fünftel bei den 80-89-jährigen. Der Medienalltag wird mit zunehmendem Alter zum integralen Bestandteil des Wohnalltags.

Diese Ergebnisse als Beleg für Alterseffekte zu interpretieren, verbietet sich jedoch, da es sich um keine Paneldaten handelt. Anhand der Daten kann keine intraindividuelle Entwicklung nachgezeichnet werden. Allerdings sind diese Altersunterschiede konform zur bestehenden Forschungsliteratur, wonach besonders im Vierten Alter eine verstärkte Konzentration auf den häuslichen Kontext stattfindet, was Freizeit- und Medienaktivitäten einschließt (siehe Abschnitt 2.5.1 und 2.5.2). Diese Reduzierung des Aktionsraumes und Konzentration auf das ökologische Zentrum entspricht den Ableitungen aus den sozialökologischen Ansätzen der Ökogerontologie und der Medienwissenschaft (siehe Abschnitt 2.3). Auch scheint ein Bezug zur Disengagement-Theorie naheliegend, wonach diese Befunde als verstärkter Rückzug aus dem gesellschaftlichen Leben und Hinwendung auf das Selbst zu interpretieren sind. Allerdings stehen dem Befunde zum Informationsinteresse in der Mediennutzung und einem hohen Interesse an Gesellschaft, Öffentlichkeit und Politik entgegen. Stattdessen könnten Adaptationsprozesse und veränderte Bedürfnislagen, wie es die Konzepte erfolgreichen Alterns beschreiben, Ursache solch einer selektiven und gezielten häuslichen Medienintensivierung sein (siehe Abschnitt 2.2.3.2).

Eine für die Zukunft zunehmende Bedeutung im Alter könnten mobile Medien spielen. Durch die Option der flexiblen ständigen Erreichbarkeit ergeben sich nicht nur neue Kommunikationsformen, auch können Mobilität und Handlungsspielräume erhalten und erweitert werden. Die enorme Adoptionsdynamik von Handys in der Altersgruppe ab 60 Jahren bezeugt einen beginnenden Prozess der Mobilisierung des Alters, der vermutlich das Bedingungsgefüge von medialen Umwelten und sozialökologischen Zonen modifizieren wird. Durch die Entstehung und Verbreitung mobiler

Medienwelten im Alter werden Lebensbereiche wie Wohnen, Freizeit und soziale Beziehungen tangiert, die den klassischen alternsbezogenen Konzentrationsprozess auf das ökologische Zentrum nachhaltig verändern könnten.

6.1.2 Veränderte Medienumwelten im Alter – Verkleinerung der Medienausstattung

Mit dem Alter verändert sich aber nicht nur der medienökologische Raum im Sinne einer Verdichtung auf den häuslichen Kontext, auch innerhalb des gewohnten Wohnumfelds unterscheiden sich die Medienumwelten zwischen Alt und Jung beträchtlich. So verkleinert sich ab 60 Jahren das Medienrepertoire und der Bestand an Medien ist weniger modern. Besonders in der Altersgruppe der 80- bis 89-Jährigen finden sich Belege für eine Verdichtung der häuslichen Medienumwelt. Hierfür können zum einen alternsgebundene Prozesse angenommen werden, wie Befunde einer zunehmenden Nutzungsabstinenz von Medien im Alter nahelegen. Zudem bestehen kohortengebundene Effekte, was die Diffusionsdynamik mit modernen Medien betrifft.

Die größten Differenzen im Altersquerschnitt bestehen zu modernen Medien wie Computer, Internet und digitalen Ton- und Bildträgern. Während bei den 60- bis 69-Jährigen z.B. Computer und Internet bereits zur erweiterten Ausstattung zählen, finden sich diese in den Haushalten der 80-89-jährigen erst sporadisch. Multivariate Regressionsmodelle konnten einen spezifischen Alters- bzw. Kohorteneffekt belegen. Diese entsprechen aktuellen Analysen zur Internetdiffusion aus dem (N)Onliner-Atlas, die eine Prädominanz von Alter und Kohorte belegen (Doh, 2009). Darüber hinaus sind selbst unter den technikaffinen Personen Altersunterschiede zu beobachten. So verfügen z.B. Computerbesitzer ab 60 Jahren im Vergleich zu jüngeren Computerbesitzern in deutlich geringerem Umfang über einen Breitbandanschluss oder über einen USB-Stick.

Wie bereits frühere Befunde aus der MK2000 bestätigten, wirken sozioökonomische Faktoren distinktiv für das Medienportfolio im Alter (vgl. Doh & Gonser, 2007). Vor allem hoher Einkommens- und Bildungsstatus erweisen sich als relevante Einflussfaktoren in Bezug auf die Adoption moderner Medien. Daneben besitzen in der Kohorte 1930-1932 wie auch in der Altersgruppe ab 60 Jahren vor allem Männer, Mehr-Personenhaushalte und Personen aus alten Bundesländern über ein größeres Repertoire an (modernen) Medien. Das geringe Medienrepertoire unter Hochaltrigen ist folglich konfundiert mit altersstrukturellen Prozessen der Feminisierung, Singularisierung sowie Bildungs- und Einkommensdefiziten.

Gleichwohl lassen sich selbst unter Hochaltrigen Periodeneffekte im zeitlichen Verlauf zwischen 2000 und 2005 nachzeichnen, wie signifikante Diffusionsentwicklungen für Computer, Internet und Handy unterstreichen. Binnen fünf Jahren fanden hinsichtlich der Ausstattung mit einem Handy selbst in der K20-29 und K30-39 Zuwachsraten von über 30 Prozentpunkten statt. Noch nie hat ein technisches Gerät in solch einer Geschwindigkeit ältere Bevölkerungsgruppen erreicht. Zudem konnten Substitutionsentwicklungen von analogen zu digitalen Endgeräten verzeichnet werden, wie z.B. vom Plattenspieler zum CD-Player. Dies belegt eindrucksvoll die generelle Offenheit älterer Menschen gegenüber neuen technischen und medialen Umwelten, auch wenn die Diffusionsdynamik mit dem Alter abnimmt.

Kritisch anzumerken ist, dass für die Überprüfung von Alterseffekten im Sinne von intraindividuellen Entwicklungsprozessen längsschnittliche Daten notwendig sind. Die querschnittlichen Analysen bieten streng genommen nur Hinweise. Außerdem verdecken die mittelwertsbezogenen Befunde die Heterogenität innerhalb der Analysegruppen. Tatsächlich nimmt zwischen den Altersdekaden ab 50-59 Jahren bis 70-79 Jahren die Varianz in der Medienausstattung zu. Es finden sich insofern bis zum Übergang in das Vierte Alter zunehmend multidirektionale Entwicklungen zwischen Modernisierung und Verdichtung bzw. Disengagement.

Insgesamt bestätigen die Analysen die Annahmen aus der Diffusionsforschung, wonach ältere Menschen in Bezug auf technische Innovationen zu den späten Anwendern gezählt werden können. Allerdings bezeugt die breite Streuung in der Adoptionsdynamik nach Alter, Kohorte und soziodemografischen Merkmalen, dass auch jenseits der 60 Jahre innovationsaffine „Early Adopter"-Gruppen identifizierbar sind. Eine generelle Technikdistanz und geringe Innovationsbereitschaft älterer Menschen liegt keinesfalls vor (vgl. Gilleard & Higgs, 2008).

Für diese Altersunterschiede können auch gesellschaftliche Faktoren angenommen werden, wie sie in Generationenkonzepten zum Tragen kommen (Mannheim, 1964; Schäffer, 2003). Es besteht nicht nur eine höhere Affinität gegenüber neuen technologischen Entwicklungen in jüngeren Kohorten; bestimmte Medien wie MP3-Player fungieren als typische Jugendmedien. Zudem sprechen für die geringere Adoptionsdynamik älterer Kohorten für neue Medien wie dem Internet weitere soziologisch-strukturell ausgerichtete Erklärungsansätze wie die zur Institutionalisierung des Lebenslaufs (Kohli, 1985, 2003) und zur gesellschaftsstrukturellen Ungleichheit (Riley et al., 1994). Das Diffusionsgefälle ist besonders ausgeprägt in den Kohorten, die sich, als Ende der 1990er Jahre das Internet eine erfolgreiche Markteinführung vollzog, bereits in der nachberuflichen Erwerbsphase befanden. Für die Jahrgänge vor 1939 finden sich erschwerte Zugangs- und Nutzungsmöglichkeiten.

Gesellschaftsstrukturelle Defizite können in engen Zusammenhang mit psychologischen Barrieren gesehen werden, die es älteren Menschen zusätzlich erschweren, Innovationen zu adoptieren. Aus einer entwicklungspsychologischen Lebenslaufperspektive ändern sich im Alter Bedürfnisse und Gratifikationserwartungen auch in Bezug auf Technik und Medien. So stehen z.b. bei älteren Menschen persönlicher Nutzwert und Mehrwert zum bestehenden Medienrepertoire deutlich mehr im Vordergrund als bei jüngeren Altersgruppen. Es muss nach Rogers (2003, S.15) ein „individuell wahrgenommener relativer Vorteil" vorhanden sein, um Innovationen zu adoptieren. Diesen Vorteil z.b. älteren Offlinern in Bezug auf die Potenziale des Internets zu vermitteln, mangelt es sowohl in der öffentlichen Kommunikation als auch in der Werbekommunikation an Konzepten und Strategien.

6.1.3 Kleineres Medienportfolio und heterogene Mediennutzung im Alter

Wie sehr Medien integraler Bestandteil im Wohnalltag älterer Menschen sind, lässt sich eindrucksvoll anhand der Nutzungszeiten veranschaulichen. Das tägliche Gesamtbudget für Medien beträgt für die Altersgruppe ab 60 Jahren über zehn Stunden. Damit erzielt sie ein ähnlich hohes Gesamtbudget wie die jüngere Altersgruppe zwischen 14 und 59 Jahren, doch setzt sich das Medienportfolio anders zusammen. Ältere Personen verbringen mehr Zeit mit Fernsehen und Lesen, während jüngere mehr Musik hören und stärker neue Medien wie Computer und Internet nutzen. Dieser unterschiedliche Nutzungsschwerpunkt könnte sich zukünftig verstärken, da schon jetzt in den jüngeren Altersgruppen substituierende Effekte zu klassischen Medien nachweisbar sind (vgl. Reitze & Ridder, 2006).

Eine bemerkenswerte Nutzungsverlagerung findet in der Übergangsphase zum Ruhestand statt. Das Plus an frei verfügbarer Zeit mündet zwar in eine erhöhte Zuwendung zum Fernsehen, was empirisch gut belegt ist (Bower, 1985; Comstock & Paik, 1991; Mares & Woodard, 2006; Nussbaum et al., 2000; Robinson et al., 2004). Doch wird in solchen Fernsehstudien übersehen, dass gleichzeitig die Nutzung von Radio, Tonträgern und Internet deutlich zurückgeht, weshalb sich das Gesamtbudget bei den 60- bis 69-Jährigen reduziert.

Dabei zeigen die Befunde unter den älteren Menschen eine große Streuung entlang soziodemografischer Merkmale. So besteht eine hohe Affinität zu Massenmedien bei

Personen mit formal niedriger Bildung, mit geringen finanziellen Ressourcen und bei Alleinstehenden. Wie auch unter Frauen und Personen aus den neuen Bundesländern fallen hier speziell die Anteile für extensiven Fernsehkonsum von täglich über sechs Stunden sehr hoch aus – die Werte liegen in der K30-39 für diese fernsehaffinen Gruppen bei über einem Drittel. Wie frühere Analysen zur MK2000 ergaben, liegt hier umgekehrt ein geringeres Ausmaß an außerhäuslichen Freizeitaktivitäten vor (vgl. Doh & Gonser, 2007, S.62). Personen mit hohem Bildungsstatus weisen stattdessen eine reduzierte und selektive Mediennutzung auf. Das Gesamtbudget ist dabei von allen untersuchten Subgruppen am niedrigsten und es werden deutlich mehr Bücher, Computer und Internet genutzt und deutlich weniger Fernsehen und Radio – dieses Medienportfolio legt ein verstärktes Kognitionsbedürfnis nahe (vgl. Henning & Vorderer, 2001).

Die größte Heterogenität findet sich in der Altersgruppe 70-79 Jahre wieder, sozusagen in der Übergangsphase zum Vierten Alter. Die Varianzen in der Nutzungs- und Verweildauer für Fernsehen, Radio, Tageszeitung und Bücher sind Ausdruck bipolarer Entwicklungen: Es nehmen sowohl die Anteile für intensive Nutzung zu als auch für eine Nutzungsabstinenz. Konform zu den Befunden zur Medienausstattung lässt sich bei den Hochaltrigen eine Nutzungsverlagerung und Nutzungsverdichtung auf wenige Medien konstatieren. So steigt z.B. die Nutzungsabstinenz von Zeitungen, Zeitschriften und Tonträgern auf etwa ein Drittel an, für Bildträgermedien sogar auf 70%. Auch konnte für die älteste Kohorte K20-29 im Beobachtungszeitraum zwischen 2000 und 2005 ein deutlicher Anstieg der Nichtnutzung von Tageszeitungen gemessen werden. Während die Anteile an Nutzungsabstinenz zu nahezu allen Medien ansteigen und die Mittelwerte zurückgehen, behält jedoch das Fernsehen eine stabil hohe Nutzungsdauer. Knapp die Hälfte des gesamten Medienbudgets entfällt auf das an Zentralität zunehmende Medium. Diese Befunde stützen die bereits oben angeführten Rückschlüsse auf entwicklungspsychologische Veränderungen im Sinne einer erhöhten Vulnerabilität und Ko-Morbidität im Vierten Alter. Die hohe Heterogenität in Bezug auf die Mediennutzung konnte in den letzten Jahren mehrfach repliziert werden (Harwood, 2007; Mares & Woodard, 2006) und entspricht den lebensspannenbezogenen, gerontologischen Grundannahmen (vgl. Lehr, 2007; Nelson & Dannefer, 1992; Wahl und Gitlin, 2007).

Wie schon zur Medienausstattung finden sich im Zeitverlauf der beiden Messzeitpunkte kohortenübergreifende Entwicklungen infolge zeitgebundener Effekte. So hat zwischen 2000 und 2005 die Nutzung von Fernsehen, Buch, Radio und Internet zugenommen und damit auch das Gesamtbudget, während die Tageszeitung eine rückläufige Tendenz aufweist. Dabei fand in der ältesten Kohorte K20-29 sogar eine

überdurchschnittliche Steigerung des Radiokonsums statt, was dem Befund eines altersbezogenen Rückgangs aus der Querschnittsanalyse widerspricht. Offensichtlich
wirkte ein periodenbedingter Effekt – z.b. kältere Erhebungsphase zum zweiten
Messzeitpunkt – besonders stark auf diese Kohorte. Dieses Beispiel demonstriert die
Notwendigkeit eines größeren Beobachtungszeitraums, um anzunehmende Alterseffekte anzeigen zu können.

6.1.4 Konstante Nutzungsschwerpunkte im Tagesverlauf als Aus-
druck von Strukturierung und Habitualität

Die Befunde bestätigen die aus der Medienforschung bekannten Nutzungsschwerpunkte und Verlaufskurven von Fernsehen, Radio und Tageszeitung. Dabei zeigen
die Ergebnisse aus der MK2000 und MK2005 eine hohe Konstanz tradierter Nutzungsgewohnheiten älterer Menschen an, wie am Beispiel der Kohorte 1930-1939
spezifiziert werden konnte. Der Medienalltag ist durch ein hohes Ausmaß an Strukturierung und Ritualisierung gekennzeichnet. Die drei Tagesverlaufskurven weisen unterschiedliche Nutzungsspitzen mit geringen parallelen Nutzungsphasen auf. Man
könnte dies als eine Art Orchestrierung der Nutzung von Fernsehen, Radio und Tageszeitung bezeichnen, wobei das Fernsehen als Leitmedium fungiert und die beiden
weiteren Medien komplementäre Schwerpunkte zugewiesen bekommen.

Die im Vergleich zu jüngeren Altersgruppen konstatierten Unterschiede in den Zeitbudgets zu den drei Medien haben jedoch kaum Auswirkungen auf die Tagesverlaufskurven. Vielmehr finden sich zwischen Alt und Jung unterschiedliche Akzentu-
ierungen zu den Hauptnutzungszeiten. So fallen in der K30-39 die Reichweiten für
das Fernsehen wesentlich höher in der Hauptsendezeit zwischen 19.00 Uhr und 21.00
Uhr und speziell zu den Hauptnachrichten der beiden öffentlich-rechtlichen Sender
aus als in der Gesamtgruppe. Das Radio besitzt von Vormittag bis Mittag eine überdurchschnittliche Hauptnutzungsphase, während die Tageszeitung als Morgenlektüre
zwischen 07.00 Uhr und 09.30 Uhr noch verbreiteter gelesen wird als von jüngeren
Altersgruppen. Zudem finden sich nur in dieser Kohorte weitere kleinere Nutzungsspitzen zu den Regenerations- und Essensphasen.

Gleichwohl lassen sich im Beobachtungszeitraum zwischen 2000 und 2005 Entwicklungen und Fluktuationen nachzeichnen. Hierfür können Veränderungen im Medienangebot verantwortlich gemacht werden sowie saisonale Ursachen. So fanden beim
Fernsehen neue Programmformate am Nachmittag und Vorabend Zuspruch speziell
auch unter älteren Menschen. Die kohortenübergreifenden erhöhten Reichweiten für
den Hörfunk lassen sich hingegen durch unterschiedliche Feldzeiten der beiden Wel-

len erklären, weshalb das Radio im Frühsommer 2000 weniger genutzt wurde als im Frühjahr 2005.

In der Folge hat sich in der K30-39 die Fernsehnutzung noch weiter in den frühen Nachmittag verschoben, während sich der Schwerpunkt der Radionutzung noch mehr auf den Morgen und Mittag verlagerte. Das Fernsehen als traditionelles Abendmedium ist somit 2005 erstmals zum führenden Medium am Vorabend und Nachmittag geworden und entwickelt sich unter den älteren Menschen zunehmend zum Tagesbegleiter. Die von Gerbner und Mitarbeitern (2002) aufgestellte These, dass der Einschaltknopf am Fernsehgerät weit mehr von der Uhrzeit als vom Programminhalt abhängt, kann insofern modifiziert werden, als sich in Personengruppen mit einem disponiblen, freien Zeitfenster neue Nutzungszeiten durch veränderte Programmangebote ergeben können.

Welch hohe Heterogenität unter älteren Menschen im Nutzungsverlauf der drei Medien besteht, zeigt ein Extremgruppenvergleich zwischen Viel- und Wenigsehern der K30-39. Unter den 28% Vielsehern, die eine durchschnittliche Sehdauer von täglich mindestens sechs Stunden aufweisen, nimmt das Fernsehen einen so großen zeitlichen Raum ein, dass es als zentraler Tagesbegleiter fungiert, während das Radio als Nebenbeimedium nur am Vormittag eine Rolle spielt. Unter den 10% Wenigsehern, deren Sehdauer unter einer Stunde liegt, liegen die Reichweiten für das Radio über den Tag hinweg höher als für das Fernsehen, mit Ausnahme zu den Zeiten der beiden öffentlich-rechtlichen Hauptnachrichten. Das Zeitbudget für Radio wie auch für Lesen und Tonträger fällt im Übrigen nicht höher aus als bei den Vielsehern.

Die wenigen Onliner ab 60 Jahren und in der K30-39, die am Stichtag das Internet genutzt haben (je 9%), zeigen ähnliche Nutzungsschwerpunkte wie jüngere Onliner. Das Internet wird überwiegend am Vormittag und am Nachmittag genutzt, während der Abend dem Fernsehen vorbehalten bleibt.

Insgesamt bieten weiterhin die klassischen Massenmedien, trotz zunehmender Disponibilität und Mobilität der Medien, aufgrund ihrer Programm- und Angebotsstrukturen ein hohes Ausmaß an kollektiver Erreichbarkeit und generationsübergreifender Nutzungsmuster. Dieses intergenerationelle Gesamtgefüge könnte jedoch in den nächsten Jahren durch die starke Verbreitung des Internets in den jüngeren Kohorten erodieren. Bleibt die Dynamik und digitale Kluft zwischen Alt und Jung erhalten, könnte das Fernsehen in seiner Funktion als gesamtgesellschaftliches Integrations- und Kommunikationsmedium substanziell an Gewicht verlieren – aktuelle Zukunftsprognosen halten dies bis in 15 Jahren für möglich (Nationaler IT-Gipfel, 2009).

6.1.5 Images und Bindung an Medien – Die besondere Bedeutung des Fernsehens im Alter

Basierend auf den theoretischen Ansätzen des „Uses and Gratification Approach" ist die Mediennutzung ein Resultat aus Bedürfnissen, Gratifikationserwartungen und subjektiven Bedeutungszuweisungen. In Übereinstimmung mit diesen Grundannahmen bestätigen die in der vorliegenden Arbeit gewonnenen Ergebnisse Zusammenhänge zwischen handlungsbezogenen Aspekten (Nutzungshäufigkeit, Zeitaufwand), motivationalen Aspekten (Nutzungsmotiven) und subjektiven Bedeutungszuweisungen (Images, Funktionen, Bindung an Medien). So korrespondiert das überdurchschnittliche Zeitbudget für das Fernsehen in der Altersgruppe ab 60 Jahren mit einem sehr breiten Imageprofil und einer außerordentlich hohen Bindung: Alle 14 einbezogenen Images werden im Direktvergleich mit den Medien Radio, Tageszeitung und Internet überwiegend dem Fernsehen zugesprochen. Allen voran wird die Unterhaltsamkeit, Vielseitigkeit und Aktualität dieses Mediums wertgeschätzt. Jeder Zweite hält es für das persönlich wichtigste Medium („Inselfrage"), wenngleich es im Meinungsklima kritischer betrachtet wird als das Radio und die Tageszeitung. Diese Dominanz des Fernsehens ist unter den fernsehaffinen Bevölkerungssegmenten der Kohorte 1930-1939 – Frauen, Personen mit formal niedriger Bildung, geringem Einkommen, Alleinstehenden und Personen aus den neuen Bundesländern – deutlich höher ausgeprägt und am stärksten unter den extensiven Vielsehern. In den fernsehdistanteren Gruppen wie Männern und formal hoch Gebildeten erhält die Tageszeitung überdurchschnittliche Bedeutungszuweisungen, was sich u.a. in einer Zuschreibung der Images Informativität und Glaubwürdigkeit bemerkbar macht. Auch wird das Internet u.a. in Bezug auf Modernität und Zukunftsorientiertheit stärker wahrgenommen.

Entsprechend der soziodemografischen Struktur weisen Hochaltrige zwischen 80-89 Jahren und die Kohorte 1920-1929 dem Fernsehen eine sehr hohe subjektive Bedeutung in den Images und in beiden Bindungsvariablen auf. Die überdurchschnittliche Dominanz und Zentralität des Fernsehens ergibt sich hier weniger aus der absoluten Nutzungszeit, die ähnlich hoch ist wie in der jüngeren Altersgruppe und Kohorte, sondern – wie oben erwähnt – im hohen relativen Anteil am Gesamtbudget der Medien.

Jüngere Kohorten und Altersgruppen unter 60 Jahren zeigen sich hingegen deutlich distanzierter in der Wertschätzung des Fernsehens. Hier konnten im Beobachtungszeitraum zwischen 2000 und 2005 erste Substitutionseffekte durch die starke Verbreitung des Internets konstatiert werden. Fernsehen wie auch die Tageszeitung verloren an subjektiver Bedeutung, während das Internet hohe Zugewinne bei den Images und den beiden Bindungsfragen erzielte.

6.1.6 Mediumspezifische Funktionsprofile und heterogene Nutzungsmotivprofile im Alter

Die untersuchten Massenmedien Fernsehen, Radio und Tageszeitung besitzen ein relativ stabiles, spezifisches Leistungsprofil im Sinne von möglichen Funktionen und Bedürfnissen, die es zu befriedigen vermag. So wird die Tageszeitung als „rationales Informationsmedium" wahrgenommen, während beim Hörfunk und noch mehr beim Fernsehen neben informativen verstärkt unterhaltende und emotionale Komponenten zum Tragen kommen. Dieses mediumspezifische Funktionsprofil äußert sich in weitgehend übereinstimmenden Rangreihen der neun Nutzungsmotive für alle einbezogenen Analysegruppen. Auch bleiben diese Rangreihen im Beobachtungszeitraum zwischen 2000 und 2005 relativ stabil, was die hohe Konstanz medienspezifischer Funktionsprofile unterstreicht.

Gleichwohl zeigen sich im Altersvergleich wie auch intra-kohortenspezifisch deutliche Unterschiede im Umfang einzelner Nutzungsmotive. Je nach Affinität zu einem Medium variiert das Profil in der Schwerpunktsetzung und im Spektrum der Nutzungsmotive. So weisen die drei Altersgruppen ab 60 Jahren durchweg der Informationsfunktion von Medien einen höheren Stellenwert zu, während die unterhaltenden Kernmotive „Spaß" und „Entspannung" beim Fernsehen und Radio in den jüngeren Altersgruppen eine größere Bedeutung einnehmen. Frauen der K30-39 verbinden mit der Mediennutzung deutlich mehr Spaß als Männer. In den neuen Bundesländern ist speziell das Bedürfnis nach medialer Alltagsorientierung ausgeprägt. Personen mit formal hoher Bildung scheinen generell den Medien ein eingeschränktes Spektrum an Funktionen zuzuweisen, da sie primär informationsbezogene Nutzungsmotive fokussieren. Allerdings zeigen die Befunde zum Cluster „Habituelle" aus der ILSE-Studie, dass es auch unter bildungsstarken Personen unterhaltungsorientierte Mediennutzung gibt.

Evasive Motive wie „Alltag vergessen" und „sich nicht allein zu fühlen" nehmen unter älteren Menschen eine randständige Rolle ein. Doch besteht speziell zum eskapistischen Motiv in bestimmten Bevölkerungssegmenten eine hohe Affinität. Dieser Personenkreis rekrutiert sich vor allem aus Hochaltrigen, Frauen, formal niedrig Gebildeten, Einkommensschwachen und Alleinstehenden. Bereits publizierte Sekundäranalysen zur MK2000 konnten diesen spezifischen Nutzerkreis identifizieren (Doh & Gonser, 2007), was für die Stabilität dieses Zusammenhangs spricht. Bei diesem Personenkreis besteht eine außerordentlich hohe Bindung und Nutzung des Fernsehens, was sich auch in den Analysen zu Nutzungsmotiven im direkten Medienvergleich widerspiegelt: Sämtliche Nutzungsmotive werden mehrheitlich dem Fernsehen zugesprochen. Fernsehdistantere Gruppen wie Männer und Personen mit formal hoher Bildung wertschätzen hingegen die Informationsaspekte der Tageszeitung stärker.

Die Zentralität des Fernsehens bei den 80- bis 89-Jährigen wird ebenfalls durch ein sehr breites Spektrum an Nutzungsmotiven unterstrichen. Dies äußert sich sowohl in einer hohen Affinität an evasiven Motiven als auch in einem Bedürfnis nach Alltagsorientierung und kognitiver Stimulierung („Denkanstöße bekommen") – dieses Motiv zeigt sich im Altersquerschnitt auch für das Radio deutlich erhöht, obwohl die Affinität insgesamt zu diesem Medium niedriger ausfällt. Dahinter können spezifische Bedürfnisse angenommen werden, die im Zusammenhang mit Entwicklungsprozessen des Vierten Alters stehen. Hier besteht offensichtlich ein Forschungsdesiderat zur Überprüfung möglicher medienbezogener Adaptationsleistungen, wie sie Modelle erfolgreichen Alterns (SOK-Modell, assimilative und akkommodative Bewältigungsstrategien, siehe Abschnitt 2.2.3.2) beschreiben.

Darüber hinaus deuten die Befunde auf transmediale Nutzungsmotivmuster und auf kommunikative Grundorientierungen hin, die sich zu allen drei Massenmedien anzeigen lassen. So besteht unter älteren Menschen eine deutlich höhere Informationsorientierung bei Medien als bei jüngeren – siehe hierzu folgender Abschnitt. Gleichfalls weisen z.B. Personen, die evasive Bedürfnisse gegenüber dem Fernsehen äußern, dieses Nutzungsmotiv auch überdurchschnittlich dem Radio und der Tageszeitung zu. Hier finden sich Korrespondenzen zu den theoretischen Annahmen und empirischen Befunden Schweigers (2004, 2006) zu Transmedialen Nutzungsstilen (TMNS), die in den tiefergehenden Analysen der ILSE-Daten bestätigt werden konnten (siehe Abschnitt 6.2.2).

6.1.7 Das hohe Informationsbedürfnis im Alter

Das seit Jahrzehnten beobachtbare und empirisch fundierte Spezifikum eines hohen Informationsinteresses älterer Menschen (siehe Abschnitt 2.2.1.3.4) konnte sowohl in den beiden MK-Studien als auch in der ILSE-Studie repliziert werden. Dabei nimmt im Altersquerschnitt der drei Altersgruppen ab 60 Jahren das Informationsinteresse für die Nutzung der elektronischen Medien nochmals deutlich zu. Für alle drei untersuchten Massenmedien Fernsehen, Radio und Zeitung wird dem allgemeinen Informationsmotiv „weil ich mich informieren möchte" die höchste Priorität unter den Nutzungsmotiven eingeräumt. Noch deutlicher äußert sich dies in der Rangreihe für das „rationale Informationsmedium" Tageszeitung, wo neben dem dominierenden allgemeinen Informationsmotiv die beiden spezifischen Informationsmotive „damit ich mitreden kann" und „weil ich Denkanstöße bekomme" an zweiter und dritter Stelle stehen.

In der Altersgruppe unter 60 Jahren besteht hingegen eine stärker unterhaltungsbezogene kommunikative Grundorientierung. Beim Fernsehen rangiert das allgemeine Informationsmotiv an erster Stelle, doch auf einem signifikant niedrigeren Niveau als bei den Personen ab 60 Jahren. Noch deutlicher fallen die beiden spezifischen Informationsmotive „Denkanstöße bekommen" und „mitreden können" in der Gunst ab. Umgekehrt nimmt die Entspannungsfunktion in der jüngeren Altersgruppe einen höheren Stellenwert ein. Diese altersspezifischen Unterschiede finden sich noch stärker in der Radionutzung. Hier steht bei den 14- bis 59-Jährigen das Motiv „Spaß" an erster Stelle vor dem allgemeinen Informationsmotiv.

Lediglich für die Zeitung bestehen zwischen der alten und jungen Leserschaft keine relevanten Unterschiede in der Präferenz und Zustimmung der drei Informationsmotive, was vor allem auf das spezifische Funktionsprofil der Zeitung zurückzuführen ist und auf den selektiven Nutzerkreis. Dabei gilt es zu bedenken, dass der Nutzerkreis in der jüngeren Altersgruppe deutlich geringer ist als bei den Personen ab 60 Jahren – die Tagesreichweite fällt mit 55% um 26 Prozentpunkte niedriger aus. Dies unterstreicht auch das quantitativ höhere Informationsinteresse älterer Menschen. Dieser Befund ist umso bemerkenswerter, als das Zeitung lesen in allen Altersgruppen vom Bildungsniveau abhängt, die älteren Kohorten jedoch einen geringeren Bildungsstatus aufweisen.

Wie die Befunde zu den Vielsehern aus der MK2005 aufzeigen und mit den Ergebnissen aus der ILSE-Studie korrespondieren, weisen besonders fernsehaffine und unterhaltungsorientierte Personen ein hohes Informationsinteresse auf. Das mit dem Aufkommen unterhaltungsorientierter Privatsender beschriebene Phänomen des „Unterhaltungsslaloms" (Frank & Klingler, 1987) kann insofern nicht bestätigt werden. Allerdings bleibt offen, was im Einzelfall unter Information verstanden wird und welche Programminhalte tatsächlich genutzt werden. Hier deuten sich unter Einbezug der Befunde zu den gesellschaftlichen Themeninteressen und zur Nutzung von Kultur- und Bildungsangeboten große Diskrepanzen zwischen den Clustern der „Informationsasketen" einerseits und den unterhaltungsorientierten „Eskapisten", „Involvierten Unterhaltungsorientierten" und „Habituellen" andererseits an.

Damit einhergehend kann im ILSE-Sample die aus der Medienforschung bekannte hohe Präferenz für öffentlich-rechtliche Sender bestätigt werden. Deren Dominanz gegenüber privaten Sendern ist so stark, dass selbst unterhaltungsorientierte Personen mehrheitlich Sender wie ARD, ZDF und die Dritten bevorzugen. Wie zudem die

Analysen aus den beiden MK-Wellen veranschaulichen, finden sich die höchsten Reichweitenunterschiede zwischen der Kohorte 1930-1939 und der Gesamtgruppe zu den Hauptnachrichten von ARD und ZDF. So hat in der Kohorte K30-39 um 19.00 Uhr, wenn die „heute"-Sendung läuft, jeder Zweite sein Fernsehgerät eingeschaltet, um 20.00 Uhr, wenn die „Tagesschau" kommt, sind es sogar drei Viertel. Die Reichweiten in der Gesamtgruppe fallen jeweils um über 15 Prozentpunkte niedriger aus.

Inwiefern für diese altersspezifischen Unterschiede Alters- und Kohorteneffekte verantwortlich sind, lässt sich aus den Querschnittsdaten der beiden MK-Wellen und dem einen Messzeitpunkt zur ILSE-Studie nicht ableiten. Wie schon in Abschnitt 2.2.1.3.4 beschrieben, können für beide Einflussfaktoren theoretisch fundierte Erklärungsansätze herangezogen werden: Hinweise auf bedeutsame Kohorteneffekte ergeben sich aus dem Zusammenhang zwischen hohem Informationsinteresse trotz insgesamt niedrigem Bildungsniveau der älteren Kohorten sowie der hohen Präferenz für öffentlich-rechtliche Sender.

Spezifische Hinweise für altersbezogene Effekte stellt zum einen die Zunahme an Information und Alltagsorientierung zwischen den drei Altersgruppen 60-69 Jahre, 70-79 Jahre und 80-89 Jahre dar. Insbesondere unter den Hochaltrigen scheinen sich altersbezogene Bedürfnisse nach kognitiver Stimulanz durch Medien ableiten zu lassen. So erhält das Informationsmotiv „Denkanstöße bekommen" für das Fernsehen signifikant höhere Zustimmungswerte, und im zeitlichen Verlauf zwischen 2000 und 2005 gewann in der Kohorte K20-29 allein dieses Motiv signifikant an Bedeutung. Zudem wird in den ILSE-Daten für alle fünf Motivgruppen ein starkes Interesse an Gesundheitsthemen konstatiert, das besonders unter den gesundheitlich am stärksten beeinträchtigten Clustern der „Eskapisten" und der „involvierten Unterhaltungsorientierten" vorzufinden ist. Dieser Befund entspricht evidenzbasierten Erkenntnissen, dass mit zunehmendem Alter die subjektive Gesundheit für das Selbstkonzept an Relevanz gewinnt (Wurm et al., 2009, S.82; Freund & Smith, 1997).

6.2 Diskussion der Ergebnisse zur ILSE-Studie

Die zweite Untersuchungseinheit basierte auf dem dritten Messzeitpunkt der gerontologischen ILSE-Studie von 2005 zur Kohorte der zwischen 1939-1932-Geborenen. Forschungsziel war zum einen, zu überprüfen, inwiefern innerhalb einer kalendarisch begrenzten Altersgruppe heterogene Motivgruppen der Fernsehnutzung bestehen, zum anderen, inwiefern diese mit stabilen und situativen psychologischen Aspekten zur Person und seiner Lebenssituation in Beziehung gesetzt werden können. Als Zusammenhangsmaße wurden Konstrukte zur Persönlichkeit, Lebenszufriedenheit, zum

Wohlbefinden, zur Gesundheit, Alltagskompetenz, Kognition sowie zu Freizeit- und Medienaktivitäten einbezogen.

6.2.1 Ergebnisse zur Typologie zu Fernseh-Nutzungsmotiven

Die Ergebnisse zu den Nutzungsmotiven belegen eindrucksvoll, dass eine Heterogenität an Motivprofilen und Nutzungsformen zum Fernsehen und zu weiteren Medien in der Kohorte 1930-1932 zum Messzeitpunkt 2005 angezeigt werden kann. Da sich die Analysen auf eine einzelne Kohorte bezogen, können hierbei alters- und kohortengebundene Effekte als Erklärung für die Clusterunterschiede ausgeschlossen werden. Wie die statistischen Korrelate offenlegen, können die einzelnen Motivprofile in einem engen Zusammenhang mit Personmerkmalen, Alternsprozessen und Lebenssituationen gesehen werden.

Durch die Clusteranalyse konnten fünf Typen ermittelt werden, die ein unterschiedliches Profil in der Nutzungsmotivation zum Fernsehen besitzen. Dabei lassen sich diese Motivgruppen entlang den beiden – in der Medienforschung gut dokumentierten – kommunikativen Grundorientierungen nach Information und Unterhaltung einordnen. Auch findet sich wie bei Berens und Kollegen (1997) eine größere Mischgruppe.

Die Typen konturieren weniger im Bedürfnis nach Information als in ihrer Affinität zur Unterhaltung. Besonders die beiden rangniedrigen evasiven Motive „damit ich den Alltag vergessen kann" und „damit ich mich nicht allein fühle" zeigen hohe Effektstärken in den Varianzen der globalen Gruppenunterschiedstestungen. Hingegen klärt das Nutzungsmotiv „weil ich mich informieren möchte" wenig Varianz auf, da ein allgemeines Informationsbedürfnis zu allen Typen vorliegt. In Bezug auf die Affinität zum Fernsehen und seinem Motivprofil können die Typen „distanzierte Informationsasketen" und „hoch involvierte Eskapisten" als Antipoden bezeichnet werden. Diese beiden Cluster weisen auch in den Zusammenhangsmaßen zur Person, Lebenslage und aktuelle Lebenssituation die größten Kontraste auf.

Dabei handelt es sich in der Motivgruppe der „Eskapisten" um eine kleine benachteiligte Randgruppe (8%), bei der sich negative Aspekte wie funktionale, physische, psychische und kognitive Einbußen bündeln und zugleich wenig interne und externe Ressourcen vorhanden sind. Die Befunde weisen auf nachhaltige Entwicklungsverluste in den letzten Jahren hin, die eine vormals gute Lebenssituation belasten. Hier sind besondere Auffälligkeiten im kognitiven Bereich zu nennen, da der überwiegende Teil der „Eskapisten" leichte bis schwere kognitive Defizite aufweist. Die außerordentlich hohe Affinität zum Fernsehen kann in diesem Zusammenhang gesehen werden. Fernsehen gilt hier als eine alternative, mental leicht zugängliche und kostengünstige, multifunktionale Ressource. Das Bedürfnis nach Eskapismus, das allein in dieser Motivgruppe stark ausgeprägt ist, wird durch das breite Unterhaltungsangebot beim Fernsehen ebenso befriedigt wie ein außerordentlich hohes Interesse an Information. Es besteht eine sehr hohe Bindung an das Medium, das als „Allroundmedium" und „Stimmungsmodulator" eine zentrale Stellung im (Medien-)Alltag einnimmt und defizitbedingte Substitutions- und Kompensationsfunktionen erfüllen mag. Die relativ hohe Zufriedenheit mit diesem Medium und seinem Programmangebot gibt einen Hinweis für eine gelingende Adaptation.

Als Gegenpol steht die Gruppe der „Informationsasketen" als Prototyp für ein erfolgreiches Altern, der durch eine positive Lebenslage mit günstigen Umweltbedingungen und einer Vielzahl interner und externer Ressourcen beschrieben werden kann; über ein Fünftel der Probanden gehört zu diesen „successful agern". Zum Fernsehen besteht eine distanzierte und kritische Haltung, obgleich es, wie bei allen anderen Clustern auch, das zeitintensivste Medium darstellt. Die Zeitung besitzt als rationales Informationsmedium einen deutlich höheren Stellenwert, und selbst zum modernen Informationsmedium Internet lässt sich eine hohe Affinität konstatieren. Das Motivprofil fällt transmedial sehr schmal aus und beschränkt sich im Wesentlichen auf ein allgemeines Informationsbedürfnis. Fernsehen wie auch andere Massenmedien werden sehr selektiv genutzt, was sich darin äußert, dass sie diese wie einen Gebrauchsgegenstand zur Informationsgewinnung verwenden. Die geringe Bindung zum Fernsehen und zu anderen Medien wird durch eine hohe außerhäusliche Mobilität und Aktivität unterstrichen, die wiederum auf einer hohen psychischen und physischen Gesundheit basiert.

Der Typus „Habituelle" (18%) weist ebenfalls ein Gesamtbild erfolgreichen Alterns auf, das durch hohe Lebenszufriedenheit und dem Vorhandensein vielfältiger interner und externer Ressourcen geprägt ist. Im Gegensatz zum ähnlich großen Cluster „Informationsasketen" ist dieser Typ unterhaltungsorientierter, wobei die Nutzung und Bindung zum Fernsehen und zu weiteren Medien moderat ausfällt. Sein ausgeprägtes habituelles Bedürfnis kann in Zusammenhang mit dem sozialen Kontext und seiner Persönlichkeit gesehen werden. Der Lebensalltag ist auf die Wohnumwelt mit dem Partner bezogen; er gilt als emotional ausgeglichen und selbstgenügsam und zeigt ein relativ geringes Aktivitätsniveau. Die Mediennutzung geschieht vorrangig aus Gewohnheit und Bequemlichkeit; speziell beim Fernsehen will man sich entspannen und unterhalten werden und sich mit dem Partner austauschen können. Evasive Motive fehlen bei diesem Typ ebenso wie das externale, sozialintentierte Motiv „mitreden zu können".

Das Cluster der „involvierten Unterhaltungsorientierten" zeigt hingegen Parallelen in der kommunikativen Grundorientierung nach Unterhaltung zum Cluster der „Eskapisten", wobei die Gruppengröße im Vergleich zu den „Eskapisten" mit 16% doppelt so hoch ausfällt. Anstelle eines eskapistischen Bedürfnisses besteht hier ein stärkeres Interesse nach Alltagsorientierung und Zugehörigkeit, da man sich nicht alleine fühlen will. Fernsehen besitzt eine hohe Alltagsrelevanz als stimmungsmodulierendes Unterhaltungs- und Informationsmedium. Auch für das Radio besteht aufgrund dieser Funktionen eine erhöhte Affinität. Eine Erklärung für dieses breite Motivprofil kann in einer Kombination aus spezifischen soziodemografischen Merkmalen und der Lebenssituation gesehen werden. Dieses Cluster weist ein deutliches Übergewicht an alleinstehenden Frauen auf. Die hohe Affinität zu elektronischen Massenmedien ist zudem auf den Überhang an Personen aus Leipzig und Personen mit geringem Bildungs- und Einkommensniveau zurückzuführen. Neben einem geringen sozialen Status besteht eine erhöhte emotionale Labilität und eine gedämpfte Stimmungslage. Als mögliche Ursache können körperliche, funktionale und kognitive Einbußen angeführt werden, die mit einer Einschränkung der außerhäuslichen Mobilität einhergehen. Es liegt in ähnlicher Weise wie bei den „Eskapisten" eine suboptimale Gesamtsituation mit negativen Alternsprozessen und Einschränkungen und gleichzeitig geringen personalen und sozialen Ressourcen vor. Die Unterhaltungsmedien Fernsehen und Radio dienen insofern als leicht zugängliche und kostengünstige Ressource und helfen, den Alltag positiv zu gestalten, eine Orientierung anzubieten und sich nicht alleine zu fühlen.

Die mit 36% größte Motivgruppe stellt die Motivgruppe der „Durchschnittlichen" dar, die sozusagen das „normal aging" in der K30-32 repräsentieren. Das Fernsehen gilt als Leitmedium, das aufgrund seiner wichtigen Informations- und Unterhaltungsfunktionen wertgeschätzt wird. Hinzu kommen im Medienalltag die beiden tagesaktuellen klassischen Massenmedien Zeitung und Radio. Es gibt weder exzessive Mediennutzung noch eine distanzierte. Die Befunde zur Person und Lebenssituation zeigen keine Auffälligkeiten und Abweichungen wie in den anderen Clustern auf. Es handelt sich um eine relativ gesunde und zufriedene Gruppe, die über ausreichend interne und externe Ressourcen verfügt.

Zusammenfassend kann festgehalten werden, dass die Post-hoc-Analysen für eine hohe Validität der ermittelten Clusterlösung sprechen. Die Motivgruppen stehen in einem sachlogischen Zusammenhang zu psychologischen Konstrukten der Person und ihrer Lebenswelt. Im Sinne rezipientenorientierter Konzepte können in der Kohorte unterschiedliche Bedürfnis- und Motivlagen angezeigt werden, die sich auf spezifische Person- und Umweltkonstellationen zurückführen lassen.

6.2.2 Transmediale Motivprofile

Für die Überprüfung transmedialer Motivprofile wurden zuvor Faktorenanalysen zu den Nutzungsmotiven der drei untersuchten Medien Fernsehen, Radio und Zeitung berechnet. Die ermittelten Faktorenlösungen zeigten allesamt eine ausreichende Varianzaufklärung an und entsprechen den Ergebnissen bestehender Forschungsliteratur. So gleichen die beiden Motivdimensionen beim Fernsehen „Information" und „Unterhaltung" den kommunikativen Grundorientierungen, wie sie in nationalen und internationalen Mediennutzungstypologien zum Tragen kommen (siehe Abschnitt 2.2.1.3.8). Die Motivdimension „Information" fällt zu allen drei Medien identisch aus – es enthält die drei Motive „weil ich mich informieren möchte", „damit ich mitreden kann" und „weil ich Denkanstöße bekomme". Der zweite Faktor „Unterhaltung" ist beim Radio und der Zeitung in zwei Dimensionen unterteilt: Beim Radio bilden die beiden Kernmotive „Spaß" und „Entspannung" einen eigenen Faktor, während diese bei der Zeitung zusammen mit den beiden evasiven Motiven „Alltag vergessen können" und „sich nicht allein fühlen" auftreten.

Die durch die Clusteranalyse hervorgebrachten unterschiedlichen Motivprofile zum Fernsehen konnten auch hinsichtlich der Nutzungsmotivation zu Radio und Zeitung repliziert werden. Damit konnten klare Belege für medienübergreifende, transmediale Motivprofile angezeigt werden. Wer beim Fernsehen informationsorientiert ist, zeigt diese Präferenz auch bei der Nutzung von Radio und Zeitung; gleichermaßen gilt dies für ein unterhaltungsorientiertes Kommunikationsinteresse:

Bei den „Eskapisten" finden sich transmedial in deutlich stärkerem Ausmaß eskapistische Motive, bei den „Unterhaltungsorientierten" zeichnet sich eine Betonung der Unterhaltungsaspekte ab, bei den „Habituellen" eine erhöhte Präferenz für habituelle Aspekte. Der „distanzierte Informationsasket" zeigt nicht nur gegenüber dem Fernsehen ein reduziertes Nutzungsprofil mit einem Fokus auf dem Informationsbedürfnis, sondern auch in Bezug auf das Radio und die Zeitung. Zu den „Durchschnittlichen" lassen sich keine eigenständigen Konturen im Nutzungsprofil ableiten, da sie im Gegensatz zu anderen Motivgruppen keine Abweichungen von den medienspezifischen Motivschwerpunkten aufweisen. Aus den charakteristischen transmedialen Profilen ergeben sich konsistente Zusammenhänge zur Bindung und Nutzungsintensität einzelner Medien. Die „Informationsasketen" präferieren weit mehr die Zeitung als das Fernsehen und weisen eine Affinität zum modernen Informationsmedium Internet auf. Die „Eskapisten" nutzen das Fernsehen extrem stark, zeigen aber auch ein erhöhtes Interesse an kognitiv leichter Lektüre wie Zeitschriften. Die „involvierten Unterhaltungsorientierten" weisen bezeichnenderweise auch zum zweiten elektronischen

Unterhaltungsmedium, dem Radio, eine hohe Affinität auf. Die „Habituellen" zeichnet hingegen eine insgesamt eher zurückhaltende Bindung zu allen Medien auf, da sie diese stärker als rituelles, habituelles Moment im Tagesablauf betrachten.

Die Validität dieser Befunde wird durch hohe Effektstärken in den Kontrastanalysen zu den Unterschiedstestungen bestätigt. Die von Schweiger (2004, 2006) theoretisch fundierte und empirisch belegte These von transmedialen Nutzungsstilen konnte somit in ähnlicher Weise für die Nutzungsmotivation älterer Menschen belegt werden. Allerdings ist ein direkter Vergleich nicht möglich, da Schweiger (2006) als Datenbasis das Informations-, Selektions- und Evaluationsverhalten anhand einer Querschnittstudie mit jüngeren Altersgruppen (14-65 Jahre) untersuchte.

6.2.3 Verknüpfungen zur Forschungsliteratur und Schlussfolgerungen

Eine externe Validität der Ergebnisse ist durch Verknüpfungen zu bestehenden Forschungsbefunden gegeben. In Typologie-Studien findet sich eine ähnliche Bandbreite von selektiver Informationsorientierung mit geringem Nutzungsbudget und intensiver Vielnutzung mit ausgeprägter Unterhaltungsorientierung. Allerdings bestehen große Unterschiede im Forschungsdesign, weshalb weitergehende Vergleiche kaum möglich sind. So beruhen die meisten der Studien auf qualitativen Verfahren sowie auf einem breiten Altersquerschnitt, in denen konfundierende, altersgebundene Unterschiede wie z.B. zwischen einem Dritten und Vierten Alter nicht kontrolliert werden können. Dies sei anhand der aktuellen Studie (n=46, Altersrange 66-90 Jahre) von Zoch (2009) ausgeführt: Der Typus „Die Abhängigen" ähnelt in einzelnen Personmerkmalen (Defizite in Gesundheit und materieller Lage, Mobilität und Einsamkeit) und seiner Medienaffinität dem Cluster der „hoch involvierten Eskapisten", doch besitzen diese Vielseher kein Informationsinteresse. Exemplifiziert wird dieser Typus unter anderen an einer 85-jährigen Seniorenheimbewohnerin, deren Alternsform von Rückzug und Disengagement geprägt ist. Hier präformieren umweltbezogene Rahmenbedingungen wie institutionelles Wohnen die Mediennutzung in besonderer Weise, weshalb deren Lebenslage mit den „hoch involvierten Eskapisten" nicht vergleichbar ist.

Zu einer weiteren zeitnahen, qualitativen Typologie-Studie (n=40) von Scherer und Kollegen (2006) lassen sich weit bessere Parallelen finden, obgleich der Altersrange zwischen 64 und 88 Jahren ebenfalls breit streut. Der Typus „Medienjunkies" ähnelt den „Eskapisten", insofern eine Korrespondenz zwischen hoher Nutzung und Bindung zum Fernsehen und einem ausgeprägten Interesse an Unterhaltung und Information besteht. Des Weiteren finden sich vergleichbare Cluster zwischen den „Kritischen Ästheten" und den „distanzierten Informationsasketen" sowie den „Otto Normalverbrauchern" und den „Durchschnittlichen".

Weitere Zusammenhänge und Erklärungsansätze finden sich in der Forschungsliteratur vor allem im Hinblick auf die Merkmale der beiden extremen Motivgruppen der „Informationsasketen" und der „Eskapisten".

So stimmt das soziodemografische Profil der „Eskapisten" mit den typischen Merkmalen für Vielseher überein, wie sie hier in der MK2005 und auch schon zur MK2000 (Doh & Gonser, 2006, S.56) beschrieben werden konnte. Unter älteren Menschen besteht bei Frauen, formal niedrig gebildeten, einkommensschwachen und alleinstehenden Personen, Hochaltrigen und Personen aus den neuen Bundesländern eine erhöhte Prävalenz für Vielsehen und evasive Nutzungsmotive. Wie die Befunde aus der Clusteranalyse zeigen, findet sich zu diesen Bevölkerungssegmenten auch ein erhöhtes Risiko für schwierige Lebenslagen bzw. Vulnerabilität für funktionale, psychische und soziale Einbußen. Da gleichzeitig weniger personale und externale Ressourcen zur Verfügung stehen, kann das Fernsehen zu einer sehr bedeutsamen multifunktionalen Ressource werden. Die bekannten soziodemografischen Merkmale lassen sich somit als Proxy-Variablen für dahinter stehende Problemlagen verstehen.

In den beiden fernsehaffinen Motivgruppen der „Eskapisten" und der „involvierten Unterhaltungsorientierten" finden sich erhöhte Werte für Neurotizismus. Dies entspricht der Mood-Management-Theorie von Zillmann (1998), wonach emotional labile Personen sich unterhaltenden und entspannenden Sendungen zuwenden. In ähnlicher Weise werden in der Forschungsliteratur Zusammenhänge zwischen Vielsehern und Neurotizismus (Finn, 1997; Schweiger, 2006) sowie eingeschränkter Lebenszufriedenheit (Richins, 1987) genannt. Speziell zu älteren Menschen konnten Rathz und Mitarbeiter (1988, 1989) einen Zusammenhang zwischen hohem Involvement zum Fernsehen und geringer Lebenszufriedenheit, negativen personalem Altersbild, geringem finanziellem Einkommen und geringem außerhäuslichen Aktivitätsniveau aufzeigen.

Evidenzbasiert ist ebenfalls der Zusammenhang zwischen Eskapismus und kognitiven Bedürfnissen. Nach Henning und Vorderer (2001) konsumieren Personen mit einem geringen Kognitionsbedürfnis („Denkfaule") überdurchschnittlich das Fernsehen und bevorzugen dabei unterhaltende Programme. Die Autoren erklären dies mit der besonders ausgeprägten eskapistischen Qualität des Fernsehens. Die hohe Prävalenzrate von 60% für kognitive Defizite bei den „Eskapisten" sowie die Häufung demenzieller Erkrankungen in beiden fernsehaffinen Motivgruppen unterstützen dies. Beide Typen weisen insgesamt ein geringeres Niveau an kognitiver Stimulanz auf. Es besteht zu den gesellschaftlichen Themeninteressen eine Neigung zu leichter Unterhaltung und eine Distanz zur Hochkultur und politischen Inhalten. Auch ist das Interesse an außerhäuslichen Kultur- und Bildungsaktivitäten geringer ausgeprägt. Im Gegensatz zu den „Unterhaltungsorientierten" zeigen die „Eskapisten" darüber hinaus ein deutlich geringeres Interesse an kognitiv unterhaltsamer Stimulierung durch Kreuzworträtsel.

Aus diesen Gründen wird in besonderer Weise bei den „Eskapisten" das Fernsehen aufgrund seiner Bisensualität und seiner Visualität als ein mental leicht zugängliches Medium genutzt, das wie kein anderes klassisches Massenmedium bei sensorischen und kognitiven Einbußen vielfältige Bedürfnisse befriedigen vermag. Daraus könnte die hohe Zentralität des Fernsehens bei den „Eskapisten" resultieren, die in diesem Ausmaß in der Motivgruppe der „involvierten Unterhaltungsorientierten" nicht gegeben ist. Die „Eskapisten" stellen insofern eine problematische, hoch vulnerable Variante der „involvierten Unterhaltungsorientierten" dar.

Eine Spezifität stellt in diesem Zusammenhang das Cluster der „Habituellen" dar, das durch einen hohen Status in Bezug auf Bildung und kognitives Leistungsvermögen gekennzeichnet ist und keine physische oder psychische Belastungssituation aufweist. Diese Motivgruppe nutzt Medien im durchschnittlichen Umfang, doch mit einer unterhaltungsorientierten Ausrichtung. Sie besitzen auch kein hohes Interesse an Hochkultur und Bildungsprogrammen. Hier prägen offensichtlich Persönlichkeitsaspekte wie emotionale Stabilität und eine soziale Konstellation aus Partnerschaft und Häuslichkeit eine spezifisch habituelle, unterhaltungsorientierte Mediennutzung.

Als ein weiteres, regionales Merkmal weist die Gruppe der „hoch involvierten Eskapisten" einen starken Überhang an Personen aus Leipzig auf (73%). Den fortlaufenden telemetrischen Nutzungsmessungen zufolge besteht in den neuen Bundesländern altersübergreifend eine deutlich höhere Fernsehaffinität als in den alten Bundesländern – im Durchschnitt liegt die Sehdauer um etwa eine drei Viertel Stunde höher (Zubayr & Gerhard, 2006, 2009). Konform fallen die Anteile an Vielsehern in den neuen Bundesländern deutlich höher aus, wie die Analysen aus der MK2005 belegen. Dies bestätigte eine Ost-West-Studie Mitte der 1990er Jahre, die unter den ostdeutschen Vielsehern ein erhöhtes Ausmaß an Pessimismus verzeichnete. Die Personen äußern, keine positive Lebensperspektive zu haben und keine Verbesserung ihrer Lebenslage zu sehen, und nutzen daher das Fernsehen als Entspannungs- und Ablenkungsfunktion (Spielhagen, 1995).

Insofern kumulieren und konfundieren bei diesem Typ ungünstige internale und externale Faktoren: Neben personalen Aspekten wie Neurotizismus, negativerer Stimmungslage und funktionalen Einbußen, besonders im Bereich der Kognition, kommen kollektiv negativere Umweltbedingungen hinzu. In der gerontologischen Forschung findet sich eine breite empirische Befundlage zu solchen negativen, additiven Zusammenhängen. Dabei können gesundheitliche Einbußen mit funktionellen Limitationen einhergehen, die wiederum Einschränkungen in der Alltagskompetenz und negative Affekte bedingen können und letztlich die Selbständigkeit gefährden. Aber auch umgekehrt können negative Affekte Auswirkungen auf die funktionale Kompetenz nehmen, weshalb sich die additiven Zusammenhänge verstärken können (vgl. z.B. BASE-Studie, Mayer & Baltes, 1996).

Nach Jopp (2002) besteht zwischen subjektivem Wohlbefinden und Ressourcen ein zirkulärer Entwicklungsprozess, in dem sich die beiden Aspekte als bedingende und bedingte Faktoren abwechseln können. Demzufolge stellen Ressourcen Folge und Ausgangspunkt für ein positives Wohlbefinden dar. Positive Emotionen können das Repertoire an Gedanken und Handlungen vergrößern und personale Ressourcen erweitern (ebd., S.79). Umgekehrt können negative emotionale Zustände oder Stress „ressourcenschädigende Wirkung" (ebd.) haben und das Entstehen von psychophysiologischen und somatoformen Störungen bedingen. Personen mit einer hohen emotionalen Labilität neigen dazu, sich eher gesundheitlichen Risiken auszusetzen und wenden in Krisensituationen eher ungünstige Coping-Strategien an, was langfristig zu Maladaptationen führen kann (Costa et al., 1991).

Wahl und Kollegen (2008) konnten anhand Längsschnittanalysen eines Subsamples der ILSE-Studie (n=310; K30-32, 1.-3. Messzeitpunkt 1993, 1997, 2005) nachweisen, dass Einbußen in den kognitiven Leistungen und im Rückgang internaler Kontrollüberzeugungen sowie ein Anstieg externaler Kontrollüberzeugung mit einem signifikanten Verlust an Selbständigkeit im Alltag einhergehen.

Die Befunde von Jopp (2002) und Wahl und Kollegen (2008) stützen die Annahme, dass es sich bei den „Eskapisten" um eine ressourcenarme Motivgruppe mit einer ungünstigen Lebenssituation handelt. Es ist eine erhöhte Vulnerabilität an Einbußen und Einschränkungen angezeigt, weshalb sich zusätzlich negative Faktoren verstärken können, die letztlich zu einer Einschränkung der Selbständigkeit führen können. Dies würde für die Zentralität des Fernsehens im (Medien-)Alltag als multifunktionale Ressource sprechen.

Konträr hierzu lassen sich im Cluster der „distanzierten Informationsasketen" Anknüpfungspunkte zu ressourcenorientierten Modellen erfolgreichen Alterns aufstellen. In einer Querschnittsuntersuchung von Parslow und Mitarbeitern (2006) zur Messung von „engagement in life" fanden sich entsprechende Zusammenhänge zwischen Aktivitätsniveau und kognitivem, mentalem und physischem Status. Unter sechs verschiedenen Aktivitätstypen wiesen Personen mit einem hohen Ausmaß an Aktivität den besten Status im gesundheitsbezogenen und kognitiven Bereich auf und besaßen zudem ein höheres Ausmaß an Extraversion und emotionaler Stabilität. Im Sinne von Rowe & Kahn (1999) stellt dieser überdurchschnittlich gesunde, aktive und ausgeglichene Fernseh-Nutzungsmotivtyp einen ressourcenreichen „successful ager" dar. Dies gilt auch in Bezug auf die Mediennutzung: Das transmediale Motivprofil der „distanzierten Informationsasketen" weist auf ein hohes Kognitionsbedürfnis hin, das mit einer gezielten Informationssuche verbunden ist. Dies entspricht dem Forschungsstand, wonach bildungsstarke Personen eine geringe und selektive Fernsehnutzung zeigen.

Die Heterogenität der Motivprofile und Nutzungsmuster verweist zudem unter sozialökologischen und medienphilosophischen Gesichtspunkten auf unterschiedliche Funktionen der Medien. Im Komplementarität/Kongruenz-Modell von Carp und Carp (1980, 1984) erfüllen im Cluster „Eskapisten" mediale Umwelten wie das Fernsehen basale Bedürfnisse, die kompensierende Wirkung besitzen. Stattdessen geben die Befunde zum Cluster „Informationsasketen" Hinweise auf eine kongruente Person-Umwelt-Passung, bei der mediale Umwelten Wachstumsbedürfnisse wie Anregung und Bildung zu befriedigen vermögen. Während bei den „Eskapisten" Medien auch als Prothese im Sinne Freuds (1974) verstanden werden können, fungieren sie bei den „Informationsasketen" als Verstärker und „Befreiungsgeste" wie es Serres (2002) speziell für Bücher und Computer/Internet beschrieb (siehe Abschnitt 2.1.2).

Der unterschiedliche Zugang zu Medien als Ressource manifestiert sich in besonderer Weise in den zukunftsweisenden Online-Medien und dem Computer als Zugangsmedium. In einer technisierten Gesellschaft, die durch eine hohe Innovationsdynamik gekennzeichnet ist, stellt lebenslanges Lernen mit diesen Medien eine Schlüsselkompetenz für Selbstaktualisierung, Anschluss und Teilhabe an Öffentlichkeit und Gesellschaft dar. Die beiden Typen „Informationsasketen" und „Habituelle" zeichnet solch eine prinzipielle Bereitschaft in hohem Ausmaß aus, da dort bereits eine hohe Adoption mit diesen Medien besteht. Hingegen fehlt eine Aufgeschlossenheit in den beiden fernsehaffinen Motivgruppen der „Eskapisten" und „involvierten Unterhaltungsorientierten". Als Distinktionsmerkmale können sowohl soziodemografische Kriterien wie Bildung und Einkommen verantwortlich gemacht werden als auch Persönlichkeitsmerkmale wie Neurotizismus und Offenheit für Neues. Während die beiden sozial privilegierten Cluster „Informationsasketen" und „Habituelle" ein hohes Ausmaß an Offenheit für Erfahrungen und emotionaler Stabilität anzeigen, geht in den technikdistanten Clustern der „Eskapisten" und „involvierten Unterhaltungsorientierten" ein sozial niedriger Status mit einer geringeren Offenheit und einer erhöhten emotionalen Labilität einher. Ähnliche Zusammenhänge konnten bereits in Untersuchungen zur Internetaffinität bei jüngeren Altersgruppen nachgewiesen werden (Jackson et al., 2003; Tuten & Bosnjak, 2001).

Die Ausgangslage der Gruppe der „Informationsasketen" und der „Habituellen" ist folglich für ein positives, gelingendes Altern besonders günstig, während in der Gruppe der „Eskapisten" und der „involvierten Unterhaltungsorientierten" die Gefahr weiterer Entwicklungsverluste und Einschränkungen gegeben scheint.

Daran schließt sich die grundlegende Frage nach der Zeitstabilität transmedialer Motivprofile an. Einerseits finden sich Hinweise, die für eine situationsübergreifende Kontinuität stehen. Hierfür sprechen Zusammenhänge zu traitspezifischen Merkmalen der Persönlichkeit und zur Soziodemografie und deren Korrespondenzen zum Medienkontext, zum Freizeitverhalten oder zum Aktivitätsniveau. Zudem können einzelnen Motivtypen spezifische Ressourcen zugeordnet werden. Die theoretischen Konzepte zur Freizeit- und Lebensstilforschung und zur Generations- und Biografieforschung verweisen auf individuelle Verhaltensmuster, die sich im Lebenslauf entwickeln und relativ konstant bleiben. Dies könnte auch für die kommunikative Grundorientierung in der Mediennutzung gelten, weshalb von einer relativ stabilen Informationsorientierung im Cluster der „Informationsasketen" und entsprechend stabilen Unterhaltungsorientierung in den Clustern der „Eskapisten", „involvierten Unterhaltungsorientierten" und „Habituellen" ausgegangen werden kann. Insofern deuten die heterogenen, transmedialen Motivprofile auf chronifizierte Verhaltensweisen und chronifizierte Lebenslagen hin, die nach Thomae (1987) als medienbezogene Alternsstile und Altersschicksale verstanden werden können.

Andererseits weisen die Befunde zu den „Eskapisten" auf situativ bedingte Zusammenhänge der Mediennutzung hin. So beruht die Spezifität in dieser Motivgruppe auf einer Verschlechterung der individuellen Lebenssituation in den letzten Jahren. Daraus lässt sich ableiten, dass deren hohe Fernsehaffinität und ihr eskapistisches Bedürfnis weniger auf einem stabilen Motivprofil beruhen, als vielmehr auf einer Reaktion negativer Alternsprozesse und einer Reduzierung von Ressourcen. Dies spricht für die Relevanz modifizierender Einflussfaktoren in der Mediennutzung durch Veränderungen in der psychischen oder physischen Gesundheit, der kognitiven Leistungsfähigkeit und in externalen Faktoren wie Familienstand, Haushaltsgröße oder sozial-räumlichen Umwelten. Dies sind Aspekte, die im fortgeschrittenen Alter an Vulnerabilität und Fragilität zunehmen werden. Beispielsweise könnte durch den Verlust des Partners insbesondere das Motivprofil der „Habituellen" beeinträchtigt werden.

Der Rückgang internaler und externaler Ressourcen im Vierten Alter kann folglich zu Adaptationsprozessen im Medienverhalten führen. Die Verdichtung des Medienportfolios, das hohe Bedürfnis nach kognitiver Stimulanz („Denkanstöße bekommen"), aber auch nach evasiven Nutzungsmotiven bei den 80- bis 89-Jährigen und der K20-29 aus den beiden MK-Wellen, könnten Ausdruck solcher Veränderungen sein.

Doch verweisen diese Annahmen alternsbezogener Veränderungen und Entwicklungen der Mediennutzung auf Limitationen der vorliegenden Arbeit.

6.3   Limitationen und Implikationen

Die Ergebnisse aus den beiden repräsentativen Wellen der Langzeitstudie „Massenkommunikation" können als generalisierbar betrachtet werden. Eine Einschränkung findet sich lediglich aufgrund der Stichprobenziehung, Stichprobengröße und Gewichtung bei der Altersgruppe der 80- bis 89-Jährigen. Dennoch können die Befunde als Referenzwerte betrachtet werden.

Eine interne und externe Validität ist hinsichtlich der Befunde aus der ILSE-Studie gegeben. Gleichwohl gilt es zu bedenken, dass die Stichprobe aufgrund längsschnittlicher Selektionsprozesse nicht bevölkerungsrepräsentativ ist. Der Anteil an bildungsstarken, physisch und psychisch gesunden Personen ist zum dritten Messzeitpunkt 2005 überrepräsentiert. Diese selektive Zusammensetzung der Stichprobe könnte einen Einfluss auf die Verteilung der Typengrößen genommen haben. So wurden im Vergleich zur MK2005 die Nutzungsmotive zum Fernsehen, Radio und Zeitung niedriger bewertet, mit Ausnahme des allgemeinen Informationsmotivs „sich informieren". Es könnte eine Überrepräsentanz des Motivtyps „Informationsasketen" bestehen und eine Unterrepräsentanz unterhaltungsorientierter Motivtypen.

Eine Limitation der Arbeit, die zugleich ein Desiderat für zukünftige Forschung impliziert, stellt die fehlende Überprüfbarkeit von individuellen Entwicklungsprozessen und Veränderungen der Mediennutzung dar. Die Ergebnisse zu beiden Wellen der Langzeitstudie „Massenkommunikation" beruhen auf Querschnittsanalysen; die Ergebnisse zur ILSE-Studie auf einem einzigen Messzeitpunkt. Es können folglich nur Altersunterschiede, jedoch keine Alterseffekte beschrieben werden. Für individuelle Prozesse bedarf es längsschnittlicher Daten. Erst durch Einbeziehung mindestens eines weiteren Messzeitpunkts ließen sich die fünf Motivprofile auf Konstanz und Veränderung hin untersuchen. Hierfür würde das Datenmaterial der ILSE-Studie eine ideale Basis bieten, da die Kohorte 1930-1932 in den folgenden Jahren in das vulnerable Vierte Alter gelangt, wo die Dynamik an Alternsprozessen ansteigt und somit die Bedürfnisse und Motivprofile in der Mediennutzung instabiler werden. Gleichwohl wäre auch eine Verschränkung zu den beiden früheren Erhebungswellen 1993 und 1997 denkbar, wenngleich hierzu vergleichbare Mediendaten fehlen. Zumindest ließe sich die Stabilität der Person-Umwelt-Konstellation überprüfen, was speziell im Falle der „Eskapisten" interessant wäre.

Hinsichtlich der Befunde aus der Medienstudie wäre ebenfalls eine Einbeziehung bzw. Fortsetzung weiterer Erhebungswellen begrüßenswert. Es würde sich zur Überprüfung und Replikation der Ergebnisse eine Re-Analyse mit der geplanten zehnten Erhebungswelle anbieten, die für 2010 geplant ist. Mit einer zeitlichen Erstreckung auf eine Dekade könnten zudem weitere Erkenntnisse über die Einflussfaktoren von Alter, Kohorte und Periode erzielt werden. Allerdings ließen sich Auswirkungen und Interdependenzen dieser drei konfundierenden Effekte wiederum nur mit Paneldaten untersuchen.

Des Weiteren handelt es sich bei den explorativ erfassten Korrelaten zu den einzelnen Motivtypen der ILSE-Studie um statistische Zusammenhänge, nicht um kausale. Deshalb können keine Aussagen zur Rolle einzelner Einflussfaktoren auf die Motivprofile gemacht werden. Hierzu bieten sich weitere Analysen mit Strukturgleichungsmodellen an, um für einzelne Motivtypen weitere Bezugspunkte zum Zusammenspiel von internalen, personbezogenen und externalen, umweltbezogenen Faktoren zu untersuchen wie auch zu Interdependenzen von stabilen und situativen Einflussfaktoren.

Nicht allein wegen des demografischen Wandels wäre eine repräsentative Erfassung der Mediennutzung Hochaltriger geboten. Wie die Befunde nahelegen, besteht im Übergang zwischen einem relativ gesunden Dritten Alter und einem vulnerablen Vierten Alter eine erhöhte Veränderungsdynamik in Bezug auf die Mediennutzung. Hierzu könnte eine Untersuchung anhand lebensspannenbezogener Konzepte wie den Modellen erfolgreichen Alterns ein fruchtbares Forschungsfeld darstellen. Von besonderer Bedeutung ist dabei der Aspekt, die Kompensationsfunktion von Medien zu untersuchen, indem z.B. zwischen elektiven und verlustbedingten Adaptationsprozessen sowie zwischen assimilativen und akkommodativen Bewältigungsstrategien differenziert wird. Ebenso fehlt eine Untersuchung der Rolle von Medien im Kontext sozio-emotionaler Selektivitätsstrategien oder im Rahmen des „social convoys models" als „support bank". In diesem Zusammenhang bieten sich sozialökologische Ansätze an, wonach im Alter die kognitiv-affektive Vertrautheit von sozialräumlichen Umwelten zunimmt (Wahl & Lang, 2006) wie auch die Kompensations- und Unterstützungsfunktion von Umwelten (Wahl & Gitlin, 2007). Es ließe sich daraus die Forschungsfrage ableiten, inwiefern bei einer zunehmenden Konzentration auf das ökologische Zentrum Medien, allen voran das Fernsehen, als bedeutungsvolle sozial-räumliche und kompensative Umwelten eine Rolle spielen, und inwiefern Medien diesen Prozess der „Verhäuslichung" unterstützen. Es wäre auch zu überprüfen, inwiefern eine zunehmende Verbreitung mobiler Medien wie das Handy eine entgegengesetzte Wirkrichtung ermöglichen können und auch zu einer erhöhten Mobilität im Vierten Alter beitragen.

Es gibt folglich eine Fülle an Forschungsdesiderata für weitere mediengerontologische Forschungsarbeiten zum Dritten und Vierten Alter. Darüber hinaus lassen sich gesellschaftliche Implikationen aus der vorliegenden Arbeit ableiten. Wie die Befunde eindrucksvoll belegen, nehmen Massenmedien, insbesondere das Fernsehen, unter älteren Menschen einen wichtigen Stellenwert im Alltag ein. Wobei bei aller Heterogenität in der Mediennutzung ein Konsens an hohem Informationsinteresse konstatiert werden kann. Zudem kann eine prinzipielle Offenheit älterer Menschen gegenüber technischen und medialen Innovationen verzeichnet werden. Medien stellen insofern im Alter essenzielle Informations- und Integrationsquellen für gesellschaftliche Teilhabe und Partizipation dar. In Anbetracht der fundamentalen Entwicklungen des Mediensystems in den nächsten Jahren und Jahrzehnten wird es gesellschaftspolitisch geboten sein, strukturelle Rahmenbedingungen zu garantieren, damit auch ältere Kohorten nicht Gefahr laufen, ausgegrenzt zu werden. Dabei gilt es nicht allein, verstärkt barrierefreie Zugangs- und Nutzungsmöglichkeiten zu schaffen, um den Anschluss an die digitale Welt der Medien zu halten, sondern auch, die vielfältigen Bedürfnisse älterer Menschen in Bezug auf die Mediennutzung wahrzunehmen und entsprechende Zielgruppenangebote bereitzustellen. Dies betrifft sowohl moderne, digitale Medien, als auch klassische, analoge Massenmedien. Denn nur wenn dem Menschen Zugang zum öffentlichen Raum gegeben ist, kann erfolgreiches und zufriedenes Leben stattfinden, so Hannah Arendt (2006).

Hartung, Reißmann und Schorb (2008, S. 133) schlussfolgern in ihrem Artikel zu „Perspektiven für eine Medienkompetenzförderung im höheren Lebensalter", dass es dringend geboten sei, den Wissensstand zum Themenkomplex „Alter und Medien" sowohl in der Wissenschaft als auch in der Ausbildung gerontologischer Berufszweige voranzubringen. In der Hoffnung, dass die vorliegende Qualifikationsarbeit hierzu einen substanziellen Beitrag liefern und ein Bewusstsein für eine differenzielle, mediengerontologische Perspektive schaffen kann, möchte ich schließen.

7   Literatur

Aartsen, M.J., Smits, C.H.M., von Tilburg, T., Knipscheer, K.C.P.M. & Deeg, D.J.H. (2002). Activity in older adults: Cause or consequence of cognitive functioning? A longitudinal study on everyday activities and cognitive performance in older adults. *Journal of Gerontology: Psychological Sciences, 2*, P153-P162.

Adams, R.G. (1998). The demise of territorial determinism: online friendships. In R.G. Adams & G. Allan (Eds.), *Placing friendship in context* (pp. 153-182). Cambridge: Cambridge University Press.

Adorno, T.W. (1963). *Eingriffe. Neun kritische Modelle.* Frankfurt am Main: Edition Suhrkamp.

Aldenderfer, M.S. & Blashfield, R.K. (1984). Cluster Analysis, Sage University Paper Series on Quantitative Applications in the Social Sciences, no. 07-044. Beverly Hills: Sage.

Alheit, P. & von Felden, H. (2009). *Lebenslanges Lernen und erziehungswissenschaftliche Biographieforschung: Konzepte und Forschung im europäischen Diskurs.* Wiesbaden: VS-Verlag.

Allport, G.W. (1949). *Persönlichkeit. Struktur, Entwicklung und Erfassung der menschlichen Eigenart.* Stuttgart: Klett.

Anders, G. (1987). *Die Antiquiertheit des Menschen. Bd1: Über die Seele im Zeitalter der zweiten industriellen Revolution* (7. Aufl.). München: C.H. Beck.

Anheier, H.K. & Toepler, S. (2002). Bürgerschaftliches Engagement in Europa. *Aus Politik und Zeitgeschichte, B9*, 31-38.

Antonucci, T.C. (1990). Social supports and social relationships. In R.H. Binstock & L.K. George (Eds.), *Handbook of aging and the social sciences (3rd ed.)* (pp. 205-227). San Diego, CA: Academic Press.

Antonucci, T.C. (2001). Social relations: An examination of social networks, social support, and sense of control. In J.E. Birren & K.W. Schaie (Eds.), *Handbook of the psychology of aging (5th ed.)* (pp. 427-453). San Diego, CA: Academic Press.

Antonucci, T.C. & Akiyama (1995). Convoys of social relations: Family and friendships within a life span context. In R. Blieszner & V.H. Bedford (Eds.), *Handbook of aging and the family* (pp. 355-372). Westport, CT: Greenwood Press.

Arendt, H. (2006). *Vita activa oder Vom tätigen Leben (4. Aufl.).* München: Piper.

Arreger, J. (1991). *Ältere Menschen als Radio- und Fernsehpublikum.* Bern: SRG-Forschungsdienst.

Atchley, R.C. (1989). Continuity theory of normal aging. *The Gerontologist, 29*, 183-190.

Aufenanger, S. (2006). Die medienbiographische Forschung. In H.-H. Krüger & W. Marotzki (Hrsg.), *Handbuch erziehungswissenschaftliche Biographieforschung (2. Aufl.)* (S. 515-525). Wiesbaden: VS-Verlag.

Aufenanger, S. (2007). Medienkonservatismus. *Zeitschrift für Medienpsychologie, 2*, 76-79.

Baacke, D. (1980). Der sozialökologische Ansatz zur Beschreibung und Erklärung des Verhaltens Jugendlicher. *Deutsche Jugend, 11*, 493-505.

Baacke, D. (1989). Sozialökologie und Kommunikationsforschung. In D. Baacke & H.-D. Kübler (Hrsg.), *Qualitative Medienforschung. Konzepte und Erfahrungen* (S. 87-134). Tübingen.

Baacke, D., Frank, G. & Radde, M. (1991). *Medienwelten – Medienorte. Jugend und Medien in Nordrhein-Westfalen.* Schriftenreihe Sozialverträgliche Technikgestaltung des Ministeriums für Arbeit, Gesundheit und Soziales des Landes Nordrhein-Westfalen, Bd. 28. Opladen: Westdeutscher Verlag.

Baacke, D. & Poelchau, H.-W. (Hrsg.). (1993). *Medien- und Kulturarbeit mit älteren Menschen.* Didaktische Materialien 2. Schriften zur Medienpädagogik Bd. 10. Bielefeld: GMK.

Baacke, D., Sander, U. & Vollbrecht, R. (1990a). *Medienwelten Jugendlicher, Bd.1: Lebenswelten sind Medienwelten.* Opladen: Leske + Budrich.

Baacke, D., Sander, U. & Vollbrecht, R. (1990b). *Medienwelten Jugendlicher, Bd.2: Lebenswelten sind Mediengeschichten.* Opladen: Leske + Budrich.

Backes, G.M. & Clemens, W. (2008). *Lebensphase Alter. Eine Einführung in die sozialwissenschaftliche Alternsforschung (3. Aufl.).* Weinheim, München: Juventa.

Backhaus, K., Erichson, B. & Plinke, W. (2006). *Multivariate Analysemethoden. Eine anwendungsorientierte Einführung.* Berlin: Springer

Bäckman, L. & Dixon, R.A. (1992). Psychological compensation. A theoretical framework. *Psychological Bulletin, 112*, 259-283.

Baier, E. & Kimpeler, S. (2006). (Hrsg.). *IT-basierte Produkte und Dienste für ältere Menschen – Nutzeranforderungen und Techniktrends.* Tagungsband „Best Agers" in der Informationsgesellschaft. Stuttgart: Fraunhofer IRB-Verlag.

Baltes, M.M. (1996). Produktives Leben im Alter: Die vielen Gesichter des Alters. Resümee und Perspektiven für die Zukunft. In M.M. Baltes & L. Montada (Hrsg.), *Produktives Leben im Alter* (S. 393-408). Frankfurt am Main: Campus.

Baltes, M.M. & Carstensen, L.L. (1996). The process of successful ageing. *Ageing and Society, 16*, 397-422.

Baltes, M.M. & Carstensen, L.L. (2003). The process of successful aging: Selection, optimization, and compensation. In U.M. Staudinger & U. Lindenberger (Eds.), *Understanding human development: Dialogues with lifespan psychology* (pp. 81-104). Dordrecht, NL: Kluwer.

Baltes, M.M., Maas, I., Wilms, H.-U. & Borchelt, M. (1996). Alltagskompetenz im Alter: Theoretische Überlegungen und empirische Befunde. In K.U. Mayer & P.B. Baltes (Hrsg.). *Die Berliner Altersstudie* (S. 525-542). Berlin: Akademie Verlag.

Baltes, M.M., Kohli, M. & Sames, K. (Hrsg.). (1989). *Erfolgreiches Altern. Bedingungen und Variationen.* Bern: Huber.

Baltes, P.B. (1987). Theoretical propositions of life-span developmental psychology: On the dynamics between growth and decline. *Developmental Psychology, 23*, 611-626.

Baltes, P.B. (1990). Entwicklungspsychologie der Lebensspanne: Theoretische Leitsätze. *Psychologische Rundschau, 41*, 1-24.

Baltes, P.B. (1999a). Alter und Altern als unvollendete Architektur der Humantogenese. *Zeitschrift für Gerontologie und Geriatrie, 32*, 433-448.

Baltes, P.B. (1999b). Die unvollendete Architektur der menschlichen Ontogenese: Implikationen für die Zukunft des vierten Lebensalters. *Psychologische Rundschau, 48*, 191-210.

Baltes, P.B. (2003). On the incomplete architecture of human ontogeny: Selection, optimization, and compensation as foundation of developmental theory. In U.M. Staudinger & U. Lindenberger (Eds.), *Understanding Human Development. Dialogues with Lifespan Psychology* (pp. 17-44). Dordrecht (NL): Kluwer Academic Publishers.

Baltes, P.B. (2006). Facing our limits: human dignity in the very old. *Daedalus. Journal of the American Academy of Arts & Sciences, 1*, 32-39.

Baltes, P.B. & Baltes, M.M. (1990). Psychological Perspectives on successful aging: The model of selective optimization with compensation. In P.B. Baltes & M.M. Baltes (Eds.), *Successful aging. Perspectives from the behavioral sciences* (pp. 1-34). Cambridge: Cambridge University Press.

Baltes, M.M., Wahl, H.-W., Schmid-Furstoss U. (1990). The daily life of the elderly at home: Activity patterns, personal control, and functional health. *Journal of Gerontology, 4*,173–179.

Baltes, P.B. Freund, A. & Li, S.C. (2005). The psychological science of ageing. In M.L. Johnson (Eds.)., *The Cambridge Handbook of Age and Ageing* (pp. 47-71). Cambridge: Cambridge University Press.

Baltes, P.B. & Kliegl, R. (1992). Further testing the limits of cognitive plasticity in old age: Negative age differences in a mnemonic skill are robust. *Developmental Psychology, 28*, 121-125.

Baltes, P.B. & Mayer, K.U. (Eds.). (2001). *The Berlin Aging Study: Aging from 70 to 100.* New York: Cambridge University Press.

Baltes, P.B. & Smith, J. (1999). Multilevel and systematic analyses of old age. Theoretical and empirical evidence for a fourth age. In V.L. Bengtson, V.L. & K.W. Schaie (Hrsg.): *Handbook of Theories of Ageing* (S. 153-173). New York: Springer.

Bandura, A. (1997). *Self-efficacy.* New York: Freeman.

Barker, R.G. (1968). *Ecological psychology: Concepts and methods for studying the environment of human behavior.* Stanford: University Press.

Barker, R.G. & P. Schoggen (1973). *Qualities of community life. Methods of measuring environment and behavior applied to an american and english town.* San Francisco.

Barth, S. (1970). Lebensalterdarstellungen im 19. und 20. Jahrhundert. Ikonographische Studien. Dissertation, Universität München.

Bateson, G. (1999). *Ökologie des Geistes. Anthropologische, psychologische, biologische und epistemologische Perspektiven.* Frankfurt am Main: Suhrkamp.

Bauer, R.A. (1963). The initiative of the audience. *Journal of Advertising Research, 3,* 2-7.

Beck, U. & Beck-Gernsheim E. (Hrsg.). (1994). *Riskante Freiheiten. Individualisierung in modernen Gesellschaften.* Frankfurt am Main: Suhrkamp,

Beisch, N. & Engel., B. (2006). Wie viele Programme nutzen die Fernsehzuschauer? *Media Perspektiven, 7,* 374-379.

Bengtson V.L., Dowd J.J., Smith D.H. & Inkeles A. (1975). Modernization, modernity, and perceptions of aging: A cross-cultural study. *Journal of Gerontology, 6,* 688-695.

Berens, H., Kiefer, M.L. & Meder, A. (1997). Spezialisierung der Mediennutzung im dualen Rundfunksystem. Sonderauswertung der Langzeitstudie Massenkommunikation. *Media Perspektiven, 2,* 80-91.

Bergs, S. (1981). *Optimalität bei Clusteranalysen. Experimente zur Bewertung numerischer Klassifikationsverfahren.* Dissertation, Universität Münster.

Berg, K. & Kiefer, M.-L. (1987). *Massenkommunikation III. Eine Langzeitstudie zur Mediennutzung und Medienbewertung. 1964-1985* (Schriftenreihe Media Perspektiven, Bd. 9). Frankfurt am Main: Alfred Metzner

Berg, K. & Kiefer, M.-L. (1992). *Massenkommunikation IV. Eine Langzeitstudie zur Mediennutzung und Medienbewertung. 1964-1990* (Schriftenreihe Media Perspektiven, Bd. 12). Baden-Baden: Nomos.

Berg, K. & Ridder, C.-M. (2002). *Massenkommunikation VI. Eine Langzeitstudie zur Mediennutzung und Medienbewertung. 1964-2000* (Schriftenreihe Media Perspektiven, Bd. 16). Baden-Baden: Nomos.

Berger, H. (1995). *Mediale Altersdarstellungen. Eine dreistufige Analyse von Printmedien, audiovisuellen Medien und Einschaltquoten.* Dissertation, Greifswald.

Berger, P.L. & Luckmann, T. (1966). *The social construction of reality. A Treatise in the Sociology of Knowledge,* Garden City, NY: Anchor Books.

Bernard, M. & Meade, K. (1993). A third age lifestyle for older women? In M. Bernard & K. Meade (Eds.), *Women come of age: Perspective on the lives of older women* (pp. 146-166). London: Arnold.

Bernard, M. & Phillipson (2004). Retirement and Leisure. In J.F. Nussbaum & J. Coupland. (Eds.), *Handbook of Communication and Aging Research* (pp. 353-378). Mahwah, NJ: Lawrence Erlbaum Associates.

Bette, K.H. (2005). *Körperspuren: Zur Semantik und Paradoxie moderner Körperlichkeit* (2. Aufl.). Bielefeld: Transcript.

Bickel H. (2002). Stand der Epidemiologie. In J. Hallauer, A. Kurz A (Hrsg.), *Weißbuch Demenz. Versorgungssituation relevanter Demenzerkrankungen in Deutschland* (S. 10-14). Stuttgart: Georg Thieme .

Bierig, J. & Dimmick, J. (1979). The late night radio talk show as interpersonal communication. *Journalism Quarterly, 1,* 92-96.

Bliese, N.W. (1986). Media in the rocking chair: Media uses and functions among elderly. In G. Gumpert & R. Cathcart (Eds.), *Intermedia: Interpersonal communication in a media world (3rd ed.)* (pp. 573-582). New York: Oxford University Press.

Blit-Cohen, E. & H. Litwin (2004). Elder participation in cyberspace: A qualitative analysis of Israeli retirees. *Journal of Aging Studies, 4,* 385-398.

Bloch, E. (1959). *Das Prinzip Hoffnung.* Frankfurt am Main: Suhrkamp.

Blödorn, S. & Gerhards, M. (2004). Mediennutzung der älteren Generation. *Media Perspektiven, 4,* 163-175.

Blödorn, S. & Gerhards, M. (2005). Veränderungen der Medienzuwendung mit dem Älterwerden. *Media Perspektiven, 6,* 271-283.

Blödorn, S., Gerhards, M. & Klingler, W. (2005). Informationsnutzung und Medienauswahl. Ergebnisse einer Repräsentativbefragung zum Informationsverhalten der Deutschen. *Media Perspektiven, 12,* 638-646.

Blödorn, S., Gerhards, M. & Klingler, W. (2006). Informationsnutzung und Medienauswahl 2006. Ergebnisse einer Repräsentativbefragung zum Informationsverhalten der Deutschen. *Media Perspektiven, 12,* 630-638.

Blumler, J.G. & Brown, J.R. & McQuail, D. (1970). *The social origins of the gratifications associated with television viewing.* The University of Leeds.

Blumler, J.G. & Katz, E. (Eds.). (1974). *The Uses of Mass Communications. Current Perspectives on Gratifications Research.* Beverly Hills, London: Sage.

Böhm, K., Tesch-Römer, C. & Ziese, T. (Hrsg.). (2009), *Gesundheit und Krankheit im Alter. Beiträge zur Gesundheitsberichterstattung des Bundes.* Berlin: Robert Koch-Institut.

Borkenau, P. & Ostendorf, F. (1993). *Neo-Fünf-Faktoren Inventar (NEO-FFI) nach Costa und McCrae. Handanweisung.* Göttingen: Hogrefe.

Borscheid, P. (1989). *Geschichte des Alters. Vom Spätmittelalter bis zum 18. Jahrhundert.* München: dtv.

Bosch, E.M. (1981). Ältere Menschen vor dem und im Fernsehen. Lebenssituation und Mediennutzung. *Media Perspektiven, 6,* 461-470.

Bosch, E.M. (1986). *Ältere Menschen im Fernsehen. Eine Analyse der Konstruktion von Altersdarstellungen in unterhaltenden Programmen und ihrer Rezeption durch ältere Menschen.* Frankfurt am Main: Lang.

Bosch, E.M. (1990). Altersbilder in den bundesdeutschen Medien. In G. Straka, T. Fabian & J. Will (Hrsg.), *Aktive Mediennutzung im Alter* (S.77-92). Heidelberg: Roland Asanger.

Botelho, L.A. (2005). Das 17. Jahrhundert. Erfüllter Lebensabend . Wege aus der Isolation. In P. Thane (Hrsg.), *Das Alter – Eine Kulturgeschichte* (S. 113-174). Darmstadt: Primus.

Bower, R.T. (1985). *The changing television audience in America.* New York, NY: Columbia University Press.

Boyce, T. (2007). The media and obesity. *Obesity reviews, 8 (Suppl. 1), 201-205.*

Brandtstädter, J. (2007). Hartnäckige Zielverfolgung und flexible Zielanpassung als Entwicklungsressourcen: Das Modell assimilativer und akkommodativer Prozesse. In J. Brandtstädter & U. Lindenberger (Hrsg.), *Entwicklungspsychologie der Lebensspanne. Ein Lehrbuch* (S. 413-445). Stuttgart: Kohlhammer.

Brandtstädter, J. & Renner, G. (1990). Tenacious goal pursuit and flexible goal adjustment: Explication and age-related analysis of assimilative and accommodative strategies of coping. *Psychology and Aging, 5,* 58-67.

Brandtstädter, J., Rothermund, K. & Schmitz, U. (1998). Maintaining self-integrity and efficacy through adulthood and later life: The adaptive functions of assimilative persistence and accommodative flexibility. In J. Heckhausen & C.S. Dweck (Eds.), *Motivation and self-regulation across the life-span* (pp. 365-421). Cambridge, UK: Cambridge University Press.

Brandtstädter, J. & Wentura, D. (1995). Adjustment to shifting possibility frontiers in later life: Compensating losses and rescaling goals as complementary adaptive modes. In R.A. Dixon & L. Bäckman (Eds.), *Psychological compensation: Managing losses and promoting gains* (pp. 83-106). Mahwah, NJ: Erlbaum.

Brecht, B. (1967). Der Rundfunk als Kommunikationsapparat. In B. Brecht, *Gesammelte Werke, Bd. 18. Schriften zur Literatur und Kunst, Bd. 1* (S. 127-134). Frankfurt am Main: Suhrkamp.

Brög, W., Erl, E. & Glorius, B. (1998). Transport and the ageing of the population. In European Conference of Ministers of Transport (Eds.), *Transport and Ageing of the Population* (pp. 43-142) (Report of the 112th Round Table of Transport Economics, Paris 19.-20. Nov. 1998), Paris.

Bronfenbrenner, U. (1979). *The ecology of human development.* Cambridge, MA: Harvard University Press.

Bronfenbrenner, U. (1999). Environments in developmental Perspectives: Theoretical and operational Models. In S.L. Friedman & T.D. Wachs (Eds.), *Measuring Environment across the Life Span. Emerging Methods and Concepts* (S. 1-28). Baltimore, United Book Press.

Brosius, H.-B. (1997). Der gut informierte Bürger? Rezeption von Rundfunknachrichten in der Informationsgesellschaft. In M. Charlton & S. Schneider (Hrsg.), Rezeptionsforschung. Theorien und Untersuchungen zum Umgang mit Massenmedien (S. 92-104). Opladen: Westdeutscher Verlag.

Buchhofer, B., Friedrichs, J. & Lüdtke, H. (1970). Alter, Generationsdynamik und soziale Differenzierung. Zur Revision des Generationenbegriffs als analytisches Konzept. *Kölner Zeitschrift für Soziologie und Sozialpsychologie, 22,* 300-334.

Büchner, P. (1995). Generation und Generationsverhältnis. In H. Krüger & W. Helsper (Hrsg.), *Einführung in die Grundbegriffe und Grundfragen der Erziehungswissenschaft* (S. 237–246). Opladen: Westdeutscher Verlag.

Bude, H. (1987). *Deutsche Karrieren. Lebenskonstruktionen sozialer Aufsteiger aus der Flakhelfer-Generation.* Frankfurt am Main: Suhrkamp.

Bundesministerium für Wirtschaft und Technologie (BMWi) (Hrsg.). (2006). *iD2010 – Informationsgesellschaft Deutschland 2010. Innovationspolitik, Informationsgesellschaft, Telekommunikation. Aktionsprogramm der Bundesregierung.* Berlin.

Burkart, R. (1995). *Kommunikationswissenschaft. Grundlagen und Problemfelder. Umrisse einer interdisziplinären Sozialwissenschaft.* Wien: Böhlau.

Burnett, J.J. (1991). Examing the media habits of the affluent elderly. *Journal of Advertising Research, 31* (5), 33-41.

Bühl, A. (1998). *Die virtuelle Gesellschaft. Ökonomie, Politik und Kultur im Zeichen des Cyberspace.* Opladen: Westdeutscher Verlag.

Buß, M. (1985). Die Vielseher. Fernseh-Zuschauerforschung in Deutschland. Theorie – Praxis – Ergebnisse. In K. Berg & M.-L. Kiefer (Hrsg.), *Schriftenreihe Media Perspektiven, Bd. 4.* Frankfurt am Main: Alfred Metzner.

Carp, F.M. & Carp, A. (1980). Person-Environment Congruence and Sociability. Research on Aging, 4, 395-415.

Carp, F.M. & Carp, A. (1984). A complementary/congruence model of well-being or mental health for the community elderly. In I. Altman, M.P. Lawton & J.F. Wohlwill (Eds.), *Human behavior and environment (Bd. 7. Elderly people and the environment* (pp. 279-336). New York: Plenum Press.

Carstensen, L.L., Hanson, K.A. & Freund, A. (1995). Selection and compensation in adulthood. In R. Dixon & L. Bäckman (Eds.), *Compensating for psychological deficits and declines: Managing losses and promoting gains* (pp. 107-126). Hillsdale, NJ. Erlbaum.

Carstensen, L.L. & Lang, F.R. (2007). Sozioemotionale Selektivität über die Lebensspanne: Grundlagen und empirische Befunde. In J. Brandtstädter & U. Lindenberger (Hrsg.), *Entwicklungspsychologie der Lebensspanne. Ein Lehrbuch* (S. 389-412). Stuttgart: Kohlhammer.

Charlton, M. (1997). Rezeptionsforschung als Aufgabe einer interdisziplinären Medienwissenschaft. In M. Charlton & S. Schneider (Hrsg.), *Rezipientenforschung. Theorien und Untersuchungen zum Umgang mit Massenmedien* (S. 16-39). Opladen: Westdeutscher Verlag.

Charlton, M. (2004). Entwicklungspsychologische Grundlagen. In R. Mangold, P. Vorderer & G. Bentele (Hrsg.), *Lehrbuch der Medienpsychologie* (S. 129-150). Göttingen: Hogrefe.

Charlton, M. & Neumann-Braun, K. (1992). Medienthemen und Rezipiententhemen. Einige Ergebnisse der Freiburger Längsschnittuntersuchung zur Medienrezeption von Kindern. In W. Schulz (Hrsg.), *Medienwirkungen. Einflüsse von Presse, Radio und Fernsehen auf Individuum und Gesellschaft* (S. 9-23). Opladen: Westdeutscher Verlag.

Charness, N. (1998). Ergonomics and ageing: The role of interactions. In J. Graafmans, V. Taipale & N. Charness (Eds.), *Gerontechnology: A sustainable investment in the future* (pp. 62-73). Amsterdam: IOS Press.

Charness, N., Kelley, C.L., Bosman, E.A. & Mottram, M. (2001). Word processing training and retraining: Effects of adult age, experience and interface. *Psychology and Aging, 16,* 110-127.

Charness, N. & Schaie, K.W. (2003). *Impact of technology on successful aging.* New York: Springer Publishing Comp.

Chayko, M. (1993). How you „act your age" when you watch TV. *Sociological Forum, 8,* 573-593.

Chebat, J.C. (1986). Social responsibility, locus of control, and social class. *Journal of Social Psychology, 4,* 559-561.

Chen, W. & Wellman, B. (2003). *Charting and Bridging Digital Divides: Comparing Socio-economic, Gender, Life Stage, and Rural-Urban Internet Access and Use in Eight Countries.* The AMD Global Consumer Advisory Board (GCAB). URL: http://www.amd.com/us-en/assets/content_type/DownloadableAssets/ FINAL_REPORT_CHARTING_DIGI_DIVIDES.pdf (Stand: 12.09.2009).

Christu, J. (2005). *Fürchtet euch nicht vor den neuen Technologien!* URL: http://www.digitale-chancen.de/content/stories/index.cfm/search.1/key.1950 (Stand: 12.09.2009).

Coleman, P.G. (1986). *Ageing and reminiscence processes.* New York: Wiley.

Comstock, G., Chaffee, S., Katzman, N., McCombs, M. & Roberts, D. (1978). *Television and behaviour.* New York: Columbia University Press.

Comstock, G. & Paik, H.J. (1991). *Television and the American child.* New York: Academic Press.

Costa, P.T. & McCrae, R.R. (1992). *Revised NEO Personality Inventory (NEO PI-R) and NEO Five Factor Inventory. Professional Manual.* Odessa, Florida: Psychological Assessment Resources.

Costa, P.T.J., Zonderman, A.B. & McCrae, R.R. (1991). Personality, defense, coping, and adaptation in older adulthood. In E.M. Cummings, E.L. Green & K.H. Karraker (Eds.), *Life-span developmental psychology. Perspectives on stress and coping* (pp. 277-293). Hillsdale, NJ: Erlbaum.

Cowgill, D.O. & Baulch, N. (1962). The use of leisure time by older people. *The Gerontologist, 2,* 47-50.

Cowgill, D.O. & Holmes, L.D. (Eds.). (1972). *Aging and modernization.* New York, NY: Appleton-Century-Crofts.

Crowther, M.R. Parker, M.W., Achenbaum, W.A., Larimore, W.L., Koenig, H.G. (2002). Rowe and Kahn's Model of Successful Aging Revisited. Positive Spirituality – The Forgotten Factor. *The Gerontologist, 42*, 613-620.

Csikszentmihalyi, M. (1975). Beyond Boredom and Anxiety: The Experience of Play in Work and Games. San Francisco: Jossey-Bass.

Cumming, E. & Henry, W.E. (1961). *Growing old: The process of disengagement.* New York: Basic Books.

Cutler, S.J. (2006). Technological change and aging. In R.H. Binstock & L.K. George (Eds.), *Handbook of aging and the social sciences (6th ed.)* (pp. 258-276). San Diego, CA: Academic Press.

Cutler, S.J. & Hendricks, J. (2001). Emerging social trends. In R.H. Binstock & L.K. George (Eds.), *Handbook of aging and the social sciences(5th ed.)* (pp. 462-480). San Diego: Academic Press.

Czaja, S.J. & Charness, N., Fisk, A.D., Hertzog, C., Nair, S.N., Rogers, W.A. & Sharit, J. (2006). Factors predicting the use of technology: Findings from the Center for Research and Education on Aging and Technology Enhancement (CREATE). *Psychology and Aging, 21*, 2, 333-352.

Czaja, S.J. & Lee, C.C. (2002). Designing computer systems for older adults. In J . Jacko & A. Sears (Eds.), *Handbook of human-computer interaction* (pp. 413-427). Mahwah, NJ: Lawrence Erlbaum.

Czaja, S.J. & Lee, C.C. (2003). The impact of the Internet on older adults. In N. Charness & K.W. Schaie (Eds.), *Impact of technology on successful aging* (pp. 113-133). New York: Springer Publishing Comp.

Czaja, S.J. & Lee, C.C. (2007). The potential influence of the internet on the transition to older adulthood. In H.-W. Wahl, C. Tesch-Römer & A. Hoff (Eds.), *New dynamics in old age – individual, environmental, and societal perspectives* (pp. 239-252). Amityville: Baywood Publishing Comp.

Czaja, S.J. & Sharit J. (1998). Ability-performance relationships as a function of age and task experience for a data entry task. *Journal of Experimental Psychology: Applied, 4*, 332-351.

Dahl, G. (1986). *WIP – Reduzierter Wechsler-Intelligenztest (2nd ed.).* Meisenheim: Hain .

Dandekar, T. (2005). Molekular- und evolutionsbiologische Aspekte des Alterns. In A. Kruse & M. Martin (Hrsg.), *Enzyklopädie der Gerontologie. Alternsprozesse in multidisziplinärer Sicht* (S. 151-166). Bern: Huber.

Danowski, J.A. & Ruchinskas, J.E. (1983). Period, cohort, and aging effects: A study of television exposure in presidential election campaigns 1952-1980. *Communiction Research, 10*, 77-96.

Darschin, W. & Horn, I. (1997). Die Informationsqualität der Fernsehnachrichten aus Zuschauersicht. Ausgewählte Ergebnisse einer Repräsentativbefragung zur Bewertung der Fernsehprogramme. *Media Perspektiven, 5*, 269-275.

Darschin, W. & Zubayr, C. (2001). Die Informationsqualität der Fernsehnachrichten aus Zuschauersicht. Ergebnisse einer Repräsentativbefragung zur Bewertung der Fernsehprogramme. *Media Perspektiven, 5*, 238-246.

Davis, R.H. (1971). Television and the older adult. *Journal of Broadcasting, 15*, 153-159.

Davis, R.H. & Davis, J.A. (1985). *TV's image of the elderly.* Lexington, MA: Lexington.

Davis, R.H. (1980). *Television and the aging audience.* Los Angeles, CA: University of Southern California Press.

Davis, R.H. & Edwards, A.E. (1975). Television: *A therapeutic tool for the aged.* Los Angeles, CA: University of Southern California Press.

Davis, R.H. & Kubey, R.W. (1982). Growing old on television and with television. In D. Pearl, L. Bouthilet & J. Lazar (Eds.), *Television and behavior: Ten years of scientific progress and implications for the eighties (Vol.2)., Technical reports* (pp. 201-208). Washington, DC: U.S. Department of Health and Human Services.

Davis, R.H. & Westbrook, G.J. (1985). Television in the lives of the elderly: Attitudes and Opinions. *Journal of Broadcasting & Electronic Media, 29*, 2, 209-214.

Dehm, U., Kochhan, C., Beeske, S. & Storll, D. (2005). Bücher – „medienklassiker" mit hoher Erlebnisqualität. *Media Perspektiven, 10*, 521-534.

Dehm, U. & Storll, D. (2003). TV-Erlebnisfaktoren. Ein ganzheitlicher Forschungsansatz zur Rezeption unterhaltender und informierender Fernsehangebote. *Media Perspektiven, 9*, 425-433.

Dehm, U., Storll, D. & Beeske, S. (2004). TV-Erlebnisfaktoren und ihre Charakteristika. Das heterogene Fernsehpublikum und seine Erlebnisweisen. *Media Perspektiven, 5*, 217-225.

Dehm, U., Storll, D. & Beeske, S. (2006). Das Internet: Erlebnisweisen und Erlebnistypen. *Media Perspektiven, 2*, 91-101.

DeFleur, M. & Ball-Rokeach, S. (1982). *Theories of mass communication (4th ed.)*. New York: Longman.

Deutscher Bundestag (2006). *Fünfter Bericht zur Lage der Älteren Generation*. URL: http://www.bmfsfj.de/bmfsfj/generator/RedaktionBMFSFJ/Abteilung3/Pdf-Anlagen/fuenfter-altenbericht-stellungnahme-der-bundesregierung,property=pdf,bereich=bmfsfj,sprache=de,rwb=true.pdf   (Stand: 12.09.2009).

Dimmick, J.W., McCain, T.A. & Bolton, W.T. (1979). Media use and the life span: Notes on theory and method. *American Behavioral Scientist, 23*, 7-31.

Dittmann-Kohli, F. (1995). *Das persönliche. Sinnsystem*. Hogrefe, Göttingen.

Ditschler, K. (1983). „Hauptsache der Apparat läuft". Mitarbeiter eines Altenheims berichten. *Medien praktisch, 11*, S. 9-12.

Doh, M. (1994). *10 Jahre Privatfernsehen. Gesellschaft, Fernsehlandschaft und Medienpädagogik im Wandel*. München: KoPäd.

Doh, M. (2000). Ältere Menschen und Medien. In H.-W. Wahl & C. Tesch-Römer (Hrsg.), *Angewandte Gerontologie in Schlüsselbegriffen* (S. 424-429). Stuttgart: Kohlhammer.

Doh, M. (2004a). *Ältere versus jüngere Onliner: Eine Sonderanalyse der ARD/ZDF-Online-Studie 2003*, URL: http://www.digitale-chancen.de/content/stories/index.cfm/aus.2/key.1833/secid.14/secid2.21/arc.0. (Stand: 12.09.2009).

Doh, M. (2004b, Oktober). *Ältere Onliner in Deutschland – Möglichkeiten und Grenzen eines neuen Mediums*. Poster präsentiert am 7. Kongress der Deutschen Gesellschaft für Gerontologie und Geriatrie (DGGG), Hamburg.

Doh, M. (2004c, June). *Silver-Surfers in Germany – The Potential of a New Medium*. Poster presented at the International Conference „The Many Faces of Health, Competence and Well-Being in Old Age: Integrating Epidemiological, Psychological and Social Perspectives", Heidelberg, Germany.

Doh, M. (2005a, Oktober). *Ältere Onliner und die „Digitale Spaltung" in Deutschland – Sekundäranalyse des (N)Onliner-Atlas und der Media Analyse*. Poster präsentiert an der Jahrestagung der Sektion III und IV der Deutschen Gesellschaft für Gerontologie und Geriatrie (DGGG), Mannheim.

Doh, M. (2005b, October). *Silver-Surfers in Germany – Facts and Trends*. Poster presented at the 18th Congress of the International Association of Gerontology (IAG), Rio de Janeiro, Brazil.

Doh, M. (2006a). Ältere Onliner in Deutschland. Entwicklung und Determinanten der Internetdiffusion. In E. Baier & S. Kimpeler (Hrsg.), *IT-basierte Produkte und Dienste für ältere Menschen – Nutzeranforderungen und Techniktrends* (S. 43-64). Tagungsband „Best Agers" in der Informationsgesellschaft. Stuttgart: Fraunhofer IRB-Verlag.

Doh, M. (2006b, Oktober). *Das Medienverhalten älterer Menschen – Sonderanalyse aus der Studie Massenkommunikation 2000*. Poster präsentiert an der Jahrestagung der Sektion III und IV der Deutschen Gesellschaft für Gerontologie und Geriatrie (DGGG), Freiburg.

Doh, M. (2007). *Die Diffusion des Internets unter älteren Menschen in Deutschland – Sekundäranalyse des (N)Onliner-Atlas von 2002 bis 2007*. URL: http://www.digitale-chancen.de/content/stories/index.cfm/aus.2/ key.2568/secid.14/secid2.21/arc.0 (Stand: 12.09.2009).

Doh, M. (2009, July). *Internet use among the elderly in Germany – the predominance of cohort effects*. Poster presented at the 19th Congress of the International Association of Gerontology (IAG), Paris, France.

Doh, M. & Gonser, N. (2007). Das Medienverhalten älterer Menschen – Eine Sekundäranalyse anhand der Studie „Massenkommunikation 2000". In R. Rosenstock, C. Schubert & K. Beck (Hrsg.), *Medien im Lebenslauf. Demographischer Wandel und Mediennutzung* (S. 39-64). München: kopaed.

Doh, M. & Kaspar, R. (2006a). Entwicklung und Determinanten der Internetdiffusion bei älteren Menschen. In H. Meulemann & J. Hagenah (Hrsg.), *Sozialer Wandel und Mediennutzung in der Bundesrepublik Deutschland: Nutzung der Daten der Media-Analyse für Sekundäranalysen* (S.139-156). Münster: Lit.

Doh, M. & Kaspar, R. (2006b). *Internetentwicklung und Nutzungsverhalten älterer Onliner in Deutschland von 1999 bis 2001*. URL: http://www.digitale-chancen.de/content/downloads/index.cfm/aus.11/key.814/secid.14/ secid2.21/arc.0 (Stand: 12.09.2009).

Doh, M., Wahl, H.-W. & Schmitt, M. (2008a). Medienverhalten der 1930/32-Geborenen unter besonderer Berücksichtigung der Internetnutzung: Befunde der Interdisziplinären Längsschnittstudie des Erwachsenenalters. *SPIEL: Siegener Periodicum zur Internationalen Empirischen Literaturwissenschaft. (2005), 1*, 35-66.

Doh, M., Wahl, H.-W. & Schmitt, M. (2008b). Internetnutzung und Einstellung zum Internet. In M. Schmitt, H.-W. Wahl & A. Kruse (Hrsg.), *Interdisziplinäre Längsschnittstudie des Erwachsenenalters (ILSE). Abschlussbericht anlässlich der Fertigstellung des dritten Messzeitpunkts* (S. 106-111). Bundesministerium für Familie, Senioren, Frauen und Jugend (BMFSFJ).

Donsbach, W., Laub, T., Haas, A. & Brosius, H.-B. (2005). Anpassungsprozesse in der Kommunikationswissenschaft. Themen und Herkunft der Forschung in den Fachzeitschriften „Publizistik" und „Medien & Kommunikationswissenschaft". *Medien & Kommunikationswissenschaft, 53,* 46-72.

Doolittle, J.C. (1979). News media use by older adults. *Journal Quarterly, 2,* 311-317.

DuBois, F. (1993). Mediale Erinnerungen – eine autobiographische Skizze. In W. Holly & U. Püschel (Hrsg.), *Medienrezeption als Aneignung. Methoden und Perspektiven qualitativer Medienforschung* (S. 211-218). Opladen: Westdeutscher Verlag.

Dussel, K. (1999). *Deutsche Rundfunkgeschichte. Eine Einführung.* – Konstanz: UVK.

Dychtwald, K. (1999). *Age Power: How the 21st Century will be Ruled by the New Old.* New York, NY: Jeremy P. Tarcher/Putnam.

Eckhardt, J. (1988). Fallstudien zum Fernsehnutzungsverhalten älterer Menschen. *Media Perspektiven, 9,* 569-575.

Eckhardt, J. & Horn, I. (1988). *Ältere Menschen und Medien. Eine Studie der ARD/ZDF-Medienkommission* (Schriftenreihe Media Perspektiven, Bd.8). Frankfurt am Main: Metzner.

Eco, U. (1989). *Apokalyptiker und Integrierte. Zur kritischen Kritik der Massenkultur.* Frankfurt am Main: Fischer

Egger, A. & van Eimeren, B. (2008). Die Generation 60plus und die Medien. Zwischen traditionellen Nutzungsmustern und Teilhabe an der digitalen (R)evolution. *Media Perspektiven, 11,* 577-588.

Eitzen, D. (1995). When is a documentary? Documentary as a mode of reception. *Cinema Journal, 35,* 1, 81-102.

Elder, G.H. (1974). *Children of the Great Depression.* Chicago: University of Chicago Press.

Elllis, R.D. & Kurniawan, S.H. (2000). Increasing the usability of online information for older adults: A case study in participatory design. *International Journal of Human-Computer Interaction, 2,* 263-276.

Ellrich, L. (2003). Die Computertechnik als Gegenstand philosophischer Reflexion. URL: http://www.uni-koeln.de/phil-fak/thefife/ellrich/computerphilosophie.htm (Stand: 12.09.2009).

Ellrich, L. (2005). Medienphilosophie des Computers. In M. Sandbothe & Nagl, L. (Hrsg.), *Systematische Medienphilosophie* (S. 343-358). Berlin: Akademie-Verlag.

Emmers-Sommer, T. & Allen, M.R. (1999). Surveying the effect of media effects: A meta-analytic summary of media effects research in Human Communication Research. *Human Communication. Research, 25,* 478-497.

Enslin, A.-P. (2003). *Generation 50plus. Die Ausgegrenzten der mobilen Informationsgesellschaft. Text- und Rezeptionsanalysen aktueller Medienwerbung.* Dissertation. Marburg: Tectum.

Erikson, E.H. (1968). *Kindheit und Gesellschaft.* Stuttgart: Klett-Cotta (Original 1950).

Ettrich, K.U. (2000). Persönlichkeit und Gesundheitszustand im mittleren und höhren Erwachsenenalter. In P. Martin, K.U. Ettrich, U. Lehr, D. Roether, M. Martin & A. Fischer-Cyrulies (Hrsg.), *Aspekte der Entwicklung im mittleren und höheren Lebensalter. Ergebnisse der Interdisziplinären Längsschnittstudie des Erwachsenenalters (ILSE)* (S.47-67). Darmstadt: Steinkopf.

Eurich, C. & Würzberg, G. (1983). *30 Jahre Fernsehalltag. Wie das Fernsehen unser Leben verändert hat.* Reinbek: Rowohlt.

European Social Survey (2002/2003). URL: http://ess.nsd.uib.no/ (Stand: 12.09.2009).

EUROSTAT (2003). Time use at different stages of life. Results from 13 European countries, July 2003. URL: http://epp.eurostat.ec.europa.eu/cache/ITY_OFFPUB/KS-CC-03-001/DE/KS-CC-03-001-DE.PDF (Stand: 12.09.2009).

Everard, K.M., Lack, H.W., Fisher, E.B. & Baun, C., M. (2000). Relationship of activity and social support to the functional health of older adults. *Journal of Gerontology: Social Sciences, 4,* S208-S212.

Fabian, T. (1990). Fernsehnutzung und Alltagsbewältigung älterer Menschen. In G.A. Straka, T. Fabian & J. Will (Hrsg.), *Aktive Mediennutzung im Alter. Modelle und Erfahrung aus der Medienarbeit mit älteren Menschen* (S. 65-75). Heidelberg: Asanger.

Fabian, T. (1993). *Fernsehen und Einsamkeit im Alter. Eine empirische Untersuchung zu parasozialer Interaktion.* Fortschritte der Psychologie, Bd. 7. Münster: Lit.

Fabrigar, L.R., Wegener, D.T., MacCallum, R.C. & Strahan, E.J. (1999). Evaluating the use of exploratory factor analysis in psychological research. *Psychological Methods, 4*, 272–299.

Fabrigoule, C., Letenneur, L., Dartigue, J.F., Zarrouk, M., Commenges, D. & Barberger-Gateau, P. (1995). Social and leisure activities and risk of dementia: a prospective longitudinal study. *Journal of the American Geriatrics Society, 5*, 485-90.

Fahr, A. & Böcking, T. (2009). Media choice as avoidance behaviour: Avoidance motivations during television use. In T. Hartmann (Ed.), *Media choice: A theoretical and empirical overview* (pp. 185-202). New York & London: Routledge.

Faltermaier, T., Mayring, P., Saup, W. & Strehmel, P. (2002). *Entwicklungspsychologie des Erwachsenenalters*. Stuttgart: Kohlhammer.

Faßler, M. & Halbach, W. (1998). *Mediengeschichte*, München: UTB.

Faulstich, W. (2006). *Mediengeschichte von 1700 bis ins 3. Jahrtausend*. Göttingen: Vandenhoeck & Ruprecht.

Filipp, S.-H. & Aymanns, P. (2005). Verlust und Verlustverarbeitung. In S.H. Filipp & U.M. Staudinger (Hrsg.), *Entwicklungspsychologie des mittleren und höheren Erwachsenenalters (Band 6: Enzyklopädie für Psychologie)* (S.764-802). Göttingen: Hogrefe.

Filipp, S.-H. & Mayer, A.-K. (1999). *Bilder des Alters. Altersstereotype und die Beziehungen zwischen den Generationen*. Stuttgart: Kohlhammer.

Finn, S. & Gorr, M.B. (1988). Social isolation and social support as correlates of television viewing motives. *Communication Research, 15*, 135-158.

Fisch, M. & Gscheidle, C. (2006). Onliner 2006: Zwischen Breitband und web2.0 – Ausstattung und Nutzungsinnovation. Ergebnisse der ARD/ZDF-Online-Studien 1997 bis 2006. *Media Perspektiven, 8*, 431-440.

Fisch, M. & Gscheidle, C. (2008). Mitmachnetz Web 2.0: Rege Beteiligung nur in Communitys. *Media Perspektiven, 7*, 356-364.

Flammer, A. (2008). *Entwicklungstheorien. Psychologische Theorien der menschlichen Entwicklung* (4. Aufl.). Bern: Huber.

Flueren, H.J., Klein, M. & Redetzki-Rodermann, H. (2002). Das Altersbild der deutschen Daily Soaps. *Medien praktisch, 101*, 23-27.

Flusser, V. (1983). *Für eine Philosophie der Photographie*. Göttingen: European Photography.

Flusser, V. (1989). *Ins Universum der technischen Bilder (2. Aufl.)*. Göttingen: European Photography.

Flusser, V. (1993). *Lob der Oberflächlichkeit. Für eine Phänomenologie der Medien, Schriften, Bd. 1* (S. 9-59). Düsseldorf: Bollmann-Verlag.

Flusser, V. (1998). *Kommunikologie*. Frankfurt am Main: Fischer.

Fouts, G.T. (1989). Television by the elderly. *Canadian Psychology / Psychologie Canadienne, 30* (3), 568-577.

Fox, S. (2004). *Older Americans and the Internet*. URL: http://www.pewinternet.org/pdfs/PIP_Seniors_Online_2004.pdf (Stand: 12.09.2009).

Frank, B. & Klingler, W. (1987). *Die veränderte Fernsehlandschaft. Zwei Jahre ARD/ZDF-Begleitforschung zu den Kabelpilotprojekten*. Frankfurt am Main: Metzner.

Freud, S. (1974). *Kulturtheoretische Schriften*. Frankfurt am Main: Fischer.

Freund, A.M. (2002). *Selection, optimization, and compensation: A model of successful aging*. The MacMillan Encyclopedia of Aging. Farmington Hills, MI: Thomson Gale.

Freund, A.M. (2004). Entwicklungsaufgaben. In A. Kruse & M. Martin (Hrsg.), *Enzyklopädie der Gerontologie. Alternsprozesse in multidisziplinärer Sicht* (S. 304-313). Bern: Huber.

Freund, A.M. & Baltes, P.B. (2005). Entwicklungsaufgaben als Organisationsstrukturen von Entwicklung und Entwicklungsoptimierung. In S.-H. Filipp & U.M. Staudinger (Hrsg.), *Entwicklungspsychologie des mittleren und höheren Erwachsenenalters (Band 6: Enzyklopädie für Psychologie)* (S. 35-78). Göttingen: Hogrefe.

Freund, A.M. & Riediger, M. (2003). Successful aging. In R.M. Lerner, A. Easterbrooks & J. Mistry, (Eds.), *Comprehensive handbook of psychology: Vol. 6: Developmental psychology* (pp. 601-628). New York: Wiley.

Friedrichs, J. (1991). Unter welchen Bedingungen werden neue Technologien angenommen? In D. Jaufmann & E. Kistler (Hrsg.), *Einstellungen zum technischen Fortschritt* (S. 117-134). Frankfurt am Main: Campus.

Früh, W. (1991). *Medienwirkungen: Das Dynamisch-Transaktionale Modell. Theorie und empirische Befunde*. Opladen: Westdeutscher Verlag.

Früh, W. (2001). Der Dynamisch-Transaktionale Ansatz. Ein integratives Paradigma für Medienrezeption und Medienwirkungen. In P. Rössler, U. Hasebrink & M. Jäckel (Hrsg.), *Theoretische Perspektiven der Rezeptionsforschung* (S. 11-34). München: R. Fischer.

Früh, W. & Schönbach, K. (2005). Der dynamisch-transaktionale Ansatz III: Eine Zwischenbilanz. *Publizistik, 1*, 4-20.

Gabler, S., Häder, S. & Hoffmeyer-Zlotnik, J.H.P. (Hrsg.). *Telefonstichproben in Deutschland.* Opladen: ZUMA Publikationen.

Gaßner, H.-P. (2006). Werberelevante Zielgruppen im Wandel. Konsum ist entscheidender als Alter. *Media Perspektiven, 1*, 16-22.

Gast, W. (2002). Die Ausgegrenzten. Medien- und Werbeangebote und Generationen. *Medien Praktisch,1*, 9-13.

Gaugisch, P., Klein, B. & Schmidt, M. (2006). Technologische Innovationenfür ein selbständiges Leben im Alter. In E. Baier & S. Kimpeler (Hrsg.), *IT-basierte Produkte und Dienste für ältere Menschen – Nutzeranforderungen und Techniktrends* (S. 79-94). Tagungsband „Best Agers" in der Informationsgesellschaft. Stuttgart: Fraunhofer IRB-Verlag.

Gauntlett, D. & Hill, A. (1999). *TV living: Television, culture and everyday life.* London: Routledge.

Gauthier, A.H. & Smeeding, T. (2003). Time use and aging: cross-national patterns. *Research on Aging, 3*, 247-274.

Gehlen, A. (1957). *Die Seele im technischen Zeitalter: Sozialpsychologische Probleme in der industriellen Gesellschaft.* Hamburg: Rowohlt.

Gehlen, A. (2003). *Der Mensch. Seine Natur und seine Stellung in der Welt (14. Auflage).* Wiesbaden: Aula.

Gehrke, G. (2004). Zwischen Teilung und Integration. Welche Faktoren sind entscheidend, welche Strategien versprechen Erfolg. In G. Gehrke (Hg.), *Digitale Teilung – Digitale Integration. Perspektiven der Internetnutzung* (S. 31-44). Ecmc Working Paper, Vol. 5. München: kopaed.

Gembris, H. (Eds.). (2006). *Musical Development from a Lifespan Perspective.* Frankfurt: Peter Lang.

Geisenhanslüke, A. & Rott, H. (2008). *Ignoranz: Nichtwissen, vergessen und missverstehen in Prozessen kultureller Transformationen.* Bielefeld: Transcript.

Gerbner, G., Gross, L., Signorielli, N. & Morgan, M. (1980). Aging with television: Images on television drama and conceptions of social reality. *Journal of Communication, 30*, 37-47.

Gerbner, G., Gross, L., Signorielli, N. & Morgan, M. (1986). Living with television: The dynamics of the cultivation process. In J. Bryant & D. Zillmann (Eds.), *Perspectives on media effects* (pp. 17-40). Hillsdale, NJ: Lawrence Erlbaum Associates.

Gerbner, G., Gross, L., Signorielli, N., Morgan, M. & Shanahan, J. (2002). Growing up with television: Cultivation processes. In J. Bryant & D. Zillmann (Eds.), *Media effects. Advances in theory and research* (pp. 43-68). Mahwah, NJ: Lawrence Erlbaum Associates.

Gerhards, M. & Klingler, W. (2006). Programmangebote und Spartennutzung im Fernsehen 2005. Kontinuität oder Brüche durch den medialen Wettbewerb? *Media Perspektiven, 11*, 572-584.

Gerhards, M. & Mende, A. (2005). Offliner: Zwischen interessierter Annäherung und bewusster Distanz zum Internet. ARD/ZDF-Offline-Studie 2005. *Media Perspektiven, 8*, 380-396.

Gerhards, M. & Mende, A. (2006). Offliner: Vorbehalte und Einstiegsbarrieren gegenüber dem Internet bleiben bestehen. ARD/ZDF-Offline-Studie 2006. *Media Perspektiven, 8*, 416-430.

Giles, D.C. (2002). Parasocial interaction : A Review of the literature and a model for future research. *Media Psychology, 4*, 279-305.

Gilleard, C. & Higgs (2008). Internet use and the digital divide in the English longitudinal study of ageing. *European Journal of Ageing, 3*, 233-239.

Glass, J.C. Jr. & Smith, J.L. (1985). Television as an educational and outreach medium for older adults. *Educational Gerontology, 4/5*, 247-260.

Glatzer, W., Dörr, G. & Hübinger, W. (1991). *Haushaltstechnisierung und gesellschaftliche Arbeitsteilung.* Frankfurt am Main: Campus.

Goertz, L. (1997). Perspektiven der Rezeptionsforschung. In H. Scherer & H.-B. Brosius (Hrsg.), *Zielgruppen, Publikumsegmente, Nutzergruppen. Beiträge aus der Rezeptionsforschung* (S. 9-28). München: Reinhard Fischer.

Goodman, R.I. (1990). Television news viewing by older adults. *Journalism Quarterly, 67*, 139-141.

Grahn, L. (2009). *Alters- versus Kohorteneffekt? Eine Analyse der digitalen Mediennutzung insbesondere mittels Experteninterviews.* Bachelor-Thesis, Unveröffentlichtes Manuskript, FH Düsseldorf.

Grajczyk, A. & Klingler, W. (1999). Mediennutzung der ab 50jährigen. Daten zum Medienverhalten der ab 50jährigen. In H. Büchler-Krienke (Hg.), *Zielgruppe „50plus". Ältere Menschen, Medien und Werbung* (37-50). Materialien zur Medienpädagogik, 59.

Grajczyk, A., Klingler, W. & Schmitt, S.. (2001). Mediennutzung, Freizeit- und Themeninteressen der ab 50-Jährigen. *Media Perspektiven 8,* 398-409.

Grajczyk, A., Klingler, W. & Zöllner, O. (1999). Fernsehverhalten älterer Menschen. *Media Perspektiven 4,* 190-205.

Grajczyk, A. & Zöllner, O. (1996): Fernsehverhalten und Programmpräferenzen älterer Menschen. *Media Perspektiven 11,* 577-588.

Graney, M. (1974). Media use as a substitute activity in old age. *Journal of Gerontology, 29,* 322-324.

Graney, M. (1975). Communication uses and the social activity constant. *Communication Research, 2,* 347-366.

Graney, M. & Graney, E. (1974). Communication activity substitution in aging. *Journal of Communication, 24,* 88-96.

Greve, W. (2005). Die Entwicklung von Selbst und Persönlichkeit im Erwachsenenalter. In S.H. Filipp & U.M. Staudinger (Hrsg.), *Entwicklungspsychologie des mittleren und höheren Erwachsenenalters* (S. 343-376) (Vol. 6: Enzyklopädie für Psychologie). Göttingen: Hogrefe.

Groebel, J. & Gehrke, G. (2003). *Internet 2002: Deutschland und die digitale Welt: Internetnutzung und Medieneinschätzung in Deutschland und Nordrhein-Westfalen im internationalen Vergleich.* Opladen: Leske + Budrich.

Grossman, L.K. (1999). The media's role: Life in an older America. In R.N. Butler, L.K. Grossman & M.R. Oberlink (Eds.), *Life in an older America* (pp. 231-238). New York, NY: Century Foundation Press.

Gunter, B. (1998). *Understanding the Older Consumer – The Grey Market.* New York, NY: Routledge. Place of Publication.

Gunter, B., Sancho-Aldridge, J. & Winstone, P. (1994). *Television. The public's view – 1993.* London: Libbey.

Günther, J. (2007). *Digital natives & digital immigrants.* Innsbruck: Studienverlag.

Habermas, J. (1958). Soziologische Notizen zum Verhältnis von Arbeit und Freizeit. In G. Funke. (Hg.), *Konkrete Vernunft. (Festschrift für Erich Rothacker)* (S. 219-231). Bonn.

Hackl, C. (2001). *Fernsehen im Lebenslauf. Eine medienbiographische Studie.* Konstanz: UVK.

Hagenah, J. & Meulemann, H. (2006). (Hrsg.). *Sozialer Wandel und Mediennutzung in der Bundesrepublik Deutschland.* Münster: Lit.

Hagenah, J. & Meulemann, H. (2007). Untersuchungen zum Internet. MLFZ-Onlinereihe Mediennutzung und sozialer Wandel: Sekundäranalysen mit Daten der Media-Analysen, Bd.4. URL: http://www.mlfz.uni-koeln.de (Stand: 12.09.2009).

Haiber, U.M. (1983). Alte Menschen vor dem Fernsehgerät. Erkundungen in einem Altenheim. *Medien praktisch, 11,* S. 5-9.

Handrow, R. (2004). Lernvoraussetzungen älterer Menschen. *Medien + Erziehung, 48,* 4, 23-33.

Hartmann, F. (2000). *Medienphilosophie.* Wien: WUV.

Hartmann, F. (2003a). Extensionen des Menschen – Prothesen des Geistes. Medientheoretische Annäherung an das Mängelwesen Mensch. *Medien + Erziehung,47,* 3, 163-168.

Hartmann, F. (2003b). Medienphilosophische Theorien. In S. Weber (Hrsg.), *Theorien der Medien: Von der Kulturkritik bis zum Konstruktivismus* (S.294-323). Konstanz: UTB.

Hartung, A. (2007). Das Fernsehen in der Lebenswelt älterer Menschen. In R. Rosenstock, C. Schubert & K. Beck (Hrsg.), *Medien im Lebenslauf. Demographischer Wandel und Mediennutzung* (S. 65-81). München: kopaed.

Hartung, A., Reißmann, W. & Schorb, B. (2008). Perspektiven für eine Medienkompetenzförderung im höheren Lebensalter. *SPIEL: Siegener Periodicum zur Internationalen Empirischen Literaturwissenschaft (2005), 1,* 119-135.

Harwood, J. (2007). *Understanding communication and aging. Developing knowledge and awareness.* Thousand Oaks, CA: Sage Publications.

Harwood, J., Giles, H. & Bourhis, R.Y. (1994). The genesis of vitality theory: Historical patterns and discoursal dimensions. *International Journal of the Sociology of Language, 108*, 167-206.

Hasebrink, U. (2001). *Fernsehen in neuen Medienumgebungen. Befunde und Prognosen zur Zukunft der Fernsehnutzung.* Berlin: Vistas.

Havighurst, R.J. (1948). *Developmental tasks and education.* New York, NY: Longmans, Green.

Havighurst, R.J., Neugarten, B.L. & Tobin, S.S. (1968). Disengagement and patterns of aging. In B.L. Neugarten (Ed.), *Middle age and aging* (pp. 161-172). Chicago, IL: University of Chicago Press.

Havighurst, R.J., Munnichs, J.M.S., Neugarten, B.L. & Thomae, H. (Eds.). (1969). *Adjustment to retirement: A cross-national study.* Assen, NL: Van Gorcum.

Heckhausen, H. (1989). *Motivation und Handeln.* Heidelberg: Springer.

Heckhausen, J. (1999). *Developmental regulation in adulthood.* Cambridge, MA: Cambridge University.

Heckhausen, J., Dixon, R.A. & Baltes, P.B. (1989). Gains and losses in development throughout adulthood as perceived by different adult age groups. *Developmental Psychology, 25*, 109-121.

Heidegger, M. (2006). *Sein und Zeit (19. Aufl.).* Tübingen: Niemeyer.

Helson, H. (1959). Adaption Level Theory. In S. Koch (Ed.), *Psychology: A Study of Science (Vol.I)* (pp. 565-621). New York, NY: McGraw-Hill.

Helson, H. (1964). *Adaptation level theory.* New York, NY: Harper & Row.

Hendricks, J. & Hatch, L.R. (2006). Lifestyle and aging. In R.H. Binstock & L.K. George (Eds.), *Handbook of aging and the social sciences (6th ed.)* (pp. 301-319). San Diego, CA: Academic Press.

Henning, B. & Vorderer, P. (2001). Psychological escapism: Predicting the amount of television viewing by need for cognition. *Journal of Communication, 51*, 100-120.

Herschbach P. (2002). Das „Zufriedenheitsparadox" in der Lebensqualitätsforschung. Wovon hängt unser Wohlbefinden ab? Psychotherapie Psychosomatik. *Medizinische Psychologie, 3-4*, 141-150.

Herzog, H. (1940). Professor quiz: A gratification study. In P.F. Lazarsfeld (Ed.), *Radio and the printed page* (pp. 64-93). New York, NY: Duell, Sloan & Pearce.

Heuser, J. (2008). Demografischer Wandel: ARD treibt gesellschaftliche Debatte an. Bilanz der dritten ARD-Themenwoche „Mehr Zeit zu leben: Chancen einer alternden Gesellschaft". *Media Perspektiven, 8*, 382-385.

Hickethier, K. (1982). Medienbiographien. Bausteine für eine Rezeptionsgeschichte. *Medien + Erziehung, 4*, 206-215.

Hickethier, K. (1999). Rezeptionsgeschichte des Fernsehens – ein Überblick. In W. Klingler, G. Rothers & M. Gerhards (Hrsg.), *Medienrezeption seit 1945. Forschungsbilanz und Forschungsperspektiven (2. Aufl.)* (S. 129-141). Baden- Baden: Nomos Verlagsgesellschaft.

Hiegemann, S. (1994). Mediennutzung und Freizeitverhalten älterer Menschen – Ein Überblick über den Stand der Forschung in der Bundesrepublik Deutschland. In S. Hiegemann & W.H. Swoboda (Hrsg.), *Handbuch der Medienpädagogik. Theorieansätze – Traditionen – Praxisfelder – Forschungsperspektiven* (S. 303-312). Opladen: Leske + Budrich.

Hilt, M.L. & Lipschultz, J.H. (2005). *Mass media, an aging population, and the baby boomers.* Mahwah, NJ: Lawrence Erlbaum Associates.

Hipl, B. (2004). Mediale Identitätsräume. Skizzen zu einem „spartial turn" in der Medien- und Kommunikationswissenschaft. In B. Hipfl, E. Klaus & U. Scheer (Hrsg.), *Identitätsräume, Nation, Körper und Geschlecht in den Medien. Eine Topografie* (S. 16-50). Bielefeld.

Hirsch, P. (1980). The „scary world" of the nonviewer and other anomalies. A reanalysis of Gerbner et al. findings of cultivation analysis, Part I. *Communication Research, 7*, 403-456.

Hirzinger, M. (1991). *Biographische Medienforschung.* Wien: Böhlau.

Hoffmann, E., Menning, S. & Schelhase, T. (2009). Demographische Perspektiven zum Altern und zum Alter. In K. Böhm, C. Tesch-Römer & T. Ziese (Hrsg.), *Gesundheit und Krankheit im Alter. Beiträge zur Gesundheitsberichterstattung des Bundes* (S. 21-30). Berlin: Robert Koch-Institut.

Hohmeier, J. & Pohl, H.-J. (1978). *Alter als Stigma oder „Wie man alt gemacht wird".* Frankfurt am Main: Suhrkamp.

Holladay, S.J. & Coombs, W.T. (2004). The political power of seniors. In J.F. Nussbaum & J. Coupland (Eds.), *Handbook of communication and aging research (2nd ed.)* (pp. 383-405). Mahwah, NJ: Lawrence Erlbaum Associates.

Horgas, A. & Abowd, G. (2004). The Impact of Technology on Living Environments for Older Adults. In R.W. Pew & S.B. van Hemel (Eds.), *Technology for Adaptive Aging* (pp. 230-252). Steering Committee for the Workshop on Technology for Adaptive Aging, National Research Council. Washington, DC: National Academy Press.

Horkheimer, M. & Adorno, T.W. (1969). *Dialektik der Aufklärung. Philosophische Fragmente.* Frankfurt am Main: S. Fischer-Verlag.

Hörisch, J. (Hrsg.). (1997). *Mediengenerationen.* Frankfurt: Suhrkamp.

Horton, D. & Wohl, R.R. (1956). Mass communication and para-social interaction. *Psychiatry, 19*, 215-229.

House, J.S., Kahn, R.L., Juster, F.T., Schuman, H. & Singer, E. (Eds.). (2004). *Telescope on society: Survey research and social science at the University of Michigan and beyond.* Ann Arbor, MI: The University of Michigan Press

Hughes, M. (1980). The fruits of cultivation analysis: A re-examination of the effects of television watching on fear of victimization, alienation, and the approval of violence. *Public Opinion Quarterly, 44*, 287-302.

Hurrelmann, K. (2002). *Einführung in die Sozialisationstheorie (8. Aufl.).* Weinheim: Beltz.

Huter, A. (1988). *Zur Ausbreitung von Vergnügung und Belehrung... Fernsehen als Kulturwirklichkeit.* Zürich: Edition Interform.

Imhof, A.E. (1981). *Die gewonnenen Jahre. Von der Zunahme unserer Lebensspanne seit dreihundert Jahren oder von der Notwendigkeit einer neuen Einstellung zu Leben und Sterben; ein historischer Essay.* München: Beck.

Innis, H.A. (1950). *Empire and Communications.* Oxford: Clarendon Press.

Innis, H.A. (1951). *The Bias of Communication.* Toronto: University of Toronto Press.

Jäckel, M. (2008). *Medienwirkungen. Ein Studienbuch zur Einführung* (4. Aufl.). Wiesbaden: VS-Verlag.

Jäckel, M., Lenz, T. & Zillien, N. (2005). Stadt-Land-Unterschiede in der Internetnutzug. Eine empirische Untersuchung der regionalen digitalen Spaltung. *Medien + Erziehung, 49*, 6, 17-28.

Jackson, L.A., von Eye, A., Biocca, F.A., Barbatsis, G., Fitzgerald, H.E. & Zhao, Y. (2003). Personality, cognitive style, demografic characteristics and Internet use – Findings from the HomeNetToo project. *Swiss Journal of Psychology, 2*, 79-90.

Jopp, D. (2003). *Erfolgreiches Altern: Zum funktionalen Zusammenspiel von personalen Ressourcen und adaptiven Strategien des Lebensmanagements.* Dissertation, Universität Berlin.

Jürgens, H.W. (1994). *Untersuchung zum Bild des älteren Menschen in den elektronischen Medien.* Abschlußbericht für die Unabhängige Landesanstalt für das Rundfunkwesen. Kiel: Malik.

Kade, S. (2009). *Altern und Bildung: Eine Einführung (2. Aufl.).* Bielefeld: Bertelsmann.

Kahn, R.L. (2004). *Successful Aging: Myth or Reality.* The 2004 Leon and Josephine Winkelman Lecture. University of Michigan School of Social Work. URL: http://deepblue.lib.umich.edu/bitstream/2027.42/49494/3/2004%20Winkelman%20Lecture%20Kahn.pdf. (Stand: 12.09.2009).

Kahn, R.L. & Antonucci, T.C. (1980). Convoys over the life course: Attachment, roles, and social support. In P.B. Baltes & O.B. Brim (Eds.), *Life-span development and behavior (Vol. 3)* (pp. 253-268). New York, NY: Academic Press.

Kahana, E. (1975). A congruence model of person-environment interaction. In P.G. Windley & G. Ernst (Eds.), *Theory development in environment and aging* (pp. 181-217). Washington, DC: Gerontological Society.

Kahana, E. (1982). A congruence model of person-environment interaction. In M.P. Lawton, P. Windley & T.O. Byerts (Eds.), *Aging and the environment: Theoretical approaches* (pp. 97-121). New York, NY: Springer.

Kahana, E., Liang, S. & Felton, B. (1980). Alternative Models of Person-Environment Fit: Prediction of Morale in Three Homes for the Aged. *Journal of Gerontology, 4*, 584-595.

Kant, I. (1974). *Werkausgabe I – XII.* W. Weischedel (Hg.). Frankfurt am Main: Suhrkamp.

Kapp, E. (1978). *Grundlinien einer Philosophie der Technik. Zur Entstehungsgeschichte der Cultur aus neuen Gesichtspunkten.* Braunschweig: Stern-Verlag Janssen.

Kaspar, R. (2004). *Die Bedeutung der Technik für das Erleben von Einsamkeit im höheren Lebensalter.* Diplomarbeit. Heidelberg.

Katz, E. (1959). Mass communications research and the study of popular culture. *Studies in Public Communication, 2,* 1-6.

Katz, E., Blumler, J.G. & Gurevitch, M. (1974a). Utilization of Mass Communication by the Individual. In J.G. Blumler & E. Katz (Eds.), *The Uses of Mass Communications. Current Perspectives on Gratifications Research* (pp. 19-32). Beverly Hills, London: Sage.

Katz, E., Blumler, J.G. & Gurevitch, M. (1974b). Uses and gratification research. *The Public Opinion Quarterly, 37,* 4, 509-523.

Katz, E. & Foulkes, D. (1962). On the use of the mass media as escape: Clarification of a concept. *Public Opinion Quarterly, 16,* 377-388.

Katz, E. & Lazarsfeld, P.F. (1955). *Personal influence. The part of played by people in the flow of mass communications.* Glencoe, Ill.: The Free Press.

Katz, J. & Rice, R.E. (2002). Syntopia: Access, civic involvement and social interaction on the net. In B. Wellman & C. Haythornthwaite (Eds.), *The Internet In Everyday Life* (pp. 114-138). Oxford, UK: Blackwell.

Kayser, S. (1996). Ältere Menschen als Zielgruppe der Werbung. *Medien + Erziehung, 5,* 271-280.

Kessler, E.-M., Schwender, C. & Bowen, C. (2010). The portrayal of older people's social participation on German prime-time TV advertisements. *The Journals of Gerontology Series B: Psychological Sciences and Social Scienes,,1,* 97-106.

Kessler, E.-M. & Staudinger, U.M. (2006). Plasticity in old age: Micro and macro perspectives on social contexts. In H.-W. Wahl, C. Tesch-Römer & A. Hoff (Eds.). *Emergence of new person-environment dynamics in old age: A multidisciplinary exploration* (pp. 361-381). Amityville, NY: Baywood.

Kessler, E.-M., Rakoczy, K. & Staudinger, U.M. (2004). The portrayal of older people in prime time TV series: The match with gerontological evidence. *Ageing and Society, 24,* 531-552.

Kiefer, M.-L. (1999). Hörfunk- und Fernsehnutzung. In J. Wilke (Hrsg.), *Mediengeschichte der Bundesrepublik Deutschland* (S. 426 – 448). Bundeszentrale für politische Bildung, Schriftenreihe 361. Köln: Böhlau.

Kim, K., Hagedorn, M. & Williamson, J. (2004). *Participation in adult education and lifelong learning: 2000-01 (NCES 2004-050).* U.S. Department of Education, National Center for Education Statistics. Washington, DC: U.S. Government Printing Office.

King, T.W. (1999). *Assistive technology: Essential human factors.* Boston: Allyn & Bacon.

Kirkwood, T.B. & Austad, S.N. (2000). Why do we age? *Nature, 408,* 233-238.

Kittler, F. (1986). *Grammophon Film Typewriter.* Berlin: Brinkmann & Bose.

Kittler, F. (1993). *Draculas Vermächtnis. Technische Schriften.* Leipzig: Reclam.

Klapper, J.T. (1960). *The effects of mass communication.* New York, NY: Free Press.

Klapper, J.T. (1963). Mass communication research: An old road resurveyed. *Public Opinion Quarterly, 27,* 515-527.

Kleemeier, R.W. (1959). Behavior and the organization of the bodily and external environment. In J.E. Birren (Ed.), *Handbook of aging and the individual* (pp. 400-451). Chicago, Il: Univeristy of Chicago Press.

Klein, T. (2004). Lebenserwartung – gesellschaftliche und gerontologische Bedeutung eines demografischen Konzepts. In A. Kruse & M. Martin (Hrsg.), *Enzyklopädie der Gerontologie. Alternsprozesse in multidisziplinärer Sicht* (S. 66-81). Bern: Bern: Huber.

Kliegl, R., Smith, J. & Baltes, P.B. (1989). Testing the limits and the study of age differences in cognitive plasticity and mnemonic skill. *Developmental Psychology, 2,* 247-256.

Klingler, W. (1999). Hörfunk und Hörfunknutzung seit 1945. In W. Klingler, G. Rothers & M. Gerhards (Hrsg.), *Medienrezeption seit 1945. Forschungsbilanz und Forschungsperspektiven* (2. Aufl.) (S. 117-128). Baden-Baden: Nomos Verlagsgesellschaft.

Kloock, D. (1995). *Von der Schrift- zur Bild(schirm)kultur. Analyse aktueller Medientheorien.* Berlin: Wiss.-Verlag Spiess.

Kloock, D. & Spahr, A. (2000). *Medientheorien. Eine Einführung* (2. Aufl.). München: Fink.

Knopf, M., Kolodziej, P. & Preussler, W. (1990). Der ältere Mensch als Experte: Literaturübersicht über die Rolle von Expertenwissen für die kognitive Leistungsfähigkeit im höheren Alter. *Zeitschrift für Gerontopsychologie und -psychiatrie, 4,* 233-248.

Knott-Wolf, B. (1982). Alte Menschen und Medien. Über die Schwierigkeit, soziale Interessen im Massenmedium Fernsehen zu vertreten. *Funk-Korrespondenz, 14-15,* B1-B14.

Kolb, A. (Hg.). (1998). *Cyberethik: Verantwortung in der digital vernetzten Welt.* Stuttgart: Kohlhammer.

Kohli, M. (1985). Die Institutionalisierung des Lebenslaufs. Historische Befunde und. theoretische Argumente. In *Kölner Zeitschrift für Soziologie und Sozialpsychologie, 1,* 1-29.

Kohli, M. (1992). Altern in soziologischer Perspektive. In P.B. Baltes, J. Mittelstraß (Hrsg.), *Zukunft des Alterns und gesellschaftliche Entwicklung* (S. 231-259). Berlin, New York: Walter de Gruyter.

Kohli, M. (2003). Der institutionalisierte Lebenslauf: Ein Blick zurück und nach vorn. In J. Allmendinger (Hrsg.), *Entstaatlichung und soziale Sicherheit (S. 525-545).* Verhandlungen des 31. Kongresses der Deutschen Gesellschaft für Soziologie in Leipzig 2002. Opladen: Leske + Budrich.

Kohli, M. & Kühnemund, H. (2005). (Hrsg.). *Die zweite Lebenshälfte. Gesellschaftliche Lage und Partizipation im Spiegel des Alters-Survey (2. Aufl.).* Wiesbaden: VS-Verlag.

Kolland, F. (1997). Lebenslauf und Bildung: Potenziale Zwänge für Lebenslanges Lernen. *Hessische Blätter für Volksbildung, 2,* 109-116.

Kolland, F. (2000). Freizeit. In H.-W. Wahl & C. Tesch-Römer (Hrsg.), *Angewandte Gerontologie in Schlüsselbegriffen* (S. 4178-183). Stuttgart: Kohlhammer.

Kolland, F. (2007). The new leisure world of modern old age: new aging on the bright side on the street? In H.-W. Wahl, C. Tesch-Römer & A. Hoff (Eds.), *New dynamics in old age – individual, environmental, and societal persepctives* (pp. 213-238). Amityville: Baywood Publishing Comp.

Kolland, F. & Rosenmayr (2007). Altern und zielorientiertes Handeln. Zur Erweiterung der Aktivitätstheorie. In H.-W. Wahl & H. Mollenkopf (Hrsg.), *Alternsforschung am Beginn des 21. Jahrhunderts* (S. 203-221). Berlin, Akademische Verlagsanstalt.

Korzenny, F. & Neuendorf, K. (1992). Television viewing and self-concept of the elderly. *Journal of Communication, 30,* 71-80.

Krause, N. (2006). Religion and health in late life. In J.E. Birren & K.W. Schaie (Eds.), *Handbook of the Psychology of Aging) (6th ed.)* (pp. 500-518). Amsterdam: Elsevier.

Kray, J. & Lindenberger, U. (2007). Fluide Intelligenz. In J. Brandtstädter & U. Lindenberger (Hrsg.), *Entwicklungspsychologie der Lebensspanne. Ein Lehrbuch* (S. 194–220). Stuttgart: Kohlhammer.

Kricheldorff, C. (2005). Biografisches Arbeiten und Lernen. Lebensgeschichtliche Prägungen als Ressourcen. *Pflegemagazin, 4,* 4-12.

Krüger, U. (2008). InfoMonitor 2007: Unterschiedliche Nachrichtenkonzepte bei ARD, ZDF, RTL und Sat1. Ergebnisse der kontinuierlichen Analyse der Fernsehnachrichten. *Media Perspektiven, 2,* 58-83.

Krüger, U. (2001). *Programmprofile im dualen Fernsehsystem 1991-2000.* Eine Studie der ARD/ZDF-Medienkommission. (Schriftenreihe Media Perspektiven, Bd. 19). Baden-Baden: Nomos.

Krüger, U. (1992). *Programmprofile im dualen Fernsehsystem 1985-1990.* Eine Studie der ARD/ZDF-Medienkommission. (Schriftenreihe Media Perspektiven, Bd. 19). Baden-Baden: Nomos.

Krüger, U. & Zapf-Schramm, T. (2006). Sparten, Sendungsformen und Inhalte im deutschen Fernsehangebot. Programmanalyse 2005 von ARD/Das Erste, ZDF, RTL, SAT.1 und ProSieben. *Media Perspektiven, 4,* 166-189.

Krüger, U. & Zapf-Schramm, T. (2008). Sparten, Sendungsformen und Inhalte im deutschen Fernsehangebot. Programmanalyse 2007 von ARD/Das Erste, ZDF, RTL, SAT.1 und ProSieben. *Media Perspektiven, 4,* 166-189.

Kruse, A. (1987). Biographische Methode und Exploration. In G. Jüttemann & H. Thomae (Hrsg.), *Biographie und Psychologie* (S. 119-137). Berlin u.a.: Springer.

Kruse, A. (1992). Altersfreundliche Umwelten. Der Beitrag der Technik. In P.B. Baltes & J. Mittelstrass (Hrsg.), *Zukunft des Alterns und gesellschaftliche Entwicklung* (S. 668-693). Akademie der Wissenschaften zu Berlin. Forschungsbericht 5. Berlin, New York: de Gruyter.

Kruse, A. (1997). Bildung und Bildungsmotivation im Erwachsenenalter. In F. Weinert, H. Mandl (Hrsg.), *Psychologie der Erwachsenenbildung. Themenbereich D, Enzyklopädie der Psychologie – Pädagogische Enzyklopädie, Band IV* (S. 115-178). Göttingen: Hogrefe.

Kruse, A. (2005). Selbständigkeit, Selbstverantwortung, bewußt angenommene Abhängigkeit und Mitverantwortung als Kategorien einer Ethik des Alterns. *Zeitschrift für Gerontologie & Geriatrie, 38,* 223-237.

Kruse, A. (2006). *Das letzte Lebensjahr. Die körperliche, psychische und soziale des alten Menschen am Ende seines Lebens.* Stuttgart: Kohlhammer.

Kruse, A. (2008). Alter und Altern – konzeptionelle Überlegungen und empirische Befunde der Gerontologie. In A. Kruse (Hrsg.), *Weiterbildung in der zweiten Lebenshälfte. Multidisziplinäre Antworten auf Herausforderungen des demografischen Wandels* (S. 21-48). Theorie und Praxis der Erwachsenenbildung. Bielefeld: Bertelsmann.

Kruse, A. & Schmitt, E. (2008). Altersbilder, Sichtweisen eigenen Alterns und Aspekte sozialer Teilhabe. In M. Schmitt, H.-W. Wahl & A. Kruse (Hrsg.), *Interdisziplinäre Längsschnittstudie des Erwachsenenalters (ILSE). Abschlussbericht anlässlich der Fertigstellung des dritten Messzeitpunkts* (S. 107-117). Universität Heidelberg.

Kruse, A. & Wahl, H.-W. (1999). Soziale Beziehungen. *Zeitschrift für Gerontologie und Geriatrie, 32,* 333-347.

Kruse, A. & Wilbers, J. (1987). Der alte Mensch in Familie und Gesellschaft. In H. Thomae, A. Kruse & J. Wilbers (Hrsg)., *Kompetenz und soziale Beziehungen im Alter. Materialien zum Vierten Familienbericht (Bd. 2)* (S. 117-277). München: Deutsches Jugendinstitut.

Kubey, R.W. (1980). Television and aging: Past, present and future. *The Gerontologist, 20,* 16-35.

Kubicek, H. (2003). Ein Internet für alle? Über die Notwendigkeit vielfältiger Bildungsinitiativen. In G. Roters, O. Turecek & W. Klingler (Hrsg.), *Digitale Spaltung. Informationsgesellschaft im neuen Jahrtausend. Trends und Entwicklungen* (S. 41-50). Baden-Baden: vistas.

Kübler, H.-D. (1996). Medien – alte Menschen – Konventionen. *Medien + Erziehung, 5,* 281-287.

Kübler, H.-D. (2005). Alter und Medien. In J. Hüther & B. Schorb (Hrsg.), *Grundbegriffe Medienpädagogik,* 4. Aufl. (S. 17-23). München: kopaed.

Kübler, H.-D., Burkhardt, W. & Graf, A. (1991). *Ältere Menschen und neue Medien. Eine Rezeptionsstudie zum Medienverhalten und zur Medienkompetenz älterer Menschen in Hamburg und Umgebung* (Schriftenreihe der Hamburgischen Anstalt für neue Medien, Bd.4). Berlin: Vistas.

Kunczik, M. & Zipfel, A. (2001). *Publizistik. Ein Studienhandbuch.* Köln: Böhlau.

Künemund, H. (2007). Freizeit und Lebensstile älterer Frauen und Männer. Überlegungen zur Gegenwart und Zukunft gesellschaftlicher Partizipation im Ruhestand. In U. Pasero, G.M. Backes & K.R. Schroeter (Hrsg.), *Altern in Gesellschaft. Ageing – Diversity – Inclusion* (S. 321-240). Wiesbaden: VS-Verlag.

Künemund, H. (2009). Bildung und Produktivität im Alter – Ergebnisse der Alterssurveys. In A. Dehmel, H.-H. Kremer, N. Scharper & P.F.E. Sloane (Hrsg.), *Bildungsperspektiven in alternden Gesellschaften* (S. 107-124). Frankfurt: Lang.

Kuratorium Deutsche Altershilfe (KDA) (Hrsg.). (2000). *Überhört und übersehen? Ältere in Hörfunk und Fernsehen.* Dokumentation des Internationalen Medienkongresses vom 27. bis 29. Oktober 1999 in Köln. Köln: KDA.

Lang, A. (2000). The Limited Capacity Model of Mediated Message Processing Journal. *Journal of Communication, 4,* 46-70.

Lang, F.R., Staudinger, U.M. & Carstensen, L.L. (1998). Socioemotional selectivity in late life: How personality does (and does not) make a difference. *Journal of Gerontology: Psychological Science, 1,* 21-30.

Lang, F.R. & Carstensen, L.L. (2002). Time counts: Future time perspective, goals, and social relationships. *Psychology and Aging, 17,* 125-139.

Lange, B.-P. & Pätzold, U. (1983). *Medienatlas Nordrhein-Westfalen.* Bochum.

Langer, C. (2007). *Digitale Spaltung: Eine kritische Analyse.* Saarbrücken: Vdm Verlag Dr. Müller.

Laslett, P. (1995). *Das Dritte Alter. Historische Soziologie des Alterns.* Weinheim/München: Juventa.

Latour, B. (1998). Über technische Vermittlung. Philosophie, Soziologie, Genealogie. In W. Rammert (Hrsg.), *Technik und Sozialtheorie* (S.29-81). Frankfurt am Main. Campus.

Lauffer, J. & Thier, M. (1993). (Hrsg.). *Zu alt für Videoclips? Kulturelle Handlungsräume älterer Menschen*. Dokumentation der Blomberger Fachkonferenz vom 16./17.10.1992. Schriften zur Medienpädagogik Bd. 9. Bielefeld: GMK.

Lawton, M.P. (1971). The functional assessment of elderly people. *Journal of the American Geriatrics Society, 19*, 465-481.

Lawton, M.P. (1975). The Philadelphia Geriatric Center Morale Scale: A revision. *Journal of Gerontology, 30*, 85-89.

Lawton, M.P. (1982). Competence, environmental press, and the adaptation of older people. In M.P. Lawton, P.G. Windley & T.O. Byerts (Eds.), *Aging and the environment* (pp. 33-59). New York: Springer.

Lawton, M.P. (1985a). Housing and living environments of older people. In R.H. Binstock & E. Shanas (Eds.), *Handbook of aging and the social sciences (2nd ed.)* (pp. 450-478). New York: Pergamon Press.

Lawton, M.P. (1985b). The elderly in context: Perspectives from environmental psychology and gerontology. *Environment and Behavior, 17*, 501-519.

Lawton, M.P. (1998). Future society and technology. In J. Graafmans, V. Taipale & N. Charness (Eds.), *Gerontechnology. A sustainable investment in the future* (pp. 12-22). Amsterdam: IOS Press.

Lawton, M.P. (1999). Environment and aging: Theory revisited. In R.J. Scheidt & P.G. Windley (Eds.), *Environment and ageing theory. A focus on housing* (pp. 1-31). London: Greenwood Press.

Lawton, M.P. & Brody, B.L. (1969). Assessment of older people: Self-maintaining and instrumental activities of daily living. *The Gerontologist, 9*, 179-186.

Lawton, M.P., Moss, M., Hoffman, C., Grant, R., Ten Have, T. & Kleban, M.H. (1999). Health, valuation of life, and the wish to live. *The Gerontologist, 4*, 406-416.

Lawton, M.P., Moss, M., Hoffman, C., Kleban, M.H., Ruckdeschel, K. & Winte, L. (2001). Valuation of life. A concept and a scale. *Journal of Aging and Health, 13*, 1, 3-31.

Lawton, M.P. & Nahemow, L. (1973). Ecology and the aging process. In C. Eisdorfer & M.P. Lawton (Eds.), *Psychology of adult development and aging* (pp. 619-674). Washington, DC: American Psychological Association.

Lawton, M.P. & Simon, B.L. (1968). The ecology of social relationships in housing for the elderly. *Gerontologist, 8*, 108-115.

Lazarsfeld, P.F. (1940). *Radio and the printed page*. New York, NY: Duell, Sloan & Pearce.

Lazarsfeld, P.F. & Merton, R.K. (1948). Mass communication, popular taste and organized social action. In L. Bryson (Ed.), *The communication of ideas* (pp. 95-118). New York, NY: Harper.

Lazarsfeld, P.F., Berelson, B. & Gaudet, H. (1969). Wahlen und Wähler. Soziologie des Wahlverhaltens. Neuwied–Berlin: Luchterhand.

Lehr, U.M. (1975). Altern als sozialpsychologisches und ökologisches Problem: Der Prozess der aktiven Auseinandersetzung mit der Grenzsituation im Alter. *Zeitschrift für Gerontologie, 8*, 75-80.

Lehr, U.M. (1976). Zur Frage der Gliederung des menschlichen Lebenslaufs. *Aktuelle Gerontologie, 6*, 337-345.

Lehr, U.M. (1977). Der ältere Mensch und das Fernsehen. In R. Schmitz-Scherzer (Hrsg.), *Praxis der Sozialpsychologie Bd.7* (S. 130-136). Aktuelle Beiträge zur Freizeitforschung.

Lehr, U.M. (1980). Alterszustand und Alternsprozesse. Biographische Determinanten. *Zeitschrift für Gerontologie, 13*, 442-457.

Lehr, U.M. (2007). *Psychologie des Alterns (11. Aufl.)*. Wiebelsheim: Quelle & Meyer.

Lehr, U.M. & Dreher, G. (1969). Determinants of attitudes toward retirement. In R.J. Harvighurst, J.M.A. Munnichs, B.L. Neugarten & H. Thomae (Eds.), *Adjustment to retirement – a cross-national study* (pp. 234-252). Darmstadt: Steinkopff.

Lehr, U.M. & Thomae, H. (1965). *Konflikt und Lebensalter*. Opladen: Westdeutsche Verlagsgemeinschaft.

Lehr, U.M. & Thomae, H. (1987). *Formen seelischen Alterns, Ergebnisse der Bonner gerontologischen Längsschnittstudie (BOLSA)*. Stuttgart: Enke.

Lemon, B.W., Bengtson, V.L. & Petersen, J.A. (1972). An exploration of the activity theory of aging: Activity types and life expectation among in-movers in-movers to a retirement community. *Journal of Gerontology, 33*, 109-125.

Lennartson, C. & Silverstein, M. (2001). Does engagement with life enhance survival of elderly people in Sweden? The role of social and leisure activities. *The Journals of Gerontology Series B: Psychological Sciences and Social Sciences, 6*, S335-S342.

Leroi-Gourhan, A. (1995). *Hand und Wort. Die Evolution von Technik, Sprache und Kunst.* Frankfurt am Main:

Lévy, P. (1997). *Die kollektive Intelligenz.* Mannheim: Bollmann.

Lewin, K. (1936). *Principles of topological psychology.* New York, NY: McGraw-Hill.

Lewin, K. (1951). *Field theory in social science.* New York, NY: Springer.

Lindenberger, U. (2002). Erwachsenenalter und Alter. In R. Orter & L. Montada (Hrsg.), *Entwicklungspsychologie* (S. 350-392). Weinheim: Psychologie Verlags Union.

Lindenberger, U. (2008). Was ist kognitives Altern? Begriffsbestimmung und Forschungstrends. In U.M. Staudinger & H. Häfner (Hrsg.), Was ist Alter(n)? Neue Antworten auf eine scheinbar einfache Frage (S. 69-82). (Schriften der Mathematisch-naturwissenschaftlichen Klasse der Heidelberger Akademie der Wissenschaften No. 18). Heidelberg: Springer.

Lindenberger, U. & Baltes, P.B. (1997). Intellectual functioning in old and very old age: Cross-sectional results from the Berlin Aging Study. *Psychology and Ageing, 12*, 410-432.

Lindenberger, U., Lövdén, M., Schellenbach, M. & Shu-Chen, Li (2008). Psychological principles of successful aging technologies: A mini-review. *Gerontology, 54*, 59-68.

Lindstrom, H.A., Fritsch, T., Petot, G., Smyth, K.A., Chen, C.H., Debanne, S.M., Lerner, a.J. & Friedland, R.P. (2004). The relationships between television viewing in midlife and the development of Alzheimer's disease in a case-control study. *Brain and Cognition, 58*, 157-165.

Lohmann, R. (1997). *Images of old age in german and american print media: Empirical investigations into defining principles and patterns of visual representation.* Dissertation. Aachen: Shaker.

Longino, C.F. Jr. & Kart, C.S. (1982). Explicating activity theory: a formal replication. *Journal of Gerontology, 37*, 713-722.

Luhmann, N. (1975). Veränderungen im System gesellschaftlicher Kommunikation und die Massenmedien. In O. Schatz (Hrsg.), *Die elektronische Revolution. Wie gefährlich sind die Massenmedien?* (S. 13-30). Graz: Styria.

Luhmann, N. (1991). *Soziale Systeme. Grundriss einer allgemeinen Theorie* (4. Aufl.). Frankfurt am Main: Suhrkamp.

Luhmann, N. (1996). *Die Realität der Massenmedien.* Opladen: Westdeutscher Verlag.

Maddox, G.L., (1987). Aging differently. *The Gerontologist, 5*, 557-564.

Malwitz-Schütte, M. (Hrsg.) (2000). *Selbstgesteuerte Lernprozesse älterer Erwachsener.* Bielefeld: Bertelsmann.

Mander, J. (1979). *Schafft das Fernsehen ab.* Hamburg: Rowohlt.

Mangold, R. (2000). Der abendliche Horror. Unterhaltung und Emotionen bei Fernsehnachrichten. In G. Roters, W. Klingler & M. Gerhards (Hrsg.), *Unterhaltung und Unterhaltungsrezeption* (S.119-140). Baden-Baden: Nomos.

Mann, W.C. & Helal, S. (2007). Technology and chronic conditions in later years: reasons for new hope. In H.-W. Wahl, C. Tesch-Römer & A. Hoff (Eds.), *New dynamics in old age – individual, environmental, and societal perspectives* (pp. 271-290). Amityville: Baywood Publishing Comp.

Mannheim, K. (1964). Das Problem der Generationen. In K. Mannheim, Wissenssoziologie (S. 509-565). Berlin, Neuwied : Luchterhand.

Mannheim, K. (1980). *Strukturen des Denkens.* Frankfurt am Main: Luchterhand.

Marcuse, H. (1967). *Der eindimensionale Mensch. Studien zur Ideologie der fortgeschrittenen Industriegesellschaft.* Frankfurt am Main: Luchterhand.

Mares, M.-L. & Woodard IV, E.H. (2006). In search of the older audience: Adult age differences in television viewing. *Journal of Broadcasting & Electronic Media, 50* (4), 595-614.

Marsirske, M., Lang, F.R., Baltes, M.M. & Baltes, P.B. (1995). Selective optimization with compensation: Lifespan perspectives on successful human development. In R. Dixon & L. Bäckman (Eds.), *Compensating for psychological deficits and declines: Managing losses and promoting gains* (pp. 35-79). Hillsdale, NJ. Erlbaum.

Martin, M. & Kliegel, M. (2005). *Psychologische Grundlagen der Gerontologie. Grundriss Gerontologie* Band 3. Stuttgart: Kohlhammer.

Martin, P. (2000). Ergebnisse zur Bedeutung „aktiven" Alterns. In H.-W. Wahl & C. Tesch-Römer (Hrsg.), *Angewandte Gerontologie in Schlüsselbegriffen* (S. 173-177). Stuttgart: Kohlhammer.

Martin, P., Ettrich, K.U., Lehr, U., Roether, D., Martin, M., Fischer-Cyrulies, A. (Hrsg.). (2000a). *Aspekte der Entwicklung im mittleren und höheren Lebensalter. Ergebnisse der Interdisziplinären Längsschnittstudie des Erwachsenenalters (ILSE).* Darmstadt: Steinkopf.

Martin, P., Martin, M. (2000). Methodik der Interdisziplinäre Längsschnittstudie des Erwachsenenalters: Zweiter Messzeitpunktund erster Längsschnitt. In P. Martin, M. Martin, M. Schmitt, U. Sperling, K.U. Ettrich, A. Fischer-Cyrulies, D. Roether, D. & U. Lehr (Hrsg.), *Interdisziplinäre Längsschnittstudie des Erwachsenenalters (ILSE). Abschlussbericht über den 2. Untersuchungsdurchgang* (S. 15-28). Forschungsberichte aus dem DZFA, Nr.8. Heidelberg.

Martin, P., Martin, M., Schmitt, M., Sperling, U., Ettrich, K.U., Fischer-Cyrulies, A., Roether, D. & Lehr, U. (Hrsg.). (2000b). *Interdisziplinäre Längsschnittstudie des Erwachsenenalters (ILSE). Abschlussbericht über den 2. Untersuchungsdurchgang.* Forschungsberichte aus dem DZFA, Nr.8. Heidelberg.

Maslow, A.H. (1954). *Motivation and personality.* New York, NY: Harper & Row.

Mayer, K.U. (1991). Soziale Ungleichheit und Lebensverläufe: Notizen zur Inkorporation der DDR in die Bundesrepublik und ihre Folgen. In B. Giesen & C. Leggewie (Hrsg.), *Experiment Vereinigung: Ein sozialer Großversuch* (S. 87-99). Berlin: Rotbuch-Verlag.

Mayer, K.U. & Baltes, P.B. (Hrsg.). (1996). *Die Berliner Altersstudie.* Berlin: Akademie Verlag.

Mayer, K.U. & Diewald, M. (2007). Die Institutionalisierung von Lebensverläufen. In J. Brandtstädter & U. Lindenberger (Hrsg.), *Entwicklungspsychologie der Lebensspanne. Ein Lehrbuch* (S. 510-539). Stuttgart: Kohlhammer.

Mayer, K.U., Maas, I. & Wagner, M. (2001). Socioeconomic conditions and social inequalities in old age. In P.B Baltes. & K.U. Mayer (Eds.), *The Berlin Aging Study: Aging from 70 to 100* (pp. 227-255). New York: Cambridge University Press.

Mayer, K.U. & Wagner, M. (1996). Lebenslagen und soziale Ungleichheit im hohen Alter. In Mayer, K.U. & Baltes, P.B. (Hrsg.), *Die Berliner Altersstudie* (S. 251-275). Berlin: Akademie Verlag.

McCrae, R. R. & Costa, P.T. Jr. (1999). A five-factor theory of personality. In L.A. Pervin & O.P. John (Eds.), *Handbook of personality: Theory and research (2nd ed.),* (pp. 139-153). New York: Guilford Press.

McGuire, W.J. (1974). Psychological Motives and Communication Gratification. In: J.G. Blumler & E. Katz (Eds.), *The Uses of Mass Communications. Current Perspectives on Gratifications Research* (pp. 167-196). Beverly Hills, London: Sage.

McIlwraith, R.D. (1998). „I'm addicted to television". The Personality, imagination, and TV watching patterns of self-identified TV addicts. *Journal of Broadcasting & Electronic Media, 42,* 371-386.

Mc Leod, J.M. & Chaffee, S.R. (1972). The construction of social reality. In J.T. Tedeschi (Ed.), *The social influence processes* (pp. 50-99). Chicago: Aldine Atherton.

McLuhan, M. (1968a). *Die Gutenberg-Galaxis. Das Ende des Buchzeitalters.* Düsseldorf, Wien: Econ.

McLuhan, M. (1968b). *Die magischen Kanäle. Understanding Media.* Düsseldorf, Wien: Econ.

McQuail, D. (1985). With the benefit of hindsight. Reflections on uses and gratifications research. In M. Gurevitch & M.R. Levy (Eds.), *Mass communication review yearbook, 5* (pp. 125-141). Beverly Hills, CA: Sage.

Mead, G.H. (1934). *Mind, self, and society. From the standpoint of a social behaviorist.* Chicago, Il: University of Chicago Press.

Mead, M. (1971). *Der Konflikt der Generationen. Jugend ohne Vorbild.* Olten: Walter-Verlag.

Mead, S.E., Spaulding, V.A., Sit, R.A., Meyer, B. & Walker, N. (1997). *Effects of age and training on world wide web navigation strategies* (pp. 152-156). Proceedings of the Human Factors and Ergonomics Society 41st Annual Meeting. Santa Monica, CA: Human Factors and Ergonomics Society.

Mead, S.E., Lamson, N. & Rogers, W. (2002). Human factors guidelines for web site usability: Health-oriented web sites for older adults. In R. Morell (Ed.), *Older adults, health information, and the World Wide Web* (pp. 89-107). Mahwah, NJ: Lawrence Erlbaum.

Melenhorst, A.-S., Rogers, W.A. & Fisk, A.D. (2007). When will technology in the home improve the quality of life for older adults? In H.-W. Wahl, C. Tesch-Römer & A. Hoff (Eds.), *New dynamics in old age – individual, environmental, and societal persepctives* (pp. 252-270). Amityville: Baywood Publishing Comp.

Mende, A. (1991). Musik und Alter. Ergebnisse zum Stellenwert von Musik im biographischen Lebensverlauf. In: *Rundfunk und Fernsehen, 3*, 381-392.

Menec, V.H. (2003). The relation between everyday activities and successful ageing: A 6-year longitudinal study. *The Journals of Gerontology Series B: Psychological Sciences and Social Sciences, 2*, S74-S82.

Meyen, M. (2007). Medienwissen und Medienmenüs als kulturelles Kapital und als Distinktionsmerkmale. Eine Typologie der Mediennutzer in Deutschland. *Medien & Kommunikationswissenschaft, 55* (3), 333-354.

Meyersohn, R. (1961). A critical examination of commercial entertainment. In R.W. Kleemeier (Ed.), *Aging and Leisure* (pp. 243-272). New York: Oxford University Press.

Meyrowitz, J. (1987). *Die Fernsehgesellschaft. Wirklichkeit und Identität im Medienzeitalter.* Weinheim, Basel: Beltz.

Mikos, L. (1994). *Fernsehen im Erleben der Zuschauer. Vom lustvollen Umgang mit einem populärem Medium.* Berlin: Quintessenz.

Mikos, L., Hoffmann, D. & Winter, R. (2006) (Hrsg.) *Mediennutzung, Identität und Identifikationen: Die Sozialisationsrelevanz der Medien im Selbstfindungsprozeß von Jugendlichen.* Weinheim: Juventa-Verlag.

Moll, H. (1997). *Alte Menschen und Medien: eine qualitative Studie zu Funktionen von Medien für alte Menschen.* Schwäbisch Gmünd.

Mollenkopf, H. (2002). Die Mobilität Älterer in städtischen und ländlichen Regionen Ost- und Westdeutschlands. In B. Schlag & K. Megel (Hrsg.), *Mobilität und gesellschaftliche Partizipation im Alter* (S.130-160). Schriftenreihe des Bundesministeriums für Familie, Senioren, Frauen und Jugend, Band 230, Stuttgart: Verlag W. Kohlhammer.

Mollenkopf, H. (2004). Technik zur Erhaltung von Lebensqualität im Alter. *Nova, 6/7*, 6-10.

Mollenkopf, H. & Doh, M. (2002). Das Medienverhalten älterer Menschen. *Sozialwissenschaften und Berufspraxis, 4/02* (Themenschwerpunkt Virtualisierung des Sozialen), 387-408.

Mollenkopf, H. & Doh, M. (2004). *Internet und neue Technologien – das Medienverhalten älterer Menschen* (S.31-46). 4. Fachtagung „Senioren in der Informationsgesellschaft" des Bayerischen SeniorenNetzForums, 26.03.2004.

Mollenkopf, H. & Flaschenträger, P. (2001). *Erhaltung von Mobilität im Alter.* Schriftenreihe des Bundesministeriums für Familie, Senioren, Frauen und Jugend, Band 197, Stuttgart: Verlag W. Kohlhammer.

Mollenkopf, H., Marcellini, F., Ruoppila, I., Széman, Z. & Tacken, M. (Eds.). (2005). *Enhancing mobility in later life – Personal coping, environmental resources, and technical support. The out-of-home mobility of older adults in urban and rural regions of five European countries.* Amsterdam: IOS Press.

Morgan, M. & Signorielly, N. (1990). Cultivation analysis: Conceptualization and methodology. In N. Signorielly & M. Morgan (Eds.), *Cultivation analysis* (pp. 13-34). Newbury Park, CA: Sage.

Morrell, R. (Ed.). (2002). *Older adults, health information, and the World Wide Web.* Mahwah, NJ: Lawrence Erlbaum.

Motel-Klingebiel, A., Wurm, S., Engstler, H., Huxhold, O. Jürgens, O., Mahne, K., Schöllgen, I., Wiest, M. & Tesch-Römer, C. (2009). *Deutscher Alterssurvey: Die zweite Lebenshälfte. Erhebungsdesign und Instrumente der dritten Befragungswelle.* Berlin: DZA (DZA Diskussionspapiere, Nr. 48).

Mroczek, D.K., Almeida, D.M., Spiro, A.III & Pafford, C. (2006a). Intraindividual change in personality. In D.K. Mroczek & T.D. Little (Eds.), *Handbook of Personality Development* (pp. 163-180). Mahwah, NJ: Lawrence Erlbaum Associates.

Mroczek, D.K., Spiro, A. & Griffin, P. (2006b). Personality and aging. In J.E. Birren & K.W. Schaie (Eds.), *Handbook of the Psychology of Aging (6th ed.)* (pp. 363-377). San Diego, CA: Elsevier.

Mühl-Benninghaus, W. (1997). 1989 und die andere Mediensozialisation. In J. Hörisch (Hrsg.), *Mediengenerationen* (S. 98-124). Frankfurt: Suhrkamp.

Mullet, E., Barros, J., Frongia, L., Usai, V. & Shafighi, S.R. (2003). Religious involvement and the forgiving personality. *Journal of Personality, 1*, 1-19.

Müller, D.K. (2008). Kaufkraft kennt keine Altersgrenze. Ein kritischer Beitrag zur Werberelevanz von Alterszielgruppen. *Media Perspektiven, 6*, 291-298.

Müller, R., Glogner, P. & Rhein, S. (Hrsg.). (2002). *Wozu Jugendliche Musik und Medien gebrauchen.* Weinheim: Juventa-Verlag.

Müllender & Nöllenheidt, (1994). *Am Fuß der blauen Berge. Die Flimmerkiste in den sechziger Jahren.* Essen: Klartext.

Mundorf, N. & Brownell, W. (1990). Media preferences of older and younger adults. *The Gerontologist, 30,*5, 685-691.

Murray, H. (1938). *Explorations in personality.* New York, NY: Oxford University Press.

Mynatt, E.D. & Rogers, W.A. (2002). Developing technology to support functional independence of older adults. *Ageing International, 1,* 24-41.

Nagelkerke, N.J.D. (1991), A Note on a General Definition of the Coefficient of Determination. *Biometrika, 78,* 691-692.

Nationaler IT-Gipfel (2009). *Internationale Delphi-Studie 2030: Zukunft und Zukunftsfähigkeit der IKT und Medien.* URL: http://www.tns-infratest.com/presse/pdf/Zukunft_IKT/Zukunft_und_Zukunftsfaehigkeit_der_-IKT_2009.pdf. Stand: 07.12.2009.

Naumann, D. (2006). Gesellschaftliche Integration und Mitwirkung im Kontext des hohen Alters. Dissertation, Universität Heidelberg.

Nelson, A.E. & Dannefer, D. (1992). Aged heterogeneity: fact or fiction? The fate of diversity in gerontological research. *Gerontologist, 32,* 17–23.

Neugarten, B.L. (1968). Adult personality: Toward a psychology of the life cycle. In B.L. Neugarten (Ed.), *Middle age and aging* (S. 137–147). Chicago, IL: University of Chicago Press.

Neumann-Bechstein, W. (1982). *Altensendungen im Fernsehen als Lebenshilfe. Eine Inhaltsanalyse der Altensendungen Mosaik und Schaukelstuhl, mit einem Exkurs zu den Serien „Unternehmen Rentnerkommune" und „Un-Ruhestand".* München: Minerva.

Nussbaum, J.F., Pecchioni, L.L, Robinson, J.D. & Thompson, T.L. (2000). *Communication and aging (2nd ed.).* Mahwah, NJ: Lawrence Erlbaum Associates.

Nydegger, C.N. (1986). Timetable and Implicit Theory. *American Behavioural Scientist ,6,* 662-677.

Ogburn, W.F. (1922). *Social Change: With Respect to Culture and Original Nature.* New York, NY: Viking Press.

Ogles, R.M. & Sparks, G.G. (1989). Television violence and viewers' perceptions of criminal victimization. *Mass Communication Review, 3,* 2-11.

Oehmichen, E. & Ridder, C.-M. (Hrsg.). (2003). *Die MedienNutzerTypologie. Ein neuer Ansatz der Publikumsanalyse.* Baden-Baden: Nomos.

Oehmichen, E. & Schröter, C. (2008). Medienübergreifende Nutzungsmuster: Struktur- und Funktionsveränderungen. Eine Analyse auf Basis der ARD/ZDF-Onlinestudien 2008 und 2003. *Media Perspektiven, 8,* 394-409.

Ogg, J. (2005). Social exclusion and insecurity among older Europeans: the influence of welfare regimes. *Ageing and Society, 25,* 69-90

Oeppen, J. & Vaupel, J.W. (2002). Broken Limits to Life Expectancy. *Science, 296,* 1029-1031.

Opaschowski, H.W. (1995). *Medienkonsum. Analysen und Prognosen.* Schriften zur Freizeitforschung des B.A.T. Freizeit-Forschungsinstituts. Hamburg: B.A.T.

Opaschowski, H.W. (1998). *Leben zwischen Muß und Muße.* Hamburg: Germa Press.

Opaschowski, H.W. (2001). *Deutschland 2010. Wie wir morgen arbeiten und leben – Voraussagen der Wissenschaft zur Zukunft unserer Gesellschaft.* Hamburg: B.A.T.

Opaschowski, H.W. (2006). *Einführung in die Freizeitwissenschaft (4. Aufl.).* Wiesbaden: VS-Verlag.

Opaschowski, H.W. & Reinhardt, U. (2007). *Altersträume. Illusion und Wirklichkeit.* Darmstadt: Primus.

Ory, S. & Sura, R. (1987). *Der Urknall im Medienlabor. Das Kabelpilotprojekt Ludwigshafen/Vorderpfalz.* Berlin: Vistas.

Oser, F. & Bucher, A. (2005). Religiösität und Spiritualität. In S.H. Filipp & U.M. Staudinger (Hrsg.), *Entwicklungspsychologie des mittleren und höheren Erwachsenenalters* (S.803-827) (Vol. 6: Enzyklopädie für Psychologie). Göttingen: Hogrefe.

Ostman, R.E. & Jeffers, D.W. (1983). Life stage and motives for television use. *International Journal of Aging and Human Development, 4,* 315-322.

Oswald, F. (1996). *Hier bin ich zu Hause. Zur Bedeutung des Wohnens: Eine empirische Studie mit gesunden und gehbeeinträchtigten Älteren.* Regensburg: S. Roderer.

Oswald, F. (2003). Linking subjective housing needs to objective living conditions among older adults in Germany. In K.W. Schaie, H.-W. Wahl, H. Mollenkopf & F. Oswald (Eds.), *Aging independently: Living arrangements and mobility* (pp. 130-147). New York, NY: Springer.

Oswald, F. & Wahl, H.-W. (2003). Place attachment across the life span. In J.R. Miller, R.M. Lerner, L.B. Schiamberg & P.M. Anderson (Eds.), *Human ecology: An encyclopedia of children, families, communities, and environments,* Vol.2: I-Z, (pp. 568-572). Santa Barbara, CA: ABC-Clio Press.

Oswald, F. & Wahl, H.-W. (2005). Dimensions of the meaning of home in later life. In G.D. Rowles & H. Chaudbury (Eds.), *Coming home: International perspectives on place, time, and identity in old age* (pp. 21-46). New York, NY: Springer.

Oswald, F., Wahl, H.-W., Naumann, D., Mollenkopf, H. & Hieber, A. (2006). The role of the home environment in middle and late adulthood. In H.-W. Wahl, H. Brenner, H. Mollenkopf, D. Rothenbacher & C. Rott (Eds.), *The many faces of health, competence and well-being in old age. Integrating epidemiological, psychological and social perspectives* (S. 7-24). Dordrecht: Springer.

Oswald, W.D., Adler, C., Rupprecht, R., Bayer-Feldmann, C. & Barth, P. (1990). Subjektive Alternssymptome als Indikator für hirnorganische Psychosyndrome. Die Entwicklung der Nürnberger-Selbsteinschätzungs-Liste (NSL). *Zeitschrift für Gerontopsychologie und –psychiatrie, 3,* 249-264.

Oswald, W.D. & Engel, S. (2006). Demenz – Prävention. In W.D. Oswald, U. Lehr, C. Sieber & J. Kornhuber (Hrsg.), *Gerontologie – Medizinische, psychologische und sozialwissenschaftliche Grundbegriffe. (3. Aufl.)* (S. 149-153). Stuttgart: Kohlhammer.

Oswald, W.D. & Fleischmann, U.M. (1995). *Nürnberger-Alters-Inventar (NAI), (3. Aufl.).* Göttingen: Hogrefe.

Owen, D.A. (1994). *Media use among elderly persons: correlates of life satisfaction, activity, interpersonal communication, and public affairs knowledge.* Dissertation. University of Florida.

Palfrey, J. & Gasser, U. (2008). *Born Digital: Understanding the First Generation of Digital Natives. New York,* NY: Basic Books.

Palmgreen, P., Wenner, L.A. & Rosengren, K.E. (1985). Uses and gratifications research: The past ten years. In K.E. Rosengren, L.A. Wenner & P. Palmgreen (Eds.), *Media gratifications research* (pp. 11-37). Beverly Hills, CA: Sage.

Palmore, E.B. (1979). Predictors of successful aging. *The Gerontologist, 19,* 427-431.

Parmelee, P.A., Thuras, P.D. Katz, I.R. & Lawton, M.P. (1995). Validation of the Cumulative Illness Rating Scale in a geriatric residential population. *Journal of the American Geriatrics Society 43,* 130–137.

Parslow, R.A., Jorma, A.F., Christensen, H. & Mackinnon, A. (2006). An Instrument to Measure Engagement in Life: Factor Analysis and Associations with Sociodemografic, Health and Cognition Measures. *Gerontology, 52* (3), 188-198.

Partridge, L. & Barton, N.H. (1993). Optimality, mutation and the evolution of ageing. *Nature 362,* 305-311.

Passuth, P. & Cook, F. (1985). Effects of television viewing on knowledge and attitudes about older adults. A critical reexamination. *The Gerontologist, 1,* 69-77.

Pearlin, L.I. (1959). Social and personal stress and escape television viewing. *Public Opinion Quaerterly, 23,* 255-259.

Pecchioni, L.L., Wright, K.B. & Nussbaum, J.F. (Eds.). (2005). Life-*span communication (2nd ed.).* Mahwah, NJ: Lawrence Erlbaum Associates.

Peck, R. (1959). Psychological developments in the second half of life. In J.E. Anderson (Ed.), *Psychological Aspects of Aging* (pp. 42-53). Washington, DC: American Psychological Association.

Peck, R. (1968). Psychologische Entwicklung in der zweiten Lebenshälfte. In H. Thomae & U. Lehr (Hrsg.), *Altern – Probleme und Tatsachen* (S. 530-544). Akademische Reihe – Auswahl repräsentativer Texte Psychologie. Frankfurt am Main: Akademische Verlagsgesellschaft.

Peiser, W. (1996). *Die Fernsehgeneration. Eine empirische Untersuchung ihrer Mediennutzung und Medienbewertung.* Studien zur Kommunikationswissenschaft, Band 17. Opladen: Westdeutscher Verlag.

Perse, E.M. & Rubin, A.M. (1990). Chronic loneliness and television use. *Journal of Broadcasting and Electronic Media, 34,* 37-53.

Petty, R.E. & Cacioppo, J.T. (1986). *Communication and persuasion. Central and peripheral routes to attitude change.* Ney York: Springer.

Pinquart, M. & Sörensen, S. (2001). Influence on loneliness in older adults: a meta-analysis. *Basic and Applied Social Psychology, 4,* 245-266.

Postman, N. (1983). *Das Verschwinden der Kindheit.* Frankfurt am Main: Fischer.

Postman, N. (1988). *Wir amüsieren uns zu Tode. Urteilsbildung im Zeitalter der Unterhaltungsindustrie.* Frankfurt am Main: Fischer.

Prensky, M. (2001). Digital Natives, Digital Immigrants. *On the Horizon, 9,* 5, October. URL: http://www.marcprensky.com/writing/Prensky%20-%20Digital%20Natives,%20Digital%20Immigrants%20-%20Part1.pdf (Stand: 12.09.2009).

Prensky, M. (2009). H. sapiens digital: From digital immigrants and digital natives to digital wisdom. *Innovate, 5,* 3.

PROMISE Consortium (Ed.). (1998). *The promise of the information society. Good practice in using the information society for the benefit of older people and disabled people.* Helsinki: STAKES National Research and Development Centre for Welfare and Health.

Pross, H. (1972). *Medienforschung.* Darmstadt: Habel.

Rammert, W. (1993). *Technik aus soziologischer Perspektive.* Opladen: Westdeutscher Verlag.

Quan-Haase, A., Wellman, B., Witte, J.C. & Hampton,. K.N. (2002). Capitalizing on the net: Social contact, civic engagement, and sense of community. B. Wellman & C. Haythornthwaite (Eds.), *The internet in everyday life* (pp. 291-324). Malden, MA: Blackwell Publishing.

Rathz, D.R., Sirgy, M.J. & Meadow, H.L. (1988). Elderly Life Satisfaction and Television Viewership: An Exploratory Study. In M.J. Houston (Ed.), *Advances in Consumer Research – Volume XV* (pp. 141-145). Provo, UT: Association for Consumer Research.

Rathz, D.R., Sirgy, M.J. & Meadow, H.L. (1989). The Elderly Audience: Correlates of Television Orientation. *Journal of Advertising, 18,* 3, 9-20.

Raumer-Mandel, A. (1990). *Medien-Lebensläufe von Hausfrauen. Eine biographische Befragung.* Film, Funk, Fernsehen – praktisch, Bd. 12. München: TR-Verlags-Union.

Reischies, F.M. & Lindenberger, U. (1996). Grenzen und Potentiale kognitiver Leistungsfähigkeit im Alter. In K.U. Maier & P.B. Baltes (Hrsg.), *Die Berliner Altersstudie* (S. 351-377). Berlin: Akademie-Verlag.

Reimann, H. (1974). *Kommunikations-Systeme. Umrisse einer Soziologie der Vermittlungs- und Mitteilungsprozesse (2. Aufl.).* Tübingen: J.C.B. Mohr.

Reimann, H. (1990). Bedeutung von Medien und neuen Medien im Alter. In G.A. Straka, T. Fabian & J. Will (Hrsg.), *Aktive Mediennutzung im Alter. Modelle und Erfahrungen aus der Medienarbeit mit älteren Menschen* (S. 35-54). Heidelberg: Roland Asanger.

Reimann, H. (1994). Interaktion und Kommunikation im Alter. In H. Reimann & H. Reimann (Hrsg.), *Das Alter. Eine Einführung in die Gerontologie* (S. 109-139). Stuttgart: Enke.

Reitze, H. & Ridder, C.-M. (2006). *Massenkommunikation VII. Eine Langzeitstudie zur Mediennutzung und Medienbewertung. 1964-2005* (Schriftenreihe Media Perspektiven, Bd. 19). Baden-Baden: Nomos.

Renckstorf, K. (1973). Alternative Ansätze der Massenkommunikationsforschung: Wirkungs- vs. Nutzenansatz. *Rundfunk und Fernsehen, 21,* 183-197.

Renckstorf, K. (1977). *Neue Perspektiven in der Massenkommunikationsforschung. Beiträge zur Begründung eines alternativen Forschungsansatzes.* Berlin: Spiess.

Renckstorf, K. (1989). Mediennutzung als soziales Handeln. Zur Entwicklung einer handlungstheoretischen Perspektive der empirischen (Massen-)Kommunikationsforschung. In M. Kaase & W. Schulz (Hrsg.), *Massenkommunikation. Theorien, Methoden, Befunde. Kölner Zeitschrift für Soziologie und Sozialpsychologie, Sonderheft 30* (S. 314-336). Opladen: Westdeutscher Verlag.

Richins, M.L. (1987). Media materialism and human happiness. In M. Wallendorf & P. Anderson (Eds.), *Advances in consumer research – Vol. XIV* (pp. 352-356). Ann Arbor, MI: Association for Consumer Research.

Riegel, K.F. (1976). The dialectics of human development. *American Psychologist, 31,* 689-700.

Riggs, K.E. (1998). *Mature Audiences. Television in the lives of elders.* New Brunswick: Rutgers Univ. Press.

Riley, M.W., Foner, A. (1968). *Aging and society. Vol. I: An inventory of research findings.* New York, NY: Russell Sage Foundation.

Riley, M.W., Foner, A. & Waring, J. (1988). Sociology of age. In N. Smelser (Ed.), *Handbook of Sociology* (pp. 243-290). Newbury Park: Sage.

Riley, M.W., Kahn, R.L. & Foner, A. (Eds.). (1994). *Age and structural lag. Society's failure to provide meaningful opportunities in work, family, and leisure.* New York: Wiley.

Riley, M.W. & Riley, J.W. (1994). Structural lag: past and future. In M.W. Riley, R.L. Kahn & A. Foner (Eds.). *Age and strucutral lag: society's failure to provide meaningful opportunities in work, family, and leisure* (pp. 15-36). New York: Wiley.

Riley, M.W. & Riley, J.W. (2000). Age integration: Conceptual and historical background. *The Gerontologist, 40*, 3, 266-272.

Robert Bosch Stiftung (Hrsg.). (2009). *Altersbilder in anderen Kulturen. Studie in der Reihe „Alter und Demographie".* URL: http://www.bosch-stiftung.de/content/language1/downloads/Gesamt_AlterbilderKulturen_-2310.pdf. Stand: 12.12.2009.

Robinson, J.D., Skill, T. & Turner, J.W. (2004). Media usage patterns and portrayals of seniors. In J.F. Nussbaum & J. Coupland (Eds.), *Handbook of communication and aging research (2nd ed.)* (pp. 423-450). Mahwah: Lawrence Erlbaum.

Roe, P.R.W. (Ed.). (2001). *Bridging the Gap? Access to telecommunications for all people.* European Commission.

Rogers, E.M. (1962). *Diffusion of innovations (1st ed.).* New York. The Free Press.

Rogers, E.M. (1995). Diffusion of innovations: Modifications of a model for telecommunications. In M.-W- Stoetzer & A. Mahler (Hrsg.), *Die Diffusion von Innovationen in der Telekommunikation* (S. 25-38). Berlin: Springer.

Rogers, E.M. (2003). *Diffusion of innovations (5th ed.).* New York. The Free Press.

Rogers, W.A. & Fisk, A.D. (Eds.). (2001). *Human factors interventions for the health care of older adults.* Mahwah, NJ: Lawrence Erlbaum.

Rogers, W.A. & Fisk, A.D. (2003a). Technology, design, usability, and aging: Human factors techniques and considerations. In N. Charness & K.W. Schaie, *Impact of technology on successful aging* (pp. 1-14). New York: Springer Publishing Comp.

Rogers, W.A. & Fisk, A.D. (2003b). The impact of the internet on older adults. In N. Charness & K.W. Schaie, *Impact of technology on successful aging* (pp. 113-133). New York: Springer Publishing Comp.

Rogers, W.A. & Mynatt, E.D. (2003). How can technology contribute to the quality of life of older adults? In M.E. Mitchell (Ed.), *The technology of humanity: Can technology contribute in the quality of life?* (pp. 22-30). Chicago: Illinois Institute of Technology.

Rogge, J.-U. (1982). Die biographische Methode in der Medienforschung. *Medien + Erziehung, 5*, 273-287.

Rogge, J.-U. (1985). „Die sehen bald nur noch fern". Medienbiographische Betrachtungen. *Medien Praktisch, 4*, 13-18.

Rogge, J.-U. (1988). Erfahrungen mit einem am Alltagshandeln, an der Alltags- und Familienwelt orientierten medienwissenschaftlichen Vorgehen. In R. Bohn (Hrsg.), *Ansichten einer künftigen Medienwissenschaft* (S.109-129). Berlin.

Rogge, J.-U. (1989). Ältere Menschen, Altern und subjektive Bedeutung der Medien – Schlaglichter auf ein komplexes Beziehungsgeflecht. In E. Gottwald, R. Hibbeln & J. Lauffer (Hrsg.), *Alte Gesellschaft – Neue Medien* (S. 147-167). Opladen: Leske + Budrich.

Rogge, J.-U. (1991). Medien und Alter – eine Sichtung der Forschungsliteratur. *Medien + Erziehung, 2*, 81-89.

Ronneberger, F. (1990). Wandel von Raumvorstellungen durch Medienkommunikation. *Publizistik, 3*, 257-266.

Ronneberger, F. (1992). Entwicklungsstränge des Raumverständnisses in der Medienkommunikation. In W. Hömberg & M. Schmolke (Hrsg.), *Zeit Raum Kommunikation* (S. 339-356). München.

Rosengren, K.E., Wenner, L.A. & Palmgreen, P. (Eds.). (1985). *Media gratifications research.* Beverly Hills, CA: Sage.

Rosenmayr, L. (1977). Altern in sozialökologischem Kontext. *Aktuelle Gerontologie, 7*, 289-299.

Rosenmayr, L. (1983). *Die späte Freiheit. Das Alter – ein Stück bewußt gelebten Lebens.* Berlin: Severin & Siedler.

Rosenmayr, L. (1999). Über Generationen. Begriffe, Datenbezug und sozialpolitische Praxisrelevanz. In H. Löffler & E.W. Streissler (Hrsg.), *Sozialpolitik und Ökologieprobleme der Zukunft* (S. 19-64). Wien: Verlag der Österreichischen Akademie der Wissenschaften.

Rosenmayr, L. (1996). „Vor Greisengrau stah auf". Alte Menschen im Spiegel der Geschichte und der Kulturen. In A. Niederfranke, G. Naegele & E. Frahm (Hrsg.), *Funkkolleg Altern* Bd.1 (S. 51-98). Opladen: Westdeutscher Verlag.

Rosenstock, R., Schubert, C. & Beck, K. (Hrsg.). (2007). *Medien im Lebenslauf. Demographischer Wandel und Mediennutzung.* München: kopaed.

Rosenthal, G. (Hg.). (1986). *Die Hitlerjugend-Generation.* Essen: Blaue Eule.

Rosow, I. (1974). *Socialization to old age.* Berkeley, CA: University of California Press.

Rott, C. & Hub, R. (1990). Bildung und Kompetenzerhaltung im Alter am Beispiel technischer Innovationen. In Landesinstitut für allgemeine Weiterbildung (Hrsg.), *Weiterbildung mit Älteren im Bereich „Neue Technologien"* (S. 27-46). Mannheim.

Röttger, U. (1994). *Medienbiographien von jungen Frauen.* Münster: Lit.

Rousseau, G.K. & Rogers, W.A. (1998). Computer usage patterns of University faculty members across the life span. *Computers in Human Behavior, 14,* 417-428.

Rowe, J.W. & Kahn, R.L. (1997). Successful aging. *The Gerontologist, 37,* 433–440.

Rowe, J.W. & Kahn, R.L. (1999). *Successful aging.* New York, NY: Random House, Inc.

Rowles, G.D. (1983). Geographical dimensions of social support in rural Appalachia. In G.D. Rowles & R.J. Ohta (Eds.), *Aging and milieu. Environmental perspectives on growing old* (S. 111-130). New York: Academic Press.

Rubin, A.M (1982). Directions in television and aging research. *Journal of Broadcasting, 26,*2, 537-551.

Rubin, A.M. (1984). Ritualized and instrumental television viewing. *Journal of communication, 34,* 3, 67-77.

Rubin, A.M. (2002). The uses-and-gratifications perspective of media effects. In J. Bryant & D. Zillmann (Eds.), *Media Effects. Advances in Theory and Research* (pp. 525-548). Mahwah, NJ: Lawrence Erlbaum Associates.

Rubin, A.M., Perse, E.M. & Powell, R.A. (1985). Loneliness, parasocial interaction, and local television news viewing. *Communication Research, 12,* 155-180.

Rubin, A.M. & Rubin, R.B. (1981). Age, context and television use. *Journal of Broadcasting, 1,* 1-13.

Rubin, A.M. & Rubin, R.B. (1982a). Contextual age and television news. *Human Communication Research,* 228-244.

Rubin, A.M. & Rubin, R.B. (1982b). Older person's tv viewing patterns and motivation. *Communication Research,* 287-313.

Rubinstein, R.L. (1989). The home environments of older people: A description of the psychosocial processes linking person to place. *Journal of Gerontology: Social Sciences, 44,* 45-53.

Rubinstein, R.L. & Parmelee, P.A. (1992). Attachment to place and the representation of the life course by the elderly. In I. Altman & S.m. Low (Eds.), *Place attachment* (pp. 139-163). New York: Plenum.

Rudinger, G., Holz-Rau, C., Grotz, R. (2004). (Hrsg.). *Freizeitmobilität älterer Menschen.* Dortmunder Beiträge zur Raumplanung: Verkehr 4. Dortmund: Universität.

Rudinger, G. & Jansen, E. (2005). Technik, Neue Medien und Verkehr. In S.H. Filipp & U.M. Staudinger (Hrsg.), *Entwicklungspsychologie des mittleren und höheren Erwachsenenalters (Band 6: Enzyklopädie für Psychologie)* (S.559-593). Göttingen: Hogrefe.

Ruggiero, T.E. (2000). Uses and gratifications theory in the 21st century. *Mass Communication & Society, 1,* 3-37.

Rule, S.J. (1976). A general experimentwise error rate for multiple significance tests. *Perceptual and Motor Skills, 3,* 1263-1277.

Rushton, J.P., Fulker, D.W., Neale, M.C, Nias, D.K. & Esysenk, H.J. (1989). Aging and the relation of aggression, altruism and assertiveness scales to the Esysenk Personality Questionnaire. *Personality and Individual Differences, 10,* 261-263.

Ryder, N.B. (1965). The Cohort as a concept in the study of social change. *American Sociological Review, 30,* 843-861.

Ryff, C.D. (1989). In the eye of the beholder: Views of psychological well-being among middle aged and older adults. *Psychology and Aging, 4,* 195–210.

Ryff, C.D., Singer, B., Love, G.D. & Essex, M.J. (1998). Resilience in adulthood and later life. Defining features and dynamic processes. In J. Lomranz (Ed.), *Handbook of aging and mental health: An integrative approach* (pp. 69-96). New York: Plenum.

Sackmann, R. & Weymann, A. (1994). *Die Technisierung des Alltags. Generationen und technische Innovationen.* Frankfurt am Main: Campus.

Salisbury, P. (1981). Older adults as older readers: Newspapers readership after age 65. *Newspaper Research Journal, 1*, 38.

Salthouse, T.A. (1996). The processing-speed theory of adult age differences in cognition. *Psychological Review, 3*, 403-428.

Sander, U. & Vollbrecht, R. (1985). *Zwischen Kindheit und Jugend. Träume, Hoffnungen und Alltag 13- bis 15-Jähriger.* Weinheim.

SAS Institute Inc. (2007). *SAS OnlineDoc® 9.2.* Cary, NC: SAS Institute Inc.

Sass, H.-M. (1978). Einleitung. In E. Kapp, *Grundlinien einer Philosophie der Technik. Zur Entstehungsgeschichte der Cultur aus neuen Gesichtspunkten* (S. I-XXVIII). Braunschweig: Stern-Verlag Janssen.

Saup, W. (1993). *Alter und Umwelt. Eine Einführung in die Ökologische Gerontologie.* Stuttgart: W. Kohlhammer.

Schade, I. (1983). *Das Massenmedium Fernsehen und seine Funktion in der Gerontologie. Fakten und Einstellungen. Mit einer Pilotstudie zur Einstellung der über 60jährigen Menschen zum Fernsehen allgemein und zu Seniorensendungen im speziellen.* Dissertation. Frankfurt am Main.

Schaefer, S. & Bäckman, L. (2007). Normales und pathologisches kognitives Altern. In J. Brandtstädter & U. Lindenberger (Hrsg.), *Entwicklungspsychologie der Lebensspanne: Ein Lehrbuch* (S. 245-269). Stuttgart: Kohlhammer.

Schäffer, B. (2003). *Generationen – Medien – Bildung. Medienpraxiskulturen im Generationenvergleich.* Opladen: Leske + Budrich.

Schaie, K.W. (2005). What can we learn from longitudinal studies of adult development? *Research Human Development, 3*, 133-158.

Schaie, K.W. & Baltes, P.B. (1996). *Intellectual development in adulthood the Seattle longitudinal study.* Cambridge: Cambridge University Press.

Schaie, K.W. & Willis, S.L. (2002). Adult development and aging. New York, NY: Prentice Hall.

Scheiner, J. (2002). Freizeitmobilität älterer Menschen Bedingungen, Formen und Entscheidungsstrukturen. In M. Gather & A. Kagermeier (Hrsg.). *Freizeitverkehr: Hintergründe, Probleme, Perspektiven. Studien zur Mobilitäts- und Verkehrsforschung 1 (S. 63-86).* Mannheim: MetaGIS.

Schelsky, H. (1957). *Die skeptische Generation. Eine Soziologie der deutschen Jugend.* Düsseldorf: Eugen Diederichs Verlag.

Schenk, M. (2007). *Medienwirkungsforschung (3. Aufl.).* Tübingen: Mohr Siebeck.

Scherer, H., Schneider, B. & Gonser, N. (2006). „Am Tage schaue ich nicht fern!" Determinanten der Mediennutzung älterer Menschen. *Publizistik, 3*, 333-348.

Scherer, H. & Schlütz, D. (2002). Gratifikation à la minute: Die zeitnahe Erfassung von Gratifikationen. In P. Roessler, S. Kubisch & V. Gehrau (Hrsg.), *Empirische Perspektiven der Rezeptionsforschung* (S. 133-151). München: R. Fischer.

Schiffman, L.G. (1971). Sources of information for the elderly. *Journal of Advertising Research, 5*, 33-37.

Schieber, F. (2003). Human factors and aging: Identifying and compensating for age-related deficits in sensory and cognitive function. In N. Charness & K.W. Schaie (Eds.), *Impact of technology on successful aging* (pp. 42-84). New York, NY: Springer.

Schilling, O., Schmitt, M. & Wahl, H.-W. (2008). Persönlichkeitsentwicklung von der frühen zur mittleren Phase des höheren Lebensalters: Stabilität und Veränderung. *Interdisziplinäre Längsschnittstudie des Erwachsenenalters (ILSE). Abschlussbericht anlässlich der Fertigstellung des dritten Messzeitpunkts* (S. 67-75). Bundesministerium für Familie, Senioren, Frauen und Jugend (BMFSFJ).

Schlag, B. & Megel, K. (Hrsg.). (2002). *Mobilität und gesellschaftliche Partizipation im Alter.* Schriftenreihe des Bundesministeriums für Familie, Senioren, Frauen und Jugend, Band 230, Stuttgart: Verlag W. Kohlhammer.

Schmitt, E. (2004). Aktives Altern, Leistungseinbußen, soziale Ungleichheit und Altersbilder. Ein Beitrag zum Verständnis von Resilienz und Vulnerabilität im höheren Erwachsenenalter. *Zeitschrift für Gerontologie und Geriatrie, 37,* 280-292.

Schmitt, M. (2006). Die Interdisziplinäre Längsschnittstudie des Erwachsenenalters (ILSE). In W.D. Oswald, U. Lehr, C. Sieber, J. Kornhuber (Hrsg.), *Gerontologie. Medizinische, psychologische und sozialwissenschaftliche Grundbegriffe (3. Aufl.)* (S.220-224). Stuttgart: Kohlhammer.

Schmitt, M. & Martin, M. (2003). Die Interdisziplinäre Längsschnittstudie des Erwachsenenalters (ILSE) über die Bedingungen gesunden und zufriedenen Älterwerdens. In F. Karl (Hrsg.), *Sozial- und verhaltenswissenschaftliche Gerontologie. Alter und altern als gesellschaftliches Problem und individuelles Thema* (S. 205-224). Weinheim, München: Juventa.

Schmitt, M., Wahl, H.-W. & Kruse, A. (Hrsg.). (2008). *Abschlussbericht der Interdisziplinären Längsschnittstudie des Erwachsenenalters (ILSE) anlässlich der Fertigstellung des dritten Messzeitpunkts.* Bundesministerium für Familie, Senioren, Frauen und Jugend (BMFSFJ). URL: http://www.bmfsfj.de/bmfsfj/generator/ BMFSFJ/Service/Publikationen/publikationsliste,did=119526.html. Stand: 13.11.2009.

Schmitt, M. & Zimprich, D. (2008). Methode. In M. Schmitt, H.-W. Wahl & A. Kruse (Hrsg.), *Interdisziplinäre Längsschnittstudie des Erwachsenenalters (ILSE). Abschlussbericht anlässlich der Fertigstellung des dritten Messzeitpunkts* (S. 16-29). Bundesministerium für Familie, Senioren, Frauen und Jugend (BMFSFJ).

Schmitz-Scherzer, R. (1974). *Sozialpsychologie derFreizeit.* Stuttgart: Kohlhammer.

Schmitz-Scherzer, R. (1975). *Alter und Freizeit.* Stuttgart: Kohlhammer.

Schmitz-Scherzer, R. (1988). *Freizeit im Alter.* Kommission „Altern als Chance und Herausforderung" (Hrsg.), Altern als Chance und Herausforderung (S. 153-158). Bericht im Auftrag der Landesregierung von Baden-Württemberg. Stuttgart: Staatsministerium Baden-Württemberg.

Schneekloth, U., Potthoff, P. (1993). *Hilfe- und Pflegebedürftige in privaten Haushalten. Endbericht zur Repräsentativerhebung im Forschungsprojekt „Möglichkeiten und Grenzen selbständiger Lebensführung".* Band 111.2 der Schriftenreihe des Bundesministeriums für Familie, Senioren, Frauen und Jugend. Stuttgart: Kohlhammer.

Schneider, E., Glass, S., Henke, M. & Overton, J. (1997). Distance learning in gerontology: The future is here. *Generations, 3,* 46-49.

Schorb, B., Hartung, A. & Reißmann, W. (Hrsg.). (2009). *Medien und höheres Lebensalter. Theorie – Forschung – Praxis.* Wiesbaden: VS-Verlag.

Schramm, W. (1969). Aging and mass communication. In M.W. Riley, J.W. Riley & M.E. Johnson (Eds.), *Aging and society. Vol.2: Aging and the professions* (pp. 352-375). New York: Russell Sage Foundation.

Schreier, M. (2006). (Subjective) Well-Being. In J. Bryant & P. Vorderer (Eds.), *Psychology of entertainment* (pp. 389-404). Mahwah, NJ Lawrence Erlbaum Associates.

Schröder, J., Sattler, C., Lamparter, H. & Toro, P. (2008). Befunde zur körperlichen und psychischen Gesundheit. In M. Schmitt, H.-W. Wahl & A. Kruse (Hrsg.), *Interdisziplinäre Längsschnittstudie des Erwachsenenalters (ILSE). Abschlussbericht anlässlich der Fertigstellung des dritten Messzeitpunkts* (S. 30-44). Bundesministerium für Familie, Senioren, Frauen und Jugend (BMFSFJ).

Schulz, U. (2004). Web-Usability für Silversurfer. *Medien + Erziehung, 48,* 4, 18-22.

Schulz, W. (1986). Das Vielseher-Syndrom. Determinanten der Fernsehnutzung. *Media Perspektiven, 12,* 762-775.

Schulz, W. (1989). Massenmedien und Realität. Die „ptolemäische" und die „kopernikanische" Auffassung. In M. Kaase & W. Schulz (Hrsg.), *Massenkommunikation. Theorien, Methoden, Befunde. Kölner Zeitschrift für Soziologie und Sozialpsychologie, Sonderheft 30* (S. 135-149). Opladen: Westdeutscher Verlag.

Schulz, W. (1997). Vielseher im dualen Rundfunksystem. Sekundäranalyse zur Langzeitstudie Massenkommunikation. *Media Perspektiven, 2,* 92-102.

Schulze, G. (2000). *Die Erlebnisgesellschaft. Kultursoziologie der Gegenwart.* Frankfurt am Main: Campus.

Schütt, P. (2000). *Wissensmanagement Mehrwert durch Wissen – Nutzenpotenziale ermitteln – Den Wissenstransfer organisieren.* Niederhausen/Ts: Falken.

Schweiger, W. (2004). Was nutzt das Internet älteren Menschen? *Medien + Erziehung, 48,* 4, 43-46.

Schweiger, W. (2005). Gibt es einen transmedialen Nutzungsstil? Theoretische Überlegungen und empirische Hinweise. *Publizistik, 50,* 2, 173-200.

Schweiger, W. (2006). Transmedialer Nutzungsstil und Rezipientenpersönlichkeit. Theoretische Überlegungen und empirische Hinweise. *Publizistik, 3*, 290-312.

Schweiger, W. (2007). *Theorien der Mediennutzung. Eine Einführung.* Wiesbaden: VS-Verlag.

Scialfa C. & Fernie, G. (2006). Adaptive technology. In, J. Birren & K. Schaie (Eds), *Handbook of the Psychology of Aging (5th ed.)* (pp. 425-441). New York: Academic Press.

Searle, J.R. (1990). „Ist das Gehirn ein Digitalcomputer". In P. Schefe, H. Hastedt & Y. Dittrich (Hrsg.), *Informatik und Philosophie* (S. 212-232). Mannheim: BI-Wissenschaftsverlag.

Selwyn, N., Gorard, S., Furlong, J. & Madden, L. (2003). Older adults' use of information and communications technology in everyday life. *Ageing & Society, 5*, 561-582.

Serres, M. (2001). *Hominiscence.* Paris: Éditions Le Pommier.

Serres, M. (2002). Der Mensch ohne Fähigkeiten. Die Neuen Technologien und die Ökonomie des Vergessens. *Transit, 22*, 193-206.

SevenOneMedia (Hg.) 2007). *Erlebnis Fernsehen. Alltagsmedien im Vergleich.* Unterföhring: SevenOneMedia.

Shannon, C.E. & Weaver, W. (1949). *The mathematical theory of communication.* Urbana: University of Illinois Press.

Simon, E., Kloppenburg, G. & Schütz, M. (2009). Regionale Interessen und Heimatverständnis. Ergebnisse einer qualitativen und quantitativen Studie in Nordrhein-Westfalen. *Media Perspektiven, 2*, 60-67.

Silverstone, B. (1996). Older people of tomorrow: A psychosocial profile. *The Gerontologist, 1*, 27-32.

Slegers, K. (2006). *Successful cognitive aging: The use of computers and the Internet to support autonomy in later life.* Dissertation. URL: http://arno.unimaas.nl/show.cgi?fid=5392 (Stand: 12.09.2009).

Smeeding T.M. & Gauthier A.H.(in press). Historical trends in the patterns of time use of older adults. In S. Tuljapurkar, N. Ogawa & A. Gauthier (Eds.), *Riding the Age Waves: Responses to Aging in Advanced Industrial States.* New York, NY: Springer Kluwer Press.

Smith, J. & Baltes, P.B. (1996). Altern aus psychologischer Perspektive: Trends und Profile im hohen Alter. In K.U. Mayer & P.B. Baltes (Hrsg.), *Berliner Altersstudie* (S.221-250). Berlin: Akademie-Verlag.

Sommerville, R. (2001). Demographic research on newspaper readership: How demografic affect decisions in print journalism. *Generations, 25*, 24-30.

Sourbati, M. (2004). *Internet use in sheltered housing. Older people's access to new media and online service delivery.* York: York Publishing Services Ltd.

Sozialreport Leipzig (2007). Stadt Leipzig, Dezernat Jugend, Soziales, Gesundheit und Schule (Hg.). URL: http://www.leipzig.de/imperia/md/content/02-5_jugend_soziales_gesundheit_schule/sozialreport2007.pdf (Stand: 12.09.2009).

Sperling, U. (2004). Religiösität und Spiritualität im Alter. In A. Kruse & M. Martin (Hrsg.), *Enzyklopädie der Gerontologie. Alternsprozesse in multidisziplinärer Sicht* (S. 627-642). Bern: Huber.

SPIEL (2008). *Alte Menschen und Medien. Alter im Spannungsfeld zwischen Kultur und Medien.* C. Bogen, M. Domaschke & S. Pabst (Hrsg.). Siegener Periodicum zur Internationalen Empirischen Literaturwissenschaft. (2005), 1.

Spielhagen, E. (1995). Ergebnisse der Oststudie der ARD/ZDF-Medienkommission. *Media Perspektiven, 8*, 362-392.

Spitzer, M. (2005). *Vorsicht Bildschirm! Elektronische Medien, Gehirnentwicklung, Gesundheit und Gesellschaft.* Stuttgart: Klett.

Stadelhofer, C. (2002). Fit für die Wissensgesellschaft – Interneterschließung für SeniorInnen. In M. Welker, Martin & U. Winchenbach (Hrsg.), Herausforderung „Internet für alle". Nutzung, Praxis, Perspektiven, *Stuttgarter Beiträge zur Medienwirtschaft, 4*, 91-103.

Stadelhofer, C. (2009). „Netzwerke" – Neue Formen der Zusammenarbeit und der Vernetzung in der wissenschaftlichen Weiterbildung älterer Erwachsener mit Hilfe der neuen Medien In B. Schorb, A. Hartung & W. Reißmann (Hrsg.), *Medien und höheres Lebensalter.* Wiesbaden: VS-Verlag.

Stadelhofer, C. & Marquard, M. (2004). Seniorinnen und Online-Medien. *Medien + Erziehung, 4*, 9-17.

Statistisches Bundesamt Deutschland (2007). Statistisches Jahrbuch für die Bundesrepublik Deutschland 2007. Statistisches Bundesamt Wiesbaden.

Statistisches Bundesamt Deutschland (2008). Statistisches Jahrbuch für die Bundesrepublik Deutschland 2008. URL:http://www.destatis.de/jetspeed/portal/cms/Sites/destatis/SharedContent/Oeffentlich/AI/IC/Publikatio nen/Jahrbuch/Bevoelkerung,property=file.pdf (Stand: 12.09.2009).

Staudinger, U.M. (1996). Psychologische Produktivität und Selbstentfaltung im Alter. In M.M. Baltes & L. Montada (Hrsg.), *Produktives Leben im Alter* (S. 344-373). Frankfurt am Main: Campus.

Staudinger, U.M. (2000). Viele Gründe sprechen dagegen, und trotzdem geht es vielen Menschen gut: Das Paradox des subjektiven Wohlbefindens. *Psychologische Rundschau, 51,* 185-197.

Staudinger, U.M. & Dittman-Kohli, F. (1992). Lebenserfahrung und Lebenssinn. In P.B. Baltes & J. Mittelstraß (Hrsg.), *Zukunft des Alterns und gesellschaftlicher Entwicklung* (S. 408-436). Berlin: Walter de Gruyter.

Staudinger, U.M., Freund, A.M., Linden, M. & Maas, I. (1996). Selbst, Persönlichkeit und Lebensgestaltung: Psychologische Widerstandsfähigkeit und Vulnerabilität. In K.U. Mayer & P.B. Baltes (Hrsg.), *Die Berliner Altersstudie* (S. 321-350). Berlin: Akademie Verlag.

Staudinger, U.M. & Greve, W. (2001). Resilienz im Alter. In Deutsches Zentrum für Altersfragen (Hg.), *Personale, gesundheitliche und Umweltressourcen im Alter.* Expertisen zum Dritten Altenbericht der Bundesregierung, Band 1. Leske und Budrich.

Staudinger, U.M. & Schindler, I. (2002). Produktivität und gesellschaftliche Partizipation im Alter. In B. Schlag & K. Megel (Hrsg.), *Mobilität und gesellschaftliche Partizipation im Alter* (S.64-86).   Schriftenreihe des Bundesministeriums für Familie, Senioren, Frauen und Jugend, Band 230, Stuttgart: Verlag W. Kohlhammer.

Steiner, G.A. (1963). *The people look at television.* New York, NY: Alfred A. Knopf.

Steiner, U.C. (1997). 68-89 – Literarische und mediale Wendungen der Wende. In J. Hörisch (Hg.), *Mediengenerationen* (S. 16-59). Frankfurt: Suhrkamp.

Stipp, H. (2004). Media-Planung in den USA: Fernsehwerbung und die über 49-Jährigen. Die Diskussion über Werbung und ältere Zielgruppen. *Media Perspektiven, 10,* 483-488.

Stöckl, M. (2000). *Lehr-lern-theoretische Empfehlungen zur Gestaltung von Lernsoftware für ältere Erwachsene.* Hamburg: Verlag Dr. Kovac.

Stoetzer, M.-W. & Mahler, A. (1995). Einführung: Die Diffusion von Innovationen in der Telekommunikation und Überblick des Buches. In M.-W. Stoetzer & A. Mahler (Hrsg.), *Die Diffusion von Innovationen in der Telekommunikation* (S. 1-24). Berlin: Springer.

Strain, L.A., Grabusic, C.C., Searle, M.S. & Dunn, N.J. (2002). Continuing and ceasing leisure activities in later life: a longitudinal study. *The Gerontologist, 2,* 217-223.

Straka, G.A., Fabian, T. & Will, J. (1989). *Medien im Alltag älterer Menschen. Begleitforschung des Landes Nordrhein-Westfalen zum Kabelpilotprojekt Dortmund, Bd. 18.* Düsseldorf: Presse- und Informationsamt der Landesregierung Nordrhein-Westfalen.

Straka, G.A., Fabian, T. & Will, J. (Hrsg.). (1990). *Aktive Mediennutzung im Alter. Modelle und Erfahrung aus der Medienarbeit mit älteren Menschen.* Heidelberg: Asanger.

Stronge, A., Walker, N., Rogers, W.A. (2001). Searching the World Wide Web: Can older adults get what they need? In W.A. Rogers & A.D. Fisk (Eds.), *Human factors interventions for the health care of older adults* (pp. 255-269). Mahwah, NJ: Lawrence Erlbaum.

Sturm, H. (1981). Der Vielseher im Sozialisationsprozeß: Rezipientenorientierter Ansatz und der Ansatz der formalen Angebotsweisen. *Fernsehen und Bildung, 1-3,* 137-148.

Sturm, H. (1984). Wahrnehmung und Fernsehen – Die fehlende Halbsekunde. Plädoyer für eine zuschauerfreundliche Mediendramaturgie. *Media Perspektiven, 1,* 58-66.

Sturm, H. (1989). Medienwirkungen – ein Produkt der Beziehungen zwischen Rezipient und Medium. In J. Groebel & P. Winterhoff-Spurk (Hrsg.), *Empirische Medienpsychologie* (S. 33-44). München: Psychologie Verlags Union.

Sturm, H. (2000). *Der gestreßte Zuschauer. Folgerungen für eine rezipientenorientierte Dramaturgie.* Stuttgart: Klett-Cotta.

Süss, D. (2004). *Mediensozialisation von Heranwachsenden. Dimensionen – Konstanzen – Wandel.* Wiesbaden: VS-Verlag.

Swank, C. (1979). Media uses and gratifications: Need salience and source dependence in a sample of the elderly. *American Behavioral Scientist, 23,* 95-117.

Tartler, R. (1961). *Das Alter in der modernen Gesellschaft.* Stuttgart: Ferdinand Enke.

Teague, M.L. & MacNeil, R.D. (1992). *Aging and leisure: Vitality in later life (2nd ed.).* Dubuque, IA: Wm. C. Brown Comm.

Teichert, W. (1972). Fernsehen als soziales Handeln. *Rundfunk und Fernsehen, 20,* 421-439.

Teichert, W. (1973). Fernsehen als soziales Handeln (2). *Rundfunk und Fernsehen, 21,* 356-382.

Tenbruck, F.H. (1965). *Jugend und Gesellschaft. Soziologische Perspektiven (2. Aufl.).* Freiburg: Rombach.

Tesch-Römer, C. & Wurm, S. (2009). Wer sind die Alten? Theoretische Positionen zu Gesundheit und Alter. In K. Böhm, C. Tesch-Römer & T. Ziese (Hrsg.), *Gesundheit und Krankheit im Alter. Beiträge zur Gesundheitsberichterstattung des Bundes* (S. 7-20). Berlin: Robert Koch-Institut.

Tewes, U. (1991). *Hamburg-Wechsler-Intelligenztest für Erwachsene, Revision. Handbuch und Testanweisung.* Bern: Huber.

Tews, H.P. (1977). Sozialökologische Einflussfaktoren auf das Verhalten alter Menschen. *Zeitschrift für Gerontologie, 10,* 322-342.

Thane, P. (Hrsg.). (2005). *Das Alter – Eine Kulturgeschichte.* Darmstadt: Primus.

Thimm, C. (1998). Die sprachliche Symbolisierung des Alters in der Werbung. In M. Jäckel (Hg.), *Die umworbene Gesellschaft. Analysen zur Entwicklung der Werbekommunikation* (S. 114-140). Wiesbaden: Westdeutscher Verlag.

Thomae, H. (1968). Persönlichkeit und Altern. In R. Schubert (Hrsg.), *Herz und Atmungsorgane im Alter. Psychologie und Soziologie in der Gerontologie. Vorträge der Jahrestagung der Deutschen Gesellschaft für Gerontologie in Nürnberg 1967* (S. 191-203). Darmstadt: Steinkopff.

Thomae, H. (1970). Theory of aging and cognitive theory of personality. *Human Development, 13,* 1-16.

Thomae, H. (1976a). *Patterns of Aging.* Basel: Karger.

Thomae, H. (1976b). Ökologische Aspekte der Gerontologie. *Zeitschrift für Gerontologie, 9,* 407-410.

Thomae, H. (1979). The concept of development and life-span developmental psychology. In P.B. Baltes & O.G. Brim, Jr. (Eds.), *Life-Span Development and Behavior. Bd.2* (S. 282-312). New York, NY: Academic Press.

Thomae, H. (1983). *Alternsstile und Alternsschicksale – ein Beitrag zur differentiellen Gerontologie.* Bern: Huber.

Thomae, H. (1987a). Alternsformen – Wege zu ihrer methodischen und begrifflichen Erfassung. In U. Lehr & H. Thomae (Hrsg.), *Formen seelischen Alterns: Ergebnisse der Bonner Gerontologischen Längsschnittstudie (BOLSA)* (S. 173-195). Enke: Stuttgart.

Thomae, H. (1987b). Patterns of psychological aging – Findings of the Bonn longitudinal study of aging. In U. Lehr & H. Thomae (Hrsg.), *Formen seelischen Alterns: Ergebnisse der Bonner Gerontologischen Längsschnittstudie (BOLSA)* (S. 279-286). Enke: Stuttgart.

Thomae, H. (1996). *Das Individuum und seine Welt (3. Aufl.).* Göttingen: Hogrefe.

Tietel, E. (1995). *Das Zwischending. Die Anthropomorphisierung und Personifizierung des Computers.* Regensburg: S. Roderer.

Tippelt, R. & von Hippel, A. (2009). *Handbuch Erwachsenenbildung/Weiterbildung (3. Aufl.).* Wiesbaden: VS-Verlag.

Tobin, S.S., Neugarten, B.L. (1968). Zufriedenheit und soziale Interaktion im Alter. In H. Thomae & U.M. Lehr (Hrsg.), *Altern. Probleme und Tatsachen* (S. 572-578). Frankfurt am Main: Akademische Verlagsanstalt.

Tokarski, W. (1989). *Freizeit- und Lebensstile älterer Menschen.* Kassel: Gesamthochschule.

Tornstam, L. (2005). *Gerotranscendence: A developmental theory of positive aging.* New York, NY: Springer Publishing Company.

Treumann, K.P., Baacke, D., Haacke, K., Hugger, KU. & Vollbrecht, R. (2002). *Medienkompetenz im digitalen Zeitalter. Wie die neuen Medien das Leben und Lernen Erwachsener verändern.* Schriftenreihe Medienforschung der LfR, Bd. 39.Opladen: Leske + Budrich.

Turow, J. (1974). Talk show radio as interpersonal communication. *Journal of Broadcasting, 18,* 171-179.

Tuten, T.L. & Bosnjak, M. (2001). Understanding differences in Web usage – The role of need for cognition and the Five Factor Model of Personality. *Social Behavior and Personality, 4,* 391-398.

Ullrich, Otto (1988). *Technik und Herrschaft. Vom Hand-Werk zur verdinglichten Blockstruktur industrieller Produktion* (3. Aufl.). Frankfurt am Main: Suhrkamp.

Unholzer, G. (1990). Die Zukunft der ARD-Werbung. Bericht über ein Gutachten. *Media Perspektiven, 6*, 370-377.

Vandebosch, H. & Eggermont, S. (2002). Elderly people's media use: at the crossroads of personal and societal developments. *Communications, 27*, 437-455.

van der Goot, M., Beentjes, J.W. & van Selm, M. (2006). Older adults' television viewing from a lifespan perspective: Past, research and future challenges. In C. Beck (Ed.), *Communication Yearbook, 30* (pp. 431-469). Mahwah, NJ: Lawrence Erlbaum.

van der Goot, M., Beentjes, J.W. & van Selm, M. (2007). *Older people's television viewing as part of selection and compensation strategies.* Paper presented at the annual meeting of the International Communication Association, TBA, San Francisco, CA, May 2007. URL: http://www.allacademic.com//meta/p_mla_apa_research_citation/1/7/1/5/5/pages171558/p171558-1.php (Stand: 31.10.2010)..

van Eimeren, B. & Frees, B. (2005). Nach dem Boom: Größter Zuwachs in internetfernen Gruppen. ARD/ZDF-Online-Studie 2005. *Media Perspektiven, 8*, 362-379.

van Eimeren, B. & Frees, B. (2006). Schnelle Zugänge, neue Anwendungen, neue Nutzer? ARD/ZDF-Online-Studie 2006. *Media Perspektiven, 8*, 402-415.

van Eimeren, B. & Frees, B. (2008). Internetverbreitung: Größter Zuwachs bei Silver-Surfern. Ergebnisse der ARD/ZDF-Onlinestudie 2008. *Media Perspektiven, 7*, 330-344.

van Eimeren, B. & Frees, B. (2009). Der Internetnutzer 2009 – multimedial und total vernetzt? Ergebnisse der ARD/ZDF-Onlinestudie 2009. *Media Perspektiven, 7*, 334-348.

van Eimeren, B., Gerhard, H. & Frees, B. (2003). Internetverbreitung in Deutschland: Unerwartet hoher Zuwachs. ARD/ZDF-Online-Studie 2003. *Media Perspektiven, 5*, 338-358.

van Eimeren, B. & Ridder, C.-M. (2001). Trends in der Nutzung und Bewertung der Medien 1970 bis 2000. Ergebnisse der ARD/ZDF-Langzeitstudie Massenkommunikation. *Media Perspektiven, 11*, 538-553.

van Willigen, M. (2000). Differential benefits of volunteering across the life course. *The Journals of Gerontology Series B: Psychological Sciences and Social Sciences, 5*, 308-S318.

Veelken, L. (2003). *Reifen und Altern: Geragogik kann man lernen.* Oberhausen: Athena.

Verghese, J., Lipton, R.B. & Katz, M.J. (2003). Leisure activities and the risk of dementia in the elderly. *The New England Journal of Medicine, 25*, 2508-2516.

Vincent, R.C. & Basil, M.D. (1997). College students' news gratifications, media use and current events knowledge. *Journal of Broadcasting and Electronic Media, 41*, 380-392.

Vogt, M. & Köpsel, J. (2000). Freizeitverhalten und körperliche Leistungsfähigkeit im Alter. In P. Martin, M. Martin, M. Schmitt, U. Sperling, K.U. Ettrich, A. Fischer-Cyrulies, D. Roether & U. Lehr (Hrsg.), *Interdisziplinäre Längsschnittstudie des Erwachsenenalters (ILSE). Abschlussbericht über den 2. Untersuchungsdurchgang* (S. 189-204). Forschungsberichte aus dem DZFA, Nr.8. Heidelberg.

Vollbrecht, R. (2007). Der sozialökologische Ansatz der Mediensozialisation. In D. Hoffmann & L. Mikos (Hrsg.), *Mediensozialisationstheorien* (S. 93-108). Wiesbaden: VS-Verlag.

von Bismarck, K., Gaus, G., Kluge, A. & Sieger, F. (1985). *Industrialisierung des Bewusstseins. Eine kritische Auseinandersetzung mit den „neuen" Medien.* München: Piper.

Vorderer, P. (1992). *Fernsehen als Handlung. Fernsehfilmrezeption aus motivationspsychologischer Perspektive.* Empirische Literatur- und Medienwissenschaft, Bd. 1. Berlin: Edition Sigma.

Wagner, M., Schütze, Y. & Lang, F.R. (1996). Soziale Beziehungen alter Menschen. In K.-U. Mayer &. P.B. Baltes (Hrsg.), *Die Berliner Altersstudie* (S. 301-319). Berlin: Akademie Verlag.

Wahl, H.-W. (1992). Ökologische Perspektiven in der Gerontopsychologie: ein Blick in die vergangenen drei Jahrzehnte und in die Zukunft. *Psychologische Rundschau, 43*, 232-248.

Wahl, H.-W. (2001). Environmental influences on aging and behavior. In J.E. Birren & K.W. Schaie (Eds.), *Handbook of the psychology of aging (5th ed.)* (pp. 215-237). San Diego: Academic Press.

Wahl, H.-W. (2000). Ergebnisse der ökogerontologischen Forschung. In H.-W. Wahl & C. Tesch-Römer (Hrsg.), *Angewandte Gerontologie in Schlüsselbegriffen* (S. 203-208). Stuttgart: Kohlhammer.

Wahl, H.-W., Diehl, M., Kruse, A., Lang, F.R. & Martin, M. (2008a). Psychologische Alternsforschung: Beiträge und Perspektiven. *Psychologische Rundschau, 59*, 3-22.

Wahl, H.-W. & Heyl, V. (2004). *Gerontologie – Einführung und Geschichte.* Grundriss Gerontologie Band 1. Stuttgart: Kohlhammer.

Wahl, H.-W. & Gitlin, L.N. (2007). Environmental gerontology. In J.E. Birren (Ed.), *Encyclopedia of gerontology: Age, aging, and the aged (2nd ed.)* (pp. 494-501). Oxford: Elsevier.

Wahl, H.-W. & Lang, F.R. (2006). Psychological aging: A contextual view. In P.M. Conn (Ed.), *Handbook of models for human aging* (pp. 881-895). Amsterdam: Elsevier.

Wahl, H.-W., Mollenkopf, H. & Oswald, F. (1999). Alte Menschen in ihren räumlich-dinglichen Umwelten: Herausforderungen einer Ökologischen Gerontologie. In G. Naegele & R.M. Schütz (Hrsg.), *Soziale Gerontologie und Sozialpolitik für Ältere Menschen. Gedenkschrift für Margret Dieck* (S. 62-84). Opladen: Westdeutscher Verlag.

Wahl, H.-W. & Oswald, F. (2005). Sozialökologische Aspekte des Alterns. In S.-H. Filipp & U.M. Staudinger (Hrsg.), *Entwicklungspsychologie des mittleren und höheren Erwachsenenalters (Bd 6: Enzyklopädie für Psychologie)* (S. 209-250). Göttingen: Hogrefe.

Wahl H.-W. & Oswald, F. & Schilling, O. (2009). Beschreibung der Abteilung für Psychologische Alternsforschung, Psychologisches Institut. Psychotherapie im Alter (Rubrik: „Universitäre Forschung stellt sich vor"). *Psychotherapie im Alter, 2,* 223-228.

Wahl, H.-W., Oswald, F. & Zimprich, D. (1999). Everyday competence in visually impaired older adults: A case for person-environment perspectives. *The Gerontologist, 39,* 140-149.

Wahl, H.-W., Scheidt, R. & Windley, P.G. (Eds.). (2004). *Aging in context: Socio-physical environment* (Annual Review of Gerontology and Geriatries, 2003). New York: Springer.

Wahl, H.-W., Schmitt, M. & Danner, D. (2008b). Verlust von Selbständigkeit im Alter: Rolle von kognitiver Leistungsfähigkeit, Neurotizismus und Kontrollüberzeugungen. In M. Schmitt, H.-W. Wahl & A. Kruse (Hrsg.), *Interdisziplinäre Längsschnittstudie (ILSE). Abschlussbericht anlässlich der Fertigstellung des dritten Messzeitpunkts* (S. 87-98). Unveröffentlichtes Manuskript.

Wahl, H.-W., Tesch-Römer, C. & Hoff, A. (2007). Searching for the new dynamics in old age – a book opener. In H.-W. Wahl, C. Tesch-Römer & A. Hoff (Eds.), *New dynamics in old age – individual, environmental, and societal persepctives* (pp. 1-10). Amityville: Baywood Publishing Comp.

Walter, M., Schlinker, U. & Fischer, C. (2007). Fernsehnutzung und Migranten 2007. Ergebnisse der ARD/ZDF-Studie „Migranten und Medien". *Media Perspektiven, 9,* 436-451.

Ward, J.H. (1963). Hierachical grouping to optimize an objective function. *Journal of American Statistical Association, 58,* 236-244.

Warschauer, M. (2002). *Reconceptualizing the Digital Divide.* URL: http://www.firstmonday.dk/issues/issue7_7/warschauer/ (Stand: 12.09.2009).

Waterman, A.S. & Archer, S.I. (1990). A Life-Span Perspective on Identity Formation: Developments in Form, Function, and Process. In P.B. Baltes, D. Featterman & R. Lerner (Eds.), *Lifespan development and behavior (Vol. 10)* (pp. 29-57). Hillsdale, NJ: Erlbaum

Weaver, J.B. (2003). Individual differences in television viewing motives. In *Personality and Individual Differences, 35,* 6, 1427-1437.

Weber, S. (Hrsg.). (2003). *Theorien der Medien: Von der Kulturkritik bis zum Konstruktivismus.* Konstanz: UTB.

Weiber, R. (1995). Systemgüter und klassische Diffusionstheorie – Elemente einer Diffusionstheorie für kritische Masse-Systeme. In M.-W. Stoetzer & A. Mahler (Hrsg.), *Die Diffusion von Innovationen in der Telekommunikation* (S. 39-70). Berlin: Springer.

Weenolsen, P. (1988). *Transcendence of loss over the life span.* New York: Hemisphere Publishing Corporation.

Weidenmann, B. (1989). Der mentale Aufwand beim Fernsehen. In J. Groebel & P. Winterhoff-Spurk (Hrsg.), *Empirische Medienpsychologie* (S. 134-149). München: Psychologie Verlags Union.

Wenner, L. (1976). Functional analysis of TV viewing for older adults. *Journal of Broadcasting, 20,* 77-88.

Weyerer, S. (2007). Was ist Pflegebedürftigkeit? In G. Igl, G. Naegele, S. Hamdorf (Hrsg.), *Reform der Pflegeversicherung – Auswirkungen auf die Pflegebedürftigen und die Pflegepersonen* (S. 48-61). Münster: Lit.

Weyerer, S. & Bickel, H. (2007). *Epidemiologie psychischer Erkrankungen im höheren Lebensalter.* Stuttgart: Kohlhammer.

Wiener, N. (2002). *Futurum Exactum. Ausgewählte Schriften zur Kybernetik und Kommunikationstheorie.* B. Dotzler (Hrsg.). Wien: Springer.

Wild, C. (2004). Erfolgschancen durch Werbung für ältere Zielgruppen. Vorurteile, Fakten und empirische Befunde zur Werbung bei über 49-Jährigen. *Media Perspektiven, 6,* 251-260.

Wilke, J. (Hg.). (1999). *Mediengeschichte der Bundesrepublik Deutschland.* Köln: Böhlau.

Willis, J. (1995). Staying in touch: Television and the over-seventies. In D. Petrie & J. Willis (Eds.), *Television and the household. Reports from the BFI's audience tracking study* (pp. 32-48). London: BFI.

Winn, M. (1979). *Die Droge im Wohnzimmer.* Hamburg: Rowohlt.

Wittkämper, W. (2006). *Lesen und Medien im Alter – eine medienbiografische Studie und ein mediengeragogischer Ansatz.* Dissertation, Universität Köln.

Wittwer, A. (2001). *Verwirklichungen. Eine Kritik der Medientheorie.* Freiburg: Rombach.

Wong, P.T. & Watt, L.M. (1991). What types of reminiscence are associated with successful aging. *Psychology and Aging, 6,* 272-279.

Wurm, S., Lampert, T. & Menning, S. (2009). Subjektive Gesundheit. In K. Böhm, C. Tesch-Römer & T. Ziese (Hrsg.), *Gesundheit und Krankheit im Alter (Beiträge zur Gesundheitsberichterstattung des Bundes)* (S. 79-91). Berlin: Robert Koch-Institut.

Young, T.J. (1979). Use of the Media by Older Adults. *American Behavioral Scientist, 23,* 119-136.

Zapf, W. (1989). Sozialstruktur und gesellschaftlicher Wandel in der Bundesrepublik Deutschland. In W. Weidenfeld & H. Zimmermann (Hrsg.), *Deutschland-Handbuch. Eine doppelte Bilanz 1949-1989* (S. 99-124). Bonn.

Zhang, Y.B., Harwood, J., Williams, A., Ylänne-McEwen, V., Wadleigh, P.M. & Thimm, C. (2006). The Portrayal of older adults in advertising. A cross-national review. *Journal of Language and Social Psychology, 3,* 264-282.

Ziegler, U. & Doblhammer, G. (2009). Prävalenz und Inzidenz von Demenz in Deutschland. Eine Studie auf Basis von Daten der gesetzlichen Krankenversicherungen von 2002, *Das Gesundheitswesen, 5,* 281-290.

Zillien, N. (2006). *Digitale Ungleichheit: Neue Technologien und alte Ungleichheiten in der Informations- und Wissensgesellschaft.* Wiesbaden: VS-Verlag.

Zillmann, D. (1985). The experimental exploration of gratifications from media entertainment. In K.E. Rosengren, L.A. Wenner & P. Palmgreen (Eds.), *Media gratification research. Current perspectives* (pp. 225-239). Beverly Hills, CA: Sage.

Zillmann, D. & Bryant, J. (1998). Fernsehen. In B. Strauß (Hg.), *Zuschauer* (S. 175-212). Göttingen: Hogrefe.

Zoch, A. (2009). *Mediennutzung von Senioren: Eine qualitative Untersuchung zu Medienfunktionen, Nutzungsmustern und Nutzungsmotiven.* Münster: Lit.

Zubayr, C. & Geese, S. (2006). Die Informationsqualität der Fernsehnachrichten aus Zuschauersicht. Ergebnisse einer Repräsentativbefragung zur Bewertung der Fernsehnachrichten. *Media Perspektiven, 4,* 152-162.

Zubayr, C. & Gerhard, H. (2006). Tendenzen im Zuschauerverhalten. Fernsehgewohnheiten und Fernsehreichweiten im Jahr 2005. *Media Perspektiven, 3,* 125-137.

Zubayr, C. & Gerhard, H. (2009). Tendenzen im Zuschauerverhalten. Fernsehgewohnheiten und Fernsehreichweiten im Jahr 2008. *Media Perspektiven, 3,* 98-112.

Zung, W.W.K. (1965). A self-rating depression scale. *Archives of General Psychiatry, 12,* 63–70.

Zung, W.W.K. & Zung, E.M. (1986). Use of the Zung Self-Rating Depression Scale in the Elderly. *Clinical Gerontologist, 5,* 137-148.

8 Anhang

A1: Pearsonsche Korrelationskoeffizienten zu Fernsehnutzungsmotiven

	Mich informieren	Denk-anstöße	Mitreden können	Spaß macht	Ent-spannen	Gewohn-heit	Einfach ist	Nicht alleine	A. zurecht-finden	Alltag vergessen
Weil ich mich informieren möchte	1.00000	0.29628	0.23242	0.05477	-0.00859	0.00288	0.04622	0.12349	0.15600	0.01780
		<.0001	<.0001	0.3595	0.8858	0.9617	0.4394	0.0382	0.0087	0.7660
Weil ich Denkanstöße bekomme	0.29628	1.00000	0.47576	0.35214	0.15615	0.22865	0.30037	0.34274	0.40236	0.32830
	<.0001		<.0001	<.0001	0.0086	0.0001	<.0001	<.0001	<.0001	<.0001
Damit ich mitreden kann	0.23242	0.47576	1.00000	0.30456	0.17446	0.19005	0.25370	0.34706	0.35557	0.34807
	<.0001	<.0001		<.0001	0.0033	0.0013	<.0001	<.0001	<.0001	<.0001
Weil es mir Spaß macht	0.05477	0.35214	0.30456	1.00000	0.49962	0.36591	0.45414	0.44295	0.31987	0.37578
	0.3595	<.0001	<.0001		<.0001	<.0001	<.0001	<.0001	<.0001	<.0001
Weil ich dabei entspannen kann	-0.00859	0.15615	0.17446	0.49962	1.00000	0.31710	0.37152	0.37015	0.28723	0.39655
	0.8858	0.0086	0.0033	<.0001		<.0001	<.0001	<.0001	<.0001	<.0001
Weil es aus Gewohnheit dazu gehört	0.00288	0.22865	0.19005	0.36591	0.31710	1.00000	0.65140	0.38576	0.44747	0.38480
	0.9617	0.0001	0.0013	<.0001	<.0001		<.0001	<.0001	<.0001	<.0001
Weil es so einfach ist	0.04622	0.30037	0.25370	0.45414	0.37152	0.65140	1.00000	0.40978	0.48212	0.38638
	0.4394	<.0001	<.0001	<.0001	<.0001	<.0001		<.0001	<.0001	<.0001
Weil ich mich dann nicht alleine fühle	0.12349	0.34274	0.34706	0.44295	0.37015	0.38576	0.40978	1.00000	0.46851	0.74493
	0.0382	<.0001	<.0001	<.0001	<.0001	<.0001	<.0001		<.0001	<.0001
Weil es mir hilft, mich im Alltag zurechtzufinden	0.15600	0.40236	0.35557	0.31987	0.28723	0.44747	0.48212	0.46851	1.00000	0.51594
	0.0087	<.0001	<.0001	<.0001	<.0001	<.0001	<.0001	<.0001		<.0001
Weil ich damit en Alltag vergessen möchte	0.01780	0.32830	0.34807	0.37578	0.39655	0.38480	0.38638	0.74493	0.51594	1.00000
	0.7660	<.0001	<.0001	<.0001	<.0001	<.0001	<.0001	<.0001	<.0001	

Anmerkung: Basis: n=282.

A2: Faktormuster zu den Motivdimensionen beim Fernsehen

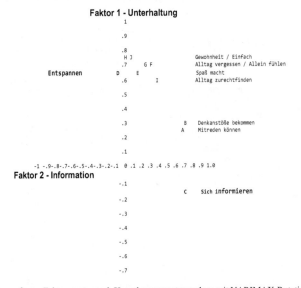

Anmerkung: Faktormuster nach Hauptkomponentenanalyse mit VARIMAX-Rotation

A3: Dendrogramm zur Clusteranalyse

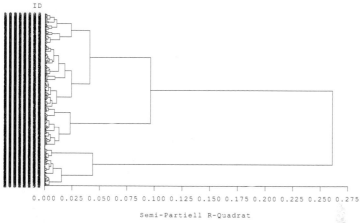

ID

0.000 0.025 0.050 0.075 0.100 0.125 0.150 0.175 0.200 0.225 0.250 0.275

Semi-Partiell R-Quadrat

Basis: n=282.

A4: Clusteranalyse zu den Nutzungsmotiven beim Fernsehen

	Clusterverlauf					
NCL	Gejointe Cluster		Häufigkeit	SPRSQ	RSQ	PSF	PST2
10	CL25	CL32	23	0.0134	.547	36.5	9.3
9	CL21	CL35	44	0.0153	.532	38.8	11.1
8	CL12	CL16	60	0.0182	.514	41.3	10.5
7	CL17	CL11	63	0.0232	.490	44.1	13.4
6	CL13	CL10	50	0.0240	.466	48.3	11.8
5	CL8	CL14	103	0.0244	.442	54.9	13.2
4	CL6	CL5	153	0.0409	.401	62.1	18.5
3	CL24	CL9	66	0.0436	.358	77.7	29.1
2	CL4	CL7	216	0.0964	.261	99.0	41.0
1	CL2	CL3	282	0.2612	.000	.	99.0

Basis: n=282.

A5: Diskriminanzanalyse zur Clusterlösung

Anzahl der Beobachtungen und Prozentwert klassifiziert nach CLUSTER						
Von CLUSTER	**1**	**2**	**3**	**4**	**5**	**Summe**
1	62	0	0	1	0	63
	98.41	0.00	0.00	1.59	0.00	100.00
2	0	22	0	0	0	22
	0.00	100.00	0.00	0.00	0.00	100.00
3	0	1	42	1	0	44
	0.00	2.27	95.45	2.27	0.00	100.00
4	4	0	2	91	6	103
	3.88	0.00	1.94	88.35	5.83	100.00
5	3	0	0	3	44	50
	6.00	0.00	0.00	6.00	88.00	100.00
Summe	69	23	44	96	50	282
	24.47	8.16	15.60	34.04	17.73	100.00
Priori	0.2	0.2	0.2	0.2	0.2	

Fehlerzählungsschätzwerte für CLUSTER					
	1	**2**	**3**	**4**	**5**	**Summe**
Rate	0.0159	0.0000	0.0455	0.1165	0.1200	0.0596
Priori	0.2000	0.2000	0.2000	0.2000	0.2000	

Basis: n=282.

A6: Testkennwerte zu Tabelle 28

Nutzungsmotive und Faktoren zum Fernsehen der Fernseh-Erlebniscluster. Unterschiedstestung der Cluster mittels logistischer Regressionsanalyse

Motiv: „weil ich Denkanstöße bekomme": $\chi2$ (4)=23.95, p≤.001. UO zu IA: χ^2 (1)=18.80, p≤.001; HA: χ^2 (1)=20.47, p≤.001, DU: zu UO: χ^2 (1)=11.81, p≤.001; HA zu DU: χ^2 (1)=4.91, p≤.05.

Motiv: „damit ich mitreden kann": $\chi2$ (4)=27.25, p≤.001. HA zu UO: χ^2 (1)=25.28, p≤.001; DU: χ^2 (1)=14.76, p≤.001; IA: χ^2 (1)=7.26, p≤.01, UO zu IA: χ^2 (1)=9.51, p≤.01; DU: χ^2 (1)=5.85, p≤.05.

Motiv: „weil es mir Spaß macht": χ^2 (4)=32.98, p≤.001. IA zu UO: χ^2 (1)=24.25, p≤.001; DU: χ^2 (1)=16.51, p≤.001; HA: χ^2 (1)=16.02, p≤.001; und UO zu DU: χ^2 (1)=6.27, p≤.05.

Motiv: „weil ich dabei entspannen kann": χ^2 (4)=29.81, p≤.001. IA zu UO: χ^2 (1)=22.10, p≤.001; DU: χ^2 (1)=13.26, p≤.001; HA: χ^2 (1)=19.56, p≤.001; und UO zu DU: χ^2 (1)=4.68, p≤.05.

Motiv: „weil es aus Gewohnheit dazu gehört": χ^2 (4)=41.54, p≤.001. DU zu ES: χ^2 (1)=13.24, p≤.001; UO: χ^2 (1)=18.98, p≤.001; HA: χ^2 (1)=22.89, p≤.001.

Motiv: „weil es so einfach ist": χ^2 (4)=37.73, p≤.001. DU zu UO: χ^2 (1)=29.10, p≤.001; HA: χ^2 (1)=19.67, p≤.001.

Motiv: „weil ich mich dann nicht allein fühle": $\chi2$ (4)=56.99, p≤.001. IA zu UO: χ^2 (1)=32.08, p≤.001; ES: χ^2 (1)=25.03, p≤.001; DU: χ^2 (1)=4.89, p≤.05; und ES zu DU: χ^2 (1)=17.99, p≤.001; UO: χ^2 (1)=4.52, p≤.05. Und UO zu DU: χ^2 (1)=28.63, p≤.001.

Motiv: „weil es mir hilft. mich im Alltag zurechtzufinden": χ^2 (4)=81.48, p$\leq$.001. ES zu HA: χ^2 (1)=20-51, p$\leq$.001; IA: χ^2 (1)=22.77, p$\leq$.001; DU: χ^2 (1)=27.73, p$\leq$.05; und UO zu HA: χ^2 (1)=29.08, p$\leq$.001; IA: χ^2 (1)=34.96, p$\leq$.001; DU: χ^2 (1)=58.59, p$\leq$.001.

Motiv: „weil ich damit den Alltag vergessen kann": χ^2 (4)=27.17, p$\leq$.001. UO zu HA: χ^2 (1)=9.93, p$\leq$.01; IA: χ^2 (1)=11.34, p$\leq$.001; DU: χ^2 (1)=17.96, p$\leq$.001.

Faktor Information: F (4,277)=28.27, p$\leq$.001. ES zu HA: F (1,277)=95.62, p$\leq$.001; DU: F (1,277)=35.34, p$\leq$.001; IA: F (1,277)=26.29, p$\leq$.001; UO: F (1,277)=13.72, p$\leq$.001; und HA zu UO: F (1,277)=55.13, p$\leq$.001; DU: F (1,277)=41.14, p$\leq$.001; IA: F (1,277)=42.31, p$\leq$.001.

Faktor Unterhaltung: F (4,277)=206.50, p$\leq$.001. IA zu ES: F (1,277)=640.27, p$\leq$.001; UO: F (1,277)=423.32, p$\leq$.001; HA: F (1,277)=228.50, p$\leq$.001; DU: F (1,277)=185.64, p$\leq$.001. ES zu DU: F (1,277)=302.81, p$\leq$.001; HA: F (1,277)=176.95, p$\leq$.001; UO: F (1,277)=72.54, p$\leq$.001. DU zu UO: F (1,277)=107.01, p$\leq$.001; HA: F (1,277)=15.74, p$\leq$.001; und UO zu HA: F (1,277)=32.55, p$\leq$.001.

A7: Testkennwerte zu Tabelle 29

Nutzungsmotive und Faktoren zum Radio der Fernseh-Erlebniscluster. Unterschiedstestung der Cluster mittels logistischer Regressionsanalyse

Motiv: „weil ich mich informieren möchte": HA und DU: χ^2 (1)=6.01, p$\leq$.05.

Motiv: „damit ich mitreden kann": χ^2 (4)=23.92, p$\leq$.001. ES zu IA: χ^2 (1)=11.32, p$\leq$.001; HA: χ^2 (1)=11.12, p$\leq$.001; DU: χ^2 (1)=7.73, p$\leq$.001. UO zu HA: χ^2 (1)=10.58, p$\leq$.001; IA: χ^2 (1)=11.75, p$\leq$.001; DU: χ^2 (1)=4.48, p$\leq$.05; und IA zu DU: χ^2 (1)=3.82, p$\leq$.05.

Motiv: „weil ich Denkanstöße bekomme": χ^2 (4)=24.67, p$\leq$.001. HA zu ES: χ^2 (1)=11.86, p$\leq$.001; UO: χ^2 (1)=11.80, p$\leq$.001; DU: χ^2 (1)=5.00, p$\leq$.05. ES zu IA: χ^2 (1)=12.18, p$\leq$.001; DU: χ^2 (1)=7.94, p$\leq$.01; und UO zu IA: χ^2 (1)=9.71, p$\leq$.01.

Motiv: „weil ich dabei entspannen kann": χ^2 (4)=19.61, p$\leq$.001. UO zu IA: χ^2 (1)=15.34, p$\leq$.001; HA: χ^2 (1)=7.23, p$\leq$.01; DU: χ^2 (1)=9.81, p$\leq$.01; und IA zu ES: χ^2 (1)=7.46, p$\leq$.01.

Motiv: „weil es mir Spaß macht": χ^2 (4)=23.46, p$\leq$.001. IA zu ES: χ^2 (1)=7.98, p$\leq$.01; UO: χ^2 (1)=18.59, p$\leq$.001; DU: χ^2 (1)=10.99, p$\leq$.001; HA: χ^2 (1)=4.68, p$\leq$.05; und UO zu HA: χ^2 (1)=6.06, p$\leq$.05; DU: χ^2 (1)=4.70, p$\leq$.05.

Motiv: „weil es aus Gewohnheit dazu gehört": χ^2 (4)=45.07, p$\leq$.001. IA zu ES: χ^2 (1)=24.26, p$\leq$.001; UO: χ^2 (1)=30.62, p$\leq$.001; HA: χ^2 (1)=25.25, p$\leq$.001; DU: χ^2 (1)=13.42, p$\leq$.001; und DU zu ES: χ^2 (1)=9.45, p$\leq$.01; UO: χ^2 (1)=10.31, p$\leq$.01; HA: χ^2 (1)=5.93, p$\leq$.05.

Motiv: „weil es so einfach ist": χ^2 (4)=55.02, p$\leq$.001. IA zu ES: χ^2 (1)=26.28, p$\leq$.001; UO: χ^2 (1)=40.81, p$\leq$.001; HA: χ^2 (1)=21.96, p$\leq$.001; DU: χ^2 (1)=13.26, p$\leq$.001. HA zu ES: χ^2 (1)=5.66, p$\leq$.05; UO: χ^2 (1)=7.35, p$\leq$.01; DU: χ^2 (1)=4.20, p$\leq$.05; und DU zu ES: χ^2 (1)=11.79, p$\leq$.001; DU: χ^2 (1)=21.28, p$\leq$.001.

Motiv: „weil ich mich dann nicht allein fühle": χ^2 (4)=46.44, p$\leq$.001. DU zu ES: χ^2 (1)=14.96, p$\leq$.001; UO: χ^2 (1)=11.62, p$\leq$.001; IA: χ^2 (1)=8.65, p$\leq$.01. IA zu ES: χ^2 (1)=21.72, p$\leq$.001; UO: χ^2 (1)=16.97, p$\leq$.001; und HA zu ES: χ^2 (1)=22.68, p$\leq$.001; UO: χ^2 (1)=17.88, p$\leq$.001; DU: χ^2 (1)=7.13, p$\leq$.01.

Motiv: „weil es mir hilft. mich im Alltag zurechtzufinden": χ^2 (4)=48.90, p$\leq$.001. ES zu IA: χ^2 (1)=21.79, p$\leq$.001; HA: χ^2 (1)=21.04, p$\leq$.001; DU: χ^2 (1)=25.77, p$\leq$.01; UO: χ^2 (1)=4.47, p$\leq$.05; und UO zu DU: χ^2 (1)=23.02, p$\leq$.001; IA: χ^2 (1)=15.99, p$\leq$.001; HA: χ^2 (1)=14.35, p$\leq$.001.

Motiv: „weil ich damit den Alltag vergessen kann": χ^2 (4)=24.30, p$\leq$.001. DU zu ES: χ^2 (1)=23.39, p$\leq$.001; UO: χ^2 (1)=15.96, p$\leq$.001.

Faktor Information: F (4,253)=10.73, p$\leq$.001; ES zu HA: F (1,253)=40.88, p$\leq$.001; DU: F (1,253)=16.18, p$\leq$.001; IA: F (1,253)=15.48, p$\leq$.001; UO: F (1,253)=14.51, p$\leq$.001; und HA zu DU: F (1,253)=17.59, p$\leq$.001; IA: F (1,253)=13.20, p$\leq$.001; UO: F (1,253)=11.20, p$\leq$.001.

Faktor Unterhaltung: F (4,253)=5.16, p$\leq$.001. ES zu IA: F (1,253)=10.05, p$\leq$.01; HA: F (1,253)=6.77, p$\leq$.01; DU: F (1,253)=4.92, p$\leq$.05; und UO zu IA: F (1,253)=13.74, p$\leq$.001; HA: F (1,253)=8.30, p$\leq$.01; DU: F (1,253)=6.39, p$\leq$.05.

Faktor Evasiv-Rituell: F (4,253)=59.25, p$\leq$.001. ES zu IA: F (1,253)=148.45, p$\leq$.001; DU: F (1,253)=58.17, p$\leq$.001; HA: F (1,253)=41.47, p$\leq$.001; UO: F (1,253)=6.13, p$\leq$.05. IA zu UO: F (1,253)=163.04, p$\leq$.001; DU: F (1,253)=65.33, p$\leq$.001; HA: F (1,253)=51.78, p$\leq$.001; und UO zu DU: F (1,253)=46.60, p$\leq$.001; HA: F (1,253)=26.17, p$\leq$.001.

A8: Testkennwerte zu Tabelle 30
Nutzungsmotive und Faktoren zur Zeitung der Fernseh-Erlebniscluster. Unterschiedstestung der Cluster mittels logistischer Regressionsanalyse

Motiv: „weil ich Denkanstöße bekomme": $\chi2$ (4)=22.62, p$\leq$.001. HA zu ES: $\chi2$ (1)=9.66, p$\leq$.01; UO: $\chi2$ (1)=14.43, p$\leq$.001; DU: $\chi2$ (1)=7.11, p$\leq$.01. ES zu IA: $\chi2$ (1)=6.91, p$\leq$.01; DU: $\chi2$ (1)=4.91, p$\leq$.05; und UO zu IA: $\chi2$ (1)=8.50, p$\leq$.01; DU: $\chi2$ (1)=4.44, p$\leq$.05.

Motiv: „damit ich mitreden kann": $\chi2$ (4)=13.68, p$\leq$.01. UO zu HA: $\chi2$ (1)=13.20, p$\leq$.001; IA: $\chi2$ (1)=7.72, p$\leq$.01; DU: $\chi2$ (1)=5.92, p$\leq$.05.

Motiv: „weil es aus Gewohnheit dazu gehört": $\chi2$ (4)=37.85, p$\leq$.001. IA zu UO: $\chi2$ (1)=28.91, p$\leq$.001; ES: $\chi2$ (1)=17.29, p$\leq$.001; HA: $\chi2$ (1)=14.44, p$\leq$.001; DU: $\chi2$ (1)=11.18, p$\leq$.001. UO zu DU: $\chi2$ (1)=11.00, p$\leq$.001; HA: $\chi2$ (1)=4.66, p$\leq$.05; und ES zu DU: $\chi2$ (1)=5.61, p$\leq$.05.

Motiv: „weil es mir hilft. mich im Alltag zurechtzufinden": $\chi2$ (4)=25.27, p$\leq$.001. ES zu IA: $\chi2$ (1)=12.68, p$\leq$.001; DU: $\chi2$ (1)=8.12, p$\leq$.01; HA: $\chi2$ (1)=6.76, p$\leq$.01; und UO zu IA: $\chi2$ (1)=16.82, p$\leq$.001; DU: $\chi2$ (1)=10.80, p$\leq$.001; HA: $\chi2$ (1)=8.05, p$\leq$.01.

Motiv: „weil es so einfach ist": $\chi2$ (4)=45.68, p$\leq$.001. IA zu ES: $\chi2$ (1)=27.77, p$\leq$.001; UO: $\chi2$ (1)=33.39, p$\leq$.001; HA: $\chi2$ (1)=16.08, p$\leq$.001; DU: $\chi2$ (1)=11.75, p$\leq$.001. ES zu DU: $\chi2$ (1)=11.95, p$\leq$.001; HA: $\chi2$ (1)=6.26, p$\leq$.05; und UO zu DU: $\chi2$ (1)=15.31, p$\leq$.001; HA: $\chi2$ (1)=6.00, p$\leq$.05.

Motiv: „weil es mir Spaß macht": $\chi2$ (4)=29.43, p$\leq$.001. IA zu ES: $\chi2$ (1)=15.51, p$\leq$.001; UO: $\chi2$ (1)=17.28, p$\leq$.001; DU: $\chi2$ (1)=4.61, p$\leq$.05; und DU zu ES: $\chi2$ (1)=7.88, p$\leq$.01; UO: $\chi2$ (1)=7.56, p$\leq$.01.

Motiv: „weil ich dabei entspannen kann": $\chi2$ (4)=19.61, p$\leq$.001. ES zu IA: $\chi2$ (1)=24.04, p$\leq$.001; HA: $\chi2$ (1)=14.70, p$\leq$.001; DU: $\chi2$ (1)=19.28, p$\leq$.001; UO: $\chi2$ (1)=7.56, p$\leq$.01; und UO zu IA: $\chi2$ (1)=9.66, p$\leq$.01; DU: $\chi2$ (1)=5.13, p$\leq$.05. (1)=27.36, p$\leq$.001; UO: $\chi2$ (1)=10.74, p$\leq$.001; und UO zu DU: $\chi2$ (1)=9.02, p$\leq$.01.

Motiv: „weil ich damit den Alltag vergessen kann": $\chi2$ (4)=18.53, p$\leq$.001. ES zu DU: $\chi2$ (1)=18.12, p$\leq$.001; UO: $\chi2$ (1)=5.59, p$\leq$.05; und UO zu DU: $\chi2$ (1)=5.04, p$\leq$.05.

Faktor Information: F (4,250)=3.99, p≤.01; ES zu HA: F (1,250)=14.53, p≤.001; DU: F (1,250)=8.89, p≤.01; UO: F (1,250)=6.28, p≤.05; IA: F (1,250)=4.28, p≤.05; und IA zu HA: F (1,250)=5.96, p≤.05.

Faktor Habituell-Orientierung: F (4,250)=19.32, p≤.001. IA. zu ES: F (1,250)=42.17, p≤.001; UO: F (1,250)=51.22, p≤.001; HA: F (1,250)=37.53, p≤.001; DU: F (1,250)=26.30, p≤.001; und DU zu ES: F (1,250)=10.86, p≤.001; UO: F (1,250)=10.47, p≤.001; HA: F (1,250)=4.24, p≤.05.

Faktor Evasiv: F (4,250)=27.42, p≤.001. ES zu IA: F (1,250)=81.77, p≤.001; HA: F (1,250)=73.73, p≤.001; DU: F (1,250)=58.98, p≤.001; UO: F (1,250)=18.32, p≤.001. UO zu IA: F (1,250)=31.22, p≤.001; HA: F (1,250)=26.69, p≤.001; DU: F (1,250)=13.79, p≤.001; und DU zu HA: F (1,250)=3.58, p≤.05.